후한서

China Library 01

후한서

後漢書

본기 本紀

범엽 지음
장회태자 이현 주석
장은수 옮김

새물결

옮긴이 장은수

1968년 서울생으로, 서울대학교 국어국문학과를 졸업했다.
졸업 이후 줄곧 출판 편집자 겸 문학평론가로 활동 중이다.
어릴 때 집안에 '문자'를 아는 사람이 하나쯤 있어야 한다는 선친의 뜻에 따라 『소학』과 『명심보감』
을 집안에서 익혔다. 불혹의 나이에 들어 동양 고전에 대한 열정이 다시 타올라 매일 옛 전적을 읽어
가며 공부 중이며, 『후한서』 본기에 이어 열전까지 완역을 목표로 매진하고 있다.

후한서 본기

지은이 | 범엽
주　석 | 장회태자 이현
옮긴이 | 장은수
펴낸이 | 홍미옥
펴낸곳 | 새물결 출판사
1판 1쇄　2014년 5월 5일
등록 서울 제15-52호(1989.11.9)
주소 서울특별시 마포구 망원1동 409-48 2층 121-822(우)
전화 (편집부) 3141-8696 (영업부) 3141-8697 팩스 3141-1778
e-mail: saemulgyul@gmail.com
ISBN 978-89-5559-377-8 (94910)

이 책의 한국어 판권은 ⓒ 장은수, 새물결 출판사에 있습니다.
저작권법에 의해 한국 내에서 보호를 받는 저작물이므로 무단 전재와 무단 복제를 금합니다.

일러두기

1. 이 책은 송나라(劉宋) 범엽范曄이 짓고 당나라 장회태자章懷太子 이현李賢 등이 주해한 『후한서』를 1965년 5월 중화서국中華書局에서 교감하고 표점한 후에 간행한 판본을 우리말로 옮긴 것으로 따로 교감 작업을 하지 않았다.
2. 편제는 대부분 본래 판본을 따랐으나 「광무제기」와 「황후기」가 두 부분으로 나뉜 것은 단순히 옛날 제책 방식에 따른 것일 뿐 내용상 그럴 이유가 없어 보였으므로 현대 독자들의 편의를 생각하여 하나로 합치되 그 자리를 표시해 두었다. 또 본문의 단락 구분은 중화서국 판을 따르지 않고 연도 변화 및 내용 전개 등을 고려해 옮긴이가 따로 구성했다.
3. 본문의 주어는 대체로 황제나 황후로 되어 있으며, 어떤 이의 호칭은 대개 사건이 일어난 당시의 직책이 아니라 최종 직책인 경우가 많다. 그러나 이와 같은 서술 방식은 소설 등 현대적 이야기 서술에 익숙한 오늘날의 독자들에게 오히려 혼동을 초래할 수 있다고 생각하여 옮긴이가 당시의 이름이나 호칭, 직책 등을 살리는 등 적절한 방식으로 수정해 옮겼다.
4. 번역은 가능한 한 원문에 가깝게 옮기는 것을 원칙으로 했으나 우리말로 매끄럽게 읽히기 위해 어쩔 수 없이 말을 보충한 경우에는 문장 부호 〔 〕를 써서 구분할 수 있도록 했다. 또한 본문과 주석에 있는 괄호 ( )

속의 부가 설명은 모두 옮긴이가 독자의 이해를 돕기 위해 삽입한 것이나 별도로 표시하지 않았다.

5. 한문 고유의 성어나 어투 및 외국어를 음차한 말은 현재 우리말에서 널리 쓰이는 것을 제외하고 모두 우리말로 풀어서 옮겼으며 필요할 때에는 옮긴 말 뒤에 문장 부호〔 〕를 써서 병기했다. 관직 등 고유명사의 경우에는 가능한 한 원문 그대로 표기하려고 애썼으나 행行이나 의동삼사儀同三司같이 관직 이름이라도 뜻을 전달하는 게 더 중요하다고 생각한 부분은 문맥에 따라 '대행했다'나 '의례를 삼공과 같이했다' 등으로 옮기기도 했다.

6. 주석의 경우, 당나라 장회태자 이현 등이 달았던 주해는 본래 모두 번역했으나 고대 발음 및 지명을 당나라 때 발음 및 지명과 대비한 부분, 당나라 때 독자를 위해 그 글자나 위치 등을 비정한 부분은 현대의 독자에게 무익하다는 출판사의 의견을 받아들여 필요한 부분을 제외하고 모두 생략했다. 또한 필요할 때에는 최근 연구 성과를 참조해 옮긴이가 새로 주석을 달았다. 이 주석에는 청나라 왕선겸王先謙의 『후한서 집해後漢書集解』(上海: 上海古籍出版社, 2002)와 장후이캉章惠康과 이멍춘易孟醇이 편역한 『후한서금주금석後漢書今注今釋』(長沙: 嶽麓書社出版社, 1998) 등을 일부 참조했다.

7. 본문의 연호 뒤에 넣은 서기 연도는 독자의 이해를 돕기 위하여 옮긴이가 임의로 삽입한 것이다.

8. 맞춤법과 띄어쓰기는 한글맞춤법과 외래어표기법을 따랐다. 본문에 사용된 문장부호의 뜻은 아래와 같다.

　『　』: 전집이나 총서 또는 단행본.
　「　」: 개별 작품 또는 논문 또는 서적의 부속 편명.
　"　": 대화 또는 인용.
　'　': 강조 및 인용 속 인용 또는 대화 속의 인용이나 강조

옮긴이의 말

　범엽의 『후한서』는 사마천의 『사기』, 반고의 『한서』, 진수의 『삼국지』와 함께 전공자는 물론이고 일반인들이라도 중국의 역사와 문화에 관심 있는 사람들이라면 한 번쯤은 반드시 읽어 보고 싶어 하는 책이다. 이 책의 우리말 번역이 부분적으로만 시도되었을 뿐 한 번도 완역되지 않은 사실을 안 것은 진수의 『삼국지』를 우리말로 옮긴 김원중 교수의 『정사 삼국지』(민음사, 2007)가 출간된 후였다.

　물론 이 시기의 중국사에 대해 관심을 품은 많은 이가 항용 그러하듯이, 옮긴이 역시 그 이전에 나관중이 쓴 『삼국지연의』를 김팔봉, 박종화, 정비석, 이문열 등 판본을 바꿔 가면서 여러 차례 읽은 경험이 있었다. 그러면서 연의에 펼쳐진 세계를 좀 더 깊이 있게 탐구해 보려고 삼국 시대와 관련한 교양서와 학술서 등을 뒤적거리면서 공부에 열을 올린 적도 있었으며, 그 와중에 이 시기를 다룬 국내외 학자들의 학술 논문들도 제법 탐독한 바 있었다.

　어쨌든 『정사 삼국지』를 때때로 원문을 참조해 가면서 읽다가 문득

이 시기를 다룬 또 다른 역사서인 범엽의 『후한서』를 떠올리고는 대조해 읽고 싶어서 우리말 번역본을 찾으려 했으나 인터넷 등에 부분 번역본이 여기저기 나돌 뿐 출판된 적은 한 번도 없다는 사실을 알게 되었다. 그러나 처음부터 『후한서』를 우리말로 옮겨 보려고 마음먹은 것은 전혀 아니었다. 한참이나 모자란 한문 실력과 부족한 역사적 지식으로는 엄두조차 낼 수 없었다. 다만, 당시 블로그에 취미로 중국 고전에 관한 글들을 가끔씩 올리곤 했는데, 『정사 삼국지』를 읽다가 문득 그 시대의 주요 사건을 시간 순으로 알고 싶어서 시기가 겹치는 『후한서』본기本紀 중 마지막 세 황제의 기를 한 줄씩 우리말로 옮기기 시작한 게 이 험난한 과정의 시작이었다. 이 시대에 대한 사전 공부도 전혀 없이 무작정 「환제기桓帝紀」, 「영제기靈帝紀」, 「헌제기獻帝紀」를 옮기고 난 후 외척과 환관의 어마어마한 부패와 피비린내 나는 정쟁으로 얼룩진 끝에 끝내 민중들의 삶을 도탄에 빠뜨리고 마침내 자신마저 파괴해 버린 이 엉망인 나라가 언제부터 망가져 갔는지를 알고 싶어서 한 황제씩 거슬러 올라가면서 주말 및 휴일을 이용해 몇 년에 걸쳐 우리말로 옮겼다.

독자들도 이미 짐작하겠지만, 솔직히 말해 이 책은 전적으로 아마추어적 작업의 결과물이다. 좋은 번역의 필수 조건인 언어(한문)와 관련 지식(중국사) 모두가 여러모로 부족한 사람 손으로 번역 작업이 이루어졌기 때문이다. 나중에 중국사 전문가에 의한 제대로 된 번역본이 나올 때까지 그저 갈증을 달래는 용도로 읽혔으면 하는 바람이다. 하지만 아마추어로서는 잘못을 피하기 위해 나름대로 최선을 다하려고 애썼다.

번역에 들어간 후에는 후한과 삼국을 다룬 우리말 단행본과 논문을 가능한 한 많이 찾아 읽고 지식을 보완했으며, 뜻 파악이 어려운 부분에서는 일본과 중국의 번역본을 참고하고 지인들에게 물어서 해답을 찾아나갔다. 그러나 그 일은 동시에 워낙에 옮기기 까다로운 부분이 많아 책을 온전하게 만들기는 쉽지 않은 일임을 깨달아 간 과정이기도 했다. 이 책의 번역을 두고 혹시 있을 수 있는 크고 작은 잘못들은 전적으로 옮긴이 탓이다. 그에 대한 어떠한 질정도 고맙게 받아들이려 한다.

한편, 아마추어적 작업의 결과로 블로그에나 올려두려 했던 이 번역본을 책의 형태로 세상에 내놓아야겠다고 생각한 것은 주변의 권유도 있었지만 한편 인문학의 위기를 넘어서는 데 조금이나마 기여할 수 있지 않을까 하는 뜻에서이다. 동서고금의 좋은 책을 우리말로 옮겨 한국어 자체의 사유 영역을 넓힘으로써 일반의 지식 교양 수준이 높아지지 않는 한, 인문과학의 토대는 결코 높아질 수 없으며, 인문학의 위기 역시 극복하기 힘들다.『후한서』는 옛 사람들이 빼놓지 않고 읽었던 중요한 고전의 하나이며, '일당백' '오리무중' 등 수많은 고사성어의 보고이기도 하다. 그 첫머리를 옮겨 펴낸 이 책을 통해 학계는 물론 일반 독자들 사이에서도 이 시기의 역사와 삶에 대한 논의가 활발해지고 그것이 오늘의 삶에 거울이 되었으면 하는 바람이다.

책이 나온다고 생각하니 시름을 하나 내려놓은 느낌이다. 기회가 닿으면『후한서』본기에 이어 오랜 시간이 걸리기는 하겠지만 열전을 옮겨 볼 생각이다. 번역 원고를 읽고 몇 군데 오류를 잡아 준 학형學兄 공원국에게 감사한다. 그가 아니었다면 아마 이만한 책이 되기도 어려웠을 것이다. 원고 이야기를 듣고 기꺼이 출판을 허락해 준 새물결출판사의 조형준 주간께도 감사를 표하고 싶다. 그가 보내 준 진심 어린 격려가 없었다면 애초에 용기를 잃었을 것이다. 마지막으로 재미없는 남자와 같이 살면서도 사랑을 잃지 않고 크고 작은 모든 일을 챙기는 아내에게 무한한 고마움을 표한다. 그 애정 아래에서만 어떤 일이든 가능할 수 있음을 안다. 이 지면을 빌려 아내한테 입으로 하지 못했던 말을 손으로라도 하고 싶다.

2014년 3월
불암산 아래 당현천 옆에서
장은수

해제

1

 범엽(398~445년)의 『후한서』는 중국 고대사를 기술한 대표적인 기전체 역사서 중의 하나로, 사마천의 『사기』, 반고의 『한서』, 진수의 『삼국지』와 함께 중국사 전체를 포괄하는 이십오사 중 으뜸인 '사사'로 불린다. 우리나라에서 『후한서』를 읽은 지는 꽤 오래된 일로 이미 고려시대 최충崔沖의 문헌공도文憲公徒에서 『사기』, 『한서』와 함께 '삼사三史'라는 이름으로 묶여 과거 시험의 필독서로 읽혔다. 조선시대에도 성종 때는 왕의 명령으로 특별히 간행해 널리 보급하고, 경연經筵 등에서 왕과 신하가 함께 읽고 뜻과 교훈을 논하는 책이었다.

 특히, 후한 말에는 목숨을 아끼지 않고 청의淸議를 일으켜서 환관과 외척의 전횡을 고발하고 백성을 도탄에서 구하려는 선비들이 끊이지 않았다. 또한 '황건의 난'이 일어나 후한 왕조가 기울 때까지 이들에 대한 극도의 탄압이 당고黨錮라는 이름으로 계속되었다. 그런데 조선에서는 조광조趙光祖 이후 네 차례 사화를 겪고 난 후 이들 청류淸流의 삶을 본보기로 삼아 외척을 경계하고 간신을 배척해 나라를 구하고자 하는 신진 사대부들의 열망이 각종 상소와 의론에서 분출될 때마다 후한의 일을 전범으로 삼는 경우가 많았다. 따라서 『후한서』는 왕조의 역사서인 동시에 선비의 역사서로 널리 읽혀, 조정에 나아가서는 엄정한 의론을 일으키고 물러나서는 맑은 교우를 중시하는 조선조 사대부의 삶에 부지불식간에 커다란 영향을 미친 것으로 짐작된다.

『후한서』는 고조高祖 유방劉邦이 세운 한나라가 망한 지 불과 십여 년도 지나지 않아 잇따른 실정으로 왕망王莽의 신新나라가 혼란에 빠져들 때부터 시작한다. 천하가 어지러워지는 와중에 전한前漢의 종실인 광무제光武帝 유수劉秀는 고향인 남양군南陽郡에서 의병을 이끌고 일어나 각지 호족의 도움으로 천하의 뭇 영웅을 물리친 후 건무建武 원년(25년)에 한나라를 재건해 건무建武의 치세를 이룩한다. 이후 후한은 명제明帝와 장제章帝와 화제和帝 삼대의 짧은 전성기를 지나서 나이 어린 황제들이 연속해서 즉위하자 본래 약하기 그지없던 황권을 둘러싸고 외척, 환관, 호족 등의 투쟁이 본격화되면서 순식간에 나라가 도탄에 빠진다. 어린 황제를 사이에 두고 권력을 차지하기 위해 상층 귀족들 간의 추악한 투쟁이 반복되는 어지러운 중기가 흘러가고, 말엽에는 당고가 두 차례에 걸쳐 일어나면서 청류 인사들의 벼슬길이 막히고 결국 정치가 중단됨에 따라 십상시를 중심으로 한 환관의 전횡이 극에 달한다. 이후 부정부패가 더욱 만연하자 도탄에 빠진 삶을 견디다 못한 민중들이 누런 수건을 머리에 두르고 봉기함으로써 나라가 급속도로 멸망을 향해 기울어지는 말기의 참상이 도도하게 펼쳐진다. 황건의 난 이후 중앙 조정의 힘이 완전히 와해되어 지방 호족들이 각자 병권을 틀어쥐고 봉기해 천하의 주인을 다투다가 조조, 유비, 손권이 큰 세력을 형성해 패권을 놓고 싸우는 삼국쟁패의 시기를 맞아, 결국 한나라는 마지막 황제인 헌제獻帝가 조비曹操의 겁박을 받고 황제 자리를 억지로 위魏나라에 양위하는 건안建安 25년(220년)에 종말을 고한다.

『후한서』는 광무제 유수가 일어서 신나라를 타도하는 데서 시작해 헌제가 위나라 문제 조비에게 천자의 자리를 넘기는 약 200여 년 동안의 역사를 기전체 서술 양식에 따라 담담하면서도 준엄하게 다룬다. 물론 양위 이후 산양공山陽公으로 낮춰진 헌제와 그 후손들의 삶이 잠시 기술되기는 하지만, 이미 역사의 큰 물줄기는 사라져 버렸으므로 별다른 의미는 없다.

2

『후한서』는 「본기本紀」, 「열전列傳」, 「지志」 등 세 부분으로 구성되어 있다. 그중 「본기」 10권과 「열전」 80권은 범엽이 지은 것이다. 범엽은 본래 「지」 10권을 더 지어 전체를 100권으로 할 예정이었으나 역모 사건에 연루되어 사형되었으므로 미처 완결하지 못했다. 현재 『후한서』라는 이름으로 함께 묶여 있는 「지」 30권은 범엽 이전에 전하던 수많은 역사서 중 사마표司馬彪(246~306년)가 지은 『속한서續漢書』에서 가져와 후세 사람들이 편집해 붙인 것이다.

『후한서』는 기전체로 쓰였으므로 대체로 『사기』나 『한서』의 체제를 따르고 있다. 그러나 「표表」가 존재하지 않는 점, 나이 어린 황제가 유달리 많이 황위에 오름에 따라 황태후의 섭정이 여섯 차례나 있을 정도로 흔했던 후한의 정치 상황을 반영해 「본기」 뒤에 「황후기皇后紀」를 따로 수록한 점이 특징이다. 또한 「열전」에 당고, 환자宦者, 문원文苑, 독행獨行, 방술方術, 일민逸民, 열녀列女 등을 새로 집어넣었다. 범엽은 이와 같이 자신이 체재를 새로 창작한 부분에는 반드시 서문을 보충해

의미를 밝혀 두었다(이 책에 실린 「황후기」의 「서序」를 보면, 대략의 구성과 뜻을 짐작할 수 있으므로 자세한 것은 생략한다).

3
『후한서』를 지은 범엽은 위진남북조 시대에 남조에 속했던 왕조 중 하나인 송宋나라(유씨劉氏가 세웠으므로 뒤에 조광윤이 건국한 송나라와 구분하기 위해 흔히 '유송劉宋'이라고 부른다) 사람이다. 자는 울종蔚宗이며, 순양順陽 사람으로 대대로 관리를 지낸 집안에서 태어났다.

증조할아버지인 범왕范汪은 동진東晋 때 서주자사徐州刺史와 연주자사兗州刺史를 지냈으며 학문에 밝고 문장을 잘했다. 할아버지 범녕范寧은 예장태수豫章太守를 지냈고, 『춘추곡량전春秋穀梁傳』에 주석을 다는 등 경학으로 당대에 이름이 높았다. 아버지 범태范泰는 동진 때 중서시랑中書侍郎을 지냈고, 나중에 송나라에 입조해 시랑侍郎 등의 벼슬을 살았다. 범태는 책 읽기를 좋아했으며 문장 짓는 것을 즐겨 그로써 이름이 높았다. 범태의 넷째 아들인 범엽은 당백부 범홍지范弘之의 후사를 이으려고 양자로 가서 무흥현후武興縣侯에 이어 봉해졌다.

범엽은 열일곱 살 때 벼슬길에 나서 팽성왕彭城王 유의강劉義康의 참군參軍으로 임명되었다. 이후 계속 벼슬이 올라 신채태수新蔡太守, 상서이부랑尙書吏部郎 등을 지냈다. 원가元嘉 9년(432년), 선성태수宣城太守로 좌천되었는데, 이때 『후한서』를 구상하고 본격적으로 집필하기 시작했으며, 이후 거의 십 년 동안 관직을 옮겨 다니면서 집필에 몰두했다. 자세한 내용은 알 수 없지만, 궁형을 받고 『사기』를 지은 사마천과 마찬가지로, 아마도 범엽 자신이 겪은 정치적 좌절을 역사를 교훈 삼아 벗어나 보려는 몸부림이 아니었을까 짐작한다.

이때 범엽은 유진劉珍 등이 편찬한 『동관한기東觀漢記』를 바탕으로 삼고, 오吳나라 사승謝承의 『후한서』, 진晋나라 설형薛瑩의 『후한기後漢紀』, 사마표의 『속한서』 등 이전에 후한의 역사를 다룬 책을 널리 참고하는 동시에 진수의 『삼국지』, 원굉袁宏의 『후한기』와 비교하면서 자신만의 『후한서』를 만들어 나갔다. 그러나 범엽의 『후한서』는 이전의 책들과는 달리 체제가 엄밀하고 고증이 치밀하며 번잡한 것은 버리고 핵심만을 추린 데다 문장이 단아하고 아름다워 일단 간행된 후에는 선비들 입에서 전범으로 오르내리면서 널리 퍼져 나갔다. 이와 같이 범엽의 『후한서』가 선비들 사이에서 널리 퍼져가면서 그때까지 많이 읽히던 『동관한기』의 지위를 능가했으며, 그 외 다른 '후한서'들은 거의 읽히지 않았으므로 시간이 지나면서 드디어 정사正史로 자리 잡았다.

한편, 『후한서』를 완성할 무렵인 원가 22년(445년), 범엽은 팽성왕을 황제로 옹립하려던 음모에 가담했다는 서담지徐湛之의 밀고로 사로잡혀 사형에 처해졌다. 이때 나이가 마흔여덟 살이었다.

4
후한 200년은 그다지 화려하지 않았으나 그 결과는 중국사의 거대한 분기점을 이룬다. 무엇보다 이 시기에 유사 이래 중국의 오랜 숙적이었던 북쪽 흉노와의 전쟁이 거의 완결되어 흉노 전체가 서서히 남방으로 이주하거나 초원 지대 너머로 밀려남으로써 중국사에서 거의 사라졌다. 그리고 서쪽에 살던 강족羌族과 남쪽의 만족蠻族도 중국과 수없이 전쟁을 치르면서 서서히 내륙으로 이주해 중국 역사에 통합되어 갔다. 이른바 '중화中華'라 불리는 한족漢族 문명의 거대한 용광로 속에서 유목 민족들의 끊임없는 정치적·군사적 도전을 물리치고 더 나아가 자신의 일부로 녹여 간 중국사의 고유한 특성이 이 시기에 감히 틀이 완벽히 마련되었다고 할 수 있다. 그 결과 중국은 황하 유역의 지역

문명을 넘어서 중국 대륙 전체를 아우르고 나아가 동아시아 전체의 보편으로 인식되는 거대한 시스템을 비로소 선보일 수 있게 되었다.

전한과 후한을 통틀어 한나라의 정치 사회 시스템은 중국 최초로 전국을 통일한 진秦나라 시스템을 이어받았지만, 이를 끊임없이 수정하고 다듬어 현실에 적용하면서 당시의 다른 문명 수준을 뛰어넘은 고도로 발전된 체계를 이룩했다. 물론 많은 것이 전한 때 이루어졌고, 후한은 이를 계승하여 다소 수정했을 뿐이라고도 할 수 있다. 그러나 외척과 환관과 호족의 피비린내 나는 권력 투쟁과 극심한 부정부패로 얼룩진 혼돈의 시간 속에서도 후한은 조금씩 중국 시스템의 원형을 분명하게 형성하는 움직임을 보인다. '천하'라 불릴 만큼 넓은 지역의 서로 다른 삶의 조건을 수용하고 풍속과 역사가 다른 수많은 민족을 포용하는 와중에 만들어진 '중화'라는 체계는 위진남북조의 혼란기를 거쳐서 마침내 당나라에 계승되면서 잠재된 힘이 폭발해 서양 근대의 충격이 다가오는 17세기 무렵까지 천 년 동안 동아시아를 확고하게 지배한다. 『후한서』의 수많은 기사를 통해 우리는 중화의 형성 과정을 생생하게 맛볼 수 있으며, 그를 통해 동아시아 시스템의 원형적 형태를 짐작할 수 있는 것이다.

그러나 후한 200년의 역사는 또한 우리에게는 다른 문명의 가능성을 탐색하는 기회이기도 했다. 이 시기에 한반도와 만주에서는 전혀 다른 문명의 지도가 그려졌기 때문이다. 한나라 무제武帝의 침략으로 멸망했던 고조선의 영토에서 고구려, 부여, 백제, 신라, 삼한 등 우리 민족의 역사가 새롭게 펼쳐졌던 것이다.

이 시기에 우리는 때로는 한나라에 내부內附하고 때로는 저항하면서 낙랑, 현도 등 한사군을 무찔러 마침내 우리 민족 고유의 영토를 확보해 가기 시작한다. 또한 북으로는 초원의 여러 민족과 길을 트고 남으로는 왜를 비롯한 해양 민족과 소통하면서 독자적인 문명의 길을 시도했다. 중화이면서 중화가 아니고, 중화가 아니면서 중화인 우리 민족의 고유한 문명 의식은 한나라와의 생사를 넘나드는 오랜 투쟁의 결과로 확보된 것이므로, 거친 모래바람 속에, 습한 밀림 속에, 황막한 초원 속에 스러진 수많은 유목 민족들의 역사를 돌이켜 생각할 때 가히 자부할 만하다고 할 수 있다.

　오늘날까지 이천 년의 우리 역사 동안 중국발 문명의 파도에 일방적으로 휩쓸리지 않고 어느 시기에나 '중화 속의 신라/고려/조선'으로서 고유한 삶을 살아갈 수 있었던 것은 이러한 역사적 경험이 거대한 뿌리가 되어 우리 안에 흐르기 때문일 것이다. 『후한서』에 드문드문 나오는 우리 민족 관련 기사를 한 줄 한 줄 이러한 맥락에서 읽는 것은 우리 독자들에게는 또 다른 즐거움이 될 것이다.

차례

		일러두기	—— 5
		옮긴이의 말	—— 7
		해제	—— 11

◆

| 권1 본기 제1 | 광무제기 光武帝紀 | —— 21 |
| | 광무제기 光武帝紀 | —— 23 |

| 권2 본기 제2 | 현종顯宗 효명제기 孝明帝紀 | —— 145 |
| | 명제 明帝紀 | —— 147 |

| 권3 본기 제3 | 숙종肅宗 효장제기 孝章帝紀 | —— 199 |
| | 장제기 章帝紀 | —— 201 |

권4 본기 제4	효화효상제기 孝和孝殤帝紀	—— 255
	화제기 和帝紀	—— 257
	상제기 殤帝紀	—— 307

| 권5 본기 제5 | 효안제기 孝安帝紀 | —— 315 |
| | 안제기 安帝紀 | —— 317 |

권6 본기 제6	효순효충효질제기 孝順孝沖孝質帝紀	—— 379
	순제기 順帝紀	—— 381
	충제기 沖帝紀	—— 425
	질제기 質帝紀	—— 428

| 권7 본기 제7 | 효환제기 孝桓帝紀 | —— 439 |
| | 환제기 桓帝紀 | —— 441 |

권8 본기 제8	효영제기 孝靈帝紀	—— 493
	영제기 靈帝紀	—— 495
권9 본기 제9	효헌제기 孝獻帝紀	—— 543
	헌제기 獻帝紀	—— 545
권10 본기 제10	황후기 皇后紀	—— 587
	서 序	—— 589
	광무곽황후 光武郭皇后	—— 598
	광렬음황후 光烈陰皇后	—— 605
	명덕마황후 明德馬皇后	—— 611
	장덕두황후 章德竇皇后	—— 625
	화제음황후 和帝陰皇后	—— 630
	화희등황후 和熹鄧皇后	—— 633
	안사염황후 安思閻皇后	—— 659
	순렬양황후 順烈梁皇后	—— 665
	효숭언황후 孝崇匽皇后	—— 672
	의헌양황후 懿獻梁皇后	—— 675
	환제등황후 桓帝鄧皇后	—— 678
	환사두황후 桓思竇皇后	—— 681
	효인동황후 孝仁董皇后	—— 684
	영제송황후 靈帝宋皇后	—— 687
	영사하황후 靈思何皇后	—— 691
	헌제복황후 獻帝伏皇后	—— 698
	헌목조황후 獻穆曹皇后	—— 703
	공주 公主	—— 707

권1
본기 제1

광무제기
光武帝紀

광무제기
光武帝紀

세조世祖 광무황제光武皇帝는 휘諱가 수秀이고 자字는 문숙文叔이다.[1] 남양군南陽郡 채양현蔡陽縣 사람이며, [한나라] 고조高祖(유방)의 아홉 대 아래 후손이다.

[그 가계는] 경제景帝가 장사정왕長沙定王 유발劉發을 낳은 것으로부터 출발한다. 유발은 용릉절후舂陵節侯[2] 유매劉買를, 유매는 울림태수鬱林太守[3] 유외劉外를, 유외는 거록도위鉅鹿都尉[4] 유회劉回를, 유회는 남돈현령南頓縣令[5]

---

1 『예기禮記』에 "조祖는 공이 있을 때 쓰고 종宗은 덕이 있을 때 쓴다"고 했는데, 광무제는 한나라를 중흥했으므로 묘당廟堂에 세조라는 이름을 붙인 것이다. 『일주서逸周書』 「시법해諡法解」에 따르면, "선조의 대업을 잇는 것을 광光이라 하고, 재앙과 환란을 평정하는 것을 무武라 한다." 복후伏侯의 『고금주古今注』에 따르면, "유수는 본래 자가 무茂였다. 그런데 형제는 순서대로 백伯, 중仲, 숙叔, 계季라고 한다. 큰형이 백승伯升, 둘째 형이 중仲을 자로 했으므로 그 뒤를 따라 자를 문숙이라고 했다."

2 용릉舂陵은 향鄕 이름이다. 본래 영릉군零陵郡 영도현泠道縣에 속했다. 원제元帝 때 [봉토를] 남양군으로 옮겼지만, 이름은 바꾸지 않고 그대로 용릉이라고 불렀다. 이 일에 대해서는 『한서漢書』 「종실사왕전宗室四王傳」에 나온다.

3 『한서』에 따르면, "군수郡守는 진秦나라(이하 진秦나라는 진晉나라, 진陳나라 등과 달리 따로 한자를 밝히지 않는다) 때 관직으로 질秩(녹봉)은 이천 석이다. 경제 때 이름을 태수太守로 고쳤다."

4 『한서』에 따르면, "도위都尉는 본래 군위郡尉라 했다. 진나라 때 관직으로 군수를 곁에서 도우면서 군대를 책임졌는데, 질은 비比 이천 석이다. 경제 때 이름을 도위로

유흠劉歆을, 유흠은 〔광무제〕 유수劉秀를 낳았다.

　유수는 아홉 살 때 아버지를 여의고 작은아버지 유량劉良 밑에서 자랐다. 키가 일곱 자 세 치(한나라 때 한 자는 0.231밀리미터에 해당한다)였고 수염과 눈썹이 아름다웠다. 또 입은 크고 코는 우뚝했으며[隆準] 이마 한가운데[日角]가 툭 튀어나왔다.⁷ 성품이 부지런해서 농사일[稼穡]⁸에 힘썼다. 형 유백승劉伯升(백승은 유수의 맏형인 유연劉縯의 자이다)은 협객을 좋아하고 재주 있는 선비들과 사귀기를 즐겼다. 밭일 하는 유수를 볼 때마다 유연은 항상 비웃으면서 그를 고조의 둘째 형 유중劉仲⁹과 비교했다.

　　고쳤다."
5　남돈현은 여남군汝南郡에 속한다. 『한서』에 따르면, "현령縣令과 현장縣長은 모두 진나라 때 관직이다. 일만 호 이상이 되면 현령이라 했는데 질은 육백 석에서 일천 석까지였으며, 일만 호를 채우지 못하면 현장이라 했는데 질이 삼백 석에서 오백 석까지였다."
6　원문에는 광무제로 되어 있다. 『후한서』는 어떤 사람이 얻은 최종 직위로 그 사람을 부르곤 하는데, 옮긴이는 이 같은 호칭 방식이 오늘날의 독자에게는 오히려 혼동을 일으킬 우려가 있다고 보고, 시기별로 이름과 직책을 살려서 호칭해 옮겼다. 이에 따라 광무제는 제위에 오르기 전까지는 유수로, 제위에 오른 후에는 광무제로 호칭한다. 그 사이에 얻은 각종 관직은 대화 안에서만 살려 썼다. 아래 다른 사람의 경우에도 마찬가지이다 (옮긴이).
7　융隆은 높다는 뜻이다. 허부許負에 따르면, "코가 곧 준準이다." 정현鄭玄의 『상서중후주尙書中候主』에 따르면, "일각은 이마 한가운데의 뼈가 튀어나와 그 생김새가 해처럼 보이는 것이다."
8　씨 뿌리는 것이 가稼이며, 거두어들이는 것이 색穡이다.
9　유중劉仲은 산업에 능했던 합양후郃陽侯 유희劉喜를 말한다. 이 일은 『한서』에 나온다.

【천봉天鳳[10] 연간】(14~19년)

유수는 장안長安으로 가서 『서경書經』을 배우고[11] 대강의 뜻을 통달했다.

왕망 말에 해마다 천하에 황충蝗蟲이 들끓으면서 도적떼가 봉기蜂起[12]했다.

【지황地皇[13] 3년】(22년)

남양군에 황기荒饑(흉년이 들어 기아가 심함)[14]가 들자 많은 가문과 그 빈객들이 도적떼가 되었다. 유수는 관리〔吏〕를 피하여 신야현新野縣[15]으로 도망쳤다가 〔다시〕 완현宛縣으로 가서 곡식을 팔았다.[16] 이때 완현 사람 이통李通 등이 도참설圖讖說에 기대어 유수에게 "유씨가 다시 일어서고

---

10 왕망은 신나라를 세운 지 여섯 해째 되는 해(14년)에 연호를 천봉으로 고쳤다.
11 『동관기東觀記』에 따르면, "중대부中大夫 여강군廬江郡 사람 허자위許子威에게 『서경』을 배웠다. 경비가 떨어지자 같은 사생舍生인 한한韓과 돈을 합친 후 나귀를 사서 종자로 하여금 짐을 나르게 하여 뭇 공비公費를 충당했다."
12 봉기는 도적이 칼끝같이 날카롭고 다투는 것같이 일어서는 것을 말한다. 때로 '蜂'을 쓰기도 하는데, 이는 벌떼같이 많음을 비유한 것이다.
13 천봉 6년(19년)에 연호를 고쳐 지황이라 했다.
14 『한시외전韓詩外傳』에 따르면, "〔오곡 중에서〕 곡식 하나가 흉하면 겸歉이요, 곡식 둘이 흉하면 기饑요, 곡식 셋이 흉하면 근饉이요, 곡식 넷이 흉하면 황荒이요, 곡식 다섯이 흉하면 대침大侵이다."
15 신야현은 남양군에 속한다. 『속한서續漢書』에 따르면, "유연의 빈객이 강도짓을 했으므로, 유수는 관리를 피해 신야현에 있는 등신鄧晨(유수의 매형)의 집으로 갔다."
16 『동관기』에 따르면, "이때 남양군에 가뭄이 들어 기아가 심했으나, 유수는 밭에서 홀로 〔곡식을〕 거두어들일 수 있었다." 완현은 남양군에 속한다.

이씨가 돕는다"[17]라고 했다. 처음에는 유수가 이를 감당하려 하지 않았지만 홀로 '형은 평소에 여러 빈객들과 관계를 단단히 하고 있으므로 반드시 큰일을 일으킬 것이다. 또한 왕망에게는 이미 패망할 조짐이 보이며 천하는 어지러워지려고 한다'라고 생각했다. 이에 [이통 등과] 함께 모의한 후에 시장에서 무기와 쇠뇌를 사들였다.

10월

이통의 사촌아우 이질李軼 등과 함께 완현에서 일어섰다. 이때 나이가 스물여덟 살이었다.

11월

혜성이 장성張星(이십팔수의 스물여섯째 별자리)에 나타났다.[18]

유수가 빈객들을 이끌고 용릉향舂陵鄉으로 돌아왔다. 이때 유연은 이미 무리를 모아 군사를 일으킨 후였다. 처음에 여러 집안의 자제들이 두려움에 떨면서 모두 도망쳐 숨으며 말하기를, "유연이 우리를 죽이려 한다"라고 했다. 그런데 유수가 주홍빛 옷을 입고 커다란 관을 쓴

---

17 도圖는 하도河圖이다. 참讖은 부명符命(제왕이 될 사람에게 하늘이 내리는 상서로운 징조)에 관한 책이다. 참은 험驗이다. 왕 될 사람이 천명의 징조를 받는 것을 험이라 한다. 『역곤령도易坤靈圖』에 따르면, "한나라의 신하는 이양李陽이다."

18 『한서』 「음의音義」에 따르면, "색孛은 별빛이 아주 짧게 빛나면서 떠돌아다니는 것을 뜻한다. 장성은 남방에 속한 별자리이다." 『속한지續漢志』에 따르면, "장성은 주나라 땅을 말한다. 혜성이 장성에 나타났다는 것은 동남쪽으로 움직였다는 것, 즉 익성翼星과 진성軫星 사이를 갈랐다는 것이다. 익과 진은 초나라 땅이므로, 이는 초나라 땅에서 장차 병란兵亂이 있음을 뜻한다. 다음 해 정월에 유수는 용릉에서 군사를 일으켜 남양군을 공격하고 견부甄阜와 양구사梁丘賜 등의 목을 벤 후, 그 군졸 수만 명을 죽였다. 유수는 낙양에 도읍을 두고, 주나라 땅에 근거했다. 혜성이 나타난 것은 더러움을 없애고 새로움을 알리는 상징이었다."

것[絳衣大冠][19]을 보고, 모두 놀라서 "부지런하고 후덕한 사람 역시 [큰일을 위해] 돌아왔다"고 하면서 점차 안정을 찾았다.

유연은 이곳(용릉)에 신시현新市縣과 평림平林[20]의 군사들을 불러들인 후, 그 우두머리인 왕봉王鳳, 진목陳牧과 함께 서쪽으로 가서 장취長聚[21]를 공격했다.

유수는 처음에 소를 탔다가 신야현위新野縣尉[22]를 죽이고 말을 얻었다. 진격하여 당자향唐子鄕을 도륙[23]했고, 또 호양현위湖陽縣尉를 죽였다.[24] [이때] 군중軍中에서 재물을 나눌 때 균일하지 않다는 이유로 무리들이 성내고 원한을 품은 끝에 반란을 일으켜 유씨들을 공격하고자 했다. 그러자 유수는 유씨 집안에서 거두어들였던 물건들을 남김없이 나누어 주었는데, 이로써 무리들이 즐거워했다. 진격하여 극양현棘陽縣[25]을 쳐서 빼앗았으며, 왕망의 [장수인] 전대부前隊大夫[26] 견부甄阜, 속정屬正[27]

---

19 동파董巴의 『여복지輿服志』에 따르면, "큰 관을 무관武冠이라 하고, 이를 쓴 사람을 무관武官이라 한다." 『동관기』에 따르면, "이때 유수가 걸친 주홍빛 옷에 큰 관은 장군복이다."
20 신시현은 강하군江夏郡에 속한다. 평림은 땅 이름이다.
21 『광아廣雅』에 따르면, "취聚는 거居, 즉 거주한다는 뜻이다." 『한서』「음의」에 따르면, "향 중에서 작은 것이 취이다."
22 『한서』에 이르기를, "위尉는 진나라 때 벼슬로 질은 이백 석에서 사백 석까지이다."
23 『예例』에 따르면, "많은 사람을 주살誅殺하는 것이 도屠이다." 당자향은 당자산唐子山에 있다.
24 호양현은 남양군에 속한다. 『동관기』에 따르면, "유종劉終이 강하군의 관리를 사칭하여 그를 꾀어내 죽였다."
25 극양현은 남양군에 속한다. 극수棘水의 북쪽에 있으며, 옛날에 사국謝國이었다.
26 왕망은 육대六隊를 두고, 대마다 대부大夫를 한 사람씩 두었는데, 하는 일은 태수와 같았다. 남양군에는 전대前隊를, 하내군河內郡에는 후대後隊를, 영천군潁川郡에는 좌대左隊를, 홍농군弘農郡에는 우대右隊를, 하동군河東郡에는 조대兆隊를, 형양군滎陽郡에는 기대新隊를 두었다.
27 왕망은 대마다 속정 한 사람을 두었는데, 직무는 도위와 같았다.

양구사梁丘賜와 더불어 소장안小長安[28]에서 싸웠다. 한나라 군대〔漢軍〕(유수가 이끄는 군사를 말한다)가 크게 패한 후 돌아와 극양현을 지켰다.

【경시更始 원년】(23년)

정월

초하루 갑자일, 한나라 군사가 다시 견부, 양구사와 더불어 비수沘水 서쪽에서 싸워 크게 무찌르고, 견부와 양구사의 목을 베었다. 유연이 다시 왕망의 납언장군納言將軍 엄우嚴尤, 질종장군秩宗將軍 진무陳茂를 육양현淯陽縣[29]에서 쳐부수고, 진격하여 완성宛城을 포위했다.

2월

신사일, 유성공劉聖公(유현劉玄을 말하며 성공은 그의 자이다)을 천자로 옹립했다. 유연은 대사도大司徒가 되었으며, 유수는 태상太常과 편장군偏將軍을 겸했다.[30]

---

28 『속한서』에 따르면, 육양현淯陽縣에 있는 소장안취小長安聚이다.
29 『한서』에 따르면, 납언納言은 우관虞官(하夏나라 때 관직)으로 왕명王命의 나고 듦을 담당한다. 이 때문에 후설지관喉舌之官(후설喉舌은 목구멍과 혀라는 뜻이다)이라고도 한다. 진나라와 한나라에는 이를 두지 않았는데, 왕망이 대사농大司農을 고쳐 납언이라고 했다. 환담桓譚의 『신론新論』에 따르면, 장우莊尤는 자가 백석伯石이다. 여기서 〔성을〕 '엄嚴'이라고 한 것은 〔장莊이〕 명제明帝의 휘였으므로 피한 것이다. 질종秩宗 역시 하나라 때 관직으로 교묘郊廟(선조의 묘에 제사하는 것)를 담당한다. 주나라에서는 종백宗伯이라고 했다. 진나라와 한나라에는 이를 두지 않았는데 왕망이 태상太常을 고쳐 질종이라 한 것이다. 나중에는 군사 일도 맡았으므로 납언과 질종 모두 장군 이름으로 쓰였다. 육양현은 남양군에 속한다.
30 『한서』에 따르면, "봉상奉常은 진나라 때 벼슬이다. 경제 때 이름을 고쳐 태상이라 했다." 응소應劭의 『한관의漢官儀』에 따르면, "나라가 크게 번성하고 사직이 항상 있기를

3월

 유수는 따로 여러 장수들과 함께 곤양현昆陽縣, 정릉현定陵縣, 언현郾縣을 공략〔徇〕하여[31] 모두 손아래에 두었다. 소와 말을 비롯한 재물을 많이 얻고 곡식도 십만 섬을 빼앗았는데, 이를 완현 아래로 옮겨〔유연으로 하여금 군사들을〕 먹이게 했다. 견부와 양구사가 죽고, 한나라 황제가 세워졌다는 말을 듣고, 왕망은 크게 두려워하여 대사도 왕심王尋과 대사공大司空 왕읍王邑[32]을 시켜 백만 군사를 이끌게 하고 갑사甲士 사십이만 명과 함께 파견했다.

5월

 〔왕심과 왕읍이〕 영천군潁川郡에 이르러 다시 엄우嚴尤, 진무와 더불어 〔군대를〕 합쳤다. 이전에 유수는 용릉후舂陵侯 집안이 조세를 체납한〔逋〕 일로 해서 엄우와 송사를 한 일이 있었다. 그때 엄우는 유수를 보고 〔용모가〕 뛰어나다고 여겼다.[33] 그런데 이때 성에서 나가 엄우에게 항복한 자들이 말하기를 유수가 재물을 취하지 않고 오로지 군사들을 모아

바랐으므로 태상이라 했다." 『노자老子』에 따르면, "편장군은 왼쪽에, 상장군上將軍은 오른쪽에 위치한다." 『동관기』에 따르면, "이때 인印이 없었으므로, 정무후定武侯 가승家丞의 인을 얻어 그것을 차고 입조했다."

31 순徇은 략略, 즉 공략한다는 뜻이다. 곤양현, 정릉현, 언현은 모두 영천군에 속한다.
32 왕망 때 애장哀章이 바친 금궤도金匱圖에 왕심의 이름이 있었다. 왕읍은 왕상王商의 아들로 왕망의 사촌 형제이다.
33 포逋는 위違, 즉 어긴다는 뜻이다. 용릉후는 유창劉敞, 즉 유수의 막내 작은아버지이다. 『동관기』에 따르면, "지황 원년(20년) 12월 임인일, 막내 작은아버지인 용릉후를 위해 〔유수는〕 대사마부大司馬府에 가서 이전의 조세 곡식 이만 육천 섬과 추고전芻稿錢 약 일만 냥에 대해 송사를 벌였다. 이때 완현 사람 주복朱福 역시 장인을 위해 엄우에게 송사했는데, 엄우가 수레를 멈추고 오직 유수의 말만 듣고 주복은 쳐다보지 않았다. 유수가 돌아가자 주복이 탄식하며 말하기를 '엄 공은 어찌하여 그 사람만 쳐다본다는 말인가?'라고 했다."

서 계책을 짤 뿐이라고 했다. 엄우가 웃으며 말했다. "이 사람이 그 수염과 눈썹이 아름다웠던 자인가? 어찌하여 이같이 [큰 인물이] 되었단 말인가!"

이 직전에 왕망이 천하에 영을 내려 병법 육십삼 가家에 밝은 사람을 찾고 수백 명을 불러들여 모두 군대의 관리로 임명했다. 또 무위武衛를 뽑아 훈련시키고, 용맹한 군사를 널리 모집해 부르며,[34] 정기旌旗와 치중輜重이[35] 천 리나 끊이지 않게 했다. 이때 키가 아주 컸던 거무패巨無霸[36]가 있었는데, 키가 한 길(丈)(열 자로 약 이 미터이다)에 허리둘레가 열 아름(圍)인 사람으로 누위壘尉[37]가 되었다. 또 호랑이, 표범, 물소, 코끼리 등 여러 맹수를 몰아서[38] 무武의 위세를 높였다. 진나라와 한나라 이래로 출사出師가 이토록 성대한 적은 일찍이 없었다. 유수는 병사 수천 명을 이끌고 양관취陽關聚[39]에서 그들을 살폈다. 여러 장수들이 왕심과 왕읍의 군대가 성대한 것을 보고, 돌아서서 달리듯, 쫓기듯 곤양현으로

---

34 『설문해자說文解字』에 따르면, "모髳는 널리 구한다는 뜻이다."
35 『주례周禮』에 따르면, "깃털 장식을 단 것이 정旌이요, 곰과 호랑이를 그린 것이 기旗이다." 치輜는 수레 이름이다. 『석명釋名』에 따르면, "치輜는 섞인다는 뜻이다. 군량을 비롯한 온갖 물건들을 잡다하게 섞어서 실었기 때문에 치라고 했다. 또 물건을 무겁게 쌓았으므로 일러서 '치중輜重'이라 한 것이다."
36 왕망의 연솔連率 한박韓博이 글을 올렸다. "키가 한 길이고 허리둘레가 열 아름인 뛰어난 장사가 있습니다. 스스로를 일컬어 거무패라고 하는데, 봉래蓬萊의 동남쪽 오성五城 서북쪽 바닷가에 삽니다. [그는] 수레에 올라탈 수 없고, 말 세 마리가 끌어도 이기지 못하며, 누울 때에는 북을 베개로 쓰고 쇠 젓가락으로 먹습니다." 이에 관한 기록이 『한서』에 보인다.
37 정현의 『주례주周禮注』에 따르면, "군사용 벽을 루壘라고 한다." 최원崔瑗의 『중루교위잠中壘校尉箴』에 따르면, "당당하구나 황제黃帝여, 누벽壘壁을 세웠으니." 누위는 주로 누벽을 세우는 일을 한다.
38 '맹猛'은 '광獷'으로 쓰인 책도 있다. 광獷은 사나운 모습을 나타낸다.
39 역원酈元의 『수경주水經注』에 따르면, "영수潁水는 양관취를 동남쪽으로 가로지른다. 양관취는 서로 마주보면서 영수[의 양쪽 언덕]에 있다."

들어섰는데, 모두들 당황하고 겁에 질린 끝에 아내와 아이들이 근심되었으므로, 흩어져 각자 성으로 돌아가고자 했다. 유수가 의론하여 말했다.

"지금 군량이 이미 적고, 바깥의 적은 강대합니다. 힘을 합쳐 그들을 막으면 큰 공을 세울 수 있지만 나누어져 흩어지면 세력도 함께 없어질 것입니다. 또 완성을 아직 빼앗지 못했으므로[40] 서로 구원하는 것도 가능하지 않습니다. 만약 곤양현이 무너지면 하루도 안 되어 다른 부대들 역시 파멸할 것입니다. 그런데 지금 마음과 담력을 같이하여 공명을 떨치려 하지 않고 어찌 처자나 재물을 지킬 생각만 합니까?"

여러 장수들이 분노하여 말했다.

"유 장군이 어찌 감히 이리 말할 수 있는가!"

그러자 유수가 웃으면서 일어섰다. 마침 척후를 살피러 갔던 병사가 말을 타고 돌아와 말했다.

"대군이 지금 성 북쪽에 이르렀습니다. 군진軍陳이 수백 리에 달하여 그 끝이 보이지 않습니다."

여러 장수들이 서로 쳐다보면서 말했다.

"다시 유 장군을 청해서 계책을 들읍시다."

유수는 다시 그림을 그려서 성패를 보여 주었다. 여러 장수들이 근심에 가슴 졸이면서 모두 "알았소"라고 했다. 이때 성 안에는 단지 팔구천 명만이 있었다. 유수는 성국상공成國上公 왕봉과 정위대장군廷尉大將軍 왕상王常으로 하여금 [곤양에] 머물러 지키게 하고, 밤에 스스로 표기대장군驃騎大將軍[41] 종조宗佻, 오위장군五威將軍 이질[42] 등 열세 기騎와 더불어

---

40 유연이 포위했으나 아직 빼앗지 못한 것을 말한다.
41 표기대장군은 무제武帝가 처음 설치했는데, 곽거병霍去病으로부터 시작되었다.
42 왕망이 오위장군을 설치하고 오방색五方色(다섯 방위를 상징하는 색으로, 동쪽은 청색,

성의 남문으로 나가 밖에서 군사를 거두어들이고자 했다. 그러나 곧 왕망의 군대가 성 아래에 이르러 십만에 이르렀으므로 유수는 나갈 기회를 얻지 못할 뻔했다. 언현과 정릉현에 닿자마자 유수는 군영의 병사들을 모두 징발했다. 그러나 여러 장수들이 재물을 탐내고 아쉬워하여 군사를 나누어 머무르면서 그것을 지키려고 했다. 유수가 말했다.

"지금 만약에 적을 무찌르면 보배가 일만 배로 늘 것이고 큰 공도 이룰 수가 있소. 그러나 만약에 패하게 되면 머리조차 남길 수 없을 터인데, 재물이 있어 무엇 하겠는가!"

이에 무리가 그 말을 따랐다.

엄우가 왕읍에게 설명하여 말했다.

"곤양현은 성이 작지만 견고합니다. 지금 황제를 참칭한 자가 완성에 있으니, 대병大兵을 이끌고 빠르게〔亟〕⁴³ 나아가면, 그들은 반드시 도망쳐 달아날 것입니다. 완성이 패하면 곤양성昆陽城은 스스로 죄를 고백하고 항복할 것입니다."

왕읍이 말했다.

"내가 예전에 호아장군虎牙將軍이었을 때 적의翟義를 포위했지만 사로잡지 못했다는 죄⁴⁴로 견책을 받고 물러난 적이 있소. 이제 백만 군사

서쪽은 흰색, 남쪽은 적색, 북쪽은 흑색, 가운데는 황색이다)에 따라 옷을 입힘으로써 천하에 위세를 떨치고자 했다. 이질은 광무제 유수와 함께 처음에 일어섰는데, 임의로 〔그를〕 이렇게 부른 것이다.

43 극亟은 급急, 즉 급하다는 뜻이다.
44 적의는 자가 문중文仲으로, 젊을 때 관직에 나아가 동군태수東郡太守가 되었다. 거섭居攝 연간(6~8년), 적의는 왕망을 매우 증오하는 마음을 품고는 동평왕東平王 유운劉雲의 아들 유신劉信을 세워 천자로 삼고, 스스로를 주천대장군柱天大將軍이라 부르며 왕망을 주살하고자 했다. 왕망이 손건孫建, 왕읍 등을 보내 군사들을 이끌고 적의를 공격해 쳐부쉈다. 적의가 패하자 자살했는데, 이를 두고 사로잡지 못했다고 한 것이다. 이 일에 대한 기록이 『한서』에 보인다.

를 거느리고도 성을 만나 떨어뜨리지 못한다면 무어라 하겠는가?"

이에 〔곤양성을〕 수십 겹으로 에워싸고 군영 백여 개를 벌여 놓았으며 십여 장 높이의 운거雲車(적을 살피는 데 쓰는 높은 망대가 있는 수레)[45]를 놓아 성 안을 내려다보았다〔瞰〕.[46] 기치旗幟(깃발)[47]는 들판을 덮고 흙먼지는 하늘에 이어졌으며, 징소리鉦[48]와 북소리는 수백 리 밖에서도 들렸다. 혹은 지하도를 파고, 혹은 병거를 부딪쳐[49] 성을 공격했다. 쇠뇌를 어지럽게 쏘니 화살이 비오는 듯 쏟아져 성 안에서는 덧문을 업고 물을 길었다. 왕봉 등이 항복을 구걸했으나 허락받지 못했다. 왕심과 왕읍은 스스로 공을 세울 날이 얼마 남지 않았다고 생각하여 뜻과 기운이 나날이 흐트러져 갔다. 밤에 유성이 진영 한가운데 떨어졌고, 낮에는 구름이 무너진 산처럼 군영으로 떨어져 내려 땅 가까이에 이르러 흩어져 버렸다.[50] 이에 〔왕망군의〕 관리와 병사들이 〔놀라서〕 모두 엎드렸다.

---

45 운거는 누거樓車를 말한다. 운雲은 높아서 쓴 말이다. 올라가 적을 내려다볼 수 있게 만들어졌다. 『묵자墨子』에 따르면, "공수반公輸般(춘추시대 노나라의 기술자로 노반이라고도 한다)이 처음 운제雲梯(구름사다리)를 만들었다."

46 몸을 구부려서 보는 것이 곧 감瞰이다.

47 『광아』에 따르면, "치幟는 번幡(나부끼는 깃발)과 같다."

48 『설문해자』에 따르면, "징鉦은 요鐃(군중에서 쓰는 작은 징)로 영鈴(방울)과 비슷한 것이다."

49 충衝은 동거橦車(나무를 앞에 달아 성문을 부술 때 쓰는 수레)이다. 『시경』「대아大雅」에 "임차臨車(아래를 내려다보면서 공격하는 전차)와 충차衝車(성을 정면으로 공격할 때 쓰는 전차)는 느릿느릿〔閑閑〕"이라는 구절이 있다. 허신許愼에 따르면, "팽輣은 누거樓車다."

50 『속한지』에 따르면, "구름이 무너진 산 같았다는 것은 영두성營頭星(운석〔이 떨어졌음〕)을 일컫는다." 『점占』에 따르면, "운석이 떨어졌음은 그 아래 있는 군대가 장차 살해되어 피가 천 리에 걸쳐 흐르는 것을 뜻한다."

6월

기묘일, 유수는 드디어 여러 군영의 군사들과 더불어 진격했는데, 스스로 보병과 기병 일천여 명을 이끌고, 대군으로부터 사오 리 앞까지 가서 진을 쳤다. 왕심과 왕읍 역시 군사를 보내 수천 명을 보내 서로 싸웠다. 유수는 그들을 달아나게 하고 수급首級[51] 수십 개를 베었다. 여러 부대가 기뻐하면서 말했다.

"유 장군께서 평소에 작은 적을 겁내는 것처럼 보였는데, 이제 큰 적 앞에서 용감한 걸 보니 기이한 일입니다. 하지만 또다시 선봉에 서신다면, 청컨대 장군을 돕게 해 주소서!"

유수가 다시 진격하자, 왕심과 왕읍이 군사를 물렸다. 모든 부대가 함께 기세를 타니, 목을 벤 머리가 수백 수천에 이르렀다. 계속 이기자 유수는 마침내 앞으로 나아갔다. 이때 유연이 완현을 빼앗은 지 이미 사흘이 지났는데, 유수는 알지 못했다. 이에 가짜로 사자를 보내 편지를 쥐고 성 안에 알리기를, "완현의 군사들이 곧 도착한다"라고 하고는 일부러 그 편지를 떨어뜨렸다. 왕심과 왕읍이 그것을 얻고는 기쁘지 않았다. 여러 장수들이 이미 계속 승첩을 쌓아 왔으므로, 간담이 더욱 커져서 일당백이 안 되는 자가 없다고 할 정도였다. 이에 유수는 죽음을 능히 감당할 병사 삼천 명과 더불어 성 서쪽의 물 있는 곳으로부터 왕심과 왕읍의 중견中堅[52]을 공격하여 군진을 어지럽힌 후, 날래고 용감하게 공격하여 그것을 무너뜨린 후 마침내 왕심을 죽였다.

성 안의 군사들 역시 북을 크게 울리면서 나와서 공격했다. 이렇듯

---

51 진나라 때 법에 따르면, 적 한 사람을 목 벨 때마다 작위를 한 등급씩 높여 주었다. 이 때문에 목을 벤 머리를 수급이라 하는 것이다.

52 무릇 군사에서는 중군中軍이 가장 중요한 법이다. 중앙에 있으면서 단단하게 지키고 날카롭게 공격하여 스스로를 도우므로 중견이라 한 것이다.

가운데와 바깥이 힘을 합하니 그 내지르는 고함에 천지가 울리는 듯했다. 왕망의 군사는 크게 무너져, 도망치면서 서로 올라타고 밟으니 도망치다 엎어져 죽은〔殨〕[53] 시체가 백여 리에 걸쳤다. 때마침 우레가 크게 울고 바람이 거세게 불어 집의 기와가 모두 날아가 버리고, 비가 쏟아 붓는 것 같더니 치천滍川[54]의 물이 차서 넘쳤다. 호랑이와 표범조차도 모두 두려움에 부들부들 떨고, 사졸士卒들이 다투어 앞으로 가려 하니 물에 빠져 죽은 자가 일만여 명이었으며 그 때문에 물이 더 이상 흐르지 않을 지경이었다.

왕읍, 엄우, 진무는 갑옷을 벗고 말에 올라타 죽은 시체를 밟고 강을 건너 멀리 도망쳤다. 〔유수는〕 그들의 군에서 쓰던 보물이 가득한 치중과 수레를 끝없이 얻었는데, 미처 산가지로 셀 수 없을 정도였다. 달을 이어서 날라도 끝나지 않자 때때로 남은 것을 불살라 버리기도 했다.

유수가 다시 영양현潁陽縣[55]을 공략하여 떨어뜨렸다. 이때 유연이 경시제 유현劉玄에게 살해되었다. 유수는 부성현父城縣으로부터 급히 달려 완성에 이르러 〔유연의 일을〕 사죄했다.[56] 사도부司徒府의 관속官屬(죽은 유연의 직책이 사도였으므로 유연의 부하들이다)들이 유수를 맞이하여 조문했지만, 유수는 속삭임조차 섞는 걸 삼가고, 잘못을 깊이 끌어안고 〔처분을〕 기다릴 뿐이었다. 곤양현에서 〔왕망의 군대를〕 정벌한 공을 스스로 자랑하지 아니 했고, 또 감히 유연을 위하여 복服을 입고 상을 치르지도 않았으며, 평상시처럼 마시고 먹고 말하고 웃었다. 유현이 〔유수에게

---

53 에殨는 부仆, 즉 엎어지는 것이다. '일壹'이라고 쓴 책도 있다.
54 『수경水經』에 따르면, 치수滍水는 남양군 노양현魯陽縣 서쪽 요산堯山에서 발원해 동남쪽으로 흘러 곤양성 북쪽을 지나 동쪽으로 여수汝水로 흘러 들어간다.
55 영양현은 영천군에 속한다.
56 부성현은 옛날 응국應國으로 영천군에 속한다. 유수는 유연이 살해된 것을 보고, 마음이 불안하여 사죄한 것이다.

상을 내리지 않은 것을] 스스로 부끄러워하여 유수를 파로대장군破虜大將軍
에 임명하고, 무신후武信侯에 봉했다.

9월

경술일, 삼보三輔의 호걸들이 함께 왕망을 주살하고, 그 머리를 전하기 위하여 완성에 이르렀다.[57]

경시제 유현이 장차 북으로 가서 낙양洛陽을 수도로 하려고, 유수로 하여금 사예교위司隸校尉[58]를 대행하게 하고, 먼저 궁궐을 정리한 후 고쳐 짓게 했다. 이에 유수는 요속僚屬(휘하 관료)을 두고 문서를 지어 돌려 읽히고,[59] 종사從事[60]로 하여금 [일을] 살펴 감독하게 하되 옛 문장[법]과 한가지로 했다.

이때 삼보의 관리들과 군사들이 동쪽에서 유현을 맞이했는데, 여러 장수들이 지나는 모습을 보니 모두 책幘[61]을 두른 데다 수굴繡堀[62] 같은

---

57 삼보는 경조군京兆郡, 좌풍익군左馮翊郡, 우부풍군右扶風郡을 아울러서 말하는 것이다. 이들은 함께 장안을 둘러싸고 있으면서 주변 여러 현을 나누어서 다스린다. 『회남자淮南子』에 따르면, "한 사람의 지혜가 백 명의 지혜를 넘으면 호豪라 한다." 『백호통白虎通』에 따르면, "현명함이 일만 명에 필적하면 걸傑이라 한다." 이때 장안성 안의 소년자제 장어張魚 등이 점대漸臺에서 왕망을 공격했다. 상현商縣 사람 두오杜吳가 왕망을 죽이고, 교위校尉 공빈취公賓就가 왕망의 목을 베었다. 장군 신도건申屠建 등이 왕망의 머리를 전하려고 완성에 이르렀다.

58 『한서』에 사예교위는 본래 주나라 때 관직으로, 무제 때 처음 설치했는데, 지절持節을 주고 도읍에 머물면서 휘하에 [위사] 일이백 명을 두어 크게 간사하고 교활한 일(모반죄 또는 반역죄를 말한다)을 살핀다. 나중에는 휘하 군사들을 흩어서 없앴으며 삼보, 삼하三河(하내군, 하동군, 하남군을 통칭하는 말), 홍농군을 감찰하도록 했다. 질은 비 이천 석이었다. 「음의」에 따르면, "도예徒隸(노역형을 받은 죄수)들을 관장하여 순찰하므로, 사예교위라고 부른다."

59 『동관기』에는 "속현과 더불어 문서를 돌려 읽었다"라고 나온다.

60 『속한서』에 따르면, "사예교위는 종사사從事史 열두 명을 둘 수 있는데, 질이 각각 백 석으로 문서를 독촉하거나 법에 맞지 않는 것을 감찰하여 드러내는 일을 한다."

여자 옷을 입기도 했다. 이에 사람들은 웃음을 참을 수가 없었으며, 혹은 두려워하여 달아나는 자도 있었다.[63] 그러나 [유수가 이끄는] 사예교위에 속한 관료들을 보고는 모두 기쁨을 이기지 못했다. 늙은 관리 한 사람이 눈물을 흘리면서 말했다.

"뜻하지 않게 오늘 내가 다시 한나라 관리의 위엄을 보게 되었다!"

이로 말미암아 식자識者들은 모두 마음이 [유수에게] 귀속되었다.

낙양에 이른 후 경시제는 유수를 파로장군破虜將軍으로 삼고, 대사마大司馬[64]의 일을 대행하게 했다.

10월

유수가 지절持節을 받고 북쪽으로 강(황하)을 건너[65] 여러 주군州郡을

---

61 『한관의』에 따르면, "책幘(머리를 덮는 천)은 옛날에 [신분이] 비천하여 관을 쓰지 못했던 사람이 두른 것이다." 양웅揚雄의 『방언方言』에 따르면, "상투를 덮는 천을 책幘 혹은 승로承露라 한다."

62 「음의」에 따르면, "제우諸于는 소매가 긴 옷으로 여자들이 입는 패의袿衣와 비슷한 모양이다." 『자서字書』에는 '굴襱' 자가 없다. 『속한서』에는 '굴襡'로 되어 있다. 『방언』에 따르면, "첨유襜褕(홑옷 중 길이가 짧은 것)를 관서關西(함곡관函谷關 서쪽)에서 충굴枕襱이라고 한다." 곽박郭璞의 『산해경주山海經注』에 따르면, "속명으로 굴액襡掖이라고 한다." 이에 의하면, 여기에서 [장수들은] 제우에 수굴繡襡(수놓은 배자)을 입은 것으로 지금 『후한서』의 주는 당나라 고종과 측천무후 사이에서 태어난 아들 장회태자 이현이 달았다. 따라서 이 책의 주에서 지금은 당나라 초기를 말한다)의 반비半臂(깃과 소매가 없거나 소매가 아주 짧은 겉옷)와 같다. 어떤 책에는 '수繡' 아래에 '옹擁' 자가 있는 경우도 있다.

63 『속한지』에 따르면, "이때 지혜로운 자들이 [한나라 군사를] 보고는 복장이 부적절하므로 몸에 화가 미칠 것이라고 생각하여 달아나서 근처의 군郡으로 피신했다. 이를 복요服妖라고 한다. 나중에 유현은 결국 적미적赤眉賊에게 살해되었다."

64 『한관의』에 따르면, "태위太尉는 진나라 때 벼슬로, 무제가 이름을 대사마로 고쳤다."

65 절節은 [황제의] 신임을 나타내며, 대나무로 만들었다. 자루 길이가 여덟 자이고 모우旄牛(야크) 꼬리를 세 겹으로 꼬아 모旄를 이루었다. 풍연馮衍은 전읍田邑에게 보낸 편지에서, "이제 절節 하나로써 임무를 맡아 삼군三軍의 위세를 세우니, 특별한 총애가

진위했다. 현縣에 이를 때마다 이천 석 관리에서부터 장리長吏(녹봉 육백 석 이상 관원), 삼로三老, 관속官屬을 거쳐 아래로 좌사佐史[66]에 이르기까지 [관리들을] 문득 보고는 고찰하여 출척黜陟(못된 사람을 내쫓고 착한 사람을 올리어 씀)하는데, 마치 주목州牧[67]이 일을 처리하는 것 같았다. 또 옥에 갇힌 사람들을 바로잡아 풀어 주고, 왕망 때의 가혹한 정치[苛政][68]을 없애며, 한나라 때의 벼슬 이름을 회복했다. 이에 관리들과 백성들이 기뻐하고 즐거워하면서 다투어서 [유수를] 모시려 하면서 소를 잡고 술을 내어 힘써 맞이했다.

앞으로 나아가 한단현邯鄲縣[69]에 이르렀다. 이때 죽은 조목왕趙繆王의

여덟 자 대나무, 이우犛牛(야크)의 꼬리에 달렸구나!"라고 했다. 『속한지』에 따르면, "경시제更始帝 때, 남방에 동요가 떠돌았다. '화합할 것인가 화합하지 않을 것인가, 적미에 있다. 얻을 것인가 얻지 못할 것인가, 하북에 있다.' 나중에 유현이 적미적에게 살해되었으므로 이를 화합하지 않는다고 한 것이다. 유수는 하북으로부터 흥했으므로 이를 얻는다고 한 것이다."

66 이천 석 관리란 군수를 말한다. 장리는 현령이나 현장 또는 현승縣丞이나 현위縣尉를 말한다. 삼로는 향鄕의 관리다. 고조 유방이 설치했다. 『한서』에 따르면, "나이 쉰 살 이상 중에서 몸가짐을 잘 닦아서 능히 무리를 이끌 수 있는 사람을 뽑아 삼로로 임명하고, 향마다 한 사람씩 두었다. 향의 삼로 중에서 뽑아서 현의 삼로로 삼고, 현령, 현장, 현승, 현위와 함께 서로 가르치면서 일하게 하여 부역과 수자리를 복명하게 했다." 『속한지』에 따르면, "자사刺史마다 모두 종사사와 가좌假佐를 두었고, 현마다 각자 제사조사諸事曹史를 설치했다."

67 전한 초에 승상사丞相史를 나누어 보내 주를 감독했다. 무제 때 고쳐서 자사를 두어 주를 살피게 했는데 질은 육백 석이었다. 성제成帝 때 이름을 고쳐 목牧이라 했는데 질은 이천 석이었다. 『한관전의漢官典儀』에 따르면, "자사는 군국郡國을 돌아다니면서 정치와 교육을 성찰하고, 유능한 자와 무능한 자를 출척하며, 이치로 판단하여 원통함을 바로잡는다."

68 『설문해자』에 따르면, "가苛는 작은 풀이라는 뜻이다." 정치의 명령이 자잘하고 번잡스러운 것을 말한다. 『예기』에 "가정苛政은 호랑이처럼 사납다"는 말이 나온다.

69 「음의」에 따르면, "한邯은 산 이름이고, 단鄲은 진盡, 즉 없어진다는 뜻이다. 그러므로 한단이란 한산邯山이 여기에 이르러 [산세를] 다했다는 뜻이다. 성곽은 모두 고을을

아들 유림劉林[70]이 유수를 설득하여 말했다.

"적미적赤眉賊이 지금 황하 동쪽에 있으므로 여기를 무너뜨려 물을 급히 흘러가게 하면 백만 무리라도 물고기로 만들 수 있습니다."[71]

유수가 답하지 않고 〔그곳을〕 떠나 진정현眞定縣[72]으로 갔다. 이에 유림은 점술사 왕랑王郎을 성제成帝의 아들 유자여劉子輿[73]라고 속였다.

12월

유림이 왕랑을 천자가 세우고 한단성을 도읍으로 한 후 사자를 보내 주변 군국郡國을 항복시켜 손아래에 넣었다.

따라 이름 붙이므로 이로써 그 이름을 삼은 것이다."

70 목왕樛王은 경제의 일곱 대 아래 후손으로 이름은 유원劉元이다. 『한서』에 따르면, 유원이 사람을 죽인 일에 연좌되자 대홍려大鴻臚가 이를 상주한 바 있다. 이로 인해 시호가 목樛이 된 것이다. 『동관기』에는 '림林'이 '림臨'으로 나와 있다.

71 적미적의 우두머리 번숭樊崇 등은 자신들 무리와 왕망의 군사들이 섞여 어지러워짐을 두려워하여, 모두 눈썹을 붉게 물들여 서로 분별했다. 이로 인하여 적미赤眉라고 불린 것이다. 『속한서』에 따르면, "이때 유수가 하북을 평정하려고 한단현을 지나쳤는데, 유림이 나아와 알현하고 적미적을 무찌를 수 있다고 했다. 유수가 방법을 묻자 유림이 답했다. '황하의 물은 열인현列人縣에서 북쪽으로 흐릅니다. 여기를 무너뜨려 물을 〔동쪽으로〕 급히 흘러가게 하면, 〔적미적을〕 모두 물고기로 하는 것이 가능할 것입니다.' 그러나 유수는 그 말을 따르지 않았다."

72 진정현은 진정국眞定國에 속한다.

73 『한서』에 따르면, "입국장군立國將軍 손건이 상주했다. '갑자기 한 남자가 신의 수레 앞을 막아선 후, 스스로 한나라 왕족인 유자여라고 하면서 〔자신이〕 성제의 첩 자식으로 마땅히 유씨가 다시 서야 한다고 했습니다." 이런 연유로 왕랑이 유자여를 사칭한 것이다.

【경시 2년】(24년)

정월

왕랑이 새로 크게 성했으므로 유수는 이에 북쪽으로 가서 계현薊縣[74]을 공략했다. 왕랑이 격문을 돌려 유수에게 십만 호를 내걸었다購.[75] 이 때문에 광양왕廣陽王[76]의 아들 유접劉接이 계성薊城 안에서 군사를 일으켜 왕랑에게 응했다. 성 안에서 소란이 일자 [무리들은] 서로 놀라고 두려워했다. 이때 한단성에서 사자가 막 도착했다는 말이 돌자 이천 석 이하 관리가 모두 나가서 맞이했다. 이 틈을 타서 유수는 수레[駕]를 재촉해[趣][77] 남쪽으로 향했다. 새벽부터 밤이 이슥할 때까지 달아났는데 감히 성읍으로는 들어가지 못했으며 길가에서 먹고 잤다. 요양현饒陽縣[78]에 이르자 관속들이 모두 굶주렸다. 이에 유수는 스스로 한단성에서 온 사자를 칭하고 전사傳舍[79]에 들어갔다. 전사의 관리가 막 먹을거리를 내오자 [유수를] 따르던 사람들은 이미 굶주렸으므로 다투어 그것을 빼앗아 먹었다. 관리가 그들이 가짜가 아닐까 의심하여 북을 수십 번 친 후에 속여 말했다[紿].[80]

---

74 계현은 탁군涿郡에 속한다. '계薊'는 '계䒠' 자와 '읍邑' 자로 이루어졌다. 『설문해자』에 보인다.
75 『설문해자』에 따르면, "격檄은 목간에다 글을 쓴 것을 말하며, 길이가 한 자 두 치이다. 격이라 하는 이유는 이로써 불러 모으기 때문이다." 또 "재물로써 구하는 바를 얻음을 구購라 한다." 『위무주사魏武奏事』에 따르면, "만약에 급함이 있으면, 격에 닭털을 꽂는데, 이 때문에 우격羽檄(군사상 급히 전하는 새의 깃을 꽂은 격문)이라 한다."
76 광양왕은 이름이 유가劉嘉로, 무제의 다섯 대 아래 후손이다.
77 취趣는 급하다는 뜻이다.
78 요양현은 안평국安平國에 속하며, 요하饒河의 남쪽에 있다.
79 전사는 객관客館을 말한다.
80 태紿는 속여서 말하는 것이다.

"한단성에서 장군이 이르렀소."

〔이 말에 유수의〕 관속들은 모두 안색을 잃었다. 유수는 수레에 올라 달리고자 하다가 이미 벗어나지 못할 것을 두려워한 끝에 천천히 돌아와 앉으면서 말했다.

"한단에서 온 장군을 청하여 모셔 오라."

그러고는 오랫동안 있다가 수레를 타고 떠났다.

이때 전사의 관리 중 하나가 문을 지키는 사람들에게 문을 닫으라고 멀리에서 소리쳤다. 그러나 수문장이 말했다.

"천하의 앞날을 어떻게 알겠는가. 어찌 문을 닫아 장자長者(덕망이 뛰어난 사람)를 가두리오?"

마침내 유수는 남쪽을 얻어 탈출했다. 〔유수 일행은〕 새벽부터 밤까지 계속 움직였는데, 서리와 눈을 〔온몸에〕 덮어 썼다〔蒙〕.[81] 날씨가 추웠으므로 얼굴이 모두 부서지고 찢어졌다. 호타하呼沱河[82]에 이르렀지만 배가 없었는데, 때마침 얼음이 언 곳이 있어 강을 건널 수 있었다.[83] 그러나 미처 수레 몇 대가 건너기도 전에 얼음이 깨어져 버렸다. 그대로 나아가 하박현下博縣[84]의 성城 서쪽에 이르렀을 때, 서둘다가 길을 잃어서 갈 곳을 몰랐다. 흰옷을 입은 노인[85]이 길가에 있다가, 손가락으로

---

81 몽蒙은 모冒, 즉 덮어 쓴다는 뜻이다.
82 『산해경』에 따르면, "태희太戲의 산으로부터 호타滹沱의 물이 나온다." 유수가 〔호타하를〕 건넌 장소를 그곳 사람들은 위도구危度口라 부른다. 신 이현이 아룁니다. "호타하는 옛날 요양현 남쪽에 있었는데, 위魏나라 태조太祖(조조)가 요하에서 도랑을 터뜨린 후 영을 내려 새로 도랑을 내 북쪽으로 물을 대도록 함으로써 지금은 요양현 북쪽에 있습니다."
83 『속한서』에 따르면, "이때 얼음에 미끄러져서 말이 쓰러졌다. 이에 각자 주머니에 모래를 담아 얼음 위에 놓은 다음에야 강을 건널 수 있었다."
84 하박현은 신도국信都國에 속해 있다. 박수博水 아래에 있기 때문에 하박下博이라고 부르는 것이다.

가리키면서 말했다.

"힘내십시오! 장안을 지키는 길목인 신도군信都郡이 이곳으로부터 팔십 리입니다."

유수가 즉시 달려서 그곳까지 가자 신도태수信都太守 임광任光이 성문을 열고 나와서 맞이했다. 유수는 주변 현에서 징발해 군사 사천 명을 얻고, 먼저 당양현堂陽縣과 세현貰縣[86]을 공격해 모두 항복을 받았다. 왕망 때 〔임명된〕 화융졸정和戎卒正[87] 비동邳彤 역시 군郡을 들어 항복했다. 또 창성현昌城縣 사람 유식劉植, 송자현宋子縣 사람 경순耿純[88]이 각각 일가 자제들을 이끌고 현과 읍을 점거하고 유수를 받들었다. 이에 유수는 북쪽으로 가서 하곡양현下曲陽縣[89]을 쳐 항복을 받았으며, 무리들도 점차 모여들어 기꺼이 가담한 자가 수만 명에 이르렀다.

〔유수가〕 다시 북쪽으로 가서 중산국中山國[90]을 공격하고, 노노현盧奴縣[91]을 쳐서 빼앗았다. 지나는 곳마다 분명병奔命兵[92]을 뽑아서 격문을 주변

---

85 이 노인은 아마 신인神人일 것이다. 하박현 서쪽에 사당이 있다.
86 당양현과 세현은 거록군에 속한다. 당양현은 당수堂水 북쪽에 있다.
87 『동관기』에 따르면, "왕망이 거록군을 나눠 화융군和戎郡을 만들었다." 졸정은 직무가 태수와 같다.
88 창성현은 신도국에 속한다. 송자현은 거록군에 속한다.
89 하곡양현은 거록군에 속한다. 상산군常山郡에 상곡양현上曲陽縣이 있으므로 이곳을 하곡양현이라고 한 것이다.
90 중산국은 일명 중인정中人亭이라고도 한다. 장요張瞿의 『중산기中山記』에 따르면, "성 한 가운데 산이 있으므로 중산국이라고 한다."
91 노노현은 중산국에 속한다. 역원의 『수경주』에 따르면, "현에 검은 물이 고인 못이 있다. 물이 검은 것을 노盧라 하고 흐르지 않는 것을 노奴라 하는데, 이 때문에 노노라는 이름이 붙은 것이다."
92 「음의」에 따르면, "옛날에 군국이 다 재관材官과 기사騎士를 두었다. 만약 급한 어려움이 있으면, 권한을 취하여 날래고 용맹한 사람에게 명을 듣고 달려 다니면서 주변에 알렸으므로, 이 때문에 '분명奔命'이라고 한 것이다."

부대에 돌려 함께 한단성을 공격하도록 하자, 군현이 돌아와 다시 호응했다. 남쪽으로 가서 신시현, 진정현, 원지현元氏縣, 방자현防子縣[93]를 공격해 모두 다 손아래 둔 끝에 마침내 조국의 경계에 이르게 되었다.

이때 왕랑의 대장大將 이육李育이 박인현柏人縣[94]에 주둔했다. 그러나 한나라 군대는 이를 알지 못하고 계속 진격하다가 선봉 부대의 편장偏將 주부朱浮와 등우鄧禹가 이육에게 격파당해 치중을 잃었다. 유수는 후방에서 이 소식을 듣고 주부와 등우의 흩어진 병사들을 거둔 후 이육과 더불어 곽문郭門(성문)에서 싸워 크게 무찌르고 잃었던 물건을 다시 얻었다.

그러자 이육이 돌아가 성을 지켰다. 유수가 공격했으나 떨어뜨리지 못하자 병사들을 물린 후 광아현廣阿縣[95]을 공략해 빼앗았다. 때마침 상곡태수上谷太守 경황耿況과 어양태수漁陽太守 팽총彭寵이[96] 각각 장수 오한吳漢과 구순寇恂 등을 보내 돌기突騎(돌격 기병)[97]를 이끌고 와서 〔왕랑에 대한〕 공격을 도왔다. 경시제 유현 역시 상서복야尚書僕射 사궁謝躬[98]을 보내 왕랑을 토벌하게 했다.

---

93 신시현은 거록군에 속한다. 원지현과 방자현은 상산군에 속한다.
94 박인현은 조국에 속한다.
95 광아현은 거록군에 속한다.
96 어양군漁陽郡은 어수漁水 북쪽에 있다.
97 돌기는 〔적의〕 군진에 충돌하는 데 능한 것을 말한다.
98 『한관의』에 따르면, "상서尚書는 네 사람으로 무제가 설치했으며, 성제 때 한 사람을 늘려 다섯 사람으로 만들었다. 시조상서侍曹尚書는 주로 승상어사丞相御史 일을 한다. 이천석 상서는 주로 자사 및 이천 석 일을 한다. 호조상서戶曹尚書는 주로 서민의 상서上書를 처리한다. 주객상서主客尚書는 주로 외국 및 사이四夷에 관련된 일을 처리한다. 성제 때 추가한 삼공상서三公尚書는 주로 형벌의 판단에 관련된 일을 처리한다. 복야僕射는 진나라 때 벼슬이다. 복야은 주主라는 뜻이다. 옛날에는 무武에 관련된 일이 중시되어 관청마다 반드시 주사主射를 두어 그 일을 감독했다." 사궁은 상서의 복야로 있었다.

유수는 크게 연회를 열어 사졸들을 격려하고, 마침내 동쪽으로 가서 거록성을 포위했다. 그러나 왕랑의 수장守將 왕요王饒가 견고하게 지켰으므로 한 달 넘도록 함락하지 못했다. 왕랑이 장수 예굉倪宏과 유봉劉奉으로 하여금 수만 군사를 이끌고 거록성을 구원하게 했다. 이에 유수는 군사를 되돌려 남련현南欒縣[99]에서 싸워 수급 수천 개를 얻었다.

4월

유수가 나아가 한단을 포위하고, 계속 싸워 [왕랑 군을] 격파했다.

5월

갑진일, 유수는 한단성을 쳐서 함락하고 왕랑을 주살했으며, 그 문서를 거두어들였다. 휘하 관리와 백성이 왕랑과 주고받으면서 [유수를] 비방하고 헐뜯은 내용이 수천에 이르렀다. 유수는 이 문서들을 보지 않은 채, 여러 장군들을 불러 모은 후 태워 버리고 나서 말했다.

"명하노니 반측反側[100]했던 사람은 이제 스스로 안심하라."

경시제 유현이 지절을 주고 시어사侍御史를 보내 유수를 세워 소왕蕭王[101]에 봉한 후, 모든 군사 행동을 철폐하고 [자신이 있는] 행재소行在所[102]로 오라고 했다. 유수는 황하 북쪽 땅이 아직 평정되지 않았다는 이유로

---

99 남련현은 거록군에 속한다. 『춘추좌씨전』에 제나라의 국하國夏가 진晉나라를 정벌하여 난欒을 취했다는 구절이 있는데, 바로 이곳을 말한다. 그 후 남쪽으로 옮겼으므로 '남南' 자를 더한 것이다.

100 반측은 불안함을 나타낸다. 『시경』「국풍國風」에 "전전반측展轉反側이로구나"라는 구절이 있다.

101 소현은 패군沛郡에 속한다. 『속한서』에 따르면, "유현은 시어사 황당黃黨을 보내 유수를 소왕으로 봉했다."

102 채옹蔡邕의 『독단獨斷』에 따르면, "천자는 사해로써 집을 삼으므로 거하는 곳을 행재소라고 한다."

이를 사양하면서 부름에 응하지 않았다. 이때부터 유현과 유수가 둘로 갈라서기[貳]¹⁰³ 시작했다.

이때 장안의 정치가 어지러워져 사방에서 모반이 일어났다. 양왕梁王 유영劉永이 휴양현睢陽縣에서 명을 멋대로[擅] 했고,¹⁰⁴ 공손술公孫述은 파촉 巴蜀¹⁰⁵에서 왕을 칭했고, 이헌李憲은 스스로를 세워 회남왕淮南王이 되었 고, 진풍秦豊 역시 스스로를 세워 초려왕楚黎王¹⁰⁶이라 했고, 장보張步는 낭 야국琅邪國¹⁰⁷에서, 동헌董憲은 동해군東海郡에서, 연잠延岑은 한중군漢中郡에 서, 전융田戎은 이릉현夷陵縣¹⁰⁸에서 일어나 모두 장수를 두고 주변 군현 을 침략했다. 또 이와 별도로 여러 도적떼들이 일어나 동마銅馬, 대융大 肜, 고호高湖, 중련重連, 철경鐵脛, 대창大搶, 우래尤來, 상강上江, 청독靑犢, 오 교五校, 단향檀鄕, 오번五幡, 오루五樓, 부평富平, 획삭獲索¹⁰⁹ 등으로 스스로 칭하면서 각자 부곡部曲¹¹⁰을 거느리니, 무리가 합쳐서 수백만 명이었고 주변을 약탈했다.

---

103 이貳는 떨어져 달라지는 것을 말한다.
104 휴양현은 양군梁郡에 속한다. 천擅은 전專, 즉 제멋대로 한다는 뜻이다.
105 촉蜀은 파군巴郡에 있다. 파촉은 이를 합쳐서 이르는 말이다.
106 습착치習鑿齒의 『양양기襄陽記』에 따르면, "진풍은 여구향黎丘鄕 사람이다. 여구향은 초 나라 땅에 있었으므로, 초려왕이라 한 것이다."
107 낭야군에는 낭야산琅邪山이 있다.
108 이릉현은 남군南郡에 속한다. 이산夷山이 있어서 이릉현이라 한 것이다.
109 이때 도적들은 산천이나 땅의 이름을 빌리거나 군대의 모양이나 강성함을 빌려 이름 을 지었다. 동마적銅馬賊의 우두머리는 동산황독東山荒禿, 상회황上淮況 등, 대융거大肜渠 의 우두머리는 번중樊重, 우래거尤來渠의 우두머리는 번숭樊崇, 오교적五校賊의 우두머리 는 고호高扈, 단향적檀鄕賊의 우두머리는 동차중董次仲, 오루적五樓賊의 우두머리는 장문 張文, 부평적富平賊의 우두머리는 서소徐少, 획삭적獲素賊의 우두머리는 고사랑古師郞 등이 다. 모두 『동관기』에 나온다.
110 『속한지』에 따르면, "대장군은 오 부部를 거느리는데, 부마다 교위 셋을 두었다. 부 아래에 곡曲이 있고, 곡에는 군후軍候 한 사람이 있다."

유수가 장차 그들을 공격하기 위해 먼저 오한을 북으로 보내 십 군郡에서 병사들을 징발하려고 했다. 유주목幽州牧 묘증苗曾이 따르지 않자 오한은 묘증의 목을 벤 후 그 무리들을 징발했다.

가을

유수가 교현鄡縣[111]에서 동마적銅馬賊을 공격할 때, 오한이 돌기를 이끌고 와서 청양현清陽縣[112]에서 합류했다. 동마적이 수차례 도전[113]했지만 유수는 진영을 단단히 하고 지키면서 〔적들 중〕 노략鹵掠하는 자가 있으면[114] 나가서 갑자기 공격한 후 〔적이 약탈한 것을〕 빼앗아 양도糧道(보급로)를 끊었다. 이렇게 몇 달 며칠이 지나자 동마적은 식량이 떨어져 밤에 달아났다. 유수는 이를 쫓아서 관도현館陶縣[115]에 이르러 크게 쳐부쉈다. 항복하는 자들을 미처 다 받아들이기도 전에 고호거高湖渠와 중련거重連渠가 동남쪽에서 왔으므로 동마적의 남은 무리들이 그에 합세했다. 유수가 다시 그들과 더불어 포양산蒲陽山에서 크게 싸워서 모두 무찔렀다. 〔유수가 그들의〕 항복을 받은 후 그 우두머리들을 봉해 열후列侯로 삼았다.[116] 그러나 항복한 우두머리들이 아직 불안해했으므로 유수는 그 뜻을 알고 영을 내려 각자 군영으로 돌아가서 늑병勒兵(병사의 대오를 정

---

111 교현은 거록군에 속한다. 『죽서기년竹書紀年』에 "위앙衛鞅을 교鄡에 봉했다"는 말이 나온다.
112 청양현은 청하군清河郡에 속한다.
113 도전은 〔군진에서〕 몸을 빼 홀로 싸우는 것으로 옛날에는 치사致師라고 했다. 『춘추좌씨전』에 이 말이 보인다.
114 노鹵는 노虜와 같다. 곽박의 『이아주爾雅注』에 따르면, "략掠은 빼앗아 취하는 것이다."
115 관도현은 위군魏郡에 속한다.
116 「음의」에 따르면, "포양산은 포수蒲水가 나오는 곳"이다. 거渠는 크다는 뜻이다. 『서경』에 "궐厥의 거괴渠魁(대두목)을 섬멸했다"라는 구절이 나온다. 여기에서 열후는 철후徹侯를 말한다. 열列이라 칭한 것은 서열을 드러내기 위한 것이다.

돈하여 점검함)하도록 하고는, 스스로 가벼운 무장으로 말에 올라 군진들을 돌아다니면서 위무했다. 항복한 자들이 다시 서로에게 말했다.

"소왕蕭王(유수)이 적심赤心(진심)을 꺼내어 사람의 뱃속에 넣으니 어찌〔유수 때문에〕얻은 편안함을 다시 죽음에 던져 넣기[117]를 꺼리겠는가!"

이로 인해 도적들이 모두 복종했다. 항복한 자들을 모두 여러 장수에게 나누어 거느리게 하니 무리가 수십만에 이르렀다. 이로 인하여 관서 땅에서는 유수를 '동마제銅馬帝'라고 일컬었다. 적미적의 또 다른 우두머리가 대융거大肜渠, 청독적靑犢賊과 함께 무리 십여만 명을 거느리고 사견취射犬聚[118]에 있었다. 유수가 진격하여 크게 무찌르자 무리가 다 흩어져 도망쳤다. 오한과 잠팽岑彭을 보내 업현鄴縣에서 사궁을 습격해 죽이도록 시켰다.

청독적과 적미적이 함곡관函谷關[119]을 뚫고 들어가 경시제 유현을 공격했다. 이에 유수는 등우를 보내 비장裨將 여섯과 함께 병사들을 이끌고 서쪽에서 들어가 유현과 적미적이 어지러운 곳에 편승했다. 이때 유현은 대사마 주유朱鮪, 무음왕舞陰王[120] 이질 등을 낙양에 주둔시켰고, 유수 역시 영을 내려 풍이馮異에게 맹진孟津[121]을 지키게 하여 도적들을

---

117 죽음에 〔몸을〕던진다〔投死〕는 것은 죽음에 이를〔致死〕만큼 애쓴다는 뜻이다.
118 『속한지』에 따르면 야왕현野王縣에 사견취가 있다.
119 함곡函谷은 계곡 이름이다. 그 이름을 빌려 관문 이름을 삼은 것이다. 옛날에는 홍농군 호성현湖城縣 서쪽에 있었다. 『한서』에 양복楊僕이 누선장군樓船將軍이 되어 공을 세웠지만 관외關外에 사는 것을 부끄러워했으므로, 한 무제가〔관문을〕신안현新安縣으로 옮기게 했다.
120 무음현舞陰縣은 남양군에 속한다.
121 공안국孔安國의 『상서주尙書主』에 따르면, "맹孟은 땅 이름이다. 낙북洛北(낙수 북쪽)에 있어서 도성 가는 나루터가 놓인 곳이므로 예로부터 진津이라고 불렀다." 『논형論衡』에 따르면, "주나라 무왕이〔은나라〕주왕紂王를 정벌할 때, 제후 팔백 명이 여기에서 같이 맹약했으므로 예전에는 맹진盟津이라 했다." 속명으로 치수진治戍津이라고도 한다.

막았다.

【건무建武 원년】(25년)

봄 정월

평릉현平陵縣[122] 사람 방망方望이 이전에 황제였던 유자孺子(나이 어린 상속자) 유영劉嬰[123]을 세워 천자로 삼았다. 경시제 유현이 승상丞相 이송李松을 보내 격파하고 그 목을 벴다.

유수가 우래거, 대창적大搶賊, 오번적五幡賊을 원지현에서 북쪽으로부터 공격하고, 우북평현右北平縣[124]까지 쫓아가 계속 무찔렀다. 다시 순수順水[125] 북쪽에서 싸웠는데, 승기를 타고 가볍게 나아갔지만 오히려 패했다. 도적들이 급히 추적해 와서 단병短兵[126]조차 닿을 정도였으므로, 유수는 스스로 높은 언덕으로 올라갔다. 이때 돌기 왕풍王豐이 말에서 내려 유수에게 말을 건넸다. 유수가 그 어깨를 어루만지고는 말 위에 올랐다. 그러고는 돌아보며 웃으면서 경엄耿弇에게 말했다.

"포로가 되어 웃음거리가 될 신세일세."

---

122 평릉平陵은 소제昭帝의 능으로 이 덕분에 현이 되었다.
123 평제平帝가 붕어했을 때, 왕망은 초효왕楚孝王의 손자 광척후廣戚侯 유현劉顯의 나이 어린 아들 유영을 세워 제위를 잇게 했다. 왕망이 제위를 찬탈했을 때, 폐위하여 정안공定安公으로 삼았다.
124 북평현은 중산국에 속한다. 신 이현이 아룁니다. "『동관기』와 『속한서』에는 모두 '우右' 자가 나오지 않습니다. 따라서 이 책에서 '우右' 자를 더하여 쓴 것은 잘못입니다."
125 역원의 『수경주』에 따르면, "서수徐水는 북평현의 옛 성 북쪽을 지난다. 유수가 동마적과 오번적을 쫓아서 순수에서 무찔렀다. 서수는 순수의 다른 명칭이다."
126 단병은 도검을 일컫는다. 『초사楚辭』에 "수레바퀴가 한데 섞이고 단병이 서로 엇갈리는구나"라는 구절이 나온다.

경엄이 여러 번 활을 쏘아 적을 물리치고 나서야 간신히 면할 수 있었다. 이때 사졸들 중에서 죽은 사람이 수천 명이었다.

남은 병사들은 돌아가서 범양현范陽縣[127]을 지켰다. 군중에서 유수가 보이지 않으므로, 어떤 사람은 이미 죽었다고까지 하니[128] 여러 장수들도 할 바를 알지 못했다. 오한이 말했다.

"경조卿曹(벼슬아치들)[129]들은 노력하시오! 왕의 형님 아들[130]이 남양군에 있거늘 어찌 주군 없음을 근심하는가?"

무리가 처음에는 모두 두려움에 떨었으나 며칠이 지나자 안정되었다. 도적들이 비록 싸움에서는 이겼지만 평소 〔보여 준 유수의〕 커다란 위세를 두려워하여〔慴〕[131] 〔공수의〕 주객이 어찌되었는지 알지 못하고 밤에 물러나 달아났다. 대군이 다시 나아가 안차현安次縣[132]에 이르러 적도들과 더불어 싸워 무찌르고 삼천여 수급을 얻었다. 도적떼가 어양군漁陽郡으로 들어가자 오한을 시켜 경엄, 진준陳俊, 마무馬武 등 열두 장군을 이끌고 뒤쫓게 하여 노현潞縣[133] 동쪽에서 싸우고, 다시 평곡현平谷縣[134]에서 싸운 끝에 크게 무찔러 마침내 그들을 모조리 멸했다.

주유가 토난장군討難將軍 소무蘇茂를 보내 온현溫縣을 공격했다. 풍이와

---

127 범양현은 범수范水 북쪽에 있으며, 탁군에 속한다.
128 『동관기』에 따르면, "유수가 이미 왕풍의 작은 말에 올라 먼저 도착했는데도 영문營門에서 알아채지 못했다."
129 조曹는 배輩, 즉 무리를 말한다.
130 유연의 아들 유장劉章과 유흥劉興을 말한다.
131 섭慴은 구懼, 즉 두려워한다는 말이다.
132 안차현은 발해군勃海郡에 속한다.
133 노현은 어양군에 속한다. 노수潞水가 있으므로, 노현이라고 한 것이다. 소해의 「음의」에 따르면, "노현은 상당군上黨郡에 속한다." 신 이현이 아룁니다. 노현은 어양군과 서로 접해 있으므로, 상당군에는 노현이 있을 수 없습니다.
134 평곡현은 어양군에 속한다.

구순이 소무와 더불어 싸워서 그를 크게 무찌르고, 그 장수 가강賈彊의 목을 베었다.

이때 여러 장수들이 유수에게 존호尊號(본래 왕이나 왕비의 덕을 기리려고 올리는 칭호이나 여기서는 황제에 오름을 뜻한다)를 올리는 문제를 의논했다. 마무가 앞으로 나서서 말했다.

"천하에 [지금] 주인이 없습니다. [이런 상태에서는] 만약 성인聖人이 있어서 하늘의 명령을 받들어 일어서고 비록 중니仲尼(공자)가 재상이 되고 손자孫子가 장수가 되더라도, 두려움만 있을 뿐 유익함이 있을 수 없습니다. 엎질러진 물은 주워 담을 수 없으므로, 나중에 후회해도 소용없습니다.135 대왕께서 비록 겸손하여 사양하는 마음을 고집하시나, 이제 종묘와 사직을 어찌하시겠습니까! 마땅히 계현으로 돌아가 높은 자리에 오르시고, 그로부터 다시 정벌을 논의해야 합니다. 과연 지금 누가 적도이기에 저희가 이리저리 치달리면서[馳鶩]136 [그들을] 공격하는 것입니까?"

유수가 놀라서 말했다.

"어찌 장군이 이런 말을 하는가? 당장 목을 벨 수도 있소!"

마무가 말했다.

"모든 장수가 다 저와 [뜻이] 같습니다."

유수가 밖으로 나가 장수들을 깨닫게[使曉]137 한 후, 군사를 물려 계

---

135 이 말은 제위에 오르는 것은 다소 이르더라도 무리의 마음이 정해졌을 때 행해야지 겸손하여 사양하는 마음을 고집하다가는 기회를 놓칠 수 있다는 뜻이다. 손자는 이름이 무武이며, 오나라 왕 합려闔閭의 장수로 용병술에 능하여 『병법兵法』 열세 편을 남겼다.
136 이때 누구는 아직 주인이 없음을 이르는 것이다. 「음의」에 따르면, "똑바로 달리는 것을 치馳라 하며, 여기저기 어지럽게 달려드는 것을 무鶩라 한다."
137 깨닫게 했다[使曉]는 것은 장수들을 말로 회유했다는 뜻이다.

현으로 되돌아갔다.

여름 4월

공손술이 스스로 천자를 칭했다.

유수가 계현으로 돌아가면서 범양현을 지날 때, 명을 내려 [지난 전투에서 죽은] 관리들과 군사들을 거두어 장사지내게 했다. 중산국에 이르렀을 때, 여러 장수들이 다시 상주했다.

"한나라가 왕망을 만나 종묘가 폐지되고 끊어져 호걸들은 분노하고 백성들은 도탄塗炭[138]에 빠졌습니다. 왕께서 형님과 더불어 솔선하여 의병을 일으켰을 때, 유현은 그 자질(출신 배경) 덕분에 제위를 차지했을 뿐 대통大統을 받들어 이을 능력이 없었습니다. 이 때문에 강기綱紀(나라의 법이나 풍속에 대한 기율)는 어지러워지고 도적은 날로 많아져 뭇 생명이 모두 두려워 위축危蹙[139]되어 있습니다. 대왕께서는 처음에 곤양현을 정벌하여 왕망을 스스로 무너지게 했고, 뒤에 한단성을 공략해 빼앗아 북쪽의 주州들이 싸움을 그치고 평안해졌습니다. 천하를 셋으로 나누면 둘은 대왕께 있고, 여러 주에 걸쳐 땅을 차지했으며, 갑옷을 두른 군사만 백만에 이릅니다. 무력武力을 말하면 감히 항거할 자가 없고, 문덕文德을 논하면 덧붙일 문장이 전혀 없습니다. 신들이 듣기에 제왕의 자리는 오래 비워 둘 수 없으며 천명은 겸손함으로 막는 것이 가능하지 않습니다. 생각건대 대왕께서는 사직을 세워 천하를 꾀하여 만백성의 마음을 얻으소서."

---

138 『서경』에 "사람들이 도탄에 떨어졌구나"라는 구절이 나온다. 공안국의 『상서주』에 따르면, "만약 진흙에 빠지고 불 위에 떨어지면 구할 자가 없다." 도탄은 『서경』 「중회지고仲虺之誥」 편에 나온다.

139 축蹙은 박迫, 즉 눌려서 궁색해진다는 뜻이다.

하지만 유수는 또다시 들어주지 않았다.

남평자현南平棘縣[140]에 도달하자 장수들이 다시 완강하게 청했다. 유수가 말했다.

"도적떼들이 아직 평정되지 않았고, 사방에서 적이 둘러싸고 있는데, 어찌하여 이름과 자리를 바로잡는 일이 급하겠는가? 장수들은 모두 밖으로 나가시오."

경순이 앞으로 나와 말했다.

"천하의 사대부들이 친척을 버리고 땅을 내팽개친 채, 대왕을 따라 화살과 돌이 쏟아지는 곳에 있는 것은 그 뜻이 용의 비늘[龍鱗]에 매달리고 봉황의 날개[鳳翼]를 붙잡기[141]를 굳게 바라는 까닭이요, 그로써만 품은 뜻을 비로소 이룰 수 있기 때문입니다. 이제 공업功業이 정해졌고 하늘과 사람 역시 그에 호응하는데, 대왕께서는 때를 남기고 무리의 마음을 거슬러서 이름과 자리를 바로잡지 않고 있습니다. 저 경순은, 사대부들의 바람이 끊어지고 꾀함이 궁해지면 [대왕을] 버리고 돌아가고자 하는 생각이 생겨 오래도록 스스로 고통을 견디지 못할까 두렵습니다. 큰 무리가 일단 흩어지면, 이를 다시 모으는 것은 어렵습니다. 부디 때를 남기지 말고, 무리의 마음을 거스르지 마소서."

경순의 말이 정성을 다한 데다 간절했으므로, 유수가 크게 느끼는 바 있어 말했다.

"내가 그 일을 생각해 보겠소."

행군이 호현鄗縣에 이르렀다. 일찍이 유수가 장안에 있었을 때 동사생同舍生이었던 강화彊華[142]가 관중關中으로부터 와서 적복부赤伏符를 올렸

---

140 남평자현은 상산군에 속한다.
141 양웅의 『법언法言』에 따르면, "용의 비늘에 매달리고 봉황의 날개를 붙잡는 것은 용과 봉황이 날아오를 때 따르기 위해서이다."

는데, "유수가 군사를 일으켜 무도한 자들을 사로잡으니 사방의 영웅들이 구름처럼 모여들어 용투야龍鬪野(영웅들이 싸우는 것을 비유한 말)를 벌이는구나. 사칠四七의 때에 이르러 마침내 불이 주인이 되리라"[143]라고 씌어 있었다. 이에 뭇 신하들이 다시 상주했다.

"수명受命(천명을 받음)의 부符[144]는 사람이 이에 응하면 위대해지는 것입니다. [대왕께서는 지금] 만 리에 걸쳐 믿음을 모았고 [군신이 서로] 의논하지 않고도 정情을 함께하니, 주나라의 백어白魚[145]라 한들 어찌 이에 비하겠습니까? 지금 위로 천자가 없어 해내海內(온 세상)가 혼란에 빠져버렸습니다. 그러니 상서로움 조짐〔符瑞〕에 응해야 하는 것은 보아도 명확하고 들어도 분명합니다. 아무쪼록 하늘의 뜻에 답하여 무리의 소망을 받아 주소서."

이에 유수가 담당 관리〔有司〕에게 명하여 단장壇場을 호현 남쪽 천추정千秋亭 오성백五成陌[146]에 설치하게 했다.

---

142 『속한서』에 따르면, "강화는 영천군 사람이다."
143 사칠四七은 이십팔을 뜻한다. 한나라 고조로부터 유수가 처음 군사를 일으킬 때까지 〔햇수의〕 합이 이백이십팔 년이므로 사칠의 때에 해당한다. 한나라는 〔오행에서〕 화덕火德에 해당하므로, 불〔火〕이 주인이 된다고 한 것이다.
144 '수명의 부'란 강화가 받들어 올린 적복부赤伏符를 말한다.
145 『서경』「중후中候」에 따르면, "주나라 무왕이 은나라 주왕을 정벌하려고 맹진을 건널 때의 일이다. 물 한가운데에서 갑자기 백어白魚가 뛰어올라 왕의 배로 들어왔다. 길이가 세 자에 〔몸통에〕 붉은색 무늬가 글자를 이루었는데, 주를 토벌해야 한다는 뜻을 고하고 있었다."
146 단壇은 흙을 쌓은 것이며, 장場은 땅을 고르는 것이다. 진나라 때 법에 따르면, 십 리마다 일 정亭이다. 남북으로는 천 리마다 두고, 동서로는 백 리마다 둔다. 역원의 『수경주』에 따르면, 정亭에는 돌로 된 단이 있고, 단에는 규두비圭頭碑가 있다. 비의 뒷면에 상산국常山國의 재상인 농서군隴西郡 적도현狄道縣 사람 풍룡馮龍이 만들었다고 적혀 있다. 단의 동쪽 침도枕道에는 석옹중石翁仲 둘이 있어 남북으로 마주보고 있다.

6월

기미일, 유수가 황제 자리에 올랐다. 섶을 살라 하늘에 고하고,[147] 육종六宗에 제사지내며[148] 뭇 신들을 우러렀다.[149] 축문祝文을 지어 올렸다.

황천상제皇天上帝(천신)와 후토신기后土神祇(지신)가 돌이켜 둘러보고는 천명을 내려 저 유수에게 여원黎元(머리가 검은 사람으로 백성을 뜻하는 말)을 맡겨 사람들의 부모가 되게 했으나 감당할 수 없었습니다. 뭇 신하들인 백벽百辟[150]이 같은 말을 하기로 [서로] 꾀한 적이 없는데도 입 모아 말했습니다.

"왕망이 제위를 찬탈하자 대왕께서 발분發憤하여 군사를 일으켰습니다. 곤양현에서 왕심과 왕읍을 무찌르고, 하북에서 왕랑과 동마적을 주살하니 천하가 평정되어 온 세상이 다 은혜를 입었습니다. 위로는 천지의 마음을 감당하고, 아래로는 천하의 백성들[元元][151]이 귀의하고자 하는 바가 되었습니다."

---

147 하늘은 높아 닿을 수 없으므로 섶을 살라 제사하고 연기가 높이 올라가서 상천에 통하기를 기원하는 것이다. 『이아爾雅』에 이르길, "하늘에 제사하는 것을 번시燔柴(섶을 사른다는 뜻)라고 한다."

148 뜻을 다하여 드리는 것을 연禋, 즉 제사지낸다고 한다. 『속한지』에 따르면, "평제 원시元始 연간(1~5년)에 육종六宗을 일컬어 『역경』의 괘인 육자지기六子之氣, 즉 물[水], 불[火], 번개[雷], 바람[風], 산[山], 못[澤]이라 했다. 유수는 [한나라를] 중흥했으므로 이를 좇아 고치지 않았다. 안제安帝가 즉위한 후 육종을 천지天地와 사방의 종宗으로 고치고, 사당을 낙양 북쪽 술해 방향(북서쪽)의 땅에 지었다."

149 산, 숲, 개울, 계곡에 있어 구름과 비를 불러올 수 있는 것은 모두 신神이라 한다. 널리 퍼져 있어서 가 닿을 수 없으므로 우러르면서 제사한 것이다. 『서경』에 "산천을 바라보니, 뭇 신들이 널리 퍼져 있네"라는 구절이 나온다.

150 『시경』「대아」에 "백벽百辟 경사卿士"라는 구절이 나온다. 정현의 『시경주』에 따르면, "백벽은 기내畿內(천자의 직할지)의 제후를 뜻한다."

151 원원은 여서黎庶(서민)를 말한다. 원원은 우우喁喁로부터 나온 말로, 가히 불쌍히 여길 만할 때 쓰는 말이다.

또 참기讖記(예언서라는 뜻으로 적복부를 말한다)가 있어 예언했습니다.

"유수가 군사를 일으켜 부도한 자들을 잡고, 묘금卯金[152]이 덕을 닦아 천자가 된다."

그렇지만 저 유수는 고사하고 더욱 고사하기를 두 번 세 번 했습니다. 그러나 뭇 신하들이 목소리를 합쳐서 말했습니다.

"황천皇天(황제에 오르라는 하늘의 명령)을 더는 미루고 남겨 둘 수 없습니다."

이에 〔저 유수는〕 감히 불경하게도 천명을 이으려 합니다.

연호를 세워서 건무建武로 하고, 천하에 대사면령을 내렸다. 호현의 이름을 고읍현高邑縣으로 고쳤다.

이 달에 적미적이 유분자劉盆子를 세워 천자로 삼았다.

갑자일, 전장군前將軍 등우가 경시제의 군대를 공격해 안읍현安邑縣[153]에서 정국공定國公 왕광王匡을 크게 쳐부수고 그 장수 유균劉均의 목을 베었다.

가을 7월

신미일, 전장군 등우를 대사도에 임명했다.

정축일, 야왕현령野王縣令 왕량王梁을 대사공으로 삼았다.[154]

임오일, 대장군大將軍 오한을 대사마로, 편장군 경단景丹을 표기대장군으로, 대장군 경엄을 건위대장군建威大將軍으로, 편장군 개연蓋延을 호아

---

152 묘금卯金은 곧 유劉를 뜻한다. 『춘추연공도春秋演孔圖』에 따르면, "묘금도卯金刀는 유劉가 되는데, 적제赤帝의 후손으로 주나라를 대신해 〔황통을〕 잇는다."
153 안읍현은 하동군에 속한다.
154 야왕현은 하내군에 속한다. 이때 적복부에 쓰인 문장에 의거해서 현의 벼슬아치들 중에서 왕량을 〔직급을〕 초월해 임명했다. 이에 대해서는 「왕량전王梁傳」에 자세히 나온다.

대장군虎牙大將軍으로, 편장군 주우朱祜를 건의대장군建義大將軍으로, 중견장군中堅將軍 두무杜茂를 대장군으로 삼았다.

이때 종실宗室 유무劉茂가 스스로 '염신장군厭新將軍'[155]이라 부르면서 무리를 이끌고 항복했으므로 중산왕中山王으로 봉했다.

기해일, 회현懷縣으로 행차했다.[156] 경엄을 보내 강노장군彊弩將軍 진준을 이끌고 오사진五社津[157]에 군진을 치고, 동쪽에서 형양군滎陽郡을 〔칠〕 준비를 하게 했다. 오한을 시켜 주우, 정위廷尉[158] 잠팽, 집금오執金吾[159] 가복賈復, 양화장군揚化將軍 견담堅鐔 등 장군 열한 명을 이끌고 낙양에서 주유를 포위하게 했다.

8월

임자일, 사직에 제사지냈다.

계축일, 회궁懷宮에서 고조, 태종太宗(문제), 세종世宗(무제)을 제사지냈

---

155 왕망은 신新나라 종실을 열었다. 따라서 이 이름은 신나라를 싫어하여 그에 승리하고자 한다는 뜻을 담고 있다.

156 회현은 하내군에 속한다. 천자가 움직이면 반드시 은행恩幸(은혜 베풂)이 있으므로 행幸이라 한 것이다.

157 역원의 『수경주』에 따르면, "공현鞏縣 북쪽에 오사진이 있다. 일명 토사진土社津이라고도 한다. 산이 강에 닿아 있는데, 아래쪽에 동굴이 있다. 강은 동굴 밑으로 흘러 회포淮浦와 통한다. 강 한가운데 저渚(모래섬)가 있는데, 이름을 유저鮪渚라고 한다." 『여람呂覽』에 "무왕이 주왕을 정벌하려고 유수鮪水에 이르렀다"는 구절이 있는데, 바로 이곳을 말한다.

158 『한서』에 따르면, "정위는 진나라 때 벼슬이다." 청옥聽獄(죄의 유무를 조사하여 듣고 처리하는 일)할 때에는 반드시 조정에서 이를 따졌는데, 모두 모여서 함께 그 일을 다루었다. 위尉는 평平, 즉 바로잡는다는 뜻이다. 그래서 정위라고 한 것이다.

159 『한서』에 따르면, "중위中尉는 진나라 때 벼슬이다. 무제가 이름을 고쳐 집금오라고 했다." 오吾는 어禦, 즉 막는다는 뜻이다. 병혁兵革(무장한 군사)을 손에 쥐고 비상이 없도록 막는 일을 한다.

다. 나아가서 하양현河陽縣에 행차했다. 유현이 임명한 늠구왕廩丘王[160] 전립田立이 항복했다.

9월

적미적이 장안에 입성하자 [경시제] 유현이 고릉산高陵山으로 달아났다. 신미일, 조서詔書[161]를 내렸다.

경시제가 패하여 성을 버리고 달아나매 그 처와 자식들이 옷도 제대로 입지 못한 채 뿔뿔이 흩어져[冗][162] 길 위를 흘러 다닌다고 들었다. 짐은 이를 불쌍히 여기노라. 지금 유현을 회양왕淮陽王으로 봉하니 관리들과 백성들 중에서 감히 그를 해치는 자가 있으면, 그 죄를 대역죄와 같이 다루리라.

갑신일, 전 고밀현령高密縣令 탁무卓茂[163]를 태부太傅로 삼았다.

---

160 늠구현廩丘縣은 동군東郡에 속한다.
161 『한제도漢制度』에 따르면, "황제가 내리는 글에는 네 가지가 있다. 첫째는 책서策書, 둘째는 제서制書, 셋째는 조서詔書, 넷째는 계칙誡敕이다. 책서는 죽간을 엮어 만드는데, 그 규격은 긴 것은 두 자요, 짧은 것은 그 절반이다. 전서篆書로 쓴다. 연월일을 기록하는 것으로부터 시작하고 황제를 칭하며 이로써 제후왕諸侯王에게 명을 내린다. 삼공三公이 죄를 지어 면직할 때에도 역시 책서를 내리는데, 이때는 예서隸書로 한 자짜리 나무에 두 줄로 쓰는데, 오직 이 점만이 다를 뿐이다. 제서는 황제가 제도에 관해 명령할 때 내린다. 그 문장에는 삼공에게 제조制詔(칙령을 내림)한다는 말이 있으며, 모두 옥새로 봉한 후 상서령尙書令의 도장으로 다시 봉해 주군에 널리 배포한다. 조서의 조詔는 고告, 즉 [아랫사람에게] 알리는 것이다. 그 문장에 모관某官에게 고하여 말하노니 종전과 같이 하라는 말이 있다. 계칙은 자사와 태수에게 내리는 칙敕(천자의 명령)이다. 그 문장에는 모관某官에게 조칙詔敕한다는 말이 있다. 다른 것은 다 이를 본뜬 것이다."
162 갱冗은 산散, 즉 흩어진다는 뜻이다.
163 고밀현은 고밀국高密國에 속한다. 평제 때 탁무를 고밀현령으로 삼았으므로, '전前'이라고 한 것이다.

신묘일, 주유가 성을 들어 항복했다.

겨울 10월

계축일, 거가車駕(황제가 외출할 때 타는 수레)가 낙양으로 들어서 남궁南宮 각비전卻非殿[164]으로 행차했다. 낙양에 도읍을 정했다.

잠팽을 보내 형주荊州의 적도들을 공격했다.

11월

갑오일, 회현으로 행차했다.

유영劉永이 스스로 천자를 칭했다.

12월

병술일, 회현으로부터 돌아왔다.

적미적이 유현을 죽였고, 외효隗囂가 농우隴右를 점거했으며, 노방盧芳이 안정군安定郡에서 일어났다. 파로대장군 숙수叔壽가 곡량曲梁[165]에서 오교적五校賊을 공격했으나 싸우다 죽었다.

---

164 채질蔡質의 『한전직의漢典職儀』에 따르면, "남궁은 북궁北宮에 잇닿아 있다. 둘 사이에는 복도 딸린 커다란 지붕이 있는데 길을 세 갈래로 나누어 다니게 했다. 천자는 가운뎃길로, 관리들은 좌우 길로 다니는데, 열 걸음마다 시위가 한 사람씩 서 있다. 두 궁은 서로 칠 리 떨어져 있다." 또 『낙양궁각명洛陽宮閣名』에 각비전이 나온다.

165 곡량은 광평국廣平國에 속한다.

【건무 2년】(26년)

봄 정월

초하루 갑자일, 일식이 일어났다.[166]

대사마 오한이 아홉 장군을 거느리고 업현 동쪽에서 단향적檀鄕賊을 공격해 크게 무찌르고 항복을 받았다.

경진일, 공신을 모두 열후로 봉하면서 큰 나라는 네 현을〔식읍으로〕주고, 나머지는 각자 차이를 두었다. 조서를 내렸다.

사람의 정이란 만족함을 얻고 나면 방종하고 싶어서〔모든 일이〕괴롭게 여겨지므로 순간의 욕망을 즐기려 하고 신벌愼罰(벌을 삼가는 것)[167]의 의로움을 잊는 법이다. 여러 장수들은 업業이 멀수록 공이 크다는 것을 명심해 정성을 다해 이를 무궁하게 전하려 애쓰고, 또 깊은 못 가에 있고 얇은 얼음을 밟는 것처럼 조심 또 조심하고 두려워하고 또 두려워하면서 하루를 삼가고 또 하루를 삼가라.[168] 공을 드러내 본받게 해야 하는데도 아직 상을 받지 못한 자, 또 이름이 아직 공적에 오르지 않은 자는 대홍려大鴻

---

166 『속한지』에 따르면, "해가 위성危星(이십팔수의 열두째 별자리에 있는 별들) 팔 도度에 있었다. 허성虛星과 위성은 제나라 땅을 나타낸다. 도적 장보가 군사를 들고 일어나 제靑 땅을 점거하여 오 년이 지나서야 쳐부술 수 있었다."

167 『서경』에 "덕을 밝히고 벌을 삼가지 않음이 없었고, 또한 이로써 능히〔선을〕권하는 데 쓴다"라는 구절이 나온다. 공안국의 『상서주』에 따르면, "형벌을 삼가는 것은 또한 이로써 능히 선을 권하는 데 쓰는 것이다."

168 『태공금궤太公金匱』에 따르면, "황제黃帝는 사람 위에 있었지만 마치 깊은 못 가에라도 있는 것처럼 두려워하고 두려워했다. 순임금은 사람 위에 있었지만, 마치 얇은 얼음이라도 밟는 것처럼 조심하고 또 조심했다. 우임금은 사람 위에 있었지만 일식이라도 든 것처럼 조심하고 또 조심했다. 훈계를 따라 게으름을 이기면 길하고, 의를 좇아 욕망을 이기면 창성할 것이니 하루를 삼가고 또 하루를 삼가라. 그러면 목숨이 다할 때까지 재앙이 없을 것이다."

臚[169]가 빨리 올리라. 짐이 장차 기록하겠노라.

박사博士 정공丁恭이 의문議文을 올렸다.

옛날 제왕들은 제후를 봉할 때 땅이 백 리를 넘지 않았습니다.[170] 이는 제후를 세우는 게 이롭도록 우레에서 법을 취한 것이요,[171] 강한 줄기에 약한 가지를 두어 이로써 다스리는 것입니다. 지금 제후를 봉할 때 네 현이나 [식읍을] 내리는 것은 법제에 맞지 않습니다.

황제가 답했다.

옛날 나라가 망한 것은 다 무도無道하여 그런 것이지, 공신들에게 땅이 많아서 그랬다는 말은 아직 듣지 못했노라.

그러고는 즉시 알자謁者를 보내 [공신들에게] 인수印綬[172]를 주고 책서策

---

169 『속한지』에 따르면, "대홍려는 경卿의 한 사람으로, 중中 이천 석이다. 왕들의 입조와 제후들의 책봉을 담당한다."
170 사마천의 『사기』에 따르면, "[주나라] 무왕, 성왕成王, 강왕康王은 수백 명을 [제후왕으로] 봉했으나 [왕실과] 같은 성이 [백에] 오십이었고, 땅은 백 리를 넘지 않았다."
171 『역경』의 둔괘屯卦는 벼락이 아래에 있고 구덩이가 위에 있는 형상으로 진위뢰震爲雷 괘에 속한다. 초구初九는 "제후를 세움이 이롭다"는 뜻이고, 다음은 "벼락이 백 리를 놀라게 한다"는 뜻이다. 그러므로 제후를 봉할 때에는 영지를 사방 백 리로 하는 것이다. 이를 법뢰法雷라고 한다.
172 『한서』에 따르면, "알자는 진나라 때 벼슬로 손님을 정하고 맞아들여 모시는 일을 담당한다. 인원은 일흔 명으로 질이 비 육백 석이다." 광무제가 한나라를 다시 일으켰을 때에는 서른 명만 두었다. 채질의 『한전직의』에 따르면, "모두 거동과 용모가 단정한 사람 중에서 가려 뽑아 임명하고 사자로 일하게 한다." 『한서』에 따르면, "제후왕에게는 녹색 인끈이 달린 황금 옥새[金璽綠綬]를, 열후에게는 자주색 인끈이 달린 황

書를 내렸다.

위에 있을 때 교만하지 말고 높은 데 있을 때 위험에 빠지지 말라. 절제하여 삼가 도를 지키고 채우되 넘치지 않게 하라. 이 말을 경청하고 늘 경계하여 후손에게까지 전하면, 오래도록 한나라의 번藩[173]이 되리라.

임오일, 유현이 임명한 복한장군復漢將軍 등엽鄧曄과 보한장군輔漢將軍 우광于匡이 항복하자 그 작위를 회복해 주었다.

임자일, 낙양에 고묘高廟(한 고조 유방의 사당)를 세우고 사직을 지었으며 성 남쪽에 교조郊兆를 세웠는데 비로소 불의 덕〔火德〕을 바로세우고 붉은색을 숭상했다.[174]

금 도장을 내린다." 여菉는 풀이름이다. 쑥과 비슷하게 생겼는데, 녹색으로 염색할 수 있으므로 인끈 이름으로 쓴 것이다.
173 번藩은 병풍, 즉 가려서 지킨다는 뜻이다. 제후를 세우는 것은 그로써 나라의 번폐藩蔽(휘장)가 되라는 말이다. 『시경』 「대아」에 "번藩에 네 나라가 있네"라는 구절이 있다.
174 『한례제도漢禮制度』에 따르면, "황제가 거하는 곳은 앞에는 조정을 두고 뒤에는 침전寢殿을 둔다. 〔황제가〕 죽으면 조정을 본떠서 묘당을 짓고, 침전을 본떠서 침당을 지었다. 광무제가 낙양을 도읍으로 한 후 고조에서부터 평제에 이르기까지 열한 황제를 합쳐 묘당 하나를 세우고 신주 열하나를 그 안에 모셨다. 원제의 차례는 여덟 번째이고, 광무제 자신은 아홉 번째에 두니, 이는 원제를 선조의 묘당에 함께 모셔서 나중에도 이를 지켜서 고치지 못하게 한 것이다." 『속한지』에 따르면, "낙양에 사직을 세우고, 종묘의 오른쪽에 두었다. 두 곳에 다 네모난 단을 쌓았는데, 네 방향 및 중앙은 각각 그 방향의 색을 따랐다. 집은 없었으며 오직 담장과 문만 있었다." 『백호통』에 따르면, "천자의 단은 오 장丈이요, 제후의 단은 그 절반이다. 사社는 토土, 즉 흙을 말한다. 사람은 흙이 없으면 일어설 수 없고, 곡식이 없으면 먹을 수 없으므로 흙을 높이 쌓아 사社를 세우니, 이는 땅이 있음을 보이려는 것이다. 직稷은 오곡五穀의 으뜸이요, 음양을 조화롭게 하는 기운이므로 그것을 제사지내는 것이다." 『속한서』에 따르면, "낙양성에서 남쪽으로 칠 리 아래쪽에 교조를 세웠다. 단을 세우고 섬돌 여덟 개를 놓았으며, 한가운데 다시 단을 세워 천지의 위패를 모두 단 위에 두었다. 바깥쪽 단에는 오제五帝의 위패를 모셨는데, 청제靑帝는 갑인 방향에, 적제는 병사 방향에,

이 달에 적미적이 서경西京(장안)의 궁궐을 불사르고 원릉園陵[175]을 파헤쳤으며, 관중으로 들어가 노략질했다.

대사도 등우가 장안에 입성한 후, 사도부의 연掾을 보내 열한 황제의 신주를 받들어 고묘에 모셨다.[176]

진정왕眞定王 유양劉揚과 임읍후臨邑侯 유양劉讓[177]이 모반하자, 전장군 경순을 보내 주살했다.

황제黃帝는 정미 방향에, 백제白帝는 경신 방향에, 흑제黑帝는 임해 방향에 위패를 두었다. 그 바깥으로는 담을 둘렀는데, 겹으로 지어 모두 자주색으로 했으므로 상자궁象紫宮이라 했다. 또 담에는 [사람이] 교통하는 길을 만들었는데, 그로써 문을 삼았다. 담의 남쪽 길에는 일월을 두었는데, 해는 동쪽에 달은 서쪽에 있었다. 북두성은 북쪽 길의 서쪽에 두었다. 바깥담과 가운데담에 일천오백열네 신을 모시고, 고황제高皇帝(고조)를 배향했다. 북교北郊는 낙양성에서 북쪽으로 사 리 떨어진 곳에 세웠다. 단을 세우고 섬돌 넷을 놓았다. 남쪽 면에는 지기地祇(지신)를 남면南面 서쪽 위에 모시고, 고황후高皇后(고조 유방의 부인인 여 태후를 가리킴)를 서면西面에 배향했는데, 모두 단 위에 두었다. 땅을 다스리는 뭇 신들 역시 배향했는데, 모두 단 아래 두었다. 중악中岳은 미 방향에 두고, 나머지 네 악[四岳]은 각자 그 방향을 따랐다. 회수淮水와 바다는 함께 동쪽에 두고, 황하는 서쪽에 두었으며, 제수濟水는 북쪽에, 장강은 남쪽에 두었다. 나머지 산천은 각자 그 방향을 따랐다." 한나라 초에 흙의 덕[土德]을 입었으므로 누런색을 숭상했는데, 이때에 이르러서는 불의 덕이 밝아지기 시작했으므로, 이에 맞추어 깃발 역시 붉은색을 숭상했다. 옷 색깔도 함께 맞추게 했으므로 바로잡았다고 한 것이다.

175 원園은 무덤 주변을 말하고, 능陵은 봉분을 말한다.
176 『한관의』에 따르면, "사도부의 연掾에는 서른 명이 있는데, 질이 일천 석이다." 열한 황제란 고조에서부터 평제까지를 말한다. 신주는 나무로 만든다. [길이] 한 자 두 치로 가운데에는 구멍이 뚫려 사방으로 통했다. 천자의 신주는 길이가 한 자 두 치, 제후의 신주는 한 자이다. 우임금의 신주는 뽕나무를 써서 만들고 다른 임금의 신주는 밤나무를 써서 만든다. 위굉衛宏의 『구한의舊漢儀』에 따르면, "장사지낸 후 주主를 거두어 나무 상자를 만들고, 종묘의 태실太室 안 서쪽 벽감墼坎에 넣어 두는데, 땅바닥에서 여섯 자 한 치 위에 있다. 그런 후 제사지내는데, 이를 벽감 아래에 신주를 세웠다고 한다."
177 유양劉揚은 경제의 일곱 대 아래 후손이다. 유양劉讓은 그 동생이다.

2월

기유일, 수무현修武縣¹⁷⁸으로 행차했다.

대사공 왕량을 면직했다.

임자일, 태중대부太中大夫 송홍宋弘을 대사공으로 삼았다.

표기대장군 경단에게 정로장군征虜將軍 제준祭遵 등 장군 둘을 이끌고 홍농군弘農郡의 도적들을 공격하게 하여 무찔렀다. 다시 제준을 보내 만중취蠻中聚¹⁷⁹의 도적 장만張滿을 포위했다.

어양태수 팽총이 모반해 유주목 주부를 계현에서 공격했다.

연잠이 한중군에서 스스로 무안왕武安王을 칭했다.

신묘일, 수무현으로부터 돌아왔다.

3월

을미일, 천하에 대사면령을 내리고 조서를 내렸다.

요즈음 옥에 억울한 사람이 많고 형을 내리는 것이 심각하여 짐이 그것을 심히 불쌍히 여겼다. 공자는 '형벌이 적중하지 않으면 백성들은 손발을 둘 곳이 없다'¹⁸⁰라고 했다. 이천 석 이상 관리, 뭇 대부들, 박사들, 의랑들은 논의하여 형刑과 법法을 살피도록 하라.

집금오 가복을 보내 장군 둘을 거느리고 경시제 유현이 임명한 언왕

---

178 수무현은 하내군에 속하는데 본래 은나라의 영읍甯邑이다. 『한시외전』에 따르면, "주나라 무왕이 은나라 주왕을 정벌할 때, 영읍에서 늑병했으므로 이름을 고쳐서 수무현으로 했다."

179 만중취는 옛날의 융만자국戎蠻子國이다. 속칭 마성蠻城이라고 한다.

180 『논어』에 나오는 말이다.

鄧王 윤준尹遵[181]을 공격하게 하여 크게 무찌르고 항복을 받았다.

효기장군驍騎將軍 유식이 밀현密縣[182]의 적도들을 공격했으나 싸우다 죽었다.

호아대장군 개연을 보내 금장군 넷을 거느리고 유영劉永을 정벌하게 했다.

여름 4월

〔개연 등이〕 휴양현에서 유영을 포위했다. 경시제 유현의 장수 소무가 회양태수淮陽太守 반건潘蹇을 죽이고 유영을 따랐다.

갑오일, 작은아버지 유량을 광양왕으로, 형 유연의 아들 유장劉章을 태원왕太原王으로, 유장의 동생 유흥劉興을 노왕魯王으로, 용릉후의 적자 유지劉祉를 성양왕城陽王으로 삼았다.

5월

경진일, 경시제가 임명했던 원지왕元氏王 유흠劉歆을 사수왕泗水王으로, 죽은 진정왕 유양劉楊의 아들 유득劉得을 진정왕으로, 주후周后 희상姬常을 주승휴공周承休公[183]으로 삼았다.

계미일, 조서를 내렸다.

백성 중에 아내를 넘기고 자식을 팔며 부모를 죽이고자 하는 자가 있다는 말을 들었다. 잡아들여서 법에 따라 죄를 논하라.

---

181 '준遵'은 때때로 '존尊'으로 나오기도 한다.
182 밀현은 하남군河南郡에 속한다.
183 무제는 주후 희가姬嘉를 주자남군周子南君으로, 성제는 희연姬延을 주승휴공으로 봉했는데, 희상은 바로 희연의 후손이다.

6월

무술일, 귀인貴人 곽 씨郭氏를 황후로 세우고, 그 아들 유강劉疆을 황태자로 삼은 후, 천하에 대사면령을 내렸다. 낭郎, 알자, 종관從官의 질을 각 한 등급씩 높여 주었다.[184]

병오일, 종자宗子(종갓집 맏아들) 유종劉終을 치천왕淄川王으로 삼았다.

가을 8월

광무제가 오교적을 정벌하려고 친히 나섰다.

병진일, 내황현內黃縣[185]으로 행차하여 의양취羛陽聚[186]에서 오교적을 크게 쳐부수고 항복을 받았다.

유격장군游擊將軍 등륭鄧隆을 보내 주부를 구하게 했다. [등륭이] 팽총과 더불어 노현에서 싸웠으나, 등륭의 군대가 계속 패했다.

개연이 휴양현을 공격해서 빼앗자 유영이 초현譙縣으로 달아났다.

파로장군 등봉鄧奉이 육양현을 점거하고 반란을 일으켰다.

9월

임술일, 내황현으로부터 돌아왔다.

표기대장군 경단이 죽었다.

연잠이 두릉현杜陵縣[187]에서 적미적을 크게 무찔렀다.

---

184 『한서』에 따르면, "낭관郎官들은 [궁궐의] 문호를 지키며, [황제가] 나갈 때에는 거기車騎를 호위한다. 의랑議郎, 중랑中郎, 시랑侍郎, 낭중郎中이 있는데, 질은 육백 석 이하이다."

185 내황현은 위군에 속한다.

186 의양취는 위군에 속한다. 『춘추좌씨전』에 진晉나라 순영荀盈이 제나라 여자를 맞이해 돌아오는 길에 희양戯陽에서 죽었다는 말이 있다. 두예杜預의 『춘추좌씨전주春秋左氏傳注』에 따르면, "내황현은 희양성戱陽城 북쪽에 있다." 희戱는 의羛와 같은 글자이다.

관중에 기근이 들어 백성들이 서로 잡아먹었다.

겨울 11월

정위 잠팽을 정남대장군征南大將軍으로 삼아 여덟 장군을 이끌고 자향현堵鄉縣[188]에서 등봉을 공격하게 했다.

동마적, 청독적, 우래거 등 남은 도적들이 상군上郡에서 함께 손등孫登[189]을 천자로 옹립했다. 그 부하 장수 악현樂玄이 손등을 살해하고 무리 오만여 명과 함께 항복했다.

편장군 풍이에게 등우를 대신하여 적미적을 정벌하게 했다.

태중대부 복륭伏隆에게 지절을 주고 청주靑州와 서주徐州 두 주를 안집安輯[190]하게 했다. 장보를 부르니 그가 항복했다.

12월

무오일, 조서를 내렸다.

생각건대 왕망이 종실의 열후를 폐위하여 선조의 영혼이 돌아가 의탁할 곳이 없게 되었다. 짐은 이를 심히 불쌍히 여기노라. 그들 모두에게 옛 나라를 회복하여 주라. 만약 열후가 이미 죽고 없으면, 그 자손이 속한 곳의 이름을 상서에게 올리라. 봉하겠노라.[191]

---

187 두릉현은 경조군에 속하는데, 주나라의 두백국杜伯國이다.
188 『수경주』에 따르면, "자수堵水는 남쪽으로 흘러 소자향小堵鄉을 지난다."
189 『춘추보건도春秋保乾圖』에 따르면, "적신賊臣(반역도)이 일어섰는데, 이름이 손등이었다. 법을 교묘하게 쓰고, 여러 방면에서 재주가 많았다." 모두 〔왕으로〕 그를 세워 따랐다.
190 『이아』에 따르면, "집輯은 화和, 곧 화합한다는 뜻이다."
191 속한 곳이란 열후의 자손이 속한 군현을 말한다. 그 이름을 기록하여 상서에게 올려

이 해 개연 등이 유영을 패현沛縣 서쪽에서 크게 무찔렀다.

옛날 왕망 말에 천하에 가뭄이 들고 황충이 들끓어, 황금 한 근이 곡식 한 섬에 해당했다. 이때에 이르러 들에 곡식이 절로 나고[旅生]192 마와 콩 또한 성했으며 야생 누에가 고치를 자아 산과 언덕을 덮었으므로 사람들이 쉽게 거두어 들였다.

【건무 3년】(27년)

봄 정월

갑자일, 편장군 풍이를 정서대장군征西大將軍으로, 두무를 표기대장군으로 삼았다. 대사도 등우와 풍이가 적미적과 더불어 회계回溪193에서 싸웠으나 계속 패했다.

정로장군 제준이 만중취의 도적들을 무찌르고 장만의 머리를 베었다.

신사일, 황제의 죽은 아버지 남돈군南頓君과 그 이상 선조를 모셔 사묘四廟(고조, 증조, 할아버지, 아버지 등 사대의 신위를 모신 사당)를 세웠다.

임오일, 천하에 대사면령을 내렸다.

윤달

을사일, 대사도 등우를 면직했다.

풍이가 효산崤山 비탈[崤底]194에서 적미적과 싸워 크게 쳐부쉈다. 적

보내면 거기에 봉하겠다는 뜻이다.
192 여旅는 기寄, 즉 기생한다는 뜻이다. 씨를 뿌리지 않고 나는 것을 여旅라 한다. 『자서』에는 '여稆'라 쓰여 있는데, 옛날에는 글자끼리 서로 통해 썼다.
193 회계는 시냇물 이름이다. 속명은 회갱回坑이다.

미적의 남은 무리들이 남쪽으로 가서 의양현宜陽縣을 향했으므로 광무제가 친히 그를 정벌하려고 했다.

기해일, 광무제가 의양현[195]으로 행차했다.

갑진일, 친히 육군六軍을 다스려 융마戎馬(병마)로써 큰 진을 벌였다. 대사마 오한이 정예병을 이끌고 맨 앞에 서고, 중군이 그 뒤를 따랐으며, 효기驍騎와 무위武衛가 좌우로 나뉘어 진을 쳤다. 적미적이 멀리서 내다보고 놀라고 두려워하여 사자를 보내 항복을 구걸했다.

병오일, 적미적이 고황제의 옥새와 인수[196]를 받들고, 면박面縛(항복의 표시로 두 손을 뒤로 묶고 얼굴을 사람들에게 보임)[197]하여 군신 관계를 청했으므로 조서를 내려 성문교위城門校尉[198]에 속하게 했다.

무신일, 의양현으로부터 돌아왔다.

---

194 효崤는 산 이름이고 저底는 판阪, 즉 비탈이다. 일명 금잠산鈂岑山이다.
195 의양현은 홍농군에 속하는데, 한국韓國의 수도이다.
196 채옹의 『독단』에 따르면, "황제에게는 여섯 가지 옥새가 있는데, 모두 옥으로 만들고 인꼭지에는 교룡(螭)과 호랑이를 조각하며, '황제행새皇帝行璽', '황제지새皇帝之璽', '황제신새皇帝信璽', '천자행새天子行璽', '천자지새天子之璽', '천자신새天子信璽'라는 글자를 파서 새긴다. 모두 무도군武都郡에서 나는 자주색 진흙으로 봉한다." 『옥새보玉璽譜』에 따르면, "전국새傳國璽는 진시황秦始皇이 처음으로 천하를 평정했을 때 판 것으로, 그 옥은 남전산藍田山에서 났고, 승상 이사李斯가 글씨를 써서 '하늘에서 명을 받았으니受命于天, 그 수명이 영원히 창성하리라旣壽永昌'라는 글자를 새겼다. 한 고조가 패상霸上에 이르렀을 때, 진나라 왕자 영영嬴嬰이 전국새를 바쳤다. 제위를 찬탈할 때 왕망이 원후元后(원제의 비)에게 가서 전국새를 요구했으나 주지 않자 위세로 핍박했다. 이에 [원후가] 꺼내어 땅바닥에 내던졌는데, 이때 전국새 위쪽 교룡의 뿔 하나가 부러졌다. 왕망이 패망했을 때 이송李松이 전국새를 보전했다가 완성으로 와서 유현에게 바쳤다. 유현이 패망하자 전국새는 적미적의 손에 들어갔다. 유분자가 이미 패망했으므로 광무제에게 받들어 올린 것이다."
197 면面은 배偝, 즉 등을 돌리는 것이다. 이 말은 손을 등 뒤로 돌리고 묶었다는 뜻이다.
198 『한서』에 따르면, "성문교위는 경사京師(서울)의 성문 수비병을 거느리며, 질은 비 이천석이다."

기유일, 조서를 내렸다.

도적떼가 종횡하면서 백성에게 해악을 끼치고 있다. 유분자는 존호를 훔쳐, 천하를 어지럽히고 미혹하게 했다. 짐이 떨쳐 일어나 군대를 이끌고 토벌하려 공격하니 마땅히 무너지고 흩어져 십여만 무리들이 손을 묶고 항복하면서 돌아가신 황제의 옥새와 인수(璽綬)를 왕부王府에 돌려주었다. 이는 모두 조종祖宗의 영이 돌봄이요, 장수와 병사들의 힘이다. 짐이 이 일을 맞아(亨)[199] 어찌 흡족하지 않겠는가! 길일을 택하여 고묘에 제사하고, 천하의 장자長子들에게 아버지의 뒤를 이어 작위를 내리되 한 급씩 높이겠노라.

2월

기미일, 고묘에 제사하고 전국새를 받았다.

유영이 동헌을 해서왕海西王[200]으로, 장보를 제왕齊王으로 세웠다. 장보가 광록대부光祿大夫 복륭을 죽이고 모반했다.

회현으로 행차했다. 오한을 보내 두 장군을 이끌고 지현軹縣[201] 서쪽에서 청독적을 공격하게 하여 크게 무찔러 항복을 받았다.

3월

임인일, 대사도사직大司徒司直[202] 복담伏湛을 대사도로 삼았다.

---

199 형享은 당當, 즉 맞이한다는 뜻이다.
200 해서현海西縣은 낭야군에 속한다.
201 지현은 하내군에 속한다.
202 『속한지』에 따르면, "광무제는 즉위한 후 한나라 무제 때의 고사에 의거해 사도사직을 두었다가 건무 11년(35년)에 없앴다."

팽총이 계성을 함락한 후, 스스로를 세워 연왕燕王이 되었다.

황제가 친히 군사를 이끌고 등봉을 정벌하려고, 자양현堵陽縣으로 행차했다.

여름 4월

소장안취에서 등봉을 크게 무찌르고, 그 목을 베었다.

풍이가 상림上林²⁰³에서 연잠과 싸워 그를 무찔렀다.

오한이 일곱 장군을 거느리고 유영의 장수 소무와 광락廣樂²⁰⁴에서 싸워서 크게 쳐부쉈다. 호아대장군 개연이 휴양현에서 유영을 포위했다.

5월

기유일, 거가가 환궁했다.

그믐 을묘일, 일식이 일어났다.²⁰⁵

6월

임술일, 천하에 대사면령을 내렸다.

경엄이 연잠과 양현穰縣²⁰⁶에서 싸워서 크게 쳐부쉈다.

가을 7월

정남대장군 잠팽이 세 장군을 거느리고 진풍을 정벌했다. 여구향黎丘

---

203 관중의 상림원上林苑을 말한다.
204 광락지궐廣樂地闕을 말한다. 수나라 양제煬帝가 피해서 숨었던 곳이다.
205 『속한지』에 따르면, "해가 유성柳星(이십팔수의 스물넷째 별자리별들) 십사 도 자리에 있었다. 유성은 하남군이다. 이때 번숭이 난을 일으키기로 모의했으므로 7월에 복주伏誅(죄를 물어 죽임)했다."
206 양현은 남양군에 속한다.

鄕에서 싸워 크게 무찌르고, 그 장수 채굉蔡宏을 사로잡았다.

경진일, 조서를 내렸다.

육백 석을 채우지 못한 관리 중에서 아래로 묵수墨綬를 지닌 장長과 재상[207]에 이르기까지 죄가 있으면 먼저 고하라. 열 살 미만, 여든 살 이상 남자나 연좌하여 죄를 입은 아녀자들은 부도한 경우가 아니라면 명포名捕(지명수배)[208]한 곳에 고하라. 모두 죄수로 삼지 않겠다. 조사하여 물을 것이 있는 자는 즉시 조사를 받으라. 여자들은 고산雇山[209]할 집으로 돌려보내라.

개연이 휴양현을 쳐서 빼앗고, 유영을 사로잡았다. 이에 소무와 주건周建이 유영의 아들 유우劉紆를 세워 양왕으로 삼았다.

겨울 10월

임신일, 용릉에 행차하여 원묘園廟(황제의 무덤에 세운 종묘)에 제사지낸 후, 옛 집[210]에서 잔치를 열고 옛날부터 알던 부로父老들을 크게 불러들였다.

---

207 『속한지』에 따르면, "현 중에서 큰 곳은 영令 한 사람을 둔다. 일천 석이다. 그다음으로 큰 곳은 장長을 둔다. 사백 석이다. 작은 곳은 삼백 석이다. 후국侯國의 재상 역시 이와 똑같다. 모두 백성을 다스리는데, 진나라 때 제도이다."

208 [명포는] 이름을 널리 알려 특별히 체포하는 것을 말한다.

209 「음의」에 따르면, "영갑令甲(율령의 첫 번째 규정)에 여자가 범죄자 무리에 속하면 일단 집으로 돌려보낸 후, 매달 산에서 벌목하는 사람을 쓰는 품삯을 치르도록 하라고 되어 있다. 이를 일컬어 고산이라 한다."

210 광무제의 옛 집에서 남쪽으로 이 리쯤 떨어진 곳에 백수白水가 있다. 이에 장형張衡이 [「동경부東京賦」에서] "백수에서 용이 날았다"고 한 것이다.

11월

을미일, 용릉으로부터 돌아왔다.

탁군태수涿郡太守 장풍張豐이 모반했다.

이 해에 이헌이 스스로 천자를 칭했다. 서주대장군西州大將軍 외효가 〔광무제의 명을〕 받들었다.[211] 건의대장군 주우가 제준을 이끌고 동양취東陽聚에서 연잠과 싸워 그 장수 장성張成의 목을 베었다.

【건무 4년】(28년)

봄 정월

갑신일, 천하에 대사면령을 내렸다.

2월

임자일, 회현으로 행차했다.

임신일, 회현으로부터 돌아왔다.

우장군右將軍 등우가 두 장군을 이끌고 무당현武當縣[212]에서 연잠과 싸워 그를 무찔렀다.

여름 4월

정사일, 업현으로 행차했다.

---

211 이때 등우가 황제의 명령을 받들어 외효를 서주대장군으로 임명하고, 양주涼州 및 삭방군朔方郡의 일을 독단적으로 처리하게 했다.

212 무당현은 남양군에 속하는데, 무당산武當山이 있다.

기사일, 계속 나아가 임평현臨平縣²¹³으로 행차했다.

대사마 오한을 보내 기산箕山²¹⁴에서 오교적을 공격해 크게 쳐부쉈다.

5월

계속해서 나아가 원지현에 행차했다.

신사일, 계속 나아가 노노현에 행차했다.

정로장군 제준이 장군 넷을 거느리고 탁군에서 장풍을 토벌한 후 그 목을 베었다.

6월

신해일, 거가가 환궁했다.

7월

정해일, 초현으로 행차했다.

포로장군捕虜將軍 마무와 편장군 왕패王霸를 보내 수혜취垂惠聚²¹⁵에서 유우를 포위했다.

동헌의 장수 분휴賁休가 난릉성蘭陵城에서 항복하자 동헌이 그를 포위했다. 호아대장군 개연이 평적장군平狄將軍 방맹龐萌을 이끌고 분휴를 구하려 했으나 이기지 못했다. 난릉성이 동헌에게 함락되었다.²¹⁶

---

213 임평현은 거록군에 속한다.
214 「오한전吳漢傳」에 따르면 동군 기산을 말한다.
215 수혜취는 일명 예성禮城이라고도 한다.
216 『한서』에는 비혁賁赫으로 나온다. 분賁은 본래 음이 비肥였는데, 성으로 쓰일 때에는 분奔과 음이 같다. 난릉현蘭陵縣은 동해군에 속한다.

가을 8월

무오일, 계속 나아가 수춘현壽春縣에 행차했다.

태중대부 서운徐惲이 임회태수臨淮太守 유도劉度를 멋대로 죽였으므로 그 죄를 물어 주살했다.

양무장군揚武將軍 마성馬成이 장군 셋을 이끌고 가서 이헌을 정벌했다.

9월

마성이 이헌을 서현舒縣에서 포위했다.

겨울 10월

갑인일, 거가가 환궁했다.

태부 탁무가 죽었다.

11월

병신일, 완성으로 행차했다.

건의대장군 주우가 장군 둘을 이끌고 여구향에서 진풍을 포위했다.

12월

병인일, 계속 나아가 여구향에 행차했다.

이 해 정서대장군 풍이가 공손술의 장수 정언程馬과 진창현陳倉縣에서 싸워 그를 무찔렀다.

【건무 5년】(29년)

봄 정월

계사일, 거가가 환궁했다.

2월

병오일, 천하에 대사면령을 내렸다.

포로장군 마무와 편장군 왕패가 수혜취를 쳐서 빼앗았다.

을축일, 위군魏郡으로 행차했다.

임신일, 은후殷后 공안孔安을 은소가공殷紹嘉公에 봉했다.[217]

팽총이 창두蒼頭[218]에게 죽임을 당하자 어양군이 평정되었다.

대사마 오한이 건위대장군 경엄을 이끌고 평원군平原郡에서 부평적, 획삭적을 공격하여 크게 무찌르고 항복을 받았다. 다시 경엄을 보내 장군 둘을 이끌고 장보를 토벌하게 했다.

3월

계미일, 광양왕 유량을 옮겨 조왕趙王으로 삼았다. 〔유량이〕 처음 봉국으로 나갔다.

평적장군 방맹이 반란을 일으켜서 초군태수楚郡太守 손맹孫萌을 죽이고 동으로 가서 동헌에게 붙었다.

정남대장군 잠팽이 장군 둘을 이끌고 진향현津鄕縣[219]에서 전융을 정

---

217 성제가 공길孔吉을 은소가공에 봉했다. 공안은 공길의 후예이다.
218 진나라에서는 백성을 검수黔首(아무 관도 쓰지 않은 검은 머리라는 뜻으로 일반 백성을 가리킨다)라 부르고, 노비를 창두라고 불러 양인良人들과 구별했다.
219 진향현은 남군에 있다.

벌하여 크게 처부쉈다.

여름 4월
가뭄이 들고 황충이 들끓었다.
하서대장군河西大將軍 두융竇融이 처음으로 사자를 보내 공물을 바쳤다.

5월
병자일, 조서를 내렸다.

가뭄에 보리가 마른 지 오래되어, 가을에 파종할 씨가 아직 나오지 않았다. 짐이 이를 심히 우려하노라. 이는 잔혹한 관리들을 아직 이기지 못해 옥에 원통함이 많이 맺혀 있으므로 백성들의 근심과 원한에 천기가 느껴 움직인 것이 아니겠는가? 영을 내리노라. 중도관中都官, 삼보, 군국群國[220]은 옥에 갇힌 죄수들을 내보내라. 주사殊死할 죄(사형죄)를 범한 자가 아니면 일절 조사하거나 심리하지 말고,[221] 도형徒刑(죄인을 중노동에 종사시키는 형벌)을 받은 자들을 가려 살펴서 사면하여 서인庶人(평민)으로 삼으라. 화평과 어짊에 더욱 힘쓰고, 탐욕과 잔혹함을 물리쳐 각자 일을 바로잡으라.[222]

---

220 「음의」에 따르면, "중도관은 도성에 있는 여러 관부를 일컫는다. 국國이란 제후왕의 나라를 말한다."
221 주사는 참형斬刑을 말한다. 주殊는 절絶, 즉 끊는다는 뜻이다. 『춘추좌씨전』에 따르면, "나무를 베어 쓰러뜨리는 것을 주殊라 한다." 일절이란 말은 임시 제도이지 영원한 제도가 아님을 뜻한다. 이 모든 말이 「음의」에 나온다.
222 신 이현이 아룁니다. 범엽이 「서례序例」에 이르기를, "제기帝紀는 『춘추春秋』에 따라 약술했고, 혜성, 일식, 지진을 비롯한 다른 것은 모두 지志에 갖춰져 있다"라고 했습니다. 항간에 흘러 다니는 속본에는 이 글 다음에 "갑신일, 흰 무지개가 보여 하늘을 남북으로 갈랐다"라는 구절이 있는 것이 많습니다. 하지만 이는 잘못입니다. 그 책들을 다 내치십시오.

6월

건의대장군 주우가 여구향을 쳐서 빼앗고, 진풍을 사로잡았다. 방맹과 소무가 도성桃城²²³을 포위했다. 이때 광무제가 몽현蒙縣²²⁴에 행차해 있었으므로 친히 그들을 정벌하려 했다. 먼저 군사를 정리해 임성국任城國에 보낸 후, 나아가 도성을 구하게 했다. 광무제가 방맹 등을 크게 무찔렀다.

가을 7월

정축일, 패현에 행차하여 고원묘高原廟²²⁵에 제사지냈다. 조서를 내려 서경의 원릉을 수복하게 했다. 계속 나아가 호릉현湖陵縣²²⁶으로 행차해 동헌을 정벌했다. 다시 피현蕃縣²²⁷으로 행차하여, 마침내 창려현昌慮縣²²⁸에서 동헌을 정벌해 크게 쳐부쉈다.

8월

기유일, 계속 나아가 담현郯縣²²⁹으로 행차했다. 오한을 머물게 해 유우와 동헌 등을 공격하게 하고 거가를 움직여 팽성군彭城郡과 하비군下邳郡을 쳤다. 오한이 담현을 쳐서 빼앗고 유우를 사로잡았다. 한나라 군대가 진격하여 구현朐縣²³⁰에서 동헌과 방맹을 포위했다.

---

223 임성국에 도취桃聚가 있다.
224 몽현은 양국梁國에 속한다.
225 「음의」에 따르면, "원原은 재再, 즉 다시 지었다는 뜻이다." 이미 사당을 짓고, 다시 세웠으므로 원原이라고 한 것이다.
226 호릉현은 산양군山陽郡에 속한다. 일명 호륙현湖坴縣이다.
227 피현은 노국魯國에 속한다.
228 창려현은 동해군에 속한다. 옛날 주邾나라의 남읍濫邑이다. 『춘추좌씨전』에 "주邾나라의 서기庶其가 남濫까지 달려서 왔다"는 구절이 있는데, 바로 이 땅을 말한다.
229 담현은 동해군에 속한다.

겨울 10월

〔광무제가〕 돌아와 노국으로 행차했다. 대사공(송홍)으로 하여금 공자에게 제사지내게 했다.

경엄 등이 임치현臨淄縣에서 장보와 더불어 싸워 크게 쳐부쉈다. 광무제가 임치현으로 행차하고, 계속 나아가 극현劇縣[231]에 이르렀다. 장보가 소무의 목을 베고 항복했으므로 제齊 땅이 평정되었다.

처음으로 태학太學[232]을 세웠다. 거가가 환궁했다. 태학에 행차하여 박사제자들에게 상을 내리되 각자 차이를 두었다.

11월

임인일, 대사도 복담을 면직하고, 상서령尚書令 후패侯霸를 대사도에 임명했다.

12월

노방이 구원현九原縣[233]에서 스스로 천자를 칭했다.

서주대장군 외효의 아들 외순隗恂이 입시入侍(궁에 들어와 황제를 알현함)했다.

교지목交阯牧(교주목交州牧의 잘못이다) 등양鄧讓이 일곱 군의 태수와 함께[234] 사자를 보내 공물을 바쳤다.

---

230 구현은 동해군에 속한다.
231 극현은 옛날의 기국성紀國城이다.
232 육기陸機의 『낙양기洛陽記』에 따르면, "태학은 낙양성의 옛 개양문開陽門 바깥쪽, 궁궐로부터 팔 리 떨어진 곳에 있다. 강당은 길이가 십 장, 너비가 삼 장이다."
233 구원현은 오원군五原郡에 속한다.
234 교지군交阯郡 남쪽으로 큰 바다가 있다. 『여지지輿地志』에 이르길, "그곳 오랑캐들은 발이 크고 손가락이 넓게 벌어져 있다. 양쪽 발로 나란히 서서 손가락질로 서로 소통한

조서를 내려 제양현(濟陽縣)에 이 년 동안 요역을 덜어[復] 주었다.[235]

이 해 야생 곡식은 점차 줄고, 농사짓는 밭이 점점 넓어졌다.[236]

【건무 6년】(30년)

봄 정월
병진일, 용릉향을 고쳐 장릉현(章陵縣)을 설치했다. 〔고조 유방이〕 풍읍(豊邑)과 패현에 했던 것처럼, 대대로 요역을 감해 주었는데,[237] 이는 전혀 생각지 못했던 일이었다.
신유일, 조서를 내렸다.

작년에는 홍수에, 가뭄에, 황충까지 들어 재해를 입었으므로 곡식 값이 뛰어올라[騰躍][238] 사람들의 씀씀이가 피곤하고 고달파졌다. 짐이 생각건대 백

다." 응소의 『한관의』에 따르면, "처음에는 북쪽이 열리고 곧이어 남쪽과도 교류했는데, 그 자손들이 〔그곳에〕 터를 잡은 것이다." 일곱 군이란 남해군(南海郡), 창오군(蒼梧郡), 울림군, 합포군(合浦郡), 교지군, 구진군(九眞郡), 일남군(日南郡)을 말하는데, 모두 교주(交州)에 속해 있다. 이 일은 『속한서』에 나온다.

235 예전에 광무제의 아버지 남돈군이 제양현령으로 임명되었고, 애제(哀帝) 건평(建平) 원년(기원전 6년)에 제양궁(濟陽宮)에서 광무제가 태어났으므로 요역을 덜어 준 것이다. 「음의」에 따르면, "복(復)은 부역을 면제해 주는 것이다. 음은 복(福)과 같다."

236 본래의 『후한서』 편제를 따르면 여기까지가 『후한서』 1권 상(上) 「광무제기」 제1권 상에 해당한다. 하지만 이 책에서는 이를 따르지 않고 「광무제기」를 하나로 이어서 옮겼다. 한 책에 처리할 수 있는 정보량이 변한 만큼 굳이 옛 편제를 따라 독자들에게 불편함을 주고 싶지 않기 때문이다.(옮긴이)

237 한 고조가 패현 풍읍 사람이었으므로, 대대로 그 지역의 요역을 감해 주었다. 이에 비교한 것이다.

성들이 스스로를 구휼할 수 없으니, 이를 슬퍼하고 근심하노라. 군국에 명하노니 곡식이 있는 자는 나이든 자, 홀아비〔鰥〕, 과부〔寡〕, 고아〔孤〕, 홀몸〔獨〕, 병자〔篤癃〕, 집이 없고 가난하여 스스로 생계를 꾸릴 수 없는 자에게 법〔律〕에 따라[239] 급품給稟(곡식을 나누어주는 것)[240]하라. 이천 석 관리들은 돌아다니면서 〔백성들〕 어루만지기를 더욱 힘써 직분[241]을 잃지 말라.

양무장군 마성 등이 서현을 쳐서 빼앗고 이헌을 사로잡았다.

2월

대사마 오한이 구현을 쳐서 빼앗고, 동헌과 방맹을 사로잡아 태산 동쪽 지역을 모두 평정했다. 여러 장수들이 낙양으로 돌아오니 술잔치를 벌이고 상을 내렸다.

3월

공손술이 장수 임만任滿을 보내 남군南郡을 노략질했다.

여름 4월

병자일, 장안으로 행차했다. 처음으로 고묘를 참배하고, 이어서 십

---

238 등약騰躍은 용귀踴貴, 즉 값이 뛰어 귀해졌다는 뜻이다.
239 『대대례大戴禮』에 따르면, "나이 예순에 처가 없으면 홀아비〔鰥〕라 하고, 나이 쉰에 남편이 없으면 과부〔寡〕라 한다." 『예기』에 따르면, "어려서 부모가 없으면 고아〔孤〕라 하고, 늙어서 자식이 없으면 홀몸〔獨〕이라 한다." 『이아』에 따르면, "독篤은 괴롭다는 뜻이다." 『창힐편蒼頡篇』에 따르면, "융癃은 병든다는 뜻이다." 한나라의 법률은 지금은 폐지되었다.
240 『설문해자』에 따르면, "품稟은 곡식을 내린다는 뜻이다."
241 직職이란 마땅히 항상 해야 하는 것을 말한다.

일릉十一陵에 제사했다〔有事〕.²⁴²

호아대장군 개연 등 일곱 장군이 농도隴道를 따라서 공손술을 정벌했다.

5월

기미일, 장안으로부터 돌아왔다.

외효가 모반했다. 개연 등이 농저隴氐에서 외효와 더불어 싸웠으나 계속 패했다.

신축일, 조서를 내렸다.

생각건대 천수군天水郡, 농서군隴西郡, 안정군, 북지군北地郡의 관리와 백성들은 외효 탓에 그릇되고 잘못된〔註誤〕²⁴³ 바고, 또 삼보의 관리와 백성들 또한 적미적의 어려움을 만나 법을 범하는 부도한²⁴⁴ 자가 된 바니 반드시 주사해야 할 자가 아니라면 모두 용서하고 죄를 면제하라.

6월

신묘일, 조서를 내렸다.

무릇 벼슬을 베풀고 관리를 두는 것은 사람을 위한 것이다.²⁴⁵ 지금 백성들

---

242 유사有事는 제사지낸다는 말이다. 『춘추좌씨전』에 "태묘太廟에 제사지냈다〔有事於太廟〕"라는 구절이 나온다. 〔십일릉은〕 한나라 고조의 장릉長陵, 혜제惠帝의 안릉安陵, 문제의 패릉霸陵, 경제의 양릉陽陵, 무제의 무릉茂陵, 소제의 평릉, 선제宣帝의 두릉杜陵, 원제의 위릉渭陵, 성제의 연릉延陵, 애제의 의릉義陵, 평제의 강릉康陵이다.

243 『설문해자』에 따르면, "괘註와 오誤는 같은 뜻이다."

244 「음의」에 따르면, "법률에 죄 없는 사람을 죽인 자가 한 집에 셋이면 부도不道하다."

245 『관자管子』에 따르면, "벼슬을 베풀고 관리를 두는 것은 그로써 군주의 법을 받들기

이 어려움을 만나 호구戶口가 줄어들었는데도 현관縣官(관청)에서는 이직吏職(실무를 담당하는 하급 관원)을 둘 때 아직도 번성한 것을 숭상하고 있다. 영을 내리노라. 사예교위246와 주목은 각각 거느린 부서의 실상을 파악하여 이원吏員(관리)들의 정원을 없애거나 줄이라. 현이나 국이 장리(수령)를 두기에 부족하면 서로 합치고, 〔결과를〕 대사도부大司徒府와 대사공부大司空府에 올리라.

이에 상주하여 사백여 현을 없애고 관직을 줄이고 더니 열에 하나만 두게 되었다.

대군태수代郡太守 유흥劉興이 노방의 장수 가람賈覽을 고류현高柳縣247에서 공격했으나 싸우다 죽었다.

이때 낙랑군樂浪郡248 사람 왕조王調가 군郡을 점령하고 복종하지 않았다. 가을에 낙랑태수樂浪太守 왕준王遵을 보내 공격하자 군의 관리들이 왕조를 죽이고 항복했다.

전장군 이통이 장군 둘을 이끌고, 공손술의 장수와 서성현西城縣249에서 싸워 그를 무찔렀다.

여름

황충이 들끓었다.

위해서이다."
246 『한관의』에 따르면, "사예교위는 하남군, 하내군, 우부풍군, 좌풍익군, 경조군, 하동군, 홍농군 등 일곱 군을 거느린다. 하남군 낙양현에 있으므로 동경東京(낙양)을 일컬어 '사예교위'라고 한다."
247 고류현은 대군代郡에 속한다.
248 낙랑군은 옛날 조선국朝鮮國으로 요동遼東에 있다.
249 서성현은 한중군에 속한다.

가을 9월

경자일, 낙랑군 사람들이 모반하여 크게 반역을 일으켰으나 반드시 주사할 죄를 저지른 자를 제외하고 용서해 주었다.

그믐 병인일, 일식이 일어났다.

겨울 10월

정축일, 조서를 내렸다.

내 덕이 엷고 밝지 못한 탓에 적도들이 노략질하여 해를 입히고 강함과 약함에 따라 서로 능멸하니 백성들이 터전을 잃어버렸다. 『시경』에, "해와 달이 흉함을 알리면서 그 가는 길로 들지 않았네.〔日月告凶, 不用其行〕"[250]라고 했다. 오래도록 재앙거리를 생각다 보니 마음에 병〔疚〕[251]이 들 지경이다. 칙서를 내리노라. 공경公卿들은 현량賢良(어질고 착한 사람)과 방정方正(품행이 바르고 정직한 사람)을 각 한 사람씩 천거하고,[252] 모든 관료들은 다 봉사封事(상소를 올릴 때 글을 검은 주머니 속에 봉하여 다른 사람이 미리 읽어보지 못하게 하는 것을 말한다)[253]를 올리되 숨기고 꺼리는 것이 없게 하라. 담당 관리들은 모두 직분을 다하여 법도를 열심히 지키라.

---

250 『시경』「소아」에 나오는 구절이다. 정현의 『시경주』에 따르면, "흉함을 알렸다는 것은 천하에 흥망凶亡의 징조가 있음을 알린다는 뜻이다. 행行이란 길의 도수(道度)를 뜻한다. 불용不用은 서로 범했음을 뜻한다."

251 구疚는 병病이다. 『시경』에 "걱정하는 마음이 심하니 구疚로구나〔憂心孔疚〕"라는 구절이 나온다.

252 무제 건원建元 원년(기원전 140년)에 조서를 내려 처음으로 선비 중에서 현량과 방정, 직언直言과 극간極諫을 천거하게 했다.

253 선제 때 처음으로 영을 내려 뭇 신하들에게 봉사를 올리게 하여 그로써 아래쪽 사정을 파악했다.

11월

정묘일, 조서를 내려 왕망 때 관리나 백성 중에서 재산을 몰수당하고 관노官奴가 된 자들 중에서 옛 법에 저촉되지 않은 경우는 모두 사면하여 서인이 되게 했다.

12월

임진일, 대사공 송홍을 면직했다.
계사일, 조서를 내렸다.

요즈음 전쟁이 아직 해결되지 않아 쓸 것이 부족하므로 십일지세什一之稅[254]를 행하고 있다. 이제부터 군사들에게 둔전屯田[255]을 일구게 하여 식량을 쌓되 각자 차이를 두고 모으라. 군국에 영을 내리니 전조田租(토지세)를 거둘 때 옛 제도에 따라 삼십세일三十稅一로 하라.[256]

외효가 장수 행순行巡[257]을 보내 부풍군扶風郡을 노략질했다. 정서대장군 풍이가 그를 막아서서 쳐부쉈다.

이 해 처음으로 군국의 도위都尉를 없앴다. 열후들이 처음으로 봉국

---

254 십일지세란 열로 나누어 하나를 세금으로 내는 것을 말한다. 『맹자』에 따르면, "하나라 때에는 오십 묘畝에 하나를 바쳤고, 은나라 때에는 칠십 묘에 하나를 도왔으며, 주나라 때에는 일백 묘에 하나를 거두었다고 했는데, 실제로는 다 십 묘에 하나였다."
255 무제가 처음 서역西域과 통했을 때 교위를 두고 둔전을 시작했다.
256 경제 2년(기원전 155년)에 영을 내려 전조를 삼십 무에 하나로 했다. 이에 의거해 영을 내렸으므로 "옛 제도"라고 한 것이다.
257 행行은 성이고 순巡은 이름이다. 한나라 때 행우行祐가 조국의 재상이 되었다는 말이 『풍속통風俗通』에 보인다.

으로 나갔다. 흉노족이 사자를 보내 내조來朝하여 공물을 바쳤다. 중랑장中郞將을 사자로 보내 보명報命(답례)하도록 했다.258

【건무 7년】(31년)

봄 정월

병신일, 조서를 내려 중도관, 삼보, 군, 국의 옥에 갇힌 죄수들을 내보내고 반드시 주사할 죄를 저지른 경우가 아니면 일절 그 죄를 조사하거나 심리하지 말라 하고, 도형을 받은 자들을 가려 살펴서 사면하여 서민으로 삼으라 했으며, 내죄耐罪(가벼운 형벌에 해당하는 죄)를 저지르고 망명亡命한 자들은 관리들을 시켜 [이름을] 문부에 올리고 그 죄를 삭제하라[文除]고 했다.259

또 조서를 내렸다.

세간에서는 장사를 후하게 치르는 것을 덕德이라 하고, [사람의] 마지막을 박하게 챙기는 것을 인색하다[鄙]고 한다. 이로 인해 부자들은 사치가 도에 넘치고 가난한 자들은 재산이 남지 않는[單]260 경우가 많다. 법령으

---

258 『한관의』에 따르면, "사흉노중랑장使匈奴中郞將은 절節을 받고, 질은 비 이천 석이다." 「흉노전匈奴傳」에 "영을 내려 중랑장 한통韓統에게 보명하도록 하여 [흉노족에게] 금과 비단을 선물로 주었다."

259 내耐는 가벼운 형벌을 말한다. 「음의」에 따르면, "일 년 형을 벌작罰作이라 하고, 이 년 형 이상을 내라 한다." 망명이란 내에 해당하는 죄를 저지른 후 이름을 저버리고 달아나는 것을 말한다. 현령에 속한 관리에게는 문부文簿가 있었는데, 거기에 성과 이름을 기록하고 죄를 면제해 주었다. 그러나 두려워서 달아나 돌아오지 않으므로 명적名籍(호적)을 유실한 경우가 많았다.

260 단單은 진盡, 즉 다한다는 뜻이다.

로 능히 금하지 못하고 예의로 능히 그치지 못하니 창졸(會卒)이 있고서야 비로소 그것이 재앙(殃)임을 안다.[261] 천하에 널리 고한다. 영을 내리노니 충성스러운 신하들, 효성 지극한 자식들, 자애로운 형들, 공경하는 아우들은 모두 장례를 박하게 치러서 죽은 자를 보내는 것이 의로운 것임을 알라.

2월

신사일, 호조도위(護漕都尉)를 혁파했다.

3월

정유일, 조서를 내렸다.

지금 나라에 군대가 많고, 뛰어나고 용맹한 군사들 또한 많다. 경거(輕車), 기사(騎士), 재관(材官), 누선(樓船)의 병사들 및 군의 임시 관리들은 모두 혁파하여 돌아가 다시 백성이 되게 하라.[262]

공손술이 외효를 세워 삭녕왕(朔寧王)으로 삼았다.
그믐 계해일, 일식이 일어났다. 정전을 피하고(避正殿)(천재지변이 일어

---

261 창졸이란 상란(喪亂), 즉 죽은 자에게 일이 생기는 것을 말한다. 무릇 장례를 후하게 치른 것은 모두 〔나중에 그 무덤이〕 파헤쳐진다. 그러므로 그 재앙을 안다고 한 것이다. 구(殃)는 악(惡), 즉 나쁘다는 뜻이다.
262 『한관의』에 따르면, "고조가 천하에 명을 내렸다. 군국에서 능히 궐장(蹶張)(큰 쇠뇌)을 당겨 걸 수 있는, 힘세고 용맹한 자들을 뽑아 경거, 기사, 재관, 누선으로 쓰라. 항상 입추 후에 훈련하고 시험을 보아 각각 〔적당한〕 인원을 두고 평지에서는 거기(전차병)에 쓰고, 험산에서는 재관에 쓰고, 물에서는 누선에 쓰라." 군의 임시 관리(軍假吏)란 군대 안에 임의로 설치한 관리를 말한다. 이를 모두 혁파한 것이다.

났을 때 황제가 정무를 중지하는 것) 침병寢兵(군사 관련 일을 그만두는 것)하면서 닷새 동안 정사를 보지 않았다. 조서를 내렸다.

내가 덕이 적은 탓으로 재앙이 생기기에 이르니 〔하늘이〕 꾸짖어〔譴〕 해와 달을 바라보게 했다.[263] 무섭고 떨리고 두렵고 걱정됨이 어찌 말로 할 수 있겠는가! 즉시 죄를 돌이켜 생각하여 재앙을 바삐 없앨지어다. 영을 내리노라. 담당 관리들은 각자 직분과 임무를 닦고, 법도를 받들고 준수하여 백성들에게 무성히 은혜를 베풀라. 모든 관료는 각각 봉사를 올리되 꺼리는 바가 없도록 하라. 그 상서에는 '성聖'이라는 말을 쓰지 말라.

여름 4월
임오일, 조서를 내렸다.

연이어 음과 양이 착오를 일으키고 해와 달이 서로 가려 일식이 일어났다. 백성들의 잘못은 오직 나 하나에게 달렸으므로, 천하에 대사면령을 내리노라. 공경과 사예교위와 주목들은 현량과 방정을 각 한 사람씩 천거하여 공거公車[264]에 이르도록 하라. 짐이 친히 살피고 시험하겠노라.

5월
무술일, 전장군 이통을 대사공으로 임명했다.

---

263 적讁은 책責, 즉 꾸짖는다는 뜻이다. 『춘추좌씨전』에 따르면, "임금이 정치를 잘하지 않으면, 해와 달의 재앙(日月之災)이 일어나 스스로를 꾸짖게 된다."
264 공거는 〔궁궐의〕 문 이름이다. 공거가 있는 곳이므로 그런 이름이 붙은 것이다. 『한관의』에 따르면, "공거, 즉 사마司馬는 궁궐의 사마문司馬門(대궐의 바깥문)을 담당하며, 천하의 상사上事 및 징소徵召를 모두 총괄하여 다스린다."

갑인일, 관리들에게 조서를 내려 기아를 만나거나 청주와 서주의 적도들에게 약탈당하여[265] 노비나 첩이 된 자들 중에서 현재 있는 곳을 떠나려 하는 자는 그 사정을 듣고 뜻대로 하게 했다. 감히 돌아가지 못하도록 억제하는 자는 매인賣人(사람을 팖)으로써 법에 따라 일을 처리하게 했다.[266]

이 해 여름, 계속 비가 내렸다.
한충장군漢忠將軍 왕상을 횡야대장군橫野大將軍으로 임명했다.

8월

정해일, 전 하간왕河間王 유소劉邵를 하간왕에 봉했다.
외효가 안정군을 노략질하자 정서대장군 풍이와 정로장군 제준이 그를 공격해 물리쳤다.

겨울

노방이 임명한 삭방태수朔方太守 전립田颯과 운중태수雲中太守 교호喬扈가 각각 군郡을 들어 항복했다.

이 해 장수교위長水校尉와 사성교위射聲校尉 등 교위 두 자리를 없앴다.[267]

---

265 두예의 『춘추좌씨전주』에 따르면, "도로써 취하지 않는 게 약略이다."
266 사람을 파는 것을 죄로 금했다는 뜻이다.
267 「음의」에 따르면, "장수長水는 땅 이름으로 호기胡騎가 주둔하는 곳이다. 사성射聲은 궁술에 능한 사람을 말하는데, 한밤중에는 활을 쏠 때 소리가 들리므로 이런 이름이 붙은 것이다." 두 교위 모두 무제가 설치했는데, 이때 없앤 것이다.

【건무 8년】(32년)

봄 정월

중랑장 내흡來歙이 약양현略陽縣[268]을 습격하여 외효의 수비 장수를 죽이고 성을 점거했다.

여름 4월

사예교위 부항傅抗이 하옥되어 죽었다.
외효가 내흡을 공격했으나 굴복시킬 수 없었다.

윤달

광무제가 친히 외효를 정벌했다. 하서대장군 두융이 다섯 군의 태수와 더불어 와서 고평현高平縣에서 거가를 맞이했다.[269] 농우가 무너지자 외효는 서성현으로 달아났다. 대사마 오한과 정남대장군 잠팽이 그를 포위했다. 〔광무제가〕 계속 나아가 상규현上邦縣[270]으로 진격했으나 〔외효가〕 항복하지 않았다. 호아대장군 개연과 건위대장군 경엄에게 명을 내려 공격하게 했다.

영천군의 도적들이 속현屬縣들을 노략질하여 다 없앴으며, 하동군을 지키던 수비병들이 모반하여 낙양에 소동이 일어났다.

---

268 약양현은 천수군에 속한다.
269 다섯 군이란 농서군, 금성군金城郡, 천수군, 주천군酒泉郡, 장액군張掖郡을 말한다. 고평현은 안정군에 속하는데, 나중에 이름이 평고현平高縣으로 바뀌었다.
270 상규현은 농서군에 속한다. 옛날에는 규융읍邦戎邑이라 했다.

가을
큰물이 들었다.

8월
광무제가 상규현으로부터 [군대를 이끌고] 동쪽을 향해서 밤낮으로 달렸다.

9월
을묘일, 거가가 환궁했다.
경신일, 광무제가 친히 영천군의 도적들을 정벌하자 모두 항복했다.
안구후安丘侯[271] 장보가 모반하여 낭야군으로 돌아오자 낭야태수琅邪太守 진준이 토벌하고 그를 사로잡았다.
무인일, 영천군으로부터 돌아왔다.

겨울 10월
병오일, 회현으로 행차했다.

11월
을축일, 회현으로부터 돌아왔다.
공손술이 군사를 보내 외효를 구출하자 오한과 개연 등이 군대를 돌려 장안으로 돌아왔다. 천수군과 농서군이 다시 모반하여 외효에게 돌아갔다.

---

271 안구현安丘縣은 북해군北海郡에 속한다. 거구정渠丘亭이 있다.

12월

고구려왕高句麗王이 사자를 보내 공물을 바쳤다.

이 해에 큰물이 들었다.[272]

【건무 9년】(33년)

봄 정월

외효가 병으로 죽었다. 그 장수 왕원王元과 주종周宗이 다시 외효의 아들 외순隗純을 세워 왕으로 삼았다.

안문군鴈門郡의 관리와 백성을 태원군으로 옮겼다.

3월

신해일, 처음으로 청건좌교위青巾左校尉를 두었다.

공손술이 그 장수 전융과 임만을 보내 형문산荊門山[273]을 점거했다.

여름 6월

병술일, 구지현緱氏縣으로 행차해 환원산轘轅山에 올랐다.[274]

---

272 『춘추좌씨전』에 "평원에서 물이 넘쳐 큰물[大水]이 들었다"는 구절이 나온다.
273 『수경주』에 따르면, "장강은 동쪽으로 흐르면서 형문산과 호아산虎牙山 사이를 지난다. 형문산은 남쪽에 있는데, 위쪽은 모이고 아래쪽은 열려 있어 그 모양이 문을 닮았다. 호아산은 북쪽에 있는데, 석벽의 색이 붉고 사이사이에 흰 무늬가 있어서 어금니와 비슷하다. 그러므로 각각 그런 이름을 얻은 것이다. 두 산은 초나라 땅의 서쪽 요새이다."
274 구지현에는 구지산緱氏山이, 환원산에는 환원판轘轅阪이 있는데, 모두 낙양의 동남쪽에

대사마 오한이 네 장군을 이끌고 노방의 장수 가람을 고류현에서 공격했으나 전세가 불리했다.

가을 8월

중랑장 내흡을 보내어 정서대장군 풍이 등 다섯 장군을 감독하여 천수군에서 외순을 토벌하게 했다.

표기대장군 두무가 가람과 더불어 번치현繁畤縣[275]에서 싸웠으나, 두무의 군대가 계속 패했다.

이 해 관도위關都尉[276]를 없애고, 다시 호강교위護羌校尉[277]를 두었다.

【건무 10년】(34년)

봄 정월

대사마 오한이 포로장군 왕패 등 다섯 장군을 이끌고 고류현에서 가람을 공격했다. 흉노족이 기마병을 보내 가람을 구하려 했으나 여러 장수들이 더불어 싸워 물리쳤다.

있다.
275 번치현은 안문군에 속한다.
276 『한서』에 따르면, 관도위는 진나라 때 벼슬로 무제가 설치했다.
277 『한관의』에 따르면, "[호강교위는] 무제 때 설치했으며 질은 비 이천 석이다. 지절을 주고 서강西羌을 통솔하게 했다. 왕망이 난을 일으킨 후 이를 없앴다." 이때 반표班彪가 의론하기를, 마땅히 그 관직을 회복하여 마음에 깊이 맺힌 원통함을 다스려야 한다고 했다. 광무제가 그 말에 따라 우감牛邯을 호강교위로 삼고, 농서군 영거현令居縣에 도읍을 두었다.

장안의 고묘를 수리했다.

여름

정서대장군 풍이가 공손술의 장수 조광趙匡과 천수군에서 싸워 그 목을 베었다.

정서대장군 풍이가 죽었다.

가을 8월

기해일, 장안으로 행차했다.

고묘에 제사하고, 이어서 십일릉에 제사했다.

무술일, 계속 나아가 견현汧縣[278]으로 행차했다. 외효의 장수 고준高峻이 항복했다.

겨울 10월

중랑장 내흡 등이 낙문취落門聚[279]에서 외순을 크게 무찔렀다. 장수 왕원은 촉으로 달아났고, 외순은 주종과 함께 항복했다. 드디어 농우가 평정되었다.

선령先零 강족羌族이 금성군金城郡과 농서군을 노략질하자 내흡이 여러 장수들을 이끌고 오계취五谿聚[280]에서 강족을 공격하여 크게 쳐부쉈다.

경인일, 거가가 환궁했다.

---

278 견현은 우부풍군에 속한다.
279 『한서』에 따르면, 천수군 기현冀縣에 낙문취가 있다. 그곳에 낙문산落門山이 있으며, 낙문수落門水가 시작되는 곳이다.
280 『속한지』에 따르면, 농서군 양무현襄武縣에 오계취가 있다.

이 해에 정양군定襄郡을 없애고, 그 백성을 서하군西河郡으로 옮겼다.

사수왕 유흡이 죽었다.

치천왕 유종이 죽었다.

【건무 11년】(35년)

봄 2월

기묘일, 조서를 내렸다.

천지의 본성[天地之性]은 사람을 귀하게 여기는 것이다. 노비를 죽이는 자는 죄를 줄여 주지 말라.

3월

기유일, 남양군으로 행차했다. 돌아오는 길에 장릉현으로 행차하여 원릉에 제사지냈다.

성양왕 유지가 죽었다.

경오일, 거가가 환궁했다.

윤달

정남대장군 잠팽이 세 장군을 거느리고 공손술의 장수 전융, 임만과 형문산에서 싸워 크게 무찌르고 임만을 사로잡았다. 위로장군威虜將軍 풍준馮駿이 강주현江州縣[281]에서 전융을 포위했으며, 잠팽이 주사舟師(수군)를

---

281 강주현은 파군에 속한다.

이끌고 공손술을 정벌하여 파군巴郡을 평정했다.

여름 4월

정묘일, 대사도사직²⁸²을 없앴다.

선령 강족이 임조현臨洮縣²⁸³을 노략질했다.

6월

중랑장 내흡이 양무장군 마성을 이끌고 공손술의 장수 왕원과 환안環安을 하변현下辯縣²⁸⁴에서 무찔렀다. 환안이 간인間人(첩자)²⁸⁵을 보내 중랑장 내흡을 칼로 찔러 죽였다. 황제가 친히 군사를 이끌고 공손술을 정벌하러 나섰다.

가을 7월

며칠 후[次]²⁸⁶ 장안에 행차했다.

8월

잠팽이 공손술의 장수 후단侯丹을 황석탄黃石灘²⁸⁷에서 무찔렀다.

보위장군輔威將軍 장궁臧宮이 공손술의 장수 연잠과 침수沈水²⁸⁸에서 싸

---

282 『한관의』에 따르면, "무제 때 승상사직丞相司直을 두었다가, 원수元狩 2년(기원전 1년)에 승상을 대사도로 고칠 때, 사직司直 역시 같이 고쳤다." 이때 없앴다.
283 임조현은 농서군에 속한다.
284 하변현은 무도군에 속한다. 옛 이름은 무위성武衛城이다.
285 간間은 첩諜, 즉 염탐꾼이다. 사이를 파고들어 엿보고 묻는 것이다.
286 『춘추좌씨전』「예例」에 따르면, "무릇 군사가 출동하여 하루를 자면 사舍라고 하고, 이틀을 자면 신信이라고 하며, 그 이상을 넘으면 차次라고 한다."
287 『수경주』에 따르면, "장강 물은 부릉涪陵에서 나와 동쪽으로 백 리를 지나 황석탄에 이른다."

워 크게 쳐부쉈다.

왕원이 항복했다.

[광무제가] 장안으로부터 돌아왔다.

계해일, 조서를 내렸다.

감히 노비들을 뜸[炙]으로 고문한 자는 법률에 따라 논죄하고, 뜸으로 고문을 당한 자는 [신분을] 면하여 서인이 되게 하라.

겨울 10월

임오일, 조서를 내려 노비를 활로 쏘아 다치게 한 자를 재판하여 기시형棄市刑(사람들 앞에서 죄인의 목을 베고, 시체를 길거리에 내버려 두는 형벌)에 처했다.

공손술이 간인을 보내 정남대장군 잠팽을 칼로 찔러 죽였다.

마성이 무도군武都郡을 평정했다. 농서태수隴西太守 마원馬援이 선령 강족을 공격해 무찌르고 천수군, 농서군, 부풍군에 옮겨 살게 했다.

12월

대사마 오한이 수군을 이끌고 공손술을 정벌했다.

이 해에 삭방목朔方牧을 없애고, 병주幷州에 어우르게 했다.

처음으로 주목이 [낙양에] 올라와서 주사奏事(공적인 일을 임금께 아뢰는 것)하는 것을 없앴다.[289]

---

288 『수경주』에 따르면, "침수는 광한현廣漢縣에서 나와 아래쪽으로 흘러 부수涪水로 들어간다."

289 「음의」에 따르면, "자사는 매년 말에 서울로 들어와 주사"했는데, 이때 그것을 없앤

【건무 12년】(36년)

봄 정월

대사마 오한이 공손술의 장수 사흥史興과 더불어 무양현武陽縣²⁹⁰에서 싸워 그 목을 베었다.

3월

계유일, 조서를 내려 농과 촉의 백성 중에서 약탈당하여 노비가 된 자가 자송自訟(자기의 죄를 재판에 부치는 것)하거나 옥관獄官들이 아직 형에 처하지 않은 자들은 모두 면천하여 서민이 되게 했다.

여름

감로甘露가 남행당현南行唐縣²⁹¹에 내렸다.

6월

황룡黃龍이 동아현東阿縣에서 보였다.

가을 7월

위로장군 풍준이 강주현을 쳐서 빼앗고, 전융을 사로잡았다.

9월

오한이 공손술의 장수 사풍謝豊을 광도현廣都縣에서 크게 무찌르고,

것이다. 애제 때 자사를 고쳐 주목이라고 했다.
290 무양현은 건위군犍爲郡에 속한다.
291 남행당현은 상산군에 속한다.

그 목을 베었다.

보위장군 장궁이 부성涪城을 쳐서 빼앗고 공손회公孫恢의 목을 베었다.[292] 대사공 이통을 파직했다.

겨울 11월

무인일, 오한과 장궁이 성도成都에서 공손술과 싸워 크게 쳐부쉈다. 공손술이 상처를 입고 한밤중에 죽었다.

신사일, 오한이 성도를 도륙하고, 공손술 및 연잠 등의 삼족을 멸[夷]했다.[293]

12월

신묘일, 양무장군 마성이 대사공의 일을 대행했다.

이 해 구진군九眞郡 요새 밖의 오랑캐 장유張遊가 종족을 이끌고 내속內屬(외국인이 와서 살면서 복종함)하자 귀한리군歸漢里君에 봉했다.

금성군을 없애고 농서군에 속하게 했다.

삼랑參狼 강족이 무도군을 노략질하자 농서태수 마원이 토벌하여 항복을 받았다.

조서를 내려 변방의 관리들은 싸울 힘이 부족하면 지키고, 오랑캐들을 쫓을 때에도 적을 헤아려서 구애하지 않고 머물러[逗] 지켜도 법에 저촉되지 않도록 했다.[294]

---

292 공손회는 공손술의 동생이다.
293 『광아』에 따르면, "이夷는 멸滅, 즉 없앤다는 뜻이다."
294 『설문해자』에 따르면, "두逗는 머무르면서 움직이지 않는다는 뜻이다." 「음의」에 따르면, "두逗는 올바르지 않게 움직이면서 적을 피하는 것이다." 한나라 법에 군대를 움

횡야대장군 왕상이 죽었다.

표기대장군 두무를 보내 뭇 군들을 거느리게 했다. 두무는 형벌을 없애고〔施刑〕²⁹⁵ 북쪽 변방에 주둔하면서 정후亭候를 두고 봉수烽燧를 고쳤다.

【건무 13년】(37년)

봄 정월

경진일, 대사도 후패가 죽었다.

무자일, 조서를 내렸다.

예전에 이미 군국에 칙서를 내려서 맛 좋은 음식을 억지로 헌어獻御(임금께 바침)하지 말라고 했으나 아직 이를 그치지 않고 있다. 이 탓에 예양豫養해 가리고 고르는〔導擇〕 수고가 있을 뿐만 아니라²⁹⁶ 바치러 오는 길이 번거롭고 요란스러워 노고와 비용이 지나치다. 영을 내리노라. 태관太官²⁹⁷은 다시는 물건을 받지 말라. 다시 분명히 칙서를 내린다. 먼 곳의 구실口實²⁹⁸을

직일 때 나약하고 겁에 질려 머뭇대면서 가만있는 자는 참형에 처했다. 혹은 가까이에서 혹은 멀리서 오랑캐를 쫓을 때 적을 헤아려 진퇴를 정하는 것은 군법에 구애받지 않는 것이며, 적에게 이기는 법을 올바로 취하는 것이 곧 진실로 힘쓰는 것이다. 두逗는 옛날에는 주住였다.

295 시施는 소리 낼 때 이弛로 한다. 이弛는 해解, 즉 풀어 준다는 뜻이다. 「음의」에 따르면, "사면령이 있어 목에 쓰는 칼과 손발에 채우는 차꼬와 죄수가 입는 붉은 옷을 벗기는 것을 일러서 이형弛刑이라고 한다."
296 예양은 바칠 때가 이르지 않았는데도 미리 앞서서 기르는 것을 말한다. 도導는 택擇, 즉 고른다는 뜻이다.
297 『속한지』에 따르면, "태관령太官令은 한 사람으로 질은 육백 석이다. 임금께 바치는 음식을 담당한다."

종묘에 바칠 때에는 옛 제도와 같이 하라.

2월

포로장군 마무를 보내 호타하摩沱河에 주둔하면서 흉노족을 대비하게 했다.

노방이 오원군五原郡으로부터 도망쳐 흉노 땅으로 들어갔다.

병진일, 조서를 내렸다.

장사왕長沙王 유홍, 진정왕 유득, 하간왕 유소, 중산왕 유무는 모두 작위를 물려받아 왕이 되었는데, 이는 경의經義(경서의 뜻)에 맞지 않는다.[299] 이에 유홍을 임상후臨湘侯로, 유득을 진정후眞定侯로, 유소를 낙성후樂成侯로, 유무를 단보후單父侯로 삼노라.

이때 종실 및 봉후封侯 중에서 나라가 끊어진 자가 모두 일백서른일곱 명이었다.

정사일, 작위를 깎아 조왕 유량을 조공趙公으로, 태원왕 유장을 제공齊公으로, 노왕 유흥을 노공魯公으로 봉했다.

경오일, 은소가공 공안을 송공宋公으로, 주승휴공 희상을 위공衛公으로 봉했다. 아울러 서경(본래 장안을 말하나 여기에서는 전한 시대를 가리킴) 때 두었던 열세 나라를 없앴다. 광평국廣平國은 거록군에, 진정국眞定國은 상산군常山郡에, 하간국河間國은 신도군에, 성양국城陽國은 낭야군에, 사수국泗水國은 광릉군廣陵郡에, 치천국菑川國은 고밀군高密郡에, 교동국膠東國은 북해군北海郡에, 육안국六安國은 여강군廬江郡에, 광양국廣陽國은 상곡군上谷郡

---

298 『한관의』에 따르면, "구실은 맛있는 음식을 바치는 일을 말한다."
299 그 복속服屬이 이미 희미해졌으므로, 작위를 물려받아 왕이 되는 것은 부당한 것이다.

에 속하게 했다.[300]

3월

신미일, 패군태수(沛郡太守) 한흠(韓歆)을 대사도로 임명했다.
병자일, 대사공의 일을 대행하던 마성을 파직했다.

여름 4월

대사마 오한이 촉으로부터 낙양으로 돌아오자 장수와 군사들에게 큰 잔치를 열어 주고, 노고를 살펴서[班勞] 책훈(策勳)했다.[301] 공신들은 식읍을 늘려서 다시 봉하니 모두 삼백예순다섯 명이었다. 외척들에게도 은택(恩澤)을 베풀어 봉하니 모두 마흔다섯 명이었다. 좌장군과 우장군을 혁파했다.[302]

건위대장군 경엄을 파직했다.

익주(益州)에서 공손술의 고사(瞽師)(장님 악사), 교묘할 때의 악기, 보거(葆車), 수레와 가마[輿輦]를 보내왔다. 이에 법물(法物)을 준비하기 시작했다.[303]

---

300 여기에 거론한 나라는 모두 아홉 나라이므로, 앞에서 "열세 나라"라고 한 것은 잘못이다.
301 반(班)은 포(布), 즉 널리 알리는 것을 말한다. 노고를 널리 퍼뜨리는 것[遍布]은 장래에 다시 그것을 불러들이려는 것이다. 공이 있는 자는 책서에 그 공훈을 기록했다.
302 『한서』에 따르면, 좌장군과 우장군은 주나라 때 벼슬이다. 진나라와 한나라가 이어받았는데, 이때 혁파한 것이다.
303 고(瞽)는 눈먼 사람이다. 악사는 보는 바가 없어지면 소리를 가리는 데 뛰어나다. 교묘의 기물은 준이(樽彝)(옛날에 제례를 지낼 때 쓰던 기구들)에 속한다. 악기는 종(鍾)과 경(磬)에 속한다. 보거는 지붕을 깃털로 덮어 지은 수레를 말한다. 깃털을 가려 뽑아 다섯 무더기를 모은 것을 일컬어 보(葆)라 한다. 여(輿)는 수레의 총칭이다. 연(輦)은 가마꾼이 지고 가는 수레이다. 법물은 노부(鹵簿)(임금이 거둥할 때 갖추는 여러 가지 의장과 그 차례) 의식을 치를 때 쓰는 큰 가마를 말한다. 처음에 나라를 세울 때에는 미처 [마련할] 겨를이 없다가 이때에 이르러 준비하기 시작한 것이다.

이때에는 싸움이 이미 끝어졌으므로 천하에 일이 적어 문서를 내려 역役을 일으킬 일도[調]³⁰⁴ 힘써 해야 할 일도 간소해지고 드물어져서 그전에 비해 열에 하나 정도로 줄었다.

갑인일, 기주목冀州牧 두융을 대사공으로 임명했다.

5월

흉노족이 하동군을 노략질했다.

가을 7월

광한군廣漢郡 요새 밖에 사는 백마白馬 강족들의 우두머리가 무리를 이끌고 내속했다.³⁰⁵

9월

일남군日南郡³⁰⁶ 요새 밖 오랑캐들이 흰 꿩과 흰 토끼를 바쳤다.

겨울 12월

갑인일, 조서를 내려 익주의 백성들 중에서 건무 8년(32년) 이후³⁰⁷ 사로잡혀서 노비가 된 자를 모두 면천하여 서민이 되게 했다. 혹여 의지하여 맡겼으나 남의 첩이 된 자가 [집으로] 돌아가고자 하면 하고픈 대로 들어주게 했다. 감히 [이를] 꺼려서 [그들을] 붙잡으려는 자는 청주

---

304 조調는 발發, 즉 일으키는 것을 말한다.
305 요徼는 변방의 요새[塞]를 말한다. 강족에는 백오십사 종족이 있는데, 광한군 서북쪽에 있는 종족을 백마 강족이라고 한다.
306 일남군은 교주에 속한다.
307 공손술이 다스렸던 때를 말한다.

와 서주 두 주에서처럼 법에 따라 처리하게 했다.

다시 금성군을 두었다.[308]

【건무 14년】(38년)

봄 정월

남궁 전전前殿을 세웠다.

흉노가 사자를 보내 공물을 바쳤다. 중랑장을 사자로 보내 보명하게 했다.[309]

여름 4월

신사일, 공자의 후손 공지孔志를 포성후褒成侯로 봉했다.[310]

월수군越嶲郡 사람 임귀任貴가 스스로 태수를 칭하자 사자를 보내 계計를 받들도록 했다.[311]

가을 9월

평성현平城縣[312] 사람 가단賈丹이 노방의 장수 윤유尹由를 죽이고 항복해

---

308 그 전해에 금성군을 없애고 농서군에 아우르게 했다.
309 중랑장 유양劉襄을 말한다.
310 평제가 공균孔均을 유성후褒成侯로 봉했다. 공지는 공균의 아들이다. 『고금지古今志』에 따르면, 이때 공지는 밀현령密縣令이 되었다.
311 월수군은 무제 때 설치한 군으로 본래 공도현邛都縣이었다. 수嶲는 물 이름이다. 월수수越嶲水가 흐르는 곳에 군을 설치했으므로 그런 이름이 붙은 것이다. 계計는 인서명적人庶名籍(백성에 대해 기록한 명부)을 말한다. 지금의 계장計帳과 비슷한 말이다.
312 평성현은 안문군에 속한다.

왔다.

이 해 회계군會稽郡에 역병이 크게 돌았다. [서역의] 사차국莎車國과 선선국鄯善國[313]이 사자를 보내 공물을 바쳤다.

12월

계묘일, 조서를 내려 익주와 양주涼州 두 주에서 지난 여덟 해 동안 노비가 된 자 중에서 관에 와서 자송한 자는 모두 면하여 서민이 되게 했으며, [사람을] 팔아먹은 자에게는 대가를 주지 못하도록 했다.

【건무 15년】(39년)

봄 정월

신축일, 대사도 한흠을 면직하자 한흠이 스스로 목숨을 끊었다.[314]
정미일, 혜성이 묘성昴星에 나타났다.
여남태수汝南太守 구양흡歐陽歙을 대사도로 임명했다. 건의대장군 주우를 파직했다.
정미일, 혜성이 영실성營室星(이십팔수 가운데 북방 현무玄武의 일곱 별 중 하나) 부근에 나타났다.

2월

안문군, 대군代郡, 상곡군 세 군의 백성들을 옮겨 상산관常山關과 거용

---

313 사차국과 선선국은 서역의 나라 이름이다.
314 이 일에 대해서는 「후패전侯霸傳」에 나온다.

관居庸關을 두고 그 동쪽에 살게 했다.[315]

예전에 파촉을 평정하고 나서 대사마 오한이 상서하여 황자들을〔제후왕으로〕봉할 것을 청했으나 윤허하지 않았으므로 해를 이어서 거듭 상소를 올렸다.

3월

조서를 내려 뭇 신하들의 의議를 열었다. 대사공 두융, 고시후固始侯 이통, 교동후膠東侯 가복, 고밀후高密侯 등우, 태상 등登(상고해도 성을 전혀 알 수 없다) 등이 의문을 올려 말했다.

옛날에 제후들을 봉하고 세웠던 것은 그로써 서울〔京師〕을 막아서 지키고자〔藩屏〕[316] 함이었습니다. 주나라에서는 팔백 명을 봉했는데[317] 이는〔왕실과〕같은 성인 희씨姬氏[318]들에게 모두 나라를 세우게 함으로써 왕실을 돕고 받들며 천자를 우러르고 섬겨 향국享國(나라를 계승해 그 자리에 머물러 있음)을 오래고 길게 함으로써 후세의 모범이 되도록 한 것입니다. 그래서『시

---

315 『한서』에 따르면, 대군에 상산관이 있고, 상곡군 거용현居庸縣에 거용관이 있다. 이때 북방의 오랑캐들이 몇 차례나 변경을 침범했으므로 백성들을 옮긴 것이다.
316 번藩은 리籬, 즉 돌파리는 뜻이다. 병屛은 폐蔽, 즉 덮는다는 뜻이다.『시경』「대아」에 "가운데 사람이 있으니 번이요〔价人維藩〕, 큰 땅이 있으니 병이로구나〔大邦維屛〕"라는 구절이 나온다. 모장毛萇의『시경주』에 따르면, "당연히 공경 제후는 번병으로 써야 한다."『춘추공양전春秋公羊傳』에 따르면, "경京이란 무엇인가? 크다〔大〕는 뜻이다. 사師란 무엇인가? 무리〔衆〕라는 뜻이다. 천자가 거하는 곳은 반드시 무리가 크므로 그렇게 말하는 것이다."
317 『사기』에 "요순 때에는 만 나라가 서로 협력하고 화합했으며, 하夏나라와 상商나라에 이르러서는 간혹 수천 나라가 그러했고, 주나라 때에는 모두 팔백 나라를 봉했다"는 말이 나온다.
318 『춘추좌씨전』에 따르면, "우虞, 괵虢, 초焦, 활滑, 곽霍, 양楊, 한韓, 위魏는 모두 희씨이다."

경』에서는 "네 집을 크게 열어 주나라 왕실을 도우라.〔大啓爾宇, 爲周室輔〕"[319] 라고 한 것입니다. 고조께서는 성스러운 덕으로 천하에 빛이 있게 했으며, 친친親親(마땅히 친해야 할 사람과 잘 지냄)에 힘써 형제와 뭇 자식을〔제후왕으로〕 봉했는데, 이는 옛 법에 어긋나는 게 아닙니다. 폐하의 덕은 하늘과 땅에 걸친 데다 종통宗統을 다시 일으켰으며, 덕을 기리고 공을 상 주어 구족九族[320]이 친하고 화목합니다. 또 공신과 종실에 모두 봉작封爵을 내려 많은 이들이 넓은 땅을 받으니 어떤 이들은 속현을 줄줄이 거느리게 되었습니다. 지금 황자들은 하늘의 은혜를 입어 능히 옷의 무게를 이길 만하고〔예를 갖춰 허리를 굽히고〕 빠른 걸음으로 나아가 절할 만한데도, 폐하께서 공손하고 겸손한 탓에 끝내 사양하고 물리치시어 아직 뜻을 모으지 못했으므로 뭇 신하들과 백성들이 실망을 이기지 못하고 있습니다. 마땅히 성하盛夏(한여름. 6월을 말함)에 길한 때를 택해 호號와 위位를 정함으로써 번보藩輔(제후)를 넓히고[321] 친친를 밝히며 종묘를 존중하고 사직을 무겁게 하여 옛 도리에 응하고 오래된 것에 합치하게 하여 뭇 사람의 마음을 채워 주소서. 신들이 청하옵건대 대사공에게 여지도輿地圖를 올리게 하고[322] 태상에게 길일을 택하게 하여 예의禮義를 갖추어〔이를〕 치르게 해 주소서.

---

319 『시경』「노송魯頌」에 나오는 말이다. 우宇는 거居, 즉 거주한다는 뜻이다. 주나라 성왕이 주공周公의 아들 백금伯禽을 노魯에 봉했다. 네 거하는 곳을 크게 열라〔大開爾居〕는 말은 그로써 주나라 왕실의 보輔(바퀴살의 힘을 돕는 나무)가 되라는 것이다.

320 공안국의 『상서주』에 따르면, "구족이란 위로는 고조할아버지에서 아래로는 현손玄孫까지를 이른다."

321 『예기』「월령月令」에 따르면, "천자는 맹하孟夏(음력 4월)에 남교南郊에서 여름을 맞이하고, 돌아와 제후를 봉하고 관작을 내리며 녹봉을 정한다."

322 『광아』에 따르면, "여輿는 재載, 즉 기재한다는 뜻이다." 땅 있는 것을 기재했다는 말은 곧 그것을 모두 그렸다는 것이다. 사공이 토지를 담당하므로 명하여 이를 올리라고 한 것이다.

황제가 그렇게 하라고 했다.

여름 4월

무신일, 태뢰太牢를 바쳐 종묘에 고사했다.

정사일, 대사공 두융으로 하여금 묘당에 고하게 한 후, 황자 유보劉輔를 우익공右翊公에, 유영劉英을 초공楚公, 유양劉陽을 동해공東海公에, 유강劉康을 제남공濟南公에, 유창劉蒼을 동평공東平公에, 유연劉延을 회양공淮陽公에, 유형劉荊을 산양공山陽公에, 유형劉衡을 임회공臨淮公에, 유언劉焉을 좌익공左翊公에, 유경劉京을 낭야공琅邪公에 봉했다.

계축일, 〔황제의〕 형 유연에게 제무공齊武公을, 유중에게 노애공魯哀公을 시호로 추증했다.

6월

경오일, 다시 둔기교위, 장수교위, 사성교위 등 세 교위를 두었다.[323] 청건좌교위를 월기교위越騎校尉로 고쳤다.

주군에 조서를 내려 간전墾田(개간한 농지)[324]의 넓이 및 호구의 나이 등을 엄격히 점검하고 조사하게 했으며, 또 이천 석 장리에게 억울함을 호소하는 자들을 곰곰이 따져 실상을 파악하게 했다.

겨울 11월

갑술일, 대사도 구양흡이 하옥되어 죽었다.

---

323 건무 7년(31년)에 혁파했다.
324 간墾은 벽闢, 즉 새로 연다는 뜻이다.

12월

경오일, 관내후關內侯 대섭戴涉을 대사도로 임명했다.
노방이 흉노로부터 들어와 고류현에 거했다.

이 해 표기대장군 두무를 면직했다. 호아대장군 개연이 죽었다.

【건무 16년】(40년)

봄 2월

교지군交阯郡에서 여자 징측徵側이 반란을 일으켜, 주변 성읍을 약탈했다.

3월

그믐 신축일, 일식이 일어났다.

가을 9월

하남윤河南尹 장급張伋 및 군수 십여 명이 도전度田(농지를 측량함)을 부실하게 한 죄로 모두 하옥되어 죽었다.

군국의 대성大姓(큰 집안)들, 군사들, 도적떼들이 곳곳에서 일어나 주변을 공격하여 겁박하고 장리들을 살해했다. 군현에서 추적해 토벌하고자 이르면 즉시 해산하고 돌아서면 다시 진을 치고 모였다. 청주, 서주, 유주, 기주 등 네 주가 특히 심했다.

겨울 10월

사자를 군국에 보내어 도적떼들이 스스로 서로 힘을 합쳐 들고 일어선다[自相糾擿]³²⁵는 말을 듣고, 다섯 사람이 함께 한 사람 목을 베면 죄를 사해 주기로 했다. 관리들 중에서 비록 머물러서 [도적떼와 싸우기를] 피한 자라 할지라도 모두 용서하여 죄를 묻지 않고 [그 이유를] 들어서 토벌하는 데 본보기가 되게 했다. 목牧, 태수, 현령이나 현장縣長 중에서 도적이 일어났는데도 사로잡아 거두지 못한 자, 또 두렵고 나약하여 성을 버린[委守]³²⁶ 자도 모두 책임을 면제하되, 도적을 취하고 잡아들인 수가 많고 적음에 따라 전최殿最(인사 고과)³²⁷가 있게 했으며 이를 덮고 숨기는 자는 반드시 죄를 받게 했다. 이에 서로 다투어 추적하고 잡아들이니 도적떼들이 흩어져 사라져 버렸다. 도적떼의 괴수들을 다른 군으로 옮겨 살게 한 후, 땅을 내리고 곡식을 나누어 주어 생업을 안정시켰다. 그러자 이때부터 소와 말을 놓아먹이고 마을 문을 닫지 않게 되었다.

노방이 사자를 보내 항복을 구걸했다.

12월

갑진일, 노방을 대왕代王으로 봉했다.

예전에 왕망이 난을 일으킨 후 화폐로 베[布], 비단[帛], 금金, 곡식[粟]

---

325 적擿은 발發, 즉 일어선다는 말이다.
326 위수委守는 그 지키던 곳을 포기한다는 말이다.
327 전殿은 후後, 곧 뒤쪽이라는 뜻이다. 즉 뒤에 두도록 평가하는 것을 말한다. 최最는 모든 중요한 것 중에서도 머리에 해당하는 것이다. 즉 앞에 두도록 평가하는 것을 말한다.

등을 섞어서 썼다. 이 해에 오수전五銖錢을 발행하기 시작했다.[328]

【건무 17년】(41년)

봄 정월

조공 유량이 죽었다.

2월

그믐 을미일, 일식이 일어났다.[329]

여름 4월

을묘일, 남쪽으로 순수巡狩했다. 황태자를 비롯해 우익공 유보, 초공 유영, 동해공 유양, 제남공 유강, 동평공 유창이 따랐으며 영천군으로 행차한 후 계속 나아가 섭현葉縣[330]과 장릉현에 이르렀다.

---

328 무제 때 오수전을 발행하기 시작했다 왕망 때 폐지한 것을 이때 다시 시행한 것이다.
329 『동관기』에 따르면, "일식이 일어나자 황제가 정전을 피해 도참圖讖을 많이 읽었는데 처마 아래 이슬 젖은 곳에 앉았으므로 풍이 들어 병으로 고통 받고 어지러움이 심했다. 좌우에 백대사마사白大司馬史가 있어 병고가 이와 같았는데도 능히 동요하지 않을 수 있었다. 〔황제가〕 스스로 기운을 차리고 공후들을 따라 궁궐 바깥으로 나가 수레로 몇 리를 행차하니 병에 차도가 있었다. 4월 초이틀, 거가가 언사현偃師縣에서 묵었다. 거기에서 며칠 병을 다스렸다. 남양군 경계에 들어서 섭현에 이르렀다. 수레와 말을 살피면서 며칠 머무르다가 병마 일천여 필과 함께 여양현黎陽縣으로 행차했다. 드디어 장릉현에 이르렀을 때 쾌차해 평소같이 기거했다."
330 섭현은 옛날 초나라 섭공葉公의 식읍으로 남양군에 속한다.

5월

을묘일, 거가가 환궁했다.

6월

계사일, 임회공 유형이 죽었다.

가을 7월

요무妖巫(요망한 무당) 이광李廣 등이 무리를 끌고 일어나 환성현皖城縣[331]을 점거했다. 호분중랑장虎賁中郎將 마원, 표기장군驃騎將軍 단지段志를 보내 토벌했다.

9월

환성현을 깨뜨리고 이광 등을 목 베었다.

겨울 10월

신사일, 폐황후 곽 씨를 중산국의 태후太后로 봉하고, 귀인 음 씨陰氏를 황후로 봉했다. 우익공 유보를 올려서 중산왕으로 삼고 상산군常山郡[332]을 식읍으로 주었다. 나머지 아홉 국공國公은 모두 예전에 봉한 곳에서 작위를 올려서 왕으로 임명했다.

갑신일, 장릉현으로 행차했다. 원묘를 보수하고 옛 집을 제사지냈다. 또 고향집을 둘러보고 술을 빚고 음악을 지었으며 상을 내렸다. 이때 종실의 늙은 어미들이 잔치가 무르익자 크게 기뻐하면서 서로 말하기를, "문숙(광무제의 자)은 어릴 때 근면하고 신의가 있었으나 사람 사

---

331 환성현은 여강군에 속한다. 환수皖水가 흐른다.
332 본래 항산군恒山郡이었는데, 문제의 휘를 피해 상산군으로 고쳤다.

궐 때 흉금을 털어놓는 편은 아니었다. 다만 정직하고 유순했을 뿐이다. 그러더니 이제 이와 같이 되었구나!"라고 했다. 광무제가 그 말을 듣고 크게 웃으며 말했다. "내가 천하를 다스릴 때 역시 부드러운 도[柔道]로써 그것을 행하고 싶구나." 그러고는 용릉의 종실들에게 모두 사당을 세우게 했다.

영천군 겹현郟縣[333]에서 봉황 다섯을 보았다는 말이 있었다.

12월

장릉현으로부터 돌아왔다.

이 해에 사차국에서 사신을 보내 공물을 바쳤다.

【건무 18년】(42년)

봄 2월

촉군蜀郡의 수비 장수 사흠史歆이 모반하자 대사마 오한을 보내 장군 둘을 데리고 그를 토벌하게 했다. [오한이] 성도를 포위했다.

갑인일, [광무제가] 서쪽으로 순수하여 장안으로 행차했다.

3월

임오일, 고묘에 제사하고, 이어서 십일릉에 제사했다. 풍익군馮翊郡의 경계를 넘어 계속 나아갔다. 포반현蒲阪縣에 이르러 후토궁后土宮에서 제

---

333 『동관기』에 따르면, "봉황은 크기가 여덟 자였으며 다섯 빛깔로 빛났다. 새들이 무리를 이루어 따랐는데, 행렬이 몇 경頃의 땅을 덮을 정도였다. 열이레 동안 머물렀다."

사지냈다.[334]

여름 4월
계유일, 거가가 환궁했다.
갑술일, 조서를 내렸다.

지금 변방 군에서는 양식 쉰 섬을 훔쳤는데, 죄가 사형에 이르렀다 한다. 탐욕스럽고 포악한 관리들이 함부로 사람을 죽이는 길을 열었으니, 이제 이 법에 따라 그런 일을 없애라. 안쪽 군들도 이와 똑같이 하라.

복파장군伏波將軍 마원을 보내 누선장군樓船將軍 단지 등을 이끌고 교지군의 적도 징측 등을 공격했다.
갑신일, 하내군河內郡으로 행차했다.
무자일, 하내군으로부터 돌아왔다.

5월
가뭄이 심했다.
노방이 다시 도망쳐 흉노족 지역으로 들어갔다.

가을 7월
오한이 성도를 쳐서 빼앗고, 사흠 등을 목 베었다.
임술일, 익주[적도들]의 졸개들 중 반드시 주사할 죄를 저지른 자 아

---

[334] 『한관의』에 따르면, "제사지낸 땅은 하동군 분음현汾陰縣 후토궁이다. 궁의 한 부분은 황하에 잠겨 있는데, 예전에 제사지내던 땅으로 연못 가운데 네모난 언덕에 있다. 하짓날에 제사하는데, 그 예의는 하늘을 제사할 때와 같다." 포반현은 하동군에 속한다.

래로는 모두 사면해 주었다.

겨울 10월

경진일, 의성현宜城縣³³⁵으로 행차했다. 돌아오다가 장릉章陵에 제사지냈다.

12월

을축일, 거가가 환궁했다.

이 해에 주목을 혁파하고, 자사刺史를 두었다.³³⁶

【건무 19년】(43년)

봄 정월

경자일, 선제宣帝를 추존追尊해 중종中宗이라 했다. 소제昭帝와 원제元帝를 태묘太廟에서, 성제와 애제哀帝와 평제平帝를 장안에서, 용릉절후 이하 사대까지를 장릉에서 처음으로 제사지냈다.³³⁷

---

335 의성현은 남군에 속하는데, 〔전국 시대〕 초나라의 언읍鄢邑이다.
336 무제 원봉元封 5년(기원전 106년)에 처음으로 자사를 두어 조서를 받들고 각 주를 살피게 했다. 질은 육백 석으로, 휘하 관원은 열세 명이다. 성제 수화綏和 원년(기원전 8년)에 이름을 고쳐 목牧으로 하고, 질은 이천 석이 되었다. 애제 건평 2년(기원전 5년)에 다시 자사로 이름을 고쳤다가 원수 2년(기원전 1년)에 다시 목으로 고쳤다. 그러고 나서 왕망이 변혁한 것을 건무 원년(25년)에 이르러 고쳐서 다시 목을 두었는데, 이때 다시 고쳐서 자사를 둔 것이다.
337 『한관의』에 따르면, "광무제는 〔고조 유방으로부터〕 순서가 열두 번째〔인 황제〕였지만 부자의 차례를 따져 보면 성제는 형제뻘이, 애제는 삼촌뻘이, 평제는 할아버지뻘

요무 선신卿臣과 부진傅鎭 등이 모반하여 원무성原武城을 점거했다. 태중대부 장궁을 보내 그들을 포위했다.

여름 4월

[장궁이] 원무성을 쳐서 빼앗고, 선신과 부진 등을 목 베었다.
복파장군 마원이 교지군[의 적도들]을 무찌르고 징측 등을 목 베었다. 또 구진군의 적도 도양都陽 등을 공격하여 무찌르고 항복을 받았다.

윤달

무신일, 조趙, 제齊, 노魯 등 세 나라 공의 작위를 올려 왕으로 삼았다.

6월

무신일, 조서를 내렸다.

『춘추』의 의로움은 아들을 세울 때 귀함으로써 하는 것이다.[338] 동해왕東海王 유양은 황후의 아들로 마땅히 대통을 이어야 한다. 그런데 황태자 유강이 겸손하여 물러나기를 고집하고 번국藩國에 머무르기를 원했다. 아버지와 아들의 정으로써 이를 거듭하여 오래 물리치기가 어려웠다. 이제 황태

이 되어서 모두 그 뒤를 이을 수 없다. 위로 원제에 이르러야 비로소 광무제에게 아버지뻘이 되므로 원제를 계승하여 9대 황제가 되었다. 『하도』에 '붉은 것이 아홉 번 모이면 창성하리라(赤九會昌)'라는 말이 있는데, 이는 광무제를 두고 한 말이다." 그러므로 선제는 [광무제의] 할아버지가 되므로 추존하고 제사지낸 것이다.

338 『춘추공양전』에 따르면, "정실(嫡)을 세울 때는 나이 듦(長)으로써 하지 현명함으로 하지 않고, 아들을 세울 때는 귀함으로써 하지 나이 듦으로써 하지 않는다. 환공桓公이 물었다. 무엇이 귀한 것인가? 어머니가 귀한 것이다. 어머니가 귀한 것이 어찌 자식이 귀한 것인가? 자식은 어머니로 인하여 귀하게 되고 어머니는 아들로 인하여 귀하게 된다."

자 유강을 동해왕으로 임명하고, 동해왕 유양을 세워 황태자로 임명하며 그 이름을 고쳐 장莊이라 하노라.

가을 9월

남쪽으로 순수했다.

임신일, 남양군으로 행차했다. 계속 나아가 여남군汝南郡 남돈현의 전사에 이르러 술잔치를 벌이고 관리들과 백성들에게 상을 내렸다. 또 남돈현의 전조를 한 해 동안 덜어 주었다. 부로들이 앞에 나아와 〔땅에〕 머리를 두드리면서 말했다.

"폐하의 아버님께서 이곳에 거한 날이 오래되었으므로 폐하께서 여기 관사〔寺舍〕를 이미 아시는 덕분에[339] 행차하실 때마다 번번이 두터운 은혜를 더하셨사옵니다. 바라건대 십 년을 내려 주시옵소서."

광무제가 답했다.

"〔짐은〕 늘 천하의 중기重器(보물이라는 뜻으로 제위를 상징함)를 맡지 못할까 두려워하면서 하루 또 하루를 지내노라. 그런데 어찌 멀리 십 년을 기약하겠는가?"

그러자 관리들과 백성들이 다시 말했다.

"폐하, 실제로는 〔저희를〕 애석하게 여기시면서 어찌 그리 겸양하여 말씀하시옵니까?"

광무제가 크게 웃고는 다시 일 년을 늘려 주었다. 계속 나아가 회양

---

[339] 채옹의 『독단』에 따르면, "폐陛는 계단의 섬돌을 말한다. 천자와 더불어 말할 때에는 감히 지척指斥(윗사람의 언행을 직접 지적하여 탓함)할 수 없으므로 폐하라고 말한 것이다." 『풍속통』에 따르면, "시寺는 사司, 즉 관아라는 뜻이다. 관부들이 있는 곳을 일컬어 시라고 한다." 광무제는 일찍이 아버지를 따라 남돈현에 이른 적이 있으므로 관부의 사우舍宇(사택)를 알았다.

국淮陽國, 양국梁國, 패국沛國에 이르렀다.
서남쪽 오랑캐가 익주군益州郡³⁴⁰을 노략질하자 무위장군武威將軍 유상劉尙을 보내 토벌했다. 월수태수越巂太守 임귀가 모반했다.

12월
유상이 임귀를 습격하여 그를 주살했다.

이 해 다시 함곡관도위函谷關都尉를 두었다.³⁴¹ 장안의 궁궐들을 보수했다.

【건무 20년】(44년)

봄 2월
무자일, 거가가 환궁했다.

여름 4월
경진일, 대사도 대섭이 하옥되어 죽었다.³⁴² 대사공 두융을 면직했다.

---

340 상거常璩의 『화양국지華陽國志』에 따르면, "무제 원봉 2년(기원전 103년)에 수이叟夷(촉 땅에 살던 종족)들이 모반하자 장군 곽창郭昌이 그를 토벌하여 평정하고 익주군을 열었다."
341 건무 9년(33년)에 없앴다가 이때 다시 둔 것이다.
342 『고금주』에 따르면, "태공창령太公倉令 해섭奚涉에게 고의로 죄를 덮어씌운 일에 연루된 것이다."

5월

신해일, 대사마 오한이 죽었다.

흉노족이 상당군上黨郡과 천수군을 노략질하고 마침내 부풍군에 이르렀다.

6월

경인일, 광한태수廣漢太守 채무蔡茂를 대사도로, 태복太僕 주부를 대사공으로 임명했다.

임진일, 좌중랑장左中郎將 유융劉隆을 표기장군으로 임명하고 대사마[343] 일을 대행하게 했다.

을미일, 중산왕 유보를 옮겨 패왕沛王으로 봉했다.

가을

동이東夷의 한국韓國[344] 사람이 무리를 이끌고 낙랑군에 이르러 내부內附(한 나라가 다른 나라 안으로 들어가 붙음)했다.

겨울 10월

〔광무제가〕 동쪽으로 순수했다.

갑오일, 노국魯國에 행차했다. 계속 나아가 동해국東海國, 초국楚國, 패국에 이르렀다.

---

343 무제가 태위를 없애고 대사마장군大司馬將軍을 두었다. 성제 때 금으로 된 인印과 자줏빛 인끈을 내렸으며, 관속을 두고 녹봉을 승상에 비견하게 했다. 애제 때 장군이라는 말을 제거하고, 지위를 사도 위에 두었다. 이에 대해서는 『한서』에 보인다.

344 동이 중 진한辰韓, 변한卞韓, 마한馬韓을 일컬어 삼한국三韓國이라 한다.

12월

흉노족이 천수군을 노략질했다.
임인일, 거가가 환궁했다.

이 해 오원군을 없애고, 그 관리들을 옮겨 하동군에 두었다. 제양현의 요역을 여섯 해 동안 덜어 주었다.

【건무 21년】(45년)

봄 정월

무위장군 유상이 익주의 오랑캐를 무찌르고, 그를 평정했다.

여름 4월

안정속국安定屬國의 오랑캐들이 모반하고 청산靑山에 모여 주둔하자 장병장사將兵長史 진흔陳訢을 보내 토벌하여 평정했다.

가을

선비족鮮卑族이 요동군遼東郡을 노략질하자 요동태수遼東太守 제융祭肜이 크게 쳐부쉈다.

겨울 10월

복파장군 마원을 보내 요새를 나가서 오환족烏桓族을 공격하게 했으나 이기지 못했다.
흉노족이 상곡군과 중산국을 노략질했다.

이 해 겨울, 선선국왕, 차사국왕車師國王 등 열여섯 나라의 왕이 아들을 보내 입시하여 공물을 받들어 올리면서 도호都護[345]를 청했다. 〔하지만〕 이제 막 광무제가 중국을 평정한 때이므로, 바깥의 일은 서둘 필요가 없었다. 이에 입시한 아들들을 모두 돌려보내면서 두텁게 더하여 상을 내렸다.

【건무 22년】(46년)

봄 윤달 정월
병술일, 장안으로 행차했다. 고묘에 제사하고, 나아가 십일릉에 제사했다.

2월
기사일, 장안으로부터 돌아왔다.

여름 5월
그믐 을미일, 일식이 일어났다.

가을 7월
사예교위 소업蘇鄴이 하옥되어 죽었다.

---

345 도호는 선제 때 처음 두었으며 정길鄭吉이 임명된 것이 시초였다. 질은 비 이천 석이다. 도都는 총總, 즉 통괄한다는 뜻이다. 남북의 길을 통괄하여 지켰으므로 이 말을 쓴 것이다. 오루성烏壘城에 거하면서 서역 여러 나라 동정을 들어서 살핀다. 이 일에 대해서는 『한서』에 보인다.

9월

무진일, 땅이 흔들리고 무너졌다. 황제가 명을 내렸다.

일전에 땅이 흔들렸는데 남양군이 특히 심했다. 무릇 땅은 만물을 떠맡았으므로 무거워서 고요히 움직이지 않는 것이다. 그러나 이제 흔들리고 무너졌으니 허물이 임금에게 있다. 덕이 없어 귀신이 따르지 않으므로 재앙이 관리들과 백성들에게 미친 것이다. 짐이 이를 심히 두려워하노라. 영을 내리노라. 올해 남양군에서는 전조와 추고芻稾(말먹이 풀)를 거두지 말라. 알자를 보내 살피고 돌아다니면서 사형죄를 저지른 죄수 중에서 무진일 이전에 죄를 지은 자는 형을 한 등급 감해 주고, 도형을 받은 자는 차꼬〔鉗〕를 다 늦춰 주고 풀어 주며〔弛解〕 명주실로 자은 솜옷〔絲絮〕을 입게 하라.[346] 남양군에 살다가 압사한 사람들에게 관전棺錢(시체와 함께 관 속에 넣는 돈)을 사람마다 삼천 전씩 내려 주라. 또 구부口賦(인두세)를 낼 사람들 중 세금을 체납한 자가 있어도 집이 심하게 부서졌으면 밀린 세금을 받지 말라.[347] 관리들과 백성들 중에서 죽었거나 혹시 허물어진 담 또는 무너진 지붕 아래 묻힌 사람이 있지만 가족들이 병들거나 쇠약하여 능히 〔시체를〕 거두어 수습할 수 없으면, 돈이나 곡식으로써 값을 치르고 일꾼을 사서 그들을 구하게 하라.

---

346 이弛는 풀어서 벗겨 주는 것이다. 『창힐편倉頡篇』에 따르면, "겸鉗은 차꼬〔鈦〕이다." 「음의」에 따르면, "체鈦는 발에 채우는 칼〔足鉗〕이다." 옛 법에 도형을 받고 부역 중인 자는 명주실로 자은 솜옷을 입을 수 없었지만, 이때 사면하여 그것을 허락한 것이다.

347 『한의주漢儀注』에 따르면, "나이가 열다섯 살에서 쉰여섯 살에 이르는 사람들은 부전賦錢을 내는데, 사람마다 백이십 전을 산가지〔算〕 하나로 계산한다. 또 일곱 살부터 열네 살에 이르는 사람들은 구전口錢을 내는데, 사람마다 이십 전이다. 이로써 천자를 이바지한다. 무제 때 이르러서는 사람마다 삼 전을 더했는데, 이로써 수레와 기마를 보충했다." 세금을 체납했다는 것은 전조가 부족했음을 말한다.

겨울 10월

임자일, 대사공 주부를 면직했다.

계축일, 광록훈光祿勳 두림杜林을 대사공으로 임명했다.

이 해 제왕 유장이 죽었다.

청주에 황충이 들끓었다.

흉노의 욱건일축왕奧鞬日逐王 비比[348]가 사자를 보내 어양군에 이르러 화친을 청하자, 중랑장 이무李茂를 사자로 보내 보명하게 했다. 오환족이 흉노족을 공격해 무찌르자 흉노족이 북으로 옮겨갔으므로 막남幕南(고비사막 남쪽)[349] 땅이 텅 비었다. 조서를 내려 변방의 군郡에 있는 정후와 이졸吏卒을 방면했다.

【건무 23년】(47년)

봄 정월

남군의 만족蠻族들이 모반하자 무위장군 유상을 보내 토벌하여 무찌른 후, 그 종족들을 강하군江夏郡으로 옮겨 살게 했다.

여름 5월

정묘일, 대사도 채무가 죽었다.

---

348 비는 욱건일축왕의 이름이다.
349 「음의」에 따르면, "모래땅을 막幕이라 한다, 즉 지금의 적磧(사막)이다."

가을 8월

병술일, 대사공 두림이 죽었다.

9월

신미일, 진류태수陳留太守 옥황玉況[350]을 대사도로 임명했다.

겨울 10월

병신일, 태복 장순張純을 대사공에 임명했다.
고구려高句麗에서 종족들을 이끌고 낙랑군에 이르러 내속했다.

12월

무릉군武陵郡의 만족들이 모반한 후 주변 군현으로 쳐들어가 약탈했다. 유상을 보내 그들을 토벌하게 하여 원수沅水에서 싸웠다.[351] 유상의 군대가 패하여 모두 죽었다.

이 해 흉노의 욱건일축왕 비가 부곡을 이끌고 사자를 보내 서하군에 이르러 내부했다.

---

350 옥황은 자가 문백文伯으로, 경조군 사람이다.
351 원수는 장가군牂柯郡에서 시작해 동북쪽으로 흘러 임원현臨沅縣을 지나 장사군에 이르러 동정호洞庭湖로 흘러들어 간다.

【건무 24년】(48년)

봄 정월

19일〔을해일〕, 천하에 대사면령을 내렸다.

흉노의 욱건일축왕 비가 사자를 보내 오원새五原塞에 와서 북로北虜(북쪽 오랑캐라는 뜻으로 여기에서는 흉노족을 가리킨다. 이때 욱건일축왕 비는 선우 자리를 놓고 싸운 투쟁에서 패배하면서 목숨을 구하려고 한나라로 귀순했다)를 막아 지키게 해 달라고 간구했다.

가을 7월

무릉군의 만족들이 임원현臨沅縣[352]을 노략질하자 알자 이숭李嵩과 중산태수中山太守 마성을 보내 만족들을 토벌했으나 이기지 못했다. 이에 복파장군 마원을 보내서 네 장군을 이끌고 토벌하게 했다.

담당 관리들에게 조서를 내려서 옛 제도인 아부번왕阿附蕃王의 법[353]을 밝혀 널리 알리게 했다.

겨울 10월

흉노의 욱건일축왕 비가 스스로를 세워 남선우南單于가 되었다. 이때

---

352 임원현은 무릉군에 속한다.
353 무제 때 회남淮南과 형산衡山에서 모의하여 좌관률左官律(제후왕과 군신 관계를 맺는 것을 금지하는 법)을 만들고 부익법附益法(제후왕을 위해 세금을 늘리거나 별도로 매기는 것을 금지하는 법)을 반포했다. 「음의」에 따르면, "사람의 도가 오른쪽을 숭상한다 함은 천자를 버리고 제후를 섬기는 것을 말하는데, 이를 좌관左官이라 한다. 좌左는 벽僻, 즉 치우쳤다는 말이다." 이는 아곡阿曲(관리가 제후왕이 지은 죄를 묵인하는 것)과 부익 하는 왕후들을 장차 무거운 법으로 다스리겠다는 말이다. 이를 옛 제도라 하고 이때 다시 밝혀서 널리 알린 것이다.

부터 흉노가 남북으로 나뉘었다.

【건무 25년】(49년)

봄 정월

요동군 요새 밖에 있는 맥 사람(貊人)[354]들이 우북평군, 어양군, 상곡군, 태원군太原郡을 노략질하자 요동태수 제융이 그들을 불러서 항복하게 했다. 오환족의 대인大人[355]이 내조했다.

남선우가 사자를 보내 궁궐에 이르러 공물을 바치고 번국으로 받들면서 신하를 칭했다. 또 그 좌현왕左賢王을 보내 북흉노北匈奴를 공격하여 무찔렀다. 〔북흉노가〕 땅을 일천여 리 뒤로 물렸다.

3월

남선우가 아들을 보내 입시했다.

29일 그믐〔무신일〕, 일식이 일어났다.

복파장군 마원 등이 무릉군의 만족을 임원현에서 무찔렀다.

겨울 10월

모반한 만족들이 모두 항복했다.

부여왕夫餘王[356]이 사자를 보내 공물을 바쳤다.

---

354 맥 사람이란 예맥족穢貊族을 말한다.
355 대인은 거수渠帥(두목)를 말한다.
356 부여국夫餘國은 해동海東에 있는데, 현도군玄菟郡에서 일천 리 넘게 떨어져 있다.

이 해 오환족의 대인이 무리를 이끌고 내속하여 궁궐에 이르러 조공을 바쳤다.

【건무 26년】(50년)

봄 정월

담당 관리에게 조서를 내려 관리들의 녹봉을 늘려 주었다. 일천 석 이상 관리는 서경 시절의 옛 제도보다 줄었고, 육백 석 이하는 옛 질보다 늘었다.[357]

처음으로 수릉壽陵을 만들었다.[358] 장작대장將作大匠 두융이 글을 올려서 원릉은 넓디넓어야[廣袤] 무릇[無慮] 쓸모가 있다고 했다.[359] 황제가 답했다.

---

357 『속한지』에 따르면, "대장군과 삼공은 녹봉 월 삼백오십 섬, 질이 중 이천 석은 녹봉 월 백팔십 섬, 이천 석은 월 백이십 섬, 비 이천 석은 월 일백 섬, 일천 석은 월 구십 섬, 비 일천 석은 월 팔십 섬, 육백 석은 월 칠십 섬, 비 육백 석은 월 오십오 섬, 사백 석은 월 오십 섬, 비 사백 석은 월 사십오 섬, 삼백 석은 월 사십 섬, 비 삼백 석은 월 삼십칠 섬, 이백 석은 월 삼십 섬, 비 이백 석은 월 이십칠 섬, 백 석은 월 십팔 섬, 두식斗食은 월 십일 섬, 좌사는 월 팔 섬이다. 무릇 녹봉을 받을 때에는 돈과 곡식을 각각 절반씩으로 했다."

358 처음으로 능을 만들었는데 아직 이름이 없었으므로 수릉이라 한 것이다. [수壽라고 한 것은] 길고 오래간다는 뜻을 취한 것이다. 한나라에서는 문제 때부터 모두 미리 능을 만들었는데, 이때에 옛 제도를 좇은 것이다.

359 『한서』에 따르면, "장작소부將作少府는 진나라 때 벼슬로 궁궐을 책임진다. 경제 때 이름을 고쳐서 장작대장이라고 했다. 질은 이천 석이다." 『설문해자』에 따르면, "남북[으로 긴 것]을 무袤라 하고, 동서[로 넓은 것]을 광廣이라 한다." 『광아』에 따르면, "무려無慮는 도범都凡, 즉 '무릇'을 뜻한다." 따라서 원릉을 만들 때 무릇 제도에 따르기를 일컬어 청한 것이다.

옛날에 제왕의 장례는 모두 도자기 인형과 진흙 그릇, 나무 수레와 짚 말로 치러서 후세 사람들이 그 장소를 알지 못했다.[360] 태종(문제)께서는 시작과 끝의 뜻을 아셨고, 경제께서는 능히 효도를 좇아 보일 수 있었으므로 천하가 뒤집히고 엎어졌을 때에도 패릉霸陵만은 홀로 완전하여 그 복을 받았으니 어찌 아름답지 아니한가![361] 지금 짓는〔수릉의〕땅은 두세 경頃에 지나지 않으며, 산처럼 쌓아올린 능이나 보를 막아 만든 못이 없고〔땅을〕마름질해 물을 흐르게 했을 뿐이다."[362]

중랑장 단침段郴을 보내 남선우에게 옥새와 인수를 주고, 운중군雲中郡에 들어와 살게 했다. 처음으로 사흉노중랑장使匈奴中郎將[363]을 두어 병사들을 거느리고 그들을 호위하게 했다. 남선우가 아들을 보내 입시하게 해 상서를 받들고 궁궐에 이르렀다. 이에 운중군, 오원군, 삭방군朔方郡, 북지군, 정양군, 안문군, 상곡군, 대군 등 여덟 군의 백성들을 본래 살던 땅으로 돌아가게 했다. 알자를 보내 형을 면해 준 자들〔施刑〕[364]을 나누어 거느리고 가서 성곽을 보수했다.[365] 중국中國(여기에서는 황하 유역의 중원 지역이라는 뜻임)에 사는 변방 백성들을 뽑아 보내면서〔변방의〕여러 현으로 돌아가게 했다. 모두에게 돈을 내리고, 먹을 것을 옮겨 날라

---

360 『예기』에 따르면, "진흙으로 만든 수레에 풀로 만든 제웅은 예로부터 있던 것이다." 정현의 『주례주』에 따르면, "추령芻靈은 풀을 엮어 사람과 말을 만드는 것이다."
361 적미적이 장안에 들어왔을 때, 오직 패릉만 파헤치지 않았음을 일컫은 것이다.
362 산처럼 쌓아올려 능을 만들지 말고 봉해진 땅을 마름질해 보를 막고 못을 만들어 물이 멈추지 않게만 하라는 말이다.
363 이때 중랑장은 물론 단침이다. 『한관의』에 따르면, "사흉노중랑장은 서하군 미직현美稷縣에 주둔한다."
364 시施는 이弛와 같은 뜻이다. 이에 대해서는 앞에서 이야기한 바 있다.
365 『동관기』에 따르면, "이때 성곽이 폐허가 되어 땅을 모두 정리하고 다시 지을 수밖에 없었으므로 광무제는 전에 백성들을 옮기게 한 것을 후회했다."

대 주었다.

【건무 27년】(51년)

여름 4월
무오일, 대사도 옥황이 죽었다.

5월
정축일, 조서를 내렸다.

옛날에 [은나라의] 설契이 사도司徒를 만들고, 우禹가 사공司空을 만들었는데, 모두 '대大'라는 말이 없었다. 영을 내리노니 두 부서에서 모두 '대' 자를 없애라.³⁶⁶

또 대사마의 이름을 고쳐 태위太尉라고 했다. 표기대장군으로 대사마를 대행했던 유융을 이 날로 파직하고 태복 조희趙憙를 태위로 임명했으며, 대사농大司農 풍근馮勤을 사도로 임명했다.
익주군 요새 바깥에 있는 오랑캐들이 종족을 이끌고 내속했다.
북흉노에서 사자를 보내 무위군武威郡³⁶⁷에 이르러 화친을 구걸했다.

---

366 주우가 마땅히 삼공에서 나란히 '대'라는 말을 없애고, 그로써 경전을 따르라고 상주했다. 광무제가 그 논의를 따랐다.
367 옛날의 양성涼城이 이곳이다.

겨울

노왕 유흥과 제왕 유석劉石이 처음 봉국으로 나갔다.

【건무 28년】(52년)

봄 정월

기사일, 노왕 유흥을 옮겨 북해왕北海王으로 봉하고, 노국을 동해국에 더했다. 동해왕 유강에게 호분虎賁(정예 호위병), 모두旄頭(소꼬리로 장식한 지휘 깃발), 종거鍾虡(종이나 경을 걸어 놓는 나무 시렁)의 음악을 내렸다.[368]

여름 6월

정묘일, 패국의 태후 곽 씨가 죽었다. 이를 계기로 군현에 조서를 내려 왕후의 빈객을 잡아들이니 이에 연좌되어 죽은 자가 수천 명이었다.[369]

---

368 『한관의』에 따르면, "호분은 백오십 명으로 머리에 새 꼬리 깃털을 달며, 호분중랑장 휘하에 속한다." 또 "옛날에 우림羽林(황제를 경호하는 근위군의 별칭. 새처럼 빠르고 숲처럼 많다고 해서 붙인 이름)을 뽑아 모두 들게 한 후 머리를 풀어헤치고〔황제의 수레〕앞쪽에서 이끌게 했다." 위나라 문제文帝(조비)의 『열이전列異傳』에 따르면, "진나라 문공文公 때 가래나무가 변해 소가 되었는데, 기병으로 그것을 공격했으나 이기지 못했다. 그때 어떤 사람이 땅으로 내려와 상투를 풀고 머리를 풀어헤치니 소가 두려워하면서 물로 들어갔다. 이로 인해 진나라에서는 모두를 단 기병을 두고 앞에서 이끌게 했다." 『이아』에 따르면, "나무를 일컬어 거虡라 한다." 종이나 경磬을 거는 곳이다. 『설문해자』에 따르면, "거는 맹수로 꾸민다."

369 이때 경시제의 아들 유리劉鯉가 패헌왕沛獻王 유보를 끼고 유분자의 형 유공劉恭을 죽였다. 이 탓에 왕후의 빈객 다수가 연좌되어 죽었다.

가을 8월

무인일, 동해왕 유강, 패왕 유보, 초왕楚王 유영, 제남왕濟南王 유강, 회양왕 유연이 처음 봉국으로 나갔다.

겨울 10월

계유일, 조서를 내려 주사할 죄를 지어 옥에 갇힌 죄수들을 모두 잠실蠶室[370]에 모아 궁형에 처했으며, 여자들도 역시 궁형에 처했다.[371]

북흉노에서 사신을 보내 공물을 바치면서 화친을 구걸했다.

【건무 29년】(53년)

봄 2월

초하루 정사일, 일식이 일어났다. 사자를 보내 원통하게 옥에 갇힌 사람을 살핀 후 풀어 주었다.

경신일, 천하 남자들의 작위를 사람마다 두 등급씩 올려 주었다. 홀아비, 과부, 고아, 홀몸, 병자, 가난하여 스스로 생계를 꾸릴 수 없는 자에게 곡식을 한 사람당 다섯 섬씩 나누어 주었다.

여름 4월

을축일, 천하에 영을 내려 옥에 갇힌 죄수 중 반드시 주사할 죄를

---

370 잠실은 궁형을 내리는 옥의 이름이다. 궁형을 받은 자는 바람을 두려워하므로 모름지기 따뜻한 곳에 거해야 한다. 그래서 잠실같이 [땅속에] 움집을 지어서 늘 불을 피워 두므로, 이를 이름으로 삼은 것이다. 이에 대해서는 「음의」에 보인다.

371 유폐幽閉(여자에게 내리는 궁형으로 음부를 지져 막아 버리는 것이다)했다는 말이다.

저지른 자 아래로 도형을 받은 자까지는 원래 죄를 한 등급씩 줄여 주었고, 나머지 죄는 수작輸作(변방에서 수자리를 사는 형벌)으로 속형하게 하되 각자 차이를 두었다.

【건무 30년】(54년)

봄 정월
선비족의 대인이 내속하여 조하朝賀(신년 조회)했다.

2월
동쪽으로 순수했다.
갑자일, 노국으로 행차했다. 계속 나아가 제남국濟南國에 이르렀다.

윤달
계축일, 거가가 환궁했다.
혜성이 자궁紫宮(자미원)에 나타났다.

여름 4월
무자일, 좌익왕左翊王 유언을 옮겨 중산왕으로 봉했다.

5월
큰물이 들었다.
천하 남자들의 작위를 사람당 두 등급씩 올려 주었다. 홀아비, 과부, 고아, 홀몸, 병자, 가난하여 스스로 생계를 꾸릴 수 없는 자에게 곡식을 한 사람당 다섯 섬씩 나누어 주었다.

가을 7월
정유일, 노국으로 행차했다. 제양현의 이 해 요역을 덜어 주었다.

겨울 11월
정유일, 노국으로부터 돌아왔다.

【건무 31년】(55년)

여름 5월
큰물이 들었다.
무진일, 천하 남자들의 작위를 사람당 두 등급씩 올려 주었다. 홀아비, 과부, 고아, 홀몸, 병자, 가난하여 스스로 생계를 꾸릴 수 없는 자에게 곡식을 한 사람당 여섯 섬씩 나눠 주었다.
그믐 계유일, 일식이 일어났다.

이 해 여름, 황충이 들끓었다.

가을 9월
갑진일, 조서를 내려 사형죄를 저지른 죄수들을 모두 잠실에 모아 궁형에 처했다.

이 해 진류군陳留郡에 우곡雨穀(곡식이 공중에서 쏟아지는 천재지변)이 있었는데, 그 모양이 꼭 피[稗]³⁷²의 열매와 같았다.

북흉노에서 사자를 보내 공물을 바쳤다.

【중원中元 원년】(56년)

봄 정월

동해왕 유강, 패왕 유보, 초왕 유영, 제남왕 유강, 회양왕 유연, 조왕 유우劉旰가 모두 내조했다.

정묘일, 동쪽으로 순수했다.

2월

기묘일, 노국에 행차했다. 계속 나아가 태산군太山郡에 이르렀다. 북해왕 유흥, 제왕 유석이 동악東嶽(태산)에서 조견했다.

신묘일, 대종岱宗에 제사지내고[柴望], 태산에 올라 [하늘에] 봉封을 올렸다.

갑오일, 양보산梁父山에서 [땅에] 선禪을 올렸다.³⁷³

---

372 두예의 『춘추좌씨전주』에 따르면, "피[稗]는 곡식과 흡사한 풀이다."
373 대종은 태산을 말한다. 양보는 태산 아래의 작은 산이다. 봉封은 흙을 모아 단을 만드는 것을 말한다. 선墠은 땅을 골라 제사지내는 것이다. '선墠'을 고쳐서 '선禪'이라 했는데, 신神을 나타내기 위해서이다. 『속한지』에 따르면, "이때 광무제가 연輦을 타고 산에 올랐는데, 단 남쪽에 자리를 잡고 북쪽을 향하여 섰다. 상서령이 옥으로 만든 첩牒과 검檢을 받들어 올리자 황제가 한 치 세 푼 옥새로 친히 그것을 봉했다. 옥첩을 넣고 다시 돌을 덮기를 끝마치자 상서령이 다섯 치 인印으로써 석검石檢을 봉했다. 그러고 나서 황제가 두 번 절했다. 양음梁陰(양보산 북쪽 기슭)에서 땅에 선제禪祭를 올렸는데, 고후高后(고조의 황후인 여후를 말함)를 배향하고, 산천의 뭇 신도 종사從祀(배향)했다. 옥첩玉牒의 문양은 알 수 없고, 각석刻石의 문장은 많으나 여기에 싣지 않는

3월

무진일, 사공 장순이 죽었다.

여름 4월

계유일, 거가가 환궁했다.

기묘일, 천하에 대사면령을 내렸다. 영현嬴縣, 박현博縣, 양보현梁父縣, 봉고현奉高縣374의 요역을 줄여 주고, 이 해 전조와 추고를 내지 않게 했다. 연호를 고쳐서 중원中元이라고 했다.

[광무제가] 나아가 장안으로 행차했다.

무자일, 장릉長陵에 제사지냈다.

5월

을축일, 장안으로부터 돌아왔다.

6월

신묘일, 태복 풍방馮魴을 사공으로 임명했다.

을미일, 사도 풍근이 죽었다.

이 해 여름 서울 낙양에 예천醴泉(단맛 나는 샘물)375이 용솟음쳐 나왔다. 그 물을 마신 자는 고질병이 다 나았는데, 오직 외눈박이와 절름발이만 낫지 않았다. 또 물기슭에 붉은 풀[赤草]376이 자란 게 보였다. 군국에

다."
374 네 현은 모두 태산군에 속한다.
375 『서경』「중후」에 따르면, "준걸이 벼슬을 얻어 다스리면, 예천이 솟아난다."
376 붉은 풀은 주초朱草를 말한다. 『대대례』에 따르면, "주초는 하루에 하나씩 잎이 나는

서 자주 감로가 내렸다는 상서를 올렸다. 뭇 신하들이 상주하여 말했다.

지기地祇(지신)의 영靈이 응하여 주초朱草³⁷⁷에 싹이 났습니다. 선제께서는 상서로운 징조가 나타날 때마다 번번이 연호를 고쳐 신작神爵, 오봉五鳳, 감로, 황룡을 줄이어 연기年紀(연호)로 삼았습니다. 천신과 지신에게 고마움을 돌려 바치고 덕망과 신의를 드러내 알린 것입니다. 이로써 〔백성을〕 교화하여 승평昇平(태평성세)을 이루었으니 이를 일컬어 중흥이라 합니다. 지금 천하가 맑고 편안하여 영물이 거듭 나타나고 있습니다. 폐하께서는 천성이 겸손히 물러서시는 데 있어 옮기실 뿐 거하시지는 않으니, 어찌 상부祥符(길조)를 드러내어 축하하지 않고 숨겨서 듣지 못하게 하십니까? 마땅히 영을 내려 태사太史³⁷⁸로 하여금 사실을 모아 기록하게 함으로써 후세에 전하십시오.

그러나 그 말을 광무제가 받아들이지 않았다. 항상 스스로 겸손하여 덕이 없다고 생각하고, 군국에서 상서를 올릴 때마다 번번이 물리치고 감당하려 하지 않았으므로 사관이 기록한 것이 드물었다.

가을
군국 세 곳에서 황충이 들끓었다.

데, 보름이 지난 다음에는 하루에 하나씩 잎이 진다. 〔그렇게〕 돌아서 처음으로 되돌아온다."
377 『효경孝經』「수신계授神契」에 따르면, "덕이 풀과 나무에까지 미치면 주초가 돋는다."
378 태사는 사관들의 장이다. 「음의」에 따르면, "태사공太史公은 무제 때 처음 두었는데, 직위가 승상보다 위였다."

겨울 10월

신미일, 사예교위 동래군東萊郡 사람 이흔李訢을 사도로 임명했다.
갑신일, 사공으로 하여금 고묘에 제사하면서 고했다.

고황제께서는 뭇 신하들과 더불어 맹약하여 유씨가 아니면 왕이 되지 못하게 했습니다. 여呂 태후의 적도들이 삼조三趙[379]를 해치고 마음대로 여씨를 왕으로 삼았을 때, 사직의 영께서 도우시어 여록呂祿과 여산呂産을 죄물어 죽이고[伏誅]하고,[380] 거의 위태롭게 된 천명과 위험에 빠진 조정을 다시 평안하게 했습니다. [그러므로] 여 태후는 마땅히 고묘에 배향하여 함께 합쳐 제사함으로써 지극히 높여서는 안 됩니다. 박薄 태후[381]께서는 어머니의 덕[母德]이 어질고 자애로우시어 문제를 현명하게 길러서 나라에 군림하게 했고 자손들에게 복을 내리셨는데 그것이 지금에까지 이르고 있습니다. 따라서 박 태후께 존호를 올려 고황후라 하고 지기(지신단)에 배향하려 합니다. 여 태후는 옮겨서 원園[382]에 사당을 짓고, 사시四時(사계절)마다 제사를 올리겠습니다.

11월

그믐 갑자일, 일식이 일어났다.

---

379 고황제 유방의 아들 조유왕趙幽王 유우劉友, 조공왕趙恭王 유회劉恢, 조은왕趙隱王 유여의劉如意를 말한다.
380 여산과 여록은 모두 여 태후의 조카이다. 여 태후가 죽었을 때, 각각 남북군南北軍(한나라 금위禁衛의 군대. 궁성 안에 있는 군대가 남군으로 위위衛尉가 거느렸고, 궁성 밖에 있는 군대가 북군으로 중위가 거느렸다)을 쥐고 난을 일으키려 했으나 주발周勃과 진평陳平 등이 그들을 주살했다.
381 박 태후는 고황제 유방의 후궁으로 문제의 어머니이다.
382 원園은 영역塋域(무덤)으로 가운데 정침[寢]이 있다.

이 해에 처음으로 명당明堂, 영대靈臺, 벽옹辟雍(천자 직속 대학)을 세우고, 북교北郊에 조역兆域(천자의 무덤)을 조성했다.[383]

천하에 도참圖讖을 선포했다.

제양현과 남돈현의 이 해 요역을 덜어 주었다.

삼랑 강족이 무도군을 노략질했다. 군의 병사들이 패하자 농서태수 유우劉旴가 군사를 보내 그들을 구했다. 무도군의 병사들이 모반한 강족을 토벌하여 모두 무찔렀다.

---

383 『대대례』에 따르면, "명당은 모두 아홉 실室로 이루어지는데, 실마다 문 넷에 창문 여덟이 달렸으므로 문이 서른여섯이요 창이 일흔둘이다. 띠로 그 위를 덮는데, 위는 둥글고 아래는 네모지게 한다. 문은 붉은색으로 장식하고, 창은 흰색으로 장식한다." 또 『예도禮圖』에 따르면, "건무 31년(55년), 명당을 지었는데 위는 둥글고 아래는 네모지게 했다. 열두 당堂은 〔하늘의〕 일진日辰을 본뜬 것이다. 아홉 실은 〔땅의〕 구주九州를 본뜬 것이다. 실에는 여덟 창을 냈으므로 모두 일흔둘이다. 〔이는〕 일세의 왕을 본뜬 것이다. 또 실마다 열두 문이 있는데, 〔이는〕 음양의 수數를 본뜬 것이다." 호백시胡伯始에 따르면, "옛날에는 청묘淸廟(종묘)를 띠로 덮었고, 지금은 기와로 덮는데 아래에는 띠를 까니 옛 제도가 남은 것이다." 『한관의』에 따르면, "명당은 사면에 흙을 쌓고 구덩이를 파 그 위로 다리를 만드는데 구덩이에 물이 흐르지는 않는다. 명당은 평성문平城門에서 이 리 떨어진 곳에 있다. 천자는 〔궁궐을〕 나서서 평성문으로 나가 먼저 명당에 들른 후에 교郊에서 제사를 지낸다." 또 이르기를 "벽옹은 명당에서 삼백 보 떨어진 곳에 있다. 거기는 벽옹에 이르면 북문으로 들어간다. 3월과 9월에 그 안에서 향사례鄕射禮를 행한다. 벽옹은 그 바깥을 물로 둘러싸서 들여다보는 사람을 끊는다. 제후들은 반궁泮宮(제후국에 설치한 태학)을 두는데 동쪽과 서쪽과 남쪽에는 물이 있으나 북쪽에는 없다. 나머지는 천자와 같다." 『한궁각소漢宮閣疏』에 따르면, "영대는 높이가 세 길[丈]에 문이 열둘이다. 천자에게 속한 것은 영대라 하고, 제후에게 속한 것은 관대觀臺라고 한다." 『한관의』에 따르면, "북교의 단은 낙양성 서북쪽 구석, 성에서 일 리 떨어진 곳에 있다. 네모난 단에 계단이 넷 있다. 단에는 오직 사당만 있다. 북을 치고 피리를 불며 춤추는 사람들이 장막을 치는데, 모두 남교의 도구를 옮겨온 것이다. 지기(지신)의 신위는 남면 서쪽 위에, 고황후는 서면에 배향하는데, 모두 단 위에 있다. 땅을 다스리는 뭇 신들은 단 아래에 둔다. 남교에서 희생(송아지)을 태워 제사하고, 북교에서 묻는다."

【중원 2년】(57년)

봄 정월

신미일, 처음으로 북교를 세우고, 후토后土에 제사지냈다.
동이 왜노국倭奴國[384]의 왕이 사자를 보내 공물을 바쳤다.

2월

무술일, 광무제가 남궁 전전에서 붕어했다. 나이는 예순두 살이었다.[385] 유조遺詔를 내렸다.

짐으로 인해 백성들에게 더하는 것 없이 모든 일을 문제 때와 같은 제도로 하여 줄이고 없애는 데 힘쓰라.[386] 자사 및 이천 석 장리는 모두 성을 떠나지 말고, 관리를 보내거나 역참[郵][387]으로 아뢰는 일을 하지 말라.

광무제는 전쟁터에 오래 있었으므로 군사 관련 일을 싫어했고, 또한 천하가 피폐함을 알았으므로 〔짐을 내려〕 어깨를 쉬기[息肩]를 바라고 즐겼다.[388] 농과 촉을 평정한 후로는 아주 위급한 일이 아니면 결코 군대의 일을 입에 올린 적이 없다. 황태자가 일찍이 적을 공격하는 일에 관해 묻자 황제가 말했다.

---

384 왜倭는 대방군帶方郡 동남쪽 큰 바다에 있는데, 산도山島(바다 위에 솟은 산이라는 뜻으로 섬을 가리킨다)에 의지해 나라를 세웠다.
385 복후의 『고금주』에 따르면, "이 해는 정사년이다."
386 문제를 장사지낼 때는 모두 진흙 그릇을 쓰고 금이나 은이나 구리나 주석으로 꾸미지 않았으며 산에 의지하고 봉분을 세우지 않았다.
387 『설문해자』에 따르면, "우郵는 임금에게 글을 올리러 갈 때 머무는 집이다."
388 『춘추좌씨전』에 "진晉나라에서 어깨를 쉬었다[息肩]"라는 말이 있다.

"예전에 위衛나라 영공靈公이 진陳(군사를 펼치는 법)에 대하여 묻자 공자는 답하지 않았다.[389] 이는 네가 힘쓸 바가 아니다."

매일 해 뜰 무렵에 조회를 열어 〔정사를〕 자세히 살피고, 해가 기울 무렵에야 그만두었다. 자주 공, 경, 낭, 장將 들을 불러들여 경전의 이치를 듣고 논의했으며 밤이 이슥한〔分〕[390] 후에야 잠자리에 들었다. 광무제가 부지런히 일하고 게으르게 행하지 않는 것을 보고, 황태자가 틈을 타서 간했다.

"폐하께선 우임금과 탕임금의 밝음을 품으셨으나 황로黃老[391]의 양성養性(양생법)하는 복을 잃으셨습니다. 바라옵건대 정精과 신神을 보양하고 아끼시며, 스스로 편안함을 넉넉히 즐기시옵소서."

황제가 말했다.

"나는 스스로 이 일을 즐기고 있으니 결코 피로하지 않다."

〔광무제는〕 비록 몸은 대업을 이루었으나 삼가고 또 삼가기가 끝없었으므로, 능히 정치의 고갱이를 현명하고 신중하게 살필 수 있었고, 권력의 벼리를 손에 쥐고 거느릴 수 있었으며, 또한 때를 살피고 힘을 헤아렸으므로 일을 일으킬 때 지나침이 없었다. 공신들을 물러나게 하고 문리文吏(문관)들을 나오게 했으며 활과 화살을 거두어들이고 말과 소를 흩어지게 했다. 비록 도가 아직 옛날에는 미치지 못했을지라도 이는 역시 창을 그치게〔止戈〕 한 무武 덕분이다.[392]

---

389 『논어』에 따르면, "위 영공이 공자에게 진에 대하여 물었다. 공자께서 '제사 기물〔俎豆〕에 관한 일은 일찍이 들었습니다만 군대에 관한 일은 아직 배우지 못했습니다'라고 말씀하셨다."
390 나뉘었다〔分〕는 것은 절반이 지났다는 뜻이다.
391 황제와 노자를 말한다.
392 『춘추좌씨전』에 "문자를 풀어 보면, 그치다〔止〕와 창〔戈〕을 합쳐 무武가 된다"라는 구절이 나온다.

논하여 말한다.

아버지 남돈군 유흠이 제양현령이었던 건평建平 원년(기원전 6년) 12월 갑자일 밤, 광무제가 현사縣舍(현의 관사)에서 태어났는데,[393] 이때 붉은빛이 실내를 환히 비추었다.[394] 유흠이 이를 기이하게 여겨 점쟁이 왕장王長으로 하여금 점치게 했다. 왕장이 좌우를 물리치고 말했다.

"이 징조는 길하나 입에 올릴 수는 없습니다."

이 해에 남돈현의 경계 부근에 가화嘉禾가 났는데, 줄기 하나에 이삭 아홉이 달렸다. 이로 인하여 광무제의 이름을 수秀라고 했다. 이듬해 방사方士 하하량夏賀良이라는 자가 있어 애제에게 글을 올려 한나라 왕실의 역운曆運이 중도에 쇠했으니 마땅히 다시 천명을 받아야 한다고 말했다. 이에 연호를 고쳐 태초太初 원년(기원전 5년)이라 하고, '진성 유 태평 황제陳聖劉太平皇帝'라고 칭함으로써 그것을 염승厭勝(어떤 기운이 일어나지 못하도록 막음)하려 했다. 또 왕망이 제위를 찬탈했을 때, 유씨를 꺼리고 싫어했으므로, 돈에 새겨 있던 금도金刀라는 글자를 화천貨泉으로 고쳤다. 〔그러나〕 사람들은 화천이라는 글자를 두고 '백수진인白水眞人'이라고 했다.

후에 망기자望氣者(기운을 살펴 앞날을 예언하는 사람) 소백아蘇伯阿가 왕망의 사자가 되어 남양군에 이르렀는데, 멀리서 용릉 성곽을 보고 감탄嗟[395]하며 "기운이 좋구나! 성하고 성하며 촘촘하고 촘촘하구나"라고 했다.

---

393 채옹의 「광무비문光武碑文」에 따르면, "광무제가 태어나려 할 때 아버지 유흠은 현령의 관사가 나타나지 않자 궁(현사)의 후전後殿에을 열어서 그곳에 거하면서 광무제를 낳았다."

394 『동관기』에 따르면, "빛이 마루를 비추매 밝음이 낮과 같았다."

395 차嗟는 탄歎, 즉 감탄한다는 뜻이다.

광무제가 처음으로 군사를 일으켜 용릉으로 돌아왔을 때, 집 남쪽을 멀리 내다보니 화광이 붉게 빛나 하늘까지 이어졌다가 잠시 후에 보이지 않았다. 그 이전에 도사道士 서문군혜西門君惠, 이수李守 등이 역시 유수가 당연히 천자가 되어야 한다고 말했다. 그렇다면 제왕이 천명을 받을 때에는 반드시 상서로운 징조가 있어야 하는가? 아니다. 용은 때에 올라탈 수 있음으로써 하늘을 다스리게 되는 것이다!³⁹⁶

찬하여 말한다.

염정炎正이 중간에 약해지자 큰 도둑이 나라를 옮겨 갔다.³⁹⁷ 온 세상〔九縣〕에 광풍이 휘돌고〔飄回〕, 삼정三精은 안개로 뒤덮였다〔霧塞〕.³⁹⁸ 사람들은 몰래 속이는 것을 싫어했고, 귀신은 덕으로 돌아가는 것을 생각했다. 광무제가 큰 명〔誕命〕을 받아 영황靈貺을 스스로 밝혔다〔甄〕.³⁹⁹ 일보다 앞서 기미를 꼼꼼히 읽고〔沈幾先物〕, 다스림을 깊이 생각하여 세상을 바로잡고 문덕을 펼쳤다〔深略緯文〕.⁴⁰⁰ 왕심과 왕읍이 백만이었으나 비

---

396 『역경』에 따르면, "때가 되매 여섯 용이 끄는데 올라서 하늘을 다스린다."
397 한나라는 불의 덕으로써 왕조를 열었으므로 염정이라 한 것이다. 큰 도둑은 왕망이 제위를 찬탈한 것을 말한다. 『장자莊子』에 "전성자田成子는 하루아침에 제나라 임금을 죽이고 그 나라를 훔쳤다. 〔세상의〕 이른바 지혜롭다는 사람 중에서 큰 도둑을 위하여 〔재물을〕 쌓아 두지 않은 자가 있는가?"라는 말이 있다.
398 구현九縣은 구주, 즉 온 세상을 말한다. 표회飄回는 어지러워짐을 말한다. 삼정三精은 해와 달과 별이다. 무색霧塞은 어두컴컴함을 말한다.
399 탄誕은 대大, 즉 크다는 뜻이다. 『서경』에 "천명을 받고 태어나다〔誕膺天命〕"라는 구절이 있다. 견甄은 명明, 즉 밝다는 뜻이다. 영황은 좋은 기운과 신성한 빛의 한 종류이다.
400 기幾는 미약하게 움직이는 것이다. 물物은 사事, 즉 일이다. 기미를 침심沈深(깊이 생각함)하는 것은 일에 앞서 미리 내다보는 것을 말한다. 『일주서』 「시법해」에 따르면,

호[貔虎][401]같이 달려드니 뿔뿔이 흩어졌다. 전차[長轂] 소리가 우레처럼 들을 울렸고[雷野], 높이 솟은 칼끝이 구름을 쓸어버리는[彗] 듯했다.[402] 영위英威를 이미 떨치니, 신도新都는 스스로 죽어 버렸다[自焚].[403] 용庸과 대代가 죽임[虔劉]의 땅이 되고, 양梁과 조趙가 어지러운[紛紜] 곳이 되었다.[404] 삼하三河는 아직 맑아지지 않았고, 사관四關은 거듭 어지러워졌다.[405] 이에 귀신의 깃발[神旌]로 돌아보고, 번갈아 가면서 토벌했다[天討].[406] 금탕金湯이라도 그 험난함을 잃어 [마침내] 수레와 글이 한 가지로 되었다[車書共道].[407] 영경靈慶이 이미 인도하고[啓], 사람의 꾀[人謀]가

"하늘과 땅의 날줄과 씨줄이 되는 것(세상을 질서 있게 다스리는 것)을 일컬어 문文이라 한다."

401 비휴[貔]는 집이執夷라고도 하는데 호랑이에 속한다. 『서경』에 "호랑이 같고 비휴 같다 [如虎如貔]"라는 말이 나오는데, 이는 매우 용맹하다는 뜻이다.

402 장곡長轂은 병거兵車, 즉 전차를 말한다. 뇌야雷野는 그 소리가 요란했음을 말한다. 『회남자』에 "우레로써 전차와 수레를 삼는다"라는 말이 나온다. 혜彗는 소埽, 즉 쓸어버린다는 말이다.

403 왕망은 처음에 신도후新都侯로 봉해졌다. 『사기』에 따르면, 주나라 무왕이 은나라 주왕을 정벌할 때, 주왕은 보옥을 걸치고 있다가 스스로 불태워 죽었다. 비록 왕망은 피살되었지만, 멸망한 것은 주왕 같았으므로, 그것을 빌려서 말한 것이다.

404 건虔과 유劉는 모두 죽인다[殺]는 뜻이다. 『춘추좌씨전』에 "죽임[虔劉]이 우리 변방에 드리웠다"라는 구절이 나온다. 공손술이 용庸과 촉蜀에서 황제를 칭하고, 노방이 대군을 점거한 것을 말한다. 분운紛紜은 어지러워지는 것[論亂]을 말한다. 양梁은 유영劉永을 말하고, 조趙는 왕랑을 말한다.

405 삼하三河는 하남河南, 하북河北, 하동河東을 말한다. 아직 맑아지지 않았다는 것은 주유 등이 낙양을 점거하고, 광무제가 아직 돌아오지 않은 것을 말한다. 사관四關은 장안을 둘러싼 네 요새를 말한다. 거듭 어지러워졌다는 것은 경시제가 관중에 이미 자리 잡았는데, 유분자가 관문을 깨고 들어와 경시제를 죽이고 여러 능묘를 파헤친 것을 말한다.

406 『주례』에 따르면, "깃털을 쪼갠 것[析羽]을 정旌이라 한다." 여기에서 귀신을 칭한 것은 귀신같은 병사들과 귀신같은 책략을 나타내기 위해서이다. 『시경』에 "이에 서쪽을 돌아보시고[乃眷西顧]"라는 구절이 있다. 『서경』에 "하늘이 죄 있는 자를 토벌한다 [天討有罪]"라는 구절이 있다.

같이 도왔다〔贊〕.⁴⁰⁸ 묘당廟堂(조정)의 정책〔廟謨〕은 밝디밝고〔明明〕, 웅단雄斷(씩씩한 결단)은 굳세디 굳세다〔赳赳〕.⁴⁰⁹ 빛나도다〔於赫〕 천명이 있음이여〔有命〕, 우리 한나라를 영영 융성하게 하소서〔乑隆〕.⁴¹⁰

407 『한서』에 "금성탕지金城湯池(끓는 못에 둘러싸인 무쇠 성)는 공격할 수 없다"는 구절이 나온다. 무쇠〔金〕는 그 견고함을 비유한 것이고 탕湯은 그 뜨거움〔熱〕을 취한 것이다. 광무제가 공격했던 곳은 모두 그 험하고 굳셈을 잃었다. 『예기』에 "천하의 수레가 같은 길을 쓰고, 천하의 글이 같은 문자를 썼다(천하가 한 사람 밑에 통일되었다는 뜻)"는 말이 나온다.
408 영경靈慶은 부참符讖(뒷날에 일어날 일을 예언하여 적어 둔 글)을 말한다. 『춘추좌씨전』에 "하늘이 길을 인도한다〔天啓之也〕"는 구절이 나온다. 사람의 꾀란, 뭇 신하들이 권하여 존호를 올린 것을 말한다. 『역경』에 "사람의 꾀와 귀신의 꾀는 모두 백성과 더불어 해야만 능히 이룰 수 있다"라는 말이 나온다. 찬贊은 조助, 즉 돕는다는 뜻이다.
409 『시경』에 "밝디밝은 천자〔明明天子〕"라는 구절이 있다. 『회남자』에 따르면, "묘당에서 작전을 짜고 천 리 바깥에서 승리한다." 규규赳赳는 굳센 모습을 나타낸다.
410 오혁於赫은 아름다움을 감탄하는 말이다. 『시경』에 "천명이 있어 이미 모였다〔有命既集〕"라는 구절이 있다. 계系는 얽매는 것〔繆繫〕이다.

권2
본기 제2

현종顯宗 효명제기孝明帝紀

명제기
明帝紀

 현종 효명황제(이하 명제)는 휘가 장莊이며¹ 광무제 유수의 넷째 아들로, 어머니는 음陰 황후이다. 명제는 풍하豐下(아래턱이 두툼하고 얼굴이 네모난 모양으로 귀인이 될 관상이다)²로 태어났다. 열 살 때 이미 『춘추』에 능통하여 광무제가 그를 뛰어나게 여겼다.

【건무 15년】(39년)

 동해공에 봉해졌다.

---

1 『일주서』「시법해」에 따르면, "햇빛이 사방에 이르는 것을 명明이라 한다." 복후의 『고금주』에 따르면, "장莊이라는 글자는 엄嚴, 즉 엄하다는 뜻이다."
2 두예의 『춘추좌씨전주』에 따르면, "풍하는 얼굴이 네모난 것을 말한다." 『동관기』에 따르면, "명제는 얼굴이 네모나고 두상이 길쭉했으며, 목이 붉은색으로 요임금과 비슷했다."

【건무 17년】(41년)

작위가 올라 동해왕이 되었다.

【건무 19년】(43년)

황태자로 세워졌다. 박사 환영桓榮에게 사사하여 학문이 『서경』에 능통하게 되었다.

【중원 2년】(57년)

2월
무술일, 황제의 자리에 올랐다. 나이가 서른 살이었다.
황후를 높여 황태후라 했다.

3월
정묘일, 광무황제를 원릉原陵에 장사지냈다. 담당 관리들이 상주하자 묘호를 높여 세조라고 했다.

여름 4월
병진일, 조서를 내렸다.

---

3 『제왕기帝王紀』에 따르면, "원릉은 둘레 삼백스무 보에 높이 여섯 길로 임평정臨平亭 동남쪽에 있으며 낙양에서 십오 리 떨어져 있다."

어린 나이에 성스러운 업[聖業]을 받들어 잇게 되었으므로, 짐은 이른 아침부터 밤늦게까지 늘 삼가면서 감히 게으르고 편히 지내려 하지 않았다. 돌아가신 황제께서는 천명을 받아 나라를 중흥하셨고, 제왕으로서 덕에 힘쓰시고 온 세상이 서로 화합하게 하셨으며 아래위에 두루 [손길이] 미치셨고[假],⁴ 온 귀신을 회유懷柔(제왕이 산과 강에 제사지내면서 천신과 지신을 불러 각각 그 자리를 편안하게 해 주는 것)하시고 홀아비들과 과부들에게 은혜를 베푸셨다.⁵ 짐은 대운大運을 내려 받아 제위를 잇고 돌아가신 황제의 법도를 지켜야 하나,⁶ 가색의 어려움을 알지 못하고 오직 [돌아가신 황제의 큰 공업이] 없어져 사라질까 두려워할 뿐이다. [돌아가신 황제께서는] 성스러운 은혜로 거듭 천하를 돌아보고 백성들로 으뜸을 삼으라는 가르침을 남기셨다. [그러하니] 공경들이 어찌 이로써 짐의 부족한 점을 돕지 않겠는가? 천하 남자들의 작위를 사람마다 두 등급씩 올려 주되⁷ 삼로와 효제

4　가假는 지至, 즉 두루 미친다는 뜻이다.
5　회懷는 안安, 즉 편안하게 한다는 뜻이다. 유柔는 화和, 즉 화합한다는 뜻이다. 『예기』에 "산과 숲에서 능히 구름을 일으켜 비를 뿌릴 수 있는 것을 모두 일컬어 귀신(神)이라 한다. 천하 온 귀신에게 제사지낸다"라는 구절이 있는데, 온 귀신을 회유한다는 말은 여기에서 왔다. 『서경』에 "홀아비들과 과부들에게 은혜를 베풀었다"라는 말이 있다.
6　나라의 기틀을 닦은 사람은 무를 숭상함으로써 환란을 평정하지만 그다음 제위를 이어 나라를 일으키려는 자는 문덕을 지켜야 한다는 뜻이다. 『춘추곡량전春秋穀梁傳』에 따르면, "[선제의] 명을 받아 제위를 잇는 것은, 즉 문덕을 지키는 임금이 된다는 것이다."
7　「음의」에 따르면, "남자란, 한 집안(戶)의 우두머리[長]를 말한다." 진나라 때 상앙商鞅은 작위를 스무 급으로 나누었다. 일 급은 공사公士, 이 급은 상조上造, 삼 급은 잠뇨簪裊, 사 급은 불경不更, 오 급은 대부, 육 급은 관대부官大夫, 칠 급은 공대부公大夫, 팔 급은 공승公乘, 구 급은 오대부五大夫, 십 급은 좌서장左庶長, 십일 급은 우서장右庶長, 십이 급은 좌경左更, 십삼 급은 중경中更, 십사 급은 우경右更, 십오 급은 소상조少上造, 십육 급은 대상조大上造, 십칠 급은 사거서장駟車庶長, 십팔 급은 대서장大庶長, 십구 급은 관내후, 이십 급은 철후였다. 작위를 받은 사람은 죄가 있더라도 대속할 수 있었고

孝悌와 역전力田은 세 등급씩 올려 주라.[8] 작위가 공승公乘을 넘은 자들은 아들이나 친형제[同産] 또는 친형제의 아들이 옮겨 받을 수 있게 하라.[9] 또 유민이 되어 호적[名數]에 없던 자들 중에서 스스로 이름을 올리고자 하는 자[占者]는 한 등급을 올려 주라.[10] 홀아비, 과부, 고아, 홀몸, 병자 들에게는 사람마다 곡식을 열 섬씩 내리라. 이미 형을 받은 죄인과 군국에서 도형을 받은 자 중, 중원 원년(56년) 4월 기묘일 사면 전에 죄를 범하고 나중에 사로잡힌 자는 모두 형을 면해 줄지어다. 또 변방의 백성들 중 난리를 만나 내군內郡(중원에 속한 군) 사람이 된 자들 중 기묘일 사면 전에 있던 사람은 변방으로 돌려보내지 말고 모두 그들이 원하는 대로 해 주라. 중이천 석 이하 황수黃綬에 이르는 관리[11] 중 질을 낮추어 속형했던 자는 모두 그 질을 되돌리고 속형한 것을 돌려주라. 이제 위로는 천자가 없고 아래로는 방백方伯이 없어서,[12] 연못을 건너려 해도 배도 노도 없는 것 같노라. 무릇 만승萬乘(만 대의 수레, 천자를 가리킴)의 일은 지극히 무거우나 [집

가난한 자는 남에게 팔 수 있었다.
8 삼로, 효제, 역전은 셋 모두 향鄕의 관리 이름이다. 삼로는 고제高帝(고조 유방) 때 두었으며 효제와 역전은 여 태후 때 두었는데, 이들에게 향리를 이끌어서 풍속의 교화를 돕도록 했다. 문제가 조서를 내렸다. "효제(부모에게 효도하고 웃어른을 공경하는 것)는 천하의 가장 큰 순리요, 역전(농사일에 힘쓰는 것)은 삶의 근본이요, 삼로는 무리의 스승이다. 그들이 호구를 이끌 수 있도록 관원을 두라." 이 일에 대해서는 『한서』에 보인다.
9 전한의 제도에 따르면, 작위를 내릴 때 공사로부터 시작하되 공승을 넘지 못하게 했으므로 [작위가 공승을] 넘은 자들은 [친족이] 옮겨서 받도록 한 것이다. 동산同産이란 같은 어머니를 둔 형제를 말한다.
10 명수名數에 없다는 것은 문부에 이름이 없음을 말한다. 점占이란 자수하는 것[歸首]을 말한다.
11 한나라 때의 제도에 따르면, 이백 석 이상의 관리는 구리로 만든 인장에 황색 인끈을 달았다.
12 『춘추공양전』에 "위로 천자도 없고, 아래로 방백도 없다"라는 말이 나온다. 이 말을 끌어다 쓴 것은 겸손함을 나타내기 위해서이다.

은] 어리고 생각은 짧도다.¹³ 실로 덕 있는 자를 받들[賴] 것이니 어린 나를 도우라[左右].¹⁴ 고밀후 등우는 원공元功(공신)의 우두머리요, 동평왕東平王 유창은 마음이 넓고 널리 아는 데다 지모도 있으니 함께 여섯 자 어린아이를 맡아 기를 수 있으므로, 큰 일[大節]을 맡더라도 결코 굽히지[撓] 말라.¹⁵ 이에 등우를 태부로, 유창을 표기장군으로 삼노라. 태위 희熹는 남교에 시호를 고하고,¹⁶ 사도 흔訢은 재궁梓宮(관)을 봉안하며,¹⁷ 사공 방魴은 오교五校의 병사들을 거느리고[將校] 나아가 봉분을 만들라.¹⁸ 조희를 봉하여 절향후節鄕侯로, 이흔을 봉하여 안향후安鄕侯로, 풍방을 봉하여 양읍후楊邑侯로 삼노라.

가을 9월

소당燒當 강족이 농서군을 노략질했는데, 군의 병사들이 연가현允街縣¹⁹

---

13 황제가 나이가 어리고 힘이 넘치며 생각이 가볍고 얇다고 겸손히 말하는 것은 그러므로 현명한 사람이 보필해 달라는 것이다.
14 뇌賴는 시恃, 즉 믿는다는 뜻이다. 좌우는 조助, 즉 돕는다는 뜻이다.
15 여섯 자(六尺)란 나이가 열다섯 살 아래임을 말한다. 대절大節은 대사大事, 즉 큰일을 말한다. 요撓는 굴屈, 즉 굽히는 것을 말한다.
16 조회를 말한다. 응소의 『풍속통』에 따르면, "『예기』에 따르면, 신하인 아들이 임금인 아비의 의로움에 대하여 시호를 내릴 수는 없다. 그러므로 뭇 신하들이 공덕의 아름다움을 기리어 장례일에 태위를 남교에 보내서 하늘에 고하고 그것으로써 시호를 삼는 것이다."
17 이흔을 말한다. 재궁은 가래나무로 만든 관이다. 『풍속통』에 따르면, "궁宮이라는 것은 황제가 살아 있을 때 머무는 곳인데, 삶에 이어 죽음에 이르러서도 모셔야 하므로 그로써 이름을 삼은 것이다."
18 풍방을 말한다. 장교將校는 오교五校(한나라 때, 보병교위, 둔기교위, 장수교위, 월기교위, 사성교위 등 다섯 교위가 거느린 병사들을 통틀어 일컫는 말)의 병사들에게 명하여 구덩이를 파는 것을 이른다. 「음의」에 따르면, "복토復土는 구덩이를 파고 홈을 메우는 일이다. 그 아래 관을 넣고 나면, 다시 흙을 덮어 무덤을 만들므로 복토라고 한 것이다."

에서 패했다. 농서군의 수인들을 사하여 그 죄를 한 등급 낮추어 주었으며, 이 해의 구실을 거두지 못하게 했다. 또한 천수군에서 삼천 명을 징발했는데, 역시 이 해의 경부更賦[20]를 덜어 주었다. 알자 장홍張鴻을 보내 모반한 강족들을 연아현允吾縣[21]에서 공격했으나 크게 패했고, 장홍은 싸우다 죽었다.

겨울 11월

중랑장 두고竇固, 포로장군 마무 등 두 장군을 거느리고 소당 강족을 토벌하게 했다.

12월

갑인일, 조서를 내렸다.

바야흐로 봄이니 계절을 알려 그로써 사람들이 밭을 갈고 누에를 치게 하

---

19 연아현은 금성군에 속한다. 성이 여수麗水 강가에 있으므로, 여수성麗水城이라고도 한다.
20 경更은 병사가 서로 번갈아서 수자리를 서는 것을 말한다. 부賦는 경역更役을 사는 데 드는 돈을 말한다. 「음의」에 따르면, "경에는 세 가지 구별이 있다. 졸경卒更이 있고, 천경踐更이 있다. 옛날에는 정졸正卒(한나라 때 요역의 하나. 남자가 순서대로 돌아가면서 일 년 동안 수도에서 복역하는 것)에 일정함이 없어서, 사람들이 모두 그것을 여러 차례나 치러야 했다. 경은 한 차례에 한 달이니, 이를 졸경이라 한다. 가난한 사람들은 경을 대신 치르고 돈을 얻기를 바라는데 다음 사람이 돈을 내고 그를 살 수 있었다. 〔그 돈이〕 한 달에 이천 냥이었다. 이를 천경이라 한다. 또한 과경過更이 있다. 옛날에 사람들은 모두 변방에 수자리를 사흘씩 살아야 했는데, 이 역시 경이라 했다. 사람마다 모두 사흘 동안 수자리 서는 것이 가능하지 않았고, 갔던 자가 곧바로 돌아오는 것 역시 가능하지 않았으므로, 한 번 가면 한 해 동안 머물게 하고, 다음 차례에 해당하는 자는 삼백 전을 내고 그를 고용하게 했는데, 이를 일컬어 과경이라 한다."
21 연아현은 금성군에 속한다.

라. 담당 관리들에게 조칙을 내리노니 시절의 기운에 힘써 순응하고 번거로움과 요란스러움이 없도록 하라.[22] 천하에 죄를 저지르고 달아난 자 중 주사할 죄를 저지른 자 이하의 사람들이 속형할 수 있게 하라. 사형죄에 해당하는 자는 비단 스무 필, 우지형右趾刑(오른쪽 발목을 절단하는 형벌)에서부터 곤겸성단용髡鉗城旦舂(머리털을 깎고 목에 차꼬를 채워 아침부터 밤까지 성을 쌓거나 곡식을 빻는 일에 처하는 형벌)[23]까지는 열 필, 완성단용完城旦舂(머리털을 깎거나 차꼬를 채우지 않은 채 성을 쌓거나 곡식을 빻는 형벌)에서부터 사구〔작〕司寇〔作〕[24]까지는 세 필로 하라. 아직 죄가 발각되지 않은 자들 중, 조서가 이르기 전에 스스로 먼저 〔관에 자신의 죄를〕 알린 자는 대속을 절반으로 하라. 지금 뽑아서 천거한 자들은 부실하고, 간사한 소인들은 아직 없애지 못한 탓에 권세가의 문 앞에는 청탁이 줄을 잇고, 탐욕스럽고 포악한 관리들이 방자하여 망령되이 행하니〔放手〕,[25] 백성들은 근심하고 원망하나 뜻이 있어도 알리고 하소연할 데가 없도다. 담당 관리들은 죄행을 명백히 아뢰되

---

22 『예기』에 따르면, "맹춘孟春(음력 정월)에는 덕을 반포하고 법령을 온화하게 하며, 경사를 행하고 은혜를 베푼다. 중춘仲春(음력 2월)에는 큰일을 꾀하지 않으며, 그로써 농사를 방해하지 않는다."

23 「음의」에 따르면, "우지형은 오른발을 자르는 것을 말한다. 그다음은 좌족형左足刑(왼발을 자르는 것), 그다음은 의형劓刑(코를 자르는 것), 그다음은 경형黥刑(얼굴에 죄명을 먹물로 새기는 것)을, 그다음은 곤겸형으로 벌한 후 성단용에 처한다. 성단城旦이란, 낮에는 도적떼나 오랑캐들을 감시하고, 밤에는 장성長城을 쌓는 것이다. 용舂이란, 여자들이 죄를 저질렀을 때, 군역軍役에 쓰지 않고 절구질을 하여 무리들을 먹이는 일을 하는 것이다."

24 완성단용이란, 머리털을 깎거나 목에 차꼬를 채우지 않고 성을 쌓게 하는 것이다. 그다음으로는 귀신형鬼薪刑(관부에서 잡역을 하거나 힘든 일을 하게 하는 형벌)과 백찬형白粲刑(죄지은 부녀자에게 제사 때 쓰이는 쌀을 정미하게 하는 형벌)이고, 그다음으로는 예신형隸臣刑(남자를 노비로 삼는 형벌)과 예첩형隸妾刑(여자를 노비로 삼는 형벌)이며, 그다음은 사작형司作刑(변방에 수자리 가서 적을 방어하는 형벌)이다.

25 방수放手란, 탐욕을 좇아서 〔법을〕 제멋대로 행하는 죄를 저지르는 것이다.

〔죄지은 자를〕 천거한 자도 함께 〔벌로〕 다스리라.[26] 또 군현에서 매번 징발할 때마다 간사한 이득 취하기를 가벼이 행하고, 병들고 허약한 사람들을 몰아붙이며, 극도로 가난한 자들을 먼저 내몰았다. 그 일을 고루 공평하게 하여 치우쳐 지나침이 없도록 하라.

【영평永平 원년】(58년)

봄 정월

황제가 공경 이하 신하들을 이끌고 원릉(광무제의 능)에서 조회했는데, 마치 원회의元會儀(원단에 황제가 뭇 신하들을 조회하는 것)[27] 같았다.

여름 5월

태부 등우가 죽었다.

무인일, 동해왕 유강이 죽었다. 사공 풍방에게 지절을 주고 상사喪事

---

26 천거했으나 그 사람이 잘못을 저지르면, 천거한 사람도 아울러 죄로 다스리게 한 것이다.

27 『한관의』에 따르면, "고대에는 묘에 제사를 지내지 않았다. 진시황은 묘 옆에 침당을 지었고, 한나라에서는 이를 고치지 않았다. 모든 능침에는 그믐, 보름, 이십사절기, 삼복, 사일社日(입춘이나 입추가 지난 뒤 각각 다섯째 무일戊日로 춘사春社에는 풍년을 기원하고 추사秋社에는 수확에 감사한다), 납일臘日(동지 뒤의 셋째 술일戌日로 조상이나 종묘사직에 제사를 지냈다) 및 계절마다 밥을 올린다. 〔황제가〕 친히 능에 나아갈 때에는 궁인宮人들이 고루鼓漏(북과 물시계로 시간을 알리는 기구를 말한다)를 든 채 따라가고 이불과 베개를 준비하며 대얏물을 갖추고 단장할 물건들을 벌인다. 정월에 천자는 원릉에 올라, 공경 백관 및 제후왕들 그리고 군국의 계리計吏(주와 군의 장부 및 전적을 맡은 관리)들을 모두 수레 아래에 모이게 한 후, 군국의 곡식 값을 정하고 천하 모든 곳에서 이를 고쳐 따르게 했다. 이는 죽은 황제의 혼백이 그것을 듣기를 바란 것이다." 원회의란 이를 말하는 것이다.

(장례 절차)를 돌보게 했으며, 솟구치는 용이 그려진 모두, 난로轋輅(천자가 타는 방울 달린 수레), 용기龍旂를 하사했다.[28]

6월
을묘일, 동해공왕東海恭王(유강)을 장사지냈다.

가을 7월
포로장군 마무 등이 소당 강족과 더불어 싸워, 크게 쳐부쉈다. 사졸을 모집하여 농우를 지키게 하고, 사람마다 돈 삼만 전을 하사했다.

8월
무자일, 산양왕山陽王 유형을 광릉왕廣陵王으로 옮기고, 봉국으로 보냈다.

이 해에 요동태수 제융이 선비족을 시켜 적산赤山[29]의 오환족을 공격하게 해서 크게 무찌르고, 그 우두머리의 목을 베었다.
월수군 고복현姑復縣의 오랑캐가 모반했으나, 주군이 토벌하여 평정했다.

---

28 모두에 대해선 「광무제기」를 보라. 난轋은 영鈴, 즉 방울로 말 재갈에 달았다. 교룡交龍(날아오르는 용과 내려오는 용이 서로 엇갈리는 것)을 기旂라 하는데, 오직 천자만이 그것을 썼으므로, 이때 특별히 하사하여 그것으로써 장사지내게 한 것이다.
29 적산은 요동군 서북쪽 수천 리 밖에 있다.

【영평 2년】(59년)

봄 정월

신미일, 명당에서 광무황제를 제사했다. 황제를 비롯하여 공경, 열후 들이 비로소 관면冠冕(머리에 쓰는 관과 쓰개), 의상, 옥패, 구구絢屨(신발과 그 장식) 등을 갖추어 착용하고 행사를 치렀다.[30] 예를 마치고, 영대에

---

30 『한관의』에 따르면, "천자는 통천관通天冠을, 제후왕은 원유관遠遊冠을, 삼공과 제후는 진현삼량관進賢三梁冠을, 경과 대부와 상서와 이천 석과 박사는 양량관兩梁冠을, 이천 석 이하에서 말단 관원까지는 일량관一梁冠을 쓴다. 명당에서 천지에 제사할 때, 천자와 공, 경, 특진特進과 제후는 모두 평면관平冕冠을 쓰는데 천자는 열두 술을, 삼공과 구경九卿과 제후는 일곱 술을 드리우고, 갓끈은 각각 인끈의 색과 똑같이 하며 검은 옷에 진홍빛 바지를 걸친다." 『주례』에 따르면, "왕은 하늘의 상제上帝를 제사지낼 때 넓은 갖옷에 면冕을 쓴다. 오제를 제사지낼 때에도 역시 그와 같이 한다." 『삼례도三禮圖』에 따르면, "면은 서른 승升(팔십 수로 이루어진 베를 승이라 한다)짜리 베를 옻칠하여 만드는데, 넓이가 여덟 치요, 길이가 한 자 여섯 치이다. 앞은 둥글고 뒤는 네모나며 앞은 낮고 뒤는 높아서 머리를 숙이고 엎드린 모양을 하고 있으므로 면이라 한 것이다. 사람은 지위가 높을수록 마음에 아래쪽을 품어야 하므로 이로써 이름을 삼은 것이다." 동파의 『여복지』에 따르면, "현종(명제) 초에 면과 의상을 갖추어 하늘과 땅에 제사지냈다. 의상은 위는 검은색으로 아래는 분홍색으로 하고, 황제의 가마에는 일월 성신 문양 열둘을, 삼공과 제후들은 산과 용 문양 아홉을, 경 이하는 꽃과 벌레 문양 일곱을 새겼는데, 모두 오색으로 칠했다. 황제의 가마에는 자수를 놓았는데, 공경 이하는 모두 베만으로 했다. 진류군 양읍현襄邑縣에서 만들어 바쳤다." 서광徐廣의 『거복주車服注』에 따르면, "한나라 명제 때 고례古禮를 살펴서 옷과 문양을 갖추었는데, 천자가 교묘할 때〔의 복식은〕검은색을 위로, 진홍색을 아래로 하고, 앞은 세 폭으로, 뒤는 네 폭으로 했는데, 옷에는 그림을 그리고 치마〔裳〕에는 수를 놓았다." 『예기』에 따르면, "옛날에 군자는 반드시 옥을 찼다. 옥을 덕에 견주었던 까닭이다. 천자는 백옥白玉을, 공후들은 산에서 나는 흑옥黑玉을, 대부들은 물에서 나는 창옥蒼玉을, 세자世子(작위의 계승자)들은 유옥瑜玉을 찼다." 『주례』에 따르면, 구인屨人은 "왕의 붉은 신발〔赤舃〕과 파란 장식〔青絇〕을 담당한다." 정현의 『주례주』에 따르면, "붉은 신발은 머리에 쓰는 면과 몸에 착용한 옷의 색깔과 같다. 구구는 그 코를 파란색 비단으로 장식한다." 『삼례도』에 따르면, "구屨의 아래쪽 바닥을 석舃이라 하는데, 색깔은 치마의 색에 따른다."

올랐다. 상서령에게 지절을 주고 표기장군과 삼공에게 조서를 내려 말했다.

오늘은 길한 달 길한 날로, 명당에서 광무황제께 제사 올리고 오제五帝[31]에게도 배향했다. 예에 쓸 법물을 준비하고, 음악은 팔음八音(악기의 총칭으로 보통 쇠, 돌, 실, 대나무, 박, 흙, 가죽, 나무 등 여덟 가지 서로 다른 재료로 만든 악기를 말한다)을 조화시켰으며, 복을 비는 축문[祉福]을 읊고 공덕을 기리는 춤을 추었다.[32] 또 시령時令을 반포[班]하고,[33] 뭇 제후들에게 조칙을 내렸다. 제사가 끝난 후, 영대에 올라 하늘의 기운[元氣]을 내다보고, 시율時律(절기에 맞춘 음률)을 연주하며, 만물의 변화를 관찰했다.[34] 뭇 신하들과 제후들, 종

---

31 『오경통의五經通義』에 따르면, [오제는] "창제蒼帝 영위앙靈威仰, 적제 적표노赤熛怒, 황제黃帝 함추뉴含樞紐, 백제 백초구白招矩, 흑제 협광기協光紀를 말한다. 비단과 옥을 희생으로 바치는데, 각자 방향 색에 따른다."

32 지祉는 복福과 같은 말이다. 읊는다[詠]는 것은, 『시경』에 나오는 "넉넉히, 넉넉히 복을 내리소서[降福穰穰]"와 같은 말을 하는 것이다. 경제가 조서를 내렸다. "노래하는 자는 노래로써 덕을 밝히고, 춤추는 자는 춤으로써 공을 밝히라."

33 반班은 포布, 즉 널리 알린다는 뜻이다. 시령은 월령을 말한다. 시절마다 각각 해야 할 명령이 있는데, 만약 [이 일을] 하지 않으면, 반드시 괴이한 재앙이 따르므로 이를 [명령으로써] 알리는 것이다.

34 원기元氣는 하늘의 기운이다. 임금이 하늘의 마음을 이어받아 예악을 다스리면 사시의 기운이 위아래로 통하므로 이를 살피려고 간 것이다. 시율時律은 월령을 말한다. "맹춘(음력 정월)의 율律은 태주太蔟이고, 중춘(음력 2월)의 율은 협종夾鍾이다"와 같은 식으로 되어 있다. 『대대례』에 따르면, "성인이 십이관十二管을 고르고 팔음의 청탁을 고찰하니, 이를 율려律呂라 한다. 율려가 바르지 않으면 여러 기운들이 조화롭지 않게 된다." 『주례』에서 보장씨保章氏는 "구름의 다섯 가지 색깔로 길함과 흉함, 홍수와 가뭄, 풍년과 흉년의 침상祲象(재앙을 일으키는 기운과 형상)을 판별한다." 정鄭 사농司農(정중을 말한다)의 『주례주』에 따르면, "하지와 동지, 춘분과 추분에 구름 색깔을 관찰한다. 파란색이면 벌레가 들끓고, 흰색이면 상喪이 있으며, 붉은색이면 전쟁으로 황폐해지고, 검은색이면 홍수가 있고, 누런색이면 풍년이다. 따라서 『춘추좌씨전』에 '무릇 춘분과 추분, 하지와 동지, 입춘과 입하, 입추와 입동에는 반드시 구름이 움

실들과 자손들, 여러 군에서 올라온 봉계奉計들, 공물을 바치러 온 온갖 오랑캐들[百蠻],³⁵ 오환족과 예맥족濊貊族이 함께 와서 제사를 도왔으며, [흉노] 선우單于의 입시한 아들과 골도후骨都侯 역시 자리를 같이했다. 이는 오로지 조상들의 공덕에 힘입은 바이다. 짐은 우매하고 비루한 사람으로 대업을 받들고 이어서 친히 홀[珪]과 벽璧을 들고 하늘과 땅에 공손히 제사지냈다.³⁶ 오직 돌아가신 황제께서 천명을 받아 나라를 중흥하고, 어지러움을 다스려[撥] 올바름으로 돌아가게 하여³⁷ 천하를 안녕케 하시고, 태산에 봉선하고 명당을 지었으며 벽옹을 세우고 영대를 일으키시어 대도大道를 널리 펼쳐 온 세상 끝[八極]³⁸까지 미치게 하신 것을 우러르노라. 맏이[胤子]는 주나라 성왕成王과 강왕康王의 자질이 없고³⁹ 뭇 신하들은 태공망이나 주공의 지모가 없으니, [몸과 마음을] 정갈히 하고 나아가 잔을 올리지만 삼가[蹴踖] 부끄럽게 생각하노라.⁴⁰ 평소에 성품이 완고하고 옹색하며 일에 임해서는 더욱 두려워할 뿐이므로 [『논어』에] "군자는 너그럽

  직이는 모양[雲物]을 기록하여 일을 대비해야 한다'라고 이른 것이다." 두예의 『춘추좌씨전주』에 따르면, "물物이란 기운과 색깔이 재앙에 따라 변하는 것이다."
35 봉계는 계리를 말한다. 『시경』에 "그러므로 온갖 오랑캐들을 다스렸도다[因時百蠻]"라는 구절이 나온다. 온갖 말을 하는 수많은 무리들을 가리킨다. 여기서 오랑캐를 언급한 것은 사방 오랑캐들과 통했다는 뜻이다.
36 『주례』에 "홀[主]은 한 자 두 치로, 이로써 하늘에 제사지낸다"라는 구절이 나온다. 또 "푸른색 벽으로 하늘에 예를 올리고, 누런색 옥홀[琮]로 땅에 예를 올린다. 파란색 홀로 동방에 예를 올리고, 붉은색 반홀[璋]로 남방에 예를 올리고, 흰색 호랑이그릇[琥]으로 서방에 예를 올리고, 검은색 패옥[璜]으로 북방에 예를 올린다."
37 발撥은 리理, 즉 다스린다는 뜻이다. 『춘추공양전』에 "어지러운 세상을 다스려서 올바름으로 돌아가게 하는 데에는 『춘추』보다 나은 것이 없다"라는 구절이 나온다.
38 『회남자』에 따르면, "구주의 바깥에 팔인八寅이 있고, 팔인의 바깥에 팔굉八紘이 있으며, 팔굉의 바깥에 팔극이 있다."
39 윤자胤子는 명제가 자신을 일컬은 말이다. [주나라] 성왕과 강왕이 다스리던 때에는 형벌 도구들이 사십여 년 동안 쓰이지 않았다.
40 정현의 『논어주』에 따르면, "축적蹴踖은 공경해 공손한 모습이다."

고 호탕하며〔坦蕩蕩〕, 소인은 근심하고 두려워한다〔長戚戚〕"[41]라고 한 것이다. 천하에 영을 내려 주사할 죄 이하로부터 모반죄나 대역죄에 이르기까지 모두 죄를 사면하여 없앨지어다. 모든 관리는 직분에 더욱 힘써 시령에 따라 행하고 하늘에 순응하여〔若〕[42] 백성들을 편안하게 하라.

3월

벽옹으로 가서 처음으로 대사례大射禮[43]를 행했다.

가을 9월

패왕 유보, 초왕 유영, 제남왕 유강, 회양왕 유연, 동해왕 유정劉政이 내조來朝했다.

겨울 10월

임자일, 벽옹으로 행차하여 처음으로 양로례養老禮를 행했다. 조서를 내렸다.

---

41 단탕坦蕩은 밝고 통달한 모습이며, 척척戚戚은 늘 근심하고 두려워하는 것이다.
42 약若은 순順, 즉 거스르지 않는다는 뜻이다.
43 『의례儀禮』에 (따르면) 대사례는 임금이 사궁射宮에서 제사지내려 할 때 선비(士)를 택해 제사를 돕도록 하는 것이다. 호후虎侯(가장자리를 호랑이 가죽으로 장식한 과녁), 웅후熊侯, 표후豹侯를 매어 놓으니, 그 규격은 지금의 표적과 같다. 이를 후侯라고 하는 것은 천자가 활을 쏘아 맞히면, 그것으로써 제후들의 옷을 정하기 때문이다. 천자의 후侯(표적)는 한 길 여덟 자이며 구름 문양이 그려져 있다. 임금은 각각 여섯 발씩 삼후三侯를 쏘는데, 음악은 추우騶虞 아홉 마디를 연주한다. 제후들은 각각 네 발씩 이후二侯를 쏘는데, 음악은 이수貍首 일곱 마디를 연주한다. 고경孤卿(구경 중 셋으로 소사少師, 소부少傅, 소보少保를 말한다)과 대부는 각각 세 발씩 일후一侯를 쏘는데, 음악은 변빈采蘋 다섯 마디를 연주한다. 선비들은 한후豻侯에 각각 두 발씩 쏘는데, 음악은 변번采繁 세 마디를 연주한다.

광무황제께서 삼조의 예〔三朝之禮〕⁴⁴를 세우셨으나 미처 흠향〔歆饗〕에 이르지 못하셨다. 작디작은 어린아이〔眇眇小子〕⁴⁵로서 〔짐은〕 마땅히 성스러운 업을 이어야 했다. 지난 3월 길한 날을 잡아 처음으로 대사례를 행했으며, 다시 길한 달 길한 날〔令月元日〕⁴⁶에 다시 벽옹에 왔노라. 삼로를 존중하여 섬기고 오경五更을 형처럼 모셨는데, 수레 손잡이〔綏〕를 쥐고 〔흔들리지 않도록〕 부들로 바퀴를 감싼 안거〔安車輭輪〕를 맞아들였다. 제후들이 젓갈〔醬〕을 올리고, 공경들이 안주〔珍〕를 차렸으며, 짐이 몸소 소매를 걷어붙인 후 잔을 쥐고 술로 입가심〔執爵而酳〕⁴⁷을 권했다. 먹기 전에 목이 막히지〔哽〕

---

44 삼조의 예란, 중원 원년(56년)에 처음으로 명당, 벽옹, 영대를 세운 것을 말한다.
45 『상서』「강왕의 가르침康王之誥」 편에 "작디작은 나 어린아이〔眇眇予末小子〕"라는 구절이 있다. 공안국의 『상서주』에 따르면, "묘묘眇眇는 미미微微, 즉 작디작다는 뜻이다."
46 『동관기』에는 "시월 원일"로 나온다.
47 『효경』「수신계」에 "삼로를 존중하여 섬기기를 아버지처럼 한다"라는 구절이 나온다. 송균宋均의 『효경주孝經注』에 따르면, "노인은 하늘과 땅의 일을 아는 사람이다." 안거安車는 앉아서 타는 수레이다. 연륜輭輪은 부들로 바퀴를 감싼 것이다. 삼로들이 수레를 타고 이르렀을 때, 천자가 몸소 수레 손잡이를 쥐고 그들을 맞은 것이다. 『설문해자』에 따르면, "수綏는 수레에서 잡는 곳〔把〕이다." 오경은 노인 중에서 오행이 교대로 바뀌는 일을 아는 사람이다. 『한관의』에 따르면, "삼로와 오경은 모두 본처와 아들딸을 모두 갖춘 자 중에서 뽑는다." 『속한지』에 따르면, "삼로와 오경을 부양할 때에는 먼저 길일을 잡고 사도상태부司徒上太傅가 삼공부의 인명 중에서 덕행 높고 나이 많은 사람을 선발하는데, 삼공 중 한 사람을 삼로로 삼고, 구경 중 한 사람을 오경으로 삼는다. 삼로는 가늘고 고운 베로 짠 도포와 조복을 입고 가장자리를 검게 물들인 옷깃과 소매 속에 내의를 입으며 진현관을 쓰고 옥으로 장식한 지팡이를 짚는다. 오경은 복식은 같으나 다만 지팡이를 짚지 않는다. 이들은 모두 태학의 강당에 가지런히 앉는다. 길일이 되면 황제의 가마가 먼저 벽옹의 예전禮殿에 도착하여 동쪽 행랑에 앉고 사자를 보내 안거로 삼로와 오경을 부르고는 천자가 문 앞에서 친히 이들을 맞아들인다. 서로 절하고 나서 조계阼階(동쪽 계단으로 황제가 이용한다)에서 이들을 인도한다. 삼로는 스스로 빈계賓階(서쪽 계단으로 손님이 이용한다)를 올라 동쪽을 향해 앉는다. 삼공은 안석과 지팡이를 차려두고, 구경은 신을 가지런히 놓는다. 천자가 몸소 소매를 걷어붙이고 제사 때 썼던 고기를 자른 후 젓갈을 집어서 〔이들에게〕 먹이고 나서 잔을 들어 입가심하게 했다. 오경은 남쪽을 향해 앉는데, 삼공이 나아와 이바지

않도록 축문을 읊고, 먹은 후에 목이 메지〔噎〕 않도록 축문을 읊었다.[48] 계단을 오를 때〔昇〕 녹명鹿鳴을 노래하고, 내려갈 때에는 신궁新宮을 연주했다.[49] 또 여덟 줄〔八佾〕을 모두 갖추어 뜰에서 만무萬舞를 추었다.[50] 짐은 완고하고 덕이 엷으니 능히 어찌 대업을 감당하겠는가? 『역경易經』에서는 짐을 지고 올라타는 것〔負乘〕을 이야기했고, 『시경』에서는 저 사람〔彼己〕을 풍자했으니,[51] 오래 생각할수록 부끄러움으로 병들듯 하고 그런 마음을 잊을 수가 없노라. 삼로 이궁李躬은 나이가 많고 배움이 밝으며, 오경 환영은 짐에게 『서경』을 가르쳐 주었다. 『시경』에 "덕은 보답하지 않아서는 안 되고, 말은 주고받지 않아서는 안 된다〔無德不報, 無言不酬〕."[52]라는 말이 있다. 환영에게 관내후 작위와 식읍 오천 호를 내리라. 삼로와 오경 모두에게

한다. 예는 삼로와 같았다. 그다음 날, 모두 궁궐에 이르러 〔황제에게〕 사례하는데, 그로써 예가 크게 융성하게 되었다." 장醬은 해醢, 즉 젓갈을 뜻한다. 진珍은 안주〔肴羞〕에 속한다. 『주례』에 "팔진八珍"의 종류가 나온다. 정현의 『의례주儀禮注』에 따르면, "인䴖은 수漱, 즉 양치질하는 것인데, 이로써 입을 깨끗하게 하는 것이다."

48 노인들은 먹을 때 목이 막히거나 메는 일〔哽噎〕이 많으므로, 사람을 두고 먹기 전후에 축문을 읊어서 목이 막히거나 메지 않도록 한 것이다.

49 녹명은 『시경』 「소아」의 편명이다. 신궁은 「소아」의 잃어버린 편명이다. 승昇은 등登, 즉 오른다는 뜻이다. 당에 오르면서 노래하는데, 이를 여러 사람이 함께 부르게 한 것이다. 『연례燕禮』에 따르면, "오를 때에는 녹명을 노래하고, 내려갈 때에는 신궁을 연주한다."

50 일佾은 열列, 즉 줄이라는 뜻이다. 춤추는 자들의 행과 열을 말한다. 『춘추좌씨전』에 따르면, "천자는 여덟 줄로, 제후들은 여섯 줄로, 대부는 네 줄로, 선비는 두 줄로 한다. 무릇 춤은 팔음으로 곡조를 내고 팔풍八風을 행하는 것이므로 여덟 줄 이하로 하는 것이다." 또한 만萬은 춤을 말한다. 『시경』에 "궁전 뜰에서 만무를 추었네〔公庭萬舞〕"라는 구절이 있다.

51 『역경』에 "짐을 지고 또 〔수레에〕 올라타니 도적이 이르게 한다〔負且乘, 致寇至〕"는 구절이 있다. 짐을 지는 것은 소인의 일이고, 올라타는 것은 군자의 기구이다. 소인이 군자의 기구에 올라타 있으니 도적이 그것을 빼앗으려고 생각하는 것이다. 『시경』에 "저 사람이여, 그 옷이 맞지 않구나〔彼己之子. 不稱其服〕"라는 구절이 있다.

52 『시경』 「대아」에 나오는 말이다.

이천 석 녹봉을 내려 죽을 때까지 봉양하라. 천하의 삼로들에게 사람마다 술 한 말, 고기 마흔 근을 내리라. 담당 관리들은 노인들〔耆耋〕[53]을 문안하고, 어린 고아들을 구휼하며, 홀아비와 과부들에게 은혜를 베풀어서 짐의 뜻을 널리 알리라.

중산왕 유언이 처음 봉국으로 나갔다.

갑자일, 〔황제가〕 서쪽으로 순수하여, 장안으로 행차했다. 고묘에 제사하고, 다시 십일릉에 제사지냈다. 객사와 마을을 지나면서 군현의 관리들을 모은 후 음악을 하사해 노고를 위로했다.

11월

갑신일, 사자를 보내어 중뢰中牢(돼지와 양)로써 소하蕭何와 곽광霍光을 제사지냈다. 황제가 능원陵園을 찾아 경의를 표하면서〔式〕 묘 앞을 지나갔다.[54]

계속 나아가 하동군河東郡에 이르렀다. 지나는 곳마다 이천 석 관리, 현령, 현장으로부터 연사掾史[55]에 이르는 관리들에게 금품을 하사했는데, 사람마다 차이를 두었다.

계묘일, 거가가 환궁했다.

---

53 『예기』에 따르면, 예순 살을 기耆라 하고, 일흔 살을 질耋이라 한다. 『석명』에 따르면, "기耆는 지指, 즉 지시한다는 뜻이다. 힘쓰는 일은 하지 않고, 남을 시켜 일을 지시한다. 질耋은 철鐵, 즉 쇠라는 뜻이다. 피부가 검은색으로 변하여 쇠처럼 보이는 것이다."

54 『동관한기東觀漢記』에 따르면, "소하의 묘는 장릉(고조의 능)의 동사마문도東司馬門道를 따라 북쪽으로 백 보 바깥에 있다." 또 "곽광의 묘는 무릉(무제의 능)의 동사마문도를 따라 남쪽 사 리 밖에 있다." 식式은 경敬, 즉 경의를 표한다는 뜻이다. 『예기』에 따르면, "무덤을 지나갈 때에는 반드시 경의를 표한다."

55 『속한지』에 따르면, "군국과 현은 관청마다 다 연사를 두었다."

12월

호강교위 두림竇林이 하옥되어 죽었다.

이 해 비로소 오교五郊에서 기운을 맞아들였다[迎氣].[56]
소부少府 음취陰就의 아들인 음풍陰豊이 아내인 역읍공주酈邑公主[57]를 살해했다. 음취를 연좌하여 자살하게 했다.

【영평 3년】(60년)

봄 정월
계사일, 조서를 내렸다.

짐은 교에서 제사를 받들고 영대에 올라 사관史官을 보고 의儀의 도수度數를

---

56 『속한서』에 따르면, "오교의 조兆(제단)에서 기를 맞아들인다. 사방의 조는 각각 방향에 따라 만든다. 중앙의 조는 미 방향[未方]에 둔다. 제단은 모두 세 자 높이로 쌓는다. 입춘에는 동교東郊에서 봄을 맞아들이는데, 청제 구망句芒에게 제사한다. 수레와 예복을 모두 청색으로 하고, 청양가靑陽歌를 부르면서 여덟 줄로 서서 운교무雲翹舞를 춘다. 입하에는 남교에서 여름을 맞아들이는데, 적제 축융祝融에게 제사한다. 수레와 예복을 모두 적색으로 하고, 주명가朱明歌를 부르면서 여덟 줄로 서서 운교무를 춘다. 입추 열여드레 전에는 중조中兆에서 황령黃靈을 맞아들이는데, 황제黃帝 후토에게 제사한다. 수레와 예복은 다 황색으로 하고, 주명가를 부르면서 여덟 줄로 서서 운교무와 육명무育命舞를 춘다. 입추에는 서교西郊에서 가을을 맞아들이는데, 백제 욕수蓐收에게 제사한다. 수레와 예복은 다 흰색으로 하고, 백장가白藏歌를 부르면서 여덟 줄로 서서 육명무를 춘다. 입동에는 북교에서 겨울을 맞아들이는데, 흑제 현명玄冥에게 제사한다. 수레와 예복은 다 검은색으로 하고, 현명가玄冥歌를 부르면서 여덟 줄로 서서 육명무를 춘다."

57 역현酈縣으로 남양군에 속한다.

바로잡았다.[58] 무릇 봄은 한 해의 시작이다. 시작을 바르게 하면〔正〕, 삼시 三時[59]가 저절로 이루어진다. 요즈음 홍수와 가뭄이 끊이지 않으니 변방 백성들은 식량이 부족하게 되었다. 위에서 정치를 잘못하면, 백성들이 그 재앙을 받는 법이다. 담당 관리들은 시절의 기운을 힘써 좇아서 밭 갈고 뽕 치는 일을 권면하고 독려하며, 명충螟蟲과 역충蟘蟲을 제거하고 모충蟊蟲과 적충賊蟲[60]까지도 처리하라. 또한 형을 내릴 때는 신중히 하고 벌을 줄 때는 삼가며 단사單辭(소송에서 증인도 증거도 없는 한쪽의 일방적인 말)[61]를 밝혀 살피기를 이른 아침부터 밤늦게까지 게으름 없게 하여 부디 짐의 뜻을 전하라.

2월

갑인일, 태위 조희와 사도 이흔을 면직했다.

병진일, 좌풍익左馮翊 곽단郭丹을 사도로 삼았다.

기미일, 남양태수南陽太守 우연虞延을 태위로 삼았다.

갑자일, 귀인 마 씨馬氏를 황후로 세우고, 황자 유달劉炟을 황태자로 삼았다. 천하 남자들의 작위를 각각 두 등급씩 올려 주었는데, 삼로와

---

58 의의儀儀는 혼의渾儀를 말하는데, 구리로 만들어서 영대에 두었다가 〔오차가 생기면〕 천자가 〔몸소〕 천문 기구를 바로잡는다. 도度는 해와 달과 별이 움직이는 도수〔行度〕를 말한다. 사관은 태사로 천문을 다루는 관리들을 책임진다.

59 바르게 하는 것은 일월과 오성五星이 그 차례를 잃어버리지 않게 하는 것이다. 삼시는 〔농사를 지을 수 있는 시기인〕 봄, 여름, 가을을 말한다. 『춘추좌씨전』에 "그 삼시를 힘쓰고〔務其三時〕"라는 구절이 있다.

60 『이아』에 따르면, "모의 속대〔苗心〕를 먹는 것을 명螟이라 하고, 마디를 먹는 것을 적賊이라 하며, 뿌리를 먹는 것을 모蟊라 한다." 역蟘은 단호短狐라고도 하는데, 지금의 수노水弩이다. 모래를 머금었다가 사람을 쏘아 재앙을 일으킨다. 이 말을 한 것은 신하로 하여금 때에 맞추어 정치를 행하게 해서 소요가 일지 않기를 바랐기 때문이다.

61 단사는 편파적인 말이다.

효제와 역전은 세 등급을, 유민이 되어 호적에 없던 자들 중 스스로 이름을 올리고자 하는 자들은 한 등급을 올렸다. 홀아비, 과부, 고아, 홀몸, 병자, 집이 없고 가난하여 스스로 생계를 꾸릴 수 없는 자들에게 곡식을 한 사람당 다섯 섬씩 나눠 주었다.

여름 4월

신유일, 황자 유건劉建을 천승왕千乘王으로, 유선劉羨을 광평왕廣平王으로 봉했다.

6월

정묘일, 혜성이 천선天船[62] 북쪽에 나타났다.

가을 8월

무진일, 대악大樂의 이름을 대여악大予樂으로 고쳤다.[63]
그믐 임신일, 일식이 일어났다. 조서를 내렸다.

짐은 조상의 대업을 받들어 이었으나 선정을 펴지 못했다. 해와 달에 식[薄蝕]이 있었고 혜성도 하늘에 나타났다. 게다가 홍수와 가뭄이 끊이지 않으니 농사일이 제대로 이루어지지 않은 탓에 집에 쌓아 둔[儲] 것이 없

---

62 천선은 별 이름이다. 『속한지』에 따르면, "천선은 물에 해당한다. 혜성이 그곳에 나타나면, 큰물이 든다. 이 해 이수伊水와 낙수洛水가 넘쳐서 진성문津城門에 이르렀다." 복후의 『고금주』에 따르면, "혜성은 길이가 세 자인데, 삼십오 일 동안 보이다가 사라진다."

63 『서경』「선기검璇機鈐」에 따르면, "황제가 한漢에서 나와 음악을 지어서 덕이 스미게 했는데, 그 이름을 여予라고 했다." 이를 전거로 삼아 이름을 고친 것이다. 『한관의』에 따르면, "대여악의 영令은 한 사람으로 질은 육백 석이다."

어서 백성들이 시름에 잠겼다〔墊〕.[64] 비록 이른 아침부터 밤늦게까지 부지런히 근심했으나 지혜가 능히 미치지 못하노라. 옛날에 초楚나라 장왕莊王은 재앙이 없었는데도 오히려 그것을 경계하고 두려워했다.[65] 노魯나라 애공哀公은 화가 컸는데도, 하늘이 꾸지람을 내리지 않았다.[66] 지금 움직임과 변화가 있는 것은〔그로써〕오히려〔짐을〕구하려는 것이다. 담당 관리들은 그 직분에 대해 더욱 힘써 생각하고, 그로써〔짐의〕덕 없음을 바로잡도록 하라. 옛날에 경과 선비는 시를 바치고 온 관리들은 잠箴(훈계의 말)으로 간했다.[67] 이제 말을 올려서〔짐으로 하여금〕꺼리는 바가 있게 하라.

겨울 10월

광무묘光武廟에 겨울 제사〔蒸祭〕[68]를 지냈는데, 처음으로 문시무文始舞, 오행무五行舞, 무덕무武德舞를 추었다.[69]

---

64 저儲는 적積, 즉 쌓는다는 뜻이다. 점墊은 익溺, 즉 빠진다는 뜻이다.
65 『설원說苑』에 따르면, "초나라 장왕은 하늘에 요사스러운 일이 보이지 않고 땅에 재해가 일어나지 않자 산과 강에 빌면서 말했다. '하늘이 나를 잊었단 말인가?' 이는 하늘에서 잘못을 구한다면, 반드시〔하늘의〕간언을 거스를 수 없는 까닭이다."
66 『춘추감정부春秋感精符』에 따르면, "노나라 애공 때, 정치가 두루 어지럽고 끊어졌는데도, 일식이 일어나지 않았다. 정치가 어지러우면 마땅히 일식 같은 변고가 일어나야 한다. 그러나 이에 응하지 않는다면, 꾸짖음이 어떤 이득이 있겠는가. 알려주어도 깨닫지 못했으므로, 애공 시절에는 일식과 같은 재이가 끊어져 없어진 것이다."
67 『국어國語』에 따르면, "천자가 정치에 대해 듣고자 하자 공경에서 선비까지는 시를 바쳤고, 온 관리들은 잠을 지어 간했으며 평민들은 말을 전하는 등 근신近臣(황제를 가까이에서 모시는 신하)들이 경계함을 그치지 않았다. 이후에 왕이 술을 따라 그들을 위로했다."
68 『예기』에 따르면, "겨울 제사를 증烝이라 한다." 증烝은 중衆, 즉 무리라는 뜻이다. 겨울에는 만물이 모든 것을 이룬 후이므로, 무리가 모여 제사할 수 있다.
69 『한서』에 따르면, 문시무는 본래 순소무舜韶舞(순임금 때의 춤)였는데, 고조 6년(기원전 201년) 이름을 고쳐 문시무라 불렀다. 이 춤을 추는 사람들은 깃털과 피리〔籥〕를 든다. 오행무는 본래 주나라 때의 춤이었는데, 진시황 26년(기원전 221년) 이름을 고

갑자일, 거가가 황태후를 좇아서 장릉군章陵郡에 행차하여, 옛 집을 살폈다.

12월
무진일, 장릉군으로부터 돌아왔다.

이 해 북궁北宮을 비롯하여 여러 관부들을 지었다.
낙양 및 군국 일곱 군데에 큰물이 들었다.

【영평 4년】(61년)

봄 2월
신해일, 조서를 내렸다.

짐이 몸소 자전藉田(천자나 제후가 직접 경작하는 밭)을 갈아 농사가 잘되기를 빌었다.[70] 낙양에 겨울인데도 눈이 쌓이지 않았고, 봄인데도 따스함과 윤

쳐서 오행무라 불렀다. 이 춤을 추는 사람들은 관면과 의복을 오행의 색에 맞춘다. 무덕무는 고조 4년(기원전 203년)에 만들었는데, 말과 행동을 굳세게 해 난을 없애려고 한 것이다. 이 춤을 추는 사람들은 방패와 도끼를 든다. 광무제 초창기에는 예악이 아직 갖추어지지 않았으므로, 이때에 와서야 비로소 이를 시행했으므로 처음이라고 한 것이다.

70 『예기』에 따르면, "천자는 동교에서 몸소 밭을 가는데, 자전은 일천 묘로 면류관에 붉은 갓끈을 하고 몸소 쟁기와 보습을 든다." 『오경요의五經要義』에 따르면, "천자는 몸소 자전을 갈아 그로써 상제의 제물을 이바지하여 백성들을 솔선하고 효도와 공경을 이룩한다. 자耤는 도蹈, 즉 밟는다는 뜻이다. 몸소 밭을 밟아서 그것을 가는 것을 말한다." 『속한지』에 따르면, "정월에 처음 밭을 갈고, 그 일이 끝나면, 선농先農(신농

택함[澳沐]이 없었기에[71] 뭇 관리들이 힘써 노력하고 정기를 모아[積精] 비 오기를 빌었다[禱].[72] 그리하여 시절에 맞는 비를 다시 얻어 겨울 보리가 윤택하게 되었다. 공경들에게 녹봉의 절반을 하사하노라. 담당 관리들은 때에 맞춰 정치하기를 힘쓰고, 형벌이 공평하도록 애쓰라.

가을 9월

무인일, 천승왕 유건이 죽었다.

겨울 10월

을묘일, 사도 곽단과 사공 풍방을 면직했다.

병진일, 하남윤 범천范遷을 사도로, 태복 복공伏恭을 사공으로 삼았다.

12월

능향후陵鄕侯 양송梁松이 하옥되어 죽었다.[73]

씨 또는 후직을 말하며 농사의 신이다)에게 고사지낸다." 『한구의漢舊儀』에 따르면, "선농은 즉 신농씨 염제炎帝이다. 태뢰로써 제사하며, 백관들이 모두 따른다. 황제가 몸소 쟁기와 보습을 들고 밭을 간다. 천자는 세 번, 삼공은 다섯 번, 경들은 일곱 번, 대부들은 열두 번, 선비와 서인은 모두 밭 갈기가 끝날 때까지 민다. 자전창藉田倉에는 영令과 승丞을 두어 하늘과 땅과 종묘에 제사하는데, 이때 제물로 쓴다."

71 욱澳은 난暖, 즉 따뜻하다는 뜻이다. 목沐은 윤택潤澤한 것이다. 이는 따뜻한 기운과 젖은 기운이 없음을 말한다.

72 정기를 모은다는 것[積精]은 모아 쌓는 것을 말한다. 『설문해자』에 따르면, "일을 알리고 복을 구하는 것이 도禱이다."

73 비서飛書(익명 편지)를 통해 비방 당했는데, 그 탓에 죄를 입고 죽은 것이다.

【영평 5년】(62년)

봄 2월

경술일, 표기장군 동평왕 유창을 파직하여 번국으로 돌아가게 했다. 낭야왕琅邪王 유경이 봉국으로 나갔다.

겨울 10월

업현으로 행차했다. 조공 유허劉栩(광무제의 작은아버지인 유량의 아들이다)와 업현에서 만났다. 상산군의 삼로들이 황제에게 아뢰었다.

"황상께옵서는 원지현에서 나셨사옵니다. 부디 우복優復(우대하여 조세와 부역 등을 면제해 주는 것)을 베풀어 주소서."

조서를 내렸다.

풍읍, 패현, 제양현은 천명을 받은 사람이 말미암은 곳이므로 은혜를 더하고 덕으로 보답하는 것은 적당하다고 할 것이다. 지금 영평의 정치(이때의 연호가 영평이므로 명제 자신의 통치 시기를 말한다)를 말미암게 한 백성들이 원망하는 마음이 맺혀서 관리들과 백성들이 복復(조세와 요역을 면제하는 것)을 구하니 참으로 부끄럽구나. 이 현의 부지런함[拳拳]에 힘을 다하여 영합하고자[重逆] 하니,[74] 원지현의 전조와 경부를 여섯 해 동안 면제하고, 현의 연사를 비롯하여 문란門闌(문의 출입을 통제하는 관리), 주졸走卒(알림 사항을 외치면서 거리를 달리는 병사)[75]에게 하사품을 내리라.

---

74 중重은 난難, 즉 어렵다는 뜻이다. 권권拳拳은 부지런하고 또 부지런하다[勤勤]는 뜻이다. 『예기』에 "하나의 선을 얻으면, 이를 쥐고 또 쥐어 가슴속에 품고서[拳拳服膺] 쉬지 않았다"라는 구절이 나온다.
75 『속한지』에 따르면, "오백五伯, 영하鈴下(시위), 시합侍閤(쪽문지기), 문란, 부서部署(군의

업현으로부터 돌아왔다.

11월
북흉노가 오원군을 노략질했다.

12월
〔북흉노가〕 운중군을 노략질했으나, 남선우가 그를 공격해 물리쳤다.

이 해 내군(중원 지역에 속한 군)에 사는 변방 백성을 징발하여 〔변방으로〕 보내면서 사람마다 돈을 이만 전씩 내려 주었다.

【영평 6년】(63년)

봄 정월
패왕 유보, 초왕 유영, 동평왕 유창, 회양왕 유연, 낭야왕 유경, 동해왕 유정, 조왕 유우, 북해왕 유흥, 제왕 유석이 내조했다.

2월
왕락산王雒山에서 보정寶鼎(보배로운 세 발 솥)이 출토되어 여강태수廬江太守가 그것을 바쳤다.

무관), 가리주졸街里走卒 들에게 모두 하사품을 내렸는데, 전령典領(주관하는 업무)에 따라 많고 적음이 있었다."

여름 4월

갑자일, 조서를 내렸다.

옛날 우임금은 구주에서 쇠를 거둬 솥을 만들고 만물을 새겨서 사람으로 하여금 귀신의 해로운 마음을 알게 하고 나쁜 기운[惡氣]과 만나지 않게 했다.[76] 이에 덕이 흥하게 되었으므로, [그 덕이] 옮겨서 상商나라와 주나라에까지 이르렀다. 그러나 주나라의 덕이 이미 쇠미해지자 솥은 물에 빠져 사라졌다.[77] 상서로운 것이 내리는 것은 덕에 감응한 것이다. 바야흐로 지금의 정치와 교화는 [한쪽으로] 치우침이 많은데도 어찌 이러한 일이 일어났는가? 『역경』에 이르기를, 솥은 삼공을 나타낸다고 했으니,[78] 공경들이 직분을 받들어 [이치에 맞게] 다스린 까닭이 어찌 아니겠는가? 태상은 여름 제삿날[礿祭之日][79]에 종묘에 솥을 벌여 놓고 제사 용기로 쓰도록 하라. 삼공에게 비단 오십 필을, 구경과 이천 석에게는 그 절반을 하사하노라. 돌아가신 황제께서 조서를 내려, 사람들이 상소를 올려 일을 아뢸 때 성聖이라는 글자를 쓰지 못하도록 금했는데, 요즈음 장주章奏(신하가 황제에게 올리는 보고 문서)에는 과장되고 헛된 말이 자못 많도다. 지나치게 칭찬

---

[76] 우임금 시절에, 먼 곳까지 영을 내려 산과 강 중 기이한 것들을 그리게 하고, 구주의 목牧에게 각각 쇠를 바치게 한 후 솥을 만들고 그 그림을 새겼다. 이는 사람들이 온갖 귀신들의 모습을 알도록 해서 그것들에 대비하게 한 것이다. 이에 따라 사람들이 산이나 숲, 강이나 못에 들어갈 때, 귀신들과 요괴들을 만나지 않게 할 수 있었다. 나쁜 기운[惡氣]은 요괴의 무리를 말한다. 이 일은 『춘추좌씨전』에 나온다.

[77] 『사기』에 따르면, 주나라의 솥은 사수泗水에 빠져서 사라졌다. 진시황이 팽성군을 지날 때, 재계한 후 사수에서 주나라의 솥을 꺼내려고 하여 일천 명을 시켜 물속으로 들어가 그것을 얻고자 했으나 끝내 얻지 못했다.

[78] 『역경』에 "솥의 발이 부러져 [솥 안의] 음식이 엎어졌구나[鼎折足, 覆公餗]"라는 구절이 있다.

[79] 『예기』에 따르면, "여름 제사를 약礿이라 한다." 약礿은 박薄, 즉 엷다는 뜻이다. 여름에는 만물이 아직 성숙하지 않았으므로 제사를 지내 엷은 것을 숭배하는 것이다.

하고 헛되게 기리는 것이 있으면, 상서가 마땅히 모두 물리쳐서 살피지 말아야 한다. 지금부터 〔이를 시행하여〕 아첨하는 자들이 〔짐을〕 얕보지 못하도록 하라.

겨울 10월
〔황제가〕 노국에 행차하여, 동해공왕의 능에 제사지냈다. 패왕 유보, 초왕 유영, 제남왕 유강, 동평왕 유창, 회양왕 유연, 낭야왕 유경, 동해왕 유정과 만났다.

12월
돌아오다가 양성현陽城縣으로 행차했다. 사자를 보내어 중악中岳에 제사지냈다.

임오일, 거가가 환궁했다. 동평왕 유창과 낭야왕 유경이 거가를 따라와 황태후에게 내조했다.

【영평 7년】(64년)

봄 정월
계묘일, 황태후 음 씨가 죽었다.

2월
경신일, 광렬황후光烈皇后를 장사지냈다.

가을 8월

무진일, 북해왕 유흥이 죽었다.

이 해 북흉노에서 사자를 보내 화친을 구걸했다.

【영평 8년】(65년)

봄 정월

기묘일, 사도 범천⁽⁸⁰⁾이 죽었다.

3월

신묘일, 태위 우연을 사도로 삼고, 위위衛尉 조희에게 태위의 일을 대행하게 했다.

월기사마越騎司馬 정중鄭衆을 사자로 보내 북흉노에게 보답했다. 처음으로 도료장군度遼將軍을 두고, 오원군 만백현曼柏縣에 주둔하게 했다.[81]

가을

군국 열네 군데에 비가 내려 큰물이 들었다.

겨울 10월

북궁이 완성되었다.

---

80 『한관의』에 따르면, 범천은 자가 자려子閭이며 패현 사람이다.
81 소제가 [처음으로] 범명우范明友를 도료장군에 임명했는데, [폐지되었다가] 이때 이르러서야 다시 둔 것이다. 중랑장 오상吳常에게 도료장군을 대행하게 했다.

병자일, 벽옹에 임하여 삼로와 오경을 봉양했다. 예가 끝나자, 삼공에게 조서를 내려 군국과 중도관에서 사형죄를 저지른 죄수들을 모아서 죄를 한 등급씩 감해 주고 태형을 면제한 후에 도료영度遼營으로 보내어 삭방군과 오원군의 변방 현에 주둔하게 했다. [그들의] 처와 자식은 스스로 따르게 하여 변방 현의 명적에 이름을 올리게 했다[占著].[82] 부모형제가 그 일을 대신하고자 하면 그것을 들어주었다. 또 대역무도하여 주사할 자들은 모두 잠실에 모아 궁형에 처했다. 망명자들은 죄를 속형하게 하되 각자 차이를 두었다. [변방으로] 이주하는 자에게는 모두 활과 쇠뇌와 옷과 식량을 내려 주었다.

그믐 임인일, 일식이 일어났는데 해가 완전히 사라졌다[旣].[83] 조서를 내렸다.

짐이 덕이 없으면서도 대업을 받들어 이으매, 아래로는 사람들에게 원망을 끼치고 위로는 삼광三光(해와 달과 별)을 움직이게 했다. 일식의 변고가 있었는데 그 재앙이 매우 크니 이를 춘추도참春秋圖讖에서는 지극한 꾸짖음[至譴]이라 했노라.[84] 오래 생각해 보건대 허물은 오직 나 하나에게 달려

---

82 점저占著는 호적에 이름이 기록되는 것이다.
83 기旣는 진盡, 즉 없어졌다는 말이다.
84 『춘추감정부』에 따르면, "임금은 하늘의 빛을 머금고 있으므로 기형璣衡(북두칠성 중 세 번째 별인 천기天璣와 다섯 번째 별인 옥형玉衡을 함께 이르는 말. 북두성의 별칭으로 쓰인다)에 근거하고, 칠정七政(일월과 오성을 가리키는 말)을 가지런히 하며, 팔극八極을 조율한다." 그러므로 군주가 현명하고 뛰어나면 하늘의 도가 바름을 얻으므로, 해와 달은 밝은 빛을 내고 오성은 도수에 맞는다. 해가 밝으면 도가 바른 것이고, 밝지 않으면 정치가 어지러운 것이므로, 항상 경계하여 스스로 애써야 한다. 일식은 모두 군주의 진퇴가 차서 넘치거나 오그라든 것을 나타낸다. 『춘추』에서는 난리를 없애려고 할 때, 일식이 서른여섯 번이나 일어났으므로 [일식을] 지극한 꾸짖음[至譴]이라 한 것이다.

있도다. 뭇 관리들은 더욱 직분과 일에 힘써 다스리면서 극언極言(황제에게 직언을 올려 권면하는 것)을 올리되 거리낌이 없도록 하라.

이에 관직에 있는 자들이 모두 봉사[85]를 올렸는데, 각자 〔정치의〕 득실을 말했다. 황제가 열람한 후 스스로 깊은 곳까지 잘못을 끌어내고 나서 올라온 글을 백관들에게 보여 주었다. 조서를 내려 말했다.

뭇 신하들이 이야기한 바는 모두 짐의 잘못이다. 백성들이 억울한 일을 당했는데도 다스리지 못했으며, 관리들이 간교해도 금지하지 못했다. 백성들의 힘을 경솔히 써서 궁전을 보수했고, 출입出入(세입과 세출)에 절도가 없었으며, 기뻐하거나 노여운 것이 분에 넘쳤다. 옛날에 응문應門(궁궐의 정문)이 지킴을 잃으면 「관저關雎」가 세상을 풍자〔刺世〕했으며,[86] 날아다니는

---

85 선제 때 처음으로 뭇 신하들에게 영을 내려 봉사를 받아 아랫사람의 마음을 알려고 했다. 봉封에는 정正과 부副가 있었는데, 상서로 하여금 먼저 부봉副封을 뜯어서 보게 하여 말하는 바가 좋지 않으면 〔황제가 읽지 못하도록〕 가로막아서 올리지 않았다. 못하게 했다. 나중에 위국魏國의 재상이 부봉을 없앨 것을 상주하여 〔상서가〕 손에 쥐고 〔상서를〕 가로막는 것을 방지했다.

86 『춘추설제사春秋說題辭』에 따르면, "임금이 바르지 않으면, 응문이 지킴을 잃게 된다. 〔이때에는〕 「관저」(『시경』의 편명)를 불러 그 사실을 느끼게 한다." 송균은 『효경주』에서, "응문은 정치를 듣는 곳이다. 정사를 이야기할 때 힘쓰지 않으면 음란한 마음이 깃든다. 「관저」는 즐기되 음란하지 않아서 어진 사람들이 이를 교화하는 데 쓸 수 있다. 그러므로 응문을 닦는 것이 곧 정치이다." 설군薛君의 『한시장구韓詩章句』에 따르면, "시인이 물수리〔雎鳩〕가 정숙하고 순결하며 신중하게 짝을 구한다고 하는 것은 목소리로써 상대를 구하되 사람이 없는 곳에서 숨어 가려서 그러기 때문이다. 따라서 임금이 조당朝堂에서 물러나 침전으로 들고 후비后妃들이 그를 맞을 때에는 절도가 있어야 한다. 응문이 갈라져 열릴 때에는 고인皷人(북 치는 사람)이 당堂에 오르고, 거처에서 물러날 때에는 몸을 편안하게 하고 뜻을 밝게 한다. 요즈음 대인들이 속으로 여색에 경사되어 있으므로 현인들이 그 싹을 알아챈 것이다. 「관저」를 읊는 것은 정숙한 여자에게 용모와 옷차림을 바르게 하라고 설득함으로써 시절을 풍자하는 것

풀잎(飛蓬)이 바람을 타면 자질구레한 것(微子)[87]들이 노래된다고 했다. 그동안 (신하들이) 경계한 것들을 깊이 살펴보니 삼가 두렵고 무섭다. 다만 짐이 덕이 엷어서 오랫동안 게으를까 두려울 뿐이다.

북흉노가 서하西河 땅의 여러 군들을 노략질했다.

【영평 9년】(66년)

봄 3월

신축일, 군국에 조서를 내려 사형죄를 저지른 죄수의 죄를 감해 주고 처자식과 더불어 오원군이나 삭방군으로 가서 명적에 이름을 올리게 했으며, 죽은 자에게는 아내의 아버지나 남자 형제 중 한 사람을 종신토록 세와 부역을 면제해 주었다. 또 아내가 아버지나 오빠가 없고 어머니만 있으면, 그 어머니에게 육만 전을 내려 주었으며, 구산口筭[88]을 면제했다.

여름 4월

갑진일, 군국에 조서를 내려 공전公田을 가난한 사람들에게 하사했는데, 사람마다 각자 차이를 두었다. 사예교위와 주부州部의 자사들에게

이다."
87 『관자』에 따르면, "예의와 법도도 없고 정해진 형식도 없이 날아다니고 움직여서 정해진 바가 없는 것을 일컬어서 비봉飛蓬(날아다니는 풀잎이라는 뜻으로 가볍고 사소한 것을 말한다)이라 한다. 비봉 같은 말이라면 현명한 군주는 듣지 않는다." 여기서 '미자微子'라는 말은 상세하지 않다는 뜻이다.
88 구산에 대해서는 이미 「광무제기」에서 풀이한 바 있다.

영을 내려 검은색 인끈[墨綬]을 찬 장리들(육백 석 이하 관리를 말한다) 중에서 일을 본 지 삼 년 이상 되었고 다스림이 특별히 뛰어난 자를 매년 한 사람씩 올려 보내게 했으며, [그를 보낼 때] 계리計吏도 함께[偕] 보내게 했다.[89] 또한 다스림이 특히 좋지 않은 자 역시 알리게 했다.

이 해는 대유년大有年(큰 풍년이 든 해)[90]이었다.

사성소후四姓小侯들을 위하여 학교를 세우고, 오경사五經師(오경을 가르치는 교수)를 두었다.[91]

【영평 10년】(67년)

봄 2월

광릉왕 유형이 죄를 짓고 스스로 목숨을 끊었다. 그 나라를 없앴다.

여름 4월

무자일, 조서를 내렸다.

---

89 해偕는 구俱, 즉 함께한다는 뜻이다. 사람을 불러올릴 때 계리와 더불어 올려 보내게 한 것이다.
90 『춘추곡량전』에 따르면, "오곡이 모두 잘 익었을 때, 대유년이라고 쓴다."
91 원굉袁宏의 『후한기後漢紀』에 따르면, 영평 연간(58~75년)에는 유학儒學을 숭상하여 황태자를 비롯한 여러 왕후들로부터 공신의 자제들에 이르기까지 경전을 배우지 않는 사람이 없었다. 또한 [황제의] 외척인 번씨樊氏, 곽씨, 음씨, 마씨의 여러 자제를 위해 학교를 세웠다. 이들을 사성소후라고 했는데, 오경사를 두고 가르쳤다. 이들은 열후가 아니었으므로 소후라고 한 것이다. 『예기』에 "여러 곳의 소후[庶方小侯]"라는 구절이 있는데, 역시 그 뜻이다.

지난해 오곡이 잘 익어 넘쳤는데〔登衍〕,[92] 올해는 누에와 보리가 잘 자라 많이 수확했으므로 천하에 대사면령을 내리노라. 바야흐로 한여름은 곡식을 돌보고 북돋울 때이니 묵은 악을 씻고 농사로써 보답하라. 백성들은 뽕나무 농사에 더욱 힘써 재해에 대비하라. 관리들은 직분을 잡도리해 잘못에 빠지는 일이 없도록 하라.

윤달

갑오일, 남쪽으로 순수했다. 남양군으로 행차하여 장릉에 제사지냈다. 북지北至[93]에 다시 옛 집에 제사지냈다. 예가 끝나고 나서 교관校官(지방 학교)의 제자들을 불러 아악雅樂을 짓고 「녹명」을 연주하게 한 후,[94] 명제가 몸소 훈塤과 지篪[95]를 불며 화답하니, 손님들이 모두 즐거워했다. 돌아오다가 남돈현에 행차하여 삼로와 관속들에게 잔치를 베풀었다.

겨울 11월

회양왕 유정劉廷을 불러 평여현平輿縣에서, 패왕 유보를 불러 휴양현에서 만났다.

---

92 정현의 『주례주』에 따르면, "오곡은 기장, 피, 보리, 깨, 콩이다"라고 했다. 등登은 성成, 즉 성숙하다는 뜻이다. 연衍은 요饒, 즉 넉넉하다는 뜻이다.
93 북지는 하지를 말한다.
94 교校는 학學, 즉 배운다는 뜻이다. 「녹명」은 『시경』「소아小雅」의 편명이다. 뭇 신하와 귀한 손님을 불러 잔치를 베일 때 읊는 시이다.
95 정현의 『주례주』에 따르면, "훈塤은 흙을 구워서 만드는데, 크기는 기러기만 하다." 정중에 따르면, "구멍이 여섯이다." 『세본世本』에 따르면, "포신공暴辛公이 대나무로 지篪를 만들었는데, 길이가 네 자이며, 구멍이 여덟이다."

12월

갑오일, 거가가 환궁했다.

【영평 11년】(68년)

봄 정월

패왕 유보, 초왕 유영, 제남왕 유강, 동평왕 유창, 회양왕 유연, 중산왕 유언, 낭야왕 유경, 동해왕 유정이 내조했다.

가을 7월

사예교위 곽패郭霸가 하옥되어 죽었다.

이 해 소호瀕湖에서 황금이 나왔는데, 여강태수가 그것을 바쳐 왔다. 기린, 흰 꿩, 예천, 가화가 출현했다.

【영평 12년】(69년)

봄 정월

애뢰왕哀牢王 상相이 익주 요새 밖의 오랑캐를 이끌고 내속했다. 이에 영창군永昌郡을 설치하고, 익주서부도위益州西部都尉를 없앴다.[96]

---

96 『서남이전西南夷傳』에 따르면, "익주 서부가 거느렸던 여섯 현을 없애서 영창군에 합친 후 애뢰현哀牢縣과 박남현博南縣 두 현을 두었다." 낙양에서부터 칠천 리 떨어져 있다.

여름 4월

장작알자將作謁者 왕오王吳를 보내 변거汴渠[97]를 보수하게 했는데, 〔보수한 곳이〕 형양군에서 천승국千乘國의 바다 입구까지 이르렀다.

5월

병진일, 천하 남자들의 작위를 사람당 두 등급씩 올려 주었다. 삼로와 효제와 역전은 세 등급씩, 유민이 되어 호적에 없던 자들 중에서 스스로 이름을 올리고자 하는 자는 한 등급을 올려 주었다. 홀아비, 과부, 고아, 홀몸, 병자, 가난하여 스스로 생계를 꾸릴 수 없는 자에게 곡식을 한 사람당 세 섬씩 나누어 주었다. 조서를 내렸다.

예전에 증삼曾參[98]과 민손閔損은 어버이를 모실 때, 마음을 다해 살피는 것으로써 지극히 봉양했으며, 중니는 아들을 장사할 때, 〔시체 넣을〕 관棺은 있었지만 〔관을 덮을〕 곽槨은 없었다.[99] 상은 지극한 슬픔으로 정성스레 치르되 예는 정녕 검소해야 한다. 요즈음 백성들이 장례를 행할 때 다투어 사치와 낭비를 저지르고 있다. 살아 있는 자들은 곡식 한 항아리〔擔石〕[100] 조

---

97 변거는 곧 낭탕거莨薄渠를 말한다. 변거는 형양군에서 황하 물길을 받아들여 시작되는데, 이른바 석문산石門山이 그곳으로 형양산滎陽山에서 북쪽으로 일 리 떨어진 지점에 있다. 거기에서부터 변거는 동쪽으로 뻗어 가는데, 돌을 쌓아 둑을 만들고 이름을 금제金隄라고 했다. 성제 홍가鴻嘉 연간(기원전 20년~기원전 17년)에 만들어졌다.

98 증삼은 자가 자여子輿이고, 민손은 자가 자건子騫이다. 둘 다 공자의 제자인데, 효행으로 이름이 있었다.

99 『논어』에 따르면, "공리孔鯉가 죽었을 때 관은 있었으나 곽은 없었다."

100 「음의」에 따르면, "담擔은 쌓아 둔 곡식 한 항아리를 말한다." 『방언』에는 '담甔'으로 나오는데, "물독을 말한다. 제나라 동북쪽 바다와 태산 사이를 담이라 한다"라고 풀이했다. 곽박은 '이른바 집에 쌓아 둔 곡식 한 항아리도 없음'을 뜻한다"라고 주해했다. 『비창埤蒼』(위나라 때 장읍張揖이 지은 자전)에 따르면, "커다란 물병을 뜻한다."

차 쌓아 둔 게 없는데도 무덤을 쌓는 데 재력을 다하고, 복랍伏臘(복일과 납일에 지내는 제사) 때 쓸 술지게미조차 없으면서도 장례 제사〔奠〕에는 희생을 쌓아 놓는다.[101] 누대의 업을 없애는 장례 비용을 마련하기 위해 자손들이 굶주리고 추위에 떨다가 심지어 목숨이 끊어지기도 하니 이 어찌 조상의 뜻이라 할 것인가! 또한 수레와 복식 제도 역시 눈에 보이고 귀에 들리는 것마다 방자함이 극에 달했다. 밭이 황폐해 농사짓지 못하고 떠돌면서 빌어먹는 백성들〔游食〕[102]이 무리를 이루고 있다. 담당 관리들은 금령禁令을 검토하고 밝혀서 지금 행해야 하는 바를 휘하 군국에 널리 알리라.

가을 7월

을해일, 사공 복공을 파직했다.
을미일, 대사농 모융牟融을 사공으로 삼았다.

겨울 10월

사예교위 왕강王康이 하옥되어 죽었다.

이 해, 천하가 편안하여 사람들에게 요역徭役(백성들이 국가에 제공하는 노역)이 없었으며, 연이어 풍년이 들어 백성들은 살림살이가 부유하고

---

101 『사기』에 따르면, 진나라 덕공德公 때 복사伏祠(복날에 지내는 제사)가 비롯되었다. 『역기曆忌』에 따르면, "복이란 무엇인가? 금기金氣(쇠의 기운)가 감추어진 날이다. 사기四氣는 서로를 대신하면서 물러가는데, 이로써 모두 상생하게 된다. 입추에 이르면, 금金이 화火를 대신한다. 쇠〔金〕는 불〔火〕을 두려워하므로, 경일庚日은 반드시 복날이 된다." 『월령』에 따르면, "맹동孟冬(음력 시월)에 선조에게 납향臘饗한다." 『설문해자』에 따르면, "납臘은 동지 후에 온갖 신에게 제사지내는 것이다." 진시황이 납일을 가평嘉平이라고 고친 적도 있다. 전奠은 상을 치를 때에 올리는 제사이다.

102 유식游食은 부식浮食, 즉 농사짓지 않고 떠도는 유민을 말한다.

넉넉했다. 곡식은 한 섬에 삼십 전이었고, 소와 양이 들판을 덮었다.

【영평 13년】(70년)

봄 2월
명제가 몸소 자전을 갈았다. 예가 끝나고 나서 지켜보던 이들에게 음식을 하사했다.

3월
하남윤 설소(薛昭)가 하옥되어 죽었다.

여름 4월
변거가 완성되었다.
신사일, 형양군으로 행차하여 황하와 변거를 순행했다.
을유일, 조서를 내렸다.

변거가 터지고 무너진 지 육십여 년이 지났다.[103] 게다가 근년에 들어서는 수시로 비가 내려 변하(卞河)의 물결이 동쪽을 침식하는 것이 날이 갈수록 심해졌다. 그리하여 옛날 수문 자리가 모두 강 한가운데 있게 되었으므로, 막막한 강물이 크고 넓게 범람하여 양안의 비탈(圻)[104]을 헤아릴 수 없고 탕탕한 물결이 눈 닿는 곳까지 가득하여 다스릴 바를 알지 못했다. 요즈음 연주(兗州)와 예주(豫州) 백성들이 물 때문에 환란을 겪는 일이 많았다. 이

---

103 『한서』「왕경전(王景傳)」에 따르면, 평제 때 변하(卞河)가 넘쳐 붕괴되었다.
104 기(圻)는 악(堮), 즉 비탈이라는 뜻이다.

에 이 땅 사람들은 조정에서 백성들에게 급한 일을 먼저 하지 않고 다른 일만 좋아하여 행한다고 말하곤 했다. 또 어떤 이들은 황하의 물이 변거에 흐르면, 유주幽州와 기주冀州가 물에 잠긴다고 했다. 왼쪽 둑을 굳세게 하면 오른쪽 둑이 상하고, 왼쪽과 오른쪽 둑을 함께 굳세게 하면 아래쪽이 상하므로, 물의 기세가 가는 바에 맡겨 백성들로 하여금 높은 곳에서 살게 하면, 조정은 둑 쌓는 비용을 줄이고 백성들은 물에 잠기는 환란이 없을 것이라고 한 사람도 있다. 이처럼 의론하는 자들이 뜻을 같이하지 못하고 남쪽과 북쪽이 논의가 다르니, 짐이 따를 바를 알지 못하여 오랫동안 결정을 내리지 못했다. 지금 둑을 쌓아 도랑을 다스린 것을 보니 수문을 세워 물길을 끊어 황하와 변수가 나뉘어 흐르고 옛 물길이 다시 회복되어 도구향陶丘鄕 북쪽에 점차 흙이 언덕을 이루게〔壤墳〕되었다.[105] 그러므로 아름다운 옥〔嘉玉〕과 커다란 돼지〔絜牲〕[106]로 물의 신에게 예를 올리고, 동쪽으로 낙예洛汭를 지나면서 우임금의 공적에 감탄했다.[107] 지금 오토五土의 마땅함이 그 올바른 색깔〔正色〕을 되찾았다.[108] 변거 가까운 곳〔濱渠〕에〔새로 생

---

105 『이아』에 따르면, "언덕이 다시 생겨나는 것을 도구陶丘라고 한다." 손염孫炎은 "모양이 사발 둘을 잇대 놓은 것 같다." 곽박에 따르면, "지금 제음군濟陰郡 정도성定陶城에 도구가 있다." 『서경』에 따르면, "그곳의 흙은 검고 부드러우나〔壤〕, 아래쪽의 흙은 기름졌는데〔墳〕검고 딱딱하다." 공안국의 『상서주』에 따르면, "흙덩이가 없는 것을 양壤이라 한다. 분墳은 기起, 즉 만물이 쉽게 소생한다는 뜻이다."

106 『예기』에 따르면, "보통 제사에 쓰이는 옥을 가옥嘉玉이라 한다." 『의례』에 따르면, "혈생絜牲이란 제사에 쓰이는 돼지를 말한다."

107 물이 북으로 흘러가는 것을 예汭라고 한다. 낙예는 낙수가 황하로 들어가는 곳이다. 적繢은 공功, 즉 공적을 말한다. 황하와 낙수는 모두 우임금이 공을 베푼 곳이므로, 그것을 감탄한 것이다.

108 『주례』에 따르면, "산림山林(산과 숲), 천택川澤(하천과 호수), 구릉丘陵(언덕), 분연墳衍(하천 주변의 낮고 평탄한 땅), 원습原隰(너른 늪지)을 일컬어 오토라 한다." 색이란 누런색, 흰색, 파란색, 검은색 등을 말한다. 공안국에 따르면, "물이 빠지면 흙은 그 본성을 되찾는다."

긴] 밭은 가난한 사람에게 나누어 주고, 호족(豪右)이 그 이로움을 얻지 못하도록 하여[109] 세종(무제)께서 호자瓠子를 쌓았을 때[110]의 예를 이으라.

마침내 황하를 건너 태행산太行山에 올랐다. 계속 나아가 상당군에 이르렀다.

임인일, 거가가 환궁했다.

겨울 10월

그믐 임진일, 일식이 일어났다. 삼공이 관을 벗고 스스로를 탄핵했다. 〔황제가〕 제서制書를 내려 말했다.

관을 다시 쓰고 탄핵을 멈추라. 재이災異가 여러 차례 보인 데 따른 허물은 모두 짐에게 있으나 깊이 근심하고 마음만 바쁠 뿐, 그 방법을 아직 알지 못했다. 담당 관리들이 일을 진술할 때 숨기고 꺼리는 것이 많거나, 사군使君(자사의 존칭)들이 위를 가로막고 덮어서 아래에서 이야기하지 못한 바가 있는 것을 아닐까 한다. 옛날 위衛나라에서는 충성스러운 신하가 있어서 영공이 그 자리를 지킬 수 있었다.[111] 지금 무엇으로 음과 양을 화목하게 해 재앙을 쓸어 없애겠는가? 자사와 태수는 형을 상세히 살펴 원통한

---

109 빈瀕은 근近, 즉 가까운 곳이라는 뜻이다. 호우豪右는 대가大家, 즉 지역의 큰 집안들을 말한다.

110 호자는 제방 이름이다. 무제 원봉 2년(기원전 109년), 병졸 수만 명을 징발해 황하의 호자가 무너진 곳으로 보내서 백마와 옥벽玉璧을 가라앉힌 후 뭇 신하들에게 영을 내려 섶을 지고 가서 황하를 메우게 했다.

111 『논어』에 따르면, "공자가 '위衛나라 영공은 무도하다'라고 말했다. 계강자季康子가 물었다. '무릇 이와 같다면, 왜 〔그 지위를〕 잃지 않았을까?' 공자가 답했다. '중숙어仲叔圉가 빈객을 맡고, 축타祝鮀가 종묘를 맡고, 왕손가王孫賈가 군사를 맡았소. 무릇 이와 같은데, 어찌 잃음이 있겠는가?'"

일이 없도록 하고, 홀아비와 고아를 구휼하며, 그 직분에 대하여 힘써 생각하라.

11월

초왕 유영이 모반하자 그 작위를 폐하고 나라를 없앴으며, 경현涇縣[112]으로 옮겼다. 이에 연좌되어 죽거나 귀양 간 자가 수천 명에 이르렀다.

이 해 제왕 유석이 죽었다.

【영평 14년】(71년)

봄 3월

갑술일, 사도 우연이 면직되자 스스로 목숨을 끊었다.

여름 4월

정사일, 거록태수鉅鹿太守 남양군 사람 형목邢穆[113]이 사도가 되었다. 전 초왕 유영이 스스로 목숨을 끊었다.

여름 5월

전 광릉왕 유형의 아들 유원수劉元壽를 광릉후廣陵侯로 봉했다.
수릉을 짓기 시작했다.

---

112 경수涇水가 무호蕪胡에서 흘러나오므로 그런 이름이 붙은 것이다.
113 형목은 자가 수공綏公이며, 완현 사람이다.

【영평 15년】(72년)

봄 2월

경자일, 동쪽으로 순수했다.

신축일, 언사현偃師縣으로 행차했다. 조서를 내려 주사할 죄를 저지른 자 이하 망명한 자가 속형할 수 있게 했다. 사형죄를 저지른 자는 비단 마흔 필, 우지형에서부터 곤겸성단용까지는 열네 필, 완성단용에서부터 사구작까지는 다섯 필, 범죄를 저질렀으나 발각되지 않은 자 중에서 조서가 이르기 전에 스스로 알린 자는 그 절반에 속형하게 했다.

패왕 유보를 불러 휴양현에서 만났다. 계속 나아가 팽성군에 이르렀다.

계해일, 황제가 하비군에서 밭을 갈았다.

3월

낭야왕 유경을 불러 양성현良成縣에서, 동평왕 유창을 불러 양도현陽都縣에서, 또 광릉후와 그 세 동생을 노국에서 만났다. 동해공왕의 능에 제사지냈다.

돌아오다가 공자의 집으로 행차해 공자와 일흔두 제자를 제사지냈다.[114] 몸소 강당講堂에 임하여 황태자와 여러 왕들에게 경전을 강설하도록 명했다. 다시 동평국東平國으로 행차했다.

---

114 공자의 집은 옛 노나라 성 귀덕문歸德門 안 궐리闕里에 있다. 집 뒤쪽으로 수수洙水가 사수에 잇닿아 있으며 확상포矍相圃(공자묘)의 동북쪽에 있다. 일흔두 제자는 안연顔淵, 민손 등을 말한다. 『한춘추漢春秋』에 따르면, "이때 황제가 사당 위에 서고, 뭇 신하들은 중정中庭에서 북쪽을 향해 섰다. 모두 절을 두 번 한 후 황제가 술을 올리고 나서 앉았다."

신묘일, 계속 나아가 대량성大梁城[115]에 행차했으며, 정도현定陶縣에 이르러 정도공왕定陶恭王[116]의 능에 제사했다.

여름 4월

경자일, 거가가 환궁했다.

신도군을 낙성국樂成國으로, 임회군臨淮郡을 하비국下邳國으로 고쳤다. 황제의 아들 유공劉恭을 거록왕鉅鹿王으로, 유당劉黨을 낙성왕樂成王으로, 유연劉衍을 하비왕下邳王으로, 유창劉暢을 여남왕汝南王으로, 유병劉昞을 상산왕常山王으로, 유장劉長을 제음왕濟陰王으로 봉했다. 천하 남자들에게 작위를 내렸는데, 사람마다 세 등급씩 올려 주었다. 낭과 종관 중 이십 년 이상 된 자들에게는 비단 일백 필을, 십 년 이상 된 자들에게는 스무 필을, 십 년 이하의 자들에게는 열 필을, 관부의 속리들에게는 다섯 필을, 서좌書佐(문서 처리 전문 보좌관)와 소사小史 들에게는 세 필을 하사했다. 천하에 영을 내려 큰 연회(大酺)를 닷새 동안 열게 했다.[117]

을사일, 천하에 대사면령을 내렸다. 모반죄와 대역죄를 저지른 자들을 비롯하여 본래 용서하지 않는 자들까지 모두 사면하여 죄를 없앴다.

겨울

황제가 거기車騎를 이끌고 상림원上林苑에서 울타리를 쳐서 짐승들을

---

115 대량성은 위魏나라 혜왕惠王이 축성했다.
116 정도공왕은 원제의 아들 유강劉康을 말한다.
117 「음의」에 따르면, "한나라의 법률[漢律]: 세 사람 이상 아무 이유 없이 무리 지어 술을 마시면, 벌금이 금 넉 냥이다." 이때 조서를 내려 천하에 널리 은사를 베풀고, 다시 영을 내려 무리 지어 닷새 동안 마시고 먹게 한 것이다. 포酺는 포布, 즉 베푼다는 뜻이다. 천자가 천하에 은혜를 베풀었음을 뜻한다. 『사기』에 따르면, "조趙나라 혜문왕惠文王 3년(기원전 296년), 크게 사면하고 술을 마련해 큰 연회를 닷새 동안 열었다."

사냥했다〔校獵〕.¹¹⁸

12월

봉거도위奉車都尉 두고와 부마도위駙馬都尉 경병耿秉¹¹⁹을 보내 양주涼州에 주둔하게 했다.

【영평 16년】(73년)

봄 2월

태복 제융을 고궐새高闕塞¹²⁰로, 봉거도위 두고를 주천군酒泉郡으로, 부마도위 경병을 거연현居延縣¹²¹으로, 기도위騎都尉 내묘來苗를 평성현으로 나가게 하여 북흉노를 정벌하게 했다. 두고가 천산天山에서 호연왕呼衍王을 무찌르고,¹²² 군대를 이오노성伊吾盧城¹²³에 주둔시켰다. 경병과 내묘와 제융은 공이 없이 돌아왔다.

---

118 『주례』에 따르면, 교인校人이 왕의 사냥 말을 책임지므로 교렵校獵이라고 하는 것이다. 나무들을 서로 얽고 구멍 내어 울타리를 만들고 짐승들이 도망치지 못하게 하는 것이다.
119 『한서』에 따르면, 봉거도위는 황제의 가마를 책임지며 부마도위는 천자의 곁마를 책임진다. 부駙는 부副, 즉 곁따르다라는 뜻이다. 모두 무제가 설치했으며, 질은 이천석이다.
120 고궐高闕은 산 이름으로 이를 요새 이름으로 쓴 것이다. 삭방군 북쪽에 있다.
121 거연은 본래 흉노의 지명으로, 무제 때부터 현 이름으로 썼다. 장액군에 속한다.
122 호연은 흉노의 왕 이름이다. 천산은 즉 기련산祁連山으로 일명 설산雪山으로 불린다. 지금은 이름이 절나한산折羅漢山이다.
123 본래 흉노의 땅 이름이다. 이미 호연왕을 무찔렀으므로, 그 땅을 빼앗아 의화도위宜禾都尉를 두고 둔전하게 했다.

여름 5월

회양왕 유연이 모반을 꾀하다 발각되었다.

계축일, 사도 형목과 부마도위 한광韓光이 이 일에 연좌(坐)¹²⁴되어 하옥되어 죽었으며, 연루되어 주살한 자들이 무척 많았다.

그믐 무오일, 일식이 일어났다.

6월

병인일, 대사농 서하군 사람 왕민王敏¹²⁵을 사도로 삼았다.

가을 7월

회양왕 유연을 옮겨 부릉왕阜陵王¹²⁶으로 봉했다.

9월

정묘일, 군국과 중도관에 조서를 내려 사형죄를 저지른 죄수들의 죄를 한 등급 감해 주고, 태형을 가하지 않은 채 군영으로 가게 하여 삭방군과 돈황군敦煌郡에 주둔하게 했다. 처자식들 중에서 스스로 따라가고자 하는 자, 부모형제들 중에서 함께 가기를 바라는 자는 모두 그 청을 들어주었다. 시집가서 남의 아내가 된 여자들은 데려가지 못하게 했다. 그러나 모반죄나 대역무도죄를 저지른 자들은 조서에서 제외했다.

이 해 북흉노가 운중군을 노략질하자, 운중태수 염범廉范이 공격해

---

124 좌坐는 유연과 더불어 공모한 것을 말한다.
125 『한관의』에 따르면, 왕민은 자가 숙공叔公이며 병주 습성현隰城縣 사람이다.
126 부릉현은 구강군九江郡에 속한다.

무찔렀다.

【영평 17년】(74년)

봄 정월
감릉현甘陵縣에 감로가 내렸다.
북해왕 유목劉睦이 죽었다.

2월
을사일, 사도 왕민이 죽었다.

3월
계축일, 여남태수 포욱鮑昱을 사도로 삼았다.

이 해 감로가 거듭[仍] 내려 나뭇가지에 끝없이 맺히고[內附],[127] 지초芝草(영지, 먹으면 신선이 될 수 있다고 여겼다)가 전전殿前에 났으며, 신작神雀(상서로운 새로 봉황을 가리킨다)들이 오색 깃을 휘날리며 서울인 낙양으로 모여들었다.

서남쪽 오랑캐들인 애뢰哀牢, 담이군儋耳郡, 초요僬僥, 반목槃木, 백랑白狼, 동점動黏 등 여러 종족들이 앞 다투어 의를 사모하면서 공물을 바쳤다.[128] 또 서역 여러 나라들이 아들을 보내 입시했다.

---

127 잉仍은 빈頻, 즉 빈번하다는 것이다. 내부內附는 나무의 잇따른 가지를 말한다. 『한서』 「종군전終軍傳」에 따르면, "뭇 가지들이 내부해 있으니, 이는 곧 바깥이 없는 것이다."
128 『산해경』에 따르면, "주요국周僥國은 삼수국三首國 동쪽에 있다. 그곳 사람들은 키가 작

여름 5월

무자일, 공경 백관들이 황제의 위엄과 덕망이 먼 곳까지 품어 주자 상서로운 사물들이 나타나 그에 응하는 것을 보고 함께 조당(朝堂)에 모여 술잔을 받들면서 장수(壽)를 빌었다.[129]

황제가 제서를 내려 말했다.

하늘이 신성한 물건을 내리는 것은 왕 된 자에게 감응해서 그런 것이다. 먼 곳의 사람들이 교화를 사모하는 것은 실제로 덕이 있음으로 말미암아서이다. 그러나 짐은 덕이 거의 없는데도 어찌 이러한 것을 누린단 말인가? 이는 오직 고조와 광무제의 성스러우신 덕에 힘입은 것으로 감히 사양할 수 없구나. 공손한 마음으로 술잔을 드니 태상이 길일을 택하여 책서를 써서 종묘에 알리라. 천하 남자들의 작위를 사람당 두 등급씩 올려 주되, 삼로와 효제와 역전은 사람마다 세 등급씩 올려 주라. 유민이 되어 호적에 없던 자들 중에서 스스로 이름을 올리고자 하는 자는 한 등급을 올려 주라. 홀아비, 과부, 고아, 홀몸, 병자, 집이 없고 가난하여 스스로 생계를 꾸릴 수 없는 자에게 곡식을 한 사람당 세 섬씩 나누어 주라. 낭과 종관 중에서 일을 맡은 지 십 년 이상 된 자들에게는 비단 열 필을 하사하라. 중 이천 석 관리 및 이천 석 관리 이하 황수(比 이백 석 이상의 관리)에 이르는 관리들 중 봉록을 줄여 속형했던 자들에게는 작년 이래에 해당하

고 몸집이 왜소하며, 머리에 관을 쓰고 허리에는 띠를 둘렀는데, 일명 초요라 한다." 『국어』에 따르면, "초요 씨들은 키가 세 자로, 지극히 작았다." 양부(楊孚)의 『이물지(異物志)』에 따르면, "담이군은 남쪽 지방의 오랑캐로, 태어나자마자 그 뺨의 거죽에 쇠 장식을 달아 귀까지 바루었는데, 떼면 수많은 가지가 되고 모양이 닭의 창자 같은데 아래로 연이어 매달아 어깨까지 이르렀다."

129 장수(壽)는 사람이 바라는 바이므로, 아랫사람이 잔을 받들어 술을 올리면서 함께 윗사람의 장수를 비는 것이다.

는 것은 모두 돌려주라.

가을 8월

병인일, 영을 내려 무위군, 장액군張掖郡,[130] 주천군, 돈황군, 장액속국張掖屬國에서 옥에 갇힌 죄수 중 우지형 이하의 죄목에 해당하는 자들 중에서 군대를 감당할 수 있는 자들(任兵)[131]은 모두 일절 그 죄를 다스리지 말고, 군영으로 나가게 했다.

겨울 11월

봉거도위 두고, 부마도위 경병, 기도위 유장劉張을 돈황군 곤륜새昆侖塞[132]를 통해 출병하게 했다. 그들이 포류해蒲類海[133]가에서 백산白山의 오랑캐를 쳐서 무찌르고 마침내 차사국車師國까지 쳐들어갔다. 처음으로 서역도호西域都護와 무기교위戊己校尉를 두었다.[134]

---

130 장액군은 옛날 흉노 곤야왕昆邪王의 땅이다. 『한관의』에 따르면, "나라의 팔과 겨드랑이를 펼치라(張國臂掖)는 뜻으로 장액이라 한다."
131 임任은 감堪, 즉 감당한다는 뜻이다.
132 곤륜昆侖은 산 이름으로 이를 요새 이름으로 삼은 것이다. 산에 곤륜의 몸이 있으므로 그렇게 이름 붙인 것이다. 주나라 목왕穆王이 이 산에서 서왕모西王母를 보았다고 한다. 석실石室과 왕모대王母臺가 있다.
133 『서하구사西河舊事』에 따르면, "백산은 여름, 겨울을 가리지 않고 눈에 덮여 있으므로 백산이라고 하는 것이다. 흉노에서는 천산이라 하는데, 그곳을 지날 때에는 모두 말에서 내려 절한다. 포류해에서 백 리 안쪽 거리에 있다.
134 선제 초에 서역도호를 두고 정길을 도호로 삼아, 서역 서른여섯 나라를 지키게 했는데, 질은 비 이천 석이었다. 원제 때 무기교위를 두었다. 거기에 승丞과 사마가 각 한 사람 있었는데, 질은 비 육백 석이었다. 무기는 중앙, 즉 가운데를 뜻한다. 사방의 반란을 진압하는 일을 한다고 『한관의』에 나온다. 역시 서역에 두어 여러 나라들을 진압하고 어루만지게 한 것이다.

이 해 천수군의 이름을 한양군(漢陽郡)으로 고쳤다.

【영평 18년】(75년)

봄 3월

정해일, 조서를 내렸다.

천하에 영을 내려 망명한 자 및 반드시 주사해야 할 죄를 저지른 자 이하는 속형하게 하라. 사형죄를 저지른 자는 비단 서른 필, 우지형에서부터 곤겸성단용까지는 열 필, 완성단용에서부터 사구작까지는 다섯 필로 하라. 범죄를 저질렀지만 아직 발각되지 않은 관리와 백성 중 조서가 이르기 전에 스스로 먼저 그 사실을 알린 자는 대속을 절반으로 하라.

여름 4월

기미일, 조서를 내렸다.

지난봄부터 때에 맞는 비(時雨)가 내리지 않아 겨울 보리는 말라비틀어지고 가을 파종도 아직 하지 못했다. 정치가 그처럼 들어맞지 않았으니 걱정하고 두려울 뿐이다. 천하 남자들의 작위를 사람당 두 등급씩 올려 주라. 또한 유민이 되어 호적에 없던 자들 중에서 스스로 이름을 올리고자 하는 자는 한 등급을 올려 주라. 홀아비, 과부, 고아, 홀몸, 병자, 가난하여 스스로 생계를 꾸릴 수 없는 자에게 곡식을 한 사람당 세 섬씩 나누어 주라. 원통하게 옥에 갇힌 사람들이 있는지 재판하고, 가벼운 죄를 짓고 옥에 갇힌 사람들을 살펴라. 이천 석 관리들은 오악(五岳)과 사독(四瀆)에 각각 제사하라. 군의 경계 내에 있는 명산대천名山大川은 능히 구름을 일으켜 비를 내리게 할 수 있으니,[135] 장리들은 각자 깨끗이 재개하고 제사를 드려 단비[澍]가 내리기를 바라라.[136]

6월

기미일, 혜성이 태미원太微垣에 나타났다.

언기국焉耆國과 구자국龜玆國이 서역도호 진목陳睦을 공격하여 거기 사람들을 모두 죽였다. 북흉노와 차사후왕車師後王이 무기교위 경공耿恭을 포위했다.

가을 8월

임자일, 황제가 동궁東宮 전전에서 붕어했다. 나이는 마흔여덟 살이었다. 유조를 내려 침묘寢廟를 세우지 말고, 광렬황후의 갱의 별실更衣別室(편전에 딸린 방)에 신주를 모시게 했다.[137] 예전에 황제가 수릉을 만들었는데, 제서를 내려 물을 흐르게 했을 뿐이었다. 석곽은 너비가 한 길

---

135 『주례』에 따르면, "직방씨職方氏가 천하의 땅을 맡았다. 양주揚州는 산으로는 회계산會稽山이, 강으로는 삼강三江이 있다. 형주는 산으로는 형산이, 강으로는 장강長江과 한수漢水가 있다. 예주는 산으로는 화산華山이, 강으로는 형수滎水와 낙수가 있다. 청주는 산으로는 기산沂山이, 강으로는 회수와 사수가 있다. 연주는 산으로는 대산岱山이, 강으로는 황하河河와 제수沛水가 있다. 옹주雍州는 산으로는 악산嶽山이, 강으로는 경수와 예수洧水가 있다. 유주는 산으로는 의무려산醫無閭山이, 강으로는 황하와 제수가 있다. 기주는 산으로는 곽산霍山이, 강으로는 장수漳水가 있다. 병주는 산으로는 항산恒山이, 강으로는 호타하滹沱河가 있다." 이를 구주 명산대천이라 일컫는다.
136 『설문해자』에 따르면, "때에 맞는 비[時雨]는 만물을 살리는 단비[澍]이다." 『회남자』에 따르면, "봄비는 만물에 물을 대 준다. 땅에 단비가 내리지 않으면, 어떠한 사물도 살지 못한다."
137 『예기』에 따르면, "신주는 묘당에 모신다." 침묘를 세우지 말라고 했으므로, 황후의 갱의 별실에 모시게 한 것이다. 갱更은 이易, 즉 바꾼다는 뜻이다.

두 자에 길이가 두 길 다섯 자였고 봉분을 쌓지 못하게 했다.[138] 만년 후에도 땅을 쓸고 제사하되 사발에 담긴 물과 말린 밥과 고기〔杅水脯糒〕[139]만으로 하며, 백 일이 지나면 계절마다 제사상을 벌이게 했다. 또 관병 몇 사람만을 두어 제사지내고 청소하게 하되 길을 열거나 보수하지 못하게 했다. 감히 흥작興作(건축물을 크게 지음)을 말하는 자는 종묘의 일을 멋대로 의론한 죄로써 법에 따라 다스리게 했다.[140]

황제는 건무(광무제 때 연호로 여기에서는 광무제를 가리킨다)의 제도를 받들어 지켜 감히 고치려 하지 않았다. 또한 후궁後宮(황후, 공주 등 궁중 여인을 가리키는 말) 집안의 사람들은 제후로 봉해지거나 정치에 참여하지 못하게 했다.[141] 관도공주館陶公主[142]가 아들을 낭으로 임명해 달라고 요구했으나 윤허하지 않았다. 대신 일천만 전을 하사하면서 뭇 신하들에게 말했다.

"낭관郎官은 위로는 하늘의 별자리에 대응하는 자리[143]이며 나가면 백 리를 맡아 다스리는 사람이오. 만약 사람됨에 모자람이 있으면, 백성들이 그 재앙을 받게 되오. 이 때문에 그 말을 들어주는 게 어렵다고

---

138 『동관기』에 따르면, "능 동북쪽에 집 한 채를 지었다. 길이가 세 길이었으며 다섯 보 밖에 작은 부엌이 있었다. 재산은 제사하기에 충분할 정도로 했다."
139 『설문해자』에 따르면, "우杅은 마실 것을 담는 그릇이다." 『방언』에 따르면, "주발〔盂〕을 일컬어 우盂라 한다." 『설문해자』에 따르면, "비糒는 말린 밥〔乾飯〕이다."
140 『한서』에 따르면, "종묘의 일을 멋대로 의론한 자는 기시에 처한다."
141 『동관기』에 따르면, "광무제는 전대前代(전한 때)에 권신이 크게 번성하고 외척이 정치에 참여해 위로는 현명한 군주를 흐리게 하고 아래로는 백성을 위협했던 것을 가슴 아프게 생각했다. 그리하여 황후의 일족인 음씨와 곽씨 집안은〔관직이〕구경을 넘지 못하게 했으며, 친족은 지위가 허씨許氏, 사씨史氏, 왕씨王氏의 절반에 미칠 수 없게 했다."
142 광무제의 딸이다.
143 『사기』에 따르면, 태미궁太微宮 뒤쪽에 있는 스물다섯 별자리가 낭의 자리에 해당한다.

한 것이오."

황제가 이렇게 일을 처리했으므로 관리는 직분에 맞게 천거되고 백성들은 일을 즐겼으며, 먼 곳과 가까운 곳이 모두 공경하고 복종했으며, 호구도 더욱 늘어났다.

논하여 말한다.

명제는 형벌을 잘 다스렸고 법령을 분명하게 했다. 날이 저물 때까지 조당에 앉아서 억울하게 죄를 입은 자들의 말에 반드시 귀 기울였다. 안팎으로 은총을 베풀 때 사사로이 한쪽으로 치우치지 않도록 했으며, 윗자리에 있으면서도 자랑스러워하는 얼굴빛을 내비치지 않았다. 재판할 때에는 늘 인정을 살폈으므로 전대십이前代十二[144]라는 말을 들었다. 그러므로 후세 사람들이 건무와 영평의 정치에 앞서는 것은 없다고 한 것이다. 그런데도 종리의鍾離意와 송균宋均 등은 늘 깊이 살피고 지혜롭게 생각하여 [간하는] 말을 아끼지 않았으니[145] 어찌 사람의 도량이 너른 것이 이렇게까지 넉넉하단 말인가?

찬하여 말한다.

명제는 천명을 이어받아 일마다 삼가고 또 삼갔다. 조심하고 두려워하는 마음[危心]과 덕을 존중하는 마음으로 정치를 밝히 살피고 간사한

---
144 열을 재판하면 둘만 벌을 내린다는 뜻으로 형벌이 적음을 일컫는다.
145 이 일에 대해서는 「제오종리송한 열전第五鍾離宋寒列傳」에 나온다.

자들을 물리쳤다〔姦勝〕.¹⁴⁶ 조정 의례에 쓰이는 것들〔朝物〕¹⁴⁷을 정비하여 마련했으며〔자신의〕봉분을 없애고 능을 얕게 했다. 폐했던 전례〔廢典〕를 영원히 되살리고, 벼슬을 내릴 때〔下身〕는 도를 준수했다.¹⁴⁸ 영대에 올라 구름을 관찰했고, 벽옹에 임하여 원로들에게 절했다. 황제의 업적을 힘써〔懋〕 생각하건대 문왕을 돌이켜 봄에 빛을 더했구나〔增光文考〕.¹⁴⁹

---

146 위심危心은 늘 조심하고 두려워하는 것을 말한다. 간승姦勝은 간사하고 아첨하는 이들을 물리치는 것을 이른다.
147 조물朝物은 조정 의례에 쓰는 문물을 일컫는다.
148 폐전廢典이란 명당과 벽옹의 예를 말하는데, 전한 때에는 시행하지 않았다. 하신下身은 작위를 내리고 인수를 주는 등의 일을 일컫는다.
149 무懋는 면勉, 즉 힘쓴다는 뜻이다. 『서경』에 "내 아버지 문왕을 돌이켜 생각하니 빛이 사해에 미쳤다〔惟我文考, 光于四海〕"라는 말이 있다.

권3
본기 제3

숙종 肅宗
효장제기 孝章帝紀

장제기
章帝紀

숙종 효장황제는 휘가 달(炟)이며,[1] 명제의 다섯째 아들이다. 어머니는 가(賈) 귀인이다.

【영평 3년】(60년)

황태자로 세워졌다. 어려서부터 관용이 있었고 유학을 좋아하여 명제가 그를 중히 여겼다.

【영평 18년】(75년)

8월

임자일, 황제의 자리에 올랐다. 나이는 열아홉 살이었다. 황후를 높여 황태후라 했다.

---

[1] 『일주서』「시법해」에 따르면, "온화하고 공손하면서도 정숙하고 위엄이 있는 것(溫克令儀)을 장(章)이라 한다." 복후의 『고금주』에 따르면, "달(炟)은 훈은 저(著), 즉 드러난다는 뜻이다."

임술일, 명제를 현절릉顯節陵[2]에 장사지냈다.

겨울 10월

정미일, 천하에 대사면령을 내렸다. 백성들에게 작위를 내리되 사람마다 두 등급씩 올렸고, 아버지가 죽은 후 그 뒤를 이은 자를 비롯하여 효제, 역전은 사람마다 세 등급씩 올려 주었다. 또 유민이 되어 호적에 이름이 없거나 빠진 자들 중에서 스스로 이름을 올리고자 하는 자에게는 한 등급을 올려주었다. 작위가 공승을 넘은 자들은 아들이나 형제의 아들이 옮겨 받도록 했다. 홀아비, 과부, 고아, 홀몸, 병자, 가난하여 스스로 생계를 꾸릴 수 없는 자에게 곡식을 한 사람당 세 섬씩 나누어 주었다.

조서를 내렸다.

짐은 작디작은 몸으로 왕후의 윗자리를 맡아 만물을 다스리게 되었다. 그러나 일이 제대로 처리되지 못할까 두려워 일마다 삼가고 또 삼가나 아직 어찌할 바를 알지 못한다. 돌아가신 황제의 법도를 이어받아 잘 지켰던 사람들을 깊이 생각해 보니 반드시 스승에 해당하는 벼슬을 두었다. 『시경』에서도 "잘못을 저지르지도 않고 잊어버리지도 않는 것은 모두 옛 법을 따랐기 때문이로구나〔不愆不忘, 率由舊章〕"[3]라고 읊지 않았던가. 행태위사 절향후 조희는 삼 대를 그 자리에 있어 나라의 원로元老가 되었다.[4] 또 사

---

2 『제왕기』에 따르면, "현절릉은 사방이 삼백 보에 높이가 여덟 길이었다. 그 땅은 옛날 부수정富壽亭으로 낙양에서 서북쪽으로 삼십칠 리 떨어져 있다."

3 『시경』「대아」에 나온다. 정현은 "연愆은 과過, 즉 잘못을 저지른다는 뜻이다. 솔率은 순循, 즉 좇는다는 뜻이다. 유由는 용用, 행한다는 뜻이다. 〔주나라〕 성왕의 법령과 덕행을, 과오를 저지르지도 않고 위반하여 잃어버림도 없이 옛 전적과 문장을 그대로 좇아 행하는 것이다. 이것이 바로 주공의 예법이다."

공 융融은 일을 맡은 지 여섯 해가 지났으나 늘 힘써 일하고 태만하지 않았다. 조희를 태부로 삼고, 모융을 태위로 삼되 둘이 함께 녹상서사錄尙書事를 겸하게 하라. "삼사三事(삼공)와 대부가 이른 아침부터 밤늦게까지 일하기를 옳게 여기지 않고"라고 한 것은 「소아」에서 슬퍼하는 바이다. "나의 잘못함을 그대들이 도울 것이니 그대들은 얼굴을 맞댈 때에만 따르지 말고"라고 한 것은 고굉股肱(아주 가까운 신하)의 바른 의리를 보인 것이다. 뭇 제후와 방백, 이하 모든 관료들은 그 직분을 더욱 힘써 생각하고 각자 충성을 바쳐서 〔내가〕 미처 이르지 못한 것을 보좌하라. 또 사방에 칙령을 널리 알려 짐의 뜻을 전하라.

11월

무술일, 촉군태수蜀郡太守 제오륜第五倫을 사공으로 삼았다.

조서를 내려 정서장군征西將軍 경병을 주천군酒泉郡에 주둔하게 했다. 주천

---

4   조희는 광무제 때 태위가 되었고, 명제 때 행태위사로 태위의 일을 대행했으므로 삼대에 걸쳐 그 자리에 있었다고 한 것이다. 원元은 장長, 즉 길다는 뜻이다. 『시경』에 "방숙方叔은 원로〔方叔元老〕"라는 구절이 있다.
5   융融은 모융을 말한다.
6   무제 초에 장자유張子孺(무제 때의 명신 장안세張安世. 자유는 그의 자이다)를 영상서사領尙書事로 삼았다. 녹상서사는 이로부터 비롯된 것이다. 녹錄은 일을 총괄해 다스리는 것을 말한다.
7   『시경』「우무정雨無正」에 나오는 말이다. 삼사三事는 삼공을 말한다. 정현의 『시경주』에 따르면, "〔주나라〕 유왕幽王이 바깥으로 나서면, 삼공 및 제후들이 수행했지만 모두 군신의 예를 행함도 없고 새벽부터 밤늦게까지 왕을 살피기를 옳게 여기지도 않았다."
8   『서경』「익직益稷」에 나오는 문장이다. 공안국의 『상서주』에 따르면, "황제가 도를 어기면 신하들은 마땅히 의로써 황제를 바로잡아 보좌할 것이지 얼굴을 맞댈 때에만 황제를 따르지 말라는 뜻이다."
9   「음의」에 따르면, "성 아래에 천이 있는데, 그 맛이 술과 같았다. 이 때문에 이름을 주천酒泉이라고 했다."

태수酒泉太守 단팽段彭을 보내 무기교위 경공을 구출하게 했다.

그믐 갑진일, 일식이 일어났다. 이에 정전을 피하면서 닷새 동안 정사를 보지 않았다. 담당 관리에게 조서를 내려 각자 봉사를 올리게 했다.

12월
계사일, 담당 관리가 상주하여 말했다.

효명황제께서는 성스러운 덕을 〔온 천하에〕 매우 두텁게 내렸고 해가 질 때〔日昃〕까지 힘써 일하셨습니다.[10] 또 여러 번 세탁한 낡은 옷을 몸에 걸치셨고, 진미를 차려 식사를 하신 적이 없었습니다. 은택이 온 세상〔四表〕[11]에 미쳐 먼 곳의 사람들까지 교화를 사모해 초요와 담이군이 요새의 문을 두드리러〔款塞〕(호의를 품고 통교하기 위하여 왔다는 뜻)[12] 스스로 찾아왔습니다. 귀방鬼方을 정벌해 이겼으며[13] 서역에 이르는 길을 여셨습니다. 이에 신령한 위엄이 널리 미쳐서 감히 복종하지 않으리라 생각하는 자가 없었습니다. 또한 늘 뭇 백성들을 근심했으며 천하를 즐거움으로 삼지 않으셨습니다. 삼옹三雍(천자가 정사를 보는 명당, 천문대인 영대, 인재를 가르치는 벽옹을 말한다)의 가르침을 갖추시고, 몸소 양로례를 행하셨습니다. 친히 등가登歌(제례 때 당 위에 올라 연주하는 음악)를 짓고 여악予樂(교묘에서 쓰이는 음악)을 바로잡으셨으며, 육예에 널리 통달하여〔博貫六藝〕[14] 밤낮으로 공부를 그치지 않으셨습니

---

10 일측日昃은 일질日昳, 즉 해가 기우는 것을 말한다. 『서경』에 "〔주나라〕 문왕은 아침부터 해가 질 때까지 밥 먹을 겨를도 없이 일했다〔文王自朝至于日中昃不遑暇食〕"라는 구절이 있다.
11 『서경』에 "빛이 온 세상을 덮었다〔光被四表〕"라는 구절이 있다.
12 관款은 구扣, 즉 두드린다는 뜻이다. 초요와 담이군의 일은 「명제기明帝紀」에 나온다.
13 귀방은 먼 곳에 있는 땅을 말한다. 『역경』에 "고종高宗이 먼 지방을 정벌하러 가서 세 해 만에 이겼다〔高宗伐鬼方三年克之〕"는 구절이 있다.

다. 총명함이 연못처럼 깊고 요새처럼 단단한 것은 도참이 드러나 나타났다고 할 것입니다.[15] 게다가 지극한 덕에 감화 받은 바가 천지의 신령들과 통했습니다. 그 공적의 빛은 사해를 밝히고 그 은택의 바람은 천년까지 불어 갈 것입니다. 하지만 끝까지 겸손함을 견지하여 스스로 부덕하다 하시어 침묘를 세우지 말게 하셨으며, 땅을 쓸고 제사하되 일사日祀(매일 제사하는 것)의 법을 제외하고[16] 송종送終(장례식)의 예를 생략했으며 마침내 신주를 광렬황후의 갱의 별실에 모시게 하셨습니다. 천하 사람들이 그 말을 듣고 슬픔을 금할 수 없었습니다. 폐하께서는 지극한 효성이 두텁고 아름다우시니 부디 그 성스러운 덕을 받들어 좇으소서. 신들이 어리석게도 갱의更衣(편전)를 중문中門 바깥에 있게 하고 그 있는 곳을 다른 곳과 구분했사오니 마땅히 묘호를 높여 현종이라 하고 사시에는 광무제의 묘당에서 조상들과 함께 제사하고[禘祫] 그 사이사이에 제사할[間祀] 때에는 모두 갱의로 되돌리게 하되[17] 함께 무덕무를 추며 나아가게 하여 문제께서 고묘에

---

14 『주례』에 따르면, 보씨保氏가 육예를 가르쳤는데, 첫째는 예禮, 둘째는 음악(樂), 셋째는 활쏘기(射), 넷째는 말 타기(馭), 다섯째는 글씨 쓰기(書), 여섯째는 셈하기(數)였다. 『한서』「예문지藝文志」에서는 『예기』, 『악기樂記』, 『춘추』, 『역경』, 『시경』, 『서경』을 육예라고 했다. 박관博貫은 연구가 깊고 그윽함을 말한다.

15 『하도』에 따르면, "그림[『하도』]이 나온 대에 아홉 하늘이 밝게 열리니 이를 받아들이고 계승하여 진흥하면 십 대에 이르러 빛을 보리라." 또 『하도괄지상河圖括地象』에 따르면, "십 대에 이르면 예악과 문아文雅(예의가 비속하지 않고 우아함)가 함께 일어서리라." 이는 모두 명제의 업적을 일컫는 말이다.

16 『춘추외전春秋外傳』(『국어國語』를 말한다)에 따르면, "[제사에는] 일제日祭, 월사月祀, 시향時享이 있다. 할아버지와 아버지를 제사하는 것을 일제라 하고, 고조와 증조도 제사하는 것을 월사라 하며, 삼조三祧(황제의 시조와 후직)를 제사하는 것을 시향이라 한다." 여기에서 일사의 법을 제외한 것은 월사와 시향만 행하게 한 것이다.

17 『속한서』에 따르면, "오 년에 두 번 성대한 제사(殷祭)를 올리는데, 삼 년에 한 번은 시조를 묘당에 합사하여 제사를 드리고[祫], 오 년에 한 번은 종묘에 조상의 신주를 한데 모아 큰 제사를 올린다(禘). 아버지는 소昭라 하여 남쪽을 향하고, 아들은 목穆이라 하여 북쪽을 향한다. 체禘는 여름 4월에 행하고, 협祫은 겨울 10월에 행한다. 체禘

합사하여 제사했던 때의 옛 일과 똑같이 하게 하소서.[18]

황제가 제서를 내려 말했다.

그렇게 하라.

이 해, 소에 전염병이 돌았다.
서울 낙양 및 세 군데 주에 큰 가뭄이 들었다. 조서를 내려 연주, 예주, 서주에서 전조와 추고를 거두지 못하게 했으며 가난한 사람들을 살펴서 곡식을 구휼하게 했다.

【건초建初 원년】(76년)

봄 정월
세 주(연주, 예주, 서주)의 군국에 조서를 내렸다.

바야흐로 봄이 되어 농사를 지을 때가 되었다. 그러나 백성들은 배급이

는 체諦, 즉 살핀다는 말인데, 소목昭穆(종묘에서 신주를 놓는 순서)을 따지고 살펴 존귀함과 비천함의 의리를 분명히 하는 것이다. 협祫은 합合, 즉 합친다는 뜻이다. 겨울 10월에 오곡이 익으면, 골육들이 조묘祖廟에서 한데 합쳐 마시고 먹으므로 이를 일컬어서 은제殷祭라고 한다. 계절에 맞춰서 지내는 정제正祭 외에 5월 보리를 맛볼 때, [8월] 삼복 입추에 기장과 익은 술酎을 맛볼 때, 10월 쌀을 맛볼 때 등에 지내는 제사를 일컬어서 간사間祀라고 한다. 이들은 각각 갱의전(更衣之殿)에서 행했다. 갱의更衣란 바른 곳(正處)이 아니라는 뜻이다. 능원에는 침寢과 편전便殿이 있다. 침은 능 위에 있는 정전正殿을 말한다. 편전은 침 옆에 붙은 별도의 전각이다. 이를 갱의라 한다."
18 『한서』에 따르면, 고묘에서는 무덕무, 문시무, 오행무를 춘다.

점차 줄어들까〔稍受稟〕¹⁹ 두려워하여 몹시 번거롭고 바쁘게 움직일 뿐 때로 농사일을 꺼리기까지 한다. 각각 매우 가난한 자들을 실사하여 그들에게 나누고 베풀 것이 무엇인지를 의논하라. 유민들 중에서 고향으로 돌아가고자 하는 자가 있으면 군현에서 사람 수에 맞춰 곡식을 내려〔고향에〕돌아가는 데 부족함이 없도록 하고 지나다가 관청에 머물러 자고 먹기를 청하면 따로 품을 내지 않고도 묵을 수 있게 하라. 장리들이 몸소 이 일을 챙겨 궁핍하고 병약한 백성들이 도망쳐 벗어나는 바가 없도록 하고, 소리 小吏²⁰와 호족이 간사하고 망령된 일을 하지 못하게 하라. 조서가 내려가면 결코 지체하지 말고 시행하며 자사들은 죄가 아주 큰 자들〔無狀〕을 더욱 분명하게 감독하고 감찰하라.²¹

병인일, 조서를 내렸다.

매년 소에 전염병이 만연하고 농지는 줄어들어 곡물 값이 매우 치솟은 탓에 백성들이 고향을 떠나 떠돌고 있다. 바야흐로 봄이 되어 농사지을 때가 되었으므로 시절에 맞는 일을 행해야 하리라. 이천 석 관리들은 농사일과 누에치기를 힘써 권하고 널리 백성들을 불러 노고를 위로하라. 뭇 제후들과 온 관리들은 각각 정성을 다해 사업을 추진하고 시급히 백성들의 일에 전념하라. 사형에 처할 죄가 아니라면 입추 때까지 조사와 재판을 미루라. 담당 관리들은 분명하고 신중하게〔사람들을〕뽑아 천거하여

---

19 품禀은 급給, 즉 나누어 준다는 뜻이다. 초稍는 점차 그것을 줄여 없애는 것을 말한다.
20 『한서』에 따르면, 백 석 이하 관리 중에서 두식에서 좌사까지의 녹봉을 받는 자들을 소리라고 한다.
21 무상無狀은 죄악이 무척 큰 것을 말한다. 그 상태가 말로는 표현할 수 없으므로 무상이라 하는 것이다.

온유하고 훌륭한 사람을 나아가게 하고 탐욕스럽고 교활한 사람을 물리치라. 시령을 좇아 원통하게 옥에 갇힌 사람들이 있으면 바로잡으라. 「제전帝典」(『서경』의 편명으로 「요전堯典」과 「순전舜典」을 가리키는 말)에서는 "오교五教를 펴되 너그럽게 하라"[22]라고 권한 바 있으며, 「대아大雅」에서는 "화평하고 편안한 군자여"[23]라고 찬탄한 바 있다. 천하에 이를 포고하여 짐의 뜻을 분명히 알리라.

주천태수 단팽이 차사국을 토벌하려고 공격하여 크게 쳐부쉈다. 무기교위관戊己校尉官을 없앴다.

2월
무릉군 예수澧水[24] 주변의 만족들이 모반했다.

3월
갑인일, 산양국山陽國과 동평국에 지진이 일어났다.
기사일, 조서를 내렸다.

짐이 덕이 없는데도 대업을 받들어 이어 이른 아침부터 밤늦게까지 삼가

---

22 오교는 아버지는 의롭고[父義], 어머니는 자애로우며[母慈], 형은 우애 있고[兄友], 동생은 공손하며[弟恭] 자식들은 효도하는[子孝] 것이다. 『서경』 「순전」에 "네가 사도가 되었으니 공경하게 오교를 펴되 너그럽게 하라"라는 말이 있다.
23 개愷는 낙樂, 즉 즐겁다는 뜻이고, 제悌는 이易, 즉 편안하다는 뜻이다. 『시경』 「대아」의 「형작泂酌」에 "화평하고 편안한 군자여, 백성의 어버이로구나.[愷悌君子, 人之父母]"라는 말이 있다.
24 『수경』에 따르면, "예수는 무릉군 충현充縣에서 솟아 서쪽으로 흘러 역산歷山의 북쪽을 지난다."

고 또 삼가면서 감히 황녕荒寧(게으르고 편함)하려 하지²⁵ 않았다. 하지만 재이가 거듭 나타나니 이는 정치와 서로 조응한 것이다. 짐은 이미 현명하지 못하여 도를 깨우치는 데에도 하루가 부족하다. 또 〔관리를〕 뽑아서 쓸 때에는 실상과 어긋나기 일쑤여서 속리俗吏들이 백성들을 상하게 하고, 관리들의 직분이 어둡고 어지러우며, 형벌이 공정하지 않으니 어찌 근심이 아닐 수 있겠는가! 예전에 중궁仲弓이 계씨季氏의 가신이 되었을 때, 또 자유子游가 무성武城의 소재小宰가 되었을 때, 공자가 현명한 재사〔賢才〕를 써서 일을 하라고 가르치면서 사람을 얻었느냐고 물었다.²⁶ 정치를 밝히는 것은 크고 작음에 상관없이 인재를 얻는 것이 근본이다. 무릇 〔인물을〕 향에서 천거하고 리에서 뽑아 올릴〔鄕學里選〕 때에는, 반드시 공로를 쌓아야 한다. 지금 자사와 수상守相(태수와 재상)이 진실과 거짓을 밝히지 않고, 무재茂才와 효렴孝廉으로 해마다 백여 명을 천거하는데, 이미 능력 없음이 드러났는데도 의당 정사를 맡기고 있으니 무슨 말을 하겠는가. 옛날에는 사람을 천거하고 선비를 바치려고 〔인재를〕 찾을 때마다 이랑을 돋우고 봇도랑〔甽〕을 파듯 했지 벌열閥閱에는 신경 쓰지 않았다.²⁷ 나아와 말로 아뢰게 하니〔敷奏〕 문장으로 가릴 수 있었고, 살펴서 공을 밝히니 정치에 뛰어난 업적이 있었다.²⁸ 이렇듯 문文(쌓은 교양)과 질質(타고난 바탕)이 빈빈彬彬

---

25 공안국의 『상서주』에 따르면, "감히 게으르고 태만하지 않으면 스스로 안녕하게 된다."

26 『논어』에 중궁이 계씨의 재상〔宰〕이 되어 정치〔政〕를 묻자, 공자가 말했다. "작은 허물을 용서하고, 현명한 재사를 뽑아서 써라." 자유가 무성〔이라는 땅〕의 재상〔宰〕이 되자 공자가 일러 말했다. "너는 사람을 얻었는가?"

27 『설문해자』에 따르면, "견甽은 밭 안에 봇물이 흐르는 도랑이다." 『사기』에 따르면, "그 등급을 밝히는 것이 벌閥이요, 그 공을 쌓는 것이 열閱이다." 이 말은 옛날에 사람을 천거할 때에는 현명하고 재주 있는 사람을 찾기에 힘썼을 뿐 가문이나 지역에 구애받지 않았다는 뜻이다.

28 부敷는 진陳, 즉 아뢴다는 뜻이다. 진奏은 진進, 즉 나아간다는 뜻이다. 명령을 내려 각

(잘 어우러짐)할 때[29] 짐은 그것을 심히 아름답게 여기노라. 영을 내리노라. 태부, 삼공, 중 이천 석 관리, 이천 석 관리, 군국의 태수와 재상은 현량방정賢良方正한 선비와 직언극간直言極諫을 할 수 있는 선비를 각 한 사람씩 뽑아 올리라.

여름 5월

신유일, 처음으로 효렴과 낭중郎中 중에서 너그러우면서도 지모가 있으며 재주가 전성典城(송사와 재판을 책임지는 관리)을 감당할 만한 자들을 천거해 현장과 후상〔長相〕[30]을 보좌하게 했다.

가을 7월

신해일, 조서를 내려 상림지上林池의 금원〔籞〕[31]에서 거둬들인 전부田賦(토지세)를 가난한 백성들에게 나누어 주었다.

8월

경인일, 혜성이 천시天市[32]에 나타났다.

자 나아와서 〔공적을〕 아뢰게 하니 그 능함과 무능함을 알 수 있었다. 『서경』에 따르면, "나아와 말로써 아뢰게 하고〔敷奏以言〕, 살펴서 공을 밝혔다〔明試以功〕." 이는 곧 정치의 법칙이다.

29 빈빈彬彬은 다른 것이 반씩 섞여 〔빛나는〕 모습이다.
30 임任은 맡아 다스릴 만하다는 뜻이다. 전典은 주主, 즉 책임진다는 뜻이다. 장長은 현장 (작은 현의 책임자)을 말하고, 상相은 후상侯相(제후국의 재상)을 말한다.
31 어籞는 금원禁苑이다. 「음의」에 따르면, "대나무를 잘라 그것을 새끼줄로 연이어 매달아서 사람들이 왕래할 수 없게 했으므로 그것을 어籞라 한 것이다."
32 『사기』에 따르면, "방성房星은 곧 천사성天駟星이다. 〔방성에서〕 동북쪽 구석에 있는 열두 별을 기旗라 하며, 기 가운데 네 별을 천시라 한다."

9월

영창군 애뢰현哀牢縣의 만족들이 모반했다.

겨울 10월

무릉군의 병사들이 모반한 만족들을 쳐서 무찌르고 항복을 받았다.

11월

부릉왕 유연이 모반하자 작위를 깎아 부릉후阜陵侯로 삼았다.

【건초 2년】(77년)

봄 3월

신축일, 조서를 내렸다.

매년 음양이 서로 조화를 이루지 못하여 흉년이 해마다 찾아오고 있다. 깊이 생각해 보건대, 돌아가신 황제께서는 사람의 근본[本][33]을 근심한 끝에 조서를 내려 "재물에 손상을 입히지 말고, 백성들을 해치지 말라"고 하셨으므로, 진실로 백성들이 말단을 버리고 근본으로 돌아오려고[去末歸本] 애썼다. 그러나 요즈음 귀척貴戚(황제의 친척)과 근친近親(황제의 혈족)의 사치가 정녕 무도할 정도에 이르렀으며, 혼인과 장례를 치를 때마다 참람할 정도로 분수에 넘는 일이 극심하다고 들었다. 담당 관리들이 예의 제도를 제대로 시행하지 않고 단속 감찰을 제대로 하지 않는구나. 춘추의 의로움

---

33 여기에서 근본이란 농사일을 말한다.

은 귀함으로 천함을 다스리는 데 있노라. 이제 삼공 이하 모두가 법도에 어긋나는 일을 규명하고 위엄 있는 기풍을 널리 떨치도록 하라. 짐은 겨우 약관의 나이로 아직 농사일의 어려움을 알지 못하나 좁디좁은 대롱으로 엿본다 할지라도 어찌 한 귀퉁이 정도는 살필 수 있지 않겠는가![34] 그 법령 제도를 마땅히 시행하여야 하나, 일이란 것은 대비하게 한 후에야 그것을 금지해야 하니, 서울 낙양에서 먼저 시행하고 지방[諸夏](제하는 본래 제후국을 가리키나 여기서는 낙양 지역 바깥을 가리킨다)은 나중에 하라.[35]

갑진일, 이오노성의 둔병屯兵(수비병)을 없앴다.[36]

영창군, 월수군, 익주군 등 세 군의 백성들과 오랑캐들이 힘을 합쳐 애뢰를 쳐서 그들을 무찔러 평정했다.

여름 4월

무자일, 조서를 내려 초왕과 회양왕 사건에 연좌되어 귀양 갔던 사람들 사백여 집을 돌아오게 하고, 본래의 군으로 복귀하게 했다.

계사일, 제국齊國의 재상에게 조서를 내려 빙환冰紈(얼음처럼 곱고 깨끗한 순백색 비단), 방공곡方空縠, 취륜서吹綸絮를 없애게 했다.[37]

---

34 『사기』 「편작전扁鵲傳」에 따르면, "대롱 구멍으로 하늘을 엿보고 좁은 틈으로 문양을 살핀다[以管窺天, 以郄視文]."

35 『춘추공양전』에 따르면, "『춘추』에서는 중국(중원 지역)을 안으로 하고, 제하諸夏를 바깥으로 했으며, 또 제하를 안으로 하고 오랑캐[夷狄]를 바깥으로 했다. 왕이 천하를 하나로 하고자 하는데, 어찌 안팎이라는 말을 쓰겠는가? 가까운 곳으로부터 시작할 뿐이다."

36 영평 16년(73년)에 설치했다.

37 환紈은 소素, 즉 무늬 없는 흰 비단이라는 뜻이다. 빙冰은 색이 얼음처럼 곱고 깨끗함을 말한다. 『석명』에 따르면, "곡縠은 사紗, 즉 얇은 옷감을 말한다." 방공方空은 옷감이 하늘이 비칠 듯이 얇은 것을 말한다. 때때로 공空을 공孔이라고도 하는데, 지금의

6월

소당 강족이 모반하자 금성태수金城太守 학숭郝崇이 그들을 쳤으나 거듭해서 패했다. 마침내 강족이 한양군을 노략질했다.

가을 8월

행거기장군行車騎將軍('행行'은 관직을 임시로 대행할 때 붙이는 말이다) 마방馬防을 보내 강족을 토벌하고 평정했다.

12월

무인일, 혜성이 자궁(자미원)에 나타났다.

【건초 3년】(78년)

봄 정월

기유일, 명당에서 조상에게 제사지냈다. 예가 끝나자 영대에 올라 구름이 움직이는 모양을 관찰했다. 천하에 대사면령을 내렸다.

3월

계사일, 귀인 두 씨竇氏를 황후로 세웠다. 작위를 내리되 사람마다 두 등급씩 올려 주었고, 삼로와 효제와 역전은 사람마다 세 등급씩 올

방목사方目紗를 말한다. 륜綸은 솜처럼 가는 것을 말한다. 취吹는 입으로 불어서 만들었음을 뜻하는데, 역시 얇은 옷감을 말한다. 『한서』에 따르면, 제국에 [이 옷감을 담당하는] 삼복관三服官이 있었다. 따라서 제국의 재상에게 조서를 내려 그것을 없앤 것이다.

려 주었으며, 호적에 없던 백성들이나 유민들 중에서 명적에 스스로 이름을 올리고자 하는 자는 한 등급을 올려 주었다. 홀아비, 과부, 고아, 홀몸, 병자, 집이 없고 가난하여 스스로 생계를 꾸릴 수 없는 자에게 곡식을 사람당 다섯 섬씩 나눠 주었다.

여름 4월

기사일, 상산군의 호타하에서 석구하石臼河에 이르는 조거漕渠[38]를 없앴다.

행거기장군 마방이 임조현에서 소당 강족을 무찔렀다.

윤달

서역가사마西域假司馬 반초班超가 고묵국姑墨國[39]을 공격하여 크게 쳐부쉈다.

겨울 12월

정유일, 마방을 거기장군으로 삼았다.

무릉군 누수潕水[40] 주변의 만족들이 모반했다.

이 해 영릉군零陵郡에서 지초를 바쳤다.

---

38 이때 등훈鄧訓이 상서를 올려서 조거를 완공할 수 없다고 했으므로 마침내 그것을 없앤 것이다. 조漕는 물길을 말한다.
39 고묵국은 서역의 나라 이름으로 장안에서 팔천백오십 리 밖에 있다.
40 누수는 지금의 예주澧州 숭의현崇義縣 서북쪽 산에서 발원해 흐른다.

【건초 4년】(79년)

봄 2월
경인일, 태위 모용이 죽었다.

여름 4월
무자일, 황자 유경劉慶을 황태자로 세웠다. 작위를 내리되 사람마다 두 등급씩 올려 주었고, 삼로와 효제와 역전은 사람마다 세 등급씩 올려 주었으며, 호적에 없던 백성들이나 유민들 중에서 스스로 이름을 올리고자 하는 자는 한 등급을 올려 주었다. 홀아비, 과부, 고아, 홀몸, 병자, 집이 없고 가난해 스스로 생계를 꾸릴 수 없는 자에게 곡식을 사람당 다섯 섬씩 나눠 주었다.

기축일, 거록왕 유공을 강릉왕江陵王으로, 여남왕 유창을 양왕으로, 상산왕 유병을 회양왕으로 옮겨 봉했다.

신묘일, 황자 유항劉伉을 천승왕으로, 유전劉全을 평춘왕平春王[41]으로 봉했다.

5월
병진일, 거기장군 마방을 파직했다.

갑술일, 사도 포욱을 태위로 삼고, 남양태수 환우桓虞[42]를 사도로 삼았다.

---

41 평춘현平春縣은 강하군에 속한다.
42 환우는 자가 중춘仲春이며, 풍익군 만년현 사람이다.

6월

계축일, 황태후 마 씨가 붕어했다.

가을 7월

임술일, 명덕황후明德皇后를 장사지냈다.

겨울

소에 역병이 크게 돌았다.

11월

임술일, 조서를 내렸다.

옛날 삼대三代가 백성들을 이끌 때 학문을 가르치는 것을 근본으로 삼았다.[43] 한나라는 흉포했던 진나라를 이었으나 유학을 널리 장려하려고 오경五經을 세워 박사를 두었다. 그 후 배우는 자들이 정진한 끝에 스승을 이었다고 말은 할지라도 각각 이름난 학파를 이루었다.[44] 선제는 성인이 이미 죽은 지 오래되고 멀리 떨어졌다고 생각했으나 널리 배우는 것을 싫어하지 않았으므로 마침내 대소大小 하후夏侯의 『서경』을, 또 나중에는 경씨京氏의 『역경』을 가르치는 박사를 두었다.[45] 또한 건무 연간(25~56년)에 이르러 다시 안씨顏氏와 엄씨嚴氏의 『춘추』, 대대大戴와 소대小戴의 『예기禮記』[46]를 가르

---

43 『한서』에 따르면, 삼대의 도는 향리에도 가르침이 있게 하는 것이다. 이를 하나라는 교校라 했고, 은나라는 상庠이라 했으며, 주나라는 서序라 했다.
44 비록 한 스승의 학업을 이었다고 할지라도 그 후 무리를 이루어 서로 부딪치면서 성장해 〔경전의〕 글귀를 고치기에 이르니 따로 일가의 학문을 이루었다고 한 것이다.
45 대소 하후란 하후승夏侯勝과 그 사촌형 하후자건夏侯子建을 말한다. 경씨는 경방京房을 말한다.

치는 박사를 두었다. 이렇게 한 것은 모두 미약해진 학문을 도와 진흥하려 한 것이요, 도와 예를 존중하고 널리 펴려는 뜻이었다. 그러나 중원 원년(56년)에 조서를 내려 오경 장구가 많이 번잡해졌다 하여 의론해 줄여 없애려 했다. 영평 원년(58년), 장수교위 조儵[47]가 상주문을 올려 말하기를 돌아가신 황제의 대업을 마땅히 시행해야 한다고 했으므로, [명제께서] 영을 내려 여러 유학자들에게 경서의 뜻을 바로잡게 하고, 배우는 사람들이 스스로 학문을 얻는 것을 돕도록 했다. 공자는 "배움을 익히지[講] 않는 것이 바로 나의 근심이다"라고 했으며, 또 "널리 배워서 기록[志]을 두텁게 [篤] 하고, 간절히 물어서 가까운 것부터 생각해 간다면, 어짊은 그 안에 있다"라고 했다.[48] 오호라, 힘쓸지어다!

이에 태상 휘하에 있는 장, 대부, 박사,[49] 의랑, 낭관 및 여러 유생과 유학자를 백호관白虎觀에 모은 후 오경의 같음과 다름을 강의하게 하고, 오관중랑장五官中郎將[50] 위응魏應에게 거기서 나온 질문들을 차례로 적게 했다. 시중侍中 순우공淳于恭이 그것을 상주하자 황제가 몸소 적은 것을 보고 하나하나 결정했는데, 마치 감로甘露 연간(기원전 53년~기원전 50년)에 선제가 석거각石渠閣에서 행했던 옛 일과 같았다.[51] 황제가 [이때 있었

---

46 엄씨는 엄팽조嚴彭祖를, 안씨는 안안락顏安樂을 말한다. 대대는 대덕戴德을, 소대는 대성戴聖을 말한다.
47 번조樊儵를 말한다.
48 『논어』에 나오는 말이다. 강講은 습習, 즉 익힌다는 뜻이다. 독篤은 후厚, 즉 두텁게 한다는 뜻이다. 지志는 기記, 즉 기록한다는 뜻이다. 사람이 학문을 널리 배우고 섭렵하면 나중에 그것을 자세히 알게 되며, 스스로 간절히 물었으나 아직 깨닫지 못한 일 역시 자기에게 가까운 것에서부터 생각해 가면 능히 미칠 수 있다는 말이다. 학문을 좋아하는 것 역시 어짊의 한 부분이므로 어짊이 그 안에 있다고 한 것이다.
49 박사는 태상에 속한다. 그러므로 휘하라고 한 것이다.
50 『속한지』에 따르면, "오관중랑장은 [질이] 비 이천 석이다."

던 일을 엮어] 『백호의주白虎議奏』[52]를 지었다.

이 해 감로가 천릉현泉陵縣과 조양현洮陽縣 두 현에 내렸다.

【건초 5년】(80년)

봄 2월
초하루 경신일, 일식이 일어났다. 조서를 내렸다.

짐이 [어른을] 이바지하여 모시기를 또다시 못하게 된 탓에[53] 그 허물이 온 무리에서 뚜렷하다. 그래서 하늘이 이변을 내리고, 큰 변괴가 뒤따른 것이다. 『시경』에서 "또한 심히 추악하구나[亦孔之醜]"[54]라고 읊지 않았던가! 게다가 오래도록 가물어 보리까지 말라비틀어졌으니 근심하는 마음이 참혹하기 짝이 없구나. 공경 이하는 모두 직언극간 할 수 있는 사람과 능히 짐의 과실을 지적할 수 있는 사람을 각 한 사람씩 천거해 공거에 이르게 하라. 장차 짐이 친히 살피고 듣겠노라. 천거할 때 바위굴에 숨은 선비[巖穴][55]를 우선으로 하고, 부화浮華(실속이 없고 겉만 화려함)한 자들을 결코 취

---

51 『한서』에 따르면, "감로 2년(기원전 52년), 조서를 내려 여러 유학자에게 오경의 다름과 같음을 강의하게 한 후, 소망지蕭望之 등이 그 의문議文을 평석하여 상주하자 황제가 몸소 그 적은 것을 읽으면서 하나하나 결정했다." 또 "감로 연간(기원전 53~50년)에 시수施讎가 석거각에서 오경을 강론했다." 『삼보고사三輔故事』에 따르면, "석거각은 미앙전未央殿 북쪽에 있는데, 귀중한 책들을 소장하는 곳이다."
52 『백호통』을 말한다.
53 지난해에 마 태후가 붕어했다.
54 『시경』 「소아」에 "초하루 신묘일, 일식이 일어났으니 또한 심히 추악하구나"라는 구절이 있다. 공孔은 심甚, 즉 심하다는 뜻이다. 추醜는 악惡, 즉 나쁘다는 뜻이다.

하지 말라.

갑신일, 조서를 내렸다.

『춘추』에 "보리에 싹이 나지 않았다"라는 말이 있는데, 그 중요함을 나타낸 것이다.[56] 가을비가 내렸는데도 못물이 적절하지 않으니, 이제 다시 가뭄이 들어 불타는 듯도 하고 불사르는 듯도 하다[如炎如焚].[57] 흉년은 때가 없으니 마땅히 이르기 전에 대비해야 한다. 짐의 부덕함이 위로는 삼광에 이르렀으니 두렵고 떨려서 가슴이 벌떡댈 만큼 마음이 아프고 머리가 지끈거린다.[58] 전대의 성군들은 널리 생각하며 두루 묻고 의논했기에[咨諏][59] 비록 재앙이 내렸다 할지라도 궤를 열면 번번이 하늘이 맞바람을 일으켜 그에 감응했다.[60] 그러나 나 어린 자식은 헛되이 가슴만 아파할 뿐이다.

---

55 『한서』에 따르면, 추양鄒陽이 "바위굴에 숨은 선비[巖穴之士]를 세상에 드러낸다"라고 말했다.
56 『춘추』 장공莊公 7년(기원전 687년)에 "가을, 큰물이 지고 보리에 싹이 나지 않았다"라는 구절이 나온다. 『춘추공양전』에 따르면, "재해가 있을 때에는 쓰지 않고, 보리가 없기를 기다린 후에야 비로소 '싹이 없다'고 쓴다." 하휴何休의 『춘추공양전주』에 따르면, "곡식〔이름〕을 쓰지 않고, 보리의 싹이 날 때에만 쓰는데, 사람은 먹는 것이 가장 중요하기 때문이다."
57 염炎과 분焚은 열기가 아주 심함을 이르는 말이다. 『한시외전』에 "한발이 사나워 불타는 듯도 하고 불사르는 듯도 하다[如炎如焚]"라는 구절이 나온다.
58 『시경』에 "근심에 가슴이 벌떡벌떡 뛴다[憂心忉忉]"라는 구절이 있다. 또 "머리가 지끈거릴 만큼 아프구나[疢如疾首]."는 구절이 있다.
59 자추咨諏는 모諆, 즉 정사를 의논한다는 뜻이다.
60 〔주나라〕 무왕이 병이 들자 주공이 청명請命(하늘에 기도를 올리면서 자신의 목숨을 대신 바치겠다고 청함)하는 글을 써서 금궤에 넣어 보관했다. 나중에 관숙管叔과 채숙蔡叔이 유언비어를 퍼뜨리자 성왕이 주공을 의심했다. 이에 하늘이 큰 바람을 내려 벼와 나무가 모조리 쓰러졌다. 성왕이 금궤를 열고 글을 꺼내 읽고는 교에서 하늘에 잘못을 빌었다. 이에 하늘이 맞바람[反風]을 일으켜 벼를 세웠다. 이 일에 대해서는

이에 영을 내리노라. 이천 석 관리들은 원통하게 옥에 갇힌 사람을 바로잡고 가벼운 죄를 짓고 옥에 갇힌 사람을 살피라. 오악과 사독에서 빌고, 또 명산 중 능히 구름을 일으켜 비를 부를 수 있는 것에 하루아침이 다 지나기 전에 천하에 두루 비를 내려 주기를 바라라.[61] 제사 때에는 삼가 더욱더 공경하라.

3월
갑인일, 조서를 내렸다.

공자는 "형벌이 적중하지 않으면, 백성이 손발을 둘 곳이 없게 된다"라고 했다. 지금 관리들 중에 불량한 자가 많아서 희로喜怒(감정)에 따라 제멋대로 행동하고 때때로 죄 아닌 것을 죄로 평결하며 죄 없는 자를 위협하고 압박하여 끝내 스스로 목숨을 끊게 하고 있다. 거기다 재판에 한 해 또는 여러 해가 걸리기도 하니 이는 남의 부모 노릇을 하는 자(천자)의 뜻이 전혀 아니다.[62] 담당 관리들은 의를 열어서 그 일을 감찰하고 적발하라.

형주와 예주에 속한 여러 군의 병사들이 무릉군 누수 주변의 모반한 만족들을 쳐서 무찔렀다.

여름 5월
신해일, 조서를 내렸다.

『서경』을 보라.
61 『상서대전尙書大傳』에 따르면, "오악은 모두 바위에 부딪히면 구름을 일으키고, 그 기운을 조금씩 모아서 아침이 다 지나기 전에 천하에 비를 내린다."
62 『서경』에 따르면, "원후元后(천자)는 백성의 부모 노릇을 한다."

짐은 곧은 말 하는 선비를 자나 깨나 희망하여〔遲〕 바로 앉지도 못하면서〔側席〕 낯설고 새로운 말을 들으려 했다.[63] 그중 먼저 도착한 이들이 있어 각기 분개하고 번민했던 바를 토로하니 대부들의 뜻을 대략 들어 알겠다. 모두 짐의 좌우에 두고서 돌이켜 묻고 그 말을 살펴서 받아들일 것이다. 건무 황제(광무제)께서는 조서를 내려 "요임금은 직분으로 신하를 시험했지 말과 글로 쓴 서찰로는 신임하지 않았다"[64]라고 하셨지만, 지금 외직에 있는 관원이 많고 또 널리 퍼져 있으니 말과 글로써 그 임무를 도울 수 있을 것이다.

무진일, 태부 조희가 죽었다.

겨울

「월령」에 따라 영기악迎氣樂을 처음으로 시행했다.[65]

이 해 영릉군에서 지초를 바쳤다. 천릉현에 황룡 여덟 마리가 나타났다.[66]

---

63 지遲는 희망希望, 즉 바란다는 뜻이다. 측석側席은 바로 앉지 못한다는 뜻으로 현명하고 어진 사람을 기다리는 마음에 안절부절못해서 그런 것이다.
64 『서경』「순전」에 "짐이 그를 시험해 보이라"는 말이 있다. 또 "여러 가지 어려움을 두루 시험한다"는 말이 있다. 찰札은 간簡, 즉 글을 쓰는 죽간이라는 뜻이다.
65 『동관기』에 따르면, "마방이 글을 올려 말했다. '성인이 음악을 지은 것은 기운을 베풀어 조화롭게 하고 음과 양이 서로 거스르지 않게 하려는 까닭입니다. 신의 어리석은 생각으로는, 새해 첫 날에 태주의 음률과 진나라 아송雅頌을 연주하면 조화로운 기운〔和氣〕을 맞이할 수 있습니다." 이때 음악을 짓고 악기를 마련하는 데 비용이 많이 들었으므로, 결국 10월 영기악만 행하게 했다."
66 복후의 『고금주』에 따르면, "영릉군 천릉현 상수湘水 한가운데 나타나 서로 어울려 놀았다. 그중 두 마리는 말만 한 크기에 뿔이 있었으며, 여섯 마리는 망아지만 한 크기

서역가사마 반초가 소륵국疏勒國을 공격하여 그를 무찔렀다.

【건초 6년】(81년)

봄 2월
신묘일, 낭야왕 유경이 죽었다.

여름 5월
신유일, 조왕 유우가 죽었다.

6월
병진일, 태위 포욱이 죽었다.
그믐 신미일, 일식이 일어났다.

가을 7월
계사일, 대사농 등표鄧彪를 태위로 삼았다.

【건초 7년】(82년)

봄 정월
패왕 유보, 제남왕 유강, 동평왕 유창, 중산왕 유언, 동해왕 유정, 낭

에 뿔이 없었다."

야왕 유우劉宇가 내조했다.

여름 6월

갑인일, 황태자 유경을 폐하여 청하왕清河王으로 삼고, 황자 유조劉肇를 황태자로 세웠다.

기미일, 광평왕 유선을 옮겨 서평왕西平王으로 삼았다.

가을 8월

고묘에 술〔酎〕을 올리고, 광무제와 명제의 묘당에 제사지냈다.[67]

갑진일, 조서를 내렸다.

『서경』에 "조상의 혼령이 내려오셨다〔祖考來假〕"라는 말이 있으니 제사할 때에는 명철해야 한다.[68] 나는 아직 작디작은 어린아이에 지나지 않는 데다 타고난 바탕 또한 변변치 못하나 돌아가신 황제의 지극한 효성〔烝烝之情〕을 우러른 끝에 전날 종묘 제사를 정비하여 효도와 공경을 다했다. 그때 비로소 짐은 소목昭穆(종묘에서 신주를 놓는 순서)의 차례를 깨닫고 조상들

---

67 『한서』에 따르면, 고묘에 술을 올릴 때에는 무덕무와 오행무를 추었다. 「음의」에 따르면, "정월 아침에 술을 빚으면 팔월에 익어서 완성되는데, 그 이름을 주酎라 한다. 순醇, 즉 다른 것을 섞지 않은 술이다." 무제는 팔월에 주를 맛보았는데, 이때 제후에게 영을 내려 돈을 내 제사를 돕도록 했다. 주금酎金이란 말이 이로부터 비롯했다. 정부丁孚의 『한의식漢儀式』에 따르면, "구진군, 교지군, 일남군에서는 길이가 아홉 치인 무소뿔 두 개를 써서 만든 약대모갑若瑇瑁甲 하나, 울림군은 길이가 세 치 이상짜리 상아 하나를 써서 만든 약취우若翠羽 스무 개로 금을 대신한다."

68 가假는 격格이다. 격格은 지至, 즉 이른다는 뜻이다. 『서경』에서 기夔가 말했다. "오! 제가 경을 치고 또 어루만지고, 거문고와 비파를 두드리고 또 어루만지며 노래하니 조상의 혼령이 내려오셨습니다." 명철하게 제사하라는 것은 조상의 혼령이 내려와서 임할 수 있도록 하라는 뜻이다.

에 대한 추모를 의탁할 수 있었다. 올해 대례를 다시 올려 돌아가신 황제의 자리(坐)[69]를 거기에 더하니 슬프고 애통함이 가슴에 사무친다. 즐거움으로 맞아들이고 슬픔으로 보내드리며 비록 돌아가신 분을 살아 있는 것같이 제사했지만 공허하여 제대로 할 바를 알지 못했으니 혹시 흠향하셨을까 염려하노라. 지극히 삼가는 태도로 엄숙하고 화합했던(肅雍) 신하들과 제후(辟公)들의 도움을 어찌 잊겠는가.[70] 모두 짐의 사모하는 마음(依依)[71]을 도왔도다. 지금 공에게는 사십만 전을, 경에게는 그것의 절반을 하사하노라. 또 백관 집사(執事)에게도 하사하되 각자 차이를 두라.

9월

갑술일, 언사현으로 행차하여 권진(卷津)에서 동쪽으로 황하를 건너[72] 하내군에 이르렀다. 조서를 내렸다.

농사를 살피러 거가를 타고 나와 가을걷이하는 것을 지켜보는데 이 때문에 여러 군의 경계를 지나게 되었노라. 모든 정예 기병이 가볍게 무장하여 빠르게 움직일 수 있도록 하고 다른 치중을 가지고 가지 말라. 번번이 길을 닦고 다리를 고치지 말라. 또 멀리 떨어진 성곽에서 관리를 보내 맞이하거나 자고 일어날 때마다 문안하러 찾아오거나(刺探)[73] 앞뒤로 들락날

---

69 명제의 신주를 말한다. 그때 이를 새로 추가한 것이다.
70 숙(肅)은 경(敬), 즉 공경한다는 뜻이다. 옹(雍)은 화(和), 즉 온화하다는 뜻이다. 상(相)은 조(助), 즉 돕는다는 뜻이다. 『시경』 「대아」에 "오실 때에는 온화하고 온화하더니(雍雍), 이르러서는 엄숙하고 엄숙하도다(肅肅). 돕는 자가 제후들(辟公)이니, 천자는 아름답고 아름답네(穆穆)"라는 구절이 있다. 온갖 제후가 제사를 도우러 오는데, 모두 온화함과 엄숙함의 덕(肅雍之德)을 갖추어서 게으른 자가 없음을 말한다.
71 의의(依依)는 사모하는 마음을 말한다.
72 권(卷)은 현 이름으로 하남군에 속한다.
73 자탐(刺探)이란 문안드리러 오는 것(候伺)을 말한다.

락하는 것은 모두 번거롭고 요란스럽다고 생각하노라. 거가를 움직일 때
는 〔채비를〕 없애고 줄이는 데 힘쓰라. 다만 짐은 껍질 벗긴 조밥이나 한
쪽박의 물로 일을 행할 수 없을까를 염려할 뿐이다.[74] 궁핍하고 병약한 백
성에게 이득이 되도록 영을 내리니 지나치게 행하여 조서를 어기는 바가
없도록 하라.

마침내 기원淇園[75]에 이르러 둘러보았다.

기유일, 계속 나아가 업현에 이르렀다. 잔치를 열어 위군의 태수, 현
령 이하 삼로, 문란, 주졸 들을 위로하고 돈을 하사했는데 각자 차이를
두었다. 상산군과 조국의 관리들과 백성들의 노고에 대한 상을 내렸으
며, 원지현의 조세와 부역을 삼 년 동안 면제해 주었다.

신묘일, 거가가 환궁했다. 천하에 조서를 내려 옥에 갇힌 죄수 중 사
형에 해당하는 자들은 죄를 한 등급 낮추어 주고, 태형을 가하지 않은
채 변방으로 가서 수자리를 살게 했다. 그 처와 자식들 중 스스로 따라
가고자 하는 자들은 있으려는 곳을 호적에 올리게 했으며, 부모형제들
중에서 함께 가고자 하는 자가 있다면 모두 청을 들어주었다. 만약 도
착하지 않는 자들은 모두 군대를 일으켰을 때 탈영한 죄로 다스리게
했다.[76] 또 주사할 죄를 범한 자들을 모두 잠실에 모아 궁형에 처하게
했다. 옥에 갇힌 죄수 중 귀신형鬼薪刑과 백찬형白粲刑 이상[77]은 모두 본래

---

74 안자晏子는 제나라의 재상이었는데 껍질 벗긴 거친 조밥을 먹었다. 공자가 말하기를,
안회顔回는 〔한 소쿠리의 밥과〕 한 쪽박의 물을 마셨다고 한다.
75 「음의」에 따르면, "기원은 위衛나라의 원苑(울타리를 쳐서 짐승을 기르는 곳)이다."
76 군대를 일으켰는데 탈영하면 당연히 사형에 처한다.
77 『한서』에 따르면, "귀신형과 백찬형 이상은 모두 삼 년형이다. 남자들은 귀신형에 처
해 땔나무를 날라 종묘에 대도록 했으며, 여자들은 백찬형에 처해 쌀을 고르고 찧어
희게 정미하게 했다."

의 죄를 한 등급 낮추어 주고 사구작으로 옮겼다. 망명한 자들은 속형하게 했는데, 사형죄를 저지른 자는 비단 스무 필, 우지형에서 곤겸성단용에 이르는 자들은 열 필, 완성단용에서부터 사구작까지는 세 필, 관리들과 백성들 중에서 죄가 있으나 아직 발각되지 않은 자가 조서가 이르기 전에 자수하면 대속을 절반으로 하게 했다.

겨울 10월

계축일, 서쪽으로 순수하여 장안으로 행차했다.

병진일, 고묘에 제사하고, 이어서 십일릉에 제사했다. 사자를 보내 만년현萬年縣에서 태상황太上皇[78]을 제사하게 했으며, 중뢰로써 소하와 곽광을 제사하게 했다. 계속 나아가 괴리현槐里縣에 이르렀다. 기산岐山에서 구리 그릇을 얻어 바쳐 왔는데, 모양이 술동이와 비슷했다. 또 흰 사슴을 얻었다. 황제가 말했다.

"위로는 현명한 천자가 없고, 아래로는 어진 방백이 없도다.[79] '사람이 훌륭하지 않으니, 서로 상대만 원망하네'[80]라고 했는데, 이 그릇이 어찌하여 왔는가?[81]"

또 장평판長平坂으로 행차하여 지양궁池陽宮[82]에 머물렀으며, 동쪽으로

---

78 태상황은 고조 유방의 아버지로 이름은 단耑이다. 일명 집가執嘉라고도 한다. 『삼보황도三輔黃圖』에 따르면, 고조는 처음에 역양櫟陽에 도읍했으므로 유단이 죽었을 때 역양 북쪽 원릉에 장사지내고, 이름을 만년萬年이라 한 후 땅을 나누어 만년현을 설치했다. 지금의 역양 동북쪽에 있는데, 가서 제사하게 한 것이다.

79 이미 「명제기」에 비슷한 표현이 나온다.

80 『시경』「소아」에 나오는 구절〔人之無良, 相怨一方〕이다. 양良은 선善, 즉 훌륭하다는 뜻이다. 제왕이 훌륭함이 있지 않으면, 각자 한쪽을 편들면서 상대방을 원망한다는 말이다. 『한시韓詩』에 뜻풀이가 나온다.

81 『춘추공양전』에 "공자가 기린을 껴안고 울면서 말했다. '누구를 위하여 왔는가? 누구를 위하여 왔는가?'"라는 구절이 나온다.

나아가 고릉군高陵郡에 이른 후, 배다리〔造舟〕[83]를 만들어서 경수涇水를 건너 돌아왔다. 행차한 곳마다 번번이 군현의 관리들과 백성들을 모아서 음악을 베풀었다.

11월

조서를 내려 하동군의 태수, 현령, 속관 이하 모든 사람을 위로했다.

12월

정해일, 거가가 환궁했다.

이 해 낙양 및 군국에 멸충이 들끓었다.

【건초 8년】(83년)

봄 정월

임진일, 동평왕 유창이 죽었다.

3월

신묘일, 난로와 용기를 하사하여 동평헌왕東平憲王을 장사지냈다.

---

82 「음의」에 따르면, "장평판은 지양궁 남쪽인데, 거기에 장평관長平觀이 있다. 장안에서 오십여 리 떨어져 있다."

83 조造는 지至, 즉 잇대었다는 뜻이다. 차례대로 배를 이은 것을 말한다. 배를 서로 잇대어 다리를 만든 후 건넌 것이다. 『시경』「이아」에 "천자는 배다리〔造舟〕로, 제후들은 배 넷을 매어서〔維舟〕, 대부들은 배 둘을 이어서〔方舟〕, 선비들은 배 하나〔特舟〕로"라는 구절이 나온다.

여름 6월

북흉노의 대인이 무리를 이끌고 요새의 문을 두드리면서 항복했다.

겨울 12월

갑오일, 동쪽으로 순수를 떠나 진류군, 양국, 회양군, 영양현으로 행차했다.

무신일, 거가가 환궁했다. 조서를 내렸다.

오경은 나누어지고 쪼개졌으며 성인은 돌아가신 지 이미 오래되었다. 남은 것은 문장과 구절뿐이라 어그러지고 의심나는 것이 있어도 바로잡기 어려워졌다. 이에 옛 스승들의 심오한 말씀이 장차 폐하여 없어질까 두려우니 이것은 옛 일 살피기만을 중히 여기려 하는 것이 아니라 진실한 도를 구하려는 것이다. 영을 내리노니 뭇 선비들은 뛰어난 학생들을 선발하여 『춘추좌씨전』과 『춘추곡량전春秋穀梁傳』, 『고문상서古文尙書』, 『모시毛詩』를 배우게 하여 희미해진 학문을 부양하고 다르게 된 뜻을 바루라.

이 해 서울 낙양 및 군국에 명충이 들끓었다.

【원화元和 원년】(84년)

봄 정월

중산왕 유언이 내조했다.

일남군 요새 밖의 오랑캐들이 살아 있는 코뿔소〔犀〕[84]와 흰 꿩을 바쳤다.

윤달

신축일, 제음왕 유장이 죽었다.

2월

갑술일, 조서를 내렸다.

왕의 팔정八政(식食, 화貨, 사祀, 사공, 사도, 사구司寇, 빈賓, 사師를 말한다)은 먹을 거리[食]로 근본을 삼는다.[85] 그러므로 옛 사람들은 밭 갈아 씨 뿌리는 일을 서두르고 부지런히 쟁기와 보습[耒耜][86]을 놀리는 한편, 쓰임을 절약하여 물자를 쌓아 두고서 흉흉한 재난에 대비함으로써 비록 흉년이 들지라도 백성들이 굶주린 기색이 없도록 했다. 소에 전염병이 돈 이래로 곡식의 소출이 해마다 적었는데도 관리의 교화가 아직 미치지 않는데 자사와 이천 석 관리들은 이를 근심하지[負][87] 않고 있다. 영을 내리노라. 군국은 농사지을 땅이 없는 백성 중 타향으로 옮겨서라도 부유하게 살아 보려고 사람을 모집하여 전부 그 청을 들어주라. 그들이 가려고 하는 곳에 공전을 내리고 밭갈이할 일꾼을 보내 주며 종자와 식량[種餉][88]을 빌려주고 농기구를 대여해 주라. 또 오 년 동안 전조를 걷지 말고, 삼 년 동안 세금을 면제하라. 그 후에 본래의 고향으로 돌아가고자 하는 자는 금지지 말라.

---

84 유흔명劉欣明의 『교주기交州記』에 따르면, "서犀는 털이 돼지와 같고, 굽은 셋으로 나뉘었으며, 머리는 말과 같은데 뿔이 셋 달려 있다. 코 위에 달린 뿔은 짧으며, 이마 위와 머리 위에 달린 뿔은 길다." 『이물지』에 따르면, "뿔 속에 특이한 광채가 있고·하얀 결이 처음부터 끝까지 실처럼 뻗어나 있는 것을 통천서通天犀라 한다."

85 『서경』 「홍범洪範」에 따르면, 팔정의 첫째는 식食이며, 이를 정치의 근본으로 삼는다.

86 뇌사耒耜는 농기구이다. 뇌耒는 그 자루이며, 사耜는 그 날이다.

87 부負는 우憂, 즉 근심한다는 뜻이다.

88 상餉은 양糧, 즉 양식이라는 뜻이다. 향餉의 옛 글자이다.

여름 4월

기묘일, 동평국을 나누어 동평헌왕 유창의 아들 유상劉尚을 임성왕任城王으로 봉했다.

6월

신유일, 패왕 유보가 죽었다.

가을 7월

정미일, 조서를 내렸다.

율律에 따르면, "심문하는[掠] 자는 오직 방榜(매질)과 태笞(볼기치기)와 입立(세워 두기)만을 써야 한다."[89] 또 영병令丙에 따르면, 채찍의 길이는 수가 정해져 있다.[90] 지난번 커다란 옥사가 일어난 이후 신문과 추고에 가혹함이 많아졌으며, 집게와 꼬챙이[鉆鐵之屬][91]를 비롯한 신문 도구로 인하여 무참한 고통이 끝이 없을 지경에 이르렀다. 그 고통과 해독을 생각하면 가여움에 마음이 아프구나. 『서경』에 "채찍질을 관에서 내리는 형벌로 삼는다"[92]라고 했는데, 어찌 이와 같다고 말하겠는가? 가을과 겨울에 옥사를

---

89 『창힐편』에 따르면, "략掠은 문捫, 즉 심문하는 것이다." 『광아』에 따르면, "방榜은 격격擊, 즉 때리는 것이다." 『설문해자』에 따르면, "태笞는 격擊, 즉 때리는 것이다." 입立은 세워 놓은 채 신문하는 것이다.

90 영병은 법령의 차례 중 하나이다. 「음의」에 따르면, "영令에는 선후가 있는데, 영갑令甲, 영을令乙, 영병이 있다." 경제 때 채찍을 정하는 영을 내렸다. 채찍은 길이 다섯 자에, 두께 한 치로 하되 대나무 끝 부분은 두께가 반치에 미치지 못하게 했으며, 또 마디를 제거하여 매끄럽게 하도록 했다. 그러므로 길이는 그 수가 정해져 있다고 한 것이다.

91 커다란 옥사란 초왕 유영 등의 모반 사건을 말한다. 『설문해자』에 따르면, "검鉆은 섭鑷, 즉 족집게를 말한다." 『국어』에 따르면, "중형中刑에는 찬착贊鑿(꼬챙이로 찔러 몸에 구멍을 뚫는 것)을 쓴다." 모두 몸과 피부에 참혹하게 만드는 것을 이른다.

다룰 때에는 분명히 그것을 금지해야만 할 것이다.

8월

갑자일, 태위 등표를 파직하고, 대사농 정홍鄭弘을 태위로 삼았다.
계유일, 조서를 내렸다.

짐의 도화道化(도로써 교화하는 것)가 덕이 없는 탓에 정치가 조화를 잃어서 백성들이 깨우치지 못하고 아래에서 죄를 저지르고 있으며, 또 도적들의 쟁심爭心(남과 다투려는 마음)이 끊이지 않아 변방의 들과 마을과 집이 보수되지 못하고 있다. 모든 일을 깊이 생각하고 속뜻을 곰곰이 궁구하여 군자들과 더불어 도를 널리 펴라. 마음에 근심이 가득하면, 장차 어찌 그것에 의지하겠는가? 건초 9년을 원화 원년으로 고치라.
 군국과 중도관의 옥에 갇힌 죄수 중 사형에 해당하는 자들은 죄를 한 등급 낮춘 후 태형을 가하지 말고 변방 현들로 보내라. 그 처자식 중에서 스스로 따라가고자 하는 자들은 있으려는 곳을 호적에 올리게 하라. 주사할 죄를 범한 자들을 모두 잠실에 모아 궁형에 처하라. 옥에 갇힌 죄수 중 귀신형과 백찬형 이상은 모두 본래의 죄를 한 등급 낮추어 주고 사구작으로 옮기라. 망명자들은 속형하게 하되 각자 차이를 두라.

정유일, 황제가 남쪽으로 순수하면서 조서를 내렸다.

지나는 길에 있는 군현에서는 〔짐이 쓸〕 물품들을 쌓아 구비하지〔儲跱〕 말라.[93] 사공에게 명을 내리노니, 스스로 형도刑徒들을 거느리고 가서 다리를

---

92 공안국의 『상서주』에 따르면, "관청에선 형벌을 채찍질로 집행한다."
93 저儲는 적積, 즉 쌓는다는 뜻이다. 치跱는 구具, 즉 갖춘다는 뜻이다. 미리 물건을 쌓아

살피고 고쳐 두라. 사자를 보내 거가를 봉영奉迎(받들어 맞이함)하거나〔짐의〕기거起居를 탐문해 알려는 자가 있으면 마땅히 이천 석 관리들을 그죄에 연좌할 것이다. 홀아비, 과부, 고아, 홀몸, 가난하여 스스로 생계를 꾸릴 수 없는 자에게 곡식을 하사하되 사람마다 다섯 섬으로 하라.

9월

을미일, 동평왕 유충劉忠이 죽었다.

신축일, 장릉군으로 행차하여 옛 집과 원묘에 제사지냈으며, 종실의 어른들을 알현한 후 상을 내렸는데 각자 차이를 두었다.

겨울 10월

기미일, 계속 나아가 강릉군江陵郡에 이르렀다. 조서를 내려서 여강태수에게 남악南嶽(형산)에 제사지내게 하고, 다시 조서를 내려 장사태수長沙太守와 영릉태수零陵太守에게 장사정왕, 용릉절후, 울림부군鬱林府君을 제사지내게 했다.

돌아오는 길에 완현으로 행차했다.

11월

기축일, 거가가 환궁했다. 수행한 자들에게 상을 내렸는데, 각자 차이를 두었다.

12월

임자일, 조서를 내렸다.

놓고 대비하지 말라는 말이다.

『서경』에 이르기를, "아버지는 인자하지 않고 아들은 공경하지[祇] 않으며, 형은 우애롭지 못하고 동생은 공손하지 않아도 [그 죄가] 서로에게 미치지 않는다"[94]라고 했다. 이전에 요사스러운 말로 커다란 옥사를 일으킨 사람은 [그 죄를] 광범위하게 미치게 했으므로 한 사람이 죄를 저질러도 삼속三屬(삼족)[95]을 금해 관끈을 드리우고 출사하여 조정에 나설 수 없게 했다. 따라서 현명하고 재주가 있어도 죽을 때까지 임용되지 못하니 짐은 심히 그들을 가엾게 여겼으나 그들에게 새로 시작할 기회를 주지는 않았다. 이전에 요악한 죄를 입어 금고禁錮[96]했던 사람들은 모두 그 제한을 없애 주어 죄를 버리고 선한 길로 들어설 수 있도록 하되 다만 숙위宿衛(궁궐에서 자면서 지키는 일)하는 일만 하지 못하게 하라.

【원화 2년】(85년)

봄 정월

을유일, 조서를 내렸다.

율령에 이르기를, "백성들 가운데 아들을 낳은 사람의 요역을 면제하고 삼년 동안 구산을 받지 말라"라고 했다. 지금 아이를 밴[懷妊][97]한 모든 여자

---

94 지祇는 경敬, 즉 공경한다는 말이다. 『춘추좌씨전』에서 서신胥臣이 말했다. "「강고康誥」에 따르면, 아버지는 인자하지 않고 아들은 공경하지[祇] 않으며 형은 우애롭지 못하고 동생은 공손하지 않아도 [그 죄가] 서로에게 미치지 않는다고 했습니다." 「강고」에 그 말이 있는데, 사건은 같지만 문장이 다르다.

95 삼족을 말한다. 친가[父族], 외가[母族], 처가[妻族]이다.

96 『춘추좌씨전』에 "많은 예물로 그의 벼슬길을 가로막았다[以重幣錮之]"라는 구절이 있다. 두예의 『춘추좌씨전주』에 따르면, "금고는 벼슬을 하지 못하게 하는 것이다."

들에게 태양胎養(임신 중 잘 먹어서 태아를 기르는 일)할 곡식을 사람마다 세 섬씩 하사하며, 아비의 요역을 면제하고 일 년 동안 구산을 받지 말라. 이 조서를 율령에 기록하라.

또 삼공에게 조서를 내려 말했다.

바야흐로 봄이 되어 모든 것이 생겨나 자랄 시절이다. 만물에 싹이 트니〔孚甲〕[98] 솟아나는 양기를 도와 이로써 만물을 길러야 할 시절이다. 이에 영을 내리노라. 담당 관리들은 반드시 주사할 죄를 저지른 경우가 아니라면 이를 조사하거나 심리하지 말라. 또한 법조문〔條〕[99]을 들먹이면서 서로 고발하거나 송사하는 것을 받아들이지 말라. 바라건대 이로써 사건을 그치게 하고 백성들을 평안하게 하여 하늘의 기운을 공손히 받들라. 입추 때까지 이를 한결같이 유지하라. 무릇 속리들은 겉모습을 조작하고 꾸며서 사이비似而非(겉은 번지르르하나 속은 그렇지 않음)하게 한다. 그래서 사람의 일을 다룰 때에는 오직 눈을 즐겁게 하는 데만 신경 쓰고, 음양의 일을 논할 때에는 조화를 해칠 뿐이니 짐은 그들을 무척 싫어하고 혐오하노라. 이에 비해 세상을 평안케 하는 관리는 지극한 정성〔悃愊〕[100]으로 일하지만 화려하지 않아 하루 한 일을 따져 보면 부족하지만 한 달을 따져 보면 오히려 남는 것이 있노라.[101] 예를 들면 양성현령襄城縣令 유방劉方[102]은 관리들

---

97 『설문해자』에 따르면, "임妊은 잉孕, 즉 아이를 배었다는 뜻이다."
98 「음의」에 따르면, "부孚는 잎의 안쪽 겉면이 흰 풀이다." 『역경』에 "백과百果가 갑탁甲坼(씨앗이 발아할 때 표면이 갈라지는 현상)하다"라는 구절이 있다.
99 조條는 사조事條, 즉 법조문을 말한다.
100 『설문해자』에 따르면, "곤핍悃愊은 지극한 정성至誠을 뜻한다."
101 『장자』에 따르면, "〔노자의 제자 중〕경상자庚桑子라는 사람이 있었다. 그는 노담老聃(노자)의 도를 모두 얻은 후 외루산畏壘山에 살았다. 외루 근처 사람들이 서로 쳐다

과 백성들이 한 목소리로 일할 때 번잡하지 않다고 말하고, 다른 특이한 일도 벌이지 않았으나, 그가 바로 그런 관리에 거의 가깝다고 할 수 있다. 내가 간혹 칙령을 내려 이천 석 관리들에게 너그러움을 보이고 현명함을 숭상하라고 했는데도 지금 간사한 부자들은 아래에서 뇌물을 일삼고 탐욕스러운 관리들은 위에서 법을 왜곡해 죄를 저질러도 논죄당하지 않고 잘못이 없어도 형벌을 받는 경우가 있으니 가히 대역大逆이라고 할 수 있다. 사람들이 가혹한 것을 잘 살핀다고 하고 각박한 것을 잘 밝힌다고 하며 가볍게 행하는 것을 덕이 있다고 하고 무겁게 행하는 것을 위엄이 있다고 하는데, 혹여 이 네 가지가 흥하면 아랫사람이 원망하는 마음을 품는 것이다. 내가 조서를 수차례 내려 사자들이 줄지어 길을 이을 정도인데도 관리들이 더 잘 다스리지 않고 있다. 그들이 혹여 직분을 잃었다면 허물이 어디에 있겠는가? 옛 율령을 부지런히 생각하고 짐의 뜻을 널리 알리라.

2월

갑인일, 사분력四分曆을 쓰기 시작했다.[103]

조서를 내렸다.

지금 산천의 귀신들이 전례典禮에 호응함이 아직 모두 그 순서[咸秩]에 이르지 못했다.[104] 의議를 열고 뭇 제사를 더욱 늘려서 풍년을 기원하라.

　　보면서 말했다. '경상자가 처음 왔을 때, 우리는 놀라면서 그를 이상하다 생각했다. 그러나 하루하루 그가 한 일을 따져 보면 부족한데, 한 해를 따져 보면 오히려 남음이 있구나. 아마도 그는 성인일 것이다.'"

102 유방은 자가 백황伯況이며 평원군 사람이다.

103 『속한서』에 따르면, "이때 대조待詔 장성張盛, 경방, 포업鮑業 등이 사분력을 쓰자고 청했고 동시에 대조 양잠楊岑 등이 한 해에 남는 날 등을 계산하자고 청했다. 장성 등이 적중하는 바가 많았으므로, 사분력을 두루 시행하기 시작했다."

병진일, 동쪽으로 순수했다.

기미일, 봉황이 비성현肥城縣에 모여들었다.

을축일, 황제가 정도현에서 밭을 갈았다. 조서를 내렸다.

삼로는 나이가 많은 것이고, 효제는 아름답게 행동하는 것이며, 역전은 힘써 일하는 것이다. 나라가 그들을 편히 쉴 수 있도록 해야 한다. 사람마다 비단 한 필을 하사하니 힘써 농사일을 이끌라.

사자를 보내 성양현成陽縣의 영대에서 요임금을 제사지냈다.[105]

신미일, 태산군으로 행차하여 섶을 살라 대종에 고했다. 고니 서른 마리가 서남쪽으로부터 날아와서 제단 위를 거쳐 동북쪽으로 궁궐 전각을 지나가면서 빙빙 돌며 오르락내리락했다.

계속 나아가 봉고현에 이르렀다.

임신일, 문수汶水 옆에 있는 명당[106]에서 오제에게 종사宗祀(조상을 제사 지내는 것)했다.

계유일, 이조二祖와 사종四宗[107]에게 고사告祀(나라의 큰일을 조상의 사당에

---

104 함咸은 개皆, 즉 모두라는 뜻이다. 질秩은 서序, 즉 순서라는 뜻이다. 이 말은 산천의 귀신에게 아직 차례가 이르지 못해 제사하지 못했음을 뜻한다. 『서경』에 "모두 질서가 있어 어지러움이 없었다[咸秩無文]"라는 구절이 있다.

105 곽연생郭緣生의 『술정기述征記』에 따르면, "성양현의 동남쪽에 요임금의 어머니 경도慶都의 묘가 있는데, 그 옆에 사당이 있다. 요임금 어머니의 능을 속언에 영대대모靈臺大母라고 한다."

106 『한서』에 따르면, "황제黃帝 때 제남 사람 공옥대公玉帶가 명당도明堂圖를 바쳤다. 그림에 보면 한가운데 전각이 하나 있는데, 사방으로 벽이 없으며 띠로 지붕을 덮고 물을 통하게 했는데, 물이 집을 한 바퀴 둘러 복도複道를 이루었다. 위에는 누각이 있는데, 서남쪽을 따라 들어가도록 되어 있으며, 이름을 곤륜崑崙이라 하고 거기에서 상제에게 제사했다. 이에 황제가 문수 옆에다 명당을 지었는데, 공옥대가 올린 그림과 똑같았다." 문수는 태산군 주허현朱虛縣 내무산萊蕪山에서 나온다.

제사해 알리는 것)하고 안과 바깥의 뭇 신하들을 모아 대회大會를 열었다. 병자일, 조서를 내렸다.

짐이 대종(태산)을 순수하고 산천에 제사했으며, 명당에 고사하여 선조들의 공훈을 기렸다. 이때 이 왕二王의 후손,[108] 성인의 자손,[109] 동후東后와 번위蕃衛,[110] 큰아버지와 맏형, 둘째 아저씨와 막내 동생, 어린 아들과 손자,[111] 모든 관료들과 시종들, 종실의 뭇 친척들, 요복要服과 황복荒服을 입은 사람들, 그 바깥쪽 먼 땅에서 온 사람들(四裔),[112] 사막의 북쪽과 총령蔥領[113]의 서쪽에서 온 사람들, 수염이 덥수룩한(冒秎) 서역 사람들,[114] 현도懸度 너머에

---

107 이조는 고조 유방과 세조 광무제를 말한다. 사종은 문제 태종, 무제 세종, 선제 중종, 명제 현종을 말한다.
108 『예기』에 따르면, "이 왕의 후손을 존속시키(는 것은 어진 사람을 존경하는 것이)나, 어진 사람을 존중하는 것은 이 대를 넘지 않는다." 『춘추공양전주』에 따르면, "이 왕의 후손을 존속시키는 것은 그로써 삼정三正을 통하게 하려는 것이다." 한나라에서 이 왕은 은나라와 주나라의 후손을 말한다.
109 『동관기』에 따르면, "공자의 후손 포성후 등이 모두 와서 제사를 도왔다."
110 동후는 동방 여러 나라의 군주를 말한다. 제후는 천자를 막아서 지키므로 번위라고 한다.
111 『서경』「여형呂刑」에 나오는 문장이다. 모두 천자와 성이 같은 제후를 가리키는데, 아버지, 작은아버지, 형, 동생, 아들, 손자의 항렬에 있는 사람들을 통틀어서 말한 것이다.
112 요要와 황荒은 둘 다 옷 이름이다. 요복은 왕성王城에서 이천 리 떨어진 곳에 사는 사람들이 입고, 황복은 왕성에서 이천오백 리 떨어진 곳에 사는 사람들이 입는다. 요要는 문교文敎로써 복속시킬 수 있다는 뜻이다. 황荒은 그 모습이 여러 모로 다양해서 법도가 없다는 뜻이다. 예裔는 원遠, 즉 멀다는 뜻이다. 황복을 입은 사람들보다 바깥에 산다는 뜻이다.
113 『서하구사』에 따르면, "총령은 산 이름이다. 돈황군 서쪽에 있다. 산이 높고 크며 부들(蔥)이 많으므로, 그런 이름이 된 것이다."
114 『자서』에 따르면, "내秎는 수염이 많은 모습을 나타내는 글자이다." 수염과 구레나룻이 많다는 것은 그 얼굴을 가릴 정도라는 것이다. 혹자는 서역 사람들은 모자를 쓰고

서 산 넘고 물 건너온 사람들[115]이 끊긴 길을 타넘으면서 바삐 달려〔駿奔〕모두 교치郊畤[116]로 와서 제사를 도왔다. 이는 조상의 공덕이 인도하여 짐에게 미치게 한 것이다. 나는 마음이 공허하고 병〔疚〕이 많은 사람으로 황제의 자리를 이어〔纂〕[117] 한 대야의 물로 손을 씻고 향사와 제물을 올리매 한없이 부끄럽고 몸 둘 바를 모르겠노라. 『시경』에도 읊지 않았던가! "임금이 현명한 이에게 복을 내리면, 어지러움이 빨리 그치게 되리〔君子如祉, 亂庶遄已〕."[118] 역수歷數가 이미 따르고 신령한 빛〔靈耀〕이 뚜렷하게 밝혀진 것[119]은 역시 사대부들이 한마음으로 자신을 새롭게 하려 했기 때문이다. 이에 천하에 대사면령을 내리노라. 죄를 저지르고 사면을 받지 못한 자들은 모두 그 죄를 없애라. 박현과 봉고현과 영현의 요역을 면제하고 올해는 전조와 추고를 내지 않게 하라.

무인일, 계속 나아가 제남현濟南縣에 행차했다.

    수염을 기르는 사람이 많으므로, 그것을 들어 그들을 가리키는 말로 삼았다고 한다.
115 풀 위를 걷는 것을 발跋이라 하고, 물을 건너는 것을 섭涉이라고 한다. 『춘추좌씨전』에서 자태숙子太叔이 말했다. "산을 넘고 물을 건넜다〔跋涉山川〕." 또 「서역전西域傳」에 따르면, "현도는 돌산이다. 계곡으로 건널 수 없으므로, 동아줄을 꼬아 서로 끌어당겨서 그곳을 지났다. 양관陽關에서 오천팔백오십 리 떨어진 곳에 있다."
116 준駿은 질疾, 즉 빠르다는 뜻이다. 『서경』에 "〔묘당에서〕 빨리 달려와 뛰어다녔다〔駿奔走(在廟)〕"라는 말이 있다. 교치는 하늘에 제사지내는 곳이다. 「음의」에 따르면, "치畤는 신령이 머물러 사는 곳이다."
117 구疚는 병病, 즉 병든다는 뜻이다. 찬纂은 계繼, 즉 잇는다는 뜻이다.
118 『시경』 「소아」에 나오는 말이다. 천遄은 속速, 즉 빠르다는 말이다. 이已는 지止, 즉 그친다는 말이다. 지祉는 복福, 즉 복되다는 말이다. 정현의 『시경주』에 따르면, "복福이란 어진 사람에게 복을 내리는 것, 즉 그에게 작위와 녹봉을 주는 것을 말한다. 이러면 천하의 어지러움 역시 아주 빨리 그치게 할 수 있다."
119 역수가 이미 따랐다는 것은 사분력을 시행한 것을 말한다. 신령한 빛이 뚜렷이 밝혀졌다는 것은 해와 달이 환하게 빛났다는 것을 말한다.

3월

기축일, 계속 나아가 노국에 이르렀으며, 동해공왕의 능에 제사지냈다.

경인일, 궐리闕里에서 공자와 일흔두 제자를 제사지냈다. 포성후를 비롯한 공자의 후손들 여럿에게 비단을 하사했다.

임진일, 계속 나아가 동평국으로 행차했으며, 동평헌왕의 능에 제사지냈다.

갑오일, 사자를 보내 정도태후定陶太后와 정도공왕의 능[120]에 제사지냈다.

을미일, 동아현으로 행차했고, 북쪽으로 태행산에 올랐으며, 천정관天井關에 이르렀다.

여름 4월

을사일, 객성客星이 자궁(자미원)으로 들어갔다.

을묘일, 거가가 환궁했다.

경신일, 종묘(祖禰)에 이르러(假)[121] 고묘에 제사하여 고했다.

5월

무신일, 조서를 내렸다.

이전에 봉황과 황룡과 난조鸞鳥가 연이어(比) 일곱 군에 모여들고,[122] 한 군

---

120 정도태후는 원제의 후궁이었던 부傅 소의昭儀를 말한다. 정도공왕은 유강이다.
121 가假는 지至, 즉 이르다는 뜻이다. 녜禰는 아버지의 묘당을 가리킨다. 『역경』에 "왕이 묘당에 이르렀다(王假有廟)"라는 말이 있다.
122 손유孫柔의 『서응도瑞應圖』에 따르면, "난조는 적신赤神의 정기로 봉황을 보좌한다. 닭

에서는 한 번 더 나타나기도 했다. 또 흰 까마귀(白烏), 신작, 감로가 여러 차례나 보였다. 조상의 옛 일을 돌이켜 보니 이때마다 은사를 베풀고 이를 널리 알렸다.[123] 지금 천하의 관리들에게 작위를 내리되 사람마다 세 등급씩 올려 주라. 늙은이, 홀아비, 과부, 고아, 홀몸인 백성들에게 비단을 내리되 사람마다 한 필씩으로 하라. 『서경』에 "홀아비와 과부를 업신여기지 말고 의지가지없는 사람들(榮獨)에게 은혜를 베풀라"라는 말이 있노라. 더하여 하남군河南郡에서 여자가 호주인 집안 백 곳(女子百戶)에 소와 술을 내리고,[124] 천하에 영을 내려 큰 연회를 닷새 동안 벌이게 하라. 공경 이하에 돈과 비단을 하사하되 사람마다 차이를 두라. 또 낙양 사람 중 재해를 당한 사람들에게는 베를 하사하되 집집마다 한 필씩으로 하고, 성 밖에 사는 백성은 세 집마다 한 필씩으로 하라. 박사 제자 중 현재 태학에 있는 자들에게 베를 사람마다 세 필씩 하사하라. 군국에 영을 내려 경전에 밝은 자들을 올려 보내되 인구 십만 이상인 곳은 다섯 사람, 그에 미치지 못하는 세 사람으로 하라.

의 몸에 붉은 꼬리를 했는데, 털은 오색으로 빛나고 울음소리에는 오음五音이 있다. 임금의 나아감과 물러남에 법도가 있고 가까움과 멈에 질서가 있을 때 나타난다." 比는 빈頻, 즉 자주라는 뜻이다.

123 무제 때에는 지초가 감천궁甘泉宮에서 났으며, 선제 때에는 군국에 상서롭게 생긴 벼와 검은빛 감도는 기장(嘉穀玄稷)이 내렸으며, 신작이 거듭 나타났다. 이때 모두 천하에 대사면령을 내렸다.

124 「음의」에 따르면, "소림蘇林은 남자에게는 작위를 하사하고 여자에게는 소젖을 하사한다고 말했다. 요찰姚察은 이때 여자란 작위를 받은 자의 아내를 일컫는다고 했다." 『사기』「봉선서封禪書」에 따르면, "백 집마다 소 한 마리에, 술 열 말을 내린다." 신이현이 아룁니다. 이때 여자 백 호가 만약 호주의 아내를 가리킨다면 호戶라고 하면 되지 고쳐 말할 이유가 없습니다. 여기서는 여자가 호주인 집안, 즉 지금의 여호女戶를 일컫는 말입니다. 천하에 경사가 있다면, 은사는 마땅히 널리 흡족해야 합니다. 이것이 남자에게는 작위를, 여자에게는 소젖을 하사하는 이유입니다.

여강군의 이름을 육안국으로, 강릉국江陵國의 이름을 다시 남군으로
고쳤다.[125] 강릉왕 유공을 옮겨 육안왕六安王으로 봉했다.

가을 7월

경자일, 조서를 내렸다.

『춘추』에서 봄에 달마다 '왕王'이라고 쓴 것은 삼정三正을 중히 여기고 삼미三
微를 삼간 것이다.[126] 『율律』에 12월 입춘에는 죄인들을 논죄하지[報囚] 않는
다고 했다.[127] 또 「월령月令」에 동지 이후에는 양기에 순응하여 생명이 움
트는 것을 도와야[28] 하므로, 죄를 신문하여 처벌하거나 형을 집행하는 일

---

125 건초 4년(79년), 강릉국으로 고쳤는데, 이때 다시 되돌린 것이다.
126 삼정은 천정天正, 지정地正, 인정人正을 말한다. 〔정正이〕 셋이나 있게 된 것은 삼미
의 달이기 때문인데, 왕 된 자는 마땅히 그것을 도와 성하게 해야 한다. 『예기』에
따르면, "정삭正朔(역법)은 〔하나라, 은나라, 주나라〕 삼 대에 각각 고쳤고, 문질文質은
〔왕조마다〕 교대로 반복되었다. 삼미는 삼정의 시작인데, 이때는 만물이 모두 미약
하고 물색이 같지 않으므로 왕이 이를 취하여 법으로 삼은 것이다. 11월에는 양기가
황천黃泉의 아래쪽에 퍼지기 시작하므로, 색은 모두 붉은색이다. 붉은색은 곧 양기를
뜻하므로, 주나라에서는 이를 천정으로 삼고 붉은색을 숭상했다. 12월에는 만물이 싹
트기 시작하므로 색은 흰색이다. 흰색은 곧 음기를 뜻하므로 은나라에서는 이를 지정
으로 삼고 흰색을 숭상했다. 13월에는 만물이 발아해 바깥으로 나오므로 색은 검은
색이다. 이때에는 사람들이 일을 시작해 업을 펼칠 수 있으므로, 하나라에서는 이를
인정으로 삼고 검은색을 숭상했다." 『상서대전』에 따르면, "하나라는 13월을 정월로,
평단平旦(새벽 3~5시)을 하루의 시작으로 했다. 은나라는 12월을 정월로, 계명雞鳴(동
트기 전)을 하루의 시작으로 했다. 주나라는 11월을 정월로, 야반夜半(밤 12시 무렵)
을 하루의 시작으로 했다." 반드시 삼미의 달을 정월로 한 것은 이때에는 만물이 모
두 미약하므로 왕이 천명을 받아 미약한 것을 돕고 약한 것을 다스려 그것을 풍성하
게 해야 하기 때문이다.
127 보報는 논論, 즉 논죄하는 것이다. 입춘에는 양기가 이르러 만물을 생육시키므로 죄인
들을 논죄하지 않게 한 것이다.
128 「월령」에서는 중동仲冬(음력 11월)에 대해, "이 달에는 낮이 가장 짧다. 음과 양이 다

이 없어야 한다고 했다. 짐이 유아儒雅(학문 높은 유학자)들에게 자문하고 전적을 살펴보니 왕이 삶과 죽음을 정할 때에는 마땅히 시절의 기운을 좇아야 한다고 했다. 『율』을 제정하여 11월과 12월에는 죄인을 논죄함이 없게 하라.

9월

임진일, 조서를 내렸다.

봉황과 황룡이 나타났던 정부亭部[129]에 이 년 동안 조세와 부역을 내지 않게 하라. 더하여 남자들에게 작위를 내리되 사람마다 두 등급씩 올려 주라. 가장 먼저 발견한 사람에게는 비단 스무 필을, 가까이 있었던 자에게는 세 필을, 태수에게는 서른 필을, 현령과 현장에게는 열다섯 필을, 현승縣丞과 현위縣尉에게는 그 절반을 하사하라. 『시경』에 이르기를, "비록 덕이 없더라도 그대와 함께 노래하고 춤추리〔雖無德與汝, 式歌且舞〕"[130]라고 하지 않았던가. 다른 것은 옛날에 작위를 내린 것과 같이하라.

병신일, 제남왕 유강과 중산왕 유언을 불러 겨울 제사를 지냈다.

겨울 11월

임진일, 해가 남쪽에 이르자(동지가 되었다는 뜻) 처음으로 관량關梁(관

투고 온 생명이 요동치기 시작하므로 군자는 몸은 안녕히 하고 일은 고요하기를 바라면서 음과 양이 정해지기를 다린다"라고 했다.
129 『동관기』에 따르면, "봉황이 비성현 구유정句窳亭의 홰나무 위에 나타났다." 『고금주』에 따르면, "황룡이 낙양 원연정부元延亭部에 나타났다."
130 『시경』 「소아」에 나오는 시이다. 큰 덕이 없더라도 기쁜 마음이 들면 노래와 춤을 바라게 된다는 뜻이다. 식式은 용用, 즉 쓴다는 뜻이다.

문과 교량)을 닫았다.[131]

【원화 3년】(86년)

봄 정월

을유일, 조서를 내렸다.

무릇 군주 된 자는 백성들을 부모와 같이 여기면서 [나쁜 일을] 비통해하는 마음과 충忠과 화和로써 가르치는 마음을 품고, 힘을 다해 도와야 한다〔匍匐之救〕.[132] 부모도 친척도 없는 어린아이나 자식이 있어도 먹일 능력이 없는 자들에게 율에 따라 곡식을 내려 주라.

병신일, 북쪽으로 순수했다. 제남왕 유강, 중산왕 유언, 서평왕 유선, 육안왕 유공, 낙성왕 유당, 회양왕 유병, 임성왕 유상, 패왕 유정劉定이 모두 따라갔다.

신축일, 황제가 회현에서 밭을 갈았다.

---

131 『역경』에 "선왕은 동짓날에는 관문을 닫아 장사치들이 다니지 못하게 했다"라는 말이 있다. 왕필王弼은 이를 "동지는 음이 [양으로] 바뀌는 날이고, 하지는 양이 [음으로] 바뀌는 날이다. 음양이 뒤바뀌는 것은 곧 숙연하고 고요함에 이르는 것이므로, 선왕이 하늘과 땅만을 운행하게 한 것이다"라고 주해했다.

132 『주례』에 따르면, "사도는 향삼물鄕三物(옛날 향학鄕學의 교육 과정. 곧 육덕六德, 육행六行, 육예六藝를 말함)로 만백성을 가르쳤다. 그 첫째는 육덕인데, 즉 지智(옳고 그름을 분별하는 것), 인仁(사사로운 욕심이 없는 것), 성聖(모든 이치에 통달하는 것), 의義(옳은 일을 행하는 것), 충忠(마음을 다하여 행하는 것), 화和(서로 화합하는 것)를 말한다." 『시경』「패풍邶風」에 "사람들에게 궂은 일이 생기면, 힘을 다해 도왔어요〔凡民有喪, 匍匐救之〕"라는 구절이 있다.

2월

임인일, 상산군, 위군, 청하군, 거록군鉅鹿郡, 평원군, 동평국의 태수와 재상에게 고했다.

짐이 생각하기에, 순수는 성교聲敎(제왕이나 성인이 덕으로 가르쳐 백성을 감화시키는 것)를 베풂으로써 가까운 곳과 먼 곳을 똑같이 살피고 원한 맺힌 것을 풀어 없애려는 것이다. 지금 "온 나라에 정치가 없어서 어진 이를 쓰지 않는다〔四國無政, 不用其良〕"[133]라고 하니 수레를 타고 밖으로 나가 친히 그 말의 경중을 알아보려 했다. 지난번에 원릉에 제사하고, 나아가 화산華山과 곽산霍山[134]에서 산천에 제사했으며, 다시 동쪽으로 나아가 섶을 살라 대종(태산)에 알려 백성들을 위해 복을 구한 바 있었다. 이번에 상산군에서 제례를 올린 후, 북쪽 땅으로 나아가 위군을 지나고 평원군을 거쳐 제방에 올라서 그곳의 원로들에게 자문했다. 그러자 모두 말하기를, "예전에 변거의 수문이 없었을 때에는 깊은 곳은 연못을 이루고 낮은 곳은 개펄이었습니다"고 했다. 늘 부지런히 백성들의 삶을 살피셨던 선제先帝의 덕[135]을 돌이켜 생각하건대, 그 쌓인 공적은 먼 앞날까지 내다보신 바〔底績遠圖〕였으니 이는 우임금의 커다란 업적을 다시 이룬 것〔復禹弘業〕[136]이고, 그 성스러운

---

133 『시경』 「소아」에 "해와 달이 흉함을 알리면서 그 가는 길로 들지 않았네. 온 나라에 정치가 없으니 그 어진 이를 쓰지 않네.〔日月告凶, 不用其行. 四國無政, 不用其良.〕"라는 구절이 있다. 나라에 정치가 없다는 것은 천자가 좋은 사람을 기용하지 않은 탓이다.

134 곽산은 달리 천주산天柱山이라고도 한다. 『이아』에 따르면, 화산은 서악西嶽이고, 곽산은 남악이다.

135 영평 12년(69년)에 변거를 보수했던 일을 말한다.

136 『서경』에 "담회覃懷 땅에서 공적을 이루셨고〔覃懷底績〕"라는 말이 있다. 공안국의 『상서주』에 따르면, "저底는 치置, 즉 쌓았다는 뜻이다. 적績은 공功, 즉 공적이라는 뜻이다." 심원한 도모〔遠圖〕란 멀리 내다보는 계획을 말한다. 우임금이 물을 다스린 것과 같은 커다란 공적을 다시 이루었다는 뜻이다.

업적이 넘쳐흘러 사해 바깥에까지 이른 것이었다. 짐은 당구堂構(조상의 대업을 계승하는 것)를[137] 감당하지 못했으니 이를 심히 부끄러워하노라. 「월령」에 맹춘孟春(음력 정월)에는 낮은 언덕과 높은 고개의 땅과 대지에 마땅한 바를 충분히 행한다고 했다.[138] 지금 비옥한 밭이 아직 많고 개간할 땅도 널리 남아 있다. 그것들을 남김없이 가난한 백성들에게 나누어 주고 곡식의 씨앗도 함께 공급한 후 힘을 다해 농사를 짓도록 해서 노는 손이 없도록 하라. 〔거가가〕 지났던 현과 읍마다 올해 전조를 절반으로 줄여 주어 농부들의 노고를 장려하라.

을축일, 시어사와 사공에게 칙서를 내려 말했다.

바야흐로 봄이 되었으니 〔거가가〕 지나는 곳에서 살육이 없게 하라. 수레를 끌어서 피할 수 있다면 이를 피해서 지나가고, 비마騑馬(수레를 끄는 네 마리 말 중 바깥쪽에 선 두 마리)[139]를 수레에서 풀어야 한다면 풀고 지나가라. 『시경』에서 "더부룩한 저 길의 갈대는 소와 양이 밟지 못하게 했네〔敦彼行葦, 牛羊勿踐履〕"[140]라고 했고, 또 『예기』에서는 "임금이 때가 아닌데도 나무

---

137 『서경』에 "선왕께서 방(室)을 만드실 때 이미 그 법도를 정해 놓으셨다면, 그 아들은 곧 기초를 놓는 것(堂)조차 받아들여서는 안 되거늘, 하물며 집을 지을(構) 수 있겠는가"라는 말이 있다.
138 「월령」에 따르면, "맹춘에는 낮은 언덕과 높은 고개, 비탈진 곳과 험난한 곳, 높고 메마른 곳과 낮고 축축한 곳의 땅과 대지에 마땅한 바를 충분히 행한다. 오곡을 기르는 법에 대하여 백성을 가르쳐 이끌되 반드시 왕이 몸소 그것을 행한다. 농사일은 〔이렇게〕 계칙한다."
139 수레의 끌채를 끄는 말 복마服馬라 하고, 복마 바깥에 있는 말을 비마라 한다.
140 『시경』「대아」에 나온다. 정현의 『시경주』에 따르면, "길가에 갈대가 무성할 때, 목자는 소나 양이 밟아서 그것이 꺾이거나 상하게 하지 않는데 하물며 사람은 어떠하겠는가!"

한 그루를 베었는데, 이를 일컬어 불효라고 한다"[141]라고 했다. 흔히 사람에게 순응하는 것은 알지만 하늘에 순응해야 한다는 것은 모른다. 그러니 짐의 뜻을 널리 밝혀 알리라.

무진일, 계속 나아가 중산국에 이르렀다. 사자를 보내 북악北嶽(항산)에 제사하고, 장성長城[142] 바깥까지 나갔다.
계유일, 돌아와 원지현으로 행차했다. 현의 관사 정당正堂에서 광무제와 명제를, 다음 날 다시 시생당始生堂[143]에서 명제를 제사했는데, 이때 모두 음악을 연주했다.

3월

병자일, 고읍현령高邑縣令에게 조서를 내려 즉위단卽位壇에서 광무제를 제사하게 했다. 다시 원지현의 요역을 칠 년 동안 없애 주었다.
기묘일, 계속 나아가 조국에 행차했다.
경진일, 영수현靈壽縣에서 방산房山에 제사지냈다.[144]
신묘일, 거가가 환궁했다. 호종했던 자들에게 은사를 내리되 각자 차이를 두었다.

여름 4월

병인일, 태위 정홍을 면직하고, 대사농 송유宋由[145]를 태위로 삼았다.

---

141 『예기』에서 공자가 말했다. "나무 하나를 자르고 짐승 한 마리를 잡더라도 때에 맞게 하지 않으면 효도가 아니다."
142 『사기』에 따르면, 몽염蒙恬이 진나라를 위해 장성을 쌓았다. 서쪽으로는 임조현에, 동쪽으로는 바다에 이르렀다.
143 명제는 상산군 원지현의 전사에서 태어났다.
144 영수현은 상산군에 속한다. 속명은 왕모산王母山이다. 꼭대기에 왕모사王母祠가 있다.

5월

병자일, 사공 제오륜을 파직하고, 태복 원안袁安을 사공으로 삼았다.

가을 8월

을축일, 안읍현에 행차하여 염지鹽池146를 보았다.

9월

안읍현에서 돌아왔다.

겨울 10월

북해왕 유기劉基가 죽었다.
소당 강족이 모반하여 농서군을 노략질했다.

이 해 서역장사西域長史 반초가 소륵왕疏勒王을 공격해 목을 베었다.

【장화章和 원년】(87년)

봄 3월

호강교위 부육傅育이 모반한 강족들을 쫓아가 공격했으나 싸우다 죽었다.

---

145 송유는 자가 숙로叔路이며, 장안 사람이다.
146 허신에 따르면, "하동군에 염지가 있는데, [크기가] 남북으로 오십일 리, 동서로 칠리, 둘레는 일백십육 리이다."

여름 4월

병자일, 군국과 중도관에 영을 내려 옥에 갇힌 죄수들 중 사형에 해당하는 자들은 죄를 한 등급 낮추어 주고, 금성군으로 가서 수자리를 살게 했다.

6월

무진일, 사도 환우를 면직했다.

계묘일, 사공 원안을 사도로 삼고, 광록훈 임외任隗를 사공으로 삼았다.[147]

가을 7월

계묘일, 제왕 유황劉晃이 죄를 얻자 작위를 깎아서 무호후蕪湖侯로 삼았다.

임자일, 회양왕 유병이 죽었다.

선비족이 북선우北單于를 공격하여 무찌르고, 그 목을 베었다.

소당 강족이 금성군을 노략질했다. 호강교위 유우가 그들을 토벌하고, 우두머리의 목을 베었다.

임술일, 조서를 내렸다.

짐이 듣기에 현명한 군주의 덕은 가르침으로 길을 열어 교화가 널리 미치게 하고, 그치지 않고 밝혀서[緝熙] 백성들을 편안히 다스린다. 또 빛이 육유六幽에까지 비추니[148] 백성들 중에서 따르지 않는 자가 없고, 은택은 해외에까지 미치며, 위엄은 먼 곳에 있는 땅[鬼區][149]에서도 떨쳐 울린다고 한

---

147 임외는 자가 중화仲和이며, 남양군 완현 사람이다.
148 즙희緝熙는 밝게 빛난다는 뜻이다. 육유六幽는 육합六合(동서남북과 상하)의 깊고 은밀한 장소를 말한다.

다. 그런 연후에야 크고 성대한 제사를 삼가 받들어 행해서 오복五福의 경사를 내려 받고 내의來儀(봉황이 내려와서 행하는 제의. 태평성대의 조짐을 뜻한다)의 축복을 얻었다.150 짐은 부덕한 몸으로 단지 조상의 커다란 공업을 이어받았을 뿐인데 이전에 봉황이 모여들고 기린이 나타났으며, 감로가 밤사이에 내리고 가화가 번성했다. 또 지초 등이 해마다 끊이지 않았다. 짐은 이른 아침부터 밤늦게까지 하늘을 우러러 경외했으나 선조의 공업보다 밝힐 수 없었다. 이에 원화 4년을 장화 원년으로 고치노라.

가을

영을 내려 이 달에 쇠약한 노인들을 부양하게 했다. 안석과 지팡이를 내리고 죽과 음식을 보냈다.151 가장 나이 많은 두 사람에게는 베와 비단을 각각 한 필씩 하사하고 단술[醴酪]을 빚게 했다. 사형죄를 저지른 죄수 중에서 병자일 대사면[원화 2년(85년) 2월에 있었다] 이전에 죄를 짓고 그 후에 사로잡혀 옥에 갇힌 자는 모두 사형을 감해 주고, 태형을 가하지 않은 채 금성군으로 가서 수자리를 살게 했다.

8월

계유일, 남쪽으로 순수했다.

임오일, 사자를 보내어 소황원小黃園에서 소령후昭靈后를 제사지냈다.152

---

149 귀구鬼區는 즉 귀방鬼方, 즉 먼 곳에 있는 땅을 말한다.
150 『서경』에 따르면, 오복이란, 첫째는 장수[壽], 둘째는 부유함[富], 셋째는 건강[康寧], 넷째는 덕을 좋아하여 즐겨 행하는 것[攸好德], 다섯째는 제명대로 살다가 편안히 죽는 것[考終命]이다. 내의는 봉황을 말한다. 『서경』에 "봉황이 내려와 의례를 치른다[鳳皇來儀]"는 말이 있다.
151 「월령」에 따르면, 이는 중추절에 내리는 명령이다.

갑신일, 임성왕 유상을 불러 휴양현에서 만났다.

무자일, 양국으로 행차했다.

기축일, 사자를 보내 패국의 고원묘와 풍읍의 분유사分榆社[153]에서 제사지내게 했다.

을미일, 패국에 행차하여 헌왕獻王의 능에 제사했으며, 동해왕 유정을 불러서 만났다.

그믐 을미일, 일식이 일어났다.

9월

경자일, 팽성군에 행차했다. 동해왕 유정, 패왕 유정, 임성왕 유상이 모두 호종했다.

신해일, 수춘현에 행차했다.

임자일, 군국과 중도관에 조서를 내려 옥에 갇힌 죄수 중 사형죄를 저지른 자의 죄를 한 등급 감해 주고, 금성군으로 가서 수자리를 살게 했다. 주사할 죄를 범한 자들을 모두 잠실에 모아 궁형에 처하게 했다. 옥에 갇힌 죄수 중 귀신형과 백찬형 이상에 해당하는 자들은 모두 죄를 한 등급 줄여 주고 사구작으로 옮기게 했다. 망명한 자들은 속형하게 하되 사형죄를 저지른 자는 비단 스무 필, 우지형에서 곤겸성단용

---

152 『한구의』에 따르면, "소령후는 고조의 어머니이다. 고조가 군사를 일으켰을 때 소황 북쪽에서 죽었다. 나중에 소황책小黃柵에 원묘로 세웠다." 『진류풍속전陳留風俗傳』에 따르면, "패공沛公(유방)이 군사를 일으켜 들에서 싸웠을 때, 어머니가 황향黃鄕에서 죽었다. 천하를 평정한 후 사자를 보내 아득한 들에서 재궁으로 혼을 불러들이게 했다. 이때 붉은 뱀이 물에 있기에 술로 그것을 씻어 재궁에 넣었다. 그 씻은 곳에 터럭이 남아 있었으므로, 시호를 소령부인昭靈夫人이라 했다."

153 「음의」에 따르면, "분枌은 백유白榆, 즉 흰색 느릅나무이다. 고조의 고향 마을 사당으로 풍현豐縣 동북쪽 십오 리에 있다." 원묘原廟에 대해서는 풀이가 「광무제기」에 있다.

에 이르는 자들은 일곱 필, 완성단용에서 사구작까지는 세 필로 하게 했다. 관리들과 백성들 중에서 죄를 저지르고 아직 발각되지 않은 자들이 조서가 이르기 전에 스스로 자수하면 대속을 절반으로 하게 했다.

부릉후 유연을 다시 부릉왕으로 봉했다.

기미일, 여음현汝陰縣으로 행차했다.

겨울 10월

병자일, 거가가 환궁했다.

북흉노의 옥란저屋蘭儲 등이 무리를 이끌고 항복했다.

이 해 서역장사 반초가 사차국을 공격하여 크게 쳐부쉈다. 월지국月氏國에서 사자를 보내 부발扶拔[154]과 사자를 바쳤다.

【장화 2년】(88년)

봄 정월

제남왕 유강, 부릉왕 유연, 중산왕 유언이 내조했다.

〔2월〕

임진일, 황제가 장덕전전章德前殿에서 붕어했다. 나이는 서른세 살이었다. 유조를 내려 침묘를 세우지 말고, 모든 것을 명제 때의 법제와

---

154 부발은 기린과 비슷한데 뿔이 없는 동물이다.

같게 했다.

논하여 말한다.

위魏나라 문제文帝는 "명제는 가혹할 정도로 꼼꼼히 규찰했고 장제는 덕망이 넘쳤다"[155]라고 했다. 장제는 평소에 명제가 지나치게 가혹하고 준엄했던 것을 백성들이 싫어했음을 알았으므로 늘 일을 관대하고 후덕하게 처리했다.

진총陳寵의 의로움에 느낀 바 있어 참혹한 형벌을 없앴으며,[156] 백성들을 깊이 사랑하여 태양령胎養令[157]을 지어 반포했다. 명덕태후明德太后를 받들어 모시면서 마음을 다하여 효도했다. 좋은 도성을 나누고 찢어서 여러 친족에게 그 영지가 두루 미치도록〔周〕[158] 했다. 요역을 낮추고 부세를 줄이니 온 백성이 그 기쁨을 누렸다. 또한 충서忠恕(자신에게 성실하고 타인을 배려하는 것)를 바탕으로 삼고, 예악禮樂으로 그것을 꾸미니 번보蕃輔(제후국)들은 화합하고 뭇 신하들은 겸양을 덕으로 삼았다. 따라서 덕망 넘치는 사람이라고 한 것이 어찌 마땅하지 않겠는가!

재위에 있던 열세 해 동안 군국에서 상서로운 조짐〔符瑞〕이 있었다고 상언한 것 중 도참에 부합하는 것만 해도 수백 수천 건에 이르렀다. 오호라, 아름답구나〔懿〕![159]

---

155 이는 화교華嶠의 『후한서』에 나오는 말이다.
156 이때 진총이 상서가 되었는데, 정치가 지나치게 엄준한 것을 보고 상서를 올려 참혹한 형벌 오십여 조를 없애게 했다. 이 일에 대해서는 「진총전陳寵傳」을 보라.
157 원화 2년(85년)에 내린 영으로, 임신한 모든 백성에게 사람마다 세 섬씩 곡식을 내리게 한 것이다.
158 주周는 지至, 즉 두루 미친다는 뜻이다.

찬하여 말한다.

숙종肅宗(장제)은 몸가짐이 엄숙하고 장엄했으며, 타고난 성품이 온화하고 공손했다. 아아, 아름답구나, 임금의 덕이여! 떠오르는구나, 그 깊은 바탕이여.[160] 예문藝文을 판단하여 정하고, 율律과 예禮에 따라 술을 따랐다.[161] 황제의 도를 늘 마음에 품었고, 이것이 장구토록 흥성하도록 널리 알렸다. 유관儒館(태학)이 노래를 바치고[獻歌],[162] 융정戎亭(변방 초소)은 망루를 비웠다. 천기가 기운이 고르고 시절이 때에 맞게 떨어졌으며, 법은 공평하고 백성들은 부유했다.

---

159 무懋는 미美, 즉 아름답다는 뜻이다.
160 어목於穆은 아름다움을 감탄하는 말이다. 『서경』에 "바르고 성스럽고 넓고 깊은(齊聖廣淵)"이라는 말이 있다.
161 예문은 여러 유학자에게 오경의 같고 다른 부분을 강의하게 하고, 황제가 친히 의론을 결정한 일을 말한다. 율은 조서를 내려서 입춘에는 죄인들을 논죄하지 않는다고 명한 것을 말하며, 예는 체협禘祫(황제가 조상에게 드리는 큰 제사)을 정비하고 영대에 오른 것을 말한다.
162 노래를 바쳤다는 것은 최인崔駰이 태학에 유학했을 때 「사순四巡」 등의 송가를 올린 것을 말한다.

권4
본기 제4

효화효상제기
孝和孝殤帝紀

화제기
和帝紀

효화황제孝和皇帝(이하 화제라고 한다)는 휘가 조肇이며,[1] 장제의 넷째 아들이다. 어머니는 양梁 귀인으로 두竇 황후의 참소를 입고 근심하면서 죽었다. 두 황후가 유조를 자기 아들로 삼아 길렀다.

【건초 7년】(82년)

세워져 황태자가 되었다.

【장화 2년】(88년)

2월

임진일, 황제의 자리에 올랐다. 나이는 열 살이었다. 황후를 높여 황태후라 했다. 황태후가 조정에 나와 섭정했다.

---

1 『일주서』「시법해」에 따르면, "단단하지도 않고 부드럽지도 않은 것을 화和라 한다." 복후의 『고금주』에 따르면, "유조의 자는 왈시曰始이다."

3월

정유일, 회양군을 진국陳國으로, 초군을 팽성국彭城國으로 고쳤고, 서평국西平國[2]은 여남국에 합쳤으며, 육안국은 다시 여강군으로 되돌렸다. 유조에 따라 서평왕 유선을 진왕陳王에, 육안왕 유공을 팽성왕彭城王에 봉했다.

계묘일, 효장황제孝章皇帝를 경릉敬陵[3]에 장사지냈다.

경술일, 황태후가 조서를 내렸다.

돌아가신 황제께서는 뛰어난 지혜와 높은 덕성[明聖]으로 조상들의 지극한 덕과 중요한 도를 받들어 이어 천하를 청정하게 하고 여러 일을 두루 평안하게 했다. 지금 황제가 어린 나이로 [아버지를 잃고] 외롭디외로워 병들 지경[嬛嬛在疚][4]이니 짐이 정치를 보좌하여 돕게 되었다. 밖으로는 큰 나라의 현명한 왕들이 번국이 되어 지키고, 안으로는 공경대부들이 조정 일을 맡아 다스리면서 자신을 공손히 하고 일이 이루어지기만을 받아들이니[恭己受成],[5] 대체 무슨 근심이 있겠는가! 그러나 선조의 법을 지키려고 할 때에는 반드시 조정 내에 보필하는 신하가 있어 청단聽斷(어떤 일을 듣고 결정함)에 참여했다. 시중 두헌竇憲은 내 큰오빠로 품행과 재능을 함께 갖춘

---

2 서평현은 옛날 백자국柏子國이다.
3 낙양성 동남쪽 삼십오 리 바깥에 있다. 『고금주』에 따르면, "능은 둘레가 삼백 보에, 높이가 여섯 길 두 자이다."
4 구疚는 병病, 즉 병든다는 뜻이다. 경경嬛嬛은 근심으로 마음에 병이 드는 것을 말한다. '경嬛'은 때때로 '현嫙'으로 된 책도 있다. 『시경』「주송周頌」에 "외롭디외로워 병들었구나[嬛嬛在疚]"라는 구절이 있다.
5 공자는 "순임금은 어찌했는가? 자신을 공손히 하고 바르게 남쪽만 바라보고 앉아 있었을 뿐이다"라고 말했다. 『서경』에 "나 어린 자식은 옷소매를 늘어뜨리고 팔짱을 낀 채 일이 이루어지기만을 기다린다[垂拱仰成]"라는 구절이 있다.

데다 충성과 효도 역시 매우 돈독했으므로 돌아가신 황제께 중용된 데다 유조를 받기도 했다. 따라서 마땅히 옛 법전에 따라 직분을 더해야 할 것이다. 그렇지만 두헌이 고집하면서 겸양하니 그 절개를 빼앗을 수는 없다. 게다가 지금 양궁兩宮⁶을 공양하며 가까운 데에서 숙위하니 이 일 역시 이미 중하므로 역시 정사를 맡겨 다시 수고롭게 할 수는 없다. 전 태위 등표는 공신의 일족으로 세 번 사양한 일로 세상에 두루 이름이 높고⁷ 천하가 어짊(仁)으로 돌아오게 하여 현자들의 우두머리가 되었으니 돌아가신 황제께서는 그를 기리고 표창하여 교화를 숭상하고자 했다. 지금 등표는 아직 총명하고 건강하니 나이 들고 덕 있는 원로(老成黃耇)⁸라 할 만하다. 등표를 태부로 삼고 관내후로 봉하며 녹상서사⁹를 겸하게 할 것이니, 백관들은 스스로 직분을 다하면서 말을 듣고 일을 처리하라.¹⁰ 짐은 거의 내위內

---

6 양궁은 제궁帝宮(황제가 머무는 궁궐)과 태후궁太后宮을 말한다.
7 여기서 공신이란 고밀후 등우를 말한다. 등표의 아버지 등한鄧邯은 한나라가 다시 일어날 때 공을 세워 맹후邯侯에 봉해졌다. 아버지가 죽자, 등표는 그 나라를 이복동생 등봉鄧鳳에게 양보했다. 『논어』에서 공자가 말했다. "태백太伯이 천하를 세 번 사양했지만, 백성이 [알지 못하여] 그를 칭송할 길이 없었다." 정현의 『논어주』에 따르면, "태백은 주나라 태왕太王의 큰아들로, 동생 계력季歷에게 왕위를 양보하고자 했다. 태왕이 병들었을 때, 태백은 오나라와 월나라 지방에 약을 캐러 갔다. 태왕이 끝내 죽자 돌아오지 않았고, 계력이 상주가 되었으니 이것이 첫 번째 사양이다. 계력이 그에게 부고를 알렸을 때, 분상奔喪(외지에 나가 있는 자식이 부모의 상을 당해 달려오는 것)하러 오지 않았으니 이것이 두 번째 사양이다. 상이 끝난 후에는 끝내 머리를 자르고 몸에 문신을 했으니(오랑캐가 되었다는 뜻이다) 이것이 세 번째 사양이다." 등표가 동생에게 그 나라를 양보했으므로 이 일에 비유한 것이다.
8 노성老成이란 늙어서 덕을 이루었다는 말이다. 『시경』 「대아」에 "비록 늙고 덕 있는 신하는 없을지라도(雖無老成人)"라는 구절이 나온다. 황黃은 터럭이 빠진 후 다시 누렇게 났다는 말이다. 구耇는 노老, 즉 늙었다는 말이다. 「모시서毛詩序」에 "바깥으로는 원로를 받들어 섬긴다(外尊事黃耇)"라는 구절이 나온다.
9 녹상서錄尚書는 모옹으로부터 시작되었다.
10 옛날에 임금이 양암諒闇(군주가 상중에 있을 때 거하는 방)에 있을 때에는 백관들이 스스로 직분을 다하면서 재상의 말을 듣고 일을 처리해 나갔다. 녹상서사는 곧 재상

位(본래 황후의 지위라는 뜻이나 여기에서는 황실 내부의 일을 말한다)의 일에 온 마음을 다하겠노라. 오호라, 뭇 제후들은 힘써 백관들을 이끌고, 각자 직분을 닦아 백성들을 사랑으로 길러 중화中和(만물이 각각 있어야 할 곳에 있어 조화를 이루는 것)를 누리게 함으로써 짐의 뜻을 널리 칭송하라.

신유일, 담당 관리들이 상주했다.

효장황제께서는 조상들의 대업을 높이 받들고, 덕화德化(덕으로 교화하는 것)가 두루 미치게 했으며, 백성들에게 뜻을 드리워 곡식을 심고 거두는 일에 늘 마음을 쓰셨습니다. 문文은 수속殊俗(풍속이 다른 먼 지방)에까지 이르렀고, 무武는 방표方表(사방의 바깥이라는 뜻으로 아주 먼 지방을 가리키는 말)에까지 떨쳤으니 천하의 모든 사람이 감히 불복하려 하지 않았습니다. 높디높고 넓디넓음[巍巍蕩蕩][11]이 이처럼 융성할 수 없었습니다. 「주송周頌」에 이르길, "아름답구나, 청묘淸廟여! 경건하고 화평한 이들이 돕는구나[於穆淸廟, 肅雝顯相]"[12]라고 했습니다. 묘호를 받들어 숙종이라 올리고, 함께 무덕무를 드리게 해 주십시오.

제서를 내려 답했다.

그렇게 하라.

의 자리를 말한다.
11 "높디높구나, 공을 이룸이여[巍巍乎其有成功]! 넓디넓구나, 백성들이 이름 붙일 수조차 없음이여[蕩蕩乎人無能名焉]." 이 말은 공자가 요임금을 찬미하면서 한 말이다. 『논어』에 나온다.
12 청묘는 주나라 문왕의 묘당이다. 오목於穆은 아름다움을 찬탄할 때 하는 말이다. 제사를 돕는 사람들은 예의를 치를 때 경건하면서도 화평해야 함을 이른다.

계해일, 진왕 유선, 팽성왕 유공, 낙성왕 유당, 하비왕 유연, 양왕 유창이 처음 봉국으로 나갔다.[13]

여름 4월

병자일, 고묘에 고했다.

정축일, 세조묘世祖廟(광무제의 묘당)에 고했다.

무인일, 조서를 내렸다.

예전에 효무황제孝武皇帝(무제)는 호월胡越(북쪽의 호족과 남쪽의 월나라로 오랑캐라는 뜻이다)을 주멸하고 난 후 소금과 철에서 이익을 거두어들여[14] 군비로 썼다. 한나라가 다시 일어난 이래, 흉노가 아직 귀순하지 않았으므로 영평 말년에 다시 그들을 정벌했다(영평 16년(73년), 두고가 흉노를 정벌했다). 돌아가신 황제께서는 즉위하고 나서 군대를 일으켜 정벌하는 것을 멈추게 했으나, 오히려 깊이 생각하고 멀리 내다보면서 편안할 때에도 위급함을 잊지 않고 옛 법을 뒤지고 살핀 끝에 다시 소금과 철의 이익을 나라에서 거두어들이게 하여 이를 이용해 뜻밖의 사태를 방비함으로써 변경의 안녕을 도모하고자 하셨다. 그러나 불량한 관리들이 많아 움직일 때 그 기회를 잃었으므로 오히려 황상의 뜻을 어기게 되었다. 돌아가신 황제께서는 이를 원통하게 생각하시고 군국에 유훈을 내려 소금과 철에 내려진 금령을 없애 백성들이 소금을 굽고 철을 주조하는 것을 허락하고 옛날과 마찬가

---

13 건초 3년(78년), 장제가 여러 왕과 떨어져 있는 것을 참지 못하고, 모두 서울 낙양에 머무르게 했으므로 이때에야 비로소 그 나라로 보낸 것이다.

14 무제는 공근孔僅과 동곽함양東郭咸陽에게 역마를 타고 돌아다니면서 천하의 소금과 철을 관리하게 하여 관부에서 그 이익을 거둬들이게 했으며, 개인들은 철을 주조하거나 소금을 만들지 못하게 했다.

지로 천자〔縣官〕[15]에게 세금을 내도록 하셨다. 자사와 이천 석 관리에게 칙서를 내리노니 성지聖旨(천자의 뜻)를 받들고 좇아 덕화를 널리 펴는 데 힘쓰며, 이 사실을 천하에 널리 알려 짐의 뜻을 밝히 알게 하라.

5월
낙양에 가뭄이 들었다.
장락소부長樂少府[16] 환욱桓郁에게 조서를 내려 금중禁中(궁중)에서 경전을 강의하게 했다.

겨울 10월
을해일, 시중 두헌을 거기장군으로 삼아 북흉노를 정벌하게 했다.
안식국安息國에서 사신을 보내 사자와 부발[17]을 바쳤다.

【영원永元 원년】(89년)

봄 3월
갑진일, 처음으로 영을 내려 낭관들에게 벼슬을 내렸다. 〔군국의〕 승이나 위 자리 중에서 스스로 정할 수 있게 하여 비질比秩을 진질眞秩로 맞추어 주었다(작위와 관위를 같게 해 주었다는 뜻으로 낭관 중에서 작위는 있으나 관직이 없는 사람들에게 실제 녹봉을 받는 지방 관직을 주었다는 말이다).[18]

---

15 「음의」에 따르면, "현관은 천자를 말한다."
16 장락궁長樂宮의 소부이다. 환욱은 환영의 아들이다.
17 부발에 대한 풀이는 「장제기」에 나온다.
18 『한관의』에 따르면, "우림랑羽林郎을 내보내 〔질〕 삼백 석인 승과 위에 임명하되 스스

여름 6월

거기장군 두헌은 계록새雞鹿塞[19]로, 도료장군 등홍鄧鴻은 고양새槖陽塞[20]로, 남선우는 만이곡滿夷谷[21]으로 출진하여 계락산稽落山에서 북흉노와 싸워 크게 쳐부쉈으며, 그 뒤를 쫓아서 화거북제해和渠北鞮海에 이르렀다. 마침내 두헌이 연연산燕然山에 올라가 돌에 공을 새겨 기록한 후에 돌아왔다. 북선우가 동생 우온우제왕右溫禺鞮王을 보내 상주문과 함께 공물을 바쳤다.

가을 7월

을미일, 회계산會稽山이 무너졌다.

윤달

병자일, 조서를 내렸다.

흉노가 등을 돌려 모반하고 해를 끼친 지 오래되었다. 이제 조상의 신령에 힘입은 바 되어 군사들이 흉노를 무찔러 크게 이겼다. 추악한 오랑캐〔醜虜〕를 쳐부숴 마침내 그 정庭[22]까지 소탕했으므로 군역을 다시 명적에 올릴 필요가 없이〔役不再籍〕[23] 천하가 깨끗이 평정되니 어리고 보잘것없는

로 자리를 정하게 했다. 승과 위〔의 녹봉〕는 작은 현이 삼백 석이고, 그보다 큰 현은 사백 석이다. 이렇게 비질을 진로로 맞추어 준 것은 그들을 우대한 까닭이다."

19 감인闞駰의 『십삼주지十三州志』에 따르면, "유혼현에 큰 길이 있는데 서북쪽으로 뻗어 계록새로 나가게 된다."
20 고양현槖陽縣은 구원군九原郡에 속한다.
21 만이곡은 문이다.
22 『시경』에 "추악한 오랑캐들을 거듭 사로잡고〔仍執醜虜〕"라는 구절이 나온다. 정庭은 흉노의 선우가 거주하는 곳이다.
23 명적에 다시 천거되지 않음을 말한다.

이 몸이 능히 이어받아 감당하지 못할 바이다. 담당 관리들은 옛 법을 살펴서 하늘에 제사지내[類] 공이 있음을 알리고[24] 훌륭한 공적을 널리 장려하라.

9월

경신일, 거기장군 두헌을 대장군으로, 중랑장 유상을 거기장군으로 삼았다.

겨울 10월

군국에 영을 내려 죄수의 형을 낮추어 주고 군영에서 수작형을 치르게 했다. 형도 중에서 요새를 나가 출정했던 자는 형이 비록 끝나지 않았다 할지라도 모두 면해 주고 고향으로 돌려보냈다.

경자일, 부릉왕 유연이 죽었다.

이 해, 군국 아홉 군데에 큰물이 들었다.

【영원 2년】(90년)

봄 정월

정축일, 천하에 대사면령을 내렸다.

---

24 류類는 하늘에 제사지내는 것이다. 『서경』에 "상제에게 제사지냈다[類于上帝]"라는 구절이 나온다. 천薦은 진進, 내세운다는 뜻이다. 공을 내세워 하늘에 알리는 것을 말한다.

2월

임오일, 일식이 일어났다.[25]

기해일, 다시 서하군과 상군에 속국도위屬國都尉[26]를 설치했다.

여름 5월

경술일, 태산군을 나누어 제북국濟北國을, 낙성군樂成郡, 탁군涿郡, 발해군勃海郡을 나누어 하간국을 두었다.

병진일, 황제의 동생 유수劉壽를 제북왕濟北王으로, 유개劉開를 하간왕으로, 유숙劉淑을 성양왕으로 봉하고, 죽은 회양왕 유병의 아들 유측劉側을 상산왕으로 이어서 봉했다. 공경 이하에서 좌사에 이르는 관리들에게 돈과 옷감을 하사했는데, 사람마다 각자 차이를 두었다.

기미일, 부교위副校尉 염반閻磐을 보내 북흉노를 토벌하고 이오노성을 취했다.

정묘일, 죽은 제왕 유황의 아들 유무기劉無忌를 제왕으로, 북해왕 유목의 아들 유위劉威를 북해왕으로 이어서 봉했다.

차사전왕車師前王과 차사후왕[27]이 모두 아들을 보내 입시했다.

월지국이 군대를 보내 서역장사 반초를 공격했으나, 반초가 그들을 무찌르고 항복을 받았다.

---

25 『동관기』에 따르면, "사관이 알아채지 못했으나 탁군에서 그것을 보고했다."

26 『한서』에 따르면, 서하군 미직현과 상군 구자현龜茲縣에 속국도위가 있었는데, 질은 비 이천 석이었다. 『십삼주지』에 따르면, "속국은 무제 때 설치했는데, 투항하는 흉노족을 받아들이는 일을 했다. 애제 때 대홍려와 함께 없앴다." 그러므로 다시 설치했다고 한 것이다.

27 차사국에는 후왕과 전왕이 있었는데, 전왕은 후왕의 아들이다. 궁궐이 서로 오백 리 떨어져 있었다.

6월

신묘일, 중산왕 유언이 죽었다.

가을 7월

을묘일, 대장군 두헌이 출진하여 양주涼州에 주둔했다.

9월

북흉노가 사자를 보내 신하를 칭했다.

겨울 10월

행중랑장行中郞將 반고班固를 보내 남선우에게 보명하게 했다.
좌곡려왕左谷蠡王 사자師子[28]를 보내 계록새로 출정하게 하여 하운河雲 북쪽에서 북흉노를 공격하여 크게 쳐부쉈다.

【영원 3년】(91년)

봄 정월

갑자일, 황제가 원복元服(관례를 치를 때 입는 어른의 복식)[29]을 입었다. 제후왕諸侯王, 삼공, 장군, 특진特進[30] 중 이천 석 관리(구경九卿을 말한다), 열

---

28 좌곡려는 흉노의 왕 이름이다. 사자는 사람 이름이다.
29 원元은 수首, 즉 머리라는 뜻이다. 머리에 관을 쓰는 것을 말한다. 『의례』에 따르면, "관례를 치를 때에는 먼저 날을 점치고, 나중에 손님을 점친다." 『동관기』에 따르면, "이때 태후가 원안에게 조서를 내려 손님으로 삼고, 속백束帛(비단 다섯 필을 묶은 것으로 큰일에 예물로 쓰였다)과 승마乘馬(말 네 필이 끄는 수레)를 하사했다."
30 『한관의』에 따르면, "제후 중에서 공덕이 매우 커서 조정에서 특별히 공경해야 할 사

후, 종실의 자손 중 서울 낙양에 있는 봉조청奉朝請(공이 많은 장군이나 공경이 연로하여 은퇴한 후 이들을 우대하여 내린 벼슬로 실무는 보지 않고 봄가을에 황제를 접견하는 조회나 국가에 특별한 의식이 있을 때 참석할 수 있었다)[31]들에게 황금을 내리고 장, 대부,[32] 낭리郎吏, 종관에게 비단을 하사했다. 백성들에게 작위 및 곡식과 비단을 내리되 사람마다 차이를 두었으며, 큰 연회를 닷새 동안 베풀었다. 군국과 중도관에 영을 내려 옥에 갇힌 죄수들 중 사형죄를 저지른 자는 비단을 바치고 속형하게 했는데, 사구작형을 받은 자들에서 망명한 자들에 이르기까지 각자 차이를 두었다.

경진일, 서울 낙양의 백성에게 잔치를 베풀고, 베를 두 집에 한 필씩 나누어 주었다.

2월

대장군 두헌이 좌교위左校尉 경기耿夔를 보내 거연새居延塞[33]로 나가게 했다. 경기가 금미산金微山에서 북선우를 포위하여 크게 쳐부수고 그 어머니 알지閼氏[34]를 생포했다.

람에게 특진 지위를 내리고 삼공의 아래에 두게 했다."

31 봉조청에는 정원이 없다. 삼공, 외척, 종실, 제후 중 많은 이가 봉조청에 임명되었다. 한나라의 『율』에 따르면, "봄에 조회하는 것을 일컬어 조朝라 하고, 가을에 조회하는 것을 일컬어 청請이라 한다."

32 장은 오관중랑장, 좌중랑장, 우중랑장을 말한다. 대부는 광록대부, 태중대부, 중산대부, 간의대부諫議大夫를 말한다. 『십삼주지』에 따르면, "대부는 고문顧問과 응대應對와 언의言議를 책임진다. 부夫는 말로 돕는 것으로, 이는 임금을 말로써 돕고 지지하는 것을 뜻한다."

33 거연현은 장액군에 속한다. 거연택居延澤이 현 동북쪽에 있다. 무제가 복파장군 노박덕路博德을 시켜서 거연성居延城에 차로장遮虜障(북쪽 오랑캐를 막는 방벽)을 쌓게 했다.

34 알지는 흉노의 황후를 가리키는 말이다.

여름 6월

신묘일, 황태후의 어머니인 비양공주比陽公主[35]를 높여 장공주長公主로 삼았다.

신축일, 부릉왕 유종劉種[36]이 죽었다.

겨울 10월

계미일, 장안으로 행차했다. 조서를 내렸다.

북적北狄(북쪽 오랑캐)을 무찔러 멸하니 명왕名王(흉노 귀족으로 선우가 책봉하는 왕의 이름이다)들이 빈번히[仍][37] 항복하고, 서역 여러 나라들이 인질을 바치면서 내부하니 이것이 어찌 조상들께서 밝은 슬기를 지켜 행하고 성스러운 덕이 거듭 빛을 발하도록 애써 큰 공업을 이룬[迪哲重光之鴻烈][38] 덕분이 아니겠는가? 자나 깨나 늘 탄식하면서 옛 도읍을 우러러 생각해 왔노라. 행차가 지나는 곳마다 이천 석에서부터 장리 이하 삼로 및 관속에 이르기까지 모든 관리에게 돈과 비단을 하사하되 사람마다 차이를 두라. 또 홀아비, 과부, 고아, 홀몸, 병자, 가난하여 스스로 생계를 꾸릴 수 없는 자에게 곡식을 한 사람당 세 섬씩 나누어 주라.

---

35 동해공왕 유강의 딸이다.
36 부릉왕 유연의 아들이다.
37 잉仍은 빈頻, 즉 빈번하다는 뜻이다.
38 적迪은 답踏, 즉 지킨다는 뜻이다. 이 말은 조상들이 밝은 슬기를 거듭 지켜 행하고 누대에 걸쳐 성스러운 덕이 거듭 빛을 발하도록 애써 이로써 큰 공업을 이루었다는 뜻이다. 『서경』에 "이 네 분(은나라 중종, 고종, 조갑祖甲과 주나라 문왕)은 밝은 슬기를 지켜 행했다(玆四人迪哲)"라고 했으며, 또 "[문왕과 무왕은] 거듭 빛을 베풀었다[宣重光]"라고 했다.

11월

계묘일, 고묘에 제사하고, 이어 십일릉에 제사했다. 조서를 내렸다.

고조의 공신으로는 소하와 조참曹參이 으뜸인데, 그들에게는 세월이 흘러도 결코 끊어지지 않는 의로움이 있었다. 조 상국相國의 후예인 용성후容城侯(조담曹湛을 말한다)에게는 후사가 없었다. 짐이 장릉 동문으로 내다보니 두 신하의 무덤이 보였는데,[39] 그 높고 큰 절개를 생각할 때마다 느끼는 바가 있었다. 충성과 절의가 총애를 얻는 것은 옛날과 지금이 똑같다. 사자를 보내 중뢰로써 제사하게 하고, 대홍려는 조참의 근친을 찾아 후사로 삼고, 경풍景風(남풍)이 불기를 기다려 작위를 잇게 하여 그 공을 기리도록 하라.[40]

12월

다시 서역도호, 기도위, 무기교위를 두었다.

경진일, 장안으로부터 돌아왔다. 거가를 시종했던 형도들의 형기를 다섯 달 줄여 주었다.

---

39 『동관기』에 따르면, "소하의 묘는 장릉의 동사마문도를 따라 북쪽으로 백 보 바깥에 있다." 『묘기廟記』에 따르면, "조참의 무덤은 장릉의 방도旁道를 따라 북쪽으로 소하의 무덤 근처에 있다."

40 『속한지』에 따르면, "대홍려는 제후를 봉하고 그 후사를 정하는 일을 책임진다." 『춘추고이우春秋考異郵』에 따르면, "하지에서 마흔닷새가 지나면 경풍이 부는데, 이때 공이 있는 자들을 책봉한다."

【영원 4년】(92년)

봄 정월

북흉노의 우곡려왕右谷蠡王 어제건於除鞬[41]이 스스로 선우가 된 후, 요새의 문을 두드리면서 항복을 구걸했다. 대장군좌교위 경기를 보내 옥새와 인수를 주었다.[42]

3월

계축일, 사도 원안이 죽었다.
윤달 정축일, 태상 정홍丁鴻을 사도로 삼았다.

여름 4월

병진일, 대장군 두헌이 낙양으로 돌아왔다.

6월

초하루 무술일, 일식이 일어났다.
병진일, 군국 열세 곳에 지진이 일어났다.
두헌이 몰래 시역弑逆(황제를 죽임)을 꾀했다.
경신일, 북궁으로 행차했다. 조서를 내려 두헌의 일당인 사성교위 곽황郭璜[43]과 그 아들 시중 곽거郭擧, 위위 등첩鄧疊과 그 동생 보병교위步兵校尉 등뢰鄧磊를 잡아들여 모두 하옥시켜 죽였다. 알자복야謁者僕射[44]를

---

41 어제건은 이름이다.
42 『동관기』에 따르면, "옥으로 장식한 검, 깃털 덮개가 있는 수레를 하사했는데, 중랑장에게 지절을 주고 그들을 맞고 지키게 했다."
43 곽황郭璜의 아들이다. 『동관기』에는 '황璜'이 '황璜'으로 되어 있다.

보내 두헌에게서 대장군의 인수를 거두어들이고, 두헌과 그 동생들인 두독寶篤, 두경寶景을 봉국으로 보냈는데, 봉국에 이르자 모두 스스로 목숨을 끊었다.

이 해 여름 가뭄이 들고 황충이 들끓었다.

가을 7월

기축일, 태위 송유가 두헌의 일당으로 연좌되자 스스로 목숨을 끊었다.

8월

신해일, 사공 임외[45]가 죽었다.

계축일, 대사농 윤목尹睦을 태위로 삼고, 녹상서사를 겸하게 했다.

정사일, 공경 이하에서 좌사에 이르는 관리들에게 돈과 곡식을 하사했는데, 사람마다 각자 차이를 두었다.

겨울 10월

기해일, 종정宗正 유방을 사공으로 삼았다.

12월

임진일, 조서를 내렸다.

올해 군국의 가을걷이가 가뭄과 황충 때문에 많은 피해를 입었다. 십 분

---

44 『속한서』에 따르면, "알자복야는 한 사람을 두는데 질은 일천 석이다. 알자대謁臺를 책임지면서 알자들을 이끈다. 천자가 나갈 때, 그 앞에서 거가를 끈다."

45 임광의 아들이다.

의 사 이상 피해를 입은 자에게는 전조와 추고를 거두지 말라. 그에 미치지 못한 자에게는 실상을 조사하여 그만큼 면제하라.[46]

무릉군과 영릉군의 예수 주변에 사는 오랑캐들이 모반했다.
소당 강족이 금성군을 노략질했다.

【영원 5년】(93년)

봄 정월

을해일, 명당에서 오제에게 제사하고, 영대에 올라 구름이 움직이는 모양을 관찰했다. 천하에 대사면령을 내렸다.

무자일, 천승왕 유항이 죽었다.

신묘일, 황제의 동생 유만세劉萬歲를 광종왕廣宗王으로 봉했다.

2월

무술일, 담당 관리들에게 조서를 내려 궁궐 안팎의 마구간[廄] 및 양주涼州의 여러 원苑[47]에 있는 말을 줄이거나 없애게 했다. 황제가 몸소 낙양의 이궁離宮(황제가 순행할 때 임시로 거주하는 궁궐)에 딸린 상림원과 광성유廣成囿를 모두 가난한 백성들에게 내주어 마음껏 과일을 따고 짐승

---

46 손해가 십 분의 사에 미치지 못한 자는 손해를 본 만큼 세를 줄여 준 것이다.
47 『설문해자』에 따르면, "구廄는 마구간이다." 『한관의』에 따르면, "미앙궁未央宮에 커다란 마구간이 있었고, 장락궁과 승화궁承華宮 등에도 마구간이 있었다. 그 영令은 모두 질이 육백 석이다. 또 목사원牧師苑(울타리를 쳐서 말을 기르는 곳) 서른여섯 곳을 서북쪽 변방에 설치하고 말 삼십만 마리를 나누어서 기르게 했다."

을 잡게 하고는 그 세금을 일절 거두지 않았다.

정미일, 조서를 내렸다.

지난해 가을보리가 적게 걷혀 백성들의 식량이 부족할까 저어하노라. 너무 가난하여 굶어 죽을 지경에 이른 자들의 호구 수와 사람 수를 조사하여 보고하라. 지난번 군국에서 가난한 백성을 조사하여 보고할 때, 옷이나 신발, 솥이나 시루〔釜甑〕를 기준으로 재산〔貲〕이 있고 없음을 따졌으므로, 부호들이 커다란 이득을 취했다.[48] 짐은 조서를 내려서 실상을 파악하여〔覈〕[49] 가난한 백성들을 이롭게 하고자 했다. 그러나 어떤 장리들은 몸소 다니면서 백성을 조사하지 않고 관소로 불러 모았으므로 농사지을 때를 잃게 만들어 오히려 그들을 시름겹게 했다. 만약에 다시 이를 어기는 자가 있으며 이천 석 관리부터 먼저 죄를 묻겠노라.

갑인일, 태부 등표가 죽었다.
무오일, 농서군에 지진이 일어났다.

3월
무자일, 조서를 내렸다.

좋은 인재를 뽑아 쓰는 것은 정치의 근본이다. 품행 좋고 재능 있는 사람

---

48 『방언』에 따르면, "시루〔甑〕를 관동에서는 심〔鬵〕이라 한다." 솥과 시루의 수를 세어서 재산이 있는지를 따졌으므로, 역役이 무거울까 두려워하여 많은 가난한 백성들이 과세를 피하려고 이들을 내다 팔았다. 이 틈을 타서 부호들이 헐값에 사들였으므로 큰 이득을 취했다고 한 것이다.
49 『설문해자』에 따르면, "핵覈은 사실을 따지는 것이다."

을 선별하는 것은 반드시 향곡鄕曲에서 시작한다.[50] 그러나 군국에서 관리를 천거할 때 가려 쓰지 않았으므로, 돌아가신 황제께서는 칙령을 내려 친히 그들을 시험한 이후에 마땅한 직분을 맡김으로써 관리들을 충원하도록 했다.[51] 또한 인덕과 품행이 특히 뛰어난 자들은 비록 관직을 거치지 않았다 하더라도 따로 문서를 만들어서 올려 보내게 했다. 이 칙령이 널리 선포된 이래로 아홉 해가 지났는데도 이천 석 관리들은 이를 받아들여 봉행하지 않고 방자하게 마음 내키는 대로 천거를 행하고 있으며, 사예교위와 자사들은 그 죄상을 전혀 규찰하지 않고[訖][52] 있다. 지금 새로 사면령을 내리면서, 또다시 칙령을 내려 널리 이를 알리니 이후에 죄를 범하는 자는 그 벌이 무엇인지 밝히 알게 될 것이다. 직위에 맞는 자가 선거되지 않아 근심거리가 되거나 감독과 조사가 죄를 발각하지 못해 부담[負][53]이

50 『주례』에 따르면, "향대부鄕大夫는 향의 정치와 교화를 책임지는데, 사람들의 덕과 품행을 살피고 학문과 기예를 규찰하여 삼 년마다 어질고 재능 있는 자들을 왕에게 천거한다."
51 『한관의』에 따르면, "건초 8년(83년) 12월 기미일, 조서를 내려 선비를 불러 쓸 때에는 네 과목을 시험하게 했다. '첫째, 인덕과 품행이 훌륭하고 지조와 절개가 맑고 깨끗한가 하는 것을 시험하라. 둘째, 경전에 밝고 행실을 잘 닦아 능히 박사를 맡길 만한가 하는 것을 시험하라. 셋째는 법률을 밝히 깨달아 재판에서 옳고 그름을 정할 수 있으며 법전을 살펴 신문할 수 있으며 문장이 어사를 맡길 만한가 하는 것을 시험하라. 넷째, 품성이 강직하고 의지가 굳세며 책략이 많아서 일을 만나도 미혹되지 않고 현명하여 간악한 것을 밝혀내고 용감해서 능히 결단할 수 있는 까닭에 재주가 삼보의 영令을 맡길 만한가 하는 것을 시험하라. 또 이들은 모두 효도하고 공손하며 청렴하고 공정한 행실을 갖추어야 한다. 지금부터 사람을 불러서 쓸 때에는 반드시 이 네 과목을 심의하라. 나아가 자사와 이천 석 관리가 휘하 관원 중에서 무재와 효렴을 살펴서 뛰어난 이를 천거할 때에도 실질을 따지고 고과를 시험해 직책을 주라. 사람이 그 직책과 맞지 않고 관청 일을 제대로 익히지 않았다면 바르게 천거된 자라 할지라도 법에 적합하다고 하지 못할 것이다.'"
52 흘訖은 경竟, 즉 끝낸다는 뜻이다.
53 부負도 역시 근심거리라는 뜻이다.

된 것은 다만 어떤 한 주군의 일만이 아니다. 이처럼 사람이 직책에 어울리지 않는 경우가 여러 관직에 많이 있다. 백성들에게 간교하고 사악한 짓으로 해를 입히고, 법에 따라 일을 집행하지 않는 것은 이 탓이라 할 것이다.

경인일, 사자를 가난한 백성들에게 나누어 보내어 유민들[流冗]의 실상을 파악하게 한 후, 창고를 열어 삼십여 군에서 구휼미를 나누어 주었다.[54]

여름 4월
임자일, 죽은 부릉왕 유종의 형 유방劉魴을 부릉왕으로 봉했다.[55]

6월
정유일, 군국 세 곳에 우박이 쏟아졌다.[56]

가을 9월
신유일, 광종왕 유만세가 죽었다. 아들이 없었으므로 나라를 없앴다. 흉노의 선우 어제건이 모반하자, 중랑장 임상任尚을 보내 그들을 쳐서 멸했다.

임오일, 군현에 영을 내려 백성들이 푸성귀를 모아 두었다가[蓄][57] 나

---

54 갱冗은 산散, 흩어진다는 뜻이다. 흩어져 떠도는 유민의 실상을 파악하여 그들에게 식량을 지급하게 한 것이다.
55 유종이 후사가 없었으므로, 유방이 그 작위를 잇게 한 것이다.
56 『동관기』에 따르면, "기러기 새끼만 한 크기였다."
57 축蓄은 적積, 모은다는 뜻이다.

중에 식량으로 삼아 오곡의 부족을 보충하도록 권했다. 관내에 저수지가 있다면 물을 끌어다 쓸 수 있도록 하되, 두 해 동안 세금(假稅)[58]을 거두지 못하게 했다.

겨울 10월
신미일, 태위 윤목[59]이 죽었다.

11월
을축일(6일), 태복 장포張酺를 태위로 삼았다.

이 해 무릉군의 군사들이 모반한 만족들을 무찌르고 항복을 받았다.
호강교위 관우貫友가 소당 강족들을 토벌하려 하자 강족들이 이내 달아났다.
남선우 안국安國이 모반하자 골도후 희㒤가 그 목을 베었다.

【영원 6년】(94년)

봄 정월
영창군 요새 밖의 오랑캐들이 역관을 사자로 보내 코뿔소와 코끼리를 바쳤다.
기묘일, 사도 정홍이 죽었다.

---

58 가假는 세금을 내는 것을 말한다.
59 『한관의』에 따르면, "윤목은 자가 백사伯師이며, 공현 사람이다."

2월

을미일, 알자들을 나누어 보내 삼하 지역 및 연주, 기주, 청주의 가난한 백성들에게 곡식을 빌려 주게 했다.

허후許侯 마광馬光이 스스로 목숨을 끊었다.[60]

정미일, 사공 유방을 사도로, 태상 장분張奮을 사공으로 삼았다.

3월

경인일, 조서를 내려 유민들이 지나는 곳에 있는 군국은 모두 사람 수에 맞춰 곡식을 하사하게 했으며, 유민들이 물건을 판매하는 경우에는 세금을 거두지 않게 했다.[61] 또 천민 중에서 양인으로 돌아간 자는 한 해 동안 전조와 경부를 덜어 주었다.

병인일, 조서를 내렸다.

짐은 보잘것없는 사람으로 조상의 큰 공업을 받들어 이었다. 그러나 음과 양이 서로 화합하지 않고, 홍수와 가뭄이 도를 넘어서 제수와 황하[濟河][62] 유역에 흉년과 기근이 들어 백성이 흩어져 떠돌고 있다. 그러나 충성스러운 말과 지극한 계획을 얻어 이로써 널리 백성들을 구제할 대책을 아직 마련하지 못했다. 자나 깨나 길게 탄식하고 이리저리 궁리하다가 깊은 병[孔疚]이 들 지경이다.[63] 생각해 보니 관리들은 위에서 잘 다스리지 못하고

---

60 『동관기』에 따르면, "마광은 이전에 두헌 일당과 가까이한 일에 연좌되어 나라로 돌아갔는데, 두헌의 옛 부하가 무고하자 스스로 목숨을 끊었다."
61 한나라의 순주법循周法에 따르면 장사에는 세금이 붙는다. 이때 유민들이 물건을 팔았기 때문에 이를 불쌍히 여겨 세금을 면제한 것이다.
62 『서경』에 "제수와 황하 사이에 연주가 있다[濟河惟兗州]"라는 구절이 있다. 이는 동남쪽으로 제수가, 서북쪽으로 황하가 흐른다는 말이다.
63 공孔은 심甚, 즉 극심하다는 뜻이다. 구疚는 병病, 즉 병든다는 뜻이다. 『시경』에 "근심

백성들은 아래에서 편안하지 않으며, 담당 관리들은 관대함과 온화함을 생각지 않고 다투어 법을 가혹하고 각박하게 하면서 급하지 않은 일[64]까지도 지나치게 따져서 백성들의 일을 훼방하고 있다. 이야말로 위로는 하늘의 마음을 감당하고 아래로는 백성들을 구제해야 하는 까닭이 아니겠는가. 충성스럽고 선량한 신하를 얻어 짐의 부족한 점을 보좌하게 할까 생각하노라. 영을 내리노라. 삼공, 중 이천 석 관리, 이천 석 관리, 내군의 태수와 재상 들은 현량방정한 선비와 직언극간을 할 수 있는 선비를 각한 사람씩 천거하라. 바위굴을 환히 밝히고 깊고 은밀한 곳〔幽隱〕을 열어서(높은 식견을 갖고도 세상을 피해 숨어 사는 은자들을 찾으라는 뜻이다) 공거[65]에 이르게 하라. 장차 짐이 모두 그들의 말을 듣겠노라.

그러고 나서 황제가 친히 책문策問(정치 대책을 묻는 것)에 임해서 낭리들을 선발하여 보충했다.

여름 4월
촉군 요새 밖의 강족이 종족을 이끌고 사자를 보내 내부했다.

5월
성양왕 유숙[56]이 죽었다. 아들이 없어서 나라를 없앴다.

하는 마음에 깊은 병이 들었네[憂心孔疚]"라는 구절이 있다.
64 급하지 않음은 중요하지 않다는 뜻이다.
65 「음의」에 따르면, "공거는 부서 이름이다. 공거문이 있는 곳에 있으므로 그런 이름이 붙은 것이다." 『한관의』에 따르면, "공거령公車令은 한 사람으로, 질은 육백 석이다. 궁궐 문을 책임진다. 천하의 모든 상서가 궁궐에 도착해서 내리는 곳으로 공거령은 그것을 모아 황제에게 상주한다. 징소徵召(인재들을 발탁해 불러 쓰는 일) 역시 그가 총괄하여 책임진다."

6월

기유일, 처음으로 영을 내려 복날에 하루 종일 문을 닫아걸게 했다.[67]

가을 7월

서울 낙양에 가뭄이 들었다. 조서를 내려 중도관에 있는 형도들의 형을 각각 절반으로 줄여 주었으며, 귀양이 끝나지 않았더라도 다섯 달 이하라면 모두 면제하여 풀어 주었다.

정사일, 낙양시洛陽寺[68]로 행차해 수인들의 기록을 살핀 후 원통하게 옥에 갇힌 사람들을 가려냈다. 낙양령洛陽令을 잡아들여 하옥하고 죗값을 치르게 했으며, 사예교위와 하남윤의 관등을 낮추었다. 그러자 아직 환궁하기도 전에 단비가 내렸다.

서역도호 반초가 언기국과 위리국尉犁國을 크게 무찌르고 그 왕의 목을 베었다. 이때부터 서역 여러 나라가 항복했으며, 인질을 보낸 곳이 오십여 국에 이르렀다.

남선우 안국의 오촌조카인 봉후逢侯가 배반한 오랑캐들을 이끌고 달아나 요새 바깥으로 나갔다.

9월

계축일, 광록훈 등홍에게 거기장군의 일을 대행하게 하여 월기교위 풍주馮柱, 행도료장군行度遼將軍 주휘朱徽, 사흉노중랑장 두숭杜崇과 더불어

---

66 장제의 아들이다.
67 『한관구의漢官舊儀』에 따르면, "복날에는 온갖 귀신이 돌아다니므로 하루 종일 문을 닫아걸어 다른 일을 범하지 못하게 한다."
68 여기에서 시寺는 관사를 말한다. 『풍속통』에 따르면, "시寺는 사嗣, 즉 잇는다는 뜻이다. 옥사를 다스리는 관리는 그 안에서 대를 잇는다."

봉후를 토벌하게 했다.

겨울 11월

호오환교위護烏桓校尉[69] 임상이 오환족과 선비족을 이끌고 봉후를 크게 무찔렀다. 풍주가 군사를 보내 쫓아가서 공격해 다시 봉후를 무찔렀다.

조서를 내려 발해군을 기주에 속하게 했다.

무릉군 누수 주변의 만족이 모반하자 군의 병사들이 그를 토벌하여 평정했다.

【영원 7년】(95년)

봄 정월

행거기장군 등홍, 도료장군 주휘, 중랑장 두숭이 모두 하옥되어 죽었다.[70]

여름 4월

초하루 신해일, 일식이 일어났다. 황제가 공경을 불러들여 정치의

---

69 감인의 『십삼주지』에 따르면, "호오환교위는 부절을 받으며, 질은 비 이천 석이다. 무제 때 처음 설치했고 내부한 오환족을 지키게 했는데, 예전에 흉노중랑장匈奴中郎將에 병합되었다. 한나라가 다시 일어난 초기에 반표가 글을 올려 마땅히 이 관직을 다시 두고 동호東胡를 불러들여 귀부시켜야 한다고 했다. 이에 다시 설치했다."

70 이 무렵 남선우 안국이 두숭과 서로 화평하지 않은 끝에 상서를 올려서 두숭을 고발하고자 했다. 두숭이 영을 내려서 그 소장을 가로막은 후 〔사실이 들통 날까 봐〕 놀라서 모반한 끝에 결국 안국을 살해했다. 황제가 나중에 이 사실을 알고 모두 불러들여 하옥한 것이다.

득실을 물었다. 그러고 나서 영을 내려 장, 대부, 어사御史, 알자, 박사, 의랑議郎, 낭관71에게 조정에 모여서 각자 봉사를 올리게 했다. 조서를 내렸다.

군주가 현명하지 못한 탓에 덕화의 흐름이 멀리까지 퍼지지 못하여 백성들에게는 정치가 실종되고 하늘에는 꾸짖음[譴]이 나타났다.72 여러 가지 일을 깊이 생각해 보건대, 오교는 너그러움에 달렸으므로 옛 법에는 사람을 구할 때 [이런 이들을] 효렴으로 천거 받으라고 했다.73 담당 관리는 낭관들을 자세히 살펴서 너그러우면서도 지모가 있으며 재주가 송사와 재판을 감당할 만한[任]74 자들을 서른 명 선발하라.

이렇게 선발된 낭들을 모두 [군국으로] 내보내 장과 상을 보좌하게

---

71 『십삼주지』에 따르면, "시어사는 주나라 때 관직으로 곧 주하사柱下史이다. 질은 육백 석이다. [황제와 조정의] 언행을 기록하고 관원의 불법을 규찰하는 일을 책임진다. 정원은 열다섯 명이다. 밖으로 나설 때에는 처리된 안案(공적으로 처리한 문서, 정례, 판결 등)이 있음을 알렸으므로 사자라고 칭한다. 알자는 진나라 때 관직으로 정원은 일흔 명이다. 나이가 쉰 살에 이르지 않은 효렴 중에서 선발하며 예를 깨달아서 일을 도울 수 있어야 한다. 나이가 차면 현령이나 현장 및 여러 관부의 승이나 장사長史로 임명한다. 박사는 진나라 때 벼슬이다. 고금의 일에 널리 통달해야 하며, 질은 육백 석이다. 무제가 처음으로 오경박사五經博士를 두었는데 나중에 점차 정원이 늘어서 마흔 명에 이르렀다. 총명하고 위엄이 있는 자 한 사람을 뽑아 좨주祭酒로 삼고 이들을 통괄하게 했다. 의랑과 낭관은 모두 진나라 때 관직이다. 특별히 책임지는 일은 없으며, 질은 육백 석 또는 사백 석이다."
72 적譴은 견책譴責, 즉 잘못을 꾸짖고 나무라는 것이다. 『예기』에 따르면, "양사陽事(궁궐 바깥의 정치로 내정과 외교를 함께 가리킨다)가 잘되지 않을 때에는 하늘에 꾸짖음이 나타나 일식이 일어난다."
73 무제 원광元光 원년(기원전 134년) 동중서董仲舒로 하여금 처음으로 의를 열고 군국에 조서를 내려 효렴으로 각 한 사람씩을 천거하게 했다.
74 임任은 감堪, 감당한다는 뜻이다.

했다.[75]

5월

신묘일, 천승국의 이름을 낙안국樂安國으로 고쳤다.

6월

병인일, 패왕 유정이 죽었다.

가을 7월

을사일, 역양현易陽縣[76]에서 땅이 갈라졌다.

9월

계묘일, 서울 낙양에 지진이 일어났다.

【영원 8년】(96년)

봄 2월

기축일, 귀인 음 씨를 황후로 세웠다. 천하 남자들의 작위를 사람당 두 등급씩 올려 주되 삼로와 효제와 역전은 세 등급을, 백성들 중에서 호적에 이름이 없었거나 유민이 되었던 자들 중에서 스스로 호적에 이름을 올리고자 하는 자는 한 등급을 올려 주었다. 홀아비, 과부, 고아,

---

75 장은 현장을, 상은 후상侯相을 말한다. 『십삼주지』에 따르면, "현이 제후의 식읍이 되면, 현령과 현장은 상이 된다. 질은 현령과 현장의 본래 질을 따른다."
76 역양현은 역수易水 북쪽에 있다.

홀몸, 병자, 집이 없고 가난하여 스스로 생계를 꾸릴 수 없는 자에게 곡식을 사람당 다섯 섬씩 나눠 주었다.

여름 4월
계해일, 낙성왕 유당이 죽었다.
갑자일, 조서를 내려 병주 네 군의 빈민들을 구제하게 했다.

5월
하내군과 진류군에 황충이 들끓었다.
남흉노南匈奴의 우온우독왕右溫禺犢王이 모반하여 노략질을 일삼았다.

가을 7월
행도료장군 방분龐奮과 월기교위 풍주가 우온우독왕을 뒤쫓아 토벌한 후, 그 목을 베었다.
차사후왕이 모반하여 차사전왕을 공격했다.

8월
신유일, 사당에 술을 올렸다.
군국과 중도관에 조서를 내려 옥에 갇힌 죄수들 중 사형에 해당하는 자들은 죄를 한 등급 낮추어 주고, 돈황군으로 가서 수자리하게 했다. 대역죄를 범한 자들을 모두 잠실에 모아 궁형에 처했다. 사형죄를 저지른 자 이하로부터 사구작형을 받은 자 및 망명자에 이르기까지 모든 죄인을 속형하게 하되 각자 차이를 두었다.

9월

서울 낙양에 황충이 들끓었다. 관리들과 백성들을 불러 언사言事(황제에게 글을 올리거나 나아가 국가의 중대한 일을 의론하는 것)하게 하자 많은 이가 담당 관리에게 책임을 돌렸다. 조서를 내렸다.

황충의 재이는 헛되이 생겨나는 법이 전혀 없다.[77] 온 세상의 죄는 오직 나 한 사람에게 달렸는데, 나아와 의론한 자들은 허물을 아랫사람에게만 돌리니 이는 정말 나를 돕는 것이 아니다. 짐은 자나 깨나 아픔과 병[恫瘝][78]을 느끼면서 오직 우환을 없앨 실마리만 생각할 뿐이다. 옛날 초나라에서는 재앙이 없음을 오히려 두려워했고,[79] 주나라 성왕이 나가서 교에서 제사하자 반대쪽에서 바람이 불었다.[80] 짐의 부족한 점을 바루지 않고서야 장차 어찌 재해와 이변을 막을 수 있겠는가? 관료들과 그 우두머리들은 모두 직분에 더 힘쓰고, 자사와 이천 석 관리 들은 형률을 상세히 살펴 원통한 일을 당한 이들을 다스리고, 홀아비와 과부를 구휼하며 돌보는 이 없는 고아와 노인을 살피는 등 오직 황충의 재앙을 되돌리기만을 생각하라.

---

77 『예기』 「월령」에 따르면, "맹하(음력 4월)에 봄의 월령을 행하면, 황충이 재해를 끼친다." 『홍범오행전洪範五行傳』에 따르면, "이익을 탐하여 사람을 해치면, 황충이 농작물에 해를 끼친다."

78 『서경』에 "아픔과 병이 그대 몸에 있나니[恫瘝乃身]"라는 구절이 있다. 공안국의 『상서주』에 따르면, "동恫은 통痛, 즉 아프다는 뜻이다. 관瘝은 병病, 즉 병든다는 뜻이다. 아픔과 병이 몸에 깃들었으니 이를 없애야 한다는 것이다."

79 이 구절에 대한 풀이는 「명제기」에 나온다.

80 주나라 성왕이 주공을 의심하자, 하늘이 큰 바람을 내려 곡식이 모두 쓰러졌다. 이에 왕이 나가서 교에서 제사하니, 하늘이 반대쪽으로 바람을 내려 곡식을 일으켜 세웠다. 이 일은 『서경』에 나온다.

경자일, 다시 광양군廣陽郡[81]을 두었다.

겨울 10월

을축일, 북해왕 유위가 죄를 짓고 스스로 목숨을 끊었다.

12월

신해일, 진왕 유선이 죽었다.

정사일, 남궁 선실전宣室殿에 불이 났다.

【영원 9년】(97년)

봄 정월

영창군 요새 밖의 오랑캐들 및 천국撣國이 역관을 사자로 보내〔重譯〕 (이중 통역을 말한다) 공물을 바쳤다.[82]

3월

경진일, 농서군에 지진이 일어났다.

계사일, 제남왕 유강이 죽었다.

서역장사 왕림王林이 차사후왕을 공격하여, 그 목을 베었다.

---

81 고제 때에는 연국燕國이었는데, 소제 원봉元鳳 원년(기원전 80년)에 광양군이 되었다. 선제 본시本始 원년(기원전 73년)에 다시 국으로 고쳤다.

82 『동관기』에 '천撣'으로 나온다. 『설문해자』에 따르면, "역譯은 사이四夷의 말을 전하는 것이다."

여름 4월

정묘일, 낙성왕 유당의 아들 유순劉巡을 낙성왕으로 봉했다.

6월

황충이 들끓고 가뭄이 들었다.
무진일, 조서를 내렸다.

올해 가을걷이는 황충의 피해를 입었으니 조租(토지세), 경更(수자리 사는 것), 추고를 모두 거두지 말라. 만약 손실을 본 자가 있으면 실상을 조사해 없애 주고, 나머지 중 세금을 감당할 만한 자 역시 절반으로 줄이라. 산과 숲에서는 넉넉히 사냥하고 나물을 뜯으며 저수지에서는 물고기를 잡고 조개를 캐어 그로써 백성들을 구휼하되 그에 딸린 세금을 거두지 말라.

가을 7월

황충이 서울 낙양 일대를 날아서 지나갔다.

8월

선비족이 비여현肥如縣[83]을 노략질하자 요동태수 제삼祭參을 하옥해 죽였다.[84]

---

83 비여현은 요서군에 속한다. 「음의」에 따르면, "비자肥子가 연나라로 달아나자 이 땅에 봉했다."

84 『동관기』에 따르면, "선비족 천여 기가 비여성을 공격해 관리와 백성을 약탈해 죽였다. 제삼이 이를 막다가 패한 죄로 하옥해 주살했다."

윤달

신사일, 황태후 두 씨가 죽었다.

병신일, 장덕황후章德皇后를 장사지냈다.

소당 강족이 농서군을 노략질하면서 장리들을 살해했다. 행정서장군 유상과 월기교위 조세趙世 등을 보내 그들을 쳐서 무찔렀다.

9월

경신일, 사도 유방에게 책서를 보내 면직하자, 유방이 스스로 목숨을 끊었다.

갑자일, 황제의 어머니 양 귀인을 황태후로 추존했다.

겨울 10월

을유일, 공회황후恭懷皇后 양 씨梁氏를 서릉西陵에 다시 장사지냈다.[85]

11월

계묘일, 광록훈 하남군 사람 여개呂蓋[86]를 사도로 삼았다.

12월

병인일, 사공 장분을 파직했다.

---

85 『일주서』「시법해」에 따르면, "바르게 덕행을 행하고 용모가 아름다운 것을 공恭이라 하고, 의로움을 지키고 선한 일을 널리 펴는 것을 회懷라 한다." 『동관기』에 따르면, "승광궁承光宮에 다시 장사지냈는데, 의례는 경원敬園(장제의 폐태자 유경의 어머니인 송宋 귀인의 능원이다)에 견주어서 치렀다. 처음에 황후의 장례를 치를 때 부족함이 있었는데 두후竇后가 죽은 후 의를 열고 고쳐서 다시 장사지낸 것이다."

86 여개는 자가 군상君上이며, 완릉현宛陵縣 사람이다.

임신일, 태복 한릉韓稜을 사공으로 삼았다.
기축일, 다시 약로옥若盧獄[87]을 설치했다.

【영원 10년】(98년)

봄 3월
임술일, 조서를 내렸다.

제방과 도랑은 땅의 이치를 좇아야 하는 까닭에 본래 막히는 곳 없이 통해야 한다.[88] 그러나 지금 〔관리들이〕 게으르고 해이한 탓에 막혀서 오히려 〔백성의〕 근심거리가 되고 있다. 자사들과 이천 석 관리들은 마땅히 물길이 통하도록 잘 이끌어야 할 것이다. 그러나 이를 빌미로 해서 망령되이 움직여서 번거롭고 요란하게 일을 치르지 말라. 그리한다면 장차 엄히 다스릴 것이다.

여름 5월
서울 낙양에 큰물이 들었다.[89]

---

87 『한서』에 따르면, 약로옥은 소부에 속한다. 『한구의』에 따르면, "장이나 상 같은 대신들의 국문을 담당한다."
88 『예기』 「월령」에 따르면, "계춘季春(음력 3월)에는 제방을 고치고 도랑을 뚫으며 도로를 개통하여 막히는 곳이 없게 한다."
89 『동관기』에 따르면, "서울 낙양에 큰 비가 내렸다. 남산南山의 물이 흘러넘쳐 동교에까지 이르렀으며, 백성들의 집이 무너졌다."

가을 7월

기사일, 사공 한릉이 죽었다.

8월

병자일, 태상 태산군 사람 소감巢堪[90]을 사공으로 삼았다.

9월

경술일, 다시 늠희廩犧[91](제사 때 쓰는 희생을 관리하는 곳)를 두었다.

겨울 10월

다섯 주에 비가 내려 큰물이 들었다.

12월

소당 강족의 우두머리 미당迷唐 등이 종족을 이끌고 궁궐에 이르러 공물을 바쳤다.

무인일, 양왕 유창이 죽었다.

【영원 11년】(99년)

봄 2월

사자를 보내 군국을 순행하면서 재해를 입어 스스로 살아갈 수 없는 백성들에게 양식을 빌려 주고 산이나 숲, 못이나 저수지에서 고기를

---

90 소감은 자가 차랑次郞이며 태산군 남성현南城縣 사람이다.
91 『한관의』에 따르면, "늠희령廩犧令은 한 사람이며, 질은 육백 석이다."

잡고 나물을 캐도록 하되 그 세금을 거두지 않게 했다.

병오일, 군국과 중도관에 조서를 내려 형도들을 비롯하여 병이 들거나 늙거나 어리거나 여자인 형도들은 각각 형기의 절반을 없애 주고, 형기가 석 달 이내로 남은 자는 모두 고향 마을로 돌려보냈다.

여름 4월

병인일, 천하에 대사면령을 내렸다.

기사일, 다시 우교위관右校尉官[92]을 설치했다.

가을 7월

신묘일, 조서를 내렸다.

관리들과 백성들이 참람함을 넘어서 죽은 사람을 두텁게 대하느라 산 사람을 해칠 지경에 이르렀다. 이 때문에 옛날에 칙령을 내려 장례 제도를 절제하라 한 적이 있다. 그러나 요즈음 〔황실의〕 귀척과 근친, 관료와 그 우두머리가 모두 칙령을 옳게 여기고 앞장서 좇지 않으며, 담당 관리들이 그를 들추지 않고 게을리 방치함이 날로 심해지고 있다. 또 장사치나 백성조차도 법이 금하는 바를 잊고 진기하고 정교한 재물을 마련하느라 재화를 낭비하고 모은 재물을 흩어 버리는 짓을 공공연히 행하고 있다. 관직에 있으면서 칙령을 범한 자들을 우선 고발하여 마땅히 바로잡으라. 저 잣거리 백성들에게는 다만 법의 강령을 명확히 알리기만 하고, 법령으로 인하여 병들고 허약한 사람들을 괴롭히지 말라.

---

92 『동관기』에 따르면, "서하군 곡택현鵠澤縣에 두었다."

【영원 12년】(100년)

봄 2월

모우현旄牛縣[93] 요새 밖의 백랑 오랑캐와 누박氁薄 오랑캐가 종족을 이끌고 내속했다.

조서를 내려 재해를 입은 여러 군의 백성들에게 종자를 빌려 주게 했다. 극빈자, 홀아비, 과부, 고아, 홀몸, 스스로 살아갈 수 없는 자 및 군국의 유민에게 저수지에 들어가 물고기를 잡고 조개를 캘 수 있도록 허락해 주고 그로써 푸성귀로 끼니를 때우는 것을 보조하게 했다.

3월

병신일, 조서를 내렸다.

매년 흉년이 들어 백성들의 삶이 고달파졌다[虛匱].[94] 지난겨울 서울 낙양에는 눈이 쌓이지[宿雪][95] 않았으며, 올해 봄에는 단비가 내리지 않아 백성들이 떠돌고 흩어져서 길 위에서 곤란을 겪고 있다. 짐은 가슴이 아프고 머리가 지끈거릴 지경이나 구제할 바를 알지 못한다. "넓은 하늘 우러러 보니, 지금 사람들이 무슨 죄인가[瞻卬昊天, 何辜今人]?"[96] 삼공은 짐의 복심이다. 그러나 하늘의 도를 받들어 백성을 편안하게 하는 대책을 내놓지 못

---

93 감인의 『십삼주지』에 따르면, "모우현은 촉군에 속한다." 『한서』에 따르면, 모우가 나는 곳으로 해마다 모우 꼬리를 바쳤는데, 그것으로 절모節旄(깃발 위쪽을 장식하는 털)를 만들었다.
94 궤匱는 핍乏, 즉 고달프다는 뜻이다.
95 쌓여서 겨울을 나기 때문에 묵는다[宿]고 한 것이다.
96 『시경』「대아」에 있으며, 주나라 선왕宣王이 가뭄을 만나 지은 시이다. 사람이 무슨 죄를 지었는데, 하늘이 기근을 내리는가라는 뜻이다.

하고 있다. 몇 차례나 담당 관리들에게 조서를 내려 어진 관리들을 선발하는 데 힘쓰라고 말했다. 그러나 지금 오히려 고쳐지지 않고 다투듯이 가혹한 폭정을 일삼아서 백성을 근심에 빠뜨리면서 헛된 명성만을 구하며, 휘하 관리에게 일은 맡겨 두고 권세를 빌려 사악한 짓을 행한다. 이 때문에 영을 내리면 간사한 짓이 나타나고 금하는 것을 알리면 속이는 짓이 생겨나고 있다.[97] 교묘한 말로 법을 희롱하고 번거로운 말로 율을 깨뜨리니[98] 그럴듯하게 꾸민 문장에 새로운 말만 덧붙이고 있다. 말에는 뇌물이 횡행하고 손에는 죄가 이루어지니 짐이 깊이 병들 지경인데도, 공경들은 짐을 도와 옳고 그름을 밝힐 생각을 하지 않으니 장차 무엇으로 벌을 피할 것인가? 하늘의 벌이 이미 이르러 다시 백성에게 재앙이 내렸으니 아래위가 한마음으로 병이 낫기만을 바라라. 천하 남자들의 작위를 사람당 두 등급씩 올려 주라. 삼로와 효제와 역전은 세 등급을, 호적에 없던 백성들이나 유민들 중에서 스스로 이름을 올리고자 하는 자는 한 등급을 올려 주라. 홀아비, 과부, 고아, 홀몸, 병자, 가난하여 스스로 생계를 꾸릴 수 없는 자에게 곡식을 한 사람당 세 섬씩 나누어 주라.

임자일, 태학에 있는 박사제자博士弟子들에게 베를 하사하되 사람마다 세 필씩으로 했다.[99]

---

97 동중서에 따르면, "법령을 내보내면 간사한 짓이 일어나고, 영을 내리면 속이는 짓이 생겨난다."
98 『예기』「왕제王制」에 "말을 교묘하게 늘어놓아서 법을 파괴[析言破律]한다는 말이 있다.
99 무제 때 박사제자를 두었다. 태상이 열여덟 살 이상 된 이 중에서 선발했는데 거동과 용모가 단정한 사람을 임명했다. 소제가 인원을 늘려 백 명을 채우고, 선제가 다시 그 배로 늘렸다. 원제가 다시 일천 명으로 늘렸으며, 성제가 다시 늘려서 삼천 명이 되었다.

여름 4월

일남군 상림현象林縣[100]의 오랑캐들이 반란을 일으키자 군의 병사들이 그들을 쳐서 무찔렀다.

윤달

돈황군, 장액군, 오원군의 백성들 중 극도로 가난한 자들에게 곡식을 내려 구휼했다.

무진일, 자귀산秭歸山[101]이 무너져 내렸다.

6월

무양현舞陽縣에 큰물이 들었다. 수재를 입은 자들 중에서 특히 가난한 백성에게 곡식을 내리되 사람마다 세 섬씩으로 했다.

가을 7월

초하루 신해일, 일식이 일어났다.

9월

무오일, 태위 장포를 면직했다.

병인일, 대사농 장우張禹를 태위로 삼았다.

---

100 상림현은 일남군에 속한다.
101 자귀현은 남군에 속한다. 옛날 기夔나라다. 원산송袁山松의 『후한서』에 따르면, "굴원屈原이 바로 이곳 사람이다. 그가 유배당했을 때 홀연히 잠시 고향으로 돌아왔는데[歸] 마침 그 누나[姊]도 왔으므로, 그 땅의 이름을 자귀秭歸라고 한 것이다." 자秭와 자姊는 같다. 『동관기』에 따르면, "자귀산은 높이가 사백여 길로, 무너지면서 계곡물을 메워 백여 명이 깔려 죽었다."

겨울 11월

서역의 몽기국蒙奇國과 두륵국兜勒國 두 나라에서 사자를 보내 내부하자, 그 나라 왕에게 금으로 된 인[金印]과 자주색 인끈을 하사했다.

이 해 소당 강족이 다시 모반했다.

【영원 13년】(101년)

봄 정월

정축일, 황제가 동관東觀으로 행차하여 서림書林을 살펴보고 전적들을 열람한 후, 경학에 밝은 선비들을 널리 선발하여 그 관리로 채웠다.

2월

임성왕 유상이 죽었다.

병오일, 장액군, 거연현, 삭방군, 일남군의 가난한 백성들 및 고아들, 과부들, 병들고 허약한 자들, 스스로 살아갈 힘이 없는 자들에게 곡식을 빌려 주었다.

가을 8월

상림현에 조서를 내려 농상農桑(농사짓고 누에치는 것으로 농사라는 뜻이다)에 큰 피해를 입은 백성들에게 종자를 빌려 주게 했으며, 극도로 가난한 자들에게 곡식을 내려 주었다.

기해일, 북궁 성찬문각盛饌門閣에 불이 났다.

호강교위 주유周鮪가 소당 강족을 공격하여 그들을 무찔렀다.

형주에 비가 내려 큰물이 들었다.

9월
임자일, 조서를 내렸다.

형주에 해마다 홍수가 끊이지 않더니 올해에는 음수淫水[102] 때문에 해를 입었다. 남은 것을 비록 자못 많이 거두어들인다 하더라도 많은 사람들에게 두루 흡족하지[均洽][103] 못하리라. 깊이 생각해 보건대 온 백성은 식량을 근본으로 삼는데 이를 애처롭고 불쌍히 여기노라. 천하에 영을 내려 올해의 전조와 추고를 절반만 거두라. 옛날에도 그랬던 것처럼, 실상을 조사하여 피해를 입은 만큼 덜어 주어야 할 것이다. 가난한 백성들에게 종자와 양식을 빌려주되 억지로 거두려 하지 말라.

겨울 11월
안식국에서 사신을 보내 사자를, 조지국條枝國에서 대작大爵(타조)을 바쳤다.[104]

병진일, 조서를 내렸다.

---

102 『회남자』에 따르면, "여와女媧가 갈대를 태우고, 재를 쌓아 음수를 막았다." 고유高誘의 『회남자주』에 따르면, "평지에서 물이 솟는 것이 음수이다."
103 협浹은 흡洽, 즉 넉넉히 적신다는 뜻이다.
104 「서역전」에 따르면, "안식국 거화독성居和䪺城은 낙양에서 이만 오천 리 떨어져 있다. 조지국은 서해군西海郡과 붙어 있는데, 사자와 대작의 산출지이다." 곽의공郭義恭의 『광지廣志』에 따르면, "대작은 목과 몸통과 발굽은 낙타처럼 생겼는데, 고개를 들면 키가 여덟아홉 자에 달하며, 날개를 펴면 길이가 한 길이 넘는다. 보리를 먹으며, 알은 항아리처럼 생겼다. 즉 지금의 타조駝鳥이다."

유주와 병주와 양주涼州는 호구를 적게 거느린 데다 변방을 지키는 요역이 많고 무거운 탓에 몸과 마음을 닦아 훌륭한 관리가 되어도 나아가 벼슬할 길이 좁다. 오랑캐들을 어루만져 달래고 사귀며 접대하는 것은 사람을 근본으로 삼는다. 영을 내리노니 변방 군에서는 호구 십만 이상인 곳은 해마다 한 사람을, 십만에 미치지 못하는 곳은 이 년에 한 사람을, 오만 이하인 곳은 삼 년에 한 사람을 효렴으로 천거하라.

선비족이 우북평군右北平郡을 노략질하고 마침내 어양군으로 쳐들어오자 어양태수가 공격해 무찔렀다.
무진일, 사도 여개를 파직했다.

12월

정축일, 광록훈 노공魯恭을 사도로 삼았다.
신묘일, 무현巫縣의 만족들이 모반하여 남군을 노략질했다.

【영원 14년】(102년)

봄 2월

을묘일, 동해왕 유정이 죽었다.
옛날의 서해군西海郡[105]을 보수하여 다시 설치하고, 금성서부도위金城西部都尉를 옮겨 그곳을 지키게 했다.

---

105 평제 때 금성군 요새 밖의 강족이 바친 땅으로 서해군을 만들었다. 광무제 건무 연간(25~56년)에 금성군을 없애고 농서군에 편입했다. 이때에 이르러 다시 그것을 고친 것이다.

3월

무진일, 황제가 벽옹에 임하여 향사饗射(대사례와 동시에 연회를 베푸는 것)하고, 천하에 대사면령을 내렸다.

여름 4월

사자를 보내 형주의 군사들을 감독하여 무현의 만족들을 토벌하게 했는데, 무찔러서 항복을 받았다.

경진일, 장액군, 거연현, 돈황군, 오원군, 한양군, 회계군의 유민들 중 극도로 가난한 자들에게 곡식을 내리되 각자 차이를 두었다.

5월

정미일, 처음으로 상림현에 장병장사[106]를 두었다.

6월

신묘일, 황후 음 씨를 폐위하자 황후의 아버지 특진 음강陰綱이 스스로 목숨을 끊었다.

가을 7월

갑인일, 조서를 내려 상림현의 경부, 전조, 추고를 두 해 동안 없애 주었다.

임자일, 상산왕 유측이 죽었다.

이 해 가을, 세 주에 비가 내려 큰물이 들었다.

---

106 감인의 『십삼주지』에 따르면, "장병장사는 일남군에 거한다. 또 장병사마將兵司馬도 있는데, 낙양에서 구천육백삼십 리 떨어져 있다."

겨울 10월

갑신일, 조서를 내렸다.

연주, 예주, 형주에 올해 비가 많이 와서 농사일이 크게 상했다. 영을 내리노니 십 분의 사 이상 해를 입은 자들은 전조와 추고를 반으로 줄이라. 그에 미치지 못한 자들은 실상을 조사하여 그만큼 줄여 주라.

신묘일, 귀인 등 씨鄧氏를 황후로 세웠다.
정유일, 사공 소감을 파직했다.

11월

계묘일, 대사농 서방徐防을 사공으로 삼았다.

이 해 처음으로 다시 군국의 상계上計들로 낭관을 보충하게 했다.[107]

【영원 15년】(103년)

봄 윤정월

을미일, 조서를 내려 유민들 중에서 고향으로 돌아가고자 하나 식량이 없는 자들에게는 지나가는 곳마다 사람 수에 맞춰 곡식을 내리고,

---

[107] 상계는 지금의 계리이다. 「음의」에 따르면, "옛날에는 군승郡丞이 한 해의 세입과 세출을 계산해 올렸는데, 무제 원삭元朔 연간(기원전 128년~기원전 123년)에 영을 내려 군국에서 효렴으로 각 한 사람씩을 천거한 후 그와 더불어 [세출입을] 계산하게 한 후 낭중으로 임명했다." 중간에 이를 폐지했는데, 이때 다시 그것을 되살린 것이다.

질병이 들면 의원과 약을 보내 주게 했다. 고향으로 돌아가려고 하지 않는 자들은 억지로 권하지 못하게 했다.

2월

조서를 내려 영천군, 여남군, 진류군, 강하군,[108] 양국, 돈황군의 가난한 백성들에게 식량을 빌려 주게 했다.

여름 4월

그믐 갑자일, 일식이 일어났다.

5월

무인일, 남양군에 큰 바람이 불었다.

6월

조령詔令을 내려 백성들 중 홀아비와 과부에게 저수지에서 물고기를 잡고 조개를 캐게 해 주고, 두 해 동안 세금을 거두지 않게 했다.

가을 7월

병인일, 제남왕 유초劉錯가 죽었다.
탁군에 옛날의 안철관安鐵官을 다시 두었다.[109]

---

108 「음의」에 따르면, "진류군은 본래 정鄭나라의 도읍으로 나중에 진陳나라에서 어우르는 바가 되었으므로, 진류군이라 한 것이다." 강하군은 고조 때 생겼다. 면수沔水가 장강으로부터 따로 흘러나와 남군 화용현華容縣에 이르면 하수夏水가 되는데, 군 지역을 지나서 다시 장강으로 흘러들므로 강하군이라 한 것이다.

109 『속한서』에 따르면, "군현마다 염관鹽官(소금 업무를 주관하는 관리)과 철관鐵官이 있는데, 일이 많고 적음에 따라 영이나 장이나 승으로 임명했다. 질은 차례대로 모두

9월

임오일, 남쪽으로 순수했다. 청하왕 유경, 제북왕 유수, 하간왕 유개가 모두 호종했다. 지나는 곳에 있는 이천 석 장리 이하 삼로, 관속 및 백 살 이상의 백성들에게 돈과 베를 하사하되 각자 차이를 두었다.

이 해 가을, 네 주에 비가 내려 큰물이 들었다.

겨울 10월

무신일, 장릉군으로 행차해 옛 집에 제사지냈다.

계축일, 원묘에 제사지내고, 옛 집에서 종실들을 만나 음악을 내려 노고를 위로했다.

무오일, 계속 나아가 운몽현雲夢縣으로 행차했다.[110] 한수漢水에 이르러 되돌아왔다.

11월

갑신일, 거가가 환궁했다. 따라갔던 신하들과 남아 있던 자들 중 공경 이하의 관리에게 돈과 옷감을 내렸는데, 사람마다 각자 차이를 두었다.

12월

경자일, 낭야왕 유우가 죽었다.

담당 관리들이 상주하여 하지가 되면 미세한 음기[微陰]가 일어나 미초靡草가 죽으므로 작은 일을 판결할 수 있다고 했다.[111]

현과 같았다."
110 운몽현에는 운몽택雲夢澤이 있다.

이 해 처음으로 군국에 영을 내려 하지가 지나면 가벼운 형을 처리하게 했다.

【영원 16년】(104년)

봄 정월

기묘일, 조서를 내려 가난한 백성들 중에서 농사지을 땅은 있으나 궁핍하여 스스로 농사지을 수 없는 자들에게 종자를 빌려주게 했다.

2월

기미일, 조서를 내려서 연주, 예주, 서주, 기주 등 네 주에 매년 비가 많이 내려 농사에 피해를 주었으므로 술 파는 일을 금지했다.

여름 4월

삼부三府의 속관들을 네 주에 나누어 보내 가난한 백성들 중에서 밭을 갈 수 없는 자들에게 소를 사서 밭을 갈아 주었다.

5월

임오일, 조왕 유상劉商이 죽었다.

---

111 『예기』「월령」에 따르면, "맹하(음력 4월)에 미초는 죽고 보리는 익는다. 가벼운 형벌을 단행하고 작은 죄를 판결한다." 정현의 『예기주禮記注』에 따르면, "미초는 냉이 또는 두루미냉이의 일종이다." 신 이현이 아룁니다. 오월에는 처음으로 음효陰爻가 생겨나므로 미세한 음기라고 할 수 있는 것입니다. 지금 「월령」에는 '맹하는 순전히 양으로 이루어진 달입니다. 여기서 말하는 '하지'는 「월령」과 맞지 않습니다.

가을 7월

가뭄이 심했다.

무오일, 조서를 내렸다.

바야흐로 가을이 되어 벼에 이삭이 맺힐 무렵이나 가뭄이 들었다. 구름이 뭉치고 비가 내리지 않으니 관리들의 집행이 참혹하고 각박하여 은혜를 베풀지 않고 죄 없는 자들을 무고하여 잡아들여서 착하고 어진 것을 유폐하는 데 이른 것은 아닐까 하노라. 법에 따른 수인들 중에서 한 치라도 의혹이 있는 자는 일절 판결하지 말고 추령秋令을 받들라.[112] 법을 번거롭고 가혹하게 집행하는 관리들을 규찰하여 그 벌이 무엇인지를 명백히 보이도록 하라.

신유일, 사도 노공을 면직했다.
경오일, 광록훈 장포를 사도로 삼았다.
신사일, 천하에 조령을 내려 올해의 전조와 추고를 절반만 거둬들이게 했다. 또 재해를 입은 자는 실상을 조사하여 그만큼 줄여 주었다. 가난한 백성들에게 종자를 빌려 주고 전조와 추고를 모두 내지 않게 했다.

8월

기유일, 사도 장포가 죽었다.

---

[112] 『예기』「월령」에 따르면, "맹추孟秋(음력 7월)에는 담당 관리에게 명하여 법제를 수습하고 감옥을 손보며 형구(桎梏, 차꼬와 수갑)를 갖추게 한다. 가벼운 형을 단행하며 작은 죄는 판결한다."

겨울 10월

신묘일, 사공 서방을 사도로, 대홍려 진충을 사공으로 삼았다.

11월

기축일, 구지현으로 행차하여 백비산百岯山[113]에 올랐다. 호종했던 온 신하들에게 베를 하사했는데, 사람마다 각자 차이를 두었다.

북흉노에서 사자를 보내 신하를 칭하며 공물을 바쳤다.

12월

다시 요동서부도위遼東西部都尉[114]를 두었다.

【원흥元興 원년】(105년)

봄 정월

무오일, 삼서三署(오관중랑장, 좌중랑장, 우중랑장이 집무하는 관서)의 낭들을 불러들여 금중에서 조견한 후,[115] 일흔다섯 명을 뽑아 관직을 내리고 알자, 장, 상으로 임명했다.

---

113 지금의 백비산柏岯山으로 낙주 구지현 남쪽에 있다. 『이아』에 따르면, "산이 한 겹일 때 비岯이다." 『동관기』에는 "배坯"로 적혀 있다.
114 서부도위는 안제 때 속국도위로 설치했는데, [치소가] 요동군 창려성昌黎城에 있었다.
115 『한관의』에 따르면, "삼서는 오관서五官署, 좌서左署, 우서右署를 말한다. 각각 중랑장을 두어 그곳을 맡겼다. 군국에서 효렴으로 천거한 자들을 삼서의 낭으로 임명했는데, 나이가 쉰 살 이상이면 오관서에, 그 아래는 좌서와 우서에 나뉘어 배치했다. 중랑, 의랑, 시랑, 낭중의 네 등급으로 나뉘며 정원은 없다." 금중은 출입에 금하는 것이 있어서 임금을 모시는 자가 아니면 들어설 수 없다는 뜻이다. 따라서 궁궐 안을 금중이라 한다.

고구려高句驪가 요동군의 경계를 노략질했다.

여름 4월

경오일, 천하에 대사면령을 내리고, 연호를 원흥元興으로 고쳤다. 종실 중에서 죄를 저질러 폐절된 자들을 모두 다시 복적시켜 주었다.

5월

계유일, 옹현雍縣[116]에서 땅이 갈라졌다.

가을 9월

요동태수 경기가 맥족貊族을 공격하여 무찔렀다.

겨울 12월

신미일, 황제가 장덕전전에서 붕어했다. 나이는 스물일곱 살이었다. 황자 유융劉隆을 황태자로 삼았다. 천하 남자들에게 작위를 내리되 사람마다 두 등급씩 올려 주었다. 삼로와 효제와 역전은 사람마다 세 등급씩 올려 주었으며, 호적에 없던 백성들이나 유민들 중에서 스스로 호적에 이름을 올리고자 하는 자는 한 등급씩 올려 주었다. 또 홀아비, 과부, 고아, 홀몸, 병자, 가난하여 스스로 생계를 꾸릴 수 없는 자에게 곡식을 한 사람당 세 섬씩 나누어 주었다.

두헌이 주살된 이후부터 황제는 몸소 모든 일을 챙겼다. 재이가 일어날 때마다 번번이 공경에게 가르침을 청했으며 극언으로 정치의 득실을 들었다. 전후에 상서로운 징조가 여든한 곳에서나 나타났지만,

---

116 『동관기』에 따르면, "우부풍군 옹현의 땅이 갈라졌다."

스스로 덕이 없다고 말하면서 모두 억눌러서 널리 알리지 않았다. 옛날 남해군南海郡에서는 용안龍眼과 여지荔支를 진상했는데, 십 리마다 역참[置]¹¹⁷을 하나씩 두고, 오 리마다 후候(척후소)를 하나씩 두어 좁고 험한 길을 날 듯이 달리는 바람에 죽는 자가 길을 이을 정도였다. 이때 임무현장臨武縣長 여남군 사람 당강唐羌이, 임무현과 남해군이 서로 붙어 있었으므로, 이 일을 상서로 올려 상황을 진술해 알렸다. 황제가 조서를 내렸다.

먼 나라의 진귀한 음식은 본래 종묘에 공물로 바쳐야 한다. 그러나 그 일로 해를 입는 자가 있다면, 어찌 백성을 사랑하는 근본으로 삼겠는가. 태관에게 칙서를 내리노니 다시는 공헌을 받지 말라.

이 덕분에 결국 공헌이 없어졌다.¹¹⁸

---

117 남해군은 진나라 때 설치했다. 『광아』에 따르면, "익지益智가 용안이다." 『교주기』에 따르면, "용안나무는 높이가 대여섯 길에 이르며, 여지와 비슷하거나 그보다 작다." 『광주기廣州記』에 따르면, "과일은 여지와 비슷하나 둥글게 생겼고, 7월에 익는다. 여지나무는 높이가 대여섯 길이며 계수나무처럼 크다. 열매는 달걀처럼 생겼는데, 달콤하고 즙이 많은 것이 석류와 비슷하다. 감초酢醋(단 식초)에 담아 두면 정오 무렵에 돌연 빨개지는데, 이때 먹을 수 있다." 치置는 역驛, 즉 역참을 말한다.
118 사승謝承의 『후한서』에 따르면, "당강은 자가 백유伯游이며, 공부公府(삼공부)에서 불러서 임무현장을 맡겼다. 임무현은 교주와 서로 붙어 있었다. 옛날 교주에서 용안과 여지를 바쳤는데, 신선하고 싱싱한 상태로 바쳐야 했기에 역마가 밤낮으로 그것들을 들고 이어 달린 탓에 때로는 호랑이나 이리를 만나 해를 입기도 하고 떨어져 죽기도 하는 등 사망자가 끊이지 않았다. 진헌하는 길이 임무현을 지나갔으므로 당강이 이에 상서를 올려 간했다. '신이 듣기에 윗사람은 미식으로 덕을 삼지 않고, 아랫사람은 음식을 바쳐서 공을 얻지 않는다 했으므로 천자는 태뢰를 존귀하게 여겨서 먹지 과실을 진귀하게 여기지 않았다고 들었습니다. 엎드려 보건대 교지의 일곱 군이 싱싱한 용안 등을 바치려면 새가 놀랄 정도로 빠르게 바람처럼 달려야 합니다. 남쪽 주들은 나쁜 벌레들과 사나운 맹수들이 길에 끊이지 않아서 닿기만 해도 죽을 정도로 해로운

논하여 말한다.

한나라가 다시 일어선 이후 영원(화제 때의 연호로 89~105년에 썼다) 때에 이를 때까지 비록 우여곡절이 자못 많았지만 큰 난리 없이 존속해 왔다. 이 덕분에 백성들[齊民][119]의 수가 해마다 늘고, 영토는 대대로 넓어졌다. 한 무리 군사들을 보내 요새를 나가니 막북漠北 땅이 텅 비었고, 도호가 서쪽을 가리키니 사만 리 바깥에서도 역관을 사자로 보내 왔다.[120] 어찌 그 도道가 삼대三代보다 멀지 않으며, 술術이 전대보다 길지 않겠는가? 장차 복종과 모반이 오고 간다 하더라도 어찌 절로 수가 나지 않겠는가?

  땅이 많습니다. 죽은 자들은 다시 살아날 수 없으나 앞으로 갈 사람은 구할 수 있습니다. 이 두 물건을 드시는 것이 반드시 장수에 도움이 되는 것은 아닐 것입니다.' 그러자 황제가 그 말을 따랐다. 상주문을 올린 후, 당강은 즉시 관직을 버리고 집으로 돌아가서 다시는 조정의 부름에 응하지 않았다. 『당자唐子』 삼십여 편을 지었다."
119 제齊는 평平, 즉 평민이라는 뜻이다.
120 「서역전」에 따르면, "반초가 서역 오십여 나라들을 평정하고 모두 항복을 받았으므로 서쪽으로 바닷가로부터 사만 리 바깥에 이른 곳까지 모두 역관을 사자로 보내 공물을 바쳤다."

상제기
殤帝紀

효상황제孝殤皇帝는 휘가 융隆[1]이며, 화제和帝의 막내아들이다.

【원흥 원년】(105년)

12월

신미일 밤, 황제의 자리에 올랐다. 이때 태어난[誕育][2] 지 백여 일이 었다.

황후(화희황후 등 씨)를 높여 황태후라 했다. 황태후가 조정에 나와 섭정했다.[3]

---

1 『일주서』「시법해」에 따르면, "어린 나이에 죽어서 이루지 못한 것을 상殤이라 한다." 『고금주』에 따르면, "유융은 자가 일성日盛이다."
2 탄誕은 대大, 즉 크다는 뜻이다. 『시경』「대아」에 "아기 낳을 그 달을 마치고 작은 양처럼 쉽게 첫 아기를 낳으시어[誕彌厥月. 先生如達]"라는 구절이 있다. 정현의 『시경주』에 따르면, "크구나. 후직后稷이 어머니의 배 속에 있음이여, 사람처럼 열 달을 마치고 태어났구나." 『시경』에 또 "아이를 낳고 기르시니[載生載育]"라는 구절이 있다. 육育은 장長, 즉 키운다는 뜻이다.
3 이에 관련한 의례는 「황후기皇后紀」에 나온다.

북흉노에서 사자를 보내 신하를 칭하면서 돈황군에 이르러 공물을 바쳤다.

【연평延平 원년】(106년)

봄 정월

신묘일, 태위 장우를 태부로 삼았다. 사도 서방을 태위로 삼고 녹상서사를 대행하게 했다. 백관들로 하여금 스스로 직분을 다하면서 그들의 말을 듣고 정사를 처리하게 했다.

황제의 형 유승劉勝을 평원왕平原王으로 봉했다.

계묘일, 광록훈 양유梁鮪를 사도로 삼았다.

3월

갑신일, 화제를 신릉慎陵에 장사지내고, 묘당에 존호를 올려 목종穆宗이라 했다.

병술일, 청하왕 유경, 제북왕 유수, 하간왕 유개, 상산왕 유장劉章이 처음 봉국으로 나갔다.

여름 4월

경신일, 조서를 내려 『예전禮典』에 나오지 않는 제사 관련 관리들을 모두 파직했다.

---

4 『한관의』에 따르면, "양유는 자가 백원伯元이며, 하동군 평양현平陽縣 사람이다."
5 낙양에서 동남쪽으로 삼십 리 떨어진 곳에 있다.
6 『동관기』에 따르면, "등鄧 태후는 성품이 고아하여 음사淫祀(예법에 맞지 않는 제사)를

선비족이 어양군을 노략질하자 어양태수 장현張顯이 쫓아가 공격했으나 싸우다 죽었다.

병인일, 호분중랑장 등즐鄧騭을 거기장군으로 삼았다.

사공 진총이 죽었다.

5월

신묘일, 황태후가 조서를 내렸다.

황제가 어린 나이로 조상의 대업을 이어받았기에 짐이 잠시 책임을 맡아 보좌하면서 정치를 돕고 있다. 그러나 전전긍긍하면서 삼가[寅][7] 조심하려 하지만 [천하를] 구제할 바를 알지 못하고 있다. 깊이 생각해 보건대 지극한 다스림의 근본은 교화를 앞세우고 형벌을 뒤에 두는 것이다. 중화(중용)를 헤아려 구하고 경사와 은혜를 널리 베풀며 관리들, 백성들과 더불어 낡은 것을 고치고 새롭게 시작할지어다. 천하에 대사면령을 내리노라. 건무(광무제 때) 이래 죄를 범하여 금고에 처했던 이들의 경우, 조서를 내려 이를 풀어 주라고 명령했는데도 담당 관리들이 일을 신중히 하면서 이를 받들어 행하지 않은 일이 많다. 이제 모두 그 죄를 면제하여 평민이 되게 하라.

임진일, 하동군 원현垣縣에서 산이 무너졌다.[8]

좋아하지 않았다."
7 인寅은 경敬, 즉 삼간다는 뜻이다.
8 『고금주』에 따르면, "산이 무너졌는데 길이가 일곱 길, 너비가 네 길이었다."

6월

정미일, 태상 윤근尹勤을 사공으로 삼았다.
군국 서른일곱 군데에 비가 내려 큰물이 들었다.
기미일, 조서를 내렸다.

하나라 이래로부터 여름장마가 지나치고, 따스한 기운이 미치지 않은 것 〔不效〕[9]은 〔임금에게〕 허물이 있음을 드러내려는 것이다. 자나 깨나 근심하고 두려워하나 말미암은 바를 알지 못하겠노라. 예전 하나라 임금(우임금)은 검소한 옷을 입고 거친 음식〔非飮食〕을 먹어서 공자에게 "내가 흠잡을 데가 없구나〔吾無間然〕"라는 말을 들었다.[10] 이번에 새로 큰 근심을 만났고, 또한 절기가 미처 조화롭지 못하니 반찬을 물리고 옷가지를 줄여서 여러 곳에 보탬이 있게 하라. 태관, 도관導官, 상방尙方, 내서內署[11]는 옷과 수레와 먹을거리 중에서 사치하고 화려하여 만들기 힘든 물건들을 모두 줄이라.

정묘일, 사도, 대사농, 장락소부에게 조서를 내렸다.

짐은 덕이 없으면서도 대신들의 보좌와 도움을 받아 정치를 통솔하게 되었다. 이른 아침부터 밤늦게까지 힘껏 천하를 경영하기는 하나 충성하는 마음을 잃을까 봐 늘 두려워하노라. 다스림의 도를 깊이 생각해 보니, 가

---

9 효效는 험驗, 즉 증험이 나타나는 것을 말한다.
10 비非는 박薄, 즉 보잘것없다는 뜻이다. 간間은 비非, 즉 아니라는 뜻이다.
11 태관은 주나라 때 관직으로 질은 일천 석이며 천자의 음식을 담당한다. 도관은 황제가 쓰는 쌀을 고르는 일을 담당한다. 도導는 택擇, 즉 고른다는 뜻이다. 상방은 황제가 쓰는 도검을 비롯한 각종 기물을 만드는 일을 담당한다. 내서는 황실 내의 옷가지를 담당한다. 질은 모두 육백 석이다. 이 모두는 『속한서』에 보인다.

까운 데에서 시작하여 먼 데까지 미치게 해야 하고 먼저 안의 일을 처리하고 뒤에 바깥의 일을 해야 하리라. 건무 초기부터 지금에 이르기까지 팔십여 년 동안 궁실 사람들은 해마다 늘어나고 그들이 거하는 방들도 나날이 넓어져 왔다. 종실들 중에서 사건에 연루되어 [노비로] 궁에 들어온 자들은 단지 이름만 공족公族(황제 또는 제후의 동족)일 뿐이니 이를 심히 불쌍히 여기노라. 이제 모두 면천하여 궁 밖으로 내보내려 한다. 액정掖庭(황후와 비빈이 머무는 곳)의 궁녀들을 모두 서민이 되게 하여 오랫동안 갇혀 지내면서 생긴 우울함과 답답함을 모두 풀어낼지어다[抒].[12] 모든 관부와 군국과 왕과 제후 들은 집안의 노비들 중 성이 유劉이거나 지치고 아프고 병들고 늙은 자는 모두 그 이름을 보고하고 영이 실제로 이루어지도록 아낌없이 힘쓰라.

가을 7월

경인일, 사예교위와 자사들[13]에게 칙서를 내렸다.

하늘이 재앙을 내리면 정치는 마땅히 이에 응해야 한다. 요즈음 군국에 수재가 일어나 가을걷이를 해친 경우가 많았다. 조정의 허물을 생각하매

---

12 서抒는 서紓, 즉 널리 편다는 뜻이다.
13 진나라 때에는 감어사監御史를 두고 여러 군을 감찰했는데, 한나라가 일어났을 때 그 직책을 없앴다. 다만 승상사를 여러 주에 나누어 보내 정탐했는데, 항상 그 자리가 있었던 것은 아니다. 무제가 처음으로 자사 열세 사람을 두었는데, 질은 육백 석이었다. 성제 때 이를 다시 목牧으로 고쳤는데, 질은 이천 석이었다. 건무 18년(42년), 자사 열두 명을 두어서 각각 한 주씩을 담당하게 했으며, 나머지 한 주는 사예교위에 속하게 했다. 보통 8월에 각 주마다 딸린 군국들을 순행하면서 죄수들의 실상을 살피고 전최(인사 고과)를 따지게 했다. 처음에는 한 해가 끝날 때마다 직접 서울 낙양에 이르러 일을 보고하게 했는데, 한나라가 다시 일어선 후에는 계리만을 보내게 했다. 이에 대해서는 『속한서』에 보인다.

걱정스럽고 당황스러우며 애통하고 두려울 뿐이다. 그러나 군국에서 풍년이라는 겉만 번지르르한 헛된 명예를 얻으려고 재해를 입었다는 사실을 은폐하고 농지 면적을 과장하며, 흩어져 떠도는 자들을 헤아리지 않고 서로 다투듯이 호구 수를 늘리며, 도적들을 은닉하고 간악한 자들에게 징벌을 내리지 않으며, 관리들을 차례에 따라 임용하지 않고 선발하여 천거하는 자들은 마땅함을 잃었으니 그 탐욕스러운 포악함과 참혹한 해독이 백성들에게까지 미쳤다[延及平民].[14] 그런데도 너희 자사들은 고개를 숙여 보지 않고 귀를 막아 듣지 않으면서 아랫사람만 두둔하니 감히 "하늘이 두렵지 않고 사람에게 부끄럽지 않은가[不畏于天, 不愧于人]."[15] 너그럽게 용서하는 은사가 자주 있으리라고 믿지 말라. 지금 이후로 [죄를 저지른 자는] 장차 그 벌을 합쳐서 내리겠노라. 이천 석 장리들은 각각 [백성들이 입은] 피해를 실제로 조사하여 전조와 추고를 면제하라.

8월

신해일, 황제가 붕어했다.

계축일, 숭덕전전崇德前殿에서 염했다. 나이는 두 살이었다.

찬하여 말한다.

화제는 [성품이] 침착하면서도 강직해서 솔선하여 전대의 법을 굳게 지켰네. 임금이 몸소 중화를 빛나게 했으나 고집 세고 사악한 자들[彊

---

14 평민이란 선인善人, 즉 양민을 말한다. 『서경』에 "평민에까지 미치고[延及于平人]"라는 구절이 있다.
15 『시경』 「소아」에 나온다.

慝]¹⁶에게는 명을 내리셨네. 길조를 드러내지 않고 감추었으며 덕망 높은 자들을 등용해서 널리 알렸도다.¹⁷ 상제는 어찌 그리 일찍 죽었으며 평원왕은 〔병을〕 이기지 못했던가.¹⁸

---

16 특慝은 악惡, 즉 사악하다는 뜻이다. 두헌 등을 주살한 일을 말한다.
17 등표 등을 등용하여 정치를 맡긴 것을 말한다.
18 평원왕 유승은 병이 심했으므로 황제로 옹립되지 못했다. 『춘추좌씨전』에 "〔자식이〕 짊어진 짐을 이기지 못한다〔弗克負荷〕"라는 구절이 나온다.

효안제기
孝安帝紀
권5 본기 제5

안제기
安帝紀

공종恭宗 효안황제孝安皇帝는 휘가 호祜이며,[1] 장제의 손자이다. 아버지는 청하효왕清河孝王 유경이며, 어머니는 좌희左姬이다.

유호가 저제邸第[2]에 있을 때, 몇 차례나 신령스러운 빛이 방을 비추고, 또 붉은 뱀이 대자리[第][3] 사이에서 고개를 내민 적이 있었다. 나이 열 살 때에는 『사서史書』[4] 배우기를 좋아했는데, 화제가 그것을 칭찬하면서 몇 차례 궁중으로 불러들였다.

---

1 『일주서』「시법해」에 따르면, "너그럽고 관대하여 나라를 평화롭게 하는 것을 안安이라 한다." 복후의 『고금주』에 따르면, "호祜 자는 복福을 말한다."
2 『창힐편』에 따르면, "저邸는 사숨, 즉 집이라는 뜻이다." 『설문해자』에 따르면, "속국의 관사를 말한다." 「음의」에 따르면, "제第는 갑을의 순서가 있음을 말한다."
3 자第는 대자리로 짠 평상을 말한다.
4 『사서』는 주나라 선왕 때 태사 주籒가 지은 책이다. 모두 쉰다섯 편으로 어린아이들을 가르치는 데 썼다.

【연평 원년】(106년)

유경이 처음으로 봉국으로 나갔을 때, 등鄧 태후가 특별히 조서를 내려 유호를 청하왕의 〔낙양〕 저택에 머물게 했다.

8월

상제가 붕어했을 때, 황태후는 오빠인 거기장군 등즐과 함께 궁중에서 계책을 정하고는 그 밤에 등즐로 하여금 지절을 가지고 왕청개거王青蓋車[5]로써 유호를 맞이하여 전전에서 상복을 입게 했다. 황태후가 숭덕전崇德殿으로 가자 백관들이 모두 길복吉服(예복)을 입고[6] 각자 자리에 앉아 있었다. 황태후가 유호를 불러들여 장안후長安侯로 임명했다.[7] 황태후가 조서를 내렸다.

돌아가신 황제(화제)께서는 성덕聖德이 아름답고 훌륭했지만 일찍 천하를 버리셨다. 이에 짐은 황제를 받들어 이른 아침부터 밤늦게까지 해와 달을 우러르면서 〔정치가〕 이루어지기를 바랐노라. 하나 어찌 알았겠는가, 갑자기 황제가 돌아갈 줄을. 타고난 수명은 어쩔 수 없으나 슬픔에 가슴이 찢어지는구나. 그런데 평원왕은 평소에 늘 병마에 시달리고 있으므로 종

---

5 『속한지』에 따르면, "황태자와 황자는 모두 안거安車(앉아서 탈 수 있는 일인용 작은 수레)를 타는데, 그 수레는 붉은[朱] 바퀴에 푸른 덮개를 하고 황금색 꽃으로 문양을 넣어서 만든다. 황자는 나중에 왕이 될 것이므로 이 수레를 하사하여 타게 한다. 그래서 왕청개거라고 부르는 것이다. 황제의 손자는 초록빛 수레[綠車]를 탄다."
6 낙양 남궁에 숭덕전이 있다. 흉사(상사)가 있으면, 조정을 열 수 없기 때문에 모두 길복을 입은 것이다.
7 곧바로 천자로 세울 수 없었으므로 일단 제후로 봉한 것이다. 미미한 자가 황제의 자리에 오르는 것을 바라지 않은 것이다.

묘의 무거움을 따져 보고 후사의 황통을 고민할 수밖에 없노라. 장안후 유호劉祜는 타고난 성품이 충성과 효도가 있고 작은 데까지 마음을 쓰고 깊이 삼가는 데다〔小心翼翼〕[8] 『시경』과 『논어』에 능통하고, 배움이 두텁고 옛 것을 즐기며, 어질고 은혜로워 아랫사람을 사랑한다고 들었다. 비록 나이는 열셋에 지나지 않으나 가히 어른의 뜻을 품었다고 할 수 있다. 또한 덕을 가까이하니 〔황제의〕 뒤를 잇기에〔係〕[9] 유호보다 마땅한 사람이 없다. 『예기』에 "형제의 아들을 자기 아들로 삼는다"[10]는 말이 있다. 또 춘추의 뜻에 따르면, 남의 뒤를 이어 아들이 된 자는 아버지의 명령을 받들어 할아버지〔王父〕의 명령을 물리쳐서는 안 된다.[11] 유호를 효화황제의 후사로 삼아 조종을 받들어 잇게 할 것이니 예의를 살펴 상주하라.

또 책명을 지어 말했다.

연평 원년(106년) 가을 8월 계축일, 황태후가 말한다. 장안후 유호劉祜에게 알리노라. 효화황제께서는 아름다운 덕이 높디높아 빛이 사해에 미치셨다. 그러나 대행황제大行皇帝[12]께서는 불행히도 천수가 길지 않으셨다. 짐이

---

8 익익翼翼은 삼가 공경하는 것이다. 『시경』에 "우리 문왕께서는〔維此文王〕 작은 데까지 마음 쓰시고 깊이 삼가시어〔小心翼翼〕"라는 구절이 있다.

9 계係는 계繼, 즉 잇는다는 뜻이다.

10 『예기』 「단궁檀弓」에 나오는 글이다.

11 남의 뒤를 잇는다는 말은 다른 사람에게서 태어나서 자리를 계승하는 것을 말한다. 왕부王父는 할아버지를 말한다. 『춘추곡량전』에 따르면, 위衛나라 영공은 태자 괴외蒯聵를 폐하고 손자를 〔후사로〕 세웠는데 그 손자는 번번이 아버지 말은 듣지 않고 할아버지 말만 들었다고 한다.

12 「음의」에 따르면, "예禮에 대행大行人과 소행인小行人이 있는데, 시호를 추증하는 일을 맡은 관리이다." 위소韋昭에 따르면, "대행大行은 되돌리지 못한다는 말이다. 천자가 붕어하고 아직 시호가 없을 때 대행이라고 한다." 『춘추곡량전』에 따르면,

생각하기에 장안후는 효장황제의 대를 이은 적황손嫡皇孫으로 겸손하고 공손하며 자애롭고 온순한 사람으로 어린 나이지만 부지런하니〔在孺而勤〕[13] 마땅히 교묘郊廟를 받들고 대업을 이을 만하다. 이제 장안후로 하여금 효화황제의 뒤를 잇게 하노라. 그대는 한나라를 밝히 살펴 진실로 그 중용을 지키라. "천자 한 사람에게 착한 행실이 있으면 모든 백성들이 그를 의지하게 된다." 황제는 부지런히 힘쓸지어다!

책명을 모두 읽은 후 태위가 옥새와 인수를 받들어 올리자 황제의 자리에 올랐다. 나이가 열세 살이었다. 여전히〔猶〕[14] 황태후가 조정에 나와 섭정했다.

9월

경자일, 고묘를 참배했다.
신축일, 광무묘를 참배했다.
여섯 주에 큰물이 들었다.
기미일, 알자들을 나누어 보내 순행하면서 〔피해의〕 허실을 파악하고 재난 피해를 조사하여 먹을거리가 떨어진 백성들을 구휼했다.
병인일, 효상황제를 강릉康陵[15]에 장사지냈다.
을해일, 진류군에 운석이 떨어졌다.
서역 여러 나라가 모반하여 도호 임상을 공격하자, 부교위 양근梁懃

"큰 행실〔大行〕은 큰 이름을 받는다." 『풍속통』에 따르면, "천자가 새로 붕어하고 아직 시호가 없을 때 대행황제라고 칭한다." 뜻은 양쪽이 서로 통한다.

13 유孺는 유幼, 즉 어리다는 뜻이다.
14 『춘추공양전』에 따르면, "유猶는 마땅히 그쳐야 함을 뜻하는 말〔可止之辭〕이다."
15 강릉은 신릉(화제의 능) 봉분 서쪽 땅에 있다. 높이는 다섯 길 다섯 자이며, 둘레는 이백여덟 보이다.

을 보내 임상을 구출하고 그들을 공격해 무찔렀다.

겨울 10월

네 주에 큰물이 들고 우박이 내렸다. 조서를 내려서 겨울 보리〔宿麥〕[16]가 〔천재지변으로〕 나지 않았으니 〔곳간을 열어〕 가난한 백성들을 구휼하게 했다.

12월

갑자일, 청하왕이 죽었다. 사공에게 지절을 주고 장례 제사를 받들게 했으며, 거기장군 등즐을 보내 상사를 보호하게 했다.

을유일, 어룡만연백희魚龍曼延百戱[17]를 없앴다.

---

16 숙宿은 구舊, 즉 지난해라는 뜻이다. 보리는 반드시 해를 넘겨야 익으므로 숙宿이라고 한 것이다.

17 『한관漢官』「전직典職」에 따르면, "구빈악九賓樂을 지었다. 사리지수舍利之獸는 서쪽으로부터 와서 뜰에서 한바탕 희롱한 후 전전으로 들어와서 물로 뛰어들어 비목어比目魚로 화한다. 물을 들이마셔 안개를 만든 후, 다시 화하여 황룡이 되니 몸길이가 여덟 장에 이른다. 물에서 나와 뜰에서 놀면서 희롱하는데 햇빛을 받아 어지러이 빛난다." 만연은 짐승 이름이다. 장형의 「서경부西京賦」에 따르면, "거대한 짐승은 몸길이가 백 심尋(길이를 나타내는 단위로 여덟 자이다), 이것이 바로 만연이로구나."

【영초永初 원년】(107년)

봄 정월

초하루 계유일, 천하에 대사면령을 내렸다.

촉군 요새 밖의 강족들이 내속했다.[18]

무인일, 건위군健爲郡 남부를 나누어 속국도위로 삼았다.

사예교위주司隸校尉州,[19] 연주, 예주, 서주, 기주, 병주의 빈민들에게 곡식을 내렸다.

2월

병오일, 광성원廣成苑[20]을 비롯한 사냥터와 재해를 입은 군국의 공전을 가난한 백성들에게 빌려 주었다.

정묘일, 청하국淸河國을 나누어 황제의 동생 유상보劉常保를 광천왕廣川王으로 봉했다.

경오일, 사도 양유가 죽었다.

3월

계유일, 일식이 일어났다. 조서를 내려 공경들, 궁궐 안팎의 뭇 관리들, 군국의 태수들과 재상들에게 현량방정하고 유도[有道]한 자, 정치에 밝고 고금의 일에 통달하며 직언극간할 수 있는 자를 각각 한 사람씩

---

18 『동관기』에 따르면, "요새 밖 강족 용교龍橋 등 여섯 종족이 의를 사모하면서 투항해 내부했다."

19 사예교위는 하남군, 하내군, 하동군, 홍농군을 책임지며 낙양에 거한다. 이 때문에 위魏나라 말기에는 사주司州라 칭했다.

20 광성원은 여주 서쪽에 있다.

천거하게 했다.

기묘일, 영창군 요새 밖에 사는 초요 종족 오랑캐들이 공물을 바치면서 내속했다.

갑신일, 청하효왕을 장사지내는데, 용기龍旗와 호분을 내렸다.

여름 5월

갑술일, 장락위위長樂衛尉[21] 노공을 사도로 삼았다.

정축일, 조서를 내려 북해왕 유목의 손자 수광후壽光侯 유보劉普를 북해왕으로 봉했다.

구진군 요새 밖의 야랑夜郎 오랑캐들이 땅을 들어 내속했다.

6월

무신일, 황태후의 어머니 음 씨에게 작위를 내려 신야군新野君으로 삼았다.

정사일, 하동군에서 땅이 무너져 내렸다.

임술일, 서역도호를 없앴다.

선령 종강種羌이 모반하여 농도를 끊고 큰 무리를 이룬 후 쳐들어와 노략질하자 거기장군 등즐과 정서교위征西校尉 임상을 보내 토벌했다.

정묘일, 강족들 중 서로 연통하여 모반을 꾀하다 죄를 얻은 자들을 모두 사면했다.

---

21 『한서』에 따르면, "위위는 진나라 때 벼슬로 궁궐 문의 위병을 책임진다." 장락長樂, 건장建章, 감천甘泉은 모두 책임진 궁궐 건물을 관직 이름으로 삼은 것으로 질은 중이천 석이다.

가을 9월

경오일, 삼공에게 조서를 내려 옛 법령을 밝히 알려서 사치를 금하고 헛되이 꾸민 물건들을 만들지 못하게 하며 재물을 들여 두텁게 장사지내지 못하게 했다. 이 날, 태위 서방을 면직했다.[22]

신미일, 사공 윤근을 면직했다.[23]

계유일, 양주揚州 다섯 군에서 곡식을 징발해[24] 동군東郡, 제음군濟陰郡, 진류군, 양국, 하비국, 산양군山陽郡에 보내 구휼했다.

정축일, 조서를 내렸다.

지금부터 장리 중에서 [죄로] 조사[考]를 받고 판결이 아직 나지 않은[報][25] 자, 부모상이 아닌 다른 이유로 번번이 벼슬을 버린 자들은 극현劇縣(업무가 번거롭고 무거운 현)에서 십 년, 평현平縣(업무가 간소하고 가벼운 현)에서 오 년 이상 일한 후에야 다른 일에 임용될 수 있도록 하라.

임오일, 태복과 소부에게 조서를 내려 황문고취黃門鼓吹를 줄이고 우림사羽林士[26]를 보충하게 했으며, 마구간에서 황제의 수레[乘輿][27]를 모는 말이 아니면 모두 먹을 것을 절반으로 줄이게 했다. 또한 물건을 만드는 여러 부서도 종묘와 원릉에 이바지하는 데 쓰이는 것이 아니면 모

---

22 천재지변이 수차례 일어났으므로 파직한 것이다.
23 빗물에 백성들이 떠내려갔으므로 파직한 것이다.
24 여기서 다섯 군이란 구강군, 단양군, 여강군, 오군吳郡, 예장군豫章郡을 말한다. 양주는 여섯 군을 다스리는데, 회계군은 가장 멀었기 때문에 곡식을 징발하지 않은 것이다.
25 고考는 그 상태를 조사해 묻는 것을 말한다. 보報는 판결을 얻는 것[斷決]을 말한다.
26 『한관의』에 따르면, "황문고취는 [인원이] 일백사십오 명이다. 우림좌감羽林左監은 우림사 팔백 명을 책임지며, 우림우감羽林右監은 구백 명을 책임진다."
27 승여는 천자가 타는 수레와 가마이다. 감히 존귀한 사람을 입에 올릴 수 없으므로 승여라고 부른 것이다. 채옹의 『독단』을 보라.

두 만들기를 중지하게 했다.

병술일, 조서를 내려 사형죄를 저지른 자 이하에서 망명한 자들에 이르기까지 속형하게 하되 각자 차이를 두었다.

경인일, 태부 장우를 태위로, 태상 주장周章[28]을 사공으로 삼았다.

겨울 10월

왜국倭國[29]에서 사자를 보내 공물을 바쳤다.

신유일, 신성산新城山에서 샘물이 크게 솟았다.[30]

11월

정해일, 사공 주장이 몰래 [황제의] 폐립廢立을 모의했다. 책서를 내려 면직하자 스스로 목숨을 끊었다.

무자일, 사예교위 및 기주와 병주 두 주의 자사에게 칙서를 내렸다.

백성들이 유언비어를 지어 서로 놀라게 한 끝에 고향을 버리고 떠나더니 노약자들이 서로 손을 잡아끌고 길 위를 떠돌면서 괴로움을 당하고 있다. 이에 각 부部의 장리들에게 칙서를 내려서 몸소 그대들을 깨우쳐 알리고자 하노라. 만약 [유민들 중] 본래의 군으로 돌아가고자 하는 자가 있다면, 그가 있는 곳에서 장격長檄을 봉封해 주고, 그러려고 하지 않는 경우에는 억지로 돌려보내지 말라.[31]

---

28 『한관의』에 따르면, "주장은 자가 차숙次叔이며 형주 수현 사람이다."
29 왜국은 낙랑군에서 일만 이천 리 떨어져 있다. 남자는 얼굴을 검게 물들이고 몸에 문신을 하는데 그 문신을 왼쪽과 오른쪽에, 또는 크고 작게 새김으로써 존귀함과 비천함의 차이를 구별했다. 자세한 것은 「왜국전倭國傳」을 보라.
30 『동관기』에 따르면, "갑자기 밭이 무너지면서 생겼는데, 수심이 세 길이나 되었다."
31 봉封은 도장[印]으로 그것을 봉하는 것을 말한다. 장격(먼 길을 떠나는 이에게 주는

12월

을묘일, 영천태수潁川太守 장민張敏을 사공으로 삼았다.

이 해 군국 열여덟 곳에 지진이 일어나고, 마흔한 곳에 비가 내려 큰물이 지거나 혹은 산에서 물이 갑자기 밀려왔으며, 스물여덟 곳에 큰 바람이 불고 우박이 내렸다.

【영초 2년】(108년)

봄 정월

하남군, 하비국, 동래군, 하내군의 가난한 백성들에게 곡식을 나누어주었다.[32]

거기장군 등즐이 기현冀縣 서쪽에서 종강에게 패했다.[33]

2월

을축일, 광록대부 번준樊準과 여창呂倉을 각각 기주와 연주 두 주에 나누어 보내서 떠도는 백성들에게 곡식을 빌려 주게 했다.

신분증명서)은 지금의 장첩長牒과 같다. 돌아가고자 하는 자 모두에게 장첩을 주어 신분을 보장해 주라는 뜻이다.

32 『고금주』에 따르면, "이때 주군에 큰 기근이 들자, 쌀 한 섬이 이천 냥에 이르렀다. 사람들이 서로 잡아먹고 노약자들이 길거리에 버려져 죽어 갔다."

33 『속한서』에 따르면, "종강은 구천여 호로 농서군 임조곡臨洮谷에 산다." 기현은 천수군에 속한다.

여름 4월

갑인일, 한양성漢陽城에 불이 나 삼천오백칠십 명이 타 죽었다.

5월

가뭄이 심했다.

병인일, 등 태후가 낙양시로 행차했다. 약로옥에 이르러 죄수들의 정상을 살피고, 하남윤, 정위, 경 및 그 관속 이하에게 모두 은혜를 내리되 사람마다 차이를 두었다. 그러자 그날로 비가 내렸다.

6월

서울 낙양 및 군국 마흔 곳에 큰물이 졌으며, 큰 바람이 불고 우박이 내렸다.[34]

가을 7월

무진일, 조서를 내렸다.

옛날 제왕이 하늘을 받들어 백성들을 다스릴 때 반드시 선기옥형琁機玉衡으로 칠정七政을 바로잡았다.[35] 짐이 부덕한 몸으로 대업을 이어받았으나 음과 양이 어긋나서 서로를 넘나드니 이변이 연이어 나타나 백성들은 굶주려 떠돌고 강족과 맥족은 모반하여 돌아서기에 이르렀다. 이에 이른 아침부터 밤늦게까지 나를 이기려 애쓰고, 근심하는 마음을 떠나지 않았다(憂

---

34 『동관기』에 따르면, "우박은 크기가 토란 또는 달걀만 했으며, 바람은 나무가 뽑히고 집이 날아갈 정도였다."

35 공안국의 『상서주』에 따르면, "선琁은 아름다운 옥이다." 선으로 기틀(機)을 삼고 옥으로 저울대(衡)를 삼아서 왕은 천문 기구를 바로잡는다. 칠정은 일월과 오성을 말하는데 그 바로잡는 바가 각각 다르다. 즉 지금의 혼의이다.

心京京〕.³⁶ 틈틈이 공경과 군국에 영을 내려 현량방정한 자를 천거하게 하면서 인재를 멀리까지 구하고 널리 선발하며 꺼려서 오지 않는 바가 없도록 길을 열도록 했다. 그리하여 지극히 지혜로운 자를 얻어 내 눈이 미치지 못하는 곳을 살피려 했으나 대답하는 바가 모두 부화한 말만 좇고 숭상하니 탁월하고〔卓爾〕³⁷ 뛰어난 이야기는 들어보지 못했다. 모든 조정 관료들 및 군국의 관리들은 도술을 밝히 익혀 재이에 따른 음양의 변화나 별자리의 규칙을 아는 이가 있으면 각각 변고를 지적하도록 하고 그 말을 들어서 기록해 올리라. 이천 석 장리들은 명백히 조서를 들어 깊은 곳에 숨은 선비들을 널리 끌어들이라〔衍〕.³⁸ 장차 짐이 순서를 가리지 않고 친히 살펴본 후, 좋은 계책을 얻어 하늘의 꾸지람을 받들리라.

윤달

신축일, 광천왕 유상보가 죽었다. 아들이 없어 나라를 없앴다.
계미일, 촉군 요새 밖의 강족들이 땅을 바치면서 내속했다.³⁹

9월

경자일, 제후왕들에게 조서를 내려 검은색 인끈을 찬 관리(육백 석 이하 관리) 이하 낭과 알자에 이르는⁴⁰ 휘하 관리 중에서 경전에 밝아 박사

---

36 『시경』「소아」에 "근심하는 마음이 크디크구나〔憂心京京〕"라는 구절이 있다. 『이아』에 따르면, "경경京京은 우憂, 즉 근심하는 모습이다."
37 탁이卓爾는 고매하고 심원한 모습을 가리킨다. 『논어』에 "우뚝하게 서 있는 것 같아서〔如有所立卓爾〕"라는 구절이 있다.
38 연衍은 인引, 즉 끌어들인다는 말이다.
39 『동관기』에 따르면, "요새 밖의 강족 박신薄申 등 여덟 종족이 무리를 들어 항복했다."
40 『속한서』에 따르면, "제후왕의 나라에는 중대부를 두었는데, 질은 비 육백 석이다. 알자는 비 사백 석이며, 낭중은 이백 석이다."

로 임용된 자, 향리에 살면서 청렴결백과 지극한 효도로 칭송받는 자, 재주가 있어 백성 다스리는 일을 맡은 자, 나라의 재상이 해마다 이름을 기록한[移] 자를 모두 계리와 함께 동행시켜 상서에게 이르게 한 후 삼공부에서 두루 선발하여[調] 외직에서 관리들을 보충하게 했다.[41]

겨울 10월

경인일, 제음군, 산양군, 현도군玄菟郡의 빈민들에게 식량을 내려 주었다.

정서교위 임상이 선령 강족과 더불어 평양현平襄縣[42]에서 싸웠는데, 임상의 군대가 계속 패했다.

11월

신유일, 등즐을 대장군으로 임명한 후 불러서 서울 낙양으로 돌아오게 하고, 임상은 농우에 머물러 주둔하게 했다. 선령 강족 전령滇零[43]이 북지군에서 천자를 참칭하고, 끝내 삼보를 노략질했다. 그리고는 동쪽으로 가서 조趙 땅과 위魏 땅을 침범한 후, 남쪽으로 익주로 들어가 한중태수漢中太守 동병董炳을 살해했다.

12월

신묘일, 동군, 거록군, 광양군, 안정군, 정양군, 패국의 가난한 백성들에게 곡식을 내려 구휼했다.

광한군 요새 바깥에 살던 삼랑 강족들이 항복하자, 광한군 북부를

---

41 이移는 서書, 즉 기록한다는 뜻이다. 조調는 선選, 즉 뽑는다는 뜻이다.
42 평양현은 천수군에 속한다. 옛날 양융읍襄戎邑이다.
43 전령은 강족의 이름이다.

나누어 속국도위로 삼았다.

이 해 군국 열두 곳에 지진이 일어났다.

【영초 3년】(109년)

봄 정월

경자일, 황제가 원복[44]을 입었다. 천하에 대사면령을 내렸다. 왕, 공주, 귀인, 공, 경 이하에게 황금과 비단을 내렸는데, 사람마다 차이를 두었다. 남자들 중 아버지 자리를 이은 자, 삼로와 효제와 역전에게 작위를 내렸는데, 사람마다 두 등급을 올려 주고, 유민들 중 호적에 이름을 올리고자 하는 자는 사람마다 한 등급씩 올려 주었다.

기도위 임인任仁을 보내 선령 강족을 토벌하게 했으나 형세가 계속 불리했다. 강족이 마침내 임조현[45]을 무찔러 떨어뜨렸다.

고구려에서 사신을 보내 공물을 바쳤다.

3월

서울 낙양에 큰 기근이 들어 백성들이 서로 잡아먹었다.

임진일, 공경들이 궁궐에 이르러서 사의를 표했다. 조서를 내렸다.

짐이 나이 어린 몸으로 대업을 받들어 이었으나 풍속의 교화를 널리 떨치

---

44 원복이란 관을 쓰는 것을 말한다. 「사관례士冠禮」에 "길한 달 길한 날에 네 원복을 더한다"라는 구절이 있다. 정현에 따르면, "원元은 수首, 즉 머리라는 뜻이다."
45 임조현은 농서군에 속한다.

지 못한 탓에 음과 양이 서로를 거슬러 마침내 백성이 기근을 만나 서로 잡아먹는 데 이르렀다. 곰곰이 생각할수록 슬퍼 탄식만 절로 나오니 깊은 연못물에 빠진 것 같구나. 허물은 모두 짐에게 있으며, 뭇 관리들의 책임이 아니다. 그러나 [경들이] 스스로 잘못을 인정하고 몸을 낮추어 죄를 청하니[貶引] 조정의 부덕함이 진실로 중대하다[重]고 하겠다.[46] 변고를 되돌릴 길을 힘써 생각하여 [짐의] 부족함을 도우라.

계사일, 조서를 내려 홍지鴻池를 가난한 백성들에게 빌려주게[假] 했다.[47]

임인일, 사도 노공을 면직했다.

여름 4월

병인일, 대홍려 구강군九江郡 사람 하근夏勤[48]을 사도로 삼았다.

나랏일에 쓸 물건이 부족해지자 삼공이 상주하기를 관리들과 백성들로 하여금 돈과 곡식을 내게 하고 관내후, 호분랑, 우림랑羽林郎, 오대부五大夫, 관부官府의 속관, 제기緹騎(적황색 옷을 입은 기병), 영사營士[49] 등의 자리를 주되 사람마다 차이를 두자고 했다.

기사일, 조서를 내려 상림원과 광성원을 개간할 수 있게 하고 [그

---

46 폄인貶引은 스스로 낮추고 깎아내려서 잘못을 [자기에게] 끌어들이는 것이다.
47 『속한서』에 따르면, "홍지는 낙양에서 동쪽으로 이십 리 떨어진 곳에 있다." 가假는 차借, 즉 빌린다는 뜻이다. 연못 안에서 물고기를 잡을 수 있도록 한 것이다.
48 하근은 자가 백종伯宗이며, 수춘현 사람이다.
49 『속한지』에 따르면, "집금오는 제기 이백 명을 거느린다." 제緹는 적황색이다. 영사는 오교영五校營의 군사들이다. 『한관의』에 따르면, "둔기교위屯騎校尉, 월기교위, 보병교위, 사성교위는 각각 군사 칠백 명을 거느린다. 장수교위는 군사 삼백육십칠 명을 거느린다."

땅을] 가난한 백성들에게 나누어 주었다.

갑신일, 청하왕 유호위劉虎威가 죽었다.

5월

병신일, 낙안왕樂安王 유총劉寵의 아들 유연평劉延平을 청하왕으로 삼았다.

정유일, 패왕 유정劉正이 죽었다.

계축일, 서울 낙양에 큰 바람이 불었다.

6월

오환족이 대군, 상곡군, 탁군을 노략질했다.

가을 7월

해적 장백로張伯路 등이 바다를 끼고 있는 아홉 군으로 쳐들어와 노략질하자 시어사 방웅龐雄을 보내 주군의 병사들을 거느리고 쳐서 무찌르게 했다.

경자일, 장리들에게 조서를 내려 행재소를 살피게 한 후, 모두 겨울 보리와 채소의 씨앗을 뿌리고 힘을 다해 경지를 넓히게 했으며, 가난한 사람들에게 종자와 곡식을 나누어 주었다.

9월

안문군의 오환족과 선비족이 모반해 고거곡高渠谷[50]에서 오원군의 병사들을 패퇴시켰다.

---

50 『동관기』에 따르면, "구원현 고량곡高梁谷에서 싸웠다." 거渠와 양梁은 〔글자 모양이〕 서로 비슷하게 생겼으므로, 잘못 적었을 것이다.

겨울 10월

남선우가 모반하여 미직현美稷縣에서 중랑장 경종耿種을 포위했다.

11월

행거기장군 하희何熙를 보내 그들을 토벌했다.

12월

신유일, 군국 아홉 곳에 지진이 일어났다.
을해일, 혜성이 천원성天苑星[51]에 나타났다.

이 해 서울 낙양 및 군국 마흔한 곳에 비와 우박이 내렸다.[52] 병주와 양주涼州 두 주에 큰 기근이 들어 사람들이 서로 잡아먹었다.

【영초 4년】(110년)

봄 정월

원일元日, 조회를 열었으나 음악을 거두고 정원에 수레를 늘어놓지 않았다.[53]
신묘일, 조서를 내려 노략질당한 곳을 삼보에 견주어서 유민이 된

---

51 천원성은 별 이름이다.
52 『속한서』에 따르면, "우박 크기가 기러기 새끼만 했다."
53 매년 크게 조회를 열 때마다 반드시 수레, 법물, 가마를 정원에 벌여 놓았으므로 정원에 수레가 가득하다고 한 것이다. 이 해는 기아가 들었으므로 그것을 늘어놓지 못하게 한 것이다.

백성들은 삼 년 동안 조세, 과경過更, 구산,[54] 추고를 면제해 주게 했다. 상군의 빈민들에게 곡식을 나누어 주었는데 사람마다 차이를 두었다.

해적 장백로가 다시 발해군과 평원군의 극적劇賊(세력이 큰 도적) 유문하劉文河, 주문광周文光 등과 더불어 염현厭縣을 수차례 공격하여 현령을 살해했다. 어사중승御史中丞 왕종王宗을 보내 청주자사青州刺史 법웅法雄을 이끌고 그들을 쳐서 무찌르게 했다.

도료장군 양근과 요동태수 경기가 속국屬國의 옛 성에서 남선우를 쳐서 무찔렀다.

병오일, 조서를 내려 백관 및 주, 군, 현의 녹봉을 줄이되 각자 차이를 두었다.

2월

정사일, 구강군의 빈민들에게 곡식을 내려 주었다.

남흉노가 상산군을 노략질했다.

을축일, 처음으로 장안과 옹현에 두 영을 설치하고 도위를 두었다.[55]

을해일, 조서를 내려 건초(장제의 연호) 이래로부터 유언비어를 퍼뜨

---

54 「음의」에 따르면, "사람들은 모두 변방에 사흘 동안 수자리를 살아야 한다. 사람마다 자신이 직접 가는 것이 가능하지 않았고, 갔던 자가 사흘 동안 수자리를 선 후 바로 돌아오는 것 역시 가능하지 않았으므로 한 번 수자리를 가면 한 해 동안 머물게 했다. 수자리를 서러 가지 않은 자들은 삼백 냥을 관청에 내고, 관청에서는 그로써 수자리 서는 자들에게 돈을 지급했다. 본래 경更을 서야 하는 날짜를 지나서 계속 경을 사는 것이므로 이를 과경이라 한다." 또 "사람의 나이 열다섯 살에서 쉰여섯 살까지는 부전을 내는데, 사람마다 백이십 냥을 일 산算으로 한다."

55 『한관의』에 따르면, "양주涼州 부근에 사는 강족이 삼보 지역을 몇 차례 침범하자 경조호아도위京兆虎牙都尉와 부풍도위扶風都尉로 하여금 군대를 거느리고 원릉을 호위하면서 지키게 했다. 부풍도위는 옹현에 거했으므로 사람들이 옹영雍營이라 했다." 「서강전西羌傳」에 따르면, "호아도위는 장안에 거한다."

려 다른 사람을 중상한 죄를 저질러 변방으로 귀양 보냈던 자들을 모두 고향으로 돌려보냈으며, 재산을 몰수당하고 관노가 된 자들을 모두 면책하여 서인으로 삼았다.

알자 유진劉珍 및 오경박사五經博士에게 조서를 내려, 동관에 있는 오경, 제자백가의 저술, 경전의 주석, 백가百家의 예술(육예를 말한다) 등을 교정하고 누락되거나 잘못된 것의 이치를 따져 틀린 바를 바로잡게 했다.[56]

3월

남선우가 항복했다.

선령 강족이 포중현褒中縣[57]을 노략질하자 한중태수 정근鄭勤이 싸우다 죽었다.

금성군의 도읍을 양무현襄武縣[58]으로 옮겼다.

무자일, 두릉원杜陵園에 불이 났다.

계사일, 군국 아홉 곳에 지진이 일어났다.

여름 4월

여섯 주[59]에 황충이 들끓었다.

정축일, 천하에 대사면령을 내렸다.

---

56 『낙양궁전명洛陽宮殿名』에 따르면, "남궁에 동관이 있다." 『한서』에 따르면, "학파를 이룬 일가는 모두 일백여든아홉 군데이다." 백가는 그 전체 숫자를 말한다.
57 포중현은 한중군에 속한다.
58 양무현은 농서군에 속한다.
59 『동관기』에 따르면, "사예교위주, 예주, 연주, 서주, 청주, 기주 등 여섯 주이다."

가을 7월

을유일, 세 군에 큰물이 들었다.

기묘일, 기도위 임인이 하옥되어 죽었다.

9월

갑신일, 익주군에 지진이 일어났다.

겨울 10월

갑술일, 신야군 음 씨[60]가 죽었다. 사공으로 하여금 지절을 가지고 상을 지켜 치르게 했다.

대장군 등즐을 파직했다.

【영초 5년】(111년)

봄 정월

초하루 경신일, 일식이 일어났다.

병술일, 군국 열 곳에서 지진이 일어났다.

기축일, 태위 장우를 면직했다.

갑신일, 광록훈 이수李脩[61]를 태위로 삼았다.

---

60 『동관기』에 따르면, "신야군이 죽자 검은 옥과 붉은 옷을 보내고 돈 삼천만 냥과 베 삼만 필을 부조했다."

61 『한관의』에 따르면, "이수는 자가 백유伯游이며, 예주 양성현襄城縣 사람이다."

2월

정묘일, 조서를 내려 군국에서 태관에게 먹을거리를 바치는 것을 줄이거나 없애게 했다.

선령 강족이 하동군을 노략질한 후, 끝내 하내군에 이르렀다.

3월

조서를 내려 농서군을 양무현으로, 안정군을 미양현美陽縣으로, 북지군을 지양현池陽縣으로, 상군을 아현衙縣[62]으로 옮겼다.

부여夫餘 오랑캐들이 요새를 범하여 관리들과 백성들이 죽거나 다쳤다.

윤달

정유일, 양주涼州의 하서사군河西四郡에서 죄를 사면했다.

무술일, 조서를 내렸다.

짐이 부덕한 몸으로 교묘를 받들고 대업을 이은 탓에 화합을 일으키고 선정을 베풀어 백성들을 위해 복을 빌 수 없었다. 재이가 벌떼처럼 일어나고 도적들이 여기저기 횡행하며 오랑캐들이 중원을 어지럽히고〔猾夏〕[63] 침략이 끊이지 않으니 백성들은 궁핍해지고 잦은 징발에 괴로움에 빠졌다. 또 거듭하여 황충이 떼 지어 나타나 보리에 해를 입히니 바야흐로 추수할 때가 되었는데도 오히려 슬퍼할 지경에 이르렀구나. 또 짐이 현명하지 못하여 다스림이 적중하지 않은 탓에 충성스럽고 어진 이들을 얻어 잘못된

---

62 『춘추좌씨전』에 "진나라와 진晉나라가 팽아彭衙에서 싸웠다"라는 구절이 있는데, 이곳을 말한다.

63 활猾은 난亂, 즉 어지럽힌다는 뜻이다. 하夏는 화하華夏, 즉 중원 지역을 말한다.

정치를 보좌하지 못했다. 『논어』에 "엎어져도 부축해 주지 않고 위태로워도 붙잡아 주지 않는다면, 장차 어찌 그를 신하로 쓰겠는가"라고 했다. 공경대부들은 어찌하여 잘못을 바로잡음으로써 나라를 위난에서 건지고, 하늘의 꾸지람을 받들지 않는가? 무릇 정치의 근본은 사람을 얻는 것보다 나은 것이 없고, 어진 것을 기리고 착한 것을 드러내는 것이 성인의 법제보다 앞서는 것이다. "많디많은 훌륭한 선비들, 문왕이 그 덕분에 평안해졌구나〔濟濟多士, 文王以寧〕"[64]라고 했다. 생각건대 충성스럽고 어질며 바르고 곧은 신하를 얻는다면, 짐의 손길이 미처 이르지 못한 곳을 보좌할 수 있으리라. 영을 내리노라. 삼공, 특진, 후侯, 중 이천 석 관리, 이천 석 관리, 군수郡守, 제후諸侯의 재상들은 각각 현량방정한 선비, 유도한 선비, 정치교화에 통달한 선비, 직언극간할 수 있는 선비를 각각 한 사람씩, 그리고 지극한 효성으로 무리 중에서 탁월하게 눈에 띄는 자들을 천거하고 공거에 이르게 하라. 짐이 친히 그들을 살피겠노라.

6월

갑진일, 낙성왕 유순이 죽었다.

가을 7월

기사일, 삼공, 특진, 구경, 교위校尉[65]에게 조서를 내려 여러 장수들의 자손 중에서 싸움에 밝고 진법에 환한 자들을 천거하여 장수로 임명하게 했다.

---

64 『시경』 「대아」에 나오는 말이다.
65 구경은 봉상, 광록, 위위, 태복, 홍려, 정위, 소부, 종정, 사농을 말한다. 교위는 성문교위, 둔기교위, 월기교위, 보병교위, 장수교위, 사성교위 등을 말한다.

9월

한양군 사람 두기杜琦와 왕신王信이 모반하여[66] 여러 선령 강족들과 더불어 상규성上邽城을 공격하여 함락시켰다.

12월

한양태수漢陽太守 조박趙博이 자객을 보내 두기를 칼로 찔러 죽였다.[67]

이 해 아홉 주에서 황충이 들끓었으며, 군국 여덟 곳에서 비가 내려 큰물이 들었다.

【영초 6년】(112년)

봄 정월

경신일, 월수군에 조서를 내려 장리원長利苑, 고망원高望苑, 시창원始昌苑 등 삼 원을 조성하게 했으며, 또 익주군에 영을 내려 만세원萬歲苑을, 건위군[68]에 영을 내려 한평원漢平苑을 조성하게 했다.

3월

열군데 주에서 황충이 들끓었다.

---

66 『동관기』에 따르면, "두기는 스스로 안한장군安漢將軍을 칭했다."
67 『동관기』에 따르면, "한양군의 옛 관리 두습杜習이 그를 손칼로 찔러 죽였다."
68 「음의」에 따르면, "[건위군은] 옛날 야랑국夜郎國이다."

여름 4월

을축일, 사공 장민을 파직했다.

기묘일, 태상 유개劉愷를 사공으로 삼았다.

5월

가뭄이 심했다.

병인일, 중 이천 석 이하 황수(비 이백 석 이상의 관리)에 이르는 관리들에게 조령을 내려 질을 원래대로 복구해 주고 속형을 위해 냈던 재물을 돌려주었다. 그런 후에 모든 관리에게 작위를 내렸는데, 각자 차이를 두었다.

무진일, 황태후가 낙양시에 행차하여 죄수들의 실상을 살핀 후, 원통하게 옥에 갇힌 사람들이 없는지를 살폈다.

6월

임진일, 예장군豫章郡과 원계員谿[69]와 원산原山에서 땅이 무너져 내렸다.

신사일, 천하에 대사면령을 내렸다.

시어사 당희唐喜를 보내 한양군의 적도 왕신을 토벌하게 했다. 당희가 왕신을 무찌르고 그 목을 베었다.[70]

겨울 11월

신축일, 호오환교위 오지吳祉가 하옥되어 죽었다.

이 해 선령 강족 전령이 죽었는데, 그 아들 영창零昌이 다시 연호를

---

69 원계궐員谿闕을 말한다.
70 『속한지』에 따르면, "왕신의 목은 낙양으로 보내져 곡성문穀城門 바깥에 효수되었다."

잇고 황제를 참칭했다.

【영초 7년】(113년)

봄 정월

경술일, 황태후가 대신들과 명부命婦들을 거느리고 종묘에 고했다.[71]

2월

병오일, 군국 열여덟 곳에 지진이 일어났다.

여름 4월

을미일, 평원왕 유승이 죽었다.
그믐 병신일, 일식이 일어났다.

5월

경자일, 서울 낙양에서 기우제〔雩〕를 크게 지냈다.[72]

---

71 『상복전喪服傳』에 따르면, "명부命夫는 남자 중에서 대부를 말한다. 명부는 대부의 아내를 말한다." 신 이현이 아룁니다. 『동관기』, 『속한서』, 원산송의 『후한서』, 사침謝沈의 『후한서』, 『고금주』에 모두 "〔영초〕 6년 정월 갑인일, 종묘에 고했다"라고 나와 있습니다. 여기에서 "〔영초〕 7년, 경술일"이라고 쓴 것은 잘못이 아닌가 합니다.

72 『춘추좌씨전』에 "용성이 보이자 기우제를 지냈다〔龍見而雩〕"라는 구절이 있다. 두예의 『춘추좌씨전주』에 따르면, "건사建巳의 달을 일컫는다. 용성龍星의 각성角星과 항성亢星이 동방에서 보인다. 우雩는 원遠, 즉 소원을 비는 것이다. 백곡百穀을 위하여 소원을 빌면서 비가 풍요롭게 내리기를 구하는 것이다." 『주례』 「사무직司巫職」에 따르면, "나라에 큰 가뭄이 들면, 무巫를 시켜서 비를 기원하는 춤을 추게 한다." 정현의 『주례주』에 따르면, "우雩는 우吁, 즉 〔비 오는〕 소리를 내뱉는 것이다. 소리를 내어 비가

가을, 호강교위 후패侯霸와 기도위 마현馬賢이 선령 강족을 무찔렀다.

8월

병인일, 서울 낙양에 큰 바람이 불고, 황충이 날아서 낙양을 지나갔다. 조서를 내려 백성들에게 작위를 하사했다. 군국에 영을 내려 황충이 덮쳐 농사가 십 분의 오 이상 피해를 본 백성들은 올해 전조를 거두지 말게 했으며, 그를 채우지 못한 자는 실상을 조사하여 그만큼 줄여 주었다.

9월

영릉군, 계양군桂陽郡, 단양군丹陽郡, 예장군, 회계군의 조미租米(조세로 바치는 쌀)를 조정해 주고 남양군, 광릉군, 하비국, 팽성국, 산양군, 여강군, 구강군의 굶주린 백성에게 구휼미를 내렸다. 또한 빈수濱水를 통해 곡식을 오창敖倉으로 나르게 했다.[73]

【원초元初 원년】(114년)

봄 정월

갑자일, 연호를 원초元初로 고쳤다. 백성들에게 작위를 내리되 사람마다 두 등급씩 올려 주었으며, 효제와 역전은 사람마다 세 등급씩 올

내리기를 구하는 것이다."
73 『시경』에 "오敖에서 짐승을 잡는구나[搏獸于敖]"라는 구절이 있는데, 바로 이 땅을 말한다. 진나라 때 이곳에 태창太倉을 짓고 이름을 오유敖庾라 했다. 『동관기』에 따르면, "팽성군, 광양군, 여강군, 구강군의 곡식 구십만 섬을 빈수를 통해 오창으로 보냈다."

려 주었다. 작위가 공승을 넘은 자는 아들이나 친형제 또는 친형제의 아들이 그것을 옮겨 받을 수 있게 했으며, 백성들 중에서 호적에 이름이 빠진 사람들이나 유민들 중에서 호적에 이름을 올리고자 하는 자들은 한 등급을 올려 주었다. 홀아비, 과부, 고아, 홀몸, 병자, 가난하여 스스로 생계를 꾸릴 수 없는 자에게 곡식을 한 사람당 세 섬씩 나누어 주었다. 정절 있는 부녀자에게 비단을 하사했는데, 사람마다 한 필씩으로 했다.

2월
기묘일, 일남군에서 땅이 갈라졌다.[74]

3월
계유일, 일식이 일어났다.

여름 4월
정유일, 천하에 대사면령을 내렸다.
서울 낙양 및 군국 다섯 곳에 가뭄이 들고 황충이 들끓었다.
삼공, 특진, 열후, 중 이천 석 관리, 이천 석 관리, 군수에게 조서를 내려 각각 후덕하면서도 성품이 곧은 사람을 한 사람씩 천거하게 했다.

5월
선령 강족이 옹성현雍城縣을 노략질했다.

---

74 『동관기』에 따르면, "갈라진 곳의 길이가 백팔십이 리이고, 너비가 오백십육 리였다."

6월

정사일, 하동군에서 땅이 무너졌다.

가을 7월

촉군의 오랑캐들이 잠릉현潛陵縣[75]을 노략질하고, 그 현령을 살해했다.

9월

을축일, 태위 이수를 파직했다.

선령 강족들이 무도군과 한중군을 노략질하자, 농도가 끊어졌다.

신미일, 대사농 산양군 사람 사마포司馬苞[76]를 태위로 삼았다.

겨울 10월

초하루 무자일, 일식이 일어났다.

선령 강족이 적도현狄道縣에서 양주자사涼州刺史 피양皮陽을 패배시켰다.

을묘일, 조서를 내려 삼보의 전조, 경부, 구산[77]을 삼 년 동안 면제해 주었다.

11월

이 해 군국 열다섯 곳에 지진이 일어났다.

---

75 잠릉현은 잠릉산潛陵山이 있어서 그런 이름이 붙은 것이다.
76 사승의 『후한서』에 따르면, "사마포는 자가 중성仲成이며, 동민현東緡縣 사람이다."
77 이에 대한 풀이는 「광무제기」에 나온다.

【원초 2년】(115년)

봄 정월

조서를 내려 삼보 및 병주와 양주(凉州) 여섯 군의 유민들과 빈민들에게 곡식을 나누어 주었다.

촉군 청의도현(靑衣道縣)의 오랑캐들이 공물을 바치면서 내속했다.[78]

서문표(西門豹)가 장수(漳水)를 나누어서 지거(支渠)를 만들었던 곳을 수리하여 백성들 밭에 물을 대게 했다.[79]

2월

무술일, 중알자(中謁者)를 보내 서울 낙양에서 객사한 자들 중 딸린 식구가 없는 자들이나 관과 널이 썩어 없어져 부패한 시체들을 거두어 장사지내고 그들을 위해 제사를 베풀었다. 또 딸린 식구가 있더라도 너무 가난해 장례를 지를 수 없는 자들에게는 사람마다 돈 오천 냥을 내려 주었다.

신유일, 삼보와 하내군, 하동군, 상당군, 조국, 태원군에 조서를 내려 각각 옛 수로(渠)를 보수하게 함으로써 물길을 통하게 만들어 공사(公私)의 논밭(田疇)[80]에 물을 대었다.

---

78 청의도현은 대강(大江)과 청의강(靑衣江) 두 강물이 합쳐지는 곳에 있다. 『동관기』에 따르면, "청의도현의 오랑캐 당률(璗律) 등이 귀순했다."

79 『사기』에 따르면, "서문표가 업현령(鄴縣令)이었을 때, 백성들을 징발해서 열두 물길을 뚫고 물을 끌어들여 밭에 댔다."

80 「음의」에 따르면, "좋은 농지를 주(疇)라고 한다."

안제기 345

3월

계해일, 낙양에 큰 바람이 불었다.

선령 강족이 익주를 노략질하자, 중랑장 윤취尹就를 보내 토벌했다.

여름 4월

병오일, 귀인 염 씨閻氏를 황후로 세웠다.

5월

낙양에 가뭄이 들고, 하남군 및 군국 열아홉 곳에 황충이 들끓었다.

갑술일, 조서를 내렸다.

조정이 현명하지 못하여 여러 가지 일을 맞게 처리하지 못한 탓에 재이가 끊이지 않으니 근심하는 마음에 애통하고 두렵구나. 황충이 나타난 지 일곱 해가 지나도록 더욱 번성해 왔는데도 주군에서는 이를 감추고 겨우〔裁〕[81] 일백 묘만 피해가 있는 것처럼 말해 왔다. 이제 황충의 무리가 날아가면서 하늘을 덮을 지경에 이르러 그 해악이 크고 심하니 말하는 바와 보이는 바가 어찌 부합하지 않는단 말이냐? 삼사三司의 직분은 안팎으로 살피는 것인데도 이런 일을 들어서 아뢴 적도 없고 바로잡은 적도 없다. 하늘의 재앙이 지극히 무거우니 짐을 속인 죄가 매우 크다고 할 수 있다. 하나 지금은 한여름에 접어들었으므로 다시 너희들에게 관용〔假貸〕을 베풀고,[82] 이후에 하는 바를 살펴 처결할 것이다. 재앙을 없애는 데 온힘을 기울여 백성들을 편안하게 하라.

---

81 '재裁'는 '재纔'와 같다. 옛날에는 서로 통용해 썼다.
82 가대假貸는 관용을 베푼다는 뜻이다. 한여름에는 형벌을 더하지 않으므로 관용을 베푼 것이다.

6월

병술일, 태위 사마포가 죽었다.[83]

낙양 신성新城에서 땅이 갈라졌다.

가을 7월

신사일, 태복 태산군 사람 마영馬英[84]을 태위로 삼았다.

8월

요동군의 선비족이 무려현無慮縣[85]을 에워쌌다.

9월

[선비족이] 다시 부리현夫犁縣[86]의 군영을 공격하여 현령을 살해했다.

그믐 임오일, 일식이 일어났다.

겨울 10월

중랑장 임상을 보내 삼보에 주둔하게 했다.

군국과 중도관에 조서를 내려 옥에 갇힌 죄수들 중 사형죄를 저지른 자는 죄를 한 등급 낮추어 주고, 태형을 행하지 않고 풍익군과 부풍군의 둔영으로 보냈다. 그 처와 자식들 중에서 스스로 따라가고자 하는

---

83 사승의 『후한서』에 따르면, "사마포는 태위가 된 후, 늘 거친 밥을 먹고 베옷을 입었으며 처자식이 관사에서 지내지 못하게 했다. 마침 사도 양진楊震이 번풍樊豊 등의 참소를 받았는데 곧이어 사마포에게도 참소가 미쳤다. 사마포가 스스로 물러나기를 청했으나 아직 답을 듣기 전에 병으로 죽었다."

84 마영은 자가 문사文思이며, 연주 개현蓋縣 사람이다.

85 요동군에 속한다. 의무려산이 있으므로, 이런 이름이 된 것이다.

86 부리현은 요동속국遼東屬國에 속한다.

자들은 있을 곳을 호적에 올리게 했다. 여자들은 수작형에 처하지 못하게 했다.[87] 망명한 자들 중 사형죄를 저지른 자 이하는 속형하게 하되 각자 차이를 두었다. 관리들과 백성들이 모여 도적이 된 자들 중에서 잘못을 뉘우치는 자들은 죄를 없애 주었다.

을미일, 우부풍右扶風 중광仲光, 안정태수安定太守 두회杜恢, 경조호아도위京兆虎牙都尉 경부耿溥가 정해성丁奚城[88]에서 선령 강족들과 더불어 싸웠는데, 중광 등이 크게 패하여 모두 죽었다. 좌풍익 사마균司馬鈞이 하옥되자 스스로 목숨을 끊었다.[89]

11월

경신일, 군국 열 곳에서 지진이 일어났다.

12월

무릉군 예수 주변에 사는 만족들이 모반하자, 주군이 그들을 공격해 무찔렀다.[90]

기유일, 사도 하근을 파직했다.

경술일, 사공 유개를 사도로, 광록훈 원창袁敞을 사공으로 삼았다.

---

87 수작형을 금한 것이다.
88 『동관기』에 "북지군 영주현靈州縣 정해성에 이르렀다"라는 구절이 나온다.
89 『동관기』에 따르면, "안정태수 두회가 사마균 등과 함께 위엄을 떨치면서 강족을 공격했다. 두회가 승세를 타고 깊숙이 들어갔다가 포로가 되어 해를 입었는데, 사마균이 군대를 손에 쥐고 구하려 하지 않았다. 이에 사마균을 잡아들여 하옥했다."
90 『동관기』에 따르면, "만족 전산田山, 고소高少 등이 성을 공격해 장리를 살해했다. 주군에서 다섯 리里의 오랑캐들과 여섯 정亭의 병사들을 모아 쫓아가 공격하자 전산 등이 모두 항복했다. 다섯 리와 여섯 정의 우두머리들에게 황금과 비단을 내리되 각자 차이를 두었다."

【원초 3년】(116년)

봄 정월

갑술일, 태원군의 옛 수로를 손보아 고쳐서[91] 공사의 논밭에 물을 대게 했다.

동평륙현東平陸縣에서 연리지連理枝(뿌리가 다른 두 나무가 합쳐서 한 가지를 이루는 것으로 상서로운 징조이다)가 생겼다는 말을 올렸다.[92]

창오군蒼梧郡, 울림군鬱林郡, 합포군合浦郡의 오랑캐들이 모반하여 반란을 일으켰다.

2월

시어사 임탁任逴을 보내 주군의 병사들을 거느리고 그들을 토벌하게 했다.

군국 열 곳에서 지진이 일어났다.

3월

신해일, 일식이 일어났다.

---

91 역원의 『수경주』에 따르면, "옛날에 지백智伯이 진수晉水를 막아 진양성晉陽城에 물을 댔다. 뒷사람들이 그 자취를 따라 둑을 쌓아 소沼를 만드니 물길이 둘로 갈라졌는데, 북쪽 도랑이 곧 지백이 쌓았던 옛 수로이다. 도랑의 물길은 높은 곳으로 올라갔다가 동북쪽으로 진양성으로 흘러가서 물을 대고는 다시 동남쪽으로 성을 빠져나가 분수汾水로 들어간다." 수로를 손보아 고쳤다는 것은 바로 이곳을 말하는 것이다.

92 동평륙현은 옛날 궐국闕國으로 동평국에 속한다. 「서례」에 따르면, "서응瑞應(임금의 어진 정치에 하늘이 감응하여 나타낸 상서로운 징조)은 화제 때까지는 정사에 아름다운 일이 많고 결실이 있었기에 '어떤 곳에 나타났다'라고 썼다. 그러나 안제 때부터는 왕도가 쇠퇴하고 이지러졌으며 거짓으로 꾸민 일이 많았기 때문에 '어떤 곳에서 글을 올려 말했다'라고 썼다."

병진일, 창오군, 울림군, 합포군, 남해군의 관리들과 백성들 중에서 협박을 받아 적도가 된 자들을 사면했다.

여름 4월
서울 낙양에 가뭄이 들었다.

5월
무릉군의 만족들이 다시 모반하자 주군에서 그들을 토벌하여 무찔렀다.

계유일, 도료장군 등준鄧遵이 남흉노를 이끌고 선령 강족들을 영주현靈州縣에서 공격해 무찔렀다.

월수군 요새 밖의 오랑캐들이 종족을 들어 내속했다.

6월
중랑장 임상이 군대를 보내 정해성에서 선령 강족을 공격해 무찔렀다.

가을 7월
무릉군의 만족들이 다시 모반하자, 주군이 토벌해 평정했다.
구지현에서 땅이 갈라졌다.

9월
신사일, 조왕 유굉劉宏이 죽었다.

겨울 11월
창오군, 울림군, 합포군의 오랑캐들이 항복했다.

병술일, 처음으로 청을 들어 주어 대신, 이천 석 관리, 자사가 삼년상을 치를 수 있도록 했다.[93]

계묘일, 군국 아홉 곳에서 지진이 일어났다.

12월

정사일, 임상이 군대를 보내 선령 강족들을 북지군에서 공격해 무찔렀다.

【원초 4년】(117년)

봄 2월

초하루 을사일, 일식이 일어났다.

을묘일, 천하에 대사면령을 내렸다.

임술일, 무고武庫(궁중에서 쓰는 무기를 두는 곳)에 불이 났다.

여름 4월

무신일, 사공 원창이 죽었다.

기사일, 선비족이 요서군遼西郡을 노략질하자, 요서군의 병사들이 오환족과 더불어 그들을 공격하여 무찔렀다.

5월

정축일, 태상 이합李郃을 사공으로 삼았다.

---

93 문제가 유조를 내려 하루를 한 달로 삼아 장례를 치르게 했다. 그 후에 대신들은 늘 이 제도에 따라 장례를 행했는데, 이때에 이르러 다시 옛 제도를 따르게 한 것이다.

6월

무진일, 세 군에 우박이 내렸다.

가을 7월

신축일, 진왕 유균劉鈞이 죽었다.

서울 낙양 및 군국 열 곳에 비가 내려 큰물이 들었다. 조서를 내렸다.

올해 가을걷이는 풍족하다 하여 좋아했고 바야흐로 이제 수확할 수 있게 되었거늘 비가 계속 내려 아직 개지[霽]⁹⁴ 않으니 종국에는 [곡식이] 물에 잠겨 상해를 입을까 두려워하노라. 밤늦도록 근심하고 또 걱정하면서 이 재앙에 대해 생각했노라. 무릇 장마[霖]가 지는 것은 백성들이 원망[怨]을 품고 있기 때문이다.⁹⁵ 무관들은 아랫사람을 위협과 포악으로 대하고, 문관들은 제멋대로 행하면서 가혹하고 각박하게 다스리며, 향리들은 공무를 핑계로 간사한 짓을 하니 오히려 백성에게 근심과 고통이 되었다. 담당 관리들은 그 형벌을 밝히 드러낼지어다. 「월령」에 "중추仲秋(음력 8월)에는 쇠약한 늙은이들을 부양하려고 안석과 지팡이를 내리고 미음을 쑤어 먹인다"⁹⁶라고 했다. 바야흐로 지금은 안비案比(호구와 백성의 수를 조사함)할 때인데도⁹⁷ 군현들 중 이를 받들어 행하지 않은 곳이 많다. 게다가 [구휼로] 죽을 쑤어 먹이는 곳일지라도 겨와 쭉정이가 반반인 경우가 많을 정도로 장리들이 일을 게을리 처리하고 몸소 이를 챙기지 않아서 늙은이를 봉양

---

94 제霽는 비가 그치는 것이다.
95 『춘추좌씨전』에 따르면, "비가 사흘 이상 내리면 장마[霖]라고 한다." 경방의 『별대재이別對災異』에 따르면, "백성들이 근심하고 원망하고 괴로워하면 빗물이 길을 끊는다."
96 정현의 『예기주』에 따르면, "노쇠한 기력을 돕는 것이다. 은사를 행하는 것이다."
97 『동관기』에 "바야흐로 지금은 8월이니 안비할 때이다"라는 말이 있다. 호구의 실상을 조사하고 이를 이전과 견주어 보는 것을 말한다.

하라는 조서의 뜻을 심하게 어기고 있다. 어짊과 관대함을 힘써 숭상하고 과부와 홀아비를 구휼함으로써 짐의 뜻을 널리 알릴지어다.

9월
호강교위 임상이 자객을 보내서 모반한 강족 영창을 찔러 죽였다.

겨울 11월
기묘일, 팽성왕 유공이 죽었다.

12월
월수군의 오랑캐들이 수구현遂久縣[98]을 노략질하고 그 현령을 살해했다. 갑자일, 임상 및 기도위 마현이 부평현富平縣 상하上河[99]에서 선령 강족과 더불어 싸워 크게 쳐부쉈다. 건인虔人[100] 강족이 무리를 이끌고 항복하자[100] 농우가 평정되었다.

이 해 군국 열세 곳에 지진이 일어났다.

---

98 수구현은 월수군에 속한다.
99 부평현은 북지군에 속한다. 역원의 『수경주』에 따르면, "여기에서는 황하의 물이 상하라는 이름으로 불린다."
100 건인은 강족의 호칭이다. 『동관기』에 따르면, "건인 종강의 대호大豪 염량腅浪 등이 도료장군에게 이르러 항복했다."

【원초 5년】(118년)

봄 정월
월수군의 오랑캐들이 모반했다.

2월
임술일, 중산왕 유헌(劉憲)이 죽었다.

3월
서울 낙양 및 군국 다섯 곳에 가뭄이 들었다. 조서를 내려 가뭄을 만난 가난한 백성들에게 곡식을 내려 주었다.

여름 6월
고구려가 예맥족과 더불어 현도군[101]을 노략질했다.

가을 7월
월수군의 오랑캐들 및 모우현의 수령들이 모반하여[102] 장리를 살해했다.
병자일, 조서를 내렸다.

옛날 법 제도에 따르면, 각각의 과품(科品)이 있어서[103] 백성들이 절약을 힘써 숭상하기를 바랄 수 있었다. 영초 무렵(안제 즉위 초인 107~113년 사이를 말

---

101 현도군은 요동군 동쪽에 있다.
102 모우현은 촉군에 속한다. 『화양국지』에 따르면, 공래산(邛崍山) 근처에 있다.
103 한나라 때의 법령으로 지금은 없어졌다.

한다)에 백성들이 기근의 재앙을 만나 뿔뿔이 흩어지니 조정이 몸소 검박함에 앞장서서 사치와 치장을 끊어 없애고 먹을 때는 맛을 따지지 않고 입을 때에는 무늬 있는 비단을 찾지 않았다. 또 연이어서 풍년이 들었을 때조차도 궁핍함을 숭상하여 곡식을 애써 쌓아 두려 했다. 그러나 소인은 앞일을 염려하지 않고 꾀하는 바가 오래가지 않아 혼례를 하거나 장례를 치를 때 화려함과 사치를 다하니 심부름꾼과 노비조차 무늬 있는 비단[綺縠]으로 지은 옷을 입고 온갖 옥구슬[珠璣]로 꾸미기에 이르렀다.[104] 서울 낙양에서조차 이와 같은 일을 숭상한다면 어찌 온 세상 먼 곳까지 모범을 보일 수 있겠는가? 법이 금하는 바를 널리 알리고 정성과 진심을 다해 이를 분명히 해야 하나, 담당 관리들이 임무를 게을리 하면서 법을 받들어 행하지 않기에 이르렀다. 가을 절기가 된 후에는 맹금[鷙鳥]을 쓰려 하니[105] 다시 이를 거듭 널리 알려서 후세에 본받음을 보이라.

8월
초하루 병신일, 일식이 일어났다.
선비족이 대군을 노략질하고, 장리들을 살해했다.

겨울 10월
선비족이 상곡군을 노략질했다.

---

104 기綺는 무늬 있는 비단이다. 곡縠은 사紗, 즉 외올로 짠 비단이다. 기璣는 둥글지 않은 구슬이다.
105 지조鷙鳥는 매나 새매와 같은 무리를 말한다. 『광아』에 따르면, "지鷙는 집執, 즉 움켜잡는다는 뜻이다. 능력이 뭇 새들을 움켜잡아 복속할 수 있음을 말한다." 「월령」에 따르면, "맹추(음력 7월)에 매로써 새를 잡아 제사하고 비로소 형벌을 시행한다." 담당 관리들이 나태해 법령을 준수하지 않으니 장차 그 죄를 규명하고 가을 기운에 순응해 주살하는 일을 맹금이 먹이를 공격하는 것같이 할 것임을 말한다.

12월

정사일, 중랑장 임상이 죄를 짓자 기시형에 처했다.

이 해 군국 열네 곳에 지진이 일어났다.

【원초 6년】(119년)

봄 2월

을사일, 서울 낙양 및 군국 마흔두 곳에 지진이 일어났다. 어떤 곳은 땅이 갈라지고, 물이 솟구쳐 나왔다.

임자일, 조서를 내려 삼부의 속관들 중에서 근무 성적이 좋고 백성들을 이롭게 하면서 다스릴 능력이 있는 자 각 다섯 명을, 또 광록훈은 중랑장과 함께 효렴으로 낭이 된 자들 중에서 마음이 넓고 지모가 있으면서도 청렴하고 고결한 자 쉰 명을 선발하여 현령, 현장, 현승, 현위로 임명하여 내보냈다.

을묘일, 조서를 내렸다.

무릇 정치는 먼저 서울 낙양에 행하고, 나중에 중원 여러 지역에 행하는 법이라 했다. 「월령」에 따르면, 중춘仲春(음력 2월)에는 "작고 어린 아이들을 기르고 여러 고아들을 가엽게 여긴다"라고 했으며, 계춘季春(음력 3월)에는 "가난하고 궁색한 자에게 은사를 내리고 곡식이 떨어진 자를 구휼하며, 여자의 일〔婦使〕[106]을 없애 주고 정조 있는 부녀자를 표창한다"라고 했다. 이

---

106 정현에 따르면, "여자의 일〔婦使〕이란 길쌈을 말한다."

는 양기에 순응하여 만물이 나고 자라는 것을 존중하려는 것이다. 극도로 가난한 자들, 고아들과 약자들, 홀몸으로 일가붙이가 없는 자들에게 곡식을 사람마다 세 섬씩 내려 주라. 절개와 의리〔節義〕가 있는 부녀자에게 곡식을 열 섬씩 내리고 마을 길에 문을 세워 드러내〔甄表門閭〕 그 행위를 장려해 널리 알리라〔旌顯〕.[107]

3월
경진일, 비로소 육종을 세워서 낙양성 서북쪽에서 제사지냈다.[108]

여름 4월
회계군에 역병이 크게 돌았다. 광록대부를 보내 태의太醫[109]를 거느리고 순행하면서 질병을 다스리고 관을 짤 나무를 하사하며 전조와 구부를 없애 주었다.

패국과 발해군에 큰 바람이 불고 우박이 내렸다.

5월
서울 낙양에 가뭄이 들었다.

---

107 절節이란 지조를 말한다. 의義는 남을 드러내고 자신을 보이기는 사양하는 것이다. 견甄은 명明, 즉 밝히는 것이다. 정旌은 장章, 즉 장려하는 것이다. 이문里門은 여閭, 즉 길에 세우는 문이다. 정표旌表는 지금 나무로 문을 세워서 그것을 드러내는 일과 같다.
108 『속한지』에 따르면, "원초 6년(119년), 『서경』 중 구양가歐陽家의 학설을 따라 천지와 사방으로 이루어진 육종을 상하와 사방으로 이루어진 육종으로 바꾸었다. 원시 연간(1~5년)에 있었던 옛 일에 따르면, 육종을 『역경』의 괘에 따라 육자지기, 즉 해, 달, 번개, 바람, 산, 못으로 삼았는데 이는 잘못이었다. 이 때문에 다시 육종을 고쳐 서북 방향 땅에서 제사지냈는데 예는 대사大祀(토지 신에게 제사하는 것)에 견주었다."
109 『한관의』에 따르면, "태의령太醫令은 한 사람이며, 질은 육백 석이다."

6월

정축일, 낙성왕 유빈劉賓이 죽었다.

병술일, 평원왕 유득劉得이 죽었다.

가을 7월

선비족이 마성현馬城縣[110]을 노략질하자, 도료장군 등준이 남선우를 이끌고 그들을 공격해 무찔렀다.

9월

계사일, 진왕 유숭劉崇이 죽었다.

12월

초하루 무오일, 일식이 일어나 해를 완전히 덮었다. 군국 여덟 곳에 지진이 일어났다.

이 해 영창군과 익주의 촉군 오랑캐들이 모반해 월수군의 오랑캐들과 더불어 장리를 살해하고 성읍을 불살랐다. 익주자사益州刺史 장교張喬가 그들을 쳐서 무찌르고 항복을 받았다.

---

110 『수신기搜神記』에 따르면, "옛날 진나라 사람들이 무주새武周塞에 성을 쌓아 오랑캐를 대비하려고 했는데, 다 쌓을 무렵이 되면 무너져 내린 것이 몇 차례나 되었다. 이때 말 한 마리가 나타나 치달리면서 땅 둘레를 반복해서 돌았는데, 부로들이 이를 기이하게 여겨 그 자리에 성을 쌓고 성이 무너지기 전에 마馬라는 이름을 붙였다."

【영녕永寧 원년】(120년)

봄 정월

갑진일, 임성왕 유안劉安이 죽었다.

3월

정유일, 제북왕 유수가 죽었다.
차사후왕이 모반하여 차사후부사마車師後部司馬를 살해했다.
침저沈氐 강족[111]이 장액군을 노략질했다.

여름 4월

병인일, 황자 유보劉保를 세워 황태자로 삼았다. 연호를 영녕永寧으로 고치고, 천하에 대사면령을 내렸다. 왕, 공주, 삼공, 열후 이하에서 낭리와 종관에 이르기까지 황금과 비단을 하사했다. 또 백성에게 작위 및 베와 곡식을 내리되 각자 차이를 두었다.

기사일, 진왕 유선劉羨의 아들 유숭劉崇을 진왕으로, 제북왕의 아들 유장劉萇을 낙성왕으로, 하간왕의 아들 유익劉翼을 평원왕으로 이어 봉했다.

임오일, 낭야왕 유수劉壽가 죽었다.

6월

침저 종강이 모반하여 장액군을 노략질하자, 호강교위 마현이 토벌해 무찔렀다.

---

111 침저는 강족의 이름이다. 『속한지』에 따르면, "강족 중에서 상군과 서하군에 있는 자들을 침저라 한다."

가을 7월

초하루 을유일, 일식이 일어났다.

겨울 10월

기사일, 사공 이합을 면직했다.

계유일, 위위 여강군 사람 진포陳褒[112]를 사공으로 삼았다.

3월부터 이 달에 이르기까지 서울 낙양 및 군국 서른세 곳에서 큰 바람이 불고 비가 내려 큰물이 들었다.

12월

영창군 요새 밖에 있는 천국에서 사자를 보내 공물을 바쳤다.

무진일, 사도 유개를 파직했다.

요서군의 선비족이 항복했다.

계유일, 태상 양진楊震을 사도로 임명했다.

이 해 군국 스물세 곳에 지진이 일어났다. 부여왕이 아들을 보내 궁궐까지 와서 공물을 바쳤다. 소당 강족이 모반했다.

【건광建光 원년】(121년)

봄 정월

유주자사幽州刺史 풍환馮煥이 두 군의 태수들을 거느리고 고구려와 예

---

112 진포는 자가 백인伯仁이며, 서현 사람이다.

맥을 쳤으나 이기지 못했다.

2월

계해일, 천하에 대사면령을 내렸다. 여러 원귀인園貴人,[113] 왕, 공주, 공, 경 이하 모든 관리에게 돈과 옷감을 내리되 각자 차이를 두었다. 공, 경, 교위, 상서의 자제 한 사람을 낭이나 사인舍人으로 삼았다.

3월

계사일, 황태후 등 씨가 죽었다.
병오일, 화희황후和熹皇后를 장사지냈다.
정미일, 낙안왕 유총이 죽었다.
무신일, 추존하여 황제의 아버지 청하효왕을 효덕황孝德皇으로, 어머니 좌 씨를 효덕황후孝德皇后로, 할머니 송宋 귀인을 경은황후敬隱皇后로 불렀다.

여름 4월

예맥족이 다시 선비족과 더불어 요동군을 노략질했다. 요동태수 채풍蔡諷이 쫓아가 공격했으나, 싸우다 죽었다.
병진일, 광천국廣川國으로써 청하국을 아우르게 했다.
정사일, 효덕황의 원비元妃 경 씨耿氏를 높여서 감릉대귀인甘陵大貴人[114]으로 삼았다.
갑자일, 낙성왕 유장이 죄를 짓자 폐하고 임호후臨湖侯로 삼았다.[115]

---

[113] 궁인들 중 자식이 없어서 원릉을 지키게 한 사람을 말한다.
[114] 감릉甘陵은 효덕황후의 능으로 이 덕분에 현이 되었다.
[115] 『속한서』에 따르면, "오만하고 불효한 죄를 지었"으므로 작위를 낮춘 것이다. 임호현

기사일, 공, 경, 특진, 후, 중 이천 석 관리, 이천 석 관리, 군국의 태수와 재상에게 영을 내려 각각 유도한 선비를 한 사람씩 천거하게 했다. 홀아비, 과부, 고아, 홀몸, 가난하여 스스로 존립할 수 없는 자들에게 곡식을 내렸는데, 사람마다 세 섬씩으로 했다.

갑술일, 요동속국도위 방분이 새서璽書(황제의 옥새가 찍힌 문서)를 위조하여 현도태수玄菟太守 요광姚光을 살해했다.

5월

경진일, 특진 등즐과 도료장군 등준이 함께 참소를 당하자 스스로 목숨을 끊었다.[116]

병신일, 평원왕 유익의 작위를 깎아 도향후都鄕侯로 삼았다.

가을 7월

기묘일, 연호를 건광建光으로 고치고, 천하에 대사면령을 내렸다.

임인일, 태위 마영이 죽었다.

8월

호강교위 마현이 금성군에서 소당 강족을 토벌했으나 형세가 이롭지 않았다.

갑자일, 전 사도 유개를 태위로 삼았다.

선비족이 거용관을 노략질했다.

은 여강군에 속한다.
116 황제의 유모 왕성王聖이 중황문中黃門 이윤李閏 등과 함께 상서 등방鄧訪 등이 폐립을 모의했다고 무고한 끝에 그 종족 전체를 면직시키자 등즐과 등준이 스스로 목숨을 끊었다.

9월

운중태수 성엄成嚴이 선비족을 공격했으나 싸우다 죽었다. 선비족이 오환교위烏桓校尉를 마성현에서 포위하자, 도료장군 경기가 그를 구출했다.

무자일, 위위 풍석馮石의 관부로 행차했다.[117]

이 해 가을

서울 낙양 및 군국 스물아홉 곳에 비가 내려 큰물이 들었다.

겨울 11월

기축일, 군국 서른다섯 곳에서 지진이 나고, 어떤 지역에서는 땅이 터지고 갈라졌다. 삼공 이하 모든 관리에게 조서를 내려서 각자 봉사를 올려 정치의 득실을 진술하게 했다. 광록대부를 보내 살피면서 돌아다니게 하고 죽은 자에게 돈을 사람마다 이천 냥씩 하사했다. 또 올해의 전조를 면제해 주었으며, 재해를 심하게 입은 자들에게는 구부를 거두지 못하게 했다.

선비족이 현도군을 노략질했다.

경자일, 다시 대신과 이천 석 이상 관리의 삼년상을 중단하게 했다.

계묘일, 삼공, 특진, 후, 경, 교위에게 조서를 내려 용감하고 날래어 장수의 일을 감당할 만한 자들을 각각 다섯 사람씩 천거하게 했다.

병오일, 낙양 및 군국에 조서를 내려 홍수로 농사에 피해를 입은 백성들은 〔피해〕 면적에 따라 전조를 줄여 주었다.

갑자일, 처음으로 어양군에 영병營兵[118]을 두었다.

---

117 『속한서』에 따르면, "보검, 옥결玉玦, 비단과 베 등을 하사했다."
118 복후의 『고금주』에 따르면, "영병에는 병사 일천 명을 두었다."

겨울 12월

고구려, 마한馬韓, 예맥이 현도성玄菟城을 에워싸자 부여왕이 아들을 보내 주군과 힘을 합쳐 쳐서 무찔렀다.

【연광延光 원년】(122년)

봄 2월

부여왕이 아들[119]을 보내 군사들을 거느리고 현도군을 구하게 했다. 〔부여 군대가〕 고구려, 마한, 예맥을 공격하여 그들을 무찔렀다. 〔부여왕이〕 사자를 보내 공물을 바쳤다.

3월

병오일, 연호를 연광延光으로 고쳤다. 천하에 대사면령을 내렸다. 귀양 갔다가 고향으로 돌아온 자들의 호구와 현읍縣邑을 호적에 다시 기록하게 했다. 백성들에게 작위를 내렸는데, 삼로와 효제와 역전은 사람마다 두 등급씩 올려 주었다. 또한 홀아비, 과부, 고아, 홀몸, 병자, 가난하여 스스로 생계를 꾸릴 수 없는 자에게 곡식을 한 사람당 세 섬씩 내려 주었다. 정절 있는 부녀자들에게 비단을 내렸는데, 사람마다 두 필씩이었다.

여름 4월

계미일, 서울 낙양 및 군국 스물한 곳에 우박이 내렸다.

---

119 부여왕의 아들은 위구태尉仇台이다.

계사일, 사공 진포를 면직했다.

5월

경술일, 종정 팽성국 사람 유수劉授를 사공으로 삼았다.[120]

기사일, 낙성국을 안평국安平國으로 고치고, 하간왕 유개의 아들 유득劉得을 안평왕安平王으로 봉했다.

6월

군국에 황충이 들끓었다.

가을 7월

계묘일, 서울 낙양 및 군국 열세 곳에서 지진이 일어났다.

고구려가 항복했다.

건인 강족들이 모반하여 곡라성穀羅城[121]을 공격했다. 도료장군 경기가 그들을 쳐서 무찔렀다.

8월

무자일, 양릉陽陵[122]의 원침園寢에 불이 났다.

신묘일, 구진군에서 황룡이 무공현無功縣[123]에 나타났다는 말을 올렸다.

기해일, 삼공 및 중 이천 석 관리에게 조서를 내려 자사, 이천 석 관

---

120 『한관의』에 따르면, "종정은 구경의 하나로, 질은 중 이천 석이었다." 유수는 자가 맹춘孟春이며, 서주 무원현武原縣 사람이다.
121 곡라성은 서하군에 속한다.
122 경제의 능이다.
123 무공현은 구진군에 속한다.

리, 현령, 현장, 군국의 재상 중에서 일을 맡은 지 일 년 이상 십 년 이하에 이르는 자들을 살펴 청렴결백하면서도〔淸白〕 백성들을 사랑해 그들을 이롭게 하고〔愛利〕 능히 자신을 경계해 아랫사람을 이끌 수 있으며 간악함을 방지하고 번거로움을 다스려 백성들에게 도움이 되는 자들을 천거하되 관부(官簿)에 구애받음이 없도록 했다.[124] 또한 자사에게는 관할 부서의 관리들을 천거하게 하고, 군국의 태수들에게는 검은색 인끈〔墨綬〕을 찬 관리들을 천거하게 하되 마음을 다하고 친히 살펴서〔隱親悉心〕 부화한 자들을 취하지 말라고 했다.[125]

9월
갑술일, 군국 스물일곱 곳에 지진이 일어났다.

겨울 10월
선비족이 안문군과 정양군을 노략질했다.

11월
선비족이 태원군을 노략질했다.
소당 강족의 우두머리가 항복했다.

---

124 청백(淸白)은 절조를 지켜 마음이 바르다는 뜻이다. 애리(愛利)란 백성들을 사랑해 그들을 이롭게 한다는 말이다. 관부에 구애받지 말라는 것은 단계를 뛰어넘어 승진시킬 때 통상적 직첩에 구애받지 않음을 말한다.
125 검은색 인끈〔墨綬〕을 찼다는 것은 영과 장을 말한다. 은친(隱親)은 몸소 은밀하게 심사하는 것이다. 실(悉)은 진(盡), 즉 '남김없이'라는 뜻이다. 삼공 이하에게 영을 내려서 각각 아는 사람을 천거하라고 한 것은 모두 마음을 다해 은밀하게 심사하여 화려할 뿐 실속이 없는 자를 취하지 말라고 한 것이다.

12월

구진군 요새 밖의 오랑캐들이 공물을 바치며 내속했다.

이 해 서울 낙양 및 군국 스물일곱 곳에 비가 내려 큰물이 지고 큰 바람이 불어서 사람이 죽었다. 조서를 내려 깔려 죽거나 물에 빠져 죽은 자들 중 나이 일곱 살 이상에게 사람마다 이천 냥씩 돈을 내렸다. 집이 무너져 사라지거나 곡식이 흩어져 없어진 사람들에게는 사람마다 조를 세 섬씩 내렸다. 또 밭이 물에 잠겨 해를 입은 자들에게는 일절 전조를 걷지 못하게 했다. 만약 한 가족이 모두 재해를 입거나 어리고 약한 자들만이 살아남은 경우에는 군현에서 시체를 거두어 주게 했다.

건인 강족이 곡라성을 공격하자 도료장군 경기가 쳐서 무찔렀다.

【연광 2년】(123년)

봄 정월

모우현의 오랑캐들이 모반하여 영관(領官)[126]을 노략질하고 현령을 살해했다. 익주자사 촉군서부도위(蜀郡西部都尉)가 그들을 토벌했다.

조서를 내려 삼서의 낭들 및 관리들과 백성들 중에서 『고문상서』, 『모시』, 『춘추곡량전』에 능통한 자를 각 한 사람씩 선발했다.[127]

병진일, 하동군과 영천군에 큰 바람이 불었다.

---

126 영관은 길 이름이다. 월수군에 속한다.
127 삼서에 대해서는 「화제기」에 자세한 풀이가 나온다.

여름 6월

임오일, 군국 열한 곳에서 큰 바람이 불었다. 구진군에서 가화가 났다는 말을 올렸다.[128]

병신일, 북해왕 유보가 죽었다.

가을 7월

단양군에서 산이 무너졌다.

8월

경오일, 처음으로 영을 내려 삼서의 낭들 중에서 경술經術(경서에 관한 학문)에 통달한 자들을 목민관으로 임명했으며, 일을 맡은 지 세 해 이상 된 자들은 모두 살펴서 천거하게 했다.

9월

군국 다섯 곳에 비가 내려 큰물이 들었다.

겨울 10월

신미일, 태위 유개를 파직했다.

갑술일, 사도 양진을 태위로, 광록훈 동래군 사람 유희劉熹[129]를 사도로 삼았다.

11월

갑진일, 상림원에서 사냥을 했다.

---

128 『동관기』에 따르면, "벼 일백열여섯 포기에 이삭 칠백예순여덟이 달렸다."
129 유희는 자가 계명季明이며, 청주 장광현長廣縣 사람이다.

선비족이 만백현에서 남흉노에게 패했다.

이 해 촉군 서부를 나누어 속국도위를 두었다.
낙양 및 군국 세 곳에 지진이 일어났다.

【연광 3년】(124년)

봄 2월

병자일, 〔황제가〕 동쪽으로 순수했다.

정축일, 진류태수에게 통고해 제양현에서 남돈군과 광무황제를 제사하게 하고, 제양현의 올해 전조와 추고를 없애 주었다.

경인일, 사자를 보내 성양현[130]에서 요임금을 제사지냈다.

무자일, 제남국에서 봉황이 대현승臺縣丞[131] 곽수霍收의 관사에 있는 나무에 모여들었다는 말을 올렸다. 대현장臺縣長에게 비단 쉰 필을, 대현승에게 스무 필을, 현위에게는 그 절반을, 관병에게는 사람마다 세 필씩 내려 주었다. 봉황이 거쳐 간 정부는 올해 전조를 내지 않게 했다. 남자들에게 작위를 내리되, 사람마다 두 등급씩으로 했다.

신묘일, 태산으로 행차하여 섶을 살라 대종에 고했다.[132] 제왕 유무기, 북해왕 유익劉翼, 낙안왕 유연劉延이 내조했다.

---

130 옛날 성백국成伯國이다. 『술정기』에 따르면, "성양현 동남쪽에 요임금의 무덤이 있다."
131 대현臺縣은 제남국에 속한다.
132 태산은 임금 된 자가 〔새 왕조를 세워 이전 왕조를〕 대신했음을 하늘에 고하는 곳으로 오악의 으뜸이기에 대종이라고 한다. 섶을 사르는 것은 하늘에 고하려는 것이다.

임진일, 문수 옆에 있는 명당에서 오제에게 제사했다.

계사일, 이조(고조 유방과 세조 광무제)와 육종[133]에 고사를 지내고 군현의 노고를 위로하여 상을 베풀고 음악을 지었다.

3월

갑오일, 진왕 유숭이 죽었다.

무술일, 궐리에서 공자 및 일흔두 제자를 제사하고, 노국의 재상, 현령, 현승, 현위로부터 공씨 일족 및 부녀자에 이르기까지 모든 이들을 모이게 한 후 포성후 이하 모두에게 비단을 내리되 각자 차이를 두었다. 돌아오다가 동평국으로 행차하고, 동군에 이르렀으며, 위군과 하내군을 지났다.

임술일, 거가가 서울 낙양으로 돌아와 태학으로 행차했다. 이날 태위 양진을 면직했다.

여름 4월

을축일, 거가가 궁궐로 들어갔다. 조녜祖禰(아버지의 묘당)에 이르렀다假.[134]

임술일, 패국에서 글을 올려 말하기를 풍현豐縣에 감로가 내렸다고 했다.

무진일, 광록훈 풍석을 태위로 삼았다.

5월

남흉노의 좌일축왕左日逐王이 모반하자, 사흉노중랑장 마익馬翼이 그를

---

133 이조는 한나라 고조와 광무제 유수를 말한다. 육종은 문제 태종, 무제 대종代宗, 선제 중종, 원제 고종, 명제 현종, 장제 숙종이다.
134 가假는 격格이다. 격格은 지至, 즉 이르렀다는 말이다.

쳐서 무찔렀다.
일남군 요새 밖의 오랑캐들이 내속했다.

6월

선비족이 현도군을 노략질했다.
경오일, 낭중산閬中山¹³⁵이 무너져 내렸다.
신미일, 부풍군에서 흰 사슴이 옹현에 나타났다는 말을 올렸다.
신사일, 시어사를 보내서 청주와 기주 두 주의 재해를 살피고 도적들을 조사해 기록하게 했다.

가을 7월

정유일, 처음으로 우교右校와 좌교左校의 승丞을 다시 두었다.¹³⁶
일남군 요새 밖 오랑캐의 우두머리가 궁궐에 이르러 공물을 바쳤다.
풍익군에서 빈양현頻陽縣과 아현에 감로가 내렸다는 말을 올렸다. 영천군에서 연리지가 나타났다는 말을 올렸다. 흰 사슴과 기린이 양적현陽翟縣에 나타났다.
선비가 고류현을 노략질했다.
양왕 유견劉堅¹³⁷이 죽었다.

8월

신사일, 대홍려 경보耿寶를 대장군으로 삼았다.

---

135 낭중현閬中縣은 파군에 속한다. 낭중수閬中水를 끼고 있어서 그런 이름이 된 것이다.
136 『속한지』에 따르면, "장작대장의 속관에 좌교와 우교가 있는데, 모두 영과 승을 두었다." 한나라가 다시 일어났을 때 설치하지 않았다가 이때에 비로소 다시 둔 것이다.
137 명제의 손자로 여남절왕汝南節王 유창의 아들이다.

무자일, 영천군에서 기린 한 마리, 백호 두 마리가 양적현에 나타났다는 말을 올렸다.

9월

정유일, 황태자 유보를 폐하여 제음왕으로 봉했다.[138]

을사일, 군국과 중도관에 조서를 내려 사형죄를 저지른 죄수들의 죄를 한 등급 줄여 주고, 돈황군과 농서군 및 도료영[139]에 이르게 했다. 또 우지형 이하의 죄수들 및 망명자들은 속형하게 하되 각자 차이를 두게 했다.

신해일, 제남국에서 황룡이 역성현歷城縣[140]에 나타났다는 말을 올렸다.

그믐 경신일, 일식이 일어났다.

겨울 10월

나아가 장안으로 행차했다.

임오일, 신풍현新豊縣에서 봉황이 서쪽 경계에 있는 마을에 모여들었다는 말을 올렸다.[141]

정해일, 삼보 지역의 군수, 현령 및 그 연사 들이 장안에 모여 음악을 즐겼다.

---

138 상시常侍 강경江京 등이 그를 참소했다.
139 『한관의』에 따르면, "도료장군은 오원군 만백현에 주둔한다."
140 역성현은 제남국에 속한다.
141 지금 신풍현 서남쪽에 봉황원鳳皇原이 있는데, 전하는 말에 따르면, 이때 봉황이 모여들었던 곳이라고 한다.

윤달

을미일, 고묘에 제사하고, 다시 십일릉에 제사했다. 상림원과 곤명지昆明池를 둘러보았다. 사자를 보내 만년현에서 태상황을 제사하고, 중뢰로써 소하, 조참, 곽광을 제사했다.

11월

을축일, 장안으로부터 돌아왔다.

12월

을미일, 낭야군에서 글을 올려 말하기를 황룡이 제현諸縣에 나타났다고 했다.

이 해 서울 낙양 및 군국 스물세 곳에 지진이 일어났으며, 서른여섯 곳에 비가 내려 큰물이 들었다.

기미일, 우박이 내렸다.

【연광 4년】(125년)

봄 정월

임오일, 동군에서 황룡 두 마리와 기린 한 마리가 복양현濮陽縣[142]에 나타났다는 말을 올렸다.

---

142 동군에 속한다. 옛날 곤오국昆吾國으로 전욱顓頊의 도읍이 있던 곳이다.

2월

을해일, 하비왕 유연이 죽었다.

갑진일, 남쪽으로 순수했다.

3월

초하루 무오일, 일식이 일어났다.

경신일, 황제가 알리지 않은 채 완현으로 행차했다.

신유일, 영을 내려 대장군 경보에게 태위의 일을 대신하게 했다. 장릉 원묘에 제사지내고, 장사태수와 영릉태수에게 고해 장사정왕, 용릉절후, 울림부군을 제사지내게 했다.

을축일, 완현으로부터 돌아왔다.

정묘일, 황제가 섭현으로 행차하는 도중에 가마 위에서 붕어했다. 나이는 서른두 살이었다. 비밀로 하고 감히 알리지 않은 채, 평소처럼 음식을 바치고 기거를 물었다.

경오일, 환궁했다.

신미일 저녁, 황제가 죽은 것을 널리 알렸다. 황후를 높여 황태후라 했다. 태후가 조정에 나와 섭정했는데, 태후의 오빠인 대홍려 염현閻顯을 거기장군으로 삼고, 금중에서 미리 대책을 짠 후 장제의 손자인 제북혜왕齊北惠王 유수의 아들 북향후北鄉侯 유의劉懿[143]를 황제로 세웠다.

갑술일, 제남왕 유향劉香[144]이 죽었다.

을유일, 북향후가 황제로 즉위했다.

---

143 『동관기』 및 『속한서』에는 나란히 "북향후 유독劉犢"이라고 되어 있다. 여기에 '유의'라고 한 것으로 보아 이름이 둘이었을 것이다.

144 광무제 유수의 증손이며 제남간왕齊南簡王 유초의 아들이다.

여름 4월

정유일, 태위 풍석145을 태부로 삼았다. 사도 유희를 태위로 삼고, 녹상서사를 겸하게 했다. 전 사공 이합을 사도로 삼았다.

신묘일, 대장군 경보, 중상시中常侍 번풍樊豐, 시중 사운謝惲과 주광周廣, 죽은 황제의 유모 야왕군野王君 왕성王聖이 사사로이 당파를 지은 죄에 연루되었다. 번풍, 사운, 주광이 하옥되어 죽었고, 경보는 스스로 목숨을 끊었으며, 왕성은 안문군으로 귀양 보냈다.

기유일, 효안황제를 공릉恭陵146에 장사지내고, 묘호를 공종이라 했다.

6월

을사일, 천하에 대사면령을 내렸다. 조서를 내려 안제가 순수하면서 행차했던 곳에 올해 전조를 절반으로 줄여 주게 했다.

가을 7월

서역장사147 반용班勇이 차사후왕을 공격하여, 그 목을 베었다.

병오일, 동해왕 유숙劉肅이 죽었다.

겨울 10월

병오일, 월수군에서 산이 무너졌다.

신해일, 소제가 붕어했다.

---

145 풍석은 자가 차초次初이며, 형주 호양현 사람이다. 풍방의 손자이다.
146 낙양 동북쪽 이십칠 리 바깥에 있다. 복후의 『고금주』에 따르면, "능의 둘레는 이백 육십 길이며, 높이는 십오 길이다."
147 서역도호의 장사이다.

이 해 겨울, 서울 낙양에 역병이 크게 돌았다.

논하여 말한다.

효안황제는 비록 존귀함을 칭하고 제위를 누렸으나 권력은 등씨에게 돌아갔다. 이에 음식과 의복을 줄이고 없앴으며 정치의 올바른 도를 생각할 수 있었다. 그러나 영이 저절로 궁궐 안에서만 통하고 위엄이 먼 곳에까지 이르지 않으니 근통根統(하나의 맥으로 계승되는 황제의 혈통을 말한다)을 잃어버리고 쇠락과 폐해가 다시 나타났다. 끝내 다시 돈으로 계산하여 관직을 주었고,[148] 백성들을 옮겨 노략질을 피하게 했으나[149] 잘못을 신하에게 미루어서〔推咎台衡〕[150] 하늘의 재앙을 받게 되었다. 똑똑한 여자〔哲婦〕를 읊은 적이 있지만, 역시 "집안을 망하게 할 뿐〔惟家之索〕"[151]이다.

---

148 영초 원년(107년), 관리들과 백성들에게 영을 내려 돈이나 곡식을 내면 관내후 자리까지 얻을 수 있게 했다.
149 강족들이 왕성했으므로, 조서를 내려 농서군은 양무현으로, 안정군은 미양현으로, 북지군은 지양현으로 옮긴 일을 말한다.
150 대台는 삼대三台, 즉 삼공을 비유하는 말이다. 형衡은 평平, 즉 공평하다는 말이다. 이는 천하를 공평하게 다스린다는 뜻이다. 이윤伊尹이 아형阿衡이 되었는데, 바로 이 뜻이다.
151 철哲은 지智, 즉 슬기롭다는 뜻이다. 색索은 진盡, 즉 다하다는 뜻이다. 등후鄧后가 나라의 권력을 홀로 쥐고 있었음을 말한다. 『시경』에 "지혜로운 남자는 성을 쌓으나 똑똑한 여자는 성을 무너뜨리네〔哲夫成城, 哲婦傾城〕"라는 말이 있다. 『서경』에 "암닭이 새벽에 울면 집안이 다한다〔牝鷄之晨, 惟家之索〕"는 말이 있다.

찬하여 말한다.

　군은 덕행을 높이 올리지 못하니 우리 왕의 법도는 쭉정이 같네〔秕我王度〕.¹⁵² 정실 태자〔儲嫡〕는 지위가 깎여 자리를 빼앗기고, 사악한 벌레〔邪蠱〕들이 활짝 싹텄구나.¹⁵³ 풍석은 황제의 기쁜 마음을 받들었는데 양공楊公은 황제의 노여움과 만났네〔逢怒〕.¹⁵⁴ 저 달이 이지러졌으니 끝내 하늘 길에 재앙이 무성하구나〔彼日而微, 遂陵天路〕.¹⁵⁵

152　쭉정이〔秕〕는 곡식이 완전히 맺지 못한 것이다. 정치의 교화가 거친 것을 비유한 것이다. 『춘추좌씨전』에 따르면, "우리 왕의 법도를 생각하건대〔思我王度〕"라는 구절이 「기초新招」라는 시에 나온다.
153　저적儲嫡은 태자를 말한다. 사악한 벌레는 강경 등을 일컫는다.
154　『속한지』에 따르면, "황상이 위위 풍석에게 보검, 옥결, 비단과 무명 등을 하사했다." 이를 두고 기쁜 마음을 받들었다고 한 것이다. 양공은 양진을 말한다. 노여움과 만났다는 것은 번풍 등이 양진을 참소하면서〔양진이〕 분하고 원통한 마음을 품었다고 하자 황제가 그를 면직한 것을 말한다.
155　해〔日〕는 임금의 도이다. 미微는 밝지 않은 것이다. 침陵은 음과 양이 서로를 침범하는 것을 말한다. 『시경』에 따르면, "저번엔 달이 이지러지더니 이번에는 해가 이지러지는구나〔彼月而微 此日而微〕"라는 구절이 있다. 임금의 도가 암울하고 어지러워지며, 정치의 교화가 희미하고 더뎌지며, 한나라의 복이 쇠퇴하여 약해진 것은 이로부터 비롯한 것이다. 그러므로 끝내 하늘 길에 재앙이 무성하다고 한 것이다.

권6
본기 제6

효순효충효질제기

孝順孝冲孝質帝紀

순제기
順帝紀

효순황제孝順皇帝는 휘가 보保이며,[1] 안제의 아들이다. 어머니는 이 씨 李氏로, 염閻 황후에게 해를 입었다.

【영녕 원년】(120년)

황태자로 세워졌다.

【연광 3년】(124년)

안제의 유모 왕성, 대장추大長秋[2] 강경江京, 중상시 번풍이 태자의 유모

---

1 『일주서』「시법해」에 따르면, "자애롭고 온화하여 두루 복종하게 하는 것을 순順이라 한다." 복후의 『고금주』에 따르면, "보保는 수守, 즉 지킨다는 뜻이다."
2 『한서』에 따르면, "장추長秋는 황후궁의 관리로 본래 진나라 때 벼슬이다. 본래 이름은 장행將行인데, 경제가 대장추로 이름을 고쳤다. 때로 환관을 임용하기도 하고 때로 사대부를 임용하기도 했는데, 질은 이천 석이다." 한나라가 다시 일어선 후에는 늘 환관을 임용했다.

왕남王男, 주감廚監 병길邴吉을 참소하여 그들을 살해하자 태자가 수차례 한숨을 내쉬면서 한탄했다. 왕성이 나중에 화를 입을까 두려워하여 끝내 번풍, 강경 등과 함께 태자를 함정에 빠뜨렸다. 이 일에 연좌되어 태자는 폐위되고 제음왕이 되었다.

【다음 해〔연광 4년〕】(125년)

3월

안제가 붕어하고 북향후가 세워졌을 때, 제음왕은 폐출되었으므로 대전에 올라 친히 재궁을 모실 수 없었다. 슬피 울부짖으면서 먹을 것도 잊으니 안팎의 뭇 신하들이 슬퍼하지 않는 자가 없었다.

뒤에 북향후가 죽자 거기장군 염현과 강경이 중상시 유안劉安, 진달陳達 등과 더불어 태후에게만 알렸다. 그들은 상이 났음을 비밀에 부치고 다시 여러 나라의 왕자를 불러들인 후 궁궐 문을 닫아걸고 둔병들에게 지키게 했다.

11월

정사일, 서울 낙양 및 군국 열여섯 곳에 지진이 일어났다. 이날 밤, 중황문中黃門 손정孫程 등 열아홉 명[3]이 함께 강경, 유안, 진달 등의 목을 베고 덕양전德陽殿[4] 서쪽 종 아래에서 제음왕을 맞이했다. 제음왕이 황제 자리에 올랐다. 이때 나이가 열한 살이었다. 상서 이하 가까운 신하들이 수레를 호종하여 남궁에 이르러 운대雲臺에 오른 후 백관들을 소

---

3 열아홉 명의 이름은 「손정전孫程傳」에 나온다.
4 『한관의』에 따르면, "숭현문崇賢門 안에 덕양전이 있다."

집했다. 상서령 유광劉光 등이 상주하여 말했다.

효안황제께서는 성스러운 덕이 밝고 성대했으나 일찍 천하를 버리셨습니다. 폐하께서는 올바로 대통을 이으셨으므로 마땅히 종묘를 받들어야 하는데도, 간악한 신하들이 앞 다투어 무고하여 끝내 용이 번국에 웅크린 꼴이 되어[5] 가까운 곳에 있든 먼 곳에 있든 신하들이 모두 실망하지 않은 사람이 없었습니다. 그러나 천명은 늘 그 자리에 있고 북향후는 영원하지 않으니 한나라의 덕은 성대히 밝혀지고 하늘의 복과 은총은 더욱 분명해졌습니다[孔章].[6] 근신들이 계책을 세우고, 좌우에서 보좌하고 도우며, 안팎이 마음을 하나로 모아 천지의 신령에 어긋나지 않게 한 것입니다. 폐하께서 동쪽 계단을 밟고 자리에 오르시고 대업을 받들어 지켜서 교묘의 주인이 되시고 조종의 무궁한 위엄을 받들어 이으시어 위로는 하늘의 마음을 감당하고 아래로는 백성들의 바람을 이루셨습니다. 그러나 창졸간에 즉위하시어 법령 제도에 빠진 곳이 많으니 청컨대 예의를 조목조목 따져서 분별하여 상주하게 해 주소서.

제서를 내려 말했다.

그렇게 하라.

이에 공경 이하 모든 관료들을 소집하고, 호분사虎賁士와 우림사로 하여금 남궁과 북궁의 모든 문에 주둔하게 했다.[7] 염현 형제는 황제가 세

---

5 태자에서 폐위되어 왕이 된 것을 말한다. 그래서 용이 번국에 웅크렸다고 한 것이다.
6 공孔은 심甚, 즉 더욱이라는 뜻이다. 장章은 명明, 즉 밝힌다는 뜻이다.
7 『한관의』에 따르면, "『서경』에 '호분 삼백 명'이라는 말이 있는데, 이는 호랑이가 달

위졌다는 말을 듣고, 군사를 이끌고 북궁으로 쳐들어왔다. 상서 곽진郭鎭이 그들과 더불어 칼부림을 한 끝에 염현의 동생 위위 염경閻景의 목을 베었다.

무오일, 사자를 보내 궁성으로 들어가게 한 후, 옥새와 인수를 빼앗았다. 이에 가덕전嘉德殿으로 행차하고, 시어사에게 지절을 주어 보내 염현 및 그 동생 성문교위 염요閻耀, 집금오 염안閻晏을 잡아들인 후, 모두 하옥해 주살했다.

기미일, 궁궐 문을 열고 둔병을 흩어지게 했다.

임술일, 사예교위에게 조서를 내렸다.

생각건대 염현과 강경의 근친들은 마땅히 죄를 받아 주살하되 그 나머지 사람들은 관용과 용서를 베푸는 데 힘쓰라.

임신일, 고묘에 고했다.

계유일, 광무묘에 고했다.

을해일, 익주자사에게 조서를 내려 자오도子午道를 없애고 포사로褒斜路를 개통하게 했다.[8]

려 나갈 때처럼 날래고 힘차다는 뜻이다. 무제 건원 3년(기원전 138년) 처음으로 기문期門을 두었다. 평제 원시 원년(1년), 이름을 고쳐 호분랑虎賁郞이라 했다." 역시 『한관의』에 따르면, "무제 태초 원년(기원전 104년), 처음으로 건장영기建章營騎를 두었는데 나중에 이름을 고쳐 우림이라 했다. 하늘에 우림성羽林星이 있으므로, 그 이름을 취한 것이다. 또 종군했다가 죽은 사람의 자손을 받아들여 우림관羽林官으로 기르면서 오병五兵(창, 칼, 도끼, 활 등을 포함하는 각종 무기)을 가르쳤는데, 이들을 우림고아羽林孤兒라 했다. 광무제가 〔한나라를〕 다시 일으킬 때 정벌에 나선 병사들의 노고를 위해 그렇게 불렀으므로 우림사라고도 한다."

8 자오도는 평제 때 왕망이 개통한 길이다. 『삼진기三秦記』에 따르면, 자오도는 장안의 정남쪽이다. 산 이름은 진령곡秦領谷으로 일명 번천樊川이라고도 한다. 포사褒斜는 한중

기묘일, 소제를 왕에 해당하는 예로 장사지냈다. 사공 유수를 면직했다.[9] 공경 이하에게 돈과 곡식을 내리되 각자 차이를 두었다.

12월

갑신일, 소부 하남군 사람 도돈陶敦[10]을 사공으로 삼았다.

군국의 태수와 재상에게 영을 내려 일을 맡은 지 한 해가 지나지 않은 자들을 효렴으로 천거하여 관리로 삼을 수 있게 했다.[11]

계묘일, 상서가 상주하여 청하기를 담당 관리를 시켜서, 연광 3년(124년) 9월 정유일, 황태자를 제음왕으로 삼은 조서를 거두어들이자고 했다. 〔제서를 내려〕 그렇게 하라고 했다.

서울 낙양에 역병이 크게 돌았다.

신해일, 공경, 군수, 제후국의 재상에게 조서를 내려 현량방정한 선비와 직언극간할 수 있는 선비를 각 한 사람씩 천거하게 했다. 황제를 따라 남궁으로 들어왔던 자 중 상서령 이하는 모두 녹봉을 늘려 주고 베를 하사했는데 각자 차이를 두었다.

군에 있는 계곡 이름이다. 남쪽 계곡의 이름을 포褒라 하고, 북쪽 계곡의 이름을 사斜라 하는데, 입구에서 출구까지의 거리가 칠백 리에 달한다.

9 『동관기』에 따르면, "사악한 역도에게 빌붙고 적당치 않은 사람을 불러서 썼으므로 이를 견책하여 파면한 것이다."

10 도돈은 자가 문리文理이며, 경현京縣 사람이다.

11 한나라의 법에 따르면, 일을 맡은 지 한 해가 지나야 천거할 수 있었다. 이때 황제가 새로 즉위했으므로 은혜를 베풀어 비록 한 해가 지나지 않았을지라도 사람을 천거할 수 있도록 한 것이다.

【영건永建 원년】(126년)

봄 정월

갑인일, 조서를 내렸다.

돌아가신 황제께서는 성스러운 덕망을 품으셨으나 복(제위를 가리킴)을 누린 지 오래지 않아서 일찍 커다란 공업을 버리셨다. 그 틈을 타고 간사하고 사악한 자들이 일어난 탓에 백성들이 원망을 쏟아 내니 위로 조화로운 기운을 범하여 마침내 역병의 재앙이 내렸다. 짐이 대업을 받들어 이었으나 아직 천하를 어려움에서 건져 평안하게 하지 못했다. 무릇 지극한 다스림의 근본은 크게 은혜를 베풀고 묵은 죄악을 쓸어 버려 백성들과 더불어 새로 시작하는 것이다. 천하에 대사면령을 내리노라. 남자들에게 작위를 내리되 사람마다 두 등급씩 올리며, 아버지 자리를 이은 자 및 삼로와 효제와 역전은 사람마다 세 등급씩 올리라. 또한 유민 중에서 스스로 호적에 이름을 올리고자 하는 자는 사람마다 한 등급씩 올리라. 홀아비, 과부, 고아, 홀몸, 병자, 가난하여 스스로 생계를 꾸릴 수 없는 자에게 곡식을 한 사람당 다섯 섬씩 내리라. 정절 있는 부녀자에게는 비단을 사람마다 세 필씩 내리라. 법을 어겨서 형도가 된 자들을 귀양 보내지 말라. 도망친 형도들은 마땅히 〔온 관리에게〕 알려 잡아들여야 하나 잡아들이지 말라.[12] 종실로서 죄를 지어 〔호적에서〕 끊긴 자들은 모두 본래 호적을 회복해 주라. 염현, 강경 등과 더불어 결탁한 자도 모두 사실을 밝혀 드러내지 말라. 각자 직분을 힘써 닦아서 백성들을 평안하게 하라.

---

12 죄수가 도망치면 당연히 체포하는 이에게 알려야 하나, 그를 놓아 주고 체포하지 못하게 한 것이다.

신미일, 황태후 염 씨가 죽었다.

신사일, 태부 풍석, 태위 유희, 사도 이합을 면직했다.[13]

2월

갑신일, 안사황후安思皇后를 장사지냈다.

병술일, 태상 환언桓焉을 태부로 삼았다. 대홍려 주총朱寵을 태위로 삼고, 녹상서사를 겸하게 했다. 장락소부 구강군 사람 주창朱倀을 사도로 삼았다.[14]

거가를 따라 숙위했던 백관들 및 관직을 제수 받은 자들에게 베를 내리되 각자 차이를 두었다.

농서군의 종鐘 강족이 모반하자 호강교위 마현이 쳐서 무찔렀다.

여름 5월

정축일, 유주, 병주, 양주의 자사들에게 조서를 내려 각각 이천 석 관리 이하 황수에 이르는 관리를 실사[實]하여[15] 나이가 많거나 몸이 약해서 군대 일을 맡기기 어려운 자들의 이름을 보고하게 했다. 또 변방 요새들을 빈틈없이 정비하고 주둔 설비를 보수하며 입추 이후에는 병마들을 훈련하게 했다.

---

13 풍석은 자가 차초次初이다. 『동관기』에 따르면, "풍석과 유희는 권세가들이 당을 이룬 일로, 이합은 많은 백성들이 전염병에 걸린 일로 인해서 면직되었다."

14 주총은 자가 중위仲威이며, 경조군 두릉현 사람이다. 주창은 자가 손경孫卿이며, 수춘현 사람이다.

15 실實은 실사하여 따졌다는 뜻이다. 이천 석 관리란 태수를 말한다. 황수는 현승과 현위를 말한다. 『한서』에 따르면, "비 이백 석 이상 관리는 구리 도장에 황색 인끈을 찬다."

6월

기해일, 제남왕 유초의 아들 유현劉顯을 제남왕으로 봉했다.

가을 7월

경오일, 위위 내력來歷을 거기장군으로 삼았다.

8월

선비족이 대군을 노략질하자, 대군태수 이초李超가 싸우다 죽었다.

9월

신해일, 처음으로 영을 내려 삼공과 상서에게 상주문을 받아들이게 했다.

겨울 10월

신사일, 조서를 내려 사형죄를 저지른 자 이하 모든 죄수들을 형을 줄여 주고 변방으로 이주하게 했다. 망명한 자들은 속형하게 하되 각자 차이를 두었다.

정해일, 사공 도돈을 면직했다.

선비가 변방을 침범했다.

경인일, 여양영黎陽營의 군사들을 보내 중산국 북쪽 경계 밖으로 나가서 주둔하도록 했다. 유주자사에게 고하여, 변방 군들의 보병을 늘려서 요새 밑에 나란히 주둔하게 했다. 오영五營에서 쇠뇌 쏘는 병사[弩師]를 징발해[16] 군마다 다섯 사람씩 뽑아서 활 쏘는 법을 가르쳐 익히게 했다.

---

16 조調는 선選, 즉 선발한다는 뜻이다. 오영은 오교, 즉 장수교위, 보병교위, 사성교위, 둔기교위, 월기교위 등 오 교위를 말한다.

임인일, 정위 장호張皓를 사공으로 삼았다.

갑진일, 조서를 내려 역병이 돌거나 홍수가 난 지역의 백성들은 올해 전조를 절반으로 줄여 주게 했으며, 십 분의 사 이상 피해를 본 경우에는 아예 걷지 못하게 하고 그에 미치지 못하는 자는 실상을 조사하여 그만큼 줄여 주었다.

12월

신사일, 왕, 공주, 귀인, 공경 이하에게 베를 하사했는데 각자 차이를 두었다.

【영건 2년】(127년)

봄 정월

무신일, 낙안왕 유홍劉鴻이 내조했다.
정묘일, 상산왕 유장이 죽었다.

2월

선비족이 요동군과 현도군을 노략질했다.

갑진일, 조서를 내려 형주, 예주, 연주, 기주 네 주의 떠돌아다니는 가난한 백성들에게 곡식을 빌려 주고 있는 곳에서 편안히 일하도록 했다. 또한 병이 들었으면 의원과 약품을 보내게 했다.

호오환교위 경엽耿曄이 남선우를 이끌고 선비족을 공격해 무찔렀다.

3월

가뭄이 들자 사자를 보내 죄수들의 실상을 살폈다.

소륵국에서 사자를 보내 공물을 바쳤다.

여름 6월

을유일, 황제의 죽은 어머니 이 씨에게 시호를 추존해 공민황후恭愍皇后로 삼고, 공북릉恭北陵에 장사지냈다.

서역장사 반용과 돈황태수敦煌太守 장랑張朗이 언기국, 위리국, 위수국危須國 세 나라를 공격해서 그들을 무찔렀다. 모두 아들을 보내 공물을 바쳤다.

가을 7월

초하루 갑술일, 일식이 일어났다.

임오일, 태위 주총과 사도 주창을 파직했다.

경자일, 태상 유광을 태위로 삼고, 녹상서사를 겸하게 했다. 광록훈 허경許敬을 사도로 삼았다.[17]

신축일, 하비왕 유성劉成이 죽었다.

17　유광은 자가 중료仲遼이며, 태위 유구劉矩의 동생이다. 허경은 자가 홍경鴻卿이며, 평여현 사람이다.

【영건 3년】(128년)

봄 정월

병자일, 서울 낙양에 지진이 났다. 한양군에서 땅이 무너지고 갈라졌다.

갑오일, 조서를 내려 피해를 입거나 다친 자들을 조사하게 하여 일곱 살 이상에게는 돈을 하사했는데, 사람마다 이천 냥씩이었다. 또 일가가 해를 입은 경우에는 군현에서 거두어 장례를 치르게 했다.

을미일, 조서를 내려 한양군의 올해 전조, 구부를 거두지 말게 했다.

여름 4월

계묘일, 광록대부를 보내 한양군, 하내군, 위군, 진류군, 동군을 살피고 돌아다니면서 가난한 백성들에게 곡식을 빌려주게 했다.

6월

가뭄이 심했다. 사자를 보내 죄수들의 실상을 살피고, 가벼운 죄를 저지른 자들을 풀어 주었다.

갑인일, 제남왕 유현이 죽었다.

가을 7월

정유일, 무릉茂陵(무제의 능)의 원침에서 불이 났다. 황제가 흰 옷[縞素][18]을 입고 정전을 피했다.

신해일, 태상 왕공王龔에게 지절을 주고 무릉에 제사지내며 고했다.

---

18 『이아』에 따르면, "호縞는 호皓, 즉 희다는 뜻이다." 비단 중에서 티 하나 없이 흰 것을 호縞라고 한다.

9월

선비족이 어양군을 노략질했다.

겨울 12월

기해일, 태부 환언을 면직했다.[19]

이 해 거기장군 내력을 파직했다.

【영건 4년】(129년)

봄 정월

병인일, 조서를 내렸다.

짐이 왕과 공의 윗자리를 맡아 길을 떠난 지 얼마 되지도 않았는데, 정치가 적중함을 잃어버리고 음과 양의 기운이 서로 벌어진 탓에 도적떼들이 방자하게 날뛰고 옥마다 죄수들로 번잡하다. 이에 근심으로 가슴이 찢길 듯하고 오래도록 탄식이 깊어지니 머리가 지끈거릴 만큼 아프구나. 『시경』에 이르기를, "군자가 복을 행하니 어지러움이 빨리 그쳤네〔君子如祉, 亂庶遄已〕"[20]라고 했다. 삼조(1월 1일, 새해 첫 달 첫 날의 시작이므로 이렇게 부른다)에 조회를 열어 초하루 아침 입춘을 맞을 때에는 온 세상과 더불어 기뻐하면서 마음을 씻고 스스로를 새롭게 하는 법이다. 천하에 사면령을 내리노라.

---

19 『동관기』에 따르면, "사람들을 불러 쓸 때 맑고 고결하지 않았으므로 책서를 내려 파직했다."
20 이에 대한 풀이는 「장제기」에 나온다.

갑인일 사면령(영건 원년(126년) 봄 정월에 내린 사면령을 말한다) 이래로 죄를 지은 자는 그 질과 호적을 되살리라. 〔영건〕 3년(128년) 정월 이래로 죄를 지은 자는 속형한 것들을 되돌려 주라. 염현, 강경 등과 알고 지내거나 혼인 婚姻 관계를 맺은 자들 중에서 금고에 처한 자는 모두〔一〕 사면하라.[21] 관용과 화합을 힘써 숭상하고, 시령을 공손히 따르며, 법을 준수하고 가혹함을 물리쳐 짐의 뜻을 널리 전하라.

병자일, 황제가 원복을 입었다.[22] 왕, 공주, 귀인, 공경 이하에게 황금과 베를 하사했는데 각자 차이를 두었다. 천하 남자들의 작위를 한 등급 올려 주었으며, 유민 중에서 호적에 이름을 올리고자 하는 자들에게 작위를 한 등급 올려 주었다. 또 아버지 자리를 이은 자, 삼로와 효제와 역전은 사람마다 두 등급씩 올려 주었다. 홀아비, 과부, 고아, 홀몸, 병자, 가난하여 스스로 생계를 꾸릴 수 없는 자에게 비단을 한 사람당 한 필씩 내렸다.

2월

무술일, 조서를 내려 백성들에게 산으로 가서 돌을 파내어 〔산천에〕 쌓인 기를 뽑아내게 했다. 또 칙서를 내려 담당 관리들에게 마땅히 금해서 없애야 할 바를 살피게 하되, 건무와 영평의 옛 일을 따르게 했다.

여름 5월

임진일, 조서를 내렸다.

---

21 아내의 아버지를 혼婚이라 하고, 사위의 아버지를 인姻이라 한다. 일一은 개皆, 즉 모두라는 뜻이다.
22 〔성인이 되어〕 관을 썼다는 것이다.

온 세상에 자주 재이가 일어나므로 조정에서는 정치를 바로잡고, 태관은 반찬 수를 줄이며, 진귀한 물품들을 마련하지 못하게 했다. 그러나 계양태수桂陽太守 문롱文聾이 충성을 다하여 조정을 드높여 널리 알릴 것을 생각지 않고, 멀리서 커다란 구슬을 바쳐서 총애를 구하려 했다. 이에 이를 봉하여 돌려보내노라.

다섯 주에 비가 내려 큰물이 들었다.

가을 8월

경자일, 사자를 보내 죽은 자들을 실제로 조사하여 조세를 거두고 곡식을 내려 주게 했다.

정사일, 태위 유광과 사공 장호를 면직했다.[23]

9월

안정군, 북지군, 상군을 다시 옛 땅으로 옮겼다.[24]

계유일, 대홍려 방삼龐參을 태위로 삼고, 녹상서사를 겸하게 했다. 태상 왕공을 사공으로 삼았다.

겨울 11월

경진일, 사도 허경을 면직했다.[25]

---

23 『동관기』에 따르면, "음양이 서로 화합하지 않은 데다 오랫동안 병을 핑계 삼으니 이를 견책하여 파직했다."
24 안제 영초 5년(111년)에 옮기게 했는데, 이때 그것을 되돌린 것이다.
25 『동관기』에 따르면, "황제를 속여서 능멸했으므로 사람을 보내 책서를 내려 파직했으나 죽을 때까지 녹봉 일천 석을 내렸다."

선비족이 삭방군을 노략질했다.

12월

을묘일, 종정 유기劉崎[26]를 사도로 삼았다.

이 해 회계군을 쪼개 오군吳郡을 만들었다.
구미국拘彌國에서 사자를 보내 공물을 바쳤다.

【영건 5년】(130년)

봄 정월

소륵국왕疏勒國王이 아들을, 대완국왕大宛國王과 사차국왕莎車國王이 사신을 보내 공물을 바쳤다.

여름 4월

서울 낙양에 가뭄이 들었다.
신사일, 군국에 조서를 내려 가난한 백성들 중에서 재해를 입은 자는 올해 과경을 거두지 못하게 했다. 서울 낙양 및 군국 열두 곳에 황충이 들끓었다.

겨울 10월

병진일, 군국과 중도관에 조서를 내려 사형죄를 저지른 죄수들은 모

---

26 유기는 자가 숙준叔峻이며, 화음현華陰縣 사람이다.

두 죄를 한 등급씩 줄여 준 후 북지군, 상군, 안정군으로 보내 수자리를 살게 했다.

을해일, 정원후定遠侯 반시班始가 아내 음성공주陰城公主를 살해하는 죄를 짓자,[27] 요참형腰斬刑(허리를 베어 죽이는 형벌)에 처했으며, 형제들은 모두 기시형에 처했다.

【영건 6년】(131년)

봄 2월
경오일, 하간왕 유개가 죽었다.

3월
신해일, 다시 이오성伊吾城에서 둔전을 하고,[28] 이오사마伊吾司馬 한 사람을 두었다.

가을 9월
신사일, 태학을 보수해 다시 지었다.

호오환교위 경엽이 군대를 보내 선비족을 공격하여 무찔렀다.

정유일, 우전국왕于闐國王이 아들을 보내 입시하고 공물을 바쳤다.

---

27 반시는 반초의 손자로서 순제順帝의 고모인 음성공주에게 장가들었다. 『동관기』에 따르면, "음성공주의 이름은 현득賢得이다."
28 장제 건초 2년(77년)에 없앴다.

겨울 11월

신해일, 조서를 내렸다.

해마다 큰비의 재앙이 내렸는데, 기주부冀州部가 특히 심했다. 실상을 조사하여 피해를 본 만큼 조세를 면제해 주고 궁핍한 사람들을 구휼하라고 했는데도 백성들 중에서 일을 버리고 떠돌이가 되는 자가 끊이지 않고 있다. 군현들이 마음 씀을 게을리 하여 은혜가 널리 베풀어지지 않았을까 의심하노라. 『역경』에서는 "윗사람이 손해를 보고 아랫사람이 이로움을 얻음〔損上益下〕"을 아름답게 여겼고, 『서경』에서는 "백성을 편안하게 하는 것이 곧 은혜를 베푸는 것〔安民則惠〕"이라고 칭송했다.[29] 기주부에 영을 내리노니 올해의 전조와 추고를 거두지 말라.

12월

일남군 요새 밖에 있는 엽조국葉調國과 천국에서 사자를 보내 공물을 바쳤다.[30]

임신일, 객성이 견우성牽牛星 부근에 나타났다.

우전국왕이 아들을 보내 궁궐에 이르러 공물을 바쳤다.

---

29 『역경』의 익괘益卦에 따르면, "윗사람이 손해 보고 아랫사람이 이로움을 얻으니 백성이 한없이 기뻐한다." 혜惠는 애愛, 즉 사랑한다는 뜻이다. 『서경』에 "백성들을 편안하게 하는 것이 곧 은혜를 베푸는 것이요, 그러면 백성들도 그를 가슴속에 품게 된다"는 구절이 있다.

30 『동관기』에 따르면, "엽조국왕葉調國王이 사자 사회師會를 보내서 궁궐에 이르러 공물을 바치게 했다. 사회가 한나라에 귀의하자 엽조읍군葉調邑君으로 삼고, 그 왕에게는 자주색 인끈을 내렸다. 또 천국왕揮國 옹유雍由에게도 황금으로 만든 인장과 자주색 인끈을 내렸다."

【양가陽嘉 원년】(132년)

봄 정월

을사일, 양 씨梁氏를 황후로 세웠다. 〔천하 남자들에게〕 작위를 내렸는데, 사람마다 두 등급씩 올려 주었으며 삼로와 효제와 역전은 세 등급씩 올려 주었다. 또 작위가 공승을 넘은 자는 아들이나 친형제 또는 친형제의 아들이 옮겨 받을 수 있게 했고, 호적에 이름이 없는 백성들이나 유민들 중에서 호적에 이름을 올리고자 하는 자는 한 등급씩 올려 주게 했다. 홀아비, 과부, 고아, 홀몸, 병자, 집이 없고 가난하여 스스로 생계를 꾸릴 수 없는 자에게 곡식을 사람당 다섯 섬씩 나눠 주었다.

2월

해적 증정曾旌 등이 회계군을 노략질했다. 구장현句章縣, 은현鄞縣, 무현鄮縣[31] 등 세 현의 현장들을 살해한 후 회계동부도위會稽東部都尉를 공격했다. 조서를 내려 바다를 끼고 있는 여러 현에 각각 둔병을 두어 지키게 했다.

정사일, 황후가 고묘와 광무묘에 제사한 후, 조서를 내려 감릉현의 가난한 백성들에게 곡식을 내렸는데 호구의 크고 작음에 따라 각자 차이를 두었다.

서울 낙양에 가뭄이 들었다.

경신일, 군국에 칙서를 내려 이천 석 관리들로 하여금 각각 이름난 산과 강에 빌도록 하고, 대부와 알자를 보내 숭고산嵩高山과 수양산首陽山,[32] 황하와 낙수에 제사하여 비가 내리기를 청하게 했다.

---

31 세 현은 모두 회계군에 속한다.
32 수양산은 낙양 동북쪽에 있다.

무진일, 기우제를 지냈다. 기주에는 해마다 비가 내려 큰물이 지는 바람에 백성들의 먹거리가 넉넉하지 않았다. 조서를 내려 살피고 돌아다니면서 곡식을 빌려 주고 농사일을 권면하며 굶주려 죽게 된 자들을 구휼하게 했다.

갑술일, 조서를 내렸다.

정치가 조화를 잃은 탓에 음과 양이 서로 멀어져 겨울에도 눈이 쌓이는 일이 드물고 봄에도 단비가 내리지 않는다. 사자들을 나누어 보내 천지신명에게 빌고 청하면서 어떤 신도 제사하지 않음이 없었다〔靡神不祭〕.[33] 혹시나 게으르고 소홀히 하면서 "귀신이 있는 듯 제사하라〔如在〕"[34]라는 뜻을 어기지 않았을까 심히 두려워하노라. 이제 다시 시중 왕보王輔 등에게 지절을 주고 나누어 보내니 대산岱山(태산), 동해군, 형양군,[35] 황하, 낙수洛水에 이르러 마음을 다해 빌라.

3월

양주楊州 여섯 군에서 요적妖賊(요사스러운 말로 백성들을 미혹하여 난을 일으키는 자) 장하章河 등이 마흔아홉 현을 노략질하고, 수령들을 살상했다.

경인일, 순제가 벽옹에 임하여 향사례를 치른 후 천하에 대사면령을 내렸다. 연호를 양가陽嘉로 고쳤다. 조서를 내려 종실 중 호적에서 이름

---

33 『설문해자』에 따르면, "영䕼은 면으로 띠를 엮어 영䕼을 만든 후 홍수와 가뭄을 막아 달라고 기도하는 것이다." 『시경』에 "모든 신에게 제사를 올리네〔靡神不擧〕"라는 구절이 있다.

34 『논어』에 "귀신에게 제사할 때에는 귀신이 〔곁에〕 있는 듯이 하라〔祭神如神在〕"라는 말이 있다.

35 제수는 사독의 하나로, 하남군에 이르러 넘쳐서 형택滎澤이 된다. 그러므로 형양군에서 제사지내게 한 것이다.

이 끊긴 자들을 찾아 모두 복적했다. 기주의 극히 가난한 백성들에게 식량을 내리고, 이 해의 과경, 조세(토지세), 구부를 거두지 못하게 했다.

여름 5월

무인일, 부릉왕 유회劉恢가 죽었다.

가을 7월

사관이 처음으로 후풍지동동의候風地動銅儀를 만들었다.[36]

병진일, 태학을 새로 짓고 나서 명경明經을 시험하여 성적이 나쁜 자들은 제자弟子로 보임했으며, 갑과甲科와 을과乙科의 정원을 각 열 사람씩 늘렸다.[37] 군국의 늙은 유생 아흔 명을 낭과 사인으로 보임해 제수했다.

9월

군국과 중도관에 조서를 내려 사형죄를 짓고 옥에 갇힌 자들의 죄를 모두 한 등급 낮추어 주었으며, 망명한 자들은 속형하게 하되 각자 차이를 두게 했다.

선비족이 요동군을 노략질했다.

---

36 이때 장형이 태사령太史令이었는데, 그것을 만들었다.
37 「음의」에 따르면, "갑과는 〔경전 중에서〕 어려운 문제를 간책에 적어서 책상 위에 늘 어놓으면, 시험에 임하는 자가 뜻을 정한 후 그중 하나를 뽑아 취하여 문제에 답했다. 이를 사책射策이라 한다. 그 성적이 좋은 자를 갑이라 하고, 그 아래를 을이라 했다. 〔간책에〕 정치 교화의 득실이 기록된 경우에는 이를 처음부터 보여 주면서 그에 대해 물었는데 이를 대책對策이라 한다."

겨울 11월

갑신일, 망도현望都縣과 포음현蒲陰縣에서 이리가 여자 아흔일곱 명을 살해했다. 조서를 내려 이리를 죽이는 자에게 돈을 하사하되 사람마다 삼천 냥으로 했다.[38]

신묘일, 처음으로 군국에 영을 내려 효렴을 천거하도록 했다. 유생 중에서 경전의 장구章句에 통달한 자, 문관 중에서 장계와 상소를 지을 수 있는 자로 나이 마흔 살 이상인 자는 선발 시험에 응할 수 있도록 했다. 또한 무재로 품행이 뛰어난 자는 안연顏淵이나 자기子奇와 마찬가지로 나이에 구애받지 말게 했다.[39]

12월

정미일, 동평왕 유창劉敞이 죽었다.

경술일, 다시 현도군에 둔전 여섯 부部를 설치했다.

윤달

정해일, 모든 부서에 명령을 내려 조서를 받고 낭으로 제수된 자 중

---

[38] 망도현은 중산국에 속한다. 장제가 곡역현曲逆縣을 포음현으로 고쳤다. 역시 중산국에 속한다. 망도현과 서로 가깝다. 『동관기』에는 "포蒲"라고 되어 있다. 『동관기』에 따르면, "북악北岳(항산)에 제사하지 않아 일어난 일이다. 조서를 내려 '정치가 적중함을 잃은 탓에 이리의 재해가 이에 응하여, 외롭고 어린 이들이 잔혹하게 잡아먹히기에 이르렀다. 그 이유를 널리 알아보니 산악에는 존귀한 신령이 있어 나라에서 제사를 드려야 하는데도 몇 년이나 제사를 받들지 않으면서 형벌은 크게 남용되니 아이를 밴 여자들을 해친 것이라 한다'라고 말했다."

[39] 『사기』에 따르면, "안회는 노나라 사람으로 학문을 좋아하여 나이 스물아홉에 머리카락이 모두 희어졌고 일찍 죽었다." 유향劉向의 『신서新序』에 따르면, "자기는 나이 열여덟에 제나라 임금이 그를 보내서 아阿 땅을 교화하게 했다. 자기는 아 땅에 이르자마자 창고에 있는 무기를 녹여 농기구를 만들고 창고를 열어 가난한 자들을 구휼했다. 마침내 아 땅이 크게 교화되었다."

에서 나이가 마흔 살 이상인 자들을 효렴과孝廉科와 같은 방식으로 고과를 매긴 후 선발 시험에 응할 수 있도록 해마다 한 사람씩 천거하게 했다.

무자일, 객성이 천원성 부근에 나타났다.

신묘일, 조서를 내렸다.

요즈음 정치가 부지런하지 못한 탓에 재앙이 거듭해 나타나고 도적들이 많이 들끓고 있다. 물러나서 이유를 생각해 보니 모두 사람을 선발해 천거하는 것이 부실하여 관직과 그 사람이 들어맞지 않았으므로 위로는 하늘의 마음을 얻지 못하고 아래로는 백성들이 많은 원한을 품었기 때문이다. 『서경』은 고굉을 칭송하고 『시경』은 삼사三事(세 재상)를 풍자했노라.[40] 지금 자사와 이천 석 관리를 선발할 때 삼사에 그 임무를 위임하고 있다〔歸〕.[41] 〔삼사는 인재를 천거할 때〕 앞뒤 차례를 뚜렷이 구분하고, 높고 낮음을 엄밀히 조사하여 세월의 순서에 따라, 그리고 문과 무에 맞추어 공정함을 지키기에 힘쓰라.

경자일, 공릉에서 일백 장에 이르는 집〔廡〕[42]이 불에 탔다.

이 해 서원西苑을 세우고, 궁전을 보수해 다시 장식했다.

---

40 『서경』「익직」에 나온다. 순임금이 노래를 지어 말했다. "군주의 밝음이여, 신하의 어짊이여〔元首明哉, 股肱良哉〕!" 『시경』「소아」에 "삼사대부여, 새벽부터 한밤중까지 열심히 하지 않는구나〔三事大夫, 莫肯夙夜〕. 나라의 군주여 봉국의 제후여, 아침부터 저녁까지 열심히 하지 않는구나〔邦君諸侯, 莫肯朝夕〕"라는 구절이 있다.

41 삼사는 삼공, 즉 태위, 사공, 사도를 말한다. 귀歸는 맡겼다는 뜻이다.

42 공릉은 안제의 능이다. 무廡는 회랑이 있는 집이다. 『설문해자』에 따르면, "처마 아래에 빙 둘러서 지붕 달린 복도가 있는 집을 무廡라고 한다."

【양가 2년】(133년)

봄 2월
갑신일, 조서를 내려 오군과 회계군의 가뭄과 기아가 든 곳 백성들에게 종자와 식량을 빌려 주게 했다.

3월
사흉노중랑장 왕조王稠가 좌골도후左骨都侯 등을 거느리고 선비족을 공격해 무찔렀다.
신유일, 서울 낙양의 늙은 유생 중 나이 예순 살 이상인 자 마흔여덟 명을 낭, 사인 및 여러 왕국의 낭으로 임명했다.

여름 4월
다시 농서남부도위隴西南部都尉[43]를 두었다.
기해일, 서울 낙양에 지진이 일어났다.

5월
경자일, 조서를 내렸다.

짐이 부덕한 몸으로 대업을 이은 탓으로 하늘과 땅이 받들어 순응하고 음과 양이 화합해 질서를 이루지 못하여 재앙이 연이어 나타나고 하늘의 책망이 거듭 이르게 되었다. 드디어 땅이 흔들리는 재이가 낙양에서 일어나

---

43 무제 원삭 4년(기원전 125년)에 처음으로 농서군 임조현에 남부도위南部都尉를 두었다. 한나라가 다시 일어난 이래로 폐지했는데, 이때에 이르러 다시 그것을 설치한 것이다.

니 괴로워하며 두려워하되 어찌할 바를 알지 못하겠노라. 여러 공경들과 선비들은 어찌하여 잘못을 바로잡아 정치를 보좌하여 은혜가 미치지 못하는 데가 없게 함으로써 하늘의 훈계를 받들어 그에 답하려 하지 않는가? 재이는 헛되게 나타나지 않으니 반드시 응하는 바가 있는 법이다. 모두들 각자 곧은 마음으로 그 잘못을 말하되, 꺼리는 바가 없게 하라.

무오일, 사공 왕공을 면직했다.

6월
신미일, 태상 노국 사람 공부孔扶⁴⁴를 사공으로 삼았다.
소륵국에서 사자와 봉우封牛를 바쳤다.⁴⁵
정축일, 낙양에서 땅이 무너졌다.
이 달에 가뭄이 들었다.

가을 7월
기미일, 태위 방삼을 면직했다.

8월
기사일, 대홍려 패국 사람 시연施延⁴⁶을 태위로 삼았다.
선비족이 대군을 노략질했다.

---

44 공부는 자가 중연仲淵이다.
45 『동관기』에 따르면, "소륵왕 반槃이 사자 문시文時를 보내 궁궐에 이르렀다." 사자는 호랑이와 비슷한데, 싯누런 색으로 머리 주변에 갈기가 있고, 꼬리 끝에 털이 무성하여 크기가 됫박만 하다. 봉우는 목 윗부분의 고기가 봉분처럼 솟아올랐으므로 그런 이름이 붙은 것이다. 지금의 봉우峰牛이다.
46 시연은 자가 군자君子이며, 기현蘄縣 사람이다.

겨울 10월

경오일, 벽옹에서 예를 행했다. 응종應鍾을 연주하고, 황종黃鍾을 다시 시작하게 했는데, 악기를 만들 때 월률月律(「월령」의 음률)에 따르게 했다.[47]

【양가 3년】(134년)

봄 2월

기축일, 조서를 내려 가뭄이 오랫동안 계속된 것을 이유로 낙양의 여러 감옥에 있는 자들을 죄의 경중에 상관없이 모두 풀어 주었다. 그 후 비로소 단비를 얻을 수 있었다.

3월

경술일, 익주의 도적들이 현령들과 현장들을 협박해 인질로 잡고 열후를 살해했다.

여름 4월

병인일, 차사후부사마가 차사후부車師後部의 왕 가특노加特奴 등을 거

---

[47] 자子(11월은 십이지 중 자子에 해당하는데, 이는 아이들을 낳는다는 뜻이다. 이때에 이르러 양기가 다시 만물을 낳고 기르기 시작하므로 자라고 하는 것이다)가 황종이 된다. 음률은 길이가 아홉 치이고, 소리에는 가볍고 무거움, 길고 짧음이 있었는데, 도량度量(표준)은 모두 황종에서 나왔다. 월률을 따랐다는 것은 「월령」에 "정월에는 태주를, 2월에는 협종을, 3월에는 고세姑洗를, 4월에는 중려仲呂를, 5월에는 유빈蕤賓을, 6월에는 임종林鍾을, 7월에는 이칙夷則을, 8월에는 남려南呂를, 9월에는 무사無射를, 10월에는 응종을, 11월에는 황종을, 12월에는 대려大呂를 연주한다"라고 한 것을 따랐음을 말한다. 『동관기』에 따르면, "원화(84~86년) 이래로 음이 어그러져서 조화를 이루지 못했으므로, 이를 다시 살펴서 옛 법에 따르게 했다."

느리고 흉노를 몰래 공격하여 크게 무찌르고, 그 계모李母(막내 작은어머니)를 사로잡았다.

5월
무술일, 황제가 명을 내렸다.

옛날 우리 황제 태종(문제)께서는 크게 덕망을 떨쳐서 아래위로 두루 손길이 미치셨고 절약하여 백성들을 구휼했으며 정치는 백성들을 편안히 다스리는 데 힘썼다. 짐은 일하는 것이 밝지 못하여 정치가 바른 길을 잃으니 하늘이 꾸짖고 땅이 성내어 큰 변고가 잇따라 나타났다. 봄과 여름이 연이어 가물고 도적들이 온 세상에 들끓어 백성들이 해를 입으니 짐은 이를 심히 불쌍히 여기노라. 기꺼이 온 천하 사람들과 더불어 더러운 마음을 씻은 후 새로 시작할 것이다. 천하에 대사면령을 내리노라. 주사할 자 이하로부터 모반죄와 대역죄를 저질러 당연히 사면할 수 없는 자에 이르기까지 모두 사면하여 죄를 없애 주라. 백성 중 나이가 여든 살 이상인 자들에게 사람마다 쌀 한 섬, 고기 스무 근, 술 다섯 되를 내리라. 또 아흔 살 이상인 자들에게는 비단 두 필과 솜 세 근을 더하라.

가을 7월
경술일, 종 강족들이 농서군과 한양군을 노략질했다.

겨울 10월
호강교위 마속馬續이 종 강족을 공격해 무찔렀다.

11월

임인일, 사도 유기와 사공 공부를 면직했다.

을사일, 대사농 남군 사람 황상黃尙을 사도로 삼고, 광록훈 하동군 사람 왕탁王卓을 사공으로 삼았다.[48]

병오일, 무도군의 요새 안에 살던 강족 및 요새 바깥에 있던 강족이 주둔병을 공격해 무찌르고 사람과 가축을 약탈해 갔다.

【양가 4년】(135년)

봄 2월

병자일, 처음으로 중관中官(상시 이하의 환관을 가리키는 말)들도 양자를 들여 후사를 잇게 하고 봉토와 작위를 세습할 수 있도록 했다.

지난겨울에 가뭄이 시작되어 이 달에 이르렀다.

알자 마현이 종강을 공격하여 크게 쳐부쉈다.

여름 4월

갑자일, 태위 시연을 면직했다.[49]

무인일, 집금오 양상梁商을 대장군으로, 전 태위 방삼을 태위로 삼았다.

---

48 황상은 자가 백가伯可이며, 하남군 기현己縣 사람이다. 왕탁은 자가 중료仲遼이며, 하동군 해현解縣 사람이다.

49 『동관기』에 따르면, "인재를 뽑아서 천거할 때 탐욕스러운 데다 더러운 짓을 일삼았으므로 이를 견책하여 파직했다."

6월

기미일, 양왕 유광劉匡이 죽었다.

가을 7월

기해일, 제북왕 유등劉登이 죽었다.

윤달

초하루 정해일, 일식이 일어났다.

겨울 10월

오환족이 운중군을 노략질했다.

11월

〔오환족이〕 도료장군 경엽을 난지성蘭池城[50]에서 포위했다. 여러 군에서 병사들을 징발하여 구출에 나서자 오환족이 물러나 달아났다.

12월

갑인일, 낙양에 지진이 일어났다.

---

50 『속한지』에 따르면, "운중군 사남현沙南縣에 난지성이 있다."

【영화永和 원년】(136년)

봄 정월
부여왕이 내조했다.

을묘일, 조서를 내렸다.

짐의 정치가 밝지 못한 탓에 재앙이 계속해서 이르고 있다. 법에 꺼리는 바가 있으면, 지진과 일식이 더욱 무겁게 된다고 한다. 지금 먼 곳에서는 해의 변고가 있었고[51] 낙양에서는 땅이 흔들렸다. 재앙의 징조가 적지 않으니 반드시 그에 응하는 바가 있어야 할 것이다. 삼공 이하 모든 관료들은 각자 봉사를 올려 정치의 득실을 가리켜 진술하되 꺼리는 바가 없게 하라.

기사일, 명당에서 조상들에게 제사지내고 영대에 올랐다. 연호를 영화永和로 고쳤다. 천하에 대사면령을 내렸다.

가을 7월
언사현에 황충이 들끓었다.

겨울 10월
정해일, 승복전承福殿에서 불이 나자 황제가 운대로 피했다.

---

51 『동관기』에 따르면, "양가 4년(135년), 조서를 내려 말하기를, '짐이 부덕해 하늘의 책망을 받았다. 영릉군에서 일식이 있었다는 말이 있는데 낙양에서는 이를 알지 못했다'라고 했다." 이를 "해의 변고가 먼 곳에서 있었다"라고 한 것이다.

11월

병자일, 태위 방삼을 파직했다.

12월

상림현의 오랑캐들이 모반했다.

을사일, 전 사공 왕공을 태위로 삼았다.

【영화 2년】(137년)

봄 정월

무릉군의 만족들이 모반하여 충현充縣을 포위했으며, 또 이도현夷道縣을 노략질했다.[52]

2월

광한속국도위廣漢屬國都尉가 백마 강족을 공격해 무찔렀다.

무릉태수武陵太守 이진李進이 모반한 만족들을 공격해 무찔렀다.

3월

신해일, 북해왕 유익이 죽었다.

을묘일, 사공 왕탁이 죽었다.

정축일, 광록훈 풍익군 사람 곽건郭虔[53]을 사공으로 삼았다.

---

52 충현은 무릉군에 속한다. 옛 성이 예주澧州 숭의현 동북쪽에 있다. 이도현은 남군에 속한다.

53 곽건은 자가 군현君賢이며, 지양현 사람이다.

여름 4월

병신일, 서울 낙양에 지진이 일어났다.

5월

일남군의 만족들이 모반하여 군의 관부를 공격했다.

가을 7월

구진군과 교지군 두 군의 병사들이 모반했다.

8월

경자일, 화성〔熒惑〕이 남두성南斗星을 범했다.[54]

강하군의 도적들이 주현邾縣[55]의 현장을 살해했다.

겨울 10월

갑신일, 장안으로 행차했다. 지나는 곳마다 홀아비, 과부, 고아, 홀몸, 가난하여 스스로 살아갈 수 없는 자에게 곡식을 내렸는데, 사람마다 다섯 섬으로 했다.

경자일, 미앙궁未央宮으로 행차해 삼보의 군수, 도위 및 관속 들을 모이게 한 후, 음악을 베풀어 노고를 위로했다.

11월

병오일, 고묘에 제사했다.

---

54 형혹熒惑은 화성이다. 남두성은 북방에 있는 별이다. 「음의」에 따르면, "범했다는 것은 별빛이 일곱 치 안에서 서로에게 미치는 것을 말한다."

55 주현은 강하군에 속한다.

정미일, 이어서 십일릉에 제사했다.

정묘일, 낙양에 지진이 일어났다.

12월

을해일, 장안으로부터 돌아왔다.

【영화 3년】(138년)

봄 2월

을해일, 서울 낙양 및 금성군과 농서군에 지진이 났다. 두 군에서 산기슭이 무너져 내리고 땅이 꺼졌다.

무자일, 금성〔太白〕이 화성을 범했다.

여름 4월

구강군의 적도 채백류蔡伯流가 군의 경계를 노략질하더니 끝내 광릉군에 이르러서 강도현장江都縣長을 살해했다.

무술일, 광록대부를 보내 금성군과 농서군을 살피게 한 후, 깔려 죽은 자들 중 나이가 일곱 살 이상에게 사람마다 이천 냥씩 내려 주었다. 한 집안이 모두 해를 당한 경우에는 거두어 주었다. 올해 전조를 면제해 주었으며, 피해가 특히 심한 경우에는 구부를 거두지 못하게 했다.

윤달

채백류 등이 무리를 이끌고 서주자사徐州刺史 응지應志[56]에게 이르러 항복했다.

기유일, 서울 낙양에 지진이 일어났다.

5월

오군승吳郡丞 양진羊珍이 반역을 일으켜 군의 관부를 공격하자, 태수 왕형王衡이 무찌르고 목을 베었다.

6월

신축일, 낭야왕 유준劉遵이 죽었다.

구진태수九眞太守 축량祝良[57]과 교지자사交阯刺史 장교가 일남군의 모반한 만족들을 위무하고 달랜 끝에 항복을 받자 영외嶺外가 모두 평정되었다.

가을 7월

병술일, 제북왕 유다劉多가 죽었다.

8월

기미일, 사도 황상을 면직했다.

9월

기유일, 광록훈 장사군長沙郡 사람 유수劉壽[58]를 사도로 삼았다.

병술일, 대장군과 삼공에게 영을 내려 자사나 이천 석 관리에서 영,

---

56 『속한서』에 따르면, "응지는 자가 중절仲節이며, 여남군 남돈현 사람이다. 증조할아버지는 응순應順이다."
57 『속한서』에 따르면, "축량은 자가 소경邵卿이며 장사군 임상현臨湘縣 사람이다."
58 유수는 자가 백장伯長이며 임상현 사람이다.

장, 낭, 알자, 사부四府(대장군부, 태위부, 사공부, 사도부를 합쳐서 이르는 말)의 속관에 이르기까지 관리들을 살펴 군세고 의연하며 용감하고 날랜 데다 지모도 갖추어 장수로 임명할 만한 사람들을 각각 두 사람씩 천거하게 했으며, 특진, 경, 교위에게는 각각 한 사람씩 천거하게 했다.

겨울 10월

소당 강족이 금성군을 노략질하자 호강교위 마현이 공격해 무찔렀다. 하지만 강족들이 끝내 서로 호응한 끝에 모반했다.

12월

초하루 무술일, 일식이 일어났다.

【영화 4년】(139년)

봄 정월

경진일, 중상시 장규張逵, 거정蘧政, 양정楊定 등이 죄를 저질러 주살했다.[59] 뒤이어서 홍농태수弘農太守 장봉張鳳, 안평국의 재상 양호楊皓가 하옥되어 죽었다.

3월

을해일, 서울 낙양에 지진이 일어났다.

---

59 이 일은 「양상전楊尚傳」에 나온다.

여름 4월

계묘일, 호강교위 마현이 소당 강족들을 토벌하여 크게 쳐부쉈다.

무오일, 천하에 대사면령을 내렸다. 백성들에게 작위 및 곡식과 비단을 내리되 각자 차이를 두었다.

5월

무진일, 죽은 제북혜왕 유수의 아들 유안劉安을 제북왕으로 봉했다.

가을 8월

태원군에 가뭄이 들어 백성들이 흩어져 유민이 되었다.

계축일, 광록대부를 보내 살피고 돌아다니면서 곡식을 나눠 주게 하고 경부를 면제해 주었다.

겨울 10월

무오일, 상림원에 울타리를 쳐서 짐승들을 사냥하고, 함곡관을 지나 궁궐로 돌아왔다.

11월

병인일, 광성원으로 행차했다.

【영화 5년】(140년)

봄 2월

무신일, 낙양에 지진이 일어났다.

여름 4월

경자일, 중산왕 유홍劉弘이 죽었다.

남흉노 좌부左部의 구룡왕句龍王 대인 오사吾斯와 차뉴車紐 등이 모반해 미직현[60]을 에워쌌다.

5월

도료장군 마속이 오사와 차뉴를 쳐 무찔렀다. 사흉노중랑장 진구陳龜가 남선우를 핍박한 끝에 살해했다.

그믐 기축일, 일식이 일어났다.

저동且凍 강족이 삼보를 노략질하고, 현령과 현장을 살해했다.

정축일, 영을 내려 사형죄를 저지른 자 이하 모든 죄수들 및 망명한 자들에게 속형하게 하되, 각자 차이를 두었다.

9월

부풍군과 한양군에 영을 내려 농도에 오塢 삼백 곳을 쌓고 둔병을 두었다.

신미일, 태위 왕공을 파직했다.

저동 강족이 무도군을 노략질하고, 농관隴關[61]을 불태웠다.

임오일, 태상 환언을 태위로 삼았다.

정해일, 서하군을 이석현離石縣[62]으로, 상군을 하양현夏陽縣으로, 삭방군을 오원군으로 옮겼다.

---

60 미직현은 서하군에 속한다.
61 농산隴山에 있는 관문으로 지금의 이름은 대진관大震關이다.
62 이석현은 서하군에서 남쪽으로 오백구 리 떨어진 곳에 있다. 서하군은 본래 평정현平定縣에 도읍했는데, 이때 이석현으로 옮겼다.

구룡왕 오사 등이 동쪽으로 오환족을 끌어들이고, 서쪽으로 강족과 호족을 받아들여 상군을 노략질하고, 차뉴를 세워 선우로 삼았다.

겨울 11월

신사일, 사흉노중랑장 장탐張耽을 보내 공격하여 그들을 무찔렀다. 차뉴가 항복했다.

【영화 6년】(141년)

봄 정월

병자일, 정서장군 마현이 저동 강족과 더불어 사고산射姑山에서 싸웠다. 마현의 군대가 패하여 전멸했다. 안정태수 곽황郭璜이 하옥되어 죽었다.

조서를 내려 왕과 제후의 구실을 한 해 동안 빌려 주었다.

윤달

공당鞏唐 강족이 농서군을 노략질하고, 끝내 삼보에 이르렀다.

2월

정사일, 혜성이 영실성 부근에 나타났다.

3월

무도태수武都太守 조충趙沖이 공당 강족을 토벌해 무찔렀다. 경자일, 사공 곽건을 면직했다.

을사일, 하간왕 유정劉政이 죽었다.
병오일, 태복 조계趙戒[63]를 사공으로 삼았다.

여름 5월
경자일, 제왕 유무기가 죽었다.
사흉노중랑장 장탐이 천산[64]에서 오환족, 강족, 호족을 크게 무찔렀다.
공당 강족이 북지군을 노략질했다.

가을 7월
갑오일, 조서를 내려 재산 있는 백성들에게 한 집마다 돈 일천 냥씩을 빌리게 했다.

8월
병진일, 대장군 양상이 죽었다.
임술일, 하남윤 양기梁冀를 대장군으로 삼았다.

9월
강족 여러 부족이 무위군을 노략질했다.
그믐 신해일, 일식이 일어났다.

겨울 10월
계축일, 안정군을 부풍군으로, 북지군을 풍익군으로 옮겼다.

---

63 조계는 자가 지백祉伯이며, 촉군 성도 사람이다.
64 『동관기』에 따르면, "장탐이 관리들과 병사들을 거느리고, 새끼를 꼬아 동아줄을 만든 후 서로 몸에 두르게 하고는 천산을 넘었다."

11월

경자일, 집금오 장교에게 거기장군의 일을 대행하게 한 후, 병사들을 거느리고 삼보에 주둔하게 했다.

【한안漢安 원년】(142년)

봄 정월

계사일, 명당에서 조상들에게 제사지내고, 천하에 대사면령을 내렸다. 연호를 고쳐 한안漢安이라 했다.

2월

병진일, 대장군, 공, 경에게 조서를 내려 현량방정한 선비 및 깊은 이치와 은밀한 도리를 구한 선비〔探賾索隱〕[65]를 각각 한 사람씩 천거하게 했다.

가을 7월

처음으로 승화구承華廐를 두었다.[66]

8월

남흉노 좌부의 대인 구룡왕 오사와 욱건왕奧鞬王 대기臺耆 등이 모반하여 반란을 일으켰다.

65　색賾은 그윽하고 깊은 것이다. 색索은 구求, 즉 구한다는 뜻이다.
66　『동관기』에 따르면, "이때 가까이 또는 멀리에서 말을 바친 무리들이 많아 마구간이 가득 찼다. 처음으로 승화구령承華廐令을 두었는데, 질은 육백 석이었다."

정묘일, 시중 두교杜喬, 광록대부 주거周擧, 수광록대부守光祿大夫 곽준郭遵, 풍선馮羨, 난파欒巴, 장강張綱, 주허周栩, 유반劉班 등 여덟 사람을 주군에 나누어 보내 조정의 가르침을 널리 알리고 풍속을 교화하며 실질을 천거하고 좋고 나쁨을 가리게 했다.

9월

경인일, 광릉군의 도적 장영張嬰 등이 군현들을 노략질했다.

겨울 10월

신미일, 태위 환언과 사도 유수를 면직했다.
갑술일, 행거기장군 장교를 파직했다.

11월

임오일, 사예교위 조준趙峻[67]을 태위로 삼고, 대사농 호광胡廣을 사도로 삼았다.
계묘일, 대장군과 삼공에게 조서를 내려 굳세고 용감한 이들 중 임시로 등용한 후 능력이 검증되면 장교로 임명할 만한 자들을 각각 한 사람씩 선발하게 했다.

이 해 광릉군의 적도 장영 등이 태수 장강張綱에게 이르러 항복했다.

---

67 조준은 자가 백사伯師이며, 하비국 서현徐縣 사람이다.

【한안 2년】(143년)

봄 2월

병진일, 선선국에서 사신을 보내 공물을 바쳤다.

여름 4월

경술일, 호강교위 조충이 한양태수 장공張貢과 함께 소당 강족들을 삼련현參䚡縣[68]에서 공격해서 무찔렀다.

6월

을축일, 화성이 토성[鎭星]을 범했다.
병인일, 남흉노의 수의왕守義王 두루저兜樓儲를 세워 남선우로 삼았다.

겨울 10월

신축일, 군국 및 중도관에 영을 내려 옥에 갇힌 죄수들 중 사형수 이하 모든 죄수들이 비단을 바치고 속형할 수 있도록 하되 사람마다 차이를 두었다. 또 비단을 바치고 속형할 수 없는 자들은 임강현臨羌縣으로 보내 이 년 동안 수자리를 살게 했다.
갑진일, 백관들의 녹봉을 줄였다.
병오일, 술을 사고파는 것을 금지했다. 또 왕국과 후국에서 한 해 분 조세를 빌려 미리 받았다.

---

68 삼련현은 안정군에 속한다.

윤달

조충이 아양현阿陽縣[69]에서 소당 강족을 공격해 무찔렀다.

11월

사흉노중랑장 마식馬寔이 사람을 보내 구룡왕 오사를 찔러 죽였다.

12월

양주楊州와 서주에서 도적들이 성과 감옥을 공격해 불태운 후, 관리들과 백성들을 살해하고 약탈했다.

이 해 양주涼州 땅 일백여든 곳에 지진이 일어났다.

【건강建康 원년】(144년)

봄 정월

신축일, 조서를 내렸다.

농서군, 한양군, 장액군, 북지군, 무위군, 무도군에서 지난해 9월 이래 지진이 일백여든 번이나 일어나 산과 계곡이 터지고 갈라졌으며 성과 건물이 무너져 수많은 백성들이 죽었다. 게다가 오랑캐들이 모반해 반역을 일으킨 탓에 부역이 무겁고 잦아〔조정〕안팎에 원망이 널리 퍼졌다. 이에 짐의 허물을 생각하니 한숨만 나올 뿐이구나. 광록대부를〔사자로〕보내

---

69 아양현은 한양군에 속한다.

니 살피고 돌아다니면서 조정의 은택을 널리 알리고 저 아래 백성들까지 사랑을 베풀되 번거롭고 요란하지 않게 할지어다.

3월

경자일, 패왕 유광劉廣이 죽었다.

영호강교위領護羌校尉(영領은 지위가 높은 고관이 낮은 직무의 일을 겸할 때 붙는 말이다) 위거衛琚가 모반한 강족을 쫓아가 토벌하여 그를 무찔렀다.

남군과 강하군의 도적들이 성읍들을 약탈하자 주군이 그들을 토벌하여 평정했다.

여름 4월

사흉노중랑장 마식이 남흉노의 좌부를 공격하여 그들을 무찔렀다. 이에 호족, 강족, 오환족이 모두 와서 마식에게 항복했다.

신사일, 황자 유병劉炳을 세워 황태자로 삼고, 연호를 건강建康으로 고쳤다. 천하에 대사면령을 내렸다. 사람들에게 작위를 내렸는데, 각자 차이를 두었다.

가을 7월

병오일, 청하왕 유연평이 죽었다.

8월

양주楊州와 서주의 도적 범용范容, 주생周生 등이 성읍들을 노략질했다. 어사중승 풍사馮赦가 주와 군의 군사들을 거느리고 토벌했다.

경오일, 황제가 옥당玉堂 전전에서 붕어했다. 이때 나이가 서른 살이었다. 유조를 내려 침묘를 세우지 말고, 옛 복식에 따라 염하며, 옥구슬 같은 것을 모두 무덤에 넣지 못하게 했다.

논하여 말한다.

옛날에 한 임금은 유폐된 후 추방당했다가〔離〕 돌아와서 제위를 이었을 때, 전날의 잘못을 돌이켜 바로잡지〔矯〕 않음이 없고 진정함과 거짓됨을 살펴 알았으며 바깥에서 마주쳤던 우환을 잊지 않았기에[70] 대업을 다시 일으킬 수 있었다. 무릇 순제 때의 조정 정치를 살펴보면 대개〔殆〕 그러한 일을 하지 않았고, 오히려 본받는 일을 피함〔倣僻〕이 어찌 이리 많았단 말인가?[71]

---

70 리離는 조遭, 만난다는 뜻이다. 교矯는 정正, 바로잡는다는 뜻이다. 『춘추좌씨전』에 따르면, "진후晉侯는 나라 바깥에서 열아홉 해를 지내면서 온갖 험한 일과 힘든 일을 두루 맛보았다. 그래서 백성들의 진정함과 거짓됨을 모조리 알았다."

71 태殆는 근近, 즉 대개라는 뜻이다. 순제가 옛일을 본받는 것을 회피하여 잘못된 것들을 바르게 고치지 않았음을 말한다.

충제기
沖帝紀

효충황제孝沖皇帝는 휘가 병炳이며, 순제順帝의 아들이다.[1] 어머니는 우虞 귀인이라고 한다.

【건강 원년】(144년)

황태자로 세워졌다.

8월
경오일, 황제의 자리에 올랐다. 나이는 두 살이었다. 황후를 높여 황태후라 했다. 양 태후가 조정에 나와 섭정했다.
정축일, 태위 조준을 태부로 삼았다. 대사농 이고李固를 태위로 삼고, 참녹상서사參錄尙書事를 겸하게 했다.

---

1 『일주서』「시법해」에 따르면, "갓난아기일 때 제위에 오른 것을 충沖이라 한다." 사마표司馬彪에 따르면, "충제는 갓난아기일 때 요절했으므로 시호를 충沖이라 한 것이다." 복후의 『고금주』에 따르면, "유병은 자가 일명日明이다."

9월

병오일, 효순황제를 헌릉憲陵에 장사지내고, 묘호를 경종敬宗이라 했다.

이 날, 낙양 및 태원군, 안문군에 지진이 났다. 세 군에서 물이 솟아오르고 땅이 갈라졌다.

경술일, 삼공, 특진, 후, 경, 교위에게 조서를 내려 현량방정한 선비와 유일수도幽逸修道(조용히 숨어서 학문의 도를 닦은 사람)한 선비를 각 한 사람씩 천거하게 했다. 또 모든 관료들에게 봉사를 올리게 했다.

기미일, 구강태수九江太守 구등丘騰이 죄를 얻고 하옥되어 죽었다.[3]

양주자사楊州刺史 윤요尹耀, 구강태수 등현鄧顯이 적도 범용 등을 역양현歷陽縣에서 토벌하려 했다. 군대가 패하자 윤요와 등현이 적도들에게 죽임을 당했다.

겨울 10월

일남군의 만족들이 성읍을 공격하여 불살랐다. 교지자사 하방夏方이 그들을 불러 달랜 끝에 항복을 받았다.

임신일, 상산왕 유의劉儀가 죽었다.

기묘일, 영릉태수 유강劉康이 잘못 없는 자를 살해한 죄로 하옥되어 죽었다.

11월

구강군의 도적 서봉徐鳳, 마면馬勉 등이 '무상장군無上將軍'을 칭하면서

---

2   낙양에서 서쪽으로 십오 리 바깥에 있다. 능은 높이가 여덟 길 네 자이며, 둘레는 삼백 보이다.

3   『동관기』에 따르면, "구등은 〔도적들의〕 범죄가 무척 크고 심각하다는 것을 알고도 간사하고 교활한 자들을 끼고 돌면서 길에서 오래 머물렀으므로 하옥해 죽였다."

성읍들을 공격해 불살랐다.

기유일, 군국과 중도관에 영을 내려 옥에 갇힌 죄수 중 사형죄에 해당하는 자들은 죄를 한 등급 낮추어 주고, 변방에서 수자리를 살게 했다. 모반죄나 대역죄를 저지른 자들은 이 영을 적용하지 않았다.

12월

구강군의 적도 황호黃虎 등이 합비현合肥縣을 공격했다.

이 해, 도적떼가 헌릉을 파헤쳤다.
호강교위 조충이 모반한 강족들을 쫓아가서 전음하鸇陰河⁴에서 공격했는데 싸우다 죽었다.

【영가永嘉 원년】(145년)

봄 정월

무술일, 황제가 옥당 전전에서 붕어했다. 이때 나이가 세 살이었다. 청하왕 유산劉蒜을 불러 서울 낙양에 이르게 했다.

---

4 양주 고장현 동남쪽에 전음현鸇陰縣의 옛 성이 있다. 전음하 때문에 이런 이름이 붙은 것이다.

질제기
質帝紀

효질황제孝質皇帝는 휘가 찬纘이며,[1] 장제의 현손이다. 증조할아버지는 천승정왕千乘貞王 유항, 할아버지는 낙안이왕樂安夷王 유총, 아버지는 발해효왕勃海孝王 유홍劉鴻이며, 어머니는 진陳 부인이다.

【영가 원년】(145년)

충제沖帝가 병들었을 때, 대장군 양기가 유찬을 불러 낙양 도정都亭에 이르게 했다. 나중에 충제가 붕어하자 양 태후는 양기와 함께 궁중에서 계책을 정했다.

병진일, 양기에게 지절을 주어 보내 왕청개거로써 유찬을 맞아 남궁에 들게 했다.

정사일, 유찬을 건평후建平侯로 봉했다. 그날 황제의 자리에 올랐다. 이때 나이가 여덟 살이었다.

기미일, 효충황제를 회릉懷陵[2]에 장사지냈다.

---

1 『일주서』「시법해」에 따르면, "곧고 충성스러워 샛됨이 없는 것을 질質이라고 한다." 『고금주』에 따르면, "찬纘은 속繼, 즉 이어진다는 뜻이다."

광릉군의 적도 장영 등이 다시 반란을 일으켜 당읍현堂邑縣과 강도현江都縣을 공격해 그 현장을 살해했다. 구강군의 적도 서봉 등이 곡양현曲陽縣과 동성현東城縣을 공격해 그 현장을 살해했다.

갑신일, 고묘에 제사했다.

을유일, 광무묘에 고했다.

2월

예장태수豫章太守 우속虞續이 뇌물죄로 하옥되어 죽었다.

을유일, 천하에 대사면령을 내렸다. 백성들에게 작위 및 곡식과 옷감을 내리되 각자 차이를 두었다. 왕들과 제후들에게 삭감했던 식읍을 돌려주었다.

팽성왕 유도劉道가 죽었다.

모반한 강족들이 좌풍익 양병梁並에게 이르러 항복했다.

3월

구강군의 적도 마면이 '황제黃帝'를 칭했다. 구강도위九江都尉 등무滕撫가 마면, 범용, 주생을 토벌하여 크게 무찌르고 그 목을 베었다.[5]

---

2 낙양에서 서북쪽으로 십오 리 바깥에 있다. 복후의 『고금주』에 따르면, "높이는 네 길 여섯 자이며, 둘레는 일백여든세 보이다."

3 당읍현은 광릉군에 속한다.

4 곡양현은 구강군에 속하며, 회곡淮曲의 북쪽에 있다.

5 『동관기』에 따르면, "마면의 수급 및 그가 차던 옥인玉印, 사슴 가죽으로 만든 관, 누런 옷이 낙양에 이르자 조서를 내려 하성문夏城門 바깥에 높이 매달아 백성에게 〔그 죄를〕 밝히 알리게 했다."

여름 4월

임신일, 기우제를 지냈다.

경진일, 제북왕 유안이 죽었다.

단양군의 도적 육궁陸宮 등이 성을 포위하고 정사亭寺(역참)를 불사르자 단양태수丹陽太守 강한江漢이 공격해 무찔렀다.

5월

갑오일, [황태후가] 조서를 내렸다.

짐이 부덕한 몸으로 천하의 어머니를 맡았으나 정치를 펴 나감이 밝지 않아 매번 적중함을 잃고 있다. 봄부터 여름이 지나도록 큰 가뭄이 들어 대지가 불타오르니 근심하는 마음에 전전긍긍[京京][6]하다가 큰 제사를 지내 하늘에 빌면서 비가 내리기를 바랐다. 그러나 이제 비가 오더라도 겨울보리는 이미 손상을 심하게 입었는데도 날마다 먹구름만 끼었다가 다시 개는 날이 이어지고 있다. 이에 누워 잠들지 못하고 길게 한숨만 내쉬니 [寤寐永歎][7] 무거운 마음에 울화만 쌓였노라. 이는 이천 석 관리 및 현령과 현장이 관용과 화합을 숭상하지 않고 사납고 각박하게 굴었기 때문이 아니겠는가? 영을 내리노라. 중도관은 옥에 갇힌 죄수들 중에서 반드시 주사할 죄를 저지른 경우가 아닌 데다 조사가 아직 끝나지 않은 자들은 모두 보증을 세운 후 내보내[任出][8] 입추를 기다리라. 군국의 유명한 산과 커다란 못 중에서 능히 구름과 비를 일으킬 수 있는 곳이라면, 이천 석 관리

---

6 『이아』에 따르면, "경경京京은 근심하는 모습이다."
7 오寤는 각覺, 즉 깬다는 뜻이다. 매寐는 와臥, 즉 눕는다는 뜻이다. 『시경』에 "깬 채로 누워 길게 탄식하니 오직 근심으로 늙어 갈 뿐[寤寐永歎, 唯憂用老]"이라는 구절이 있다.
8 임任은 보保, 즉 보증을 세운다는 뜻이다.

들이 각각 깨끗이 재계하고 기도를 올리되 정성과 예를 다하라. 또 군대를 일으킬 일이 해마다 일어나서 죽은 자들이 여기저기 흩어졌는데, 혹은 해골조차 거두지 못하고 혹은 관에 넣을 수 없었는데, 짐은 이를 매우 불쌍히 여기노라. 옛날 주나라 문왕이 마른 해골을 묻어 주자 백성들은 그 덕을 믿게 되었다.[9] 지금 사자를 보내 살피고 돌아다니면서 집이 없거나 가난하여 장례 물품을 마련할 수 없는 자들에게 즉시 은혜를 베풀어 외로운 혼들을 위로하라.

이 달에 하비국 사람 사안(謝安)이 [의병] 모집에 응한 후, 그 종친들을 데리고 매복한 다음 서봉 등을 공격해 목을 베었다.
병진일, 조서를 내렸다.

효상황제께서는 비록 오랫동안 제위에 계시지는 못했으나 자리에 올라 해를 넘겼기 때문에 군신의 예가 이루어졌다. 효안황제 역시 제왕의 업을 받들어 이으셨다. 그러나 이전 황제(순제)께서 끝내 공릉을 강릉(상제의 능) 위에 두셨으므로 앞뒤가 서로 뒤집혀 순서를 잃게 되어 종묘의 무거움을 받들지 못하고 무궁한 제도를 베풀지 못하게 되었다. 옛날 정공(定公)이 올바름을 좇아 차례대로 제사지내니 [順祀], 『춘추』에서 이를 옳게 여겼다.[10]

---

9 『여씨춘추(呂氏春秋)』에 따르면, "주나라 문왕이 사람을 시켜 땅을 파다가 죽은 사람의 해골을 발견했다. 문왕이 말했다. '다시 그것을 묻어 주라.' 관리가 아뢰었다. '이 뼈는 주인이 없습니다.' 문왕이 답했다. '천하를 가진 자가 바로 천하의 주인이다. 그런데 지금 내가 어찌 그 주인이 아니란 말인가?' 그러고는 끝내 관리를 시켜 의복과 관을 갖추어 그것을 장사지내게 했다. 천하 사람들이 그 말을 듣고 말했다. '문왕은 어질구나. 마른 뼈에까지 은택을 내리니 하물며 사람에게는 어떻겠는가!'"

10 노나라 민공(閔公)은 왕위에 오른 지 두 해 만에 죽었다. 뒤를 이어 희공(僖公)이 왕위에 올랐다. 희공은 비록 민공의 서형(庶兄)(배다른 형)이지만 이미 민공의 신하 된 바 있었으므로 신위는 마땅히 민공 아래에 놓여야 마땅했다. 후에 문공(文公)이 즉위했을 때

이에 영을 내리노라. 공릉 다음에 강릉을, 헌릉 다음에 공릉을 두어 순서를 바로잡고 이를 만세의 법으로 삼으라.

6월
선비족이 대군을 노략질했다.

가을 7월
경인일, 부릉왕 유대劉代가 죽었다.
여강군의 도적들이 심양현尋陽縣을 공격하더니, 다시 우이현盱台縣을 공격했다. 등무가 사마司馬 왕장王章을 보내 그들을 공격해 무찔렀다.

9월
경술일, 태부 조준이 죽었다.

겨울 11월
기축일, 남양태수 한소韓昭가 뇌물죄로 하옥되어 죽었다.[11]
병오일, 중랑장 등무가 광릉군의 적도 장영을 공격해 무찔렀다.
정미일, 중랑장 조서趙序가 죄를 짓자 기시형에 처했다.[12]

희공의 신위를 민공 위에 놓으려 했다. 이를 두고 『춘추좌씨전』에서는 "희공을 올리니 제사가 어지러워졌다"라고 했다. 〔그 후〕 경서에 정공 8년(기원전 502년), "선왕을 차례대로 제사지냈다(從祀)"라고 되어 있다. 종從은 순順, 거스르지 않고 따른다는 뜻이다. 순서대로 제사지냈다는 것은 희공의 신위를 물려서 민공 아래에 놓은 것을 말한다. 『춘추곡량전』에서는 이를 "선왕들을 차례대로 제사지내니 바름이 귀하게 되었다."

11 『동관기』에 따르면, "강제로 일억 오천만 냥을 걷어 들였기에 함거를 보내 불러들인 후 하옥했다."
12 『동관기』에 따르면, "돈과 비단 삼백칠십오만 냥을 취한 죄였다."

역양현의 적도 화맹華孟이 스스로 '흑제黑帝'라 칭하면서, 구강태수 양잠楊岑을 공격해 살해했다. 등무가 여러 장수들을 이끌고 화맹 등을 공격하여 크게 무찌르고 목을 베었다.

【본초本初 원년】(146년)

봄 정월

병신일, 조서를 내렸다.

옛날에 요임금은 네 아들에게 명을 내려 하늘의 도를 공경하도록 했으며,[13] 홍범구주鴻範九疇에서는 길함과 흉함에는 모두 징조가 있다[休咎有象]고 했다.[14] 무릇 상서로움은 [정치가] 조화를 이루었을 때 내리고, 재이는 [정치가] 조화를 거슬렀을 때 감응하니 [하늘이] 금하는 바를 미미하게

---

13 네 아들은 희중羲仲, 희숙羲叔, 화중和仲, 화숙和叔을 일컫는다. 『상서』에 "이에 희씨와 화씨에게 명을 내려 하늘을 공경하게 했다"는 구절이 있다.
14 『상서』에 "이에 하늘이 우임금에게 홍범구주를 내렸다"라는 말이 있다. 공안국의 『상서주』에 따르면, "홍洪은 대大, 즉 크다는 뜻이다. 범範은 법法이다. 주疇는 유類, 즉 종류를 말한다. 하늘이 우임금에게 주었다는 것은 낙수에서 글이 나온 것을 말한다. 신령스러운 거북이 글을 등에 지고 나왔다. 글은 등에 열을 지어 쓰였는데, 그 수가 아홉에 이르렀다. 마침내 우임금이 그것을 순서대로 늘어놓아 아홉 종류 법을 이루었다." 홍범구주의 여덟 번째는 서징庶徵인데, 휴징休徵과 구징咎徵의 응답이 있다. 휴休는 미美, 즉 좋다는 뜻이다. 구咎는 악惡, 즉 나쁘다는 뜻이다. 징徵은 험驗, 즉 징조라는 뜻이다. 임금이 선한 정치를 베풀면, 온갖 곡식이 잘 여물고 집안이 편안해진다. 이를 휴징, 즉 좋은 징조라고 한다. 정치가 어그러져서 잃는 바가 많으면 온갖 곡식이 여물지 않아 집안이 안녕하지 못하게 된다. 이를 구징, 즉 나쁜 징조라고 한다. 징조가 좋고 나쁜 것은 모두 임금의 정치를 본뜨는[象] 것이므로, "좋고 나쁨에는 모두 징조가 있다"라고 한 것이다.

어겨도 응하는 것은 컸으므로 예전 성인들은 이를 무겁게 여겼다.[15] 그런데도 요즈음 주군에서는 법을 가벼이 여기고 업신여겨 앞 다투어 잔혹하고 포학한 일을 행하거나 법령 조문을 멋대로 만들어 죄 없는 사람을 곤경에 빠뜨리고 있다. 또 어떤 이는 기분 내키는 대로 장리들을 내쫓는 데다 은혜를 사사로운 곳에 베풀고 벌은 원수들에게 내리니 궁궐 문에 이르러 하소연하는 자들이 끊이지 않는다. 오래된 이를 내보내고 새 사람을 맞이한 탓에 백성이 그 해악을 만나 원망하는 기운이 화합을 상하게 했으므로 마침내 재앙이 내린 것이다. 『서경』에 이르기를, "덕을 밝히고 벌을 삼간다〔明德慎罰〕"라고 했다.[16] 바야흐로 봄이 되어 농사를 지으려 하는데, 이때에는 작은 것을 기를 때조차 공경으로써 시작하는 법이다. 담당 관리들에게 칙서를 내리노니 반드시 주사할 죄를 저지른 경우가 아니라면 이를 조사하거나 심리하지 말고 행함에 너그러움이 있게 하라.[17]

임자일, 광릉태수廣陵太守 왕희王喜가 적도들을 토벌할 때 머뭇거리면서 나아가지 않은 죄로 하옥되어 죽었다.

---

15 임금의 정치가 순정하고 평화로울 때에는 상서로운 조짐이 나타난다. 만약 시령에 거슬렀다면 천재지변이 나타났을 것이다. 〔하늘이〕 금하는 바는 비록 작을지라도 응하는 바는 크다. 예전 성인들이 무겁게 여겼던 바란, 요임금이 하늘을 공경하라 하고 기자箕子가 길함과 흉함의 조응이 있다고 한 것을 말한다.
16 생眚은 과過, 즉 잘못을 말한다. "덕을 밝히고 벌을 삼간다〔明德慎罰〕"라는 말은 『서경』 「강고」에 나오는 구절이다.
17 봄 농사를 지을 때는 비록 미미한 것을 기를지라도 삼가 정성껏 일을 처리하는 것을 시작으로 삼는다. 『예기』 「월령」에 따르면, "음력 정월에는 어린 벌레와 갓 태어난 짐승이나 새를 죽이지 않으며 짐승의 새끼나 알 역시 건드리지 않는다. 이러면 끝내 은사를 행하는 데 마땅하지 않은 바가 없게 된다." 『서경』에 "공경히 오교를 널리 펴되 너그럽게 하라〔敬敷五敎, 五敎在寬〕"라는 말이 있다.

2월

경진일, 조서를 내렸다.

구강군과 광릉군 두 군이 몇 차례나 도적의 피해를 입었으며〔백성들이〕잔혹하게 살해당하는 일이 극심했다.[18] 살아남은 자는 재물과 산업을 잃었고, 죽은 자는 들과 벌판에 시체를 내맡겨 놓았다. 옛날 정치하는 자는 하나의 물건이라도 있을 곳을 얻지 못하면 자기가 그렇게 된 것처럼 여겼거늘[19] 하물며 내 백성들이 이렇듯 괴로움을 당함에랴. 바야흐로 봄이 되어 계절을 알리노라. 궁핍한 자들을 구휼하고, 마른 해골을 덮어 주며 썩은 시체를 묻어 줄 때〔掩骼埋胔〕가 되었다.[20] 〔땅이〕 이어진 군에서 곡식을 징발하여 궁핍하고 허약한 자들에게 나누어 주라. 마른 뼈는 거두어서 장사 지내고 가엽게 여겨 묻어 주는 데 힘써서 짐의 뜻을 널리 전하라.

여름 4월

경진일, 군국에 영을 내려 경전에 밝은 덕분에 천거된 자들 중에서 나이 쉰 살 이상 일흔 살 이하의 사람들을 태학에 이르게 했다. 대장군에서부터 육백 석 관리에 이르기까지 모두 아들을 보내 수업을 받게 했으며 한 해가 끝나면 시험을 치러 성적이 가장 높은 사람 다섯 명을 낭중에 임명하고, 그다음 다섯 명을 태자사인太子舍人에 임명하게 했다.

---

18 해마다 장영이 광릉군을, 화맹이 구강군을 노략질한 일을 말한다.
19 『서경』에 "한 사람이라도 있을 곳을 얻지 못하면, 이것은 내 허물이로구나"라는 말이 있다.
20 「월령」에 따르면, "맹춘의 달에는 경사를 행하고 은혜를 베풀되, 아래로 백성들에게 미치게 해야 한다"라고 했으며, 또 "마른 해골을 덮어 주고 썩은 시체를 묻어 준다"라고 했다. 정현의 『예기주』에 따르면, "이는 죽은 기운이 산 기운을 거스르지 못하게 하려는 것이다." 마른 뼈를 격骼이라 하고, 썩은 고기를 자胔라 한다.

또 일천 석 관리, 육백 석 관리, 사부의 속관, 삼서의 낭, 사성소후 중에서 먼저 경전에 통달한 자들을 선발하여 각각 그 학파의 법에 따르게 하고,[21] 그중 성적이 가장 좋은 자들을 명첩名牒에 올리게 하고 차후에 상을 내려 칭찬하게 했다.

5월

경인일, 낙안왕을 옮겨 발해왕勃海王으로 삼았다.

해일이 일어났다.

무신일, 알자로 하여금 두루 돌아보면서, 낙안국과 북해국北海國의 백성들 중에서 물에 빠져 죽은 자들을 거두어 장사지내게 하고, 또 가난으로 여윈 백성들에게 곡식을 내려 주게 했다.

경술일, 금성이 화성을 범했다.

6월

정사일, 천하에 대사면령을 내렸다. 백성들에게 작위 및 곡식과 비단을 내리되 각자 차이를 두었다.

윤달

갑신일, 대장군 양기가 몰래 짐독으로써 시해하니, 황제가 옥당 전전에서 붕어했다. 이때 나이가 아홉 살이었다.

---

21 사부의 속관이란, 대장군부에 속한 스물아홉 명, 태위부에 속한 스물네 명, 사도부에 속한 서른한 명, 사공부에 속한 스물아홉 명을 말한다. 『한관』에 따르면, "좌중랑장과 우중랑장은 모두 진나라 때 벼슬로 질은 비 이천 석이다. 삼서의 낭관이 모두 그들에게 속한다." 삼서란 오관서, 좌서, 우서이다. 유학자 중에서 시에 정통한 자는 시가詩家, 예에 정통한 자는 예가禮家라 한다. 그러므로 각자 따르는 학파(家)의 법이 있다고 한 것이다. 사성소후에 대한 풀이는 「명제기」에 있다.

정해일, 태위 이고를 면직했다.

무자일, 사도 호광을 태위로 임명했다. 사공 조계를 사도로 삼고 양기와 함께 참녹상서사를 겸하게 했다. 태복 원탕袁湯을 사공으로 삼았다.

찬하여 말한다.

처음에 순제가 세워졌을 때, 빼어난 자들[髦]이 정말로 몰려들었네.[22] 스스로 갈고 닦지도[砥] 잘못을 고치지도[革] 않으니 끝내 간신들[嬖習]에게 빠져들었구나[淪].[23] 보모[保阿]는 땅을 전하고[傳土], 황후의 집안[后家]은 대대로 은혜를 받았네.[24] 충제는 아직 알기도 전에 요절했고, 질제는 총명해서 시해되었구나. 천천히 죽는 것과 빨리 죽는 것[陵折]은 오직 운에 달려 있으니, 하늘이 후사를 세 번이나 끝냈구나.[25]

---

22 『이아』에 따르면, "모髦는 준俊, 즉 뛰어나다는 뜻이다." 곽박의 『이아주』에 따르면, "선비 가운데 뛰어난 사람은 털 중에서 우뚝 비어져 나온 긴 털과 같다." 장호, 왕공, 방삼, 장형, 이합, 이고, 황경黃瓊이 보좌한 것을 말한다.

23 지砥는 여礪, 즉 숫돌에 간다는 뜻이다. 혁革은 개改, 즉 고친다는 뜻이다. 윤淪은 몰沒, 즉 물에 잠긴다는 뜻이다. 순제가 처음에 제위에 올랐을 때 현자들이 함께 몰려들었는데, 그때 더욱 스스로를 갈고 닦으며 옛 조정의 잘못을 개혁하지 못하고 끝내 사사로이 폐습嬖習(황제의 총애를 받은 자)을 가까이해 그들에게 빠져든 것을 말한다. 손정 등 열아홉 명을 제후에 봉하고, 조서를 내려 상시 이하의 환관들도 양자를 들여서 봉토와 작위를 세습하게 해 달라는 청을 들어준 것을 일컫는다.

24 보保는 안安, 즉 편안하다는 뜻이다. 아阿는 의倚, 즉 의지한다는 뜻이다. 보아保阿는 의지해 편안함을 취한다는 말로, 보모(傳姆) 같은 사람을 뜻한다. 땅을 전했다(傳土)는 것은 유모인 산양군山陽君 송아宋娥 등이 서로 뇌물을 주고받으면서 식읍으로 받은 땅을 늘리려 한 것을 말한다. 황후의 집안(后家)이란 양 황후의 아버지 양상이 대장군이 되고, 양상이 죽자 아들 양기梁冀가 다시 대장군이 되었으며, 동생 양불의梁不疑가 하남윤이 된 것을 말한다.

25 천천히 죽는 것과 빨리 죽는 것(陵遲夭折)이 시운에 달려 있다고 한 것은 하늘이 후대를 세 번이나 죽음에 이르게 했다는 뜻이다.

권7
본기 제7

효환제기
孝桓帝紀

환제기
桓帝紀

효환황제孝桓皇帝는 휘가 지志¹이며, 숙종(장제)의 증손이다. 할아버지는 하간효왕河間孝王 유개이고, 아버지는 예오후蠡吾侯 유익이며² 어머니는 언 씨匽氏였다. 유익이 죽자 유지劉志가 작위를 이어받아 예오후가 되었다.

【본초 원년】(146년)

양梁 태후가 유지를 불러 하문정夏門亭⁴에 이르게 한 후, 여동생을 아내로 주려 했다. 때마침 질제가 붕어하자, 태후는 오빠인 대장군 양기梁冀와 더불어 궁중의 일을 정했다.

---

1 『일주서』「시법해」에 따르면, "적을 이기고 먼 곳을 복종시킨 것을 환桓이라 한다." 지志는 의意, 즉 뜻을 말한다.
2 순제 때 유개가 상서를 올려 예오현蠡吾縣을 분할해 유익에게 봉하고자 했는데, 황제가 그것을 허락했다.
3 휘가 명明으로 본래 예오후의 잉첩媵妾이었다. 『사기』에 따르면, 언씨는 구요姁繇의 후손이다.
4 낙양성 북쪽에 서두문西頭門이 있는데, 그 문 밖에 만수정萬壽亭이 있다.

윤달

경인일, 양기에게 지절을 주고, 왕청개거[5]로 유지를 맞이하여 남궁에 들게 했다. 이 날 유지가 황제의 자리에 올랐다. 이때 나이가 열다섯 살이었으므로, 조정에서 정치를 할[朝政] 때에는 양 태후가 임석했다.[6]

가을 7월

을묘일, 효질황제를 정릉靜陵[7]에 장사지냈다.
제왕 유희劉喜가 죽었다.
신사일, 고묘와 광무묘에 아뢰었다.
병술일, 조서를 내렸다.

효렴과 염리廉吏(청렴한 관리)는 모두 재판을 맡아 백성들을 다스릴 때 간악함을 금하고 착함을 선양해야 하니 교화를 일으키는 근본이 늘 그로부터 말미암는 것이다. 그러나 조서를 연이어 내려서 짐의 간절한 뜻을 분명히 밝혔는데도 평소 익숙한 대로만 일을 처리하고 끝내 게으름에 빠져서 관리들을 천거해 선발하는 일이 어긋나 어그러지니 그 해악이 백성에게 미치고 있노라. 요즈음 이를 법에 따라 두루 바로잡으려 애쓰는데도 아직 징계를 받고 잘못을 고쳤다고 하는 일이 없었다. 바야흐로 지금 회이淮夷가 아직 사라지지 않아서 군사들이 자주 출정했으므로[8] 백성들이 지치고

---

5 『속한지』에 따르면, "황태자와 황자는 모두 안거를 타는데, 붉은 바퀴, 푸른 덮개에 〔네 귀퉁이는〕 금빛 꽃으로 장식한다." 따라서 이를 왕청개거라고 한다.
6 『동관기』에 따르면, "태후가 각비전에서 다스렸다."
7 낙양 동남쪽 삼십 리 바깥에 있다. 능은 높이가 다섯 길 다섯 자이며, 둘레는 백서른 여덟 보이다.
8 본초 원년(146년), 여강군의 적도들이 우이현을 공격하고, 광릉군의 적도 장영 등이 강도현장을 살해했다. 우이현과 강도현이 모두 회수 가까이에 있었으므로, 이들을 일

괴로워하며 징발로 인하여 곤란을 겪는 중이다. 뭇 관리들에게 바라노니 짐의 고단한 백성들에게 은혜를 베풀고 탐욕과 더러움을 씻어 없애어 상서로운 징조가 나타나기를 빌라. 영을 내리노라. 질 백 석 이하로 십 년 이상 근무한 관리 중에서 탁월한 재주와 뛰어난 품행이 있는 자들을 선발에 참가시키라. 뇌물죄를 저지른 관리의 자손들은 찰거察擧(관리로 천거한 후에 일정 기간이 지나 실질을 따져서 관직을 주는 것)하지 말라. 사악하고 거짓된 청탁의 근원을 끊어 없애고, 청렴하고 결백하여 올바른 도를 지키는 자들이 절조를 펼 수 있도록 하라. 각각 맡은 바 직분을 밝히 지켜서 장차 그 결과를 보이도록 할지어다.

9월

무술일, 황제의 할아버지 하간효왕을 효목황孝穆皇으로, 부인 조 씨趙氏를 효목황후孝穆皇后로, 황제의 아버지 예오후를 효숭황孝崇皇으로 추존했다.

겨울 10월

갑오일, 황제의 어머니 언 씨를 높여서 효숭박원귀인孝崇博園貴人[9]으로 삼았다.

컬어 회이라고 했다. 중랑장 등무가 수차례 공격해 무찔렀는데도 나머지 무리들이 이때까지도 흩어지지 않은 것이다.

9 박博은 본래 예오현에 있는 땅이다. 황제가 이미 아버지를 효숭황으로 추존한 후, 그 능을 박릉博陵이라 부르고 원묘를 설치했으므로 박원博園이라 한 것이다. 귀인은 지위가 황후 다음이며, 금인에 자주색 인끈을 찬다.

【건화建和 원년】(147년)

봄 정월

초하루 신해일, 일식이 일어났다. 삼공, 구경, 교위에게 조서를 내려 각자〔정치의〕득실을 논하게 했다.

무오일, 천하에 대사면령을 내렸다. 관리들에게 경역의 노고를 한 해 면제해 주었다. 남자들에게 작위를 내리되, 사람마다 두 등급씩 올려 주었으며, 아버지 자리를 이은 자 및 삼로와 효제와 역전은 사람마다 세 등급씩 올려 주었다. 홀아비, 과부, 고아, 홀몸, 병자, 가난하여 홀로 생존할 수 없는 자에게 곡식을 한 사람당 다섯 섬씩 내려 주었다. 정절 있는 부녀자에게는 비단을 사람마다 세 필씩 내려 주었다. 재해를 당해 십 분의 사 이상 피해를 입은 자들은 전조를 거두지 못하게 했으며, 그에 미치지 못하는 자는 실상을 조사하여 그만큼 줄여 주었다.

2월

형주와 양주揚州 두 주에서 사람들이 많이 굶어 죽자, 사부의 연掾(속관)을 보내서 다니면서 곡식을 나누어 주게 했다.

패국에서 초현에 황룡이 나타났다는 말을 올렸다.

여름 4월

경인일, 서울 낙양에 지진이 일어났다. 조서를 내려 대장군, 공경, 교위에게 현량방정한 자와 직언극간 할 수 있는 자를 각 한 사람씩 천거하게 했다. 또 명을 내려 열후, 장, 대부,[10] 어사, 알자, 일천 석, 육백 석, 박사, 의랑, 낭관[11]에게 각자 봉사를 올려 정치의 득실을 진술하게 했다. 다시 대장군, 공경, 군국에 조서를 내려 지극히 효성스럽고 행동이 독실한 선비를 각 한 사람씩 천거하게 했다.

임진일, 주군에 조서를 내려 장리들을 압박하고 위협하여 함부로 내쫓지 못하게 했다. 자사나 이천 석 관리가, 장리들 중 뇌물을 삼십만 냥 이상 받았으나 규찰하여 검거되지 않은 자를 내버려 두거나 숨겨준 경우에는 함께 죄를 주도록 했다. 만약 멋대로 인수를 빌려준 자가 있다면 살인죄를 저지른 자들과 똑같이 기시형에 처하게 했다.

병오일, 군국에 조서를 내려 옥에 갇힌 죄수들 중 사형죄를 저지른 자의 죄를 한 등급 감해 주되 태형을 가하지 말게 했는데, 오직 모반죄와 대역죄를 저지른 자들은 이 조서를 적용하지 못하게 했다. 또 조서를 내렸다.

연이어 능과 무덤을 쌓느라[12] 몇 해가 지나는 동안 요역이 이미 광범위했고 도예徒隸(노역형을 받은 죄수)들도 무척이나 애썼노라. 요즈음 비가 충분히 뿌리지 않았는데, 몰려들었던 구름(密雲)이 다시 흩어졌으니 혹시 가뭄이 심해질까 걱정하노라.[13] 영을 내리노니 도예 중에서 능을 쌓았던 자들은 형을 각각 여섯 달씩 줄일지어다.

이 달, 부릉왕 유대의 형 발주정후勃遒亭侯 유편劉便을 부릉왕으로 세

---

10 여기서 장이란 오관중랑장, 좌중랑장, 우중랑장, 호분중랑장, 우림중랑장羽林中郎將을 말한다. 대부는 광록대부, 태중대부, 중산대부中散大夫, 간의대부를 말한다.
11 박사는 고금의 일에 통달함을 책임지며, 질은 비 육백 석이다. 의랑은 비 육백 석이다. 낭관은 세 중랑장 휘하의 속관이다. 중랑, 시랑, 낭중이 있다.
12 정릉을 조성한 일을 말한다.
13 『역경』에 "구름이 빽빽한데 비가 오지 않는 것은 내가 서쪽에 있는 까닭이다(密雲不雨, 自我西郊)"라는 구절이 있다.

왔다.[14]

군국 여섯 곳에서 땅이 갈라지고, 물이 솟아 우물이 넘쳤다.[15] 지초가 중황장부(中黃藏府)[16]에 났다.

6월

태위 호광을 파직하고, 대사농 두교를 태위로 삼았다.

가을 7월

발해왕 유홍[17]이 죽었다. 황제의 동생 예오후 유회(劉悝)를 발해왕으로 봉했다.

[8월]

을미일, 양 씨(梁氏)를 황후로 세웠다.

9월

정묘일, 서울 낙양에 지진이 일어났다.
태위 두교를 면직했다.

---

14 유편은 광무제의 현손이며, 부릉왕 유회의 아들이다. 순제 양가 연간(132~135년)에 발주정후로 봉했는데, 이때 고쳐 봉한 것이다. 이 책의 전(傳)에는 이름이 "편친(便親)"으로 되어 있다. 기와 전이 같지 않으니 어딘가에 잘못이 있었을 것이다.
15 『속한지』에 따르면, "물이 넘쳐흘러 관사 건물을 무너뜨려 사람이 여럿 죽었다. 이때 양 태후가 섭정했는데, 그 오빠 양기가 이고, 두교를 [무고로] 몰아서 죽였다."
16 『한관의』에 따르면, "중황장부는 비단, 금은 등 재물을 담당한다."
17 장제의 증손이며, 낙안이왕 유총의 아들로, 질제의 아버지이다. 양 태후가 발해왕으로 고쳐 봉했다.

겨울 10월

사도 조계[18]를 태위로 삼았다. 사공 원탕을 사도로 삼고, 전 태위 호광을 사공으로 삼았다.

11월

제음군에서 오색 깃털을 가진 큰 새가 기지현己氏縣에 나타났다는 말을 올렸다.[19]

무오일, 천하에 영을 내려 사형죄를 저지른 자의 죄를 한 등급 낮추어 주고 변방으로 보내 수자리를 살게 했다.

청하국 사람 유문劉文이 모반하여 그 나라의 재상 사호射暠를 살해하고 청하왕 유산을 천자로 세우려고 했다. 일이 발각되자 죄를 물어 죽였다. 그 일에 연좌되어 유산을 위지후尉氏侯[20]로 강등해 계양군으로 옮기자 스스로 목숨을 끊었다.

전 태위 이고와 두교를 모두 하옥해 죽였다.[21]

진류군의 도적 이견李堅이 스스로 황제를 칭하자 죄를 물어 주살했다.[22]

---

18 조계는 자가 지백이며, 촉군 사람이다.
19 『속한지』에 따르면, "이때 나타난 것은 봉황이다. 정치가 이미 쇠퇴하고 이지러졌으며, 양기가 제멋대로 권세를 부렸으므로 그 깃털에 이상이 나타난 것이다." 기지현은 제음군에 속한다.
20 위지현은 진류군에 속한다.
21 『속한지』에 따르면, "순제 말에 서울 낙양에 동요가 떠돌았다. '시위처럼 곧은 이는 길가에서 죽고, 갈고리처럼 굽은 놈이 도리어 제후로 봉해지는군(直如弦, 死道邊. 曲如鉤, 反封侯).' 갈고리처럼 굽은 것은 양기, 호광 등을 말하고, 시위처럼 곧은 이는 이고 등을 일컫는다."
22 『동관기』에 따르면, 강사江沭와 이견 등이다.

【건화 2년】(148년)

봄 정월

갑자일, 황제가 원복을 입었다.

경오일, 천하에 대사면령을 내렸다. 하간왕과 발해왕[23] 두 왕에게 황금을 각각 백 근씩 하사했으며, 팽성왕[24] 등 여러 왕에게 각각 황금 쉰 근을 하사했다. 공주, 대장군, 삼공, 특진, 후, 중 이천 석, 이천 석, 장, 대부, 낭리, 종관, 사성소후 및 양등소후梁鄧小侯(순제와 환제의 외척들을 말한다), 뭇 부인들 이하에게 비단을 하사하되 각자 차이를 두었다. 나이가 여든 살 이상인 이에게 쌀과 술과 고기를, 아흔 살 이상인 이에게 비단 두 필과 명주실 세 근을 더 하사했다.

3월

무진일, 황제가 황태후를 따라 양기의 대장군부로 행차했다.

백마 강족이 광한속국廣漢屬國을 노략질하고 장리를 살해했다. 익주 자사가 판순板楯[25] 만족을 이끌고 그들을 쳐서 무찔렀다.

여름 4월

병자일, 황제의 동생 유석劉碩을 평원왕으로 삼아 효숭황의 제사를 받들게 했다. 효숭황의 부인 마 씨馬氏를 높여 효숭원귀인孝崇園貴人으로 삼았다.

대사농의 탕장帑藏[26]에서 가화가 났다.

---

23 하간왕은 유건이고, 발해왕은 유회이다.
24 팽성왕은 유정劉定이다.
25 판순은 서남쪽 만족을 일컫는 말이다.

5월

계축일, 북궁의 액정掖廷 안에 있는 덕양전 및 좌액문左掖門에서 불이 나자 거가를 옮겨 남궁으로 행차했다.

6월

청하국을 감릉국甘陵國으로 고치고, 안평왕 유득의 아들 경후經侯 유리劉理를 감릉왕甘陵王으로 삼았다.

가을 7월

서울 낙양에 큰물이 들었다.
하동군에서 연리지가 나타났다는 말을 올렸다.

겨울 10월

장평현長平縣 사람 진경陳景이 스스로 '황제黃帝의 아들'을 칭하면서 부서와 관속을 두었다. 또 남돈현 사람 관백管伯도 '진인眞人'을 칭하면서 함께 거병을 도모하니 모두 죄를 물어 죽였다.

【건화 3년】(149년)

봄 3월

갑신일, 팽성왕 유정劉定이 죽었다.

---

26 『설문해자』에 따르면, "탕帑은 황금과 옷감을 넣어 두는 곳집이다."

여름 4월

그믐 정묘일, 일식이 일어났다.[27]

5월

을해일, 조서를 내렸다.

듣기에 하늘이 백성들을 세상에 냈을 때 그들이 서로 다스릴 수 없었으므로 그들을 위하여 임금을 세우고 관리로 하여금 그들을 이끌게 했다고 한다. 아래에서 임금의 도리를 얻으면 위에서 상서로움이 나타나고, 일이 순서를 잃으면 이를 꾸짖는 재앙이 겉으로 나타나는 법이다.[28] 며칠 전 일식이 나타나 해가 이지러져 없어지는 바람에 빛이 가려져 어둡고 캄캄해졌다. 짐은 이를 두려워하고 공경하면서 깊이 생각하느라 앉아서 쉴 겨를조차 없었다〔匪遑啓處〕.[29] 경전에 이르지 않았던가. "일식에는 덕을 닦고, 월식에는 형벌을 닦는다.[30] 옛날 효장제孝章帝께서는 이전 조정에서 금고하고 귀양 보냈던 자를 가엾게 여기셔서 건초 원년(76년)에 은택을 내려 귀양 보냈던 자들은 모두 옛 고향으로 돌려보내게 하고, 재산을 몰수당하고 관노가 되었던 자들은 모두 면천해 서민이 되게 하셨다. 선황의 덕정이여, 어찌 힘쓰지 않을 수 있겠는가! 영건 원년(126년)에서부터 올해에 이르기까지 요

---

27 『속한지』에 따르면, "동정성東井星 이십삼 도에 나타났다. 동정성은 법을 주관하는 별이므로, 이는 양 태후가 공경을 〔무고로〕 몰아서 죽인 것이 하늘의 법을 범했음을 나타낸다."

28 이상은 성제가 조서를 내려서 한 말을 요약한 것이다.

29 황遑은 가暇, 즉 겨를을 말한다. 계啓는 궤跪, 즉 앉는다는 뜻이다. 『시경』 「소아」에 "임금 일은 단단히 하지 않을 수 없으니 앉아서 쉴 겨를조차 없구나〔王事靡盬, 不遑啓處〕" 라는 구절이 있다.

30 『춘추공양전』에 나오는 문장이다.

망하고 추악한 자의 가까운 친척으로 함께 연좌된 이와, 관리들과 백성들 중에서 죽을죄를 덜어 주고 변방으로 옮기게 한 자를 모두 본래의 군으로 돌려보내라. 다만 재산과 신분 등을 몰수하고 관노로 삼은 자에게는 이 영을 적용하지 말라.

6월

경자일, 조서를 내려 대장군, 삼공, 특진, 후에게 경, 교위와 더불어 현량방정 한 선비와 직언극간 할 수 있는 선비를 각 한 사람씩 천거하게 했다.

을묘일, 헌릉에 지진이 나서 집이 무너졌다.

가을 7월

경신일, 염현[廉縣]에 고기 비[雨肉]가 내렸다.[31]

8월

을축일, 혜성이 천시[32]에 나타났다.

서울 낙양에 큰물이 들었다.

---

31 『속한지』에 따르면, "고기는 양의 허파와 비슷했으며, 큰 것은 손바닥 같았다." 「오행전」에 따르면, "법을 버리고 공 있는 신하를 쫓아내면, 하늘이 양화羊禍(재난과 변고가 있을 때 나타나는 징조)를 내리거나 적생적상赤眚赤祥(전쟁 전에 나타나는 나쁜 징조)을 내린다." 이때 양 태후가 섭정했는데 오빠 양기가 제멋대로 권력을 휘둘러 이고와 두교를 모함해 죽였으므로 천하가 이를 원통하게 여겼다. 염현은 북지군에 속한다.

32 『한서』에 따르면, "기성箕星로 중 별 넷을 천시라고 한다."

9월

기묘일, 지진이 일어났다.

경인일, 또 지진이 일어났다. 조서를 내려 사형죄를 저지른 자 이하 및 망명자가 속형하게 하되 각자 차이를 두었다. 군국 다섯 곳에서 산이 무너졌다.

겨울 10월

태위 조계를 면직했다. 사도 원탕을 태위로 삼고, 대사농 하내군 사람 장흠張歆[33]을 사도로 삼았다.

11월

갑신일, 조서를 내렸다.

짐이 정치를 대행함이 적중함을 잃은 탓에 재앙이 잇따라 거듭되어 삼광이 빛을 잃고, 음과 양이 뒤섞여 차례를 잃었다. 이에 누워서는 잠들지 못하고[監寐] 깨어서는 탄식하매[34] 머리가 지끈거릴 정도로 아프구나. 지금 서울 낙양의 시사廝舍(하인이 머무는 곳)[35]에는 죽은 자들이 겹겹이 쌓이고, 군현의 길 위도 역시 곳곳이 그러한데도 주나라 문왕이 썩어 가는 시체를 묻어 준 의로움을 따르지 않고 있다. 일가붙이는 있으나 가난해 장례를 치를 수 없는 자에게는 돈을 사람마다 삼천 냥씩 하사하고 상주에게는 베를 세 필씩 내리라. 만약 일가붙이가 없다면, 관부에 속한 공지[壖]에 그

---

33 장흠은 자가 경양敬襄이다.
34 감매監寐는 잠자리에 들었지만 잠들지 못하는 것을 말한다. 오寤는 각覺, 즉 깨어 있다는 것이다.
35 시사는 천한 일을 하는 사람들이 머무는 곳이다.

들을 묻어 주고³⁶ 성과 이름을 표시한 후 제사지내라. 또한 작부作部(성을 쌓거나 건물을 짓는 등 각종 공사에 관련된 부서들)에 속한 형도가 병들었거든 약을 주고, 죽었거든 후하게 매장해 주라. 백성 중에서 스스로 일어설 수 없어서 떠돌이가 된 자에게 작위의 등급에 따라 곡식을 내리라. 주군은 이를 단속하고 감찰하여 은혜 베풀기를 힘써 숭상함으로써 백성을 편안하게 하라.

【화평和平 원년】(150년)

봄 정월

갑자일, 천하에 대사면령을 내리고, 연호를 화평和平으로 고쳤다. 을축일, 〔황태후가〕 조서를 내렸다.

지난번에 집안이 부조화를 만나서〔遭家不造〕 돌아가신 황제께서 어린 나이에 세상을 떠나셨다.³⁷ 대종大宗의 무거움을 오래 번민하고 대를 이을 자의 복록을 깊이 생각한 끝에 태보台輔(삼공 등 재상 지위에 있는 사람)들에게 자문하여 점을 쳐서 그것을 헤아리게 했다. 〔황제가〕 이미 총명하고 사리에 밝으며 제왕의 대업을 이어받으니 하늘과 사람이 서로 화합하고 온 세상이 모두 평안해졌도다. 황제가 원복을 입었을 때 즉시 정치를 맡겨야〔委

---

36 연堧은 관에서 보유한 남는 땅이다. 「음의」에 따르면, "연堧은 성곽 옆에 붙은 땅이다."

37 순제가 붕어한 것을 말한다. 『시경』「주송」에 "불쌍하구나, 나 어린 자식이여, 집안이 부조화를 만났구나〔遭家不造〕"라는 구절이 있다. 정현의 『시경주』에 따르면, "조造는 성成, 즉 이룬다는 뜻이다. 주나라 성왕이 무왕의 죽음을 만난 탓에 집안의 도를 미처 이루지 못했음을 말하는 것이다."

付] 했으나 사방에 도적이 들끓어 곳곳이 평정되지 않았으므로 임시로 섭정을 연기하여 편안하고 조용해질 때를 기다려 왔다. 다행히 고굉의 도움에 힘입어 능멸을 막는 데 도움을 얻고 잔혹하고 추악한 자들을 소탕하니[38] 백성들은 날이 갈수록 화합하여, 하늘이 미치는 곳이나 땅이 거느리는 곳이나, 먼 곳이나 가까운 곳이나 천하 모든 곳이 한가지로 윤택해졌다. 멀리는 '복자명벽復子明辟'[39]의 의로움을 살피고 가까이는 돌아가신 시어머니[先姑][40]께서 정치를 돌려준 법도를 사모한 끝에 이제 길일을 맞이하여 황제가 친히 정치를 돌보게 하려 한다. 뭇 공경들과 선비들이여, 정성과 경의를 다해서 그 자리를 살피고, 힘을 모으고 뜻을 하나로 할지니 한마음으로 힘쓰면 가히 쇠도 자를 수 있는[斷金] 법이다.[41] "진실로 크게 이루는 것[展也大成]"은 모두가 바라는 바일지니.[42]

---

38 건화 2년(148년), 장안 사람 진경이 반란을 일으키고 남돈현 사람 관백 등이 모반하자 모두 죄를 물어 주살한 일을 가리킨다.
39 『서경』에 "주공이 말했다. '제가 그대 밝은 임금님께 돌려 드립니다'"라는 구절이 있다. 복復은 환還, 돌려준다는 뜻이다. 자子는 주나라 성왕을 말한다. 벽辟은 군君, 즉 임금을 말한다. 주공의 섭정이 이미 오래되었으므로, 임금의 밝은 정치를 성왕에게 돌려준다는 말이다. 이때 황태후 역시 황제에게 정치를 돌려주었다.
40 돌아가신 시어머니란 안제 염 황후를 말한다. 『이아』에 따르면, "부인은 지아비의 아버지를 구舅라 하고, 지아비의 어머니를 고姑라 한다. 살아 있을 때에는 군구君舅, 군고君姑라고 부르고, 죽은 후에는 선구先舅, 선고先姑라고 부른다."
41 쇠[金]는 강한 물건을 말한다. 사람이 마음을 하나로 모으면, 그 날카로움이 쇠를 자를 정도가 된다는 뜻이다. 『역경』에 "두 사람이 마음을 하나로 하니 그 날카로움이 쇠를 자른다[二人同心, 其利斷金]"라는 구절이 있다.
42 『시경』「소아」에 "믿음직하구나 그대여, 참으로 크게 이루리로다.[允矣君子, 展也大成]"라는 구절이 있다. 정현의 『시경주』에 따르면, "윤允은 신信, 즉 믿는다는 뜻이다. 전展은 성誠, 즉 진실로라는 뜻이다. 대성大成은 태평성대를 이룬다는 뜻이다." 진실로 태평성대를 이루는 것이야말로 사람들이 바라는 바이다.

2월

부풍군의 요적 배우裴優⁴³가 스스로 황제를 칭하자 죄를 물어 주살했다.

갑인일, 황태후 양 씨가 죽었다.

3월

거가를 옮겨 북궁으로 행차했다.

갑오일, 순렬황후順烈皇后를 장사지냈다.

여름 5월

경진일, 박원귀인博園貴人 언 씨를 높여 효숭황후孝崇皇后라고 불렀다.

가을 7월

재동현梓潼縣⁴⁴에서 산이 무너졌다.

겨울 11월

신사일, 천하에 영을 내려 사형죄를 저지른 자의 죄를 한 등급 줄여주고 변방으로 옮겨서 수자리를 살게 했다.

【원가元嘉 원년】(151년)

봄 정월

서울 낙양에 전염병이 돌았다. 광록대부를 보내 의원과 약을 가지고

---

43 배裴는 성이고, 우優는 이름이다. 『풍속통』에 따르면, "배씨는 백익伯益의 후손이다."
44 재동현은 광한군에 속한다. 재동수梓潼水가 흐른다.

살피면서 돌아다니게 했다.

계유일, 천하에 대사면령을 내렸다. 연호를 원가元嘉로 고쳤다.

2월

구강군과 여강군에 역병이 크게 돌았다.

갑오일, 하간왕 유건이 죽었다.

여름 4월

기축일, 안평왕 유득[45]이 죽었다.

낙양에 가뭄이 들었다. 임성국과 양국에 기아가 들어, 백성들이 서로 잡아먹었다.

사도 장흠을 파직하고, 광록훈 오웅吳雄을 사도로 삼았다.

가을 7월

무릉군의 만족들이 모반했다.

겨울 10월

사공 호광을 파직했다.

11월

신사일, 서울 낙양에 지진이 일어났다.

---

45 하간효왕 유개의 아들이다. 처음에 낙성왕이 되었으나 나중에 안평왕으로 고쳐 봉해졌다.

윤달

경오일, 임성왕 유숭劉崇이 죽었다. 태상 황경黃瓊을 사공으로 삼았다.

【원가 2년】(152년)

봄 정월

서성장사西城長史 왕경王敬이 우전국于寘國에서 살해당했다.[46]
병진일, 서울 낙양에 지진이 일어났다.

여름 4월

갑인일, 효숭황후 언 씨가 붕어했다.
경오일, 상산왕 유표劉豹가 죽었다.

5월

신묘일, 효숭황후를 박릉博陵에 장사지냈다.

가을 7월

경진일, 일식이 일어났다.

8월

제음군에서 황룡이 구양현句陽縣[47]에 나타났다는 말을 올렸으며, 금성

---

46 왕경이 우전왕于寘王 건建을 살해했으므로 그 나라 사람들이 그를 살해한 것이다.
47 구양현은 제음군에 속한다. 『춘추좌씨전』에 "구독句瀆의 언덕 위에서 회맹했다"라는 말이 있는데 이곳을 말한다. 일명 곡구穀丘라고도 한다.

군에서 황룡이 연가현[48]에 나타났다는 말을 올렸다.

겨울 10월
을해일, 서울 낙양에 지진이 일어났다.

11월
사공 황경을 면직했다.

12월
특진 조계를 사공으로 삼았다.
우북평태수右北平太守 화민和珉이 뇌물을 받은 죄로 하옥되어 죽었다.

【영흥永興 원년】(153년)

봄 2월
장액군에서 흰 사슴이 나타났다는 말을 올렸다.

3월
정해일, 홍지로 행차했다.

여름 5월
병신일, 천하에 대사면령을 내렸다. 연호를 영흥永興으로 고쳤다.

---

48 연가현은 금성군에 속한다.

정유일, 제남왕 유광劉廣이 죽었다. 아들이 없어서 나라를 없앴다.

가을 7월

군국 서른두 곳에 황충이 들끓었다. 황하의 물이 넘쳤다. 백성들 중 굶주린 끝에 길 위를 떠도는 자들이 수십만 호에 이르렀는데, 기주가 특히 심했다. 조서를 내려 굶주려 죽을 지경에 이른 자들을 구휼하게 하여 가업을 이을 수 있도록 위로했다.

겨울 10월

태위 원탕을 면직하고, 태상 호광을 태위로 삼았다. 사도 오웅을 파직하고, 사공 조계를 면직했다. 태복 황경을 사도로 삼고, 광록훈 방식房植을 사공으로 삼았다.

11월

정축일, 천하에 조서를 내려 사형죄를 저지른 자의 죄를 한 등급 줄여 주고, 변방으로 보내 수자리를 살게 했다.

이 해 무릉태수 응봉應奉이 모반한 만족들을 불러서 설득해 항복을 받았다.

【영흥 2년】(154년)

봄 정월

갑오일, 천하에 대사면령을 내렸다.

2월

신축일, 처음으로 자사와 이천 석 관리의 청을 들어주어 삼년상을 치르게 했다.

계묘일, 서울 낙양에 지진이 났다. 조서를 내려 공, 경, 교위에게 현량방정한 사람과 직언극간 할 사람을 각각 한 사람씩 천거하게 했다. 조서를 내렸다.

요즈음 하늘의 별들이 그릇되게 움직이고 땅이 진동하는 일이 있었다. 재이는 한 번도 헛되이 내리는 법이 없다. 이 기회에 자기를 삼가 타이르고 정치를 더욱 갈고 닦으면, 오히려 하늘의 보상을 바랄 수 있다. 수레와 복장을 지나치게 사치스럽고 호화롭게 꾸미는 경우가 많은데, 마땅히 줄이고 없애야 하리라. 군현은 근검절약하는 데 힘쓰고 영평 때의 옛 일과 마찬가지로 옛 법령을 널리 밝혀 알리라.

6월

팽성국에서 사수泗水가 오래도록 불어나 물이 역류했다.[49] 사예교위와 자사들에게 조서를 내렸다.

황충이 재해를 일으키고 물마저 변고를 일으킨 데다가 오곡에 흉년이 든 탓에 백성들이 해 넘길 곡식을 쌓아 두지 못했다. 영을 내리노니 군국들은 농사에 피해를 입고 잡초가 우거진 곳의 백성들이 먹을 수 있도록 도울지어다.

---

49 장형의 「대책」에 따르면, "수水는 오행의 으뜸이다. 물이 역류했다는 것은 임금의 은혜가 아래에 미치지 않으므로 [하늘이] 이를 가르치려고 한 것이다."

서울 낙양에 황충이 들끓었다. 동해국에서 구산朐山이 [지진으로] 무너졌다.

9월

초하루 정묘일, 일식이 일어났다. 조서를 내렸다.

조정의 명령이 적중하지 않은 탓에 은하수가 가뭄을 내리고[50] 하천의 신령이 물을 솟구치게 했으며, 황충이 무성해 백곡을 해치고 태양빛이 이지러지니 기근이 거듭 이르게 되었다. 피해를 입지 않은 군현은 마땅히 굶주린 자들을 위하여 곡식을 쌓아 두어야 할 것이다. 천하는 한 집안이다. 흥취를 낼 때조차도 흐트러져 문란하지 않는 것이 곧 나라가 귀하게 여기는 바이다. 금령을 내리노니 군국들은 술을 팔지 못하게 하고 제사 때에만 절제하여 공급할지어다.

태위 호광을 면직하고, 사도 황경을 태위로 삼았다.

윤달

광록훈 윤송尹頌[51]을 사도로 삼았다.
천하에 영을 내려 사형죄를 저지른 자의 죄를 한 등급 줄여 주고, 변방으로 보내 수자리를 살게 했다.

---

50 「운한雲漢」은 『시경』「대아」의 편명이다. 주나라 선왕 때 큰 가뭄이 들었으므로 시를 지어 "밝은 저 은하수, 하늘에 환하게 둘러 있네[倬彼雲漢, 昭回于天]"라고 했다. 정현의 『시경주』에 따르면, "운한은 은하수를 말한다. 탁倬은 하늘을 순환하면서 운행하는 것이다. 이때 가물어서 비를 갈구했으므로 선왕이 밤에 은하수를 바라보면서 그 징후를 내다본 것이다."
51 윤송은 자가 공손公孫이며, 공현 사람이다.

촉군 사람 이백李伯이 종실을 사칭해서 마땅히 '태초황제太初皇帝'를 옹립해야 한다고 말하자 죄를 물어 주살했다.

겨울 11월

갑진일, 상림원에서 울타리를 쳐서 짐승들을 사냥하고, 더 나아가 함곡관에 이르렀다. 지나는 길가에 있는 나이 아흔 살 이상 백성들에게 모두 돈을 하사했는데, 각자 차이를 두었다.

태산군과 낭야군의 적도 공손거公孫擧 등이 모반하고 반란을 일으켜 장리들을 살해했다.

【영수永壽 원년】(155년)

봄 정월

무신일, 천하에 대사면령을 내렸다. 연호를 영수永壽로 고쳤다.

2월

사예교위[52]와 기주에 기아가 들어 사람들이 서로 잡아먹었다. 주군에 칙서를 내려 궁핍하고 병약한 백성들에게 곡식을 대 주게 했다. 만약 왕이나 제후, 관리들과 백성들 중에서 곡식을 쌓아 둔 자가 있다면, 그중 십 분의 삼을 빌려서 백성들에게 곡식을 대 주는 일을 돕게 했다. 관리들과 백성들에게는 현금으로 곧바로 갚게[雇][53] 했으며, 왕이나 제후는 새로 전조가 들어올 때까지 기다려서[須][54] 보상받게 했다.

---

52 사예교위는 주 이름으로 낙양을 말한다.
53 고雇는 수酬와 같은 말, 즉 갚는다는 뜻이다.

여름 4월

제국에 흰까마귀가 나타났다.

6월

낙수가 넘쳐[55] 홍덕원鴻德苑에 진흙이 쌓였다. 남양군에 큰물이 들었다. 사공 방식을 면직하고, 태상 한연韓縯을 사공으로 삼았다.

태산군과 낭야군에 조서를 내려 도적의 피해를 입은 자들은 구실과 부역을 걷지 못하게 했으며, 과경과 산부를 삼 년 동안 없애 주었다. 또 조서를 내려 물에 빠져 죽은 주검들은 군현에서 갈고리로 거두어들여 장사지내게 했다. 그리고 나서 갑작스러운 재해에 깔려 죽거나 빠져 죽은 자들 중에서 일곱 살 이상에게 돈을 사람마다 이천 냥씩 내려주었다. 집이 무너져 없어지거나 곡식을 잃은 사람들 중에서 특히 가난한 자에게 사람마다 두 섬씩 곡식을 내려 주었다.

파군과 익주군[56]에서 산이 무너졌다.

가을 7월

처음으로 태산군과 낭야군에 도위관都尉官을 두었다.[57]

남흉노의 좌욱건왕左奧鞬王 대기와 차거왕且渠王 백덕伯德 등이 모반하

54　수須는 대待, 즉 기다린다는 뜻이다.
55　『속한지』에 따르면, "물이 넘쳐 진성문에 이르렀으며, 사람들과 물건들이 떠내려갔다. 이때 양기가 멋대로 정치를 하면서 충성스럽고 어진 이들을 괴롭혀 해쳤으며, 위엄과 권위가 군주를 떨게 할 정도였으므로, 나중에 끝내 주살하여 멸했다."
56　익주군은 무제가 설치했다.
57　『한관의』에 따르면, "진나라 때에는 군마다 위尉 한 사람을 두어 군사 일을 관장하고 도적들을 잡아들이게 했다. 경제 때 이름을 고쳐 도위라 했다가 건무 6년(30년)에 없앴다. 단지 변방의 군에만 때때로 도위 또는 속국도위를 두었다." 이때 두 군이 도적들에게 계속 노략질을 당했으므로 다시 도위를 둔 것이다.

여 미직현[58]을 노략질하자 안정군의 속국도위 장환張奐이 쳐서 없앴다.

【영수 2년】(156년)

봄 정월
중관[59]들의 청을 들어 주어 처음으로 삼년복을 입게 했다.

2월
갑신일, 동해왕 유진劉臻이 죽었다.

3월
촉군속국蜀郡屬國의 오랑캐들이 모반했다.

가을 7월
선비족이 운중군을 노략질했다. 태산군의 적도 공손거 등이 청주, 연주, 서주 등 세 주를 노략질했다. 중랑장 단경段熲을 보내 토벌하여 무찌르고 목을 베었다.

겨울 11월
태관우감승太官右監丞[60]을 설치했다.

---

58 미직현은 서하군에 속해 있다.
59 중관은 상시 이하의 환관을 말한다.
60 『한관의』에 따르면, 태관우감승은 질이 비 육백 석이다.

12월

서울 낙양에 지진이 일어났다.

【영수 3년】(157년)

봄 정월

기미일, 천하에 대사면령을 내렸다.

여름 4월

구진군의 오랑캐들이 모반하자 태수 아식兒式이 토벌하려 했으나 싸우다 죽었다. 구진도위九眞都尉 위랑魏朗을 보내 그들을 공격해 무찌르고, 다시 일남군을 점거하여 주둔하게 했다.

윤달

그믐 경진일, 일식이 일어났다.

6월

처음으로 소황문小黃門을 수궁령守宮令으로 삼았으며, 또한 용종우복야冗從右僕射를 설치했다.[61]

서울 낙양에 황충이 들끓었다.

---

61 『한관의』에 따르면, "수궁령은 한 사람이다. 황문용종복야黃門冗從僕射는 한 사람이다. 모두 질은 육백 석이다."

가을 7월

하동군에서 땅이 갈라졌다.

겨울 11월

사도 윤송이 죽었다.

장사국長沙國의 만족들이 모반해 익양현益陽縣[62]을 노략질했다.

사공 한연을 사도로 삼고, 태상 북해국 사람 손랑孫朗[63]을 사공으로 삼았다.

【연희延熹 원년】(158년)

봄 3월

기유일, 홍덕원에 처음으로 영令[64]을 두었다.

여름 5월

기유일, 공경 이하 모든 관리를 크게 모이게 하고, 상을 내리되 각자 차이를 두었다.

그믐 갑술일, 일식이 일어났다. 서울 낙양에 황충이 들끓었다.

6월

무인일, 천하에 대사면령을 내렸다. 연호를 연희延熹로 고쳤다.

---

62 익양현은 장사국에 속하며, 익수益水 북쪽에 있다.
63 손랑은 자가 대평代平이다.
64 『한관의』에 따르면, "원령苑令은 한 사람으로, 질은 육백 석이다."

병술일, 중산국을 쪼개 박릉군(博陵郡)[65]을 두고, 효숭황의 원릉을 받들게 했다. 크게 기우제를 지냈다.

가을 7월
기사일, 운양현(雲陽縣)에서 땅이 갈라졌다.
갑자일, 태위 황경을 면직하고, 태상 호광을 태위로 삼았다.

겨울 10월
광성원에서 울타리를 쳐 짐승들을 사냥했으며, 더 나아가 상림원으로 행차했다.

12월
선비족이 변방을 노략질하자 사흉노중랑장 장환이 남선우를 이끌고 공격해 무찔렀다.

【연희 2년】(159년)

봄 2월
선비가 안문군을 노략질했다.
기해일, 부릉왕 유편이 죽었다.
촉군의 오랑캐들이 잠릉현을 노략질하고, 현령을 살해했다.

---

65 박릉은 나중에 안평국으로 옮겼다.

3월

다시 자사와 이천 석 관리가 삼년상 치르는 것을 중단시켰다.

여름

서울 낙양에 비가 내려 큰물이 들었다.

6월

선비족이 요동군을 노략질했다.

가을 7월

처음으로 현양원顯陽苑을 조성하고, 승丞을 두었다.
병오일, 황후 양 씨가 붕어했다.
을축일, 의헌황후懿獻皇后를 의릉懿陵에 장사지냈다.
대장군 양기가 모의하여 난을 일으켰다.

8월

정축일, 황제가 전전에 나갔다. 조서를 내려 사예교위 장표張彪로 하여금 군사들을 거느리고 양기의 집을 포위한 후, 대장군의 인수를 거두어들이자 양기가 처와 더불어 스스로 목숨을 끊었다. 위위 양숙梁淑, 하남윤 양윤梁胤, 둔기교위屯騎校尉 양양梁襄, 월기교위 양충梁忠, 장수교위 양극梁戟 등을 비롯하여 안팎의 종친 수십 명을 모두 죄를 물어 주살했다. 태위 호광을 연좌하여 면직했다. 사도 한연과 사공 손랑을 하옥했다.[66]
임오일, 황후 등 씨를 세웠다. 뒤이어 의릉을 폐해 귀인총貴人冢으로

---

66 『동관기』에 따르면, "두 사람 다 궁궐을 지키지 않고 장수정長壽亭에서 머무른 죄를 지었다. 사형에서 한 등급 줄여 주었으며 작위로 그것을 속형했다."

삼았다. 조서를 내렸다.

양기는 간악하고 포학하여 왕실을 더럽히고 크게 어지럽혔다. 효질황제께서는 총명함과 영리함이 일찍부터 드러났기에, 양기는 꺼리고 두려워하는 마음에 사사로이 폐하를 독으로 살해했다. 영락태후永樂太后[67]께서는 친근하고 존귀함이 비할 데가 없으나 양기가 가로막아 서울 낙양으로 돌아오지 못하게 했기에[68] 짐으로 하여금 모자간의 사랑을 누리지 못하게 하고 기른 은혜에 보답하지 못하게 했다. 가히 재화와 해악이 갈수록 커지고 죄와 허물이 날로 심해졌다고 할 수 있다. 그런데 종묘의 영혼에 힘입고, 중상시 단초單超, 서황徐璜, 구원具瑗, 좌관左悺,[69] 당형唐衡과 상서령 윤훈尹勳 등이 격분하여 책략을 세우고 안팎으로 협동하여 하룻밤 만에 못된 역적을 멸하고 그 목을 높이 내걸었다〔梟〕.[70] 이는 진실로 사직이 도우심이요 신하들이 힘을 다한 바이니, 마땅히 그 훌륭한 공업을 널리 알려서 충성스러운 공훈에 보답해야 하리라. 단초 등 다섯 사람을 현후縣侯로, 윤훈 등 일곱 사람을 정후亭侯[71]로 봉하라.

---

67 화평 원년(150년), 담당 관리들이 상주하자 황태후는 거하는 곳을 영락永樂이라 칭하게 하고 관속으로 태복과 소부를 두었다.
68 태후는 평상시 박원에 거했고 낙양에 있을 수 없었다.
69 『설문해자』에 따르면, "悺은 우憂, 즉 근심한다는 뜻이다." 여기에서처럼 심心을 관官 왼쪽에 써서 '관悺'이라고 하기도 한다. 뜻은 서로 통한다.
70 梟는 장대 위에 목을 높이 내거는 것을 말한다.
71 다섯 현후란 신풍후新豐侯 단초, 무원후武原侯 서황, 동무양후東武陽侯 구원, 상채후上蔡侯 좌관, 여양후汝陽侯 당형을 말한다. 일곱 정후란 의양현 도향정후都鄕亭侯 윤훈, 업현 도정후都亭侯 곽서霍諝, 산양군 서향정후西鄕亭侯 장경張敬, 수무현脩武縣 인정후仁亭侯 구양삼歐陽參, 의양현 금문정후金門亭侯 이위李瑋, 면구현 여도정후呂都亭侯 우방虞放, 하비국 고천향정후高遷鄕亭侯 주영周永을 말한다.

그리고 나서 지나간 옛일을 모두 들춰 은혜를 내리니 많은 이들이 봉토와 작위를 받았다.

대사농 황경을 태위로 삼고, 광록대부 중산국 사람 축염祝恬[72]을 사도로 삼았다. 대홍려 양국 사람 성윤盛允[73]을 사공으로 삼았다. 처음으로 비서감祕書監[74]을 두었다.

겨울 10월

임신일, 나아가 장안으로 행차했다.

을유일, 미앙궁으로 행차했다.

갑오일, 고묘에 제사했다.

11월

경자일, 이어서 십일릉에 제사했다.

임인일, 중상시 단초를 거기장군으로 삼았다.

12월

기사일, 장안으로부터 돌아왔다. 장안의 백성들에게 곡식을 각각 열 섬씩, 원릉의 백성들에게는 각각 다섯 섬씩, 행차가 지났던 현의 백성들에게는 각각 세 섬씩 하사했다.

소당 등 강족 여덟 종족이 모반하여 농우를 노략질했다. 호강교위 단경이 쫓아가 나정羅亭에서 공격해 그들을 무찔렀다.[75]

---

72 축염은 자가 백휴伯休이며, 노노현 사람이다.
73 성윤은 자가 백대伯代이다.
74 『한관의』에 따르면, "비서감은 한 사람으로 질은 육백 석이다."
75 『동관기』에는 쫓아가 적석산積石山에 이르렀다고 되어 있다. 이곳은 나정과 서로 가까

천축국天竺國에서 와서 공물을 바쳤다.

【연희 3년】(160년)

봄 정월
병신일, 천하에 대사면령을 내렸다.
병오일, 거기장군 단초가 죽었다.

윤달
소하燒何 강족이 모반해 장액군을 노략질하자, 호강교위 단경이 쫓아가 적석산積石山[76]에서 공격하여 크게 쳐부쉈다.
백마현령白馬縣令 이운李雲이 직간한 죄로 하옥되어 죽었다.

여름 4월
상군에서 감로가 내렸다는 말을 올렸다.

5월
갑술일, 한중군에서 산이 무너졌다.

6월
신축일, 사도 축염이 죽었다.

이 있다.
76 「우공禹貢」에 "황하를 적석에 통하게 했다"는 말이 있는데, 바로 이곳을 말한다.

가을 7월

사공 성윤을 사도로 삼고, 태상 우방虞放[77]을 사공으로 삼았다.

장사군의 만족들이 군의 경계를 노략질했다.

9월

태산군과 낭야군의 적도 노병勞丙 등이 다시 모반을 일으켜 백성들을 노략질했다. 이에 어사중승 조모趙某[78]에게 지절을 주어 보내 주군을 거느리고 토벌하게 했다.

정해일, 조서를 내려 일을 맡지 않은 관리들의 녹봉을 끊었다가 풍년에는 예전같이 주게 했다.

겨울 11월

일남군의 만족들이 무리를 이끌고 군에 이르러 항복했다.

늑저勒姐[79] 강족이 연가현을 포위하자 단경이 공격해 무찔렀다.

태산군의 적도 숙손무기叔孫無忌가 도위 후장侯章을 공격해 살해했다.

12월

중랑장 종자宗資를 보내 숙손무기를 쳐서 무찔렀다.

무릉군의 만족들이 강릉군을 노략질했다. 거기장군 풍곤馮緄이 토벌하자 모두 항복하고 흩어졌다. 형주자사荊州刺史 도상度尙이 장사군의 만족들을 토벌하여 평정했다.

---

77 우방은 자가 자중子仲이며, 진류군 사람이다.
78 어떤 사서에도 이름이 보이지 않는다.
79 늑저는 강족의 이름이다.

【연희 4년】(161년)

봄 정월

신유일, 남궁 가덕전에서 불이 났다.

무자일, 병서丙署[80]에 불이 났다. 역병이 크게 돌았다.

2월

임진일, 무고에 불이 났다.

사도 성윤을 면직하고, 대사농 종고種暠를 사도로 삼았다.

3월

용종우복야를 없앴다.[81]

태위 황경을 면직했다.

여름 4월

태상 유구劉矩를 태위로 삼았다.

갑인일, 하간왕 유개의 아들 유박劉博을 임성왕으로 삼았다.

5월

신유일, 혜성이 심성心星에 나타났다.

정묘일, 원릉 장수문長壽門에 불이 났다.

---

80 병서는 궁궐 부서 이름이다. 『속한지』에 따르면, "병서장丙署長은 일곱 명으로, 질은 사백 석이다. 황색 인끈을 찬다. 환관이 그 일을 맡으며, 중궁中宮(황후궁)의 한 구역을 맡는다."

81 영수 3년(157년)에 설치했다.

기묘일, 서울 낙양에 우박이 내렸다.[82]

6월

경조군과 부풍군 및 양주凉州에 지진이 일어났다.

경자일, 태산 및 박현의 우래산尤來山[83]이 크게 무너졌다.

기유일, 천하에 대사면령을 내렸다.

사공 우방을 면직하고, 전 태위 황경을 사공으로 삼았다.

건위속국犍爲屬國의 오랑캐들이 백성을 노략질하자 익주자사 산욱山昱이 공격해 무찔렀다.

영오素吾 강족이 선령의 여러 종족과 더불어 모반하여 삼보를 노략질했다.

가을 7월

서울 낙양에서 기우제를 지냈다.

공경 이하의 봉록을 줄이고 왕들과 제후들의 구실도 반으로 줄였다. 관내후, 호분, 우림, 제기, 영사, 오대부 등의 관직을 돈을 받고 팔았는데, 자리마다 각각 차이를 두었다.

9월

사공 황경을 면직하고, 대홍려 유총劉寵을 사공으로 삼았다.

겨울 10월

천축국에서 와서 공물을 바쳤다.

82　『동관기』에 따르면, 크기가 달걀만 했다. 『속한지』에 따르면, "도에 지나친 자들을 주살하고 소인들을 총애했다."

83　태산군에 조래산徂來山이 있는데, 일명 우래산이라고도 한다.

남양군 사람 황무黃武가 양성현襄城縣 사람 혜득惠得, 곤양현 사람 악계樂季와 더불어 요사한 말로 백성들을 미혹하니, 모두 죄를 물어 죽였다.
선령 침저 강족이 여러 강족들과 함께 병주와 양주涼州 두 주를 노략질했다.

11월
중랑장 황보규皇甫規를 보내 강족들을 공격해 무찔렀다.

12월
부여왕이 사자를 보내 내조하여 공물을 바쳤다.

【연희 5년】(162년)

봄 정월
태관우감승[84]을 없앴다.
임오일, 남궁 병서에 불이 났다.

3월
침저 강족이 장액군과 주천군을 노략질했다.
임오일, 제북왕 유차劉次가 죽었다.

---

84 영수 3년(157년)에 설치했다.

여름 4월

장사군의 도적들이 일어나 계양군과 창오군을 노략질했다.[85]

놀란 말과 달아난 코끼리가 궁전으로 뛰어들었다.

을축일, 공릉[86] 동궐東闕에 불이 났다.

무진일, 호분액문虎賁掖門에 불이 났다.

기사일, 태학의 서문이 저절로 무너졌다.

5월

강릉의 능원과 침묘에 불이 났다.[87]

장사군과 영릉군에서 도적이 일어나 계양군, 창오군, 남해군, 교지군을 공격했다. 어사중승 성수盛修를 보내 주군을 거느리고 그들을 토벌하게 했으나 이기지 못했다.

을해일, 서울 낙양에 지진이 일어났다. 공경에게 조서를 내려 각각 봉사를 올리게 했다.

갑신일, 중장부中藏府 승록서承祿署에서 불이 났다.

가을 7월

기미일, 남궁 승선달承善闥[88]에서 불이 났다.

조오鳥吾 강족이 한양군, 농서군, 금성군을 노략질하자, 여러 군의 병

---

85 『동관기』에 따르면, "이때 〔도적들이〕 창오군을 공격하여 함락시키고 동호부銅虎符를 취했다. 창오태수 감정甘定과 자사 후보侯輔가 각각 성을 나와 달아났다." 계양군은 계수桂水 북쪽에 있다.
86 안제의 능이다.
87 상제殤帝의 능이다.
88 『이아』에 따르면, "궁궐 문을 일컬어 위闈라 한다." 『광아』에 따르면, "위闈를 달闥이라 한다."

사들이 힘을 합쳐 그들을 쳐서 무찔렀다.

8월

경자일, 조서를 내려 호분군虎賁軍과 우림군羽林軍 중에서 왕시住寺에 머물면서 일을 맡지 않는 자들은 녹봉을 절반으로 줄이고 겨울옷을 주지 못하게 했다.[89] 공경 이하 관리들에게도 겨울옷을 절반만 지급했다.

애현艾縣의 도적들이 장사현長沙縣을 불사르고 익양현을 노략질했으며, 그 현령을 살해했다.[90] 영릉군의 오랑캐들이 또다시 모반해 장사군을 노략질했다.

기묘일, 낭야도위郎邪都尉[91]를 없앴다.

겨울 10월

무릉군의 만족들이 모반해 강릉군을 노략질했다. 남군태수南郡太守 이숙李肅이 등을 돌려 달아나자 기시형에 처했다.

신축일, 태상 풍곤을 거기장군으로 삼아 그들을 토벌하게 했다. 공경 이하 관리들의 녹봉을 차압하고 왕후들의 구실을 징발하여 군량을 조달한 후, 탁룡원에 모아 둔 돈을 꺼내 갚았다.

---

89 『동관기』에 따르면, "서울 낙양에 홍수와 가뭄이 들고 역병이 돌아서 내탕고가 텅 비었다. 호분군과 우림군 중에서 임무를 맡지 않고 왕시에 머무는 자들의 녹봉을 절반으로 줄였다." 병들고 쇠약해서 군사 일을 맡길 수 없는 자들을 가려 뽑아서 왕시에 머물게 했다.

90 『동관기』에 따르면, "이때 도적들이 자사의 수레를 타고, 임상현에 주둔하면서 태수의 관사에서 지냈다. 도적 일만 명 이상이 익양현에 주둔하면서 장리들을 살해했다." 애현은 예장군에 속한다.

91 영수 원년(155년)에 설치했다.

11월

풍곤이 모반한 만족들을 무릉군에서 크게 무찔렀다.
경조호아도위[92] 종겸宗謙이 뇌물죄를 범하여 하옥되어 죽었다.
전나滇那 강족이 무위군, 장액군, 주천군을 노략질했다.
태위 유구를 면직하고, 태상 양병楊秉을 태위로 삼았다.

【연희 6년】(163년)

봄 2월

무오일, 사도 종고가 죽었다.

3월

무술일, 천하에 대사면령을 내렸다.
위위 영천군 사람 허허許栩[93]를 사도로 삼았다.

여름 4월

신해일, 강릉 동쪽 관서에 불이 났다.

5월

선비족이 요동속국遼東屬國을 노략질했다.

---

92 경조호아도위는 장안에 주둔한다. 이에 대해서는 「서강전」에 나온다.
93 허허는 자가 계궐季闕이며, 언현 사람이다.

가을 7월

갑신일, 평릉平陵의 원침이 불에 탔다.[94]

계양군의 도적 이연李研 등이 군의 경계를 노략질했다.

무릉군의 만족들이 다시 모반하자, 태수 진봉陳奉이 그들과 싸워서 크게 무찌르고 항복을 받았다.

농서태수 손강孫光이 전나 강족을 토벌하여 그들을 무찔렀다.

8월

거기장군 풍곤을 면직했다.

겨울 10월

병진일, 광성원에서 울타리를 쳐서 짐승을 사냥했으며, 더 나아가 함곡관과 상림원으로 행차했다.

11월

사공 유총을 면직했다.

남해군의 적도들이 군의 경계를 노략질했다.

12월

위위 주경周景을 사공으로 삼았다.

---

94 평릉은 소제의 능이다.

【연희 7년】(164년)

봄 정월
경인일, 패왕 유영劉榮이 죽었다.

3월
계해일, 호현鄂縣에 운석이 떨어졌다.

여름 4월
병인일, 양왕 유성劉成이 죽었다.

5월
기축일, 서울 낙양에 우박이 내렸다.

가을 7월
신묘일, 조왕 유건劉乾이 죽었다.
야왕현野王縣의 산 위에서 죽은 용이 발견되었다.
형주자사 도상이 영릉군과 계양군의 도적 및 오랑캐들을 공격하여, 크게 쳐부수고 그들을 평정했다.

겨울 10월
임인일, 남쪽으로 순수했다.
경신일, 장릉군으로 행차했다. 옛 집을 제사지내고 다시 원묘에 제사한 후, 태수와 현령 이하에게 은사를 내렸는데 각자 차이를 두었다.
무진일, 운몽현으로 행차하여 한수에 이르렀다. 돌아오다가 신야현으로 행차하여 호양공주湖陽公主, 신야공주新野公主, 노애왕魯哀王, 수장경후壽張敬侯의 묘당[95]에 제사지냈다.

호강교위 단경이 당전當煎 강족을 공격하여 그들을 무찔렀다.

12월

신축일, 거가가 환궁했다.

【연희 8년】(165년)

봄 정월

중상시 좌관을 고현苦縣으로 보내 노자를 제사지내게 했다.[96]
발해왕 유회가 모반하자 영도왕癭陶王[97]으로 낮추었다.
그믐 병신일, 일식이 일어났다. 공, 경, 교위에게 조서를 내려 현량 방정한 사람을 천거하게 했다.

〔2월〕

기유일, 남궁 가덕서嘉德署에 황룡이 나타났다. 천추만세전千秋萬歲殿에 불이 났다.

태복 좌칭左稱이 죄를 짓자 스스로 목숨을 끊었다.

---

95 광무제의 누나는 호양장공주湖陽長公主와 신야장공주新野長公主, 형은 노애왕, 외삼촌은 수장경후 번중樊重이다. 모두 광무제 때 묘당을 세워 주었다.
96 『사기』에 따르면, "노자는 초나라 고현 여향厲鄉 곡인리曲仁里 사람이다. 이름은 이耳이고, 자는 담聃이다. 성은 이씨李氏다. 주나라 수장사守藏史를 지냈다." 신묘神廟가 있었으므로, 가서 제사하게 한 것이다. 고현은 진국에 속한다.
97 영도현은 거록군에 속한다.

계해일, 황후 등 씨를 폐했다. 하남윤 등만세鄧萬世[98]와 호분중랑장 등회鄧會[99]가 하옥되어 죽었다.

호강교위 단경이 한저罕姐 강족을 공격하여 그들을 무찔렀다.

3월

신사일, 천하에 대사면령을 내렸다.

여름 4월

갑인일, 안릉安陵[100]의 원침園寢에서 불이 났다.
정사일, 군국의 여러 사당들〔房祀〕을 무너뜨려 없앴다.[101]
제음군, 동군, 제북국에서 황하의 물이 맑아졌다.

5월

임신일, 태산도위太山都尉[102]를 없앴다.
병술일, 태위 양병이 죽었다.

〔6월〕

병진일, 구지현에서 땅이 갈라졌다.
계양군에서 호란胡蘭, 주개朱蓋 등이 다시 반란을 일으켜 군현을 공격해 함락한 후 영릉군 곳곳을 노략질하자 영릉태수 진구陳球가 그들을

---

98 등후의 작은아버지이다.
99 등후의 오빠의 아들이다.
100 혜제의 능이다.
101 방房은 사당을 말한다. 「왕환전王渙傳」에 따르면, "이때 밀현에서는 오직 전 태부 탁무의 묘당만을 보존했으며, 낙양에서는 왕환王渙의 사당만을 그냥 놔두었다."
102 영수 원년(155년)에 설치했다.

막았다. 중랑장 도상과 장사태수 항서抗徐 등을 보내 호란과 주개를 공격해 크게 무찌르고 그 목을 베었다.[103] 창오태수蒼梧太守 장서張敍는 도적들에게 사로잡혔고, 또 계양태수 임윤任胤이 적을 두려워해서 등을 돌렸으므로 모두 기시형에 처했다.

윤달

갑오일, 남궁 장추궁長秋宮 화환전和歡殿 뒤쪽에 있는 구순鉤楯, 액정, 삭평서朔平署에서 불이 났다.[104]

6월

단경이 황수湟水[105]가에서 당전 강족을 공격해 크게 쳐부쉈다.

가을 7월

태중대부 진번陳蕃을 태위로 삼았다.

8월

무진일, 처음으로 군국에 영을 내려 농지가 있는 자에게 세금을 돈으로 걷었다.[106]

---

103 사승의 『후한서』에 따르면, "항서는 자가 백서伯徐이며, 단양군 사람이다. 젊었을 때 군의 좌사가 되었다. 대담하고 지혜로우며 책략이 있었다. 삼부에서 표를 올려 항서에게 장수의 직책을 맡기려 했지만, 특별히 장사태수로 승진시켜 옮겼다." 『풍속통』에 따르면, "위衛나라 대부인 삼항三抗의 후예이다. 한나라 때 항희抗喜가 있었는데, 한중태수에 올랐다."
104 장추는 궁궐 이름이다. 『한관』에 따르면, "삭평서에는 사마 한 사람이 있다."
105 황수는 물 이름이다.
106 일 묘에 열 냥이었다.

9월

정미일, 서울 낙양에 지진이 일어났다.

겨울 10월

사공 주경을 면직하고, 태상 유무劉茂[107]를 사공으로 삼았다.

신사일, 귀인 두 씨竇氏를 황후로 세웠다.

발해국에서 요적 개등盍登 등이 '태상황제'를 칭하면서 옥인玉印, 홀, 벽, 철권鐵券을 두고 관서를 설치하자 모두 죄를 물어 주살했다.[108]

11월

임자일, 덕양전 서합西閤과 황문북시黃門北寺에서 불이 나서 광의문廣義門과 신호문神虎門에 옮겨 붙은 끝에 사람이 불에 타 죽었다.[109]

중상시 관패管霸로 하여금 고현으로 가서, 노자의 사당에 제사지내게 했다.

---

107 유무는 자가 숙성叔盛이며, 팽성국 사람이다.
108 『속한서』에 따르면, "이때 개등 등이 옥인 다섯 개를 썼는데, 모두 흰 돌로 만들었다. 두 개에는 '황제신새', '황제행새'라는 글을 새기고, 세 개에는 문자를 새기지 않았다. 벽은 스물둘, 홀은 다섯, 철권은 열하나를 썼다. 왕의 묘당을 열고, 왕의 인끈을 찼으며, 진홍색 옷을 입고 관서를 설치했다."
109 광의문과 신호문은 낙양 궁궐의 서쪽 문으로 금상문金商門 바깥에 있다. 원산송의 『후한서』에 따르면, "이때 매달 화재가 일어났는데, 궁궐 여러 곳에서 때로는 하루에 두세 차례씩 불이 났다. 또 밤에 말이 잘못 전해져 북을 쳐서 사람들을 놀라게 하기도 했다. 진번 등이 상소를 올려 간하여 말했다. '오직 선정을 베풀 때에만 이를 그칠 수 있습니다.' 글이 올라왔으나 〔황상이〕 거들떠보지 않았다."

【안한安漢 원년】(166년)

봄 정월

초하루 신해일, 일식이 일어났다. 공, 경, 교위, 군국에 조서를 내려 지극히 효도하는 사람을 천거하게 했다.

패국 사람 대이戴異가 황금 도장을 얻었는데, 아무 글자도 새겨져 있지 않았다. 뒤에 광릉군 사람 용상龍尙 등과 함께 우물에 제사지낸 후, 부서符書를 짓고 '태상황'이라 칭했으므로 이에 죄를 물어 주살했다.[110]

기유일, 조서를 내렸다.

해마다 흉년이 들어 많은 백성이 굶주려 곤궁하고, 또 홍수에 가뭄에 역병까지 들어 고통당하고 있다. 이에 도적들이 곳곳에서 일어났는데, 남쪽 주〔南州〕[111]가 더욱 심했다. 〔하늘이〕 재이와 일식으로써 꾸짖어 경고함이 쌓여 여기에 이르렀다. 정치의 어지러움은 나한테 달렸는데, 거듭 허물만 불러들이고 있구나. 〔이에〕 영을 내리노라. 대사농은 올해 조세의 추징을 일절 금하고, 또 작년 조세를 내지 못한 자에게도 이를 다시 거두려고 징벌하지 말라. 가뭄이 들거나 도적이 창궐한 군들은 조세를 거두지 말고, 나머지 군들은 모두 절반만 거둬들이라.

3월

계사일, 서울 낙양에 불똥이 이리저리 날아다니자 사람들이 놀라서 웅성거렸다.

---

110 『동관기』에 따르면, "대이는 밭에서 김을 매다 황금 도장을 얻었는데, 광릉군으로 가서 용상과 더불어 일을 저질렀다."

111 장사군, 계양군, 영릉군 등의 군을 말한다. 모두 형주에 속해 있다.

사예교위와 예주에서 굶주려 죽은 자가 열네다섯 명에 이르고, 가족들이 모두 죽은 집도 계속 생겨나자 삼공부의 속관들을 보내 곡식을 나누어 주었다.

진류태수 위의軬絞가 뇌물을 받은 죄가 발각되자 스스로 목숨을 끊었다.

여름 4월

제음군, 동군, 제북국, 평원군에서 황하의 물이 맑아졌다.
사도 허허를 면직했다.

5월

태상 호광을 사도로 임명했다.

6월

남흉노가 오환족, 선비족과 더불어 변방의 아홉 군을 노략질했다.

가을 7월

침저 강족이 무위군과 장액군을 노략질했다. 조서를 내려 용감하고 날랜 자를 삼공은 각 두 사람씩, 경과 교위는 각 한 사람씩 천거하게 했다.
태위 진번을 면직했다.
경오일, 탁룡궁濯龍宮에서 황제黃帝와 노자를 제사지냈다.
사흉노중랑장 장환을 보내 남흉노, 오환족, 선비족을 공격하게 했다.

9월

광록훈 주경을 태위로 삼았다.

남양태수 성진成瑨과 태원태수太原太守 유질劉瓆이 참언한 죄로 기시형을 당했다.¹¹²

사공 유무를 면직했다.

대진국왕大秦國王이 사자를 보내 공물을 바쳤다.¹¹³

겨울 12월

낙양성 근처의 대나무와 잣나무가 모두 말라 죽었다.

광록훈 여남군 사람 선풍宣酆¹¹⁴을 사공으로 삼았다.

남흉노와 오환족이 무리를 이끌고 장환에게 와서 항복했다.

사예교위 이응李膺 등 이백여 명이 당인黨人이라는 무고를 받아 모두 죄를 입고 하옥되었는데, 그 이름을 써서 왕부에 올렸다(이들을 금고하여 종신토록 등용되지 못하게 했다는 뜻이다).¹¹⁵

【영강永康 원년】(167년)

봄 정월

선령 강족이 삼보를 노략질하자, 중랑장 장환이 그들을 무찔러 평정했다. 당전 강족이 무위군을 노략질하자, 호강교위 단경이 쫓아가 난조현鸞鳥縣¹¹⁶에서 그들을 공격해 크게 쳐부쉈다. 이에 서쪽 강족이 모두

---

112 이때 소황문 조진趙津이 죄를 범하자 유질이 그를 죽이려고 했다. 환관들이 화를 내면서 원한을 품자 담당 관리들이 조서를 올려 유질 등을 죄주었다.
113 이때 대진국왕 안돈安敦이 상아, 무소뿔, 대모玳瑁(바다거북의 일종) 껍데기 등을 바쳤다.
114 선풍은 자가 백응伯應이며, 동양정후東陽亭侯에 봉해졌다.
115 하내군 사람 장녀수張牢脩가 그들을 고발했다. 이 일에 대해서는 「유숙전」에 보인다.
116 난조현은 무위군에 속한다.

평정되었다.

부여왕이 현도군을 노략질하자, 태수 공손역公孫域이 더불어 싸워 그를 무찔렀다.

여름 4월
선령 강족이 삼보를 노략질했다.

5월
병신일, 서울 낙양 및 상당군에서 땅이 갈라졌다.

여강군에서 도적들이 일어나 군의 경계를 노략질했다.

그믐 임자일, 일식이 일어났다. 공, 경, 교위에게 조서를 내려 현량 방정한 사람을 천거하게 했다.

6월
경신일, 천하에 대사면령을 내려 당고黨錮를 모두 없애 주었다.[117] 연호를 영강永康으로 고쳤다.

병인일, 부릉왕 유통劉統이 죽었다.

가을 8월
위군에서 가화가 나고 감로가 내렸다는 말을 올렸다. 파군에서 황룡이 나타났다는 말을 올렸다.[118]

---

117 이때 이응 등이 환관의 자제들을 자주 잡아들였으므로 많은 환관들이 두려워했다. 이에 황제에게 하늘의 때에 맞추어 사면해 줄 것을 청하자 황제가 이를 허락했으므로 마침내 당고가 없어졌다.

118 『속한지』에 따르면, "이때 백성들이 타수池水에 목욕하러 갔는데, 타수의 물이 탁한 것을

여섯 주에 큰물이 들고, 발해군에 해일이 일었다. 주군에 조서를 내려 물에 빠져 죽은 자 중 일곱 살 이상에게 돈을 내리되 사람마다 이천 냥으로 했으며, 한 집안이 모두 해를 입은 경우에는 모두 거두어 장례를 치러 주게 했고, 곡식을 잃어버린 자들에게는 사람마다 세 섬씩 곡식을 내렸다.

겨울 10월

선령 강족이 삼보를 노략질하자, 사흉노중랑장 장환이 그들을 공격해 무찔렀다.

11월

서하군에서 흰 토끼를 보았다는 말을 올렸다.

12월

임신일, 영도왕 유회를 다시 발해왕으로 봉했다.

정축일, 황제가 덕양전전德陽前殿에서 붕어했다. 나이는 서른여섯 살이었다.

무인일, 황후를 높여 황태후라 했다. 태후가 조정에 나와 섭정했다.

보고 서로 두려워하면서 말했다. '강 속에 황룡이 있는 것 같다.' 이 말이 사람들 사이에서 회자되다가 마침내 파군에까지 이르렀다. 파군에서는 이를 아름다운 일로 하고 싶었으므로 글을 올려 알렸는데, 사관이 이를 「환제기」에 적은 것이다. 환제 때 정치의 교화가 쇠락하고 이지러졌는데도 서응(임금의 어진 정치에 하늘이 감응하여 나타낸 상서로운 징조)이 많은 것으로 기록된 것은 모두 이와 같은 경우에 해당한다. 옛 성인은 상서로운 일이 때에 맞지 않게 일어나면 요얼妖孼(요악한 귀신이 불러오는 재앙)이 된다고 했다. 백성들이 용이 나타났다고 말한 것은 모두 용얼龍孼에 해당하는 것이다."

이 해 박릉군, 하간국 두 군의 조세를 없애면서 풍현, 패국과 마찬가지로 했다.

논하여 말한다.

전사前史[119]에서는 환제가 음악을 좋아하고 거문고와 생황을 잘 탔다고 칭송했다. 방림원芳林苑을 꾸미고 탁룡궁을 완성했으며[考][120] 화려한 차양을 설치해 부처[浮圖]와 노자를 제사지냈으니[121] 이것이 이른바 "귀신의 목소리를 듣는다"[122]라고 한 것이 아니겠는가! 뒤에 양기를 주살하고 위엄과 분노를 만방에 떨치니 비로소 천하가 휴식을 도모할 수 있었다. 그러나 오사五邪[123]가 포악함을 이어받아 사방에 [사악함이] 흘러 넘쳤다. 충성스럽고 현명한 이들이 힘을 다해 굳게 간하여 여러 차례나 간악한 예봉을 꺾지 않았더라면,[124] 비록 짐씨鴆氏에게 의지하고 체㣿

---

119 『동관기』를 말한다.
120 설종薛綜은 [장형의] 「동경부」를 주해하면서, "탁룡은 궁궐 전각 이름이다. 방림은 길 양쪽 나무가 목란木蘭이었다"라고 했다. 고考는 성成, 즉 완성했다는 뜻이다. 지은 후 그곳에서 제사지낸 것이다. 『춘추좌씨전』에 "중자仲子의 묘당을 완성했다[考仲子之宮]"는 말이 나온다.
121 부도浮圖는 지금의 부처이다. 『속한지』에 따르면, "탁룡궁에서 노자를 제사지냈는데, 아름답게 짠 천을 단 위에 깔고, 금테 두른 그릇을 놓은 후, 꽃처럼 화려한 차양을 치고 교묘에서 쓰는 음악을 사용했다."
122 『춘추좌씨전』에 따르면, "사은史嚚은 '나라가 장차 흥하려면 백성들 목소리를 듣고, 나라가 장차 망하려면 귀신들 목소리를 듣는다'라고 말했다."
123 오사는 단초, 서황, 좌관, 당형, 구원을 말한다.
124 충성스럽고 현명한 사람이란 이응, 진번, 두무竇武, 황경, 주목朱穆, 유숙, 유도劉陶 등을 말한다. 이들은 각자 상서를 올려 극진히 간함으로써 환관 등이 품은 간악한 음모의 예봉을 꺾었다.

땅으로 달아나고자 했을지라도 가히 그럴 수 없었으리라.[125]

찬하여 말한다.

환제는 비록 황실의 지파에 속했지만, 뛰어넘어 천자의 자리를 이었노라[越躋天祿].[126] 하나 정치는 오행五倖에게 넘어가고, 형벌은 삼옥三獄에 넘쳤구나[淫].[127] 높디높은 궁궐에 여자를 가득 모았는데도 황제의 몸을 끝내 이을 수 없었도다.[128]

---

125 『제왕기』에 따르면, "하나라 임금 상相은 후예后羿에게 축출되었다. 이에 상은 도읍을 상구商丘로 옮기고, 동성 제후인 짐관씨斟灌氏와 짐심씨斟尋氏에게 몸을 의탁했다." 『사기』에 따르면, "주나라 여왕厲王이 이익을 좋아해 포학을 일삼자 주나라 사람들이 함께 모반하여 여왕을 습격했다. 여왕이 나가서 체 땅으로 도망쳤다." 황제가 환관을 총애하여 그들에게 위세와 권력을 쥐어 주었으나 충신 이응 등이 힘을 다해 굳게 간한 데 힘입어 찬탈과 시해의 화를 면했다는 말이다. 그렇지 않았다면 비록 하나라 임금 상이 짐에게 의지하고 주나라 왕이 체 땅에 도망친 것같이 되기를 바라도 그럴 수 없었다는 뜻이다.
126 월越은 순서를 뛰어넘었음을 말한다. 제躋는 승昇, 즉 이어받았다는 뜻이다. 천록天祿이란 천자의 지위를 말한다. 『춘추좌씨전』에서 자가기子家羈가 말했다. "천자의 지위는 두 번 찾아오지 않는다[天祿不再]."
127 행倖은 녕佞, 즉 아첨한다는 뜻이다. 음淫은 람濫, 즉 넘쳐서 벗어난다는 뜻이다. 오행은 즉 앞에서 말한 '오사'와 같다. 삼옥은 이고와 두교, 이운과 두중杜衆, 성진과 유질의 옥사를 말한다.
128 『제왕기』에 따르면, "은나라 주왕이 아름다운 여자를 많이 징발해 높디높은 궁궐 방을 가득 채웠는데, 부인들의 비단 옷을 짓는 자만 삼백여 명이었다." 환제는 황후를 셋이나 두었고, 널리 궁녀를 뽑아 들여 오륙천 명에 이르렀는데도 아들이 없었다.

권8
본기 제8

효영제기
孝靈帝紀

영제기
靈帝紀

효령황제孝靈皇帝는 휘가 굉宏¹으로 장제의 현손이다. 증조할아버지는 하간효왕 유개이고, 할아버지는 유숙이며, 아버지는 유장劉萇이다. 대대로 해독정후解瀆亭侯로 봉해졌으며 후의 작위를 물려받았다. 어머니는 동董 부인이다.

환제桓帝가 붕어했을 때 아들이 없었다. 황태후와 그 아버지 성문교위 두무竇武가 궁중에서 정책을 정하여 수광록대부 유숙劉儵에게 지절을 주고 좌우 우림군을 이끌고 가서 하간국에 이르러 받들어 맞게 했다.

【건녕建寧 원년】(168년)

봄 정월

임오일, 성문교위 두무를 대장군으로 삼았다.

---

1 『일주서』「시법해」에 따르면, 영靈은 어지러우나 그것이 줄어들지 않는다는 뜻이다. 복후의 『고금주』에 따르면, 굉宏은 크다는 뜻이다.
2 유숙은 하간왕의 왕자일 때 해독정후로 봉해졌다. 유장은 아버지 작위를 물려받았다. 이 때문에 "대대로"라고 말한 것이다.

기해일, 유굉이 하문정³에 이르렀을 때, 두무에게 지절을 주어 보내 왕청개거로써 궁중으로 맞아들이게 했다.

경자일, 황제의 자리에 올랐다. 나이가 열두 살이었다. 연호를 건녕建寧으로 고쳤다. 전 태위 진번을 태부로, 두무와 사도 호광을 함께 참녹상서사로 삼았다.

호강교위 단경을 보내 선령 강족을 토벌하게 했다.

2월

신유일, 효환황제를 선릉宣陵⁴에 장사지내고, 묘호를 위종威宗이라 했다.

경오일, 고묘에 고했다.

신미일, 세조묘에 고했다. 천하에 대사면령을 내렸다. 백성들에게 작위 및 비단을 내렸는데, 각자 차이를 두었다.

단경이 봉의산逢義山에서 선령 강족을 크게 무찔렀다.

윤달

갑오일, 황제의 할아버지를 효원황孝元皇으로, 그 부인 하 씨夏氏를 효원황후孝元皇后로, 아버지를 효인황孝仁皇으로, 그 부인 동 씨董氏를 신원귀인慎園貴人으로 추존했다.

여름 4월

무진일, 태위 주경이 죽었다. 사공 선풍을 면직하고, 장락위위 왕창王暢을 사공으로 삼았다.

---

3 『동관기』에 따르면, "하문夏門 바깥 만수정에 이르렀을 때, 뭇 신하들이 알현했다."
4 낙양성 동남쪽 삼십 리 바깥에 있으며, 높이는 열두 길이고, 둘레는 삼백 보이다.

5월

초하루 정미일, 일식이 일어났다. 공경 이하에게 조서를 내려 각자 봉사를 올리게 하고, 또 군국의 태수와 재상에게 유도한 선비를 각 한 사람씩 천거하게 했다. 또 옛날 자사와 이천 석 관리를 지낸 사람들 중에서 맑고 고아하며 널리 은혜를 베풀어 백성들이 돌아오기를 바라는 자는 모두 공거문에 이르게 했다.

태중대부 유구를 태위로 삼았다.

6월

서울 낙양에 비가 내려 큰물이 들었다.

가을 7월

파강장군破羌將軍 단경이 경양현鄂陽縣에서 다시 선령 강족을 무찔렀다.

8월

사공 왕창을 면직하고, 종정 유총을 사공으로 삼았다.

9월

신해일, 중상시 조절曹節이 거짓 조서를 내려 태부 진번, 대장군 두무, 상서령 윤훈, 시중 유유劉瑜, 둔기교위 풍술馮述을 주살하고, 그 일족을 모두 멸했다.

황태후가 남궁으로 옮겼다.[6]

---

5 경양현은 안정군에 속한다.
6 태후는 두무와 몰래 모의하여 조절을 주살하려 했다. 그러나 두무 등이 먼저 주살되었으므로 태후를 옮겨 물러나게 한 것이다.

사도 호광을 태부로 삼고, 녹상서사를 겸하게 했다. 사공 유총을 사도로 삼고, 대홍려 허허를 사공으로 삼았다.

겨울 10월

그믐 갑진일, 일식이 일어났다. 천하에 영을 내려 옥에 갇힌 죄수들 중 아직 판결 받지 않은 자들은 비단을 바치고 속형하게 하되, 각자 차이를 두었다.

11월

태위 유구를 면직하고, 태복 패국 사람 문인습閒人襲을 태위로 삼았다.

12월

선비족과 예맥족이 유주와 병주 두 주를 노략질했다.

【건녕 2년】(169년)

봄 정월

정축일, 천하에 대사면령을 내렸다.

3월

을사일, 신원귀인 동 씨를 높여 효인황후孝仁皇后로 삼았다.[8]

---

7   성이 문인閒人이고 이름이 습襲이며, 자는 정경定卿이다. 『풍속통』에 따르면, "소정묘少正卯를 노나라에서는 문인閒人이라 했는데, 나중에 이를 성씨로 삼았다."

8   『속한지』에 따르면, "영락궁永樂宮을 두고 의례는 환제가 언 귀인을 높였을 때와 똑같

여름 4월

계사일, 큰 바람이 불고 우박이 내렸다. 공경 이하에 조서를 내려 각자 봉사를 올리게 했다.

5월

태위 문인습을 파직하고, 사공 허허를 면직했다.

6월

사도 유총을 태위로 삼고, 태상 허훈許訓[9]을 사도로 삼았으며, 태복 장사군 사람 유효劉囂[10]를 사공으로 삼았다.

가을 7월

파강장군 단경이 사호새射虎塞 바깥 계곡에서 선령 강족을 무찌르니, 동쪽의 강족이 모두 평정되었다.

9월

강하군의 만족이 모반하자, 주군이 그를 토벌하여 평정했다.

단양군의 산월적山越賊이 태수 진인陳寅을 포위했으나, 진인이 그들을 공격해 무찔렀다.

겨울 10월

정해일, 중상시 후람侯覽이 풍간諷諫(사물에 비유하여 간하는 것)하자 담당

이 했다."
9   허훈은 자가 계사季師이며, 평여현 사람이다.
10 유효는 자가 중녕重寧이다.

관리들이 상주하여 전 사공 우방, 태복 두밀杜密, 장락소부 이응, 사예교위 주우朱宇, 영천태수 파숙巴肅, 패국의 재상 순익荀翌, 하내태수河內太守 위랑, 산양태수山陽太守 적초翟超를 모두 당을 지은[鉤黨][11] 죄로 하옥했다. 이 일에 연루되어 죽은 자가 백여 명이었다. 그 처와 자식은 모두 변방으로 귀양 보냈고, 이들에게 붙어서 추종하던 자 및 오속五屬은 모두 금고에 처했다.[12] 조서를 내려 주군에서 당을 지은 자를 크게 잡아들이니, 이에 천하의 호걸과 유학자 중에서 의를 행하는 자들이 모두 당인에 속하게 되었다.[13]

그믐 무술일, 일식이 일어났다.

11월

태위 유총을 면직하고, 태복 곽희郭禧[14]를 태위로 삼았다.

선비족이 병주를 노략질했다.

이 해, 장락태복長樂太僕 조절을 거기장군으로 삼았다가 백여 일 후에 파직했다.

---

11 구鉤는 서로 끌어당기는 것이다. 이 일에 대해서는 「유숙전」과 「이응전李膺傳」에 보인다.
12 오속이란 오복五服을 입는 가까운 친지들을 말한다.
13 『속한지』에 따르면, "건녕 연간(168~172년)에 서울 낙양 사람들은 모두 갈대로 짠 네모난 상자를 곁에 두고 썼다. 이때 어떤 사람이 몰래 말하기를 갈대 상자를 군국에서 취조 문서를 넣어 두는 상자로 썼다고 했다. 나중에 당인들이 금고에서 사면되었을 때, 혐의가 있던 사람들이 모두 정위에서 조사를 받았는데 사람 이름이 적힌 것만 네모난 상자 한 가득이었다."
14 자는 공방公房이며 부구현扶溝縣 사람이다.

【건녕 3년】(170년)

봄 정월

하내군에서는 부인이 남편을 잡아먹고, 하남군에서는 남편이 부인을 잡아먹는 일이 일어났다.

3월

그믐 병인일, 일식이 일어났다.

여름 4월

태위 곽희를 파직하고, 태중대부 문인습을 태위로 삼았다.

가을 7월

사공 유효를 파직했다.

8월

대홍려 교현橋玄을 사공으로 삼았다.

9월

집금오 동총董寵이 하옥되어 죽었다.

겨울

제남국에서 적도들이 일어나 동평릉현東平陵縣[15]을 공격했다.

---

15 동평릉현은 제남국에 속한다.

울림군의 오호烏滸[16] 사람들이 연이어서 내속했다.

【건녕 4년】(171년)

봄 정월

갑자일, 황제가 원복을 입었다. 천하에 대사면령을 내렸다. 공경 이하에게 은혜를 내리되 사람마다 차이를 두었다. 오직 당인들만은 사면하지 않았다.

2월

계묘일, 지진이 일어나서 바닷물이 넘치고 황하의 물이 맑아졌다.

3월

초하루 신유일, 일식이 일어났다.

태위 문인습을 면직하고, 태복 이함李咸[17]을 태위로 삼았다.

공경에서 육백 석에 이르는 관리들에게 조서를 내려 각자 봉사를 올리게 했다.

역병이 크게 돌았다. 중알자를 보내 돌아다니면서 의약품을 나누어 주게 했다.

사도 허훈을 면직하고, 사공 교현을 사도로 삼았다.

---

16 오호는 남쪽 지방에 사는 오랑캐의 이름이다. 『광주기』에 따르면, "그들의 풍속은 사람을 잡아먹고 코로 물을 마시며 입으로는 늘 우물우물 씹는다."

17 이함은 자가 원탁元卓이며, 여남군 서평현西平縣 사람이다.

여름 4월

태상 내염來豔[18]을 사공으로 삼았다.

5월

하동군에서 땅이 갈라지고, 우박이 쏟아졌으며, 샘물이 땅속에서 터져 나왔다.

가을 7월

사공 내염을 면직했다.

계축일, 귀인 송 씨宋氏를 황후로 세웠다.[19]

사도 교현을 면직했다. 태상 종구宗俱[20]를 사공으로 삼았다. 전 사공 허허를 사도로 삼았다.

겨울

선비족이 병주를 노략질했다.

【희평熹平 원년】(172년)

봄 3월

임술일, 태부 호광이 죽었다.

---

18 내염은 자가 계덕季德이며, 남양군 신야현 사람이다.
19 집금오 송풍宋酆의 딸로, 그 전해에 액정에 들어와 귀인이 되었다.
20 종구는 자가 백려伯儷이며, 남양군 안중현安衆縣 사람이다.

여름 5월

기사일, 천하에 대사면령을 내렸다. 연호를 희평熹平으로 고쳤다.
장락태복 후람이 죄가 드러나자 스스로 목숨을 끊었다.

6월

서울 낙양에 비가 내려 큰물이 들었다.
계사일, 황태후 두 씨가 붕어했다.

가을 7월

갑인일, 환사황후桓思皇后를 장사지냈다.
환관들이 사예교위 단경을 풍간하고[21] 태학생 천여 명을 함께 체포했다.

겨울 10월

발해왕 유회가 모반했다는 무고를 당했다.
정해일, 유회와 그 처자가 모두 스스로 목숨을 끊었다.

11월

회계군 사람 허생許生이 스스로 '월왕越王'을 참칭하면서 군현들을 노략질하자[22] 양주자사揚州刺史 장민臧旻과 단양태수 진인을 보내 그들을 쳐

---

21 이때 한 사람이 주작궐朱雀闕에다 "천하가 크게 어지러워졌는데, 공경들이 모두 하는 일 없이 녹만 받아먹는다"라고 썼으므로 그를 체포했다. 이 일에 대해서는 「환관전宦官傳」에 보인다.
22 『동관기』에 따르면, "회계군 사람 허소許昭가 무리를 끌어 모은 후 스스로 대장군이라 칭하면서, 아버지 허생을 세워 월왕으로 삼고는 군현들을 공격하여 깨뜨렸다."

서 무찔렀다.

12월
사도 허허를 파직하고, 대홍려 원외袁隗를 사도로 임명했다.
선비족이 병주를 노략질했다.

이 해, 감릉왕 유회劉悝가 죽었다.

【희평 2년】(173년)

봄 정월
역병이 크게 돌자, 사자를 보내 순행하면서 의약품을 나누어 주었다.
정축일, 사공 종구가 죽었다.

2월
임오일, 천하에 대사면령을 내렸다.
광록훈 양사楊賜를 사공으로 임명했다.

3월
태위 이함을 면직했다.

여름 5월
사예교위 단경을 태위로 삼았다.

패국의 재상 사천師遷이 국왕을 무고한 죄로 하옥되어 죽었다.[23]

6월

북해국에서 지진이 일어났다. 동래군과 북해국에서 해일이 일어났다.[24]

가을 7월

사공 양사를 면직하고, 태상 영천군 사람 당진唐珍을 사공으로 삼았다.

겨울 12월

일남군 요새 밖의 나라들이 역관을 사자로 보내서 공물을 바쳤다.
태위 단경을 파직했다.
선비족이 유주와 병주 두 주를 노략질했다.
그믐 계유일, 일식이 일어났다.

【희평 3년】(174년)

봄 정월

부여국에서 사자를 보내 공물을 바쳤다.

---

23 여기서 국왕이란 진민왕陳愍王 유총劉寵을 말한다. 신 이현이 아룁니다. 「진경왕전陳敬王傳」에 "나라의 재상은 사천이다"라는 말이 나옵니다. 또 『동관기』에 "패국의 재상 위음魏愔이 예전에 진국의 재상이었을 때 진왕 유총과 더불어 통정했다고 진국의 재상 사천이 상주했다"라는 말이 나옵니다. 이로 보아서 위음은 패국의 재상임이 명백합니다. 여기에서 사천을 패국의 재상이라 한 것은 잘못된 것입니다.

24 『속한지』에 따르면, "이때 큰 물고기 두 마리가 잡혔는데, 각각 길이가 여덟아홉 길에, 너비가 두 길이 넘었다."

2월

기사일, 천하에 대사면령을 내렸다.

태상 진탐陳耽[25]을 태위로 삼았다.

3월

중산왕 유창劉暢이 죽었다. 아들이 없어서 나라를 없앴다.

여름 6월

하간왕 유리劉利의 아들 유강劉康을 제남왕으로 봉해 효인황의 제사를 받들게 했다.

가을

낙수가 넘쳤다.

겨울 10월

계축일, 천하에 영을 내려 옥에 갇힌 죄수들 중 아직 판결 받지 않은 자들은 비단을 바치고 속형하게 했다.

11월

양주자사 장민이 단양태수 진인을 이끌고 회계군에서 허생을 크게 무찌르고, 그 목을 베었다.

임성왕 유박이 죽었다.

---

25 진탐은 자가 한공漢公이며, 동해국 사람이다.

12월

선비족이 북지군을 노략질하자 북지태수北地太守 하육夏育이 쫓아가 공격해 무찔렀다. 선비족이 병주를 노략질했다.

사공 당진을 파직하고, 영락소부永樂少府 허훈을 사공으로 삼았다.

【희평 4년】(175년)

봄 3월

조서를 내려 여러 유학자에게 오경의 문자를 바로잡게 한 후, 돌에 새겨서 태학 문 바깥에 세웠다.

하간왕 유건[26]의 아들 유타劉佗를 임성왕으로 봉했다.

여름 4월

군국 일곱 곳에 큰물이 들었다.

5월

정묘일, 천하에 대사면령을 내렸다.

연릉延陵[27]의 능원에 불이 났다. 사자에게 지절을 주어 보내 연릉에 고사하게 했다.

선비족이 유주를 노략질했다.

---

26 유건은 환제의 동생이다.
27 성제의 능이다.

6월

홍농군과 삼보에 멸충이 들끓었다.

수궁령의 염감鹽監[28]을 보내서 수로를 뚫게 해 백성을 이롭게 했다.

군국에 영을 내려 재해를 만난 백성의 전조를 절반으로 줄여 주었다. 또 해를 입은 것이 십 분의 사 이상이면 세금을 전혀 내지 않도록 했다.

겨울 10월

정사일, 천하에 영을 내려 옥에 갇힌 죄수들 중 아직 판결 받지 않은 자들은 비단을 바치고 속형하게 했다.

충제의 어머니 우虞 미인美人을 헌원귀인憲園貴人으로,[29] 질제質帝의 어머니 진 부인을 발해효왕渤海孝王의 왕비로 세웠다.[30]

평준平準[31]을 중준中準으로 고치고, 환관을 그 영으로 삼아 내서의 반열에 올렸다. 이때부터 [궁중의] 여러 부서에서 모두 환관이 승과 영이 되었다.

【희평 5년】(176년)

여름 4월

계해일, 천하에 대사면령을 내렸다.

---

28 『한서』「지리지」, 『속한서』「군국지」에 모두 염감이라는 말이 없다.
29 순제의 후궁 우 미인을 말한다. 헌원憲園은 낙양 동북쪽에 있다.
30 발해효왕 유홍의 부인이다.
31 『한관의』에 따르면, "평준령平準令은 한 사람인데, 질은 육백 석이다."

익주군의 오랑캐들이 모반하자, 태수 이옹李顒이 토벌해 평정했다. 숭고산崇高山의 이름을 다시 숭고산嵩高山으로 고쳤다.[32]

크게 기우제를 지냈다. 시어사로 하여금 조옥정부詔獄亭部로 가서 억울하게 죄를 입은 자들을 살피고 가벼운 죄를 저지른 이들을 풀어 주며 형도들을 쉬게 했다.

5월

태위 진탐을 파직하고, 사공 허훈을 태위로 삼았다.

윤달

영창태수永昌太守 조란曹鸞이 당인들의 억울함을 풀어 주자고 청한〔訟〕 죄로 기시형을 당했다.[33] 조서를 내려 당인들의 문하생, 고리故吏(예전에 천거했던 관리), 아버지나 형제나 아들 중에서 관직에 있는 자는 모두 면직하고 금고에 처하게 했다.

6월

임술일, 태상 남양군 사람 유일劉逸[34]을 사공으로 삼았다.

가을 7월

태위 허훈을 파직하고, 광록훈 유관劉寬을 태위로 삼았다.

---

32 『한서』에 따르면, 무제가 중악中嶽에 사당을 세운 후, 숭고산嵩高山의 이름을 숭고산崇高山으로 고쳤다. 『동관기』에 따르면, "사중랑장 당계전堂谿典이 기우제를 지낸 후, 글을 올려서 이름을 고치자고 하자 숭고산嵩高山으로 했다."

33 송訟은 억울함을 풀어 달라고 청한 것을 말한다. 그 말이 간절하고 솔직했기 때문에 황제가 크게 화를 내면서 함거檻車를 괴리현으로 보내서 옥에 가둔 후 그를 죽였다.

34 유일은 자가 대과大過이며, 안중현 사람이다.

겨울 10월

임오일, 어전 뒤에 있던 홰나무가 저절로 뽑혀서 뒤집혀진 채 넘어졌다.

사도 원외를 파직했다.

11월

병술일, 광록대부 양사를 사도로 임명했다.

12월

감릉왕 유정劉定이 죽었다.

태학생 중 나이 예순 살 이상 백여 명에게 시험을 치르게 하여 낭중과 태자사인에서 왕가랑王家郎,[35] 군국의 문학리文學吏에 이르기까지 각종 관직을 제수했다.

이 해 선비족이 유주를 노략질했다. 패국에서 초현에 황룡이 나타났다는 말을 올렸다.

【희평 6년】(177년)

봄 정월

신축일, 천하에 대사면령을 내렸다.

---

35 『한관의』에 따르면, "태자사인과 왕가낭중王家郎中은 모두 질은 이백 석인데 정원은 없다."

2월

남궁 평성문平城門 및 무고의 동쪽 담이 저절로 무너졌다.[36]

여름 4월

큰 가뭄이 들고, 일곱 주에 황충이 들끓었다.

선비족이 세 변방(三邊)[37]을 노략질했다.

시장 상인으로 선릉효자宣陵孝子가 된 자 수십 명을 모두 태자사인으로 제수했다.

가을 7월

사공 유일을 면직하고, 위위 진구를 사공으로 삼았다.

8월

파선비중랑장破鮮卑中郎將 전안田晏은 운중군으로, 사흉노중랑장 장민은 남선우와 더불어 안문군으로, 호오환교위 하육은 고류현으로 나가서 동시에 선비족을 정벌하게 했으나 전안 등이 크게 패했다.

겨울 10월

초하루 계축일, 일식이 일어났다.

태위 유관을 면직했다.

---

36 평성문은 낙양성의 남문이다. 채옹에 따르면, "평성문은 정양正陽에 해당하는 문이다. 궁궐에 이어져 있는데, 교에서 제사를 지낼 때 법가法駕(황제의 가마)가 나가는 곳으로 궁궐 문 중에서 가장 존귀한 문이다." 무고는 금병禁兵(궁궐 안에서 쓰는 무기)을 두는 곳이다. 동쪽 담은 무고의 바깥쪽 벽이다. 『역전易傳』에 따르면, "소인이 재위에 있으면 괴이하게도 성문이 저절로 무너진다."

37 동쪽, 서쪽, 북쪽을 말한다.

황제가 벽옹에 임했다.

신축일, 서울 낙양에 지진이 일어났다.

신해일, 천하에 영을 내려 옥에 갇힌 죄수들 중 아직 판결 받지 않은 자들은 비단을 바치고 속형하게 했다.

11월

사공 진구를 면직했다.

12월

갑인일, 태상 하남군 사람 맹육孟彧[38]을 태위로 삼았다.

경진일, 사도 양사를 면직했다. 태상 진탐을 사공으로 삼았다.

선비족이 요서군을 노략질했다.

영안태복永安太僕[39] 왕민王旻이 하옥되어 죽었다.

【광화光和 원년】(178년)

봄 정월

합포군과 교지군의 오랑캐 오호족이 모반하여 구진군과 일남군의 백성들을 끌어들인 후 함께 군현을 공격해 떨어뜨렸다.

태위 맹육을 파직했다.

---

38 맹육은 자가 숙달叔達이다.
39 영안궁永安宮의 태복이다.

2월

초하루 신해일, 일식이 일어났다.

계축일, 광록훈 진국 사람 원방袁滂[40]을 사도로 삼았다.

기미일, 지진이 일어났다. 처음으로 홍도문학생鴻都門學生[41]을 두었다.

3월

신축일, 천하에 대사면령을 내렸다. 연호를 광화光和로 고쳤다.

태상 상산군 사람 장호張顥[42]를 태위로 삼았다.

여름 4월

병진일, 지진이 일어났다.

시중시侍中寺에서 기르던 암탉이 수탉으로 변했다.

사공 진탐을 면직하고, 태상 내염을 사공으로 삼았다.

5월

임오일, 흰 옷 입은 사람이 덕양문德陽門으로 들어왔는데, 달아나 잡지 못했다.[43]

---

40 원방은 자가 공희公熙이다.

41 홍도문鴻都門은 문 이름으로 그 안에 학교를 두었다. 이때 학교에 여러 학생들이 있었는데, 자사, 태수, 삼공에게 천거하게 하여 불러들인 후 척독尺牘(짧은 편지글)과 사부辭賦를 지을 수 있고 전서를 잘 쓸 수 있는지를 시험하니 그 수가 모두 일천 명에 이르렀다.

42 장호는 자가 지명智明이다. 『수신기』에 따르면, "장호가 양국의 재상이었을 때, 비가 갠 후 까치가 근처 땅 위에서 빙빙 나는 것을 보고 사람을 시켜 땅을 파 보게 했다. 그곳에 땅으로 떨어져 변한 둥근 돌이 있었는데, 장호가 망치로 깨뜨리라 명하니 황금으로 된 인장 하나가 나왔다. 인장에는 '충효후인忠孝侯印'이라고 새겨져 있었다."

43 『동관기』에 따르면, "흰 옷 입은 사람이 '양백梁伯 하夏가 나에게 전에 오르라고 알려

6월

정축일, 검은 기운이 황제가 나와 있던 온덕전溫德殿 뜰에 떨어져 내렸다.[44]

가을 7월

임자일, 무지개가 황제가 있는 옥당 후전後殿의 뜰 안에 나타났다.[45]

8월

혜성이 천시에 나타났다.

9월

태위 장호를 파직하고, 태상 진구를 태위로 삼았다. 사공 내염이 죽었다.

겨울 10월

둔기교위 원봉袁逢을 사공으로 삼았다.

황후 송 씨를 폐했다. 황후의 아버지 집금오 송풍宋酆이 하옥되어 죽었다.

그믐 병자일, 일식이 일어났다.

주었다'라고 중황문 환현桓賢과 함께 이야기하다가 홀연히 사라져 보이지 않았다."
44 『동관기』에 따르면, "황제가 있던 온명전溫明殿 뜰에 떨어졌다. 〔그 움직임이〕 수레 지붕처럼 둥글게 솟아올랐는데, 아주 재빠른 데다 오색 빛이 감돌았다. 머리가 있고 길이는 십여 길에 이르렀는데 모양이 마치 용처럼 생겼다."
45 『낙양궁전명』에 따르면, 남궁에는 옥당 전전과 후전이 있다. 「양사전楊賜傳」에 따르면, 가덕전 앞에 떨어졌다고 한다.

11월

태위 진구를 면직했다.

12월

정사일, 광록대부 교현을 태위로 삼았다.

이 해, 선비족이 주천군을 노략질했다.
서울 낙양에서 말이 사람을 낳았다.[46]
처음으로 서저西邸를 열고 관직을 팔았다. 관내후, 호분, 우림까지 돈을 받고 팔았는데, 사람마다 차이를 두었다.[47] 또 좌우에 사사로이 영을 내려 공경 자리도 팔았는데, 공은 천만 냥, 경은 오백만 냥이었다.

【광화 2년】(179년)

봄

역병이 크게 돌았다. 상시, 중알자를 보내 순행하면서 의약품을 나누어 주게 했다.

---

46 경방의 『역전』에 따르면, "제후가 서로 정벌하면, 요망함이 나타나 말이 사람을 낳는다."

47 『산양공재기山陽公載記』에 따르면, "이때 관직을 팔았는데 이천 석은 이천만 냥, 사백 석은 사백만 냥이었다. 덕이 높아 마땅히 선발해야 하는 자는 그 절반이나 삼 분의 일을 받았다. 서원西園에 창고를 세우고 돈을 쌓아 두었다."

3월

사도 원방을 면직하고, 대홍려 유합劉郃을 사도로 삼았다.
을축일, 태위 교현을 파직하고, 태중대부 단경을 태위로 삼았다.[48]
경조군에 지진이 일어났다.
사공 원봉을 파직하고, 태상 장제張濟[49]를 사공으로 삼았다.

여름 4월

초하루 갑술일, 일식이 일어났다.
신사일, 중상시 왕보王甫 및 태위 단경이 함께 하옥되어 죽었다.
정유일, 천하에 대사면령을 내려 당인들로 금고에 처한 자들 중 소공小功(오복의 네 번째로 형제의 아내 등이 죽었을 때 입는 상복으로, 거친 마로 지어 입으며 기간은 다섯 달이다) 이하에 해당하는 자는 모두 그 죄를 없애주었다.[50]
동평왕 유단劉端이 죽었다.

5월

위위 유관을 태위로 삼았다.

가을 7월

사흉노중랑장 장수張脩가 죄를 짓고 하옥되어 죽었다.[51]

---

48 유합은 자가 계승季承이다.
49 장제는 자가 원강元江이며, 세양현細陽縣 사람이다.
50 이때 상록현장上祿縣長 화해和海가 "당인들의 금고가 오족五族에까지 미치는 것은 법전의 가르침에 어긋납니다"라고 상주하자 황제가 그 말을 따랐다.
51 이때 장수가 제멋대로 선우 호미呼微의 목을 벤 후, 강거羌渠를 선우로 세웠으므로 죄를 물어 죽였다.

겨울 10월

갑신일, 사도 유합, 영락소부 진구, 위위 양구陽球, 보병교위 유납劉納이 환관들을 주살하려고 모의하다가 일이 누설되자 모두 하옥되어 죽었다.

파군의 판순 만족이 모반했다. 어사중승 소원蕭瑗을 보내 익주자사를 독려하여 토벌하려 했으나 이기지 못했다.

12월

광록훈 양사를 사도로 임명했다.

선비족이 유주와 병주 두 주를 노략질했다.

이 해, 하간왕 유리가 죽었다.

낙양에서 여자가 아이를 낳았는데, 머리가 둘에 팔이 넷이었다.[52]

【광화 3년】(180년)

봄 정월

계유일, 천하에 대사면령을 내렸다.

2월

삼공부〔公府〕 주가駐駕의 무廡가 저절로 무너졌다.[53]

---

52 경방의 『역전』에 따르면, "머리가 둘에 아래가 하나가 아니면, 요망함이 나타나 머리가 둘인 아이를 낳는다."

53 공부는 삼공부이다. 주가는 수레 세워 두는 곳이다. 무는 주랑이 있는 집이다. 『속한

3월

양왕 유원劉元이 죽었다.

여름 4월

강하군의 만족들이 모반했다.

6월

공경에게 조서를 내려서 『고문상서』, 『모시』, 『춘추좌씨전』, 『춘추곡량전』에 능통한 사람을 각 한 사람씩 천거하게 하여 모두 의랑에 제수했다.

가을

표시현表是縣[54]에서 지진이 일어나 물이 땅에서 솟구쳤다.

8월

영을 내려 옥에 갇힌 죄수들 중 아직 판결 받지 않은 자들은 비단을 바치고 속형하게 하되 각자 차이를 두었다.

겨울 윤달

혜성이 낭성狼星과 호성弧星[55] 부근에 나타났다.
선비족이 유주와 병주 두 주를 노략질했다.

지』에 따르면, "남북 사십여 간이 무너졌다."
54 표시현은 주천군에 속한다.
55 둘 다 별 이름이다.

12월

기사일, 귀인 하 씨何氏[56]를 황후로 세웠다.

이 해 필규원畢圭苑[57]과 영곤원靈昆苑을 지었다.

【광화 4년】(181년)

봄 정월

처음으로 녹기구승騄驥廐丞을 설치하고, 군국에서 징발한〔調〕말들을 수령하도록 했다.[58] 호족들이〔거래를〕가로막아 독차지하니〔辜榷〕,[59] 말 한 필에 이백만 냥에 이르렀다.

2월

군국에서 진귀한 꽃과 풀을 바쳤다.

여름 4월

경자일, 천하에 대사면령을 내렸다.

---

56 남양군 완현 사람으로 거기장군 하진何眞의 딸이다.
57 필규원은 두 군데가 있다. 동필규원은 둘레가 일천오백 보 가운데에는 어량대魚梁臺가 있다. 서필규원은 둘레가 삼천삼백 보이다. 둘 다 낙양성 선평문宣平門 바깥에 있다.
58 녹기騄驥는 좋은 말이라는 뜻이다. 조調는 징발했다는 말이다.
59 「음의」에 따르면, "고辜는 장障, 즉 가로막는다는 뜻이다. 각榷은 전專, 즉 독차지한다는 뜻이다. 다른 사람들이 사고파는 것을 가로막아 스스로 그 이득을 취했다는 말이다."

교지자사 주준朱儁이 교지군과 합포군의 오호족을 쳐 무찔렀다.

6월

경진일, 우박이 내렸다.[60]

가을 7월

하남군에서 봉황이 신성현新城縣에서 나타났는데, 새들이 무리 지어 그 뒤를 따랐다는 말을 올렸다. 신성현에 영을 내려 삼로와 역전에게 비단을 내리되 각자 차이를 두었다.

9월

초하루 경인일, 일식이 일어났다.
태위 유관을 면직하고, 위위 허욱許彧을 태위로 삼았다.

윤달

신유일, 북궁 동쪽 액정의 영항서永巷署[61]에서 불이 났다.
사도 양사를 파직했다.

겨울 10월

태상 진탐을 사도로 삼았다.
선비족이 유주와 병주 두 주를 노략질했다.

---

60 『속한서』에 따르면, "우박 크기가 달걀만 했다."
61 영항서는 궁중의 관서 이름이다. 『한관의』에 따르면, "영은 한 사람으로, 환관이 그 자리를 맡았다. 질은 육백 석이었다. 궁중의 여자 노비인 시사侍史를 책임진다."

이 해, 황제가 후궁에 열사列肆(늘어선 상점을 말한다)를 짓고 채녀采女(궁녀)들로 하여금 물건을 판매하게 하니, 서로 몰래 훔치고 도둑질하면서 싸우고 다투었다. 황제는 물건을 사고파는 자들이나 입는 옷을 입고 연회를 열어 먹고 마시는 일을 즐거움으로 삼았다. 또 서원西園에서 개와 함께 희롱하면서 놀았는데, 개에게 진현관進賢冠을 씌우고 허리띠를 둘러서 인끈을 달게 했다.[62] 또 나귀 네 마리에게 수레를 끌게 하여 황제가 몸소 고삐를 쥐고 힘차게 내달려 낙양성을 돌았는데, 사람들이 앞 다투어 그것을 서로 모방했다.[63]

【광화 5년】(182년)

봄 정월

신미일, 천하에 대사면령을 내렸다.

---

62 『삼례도』에 따르면, "진현관은 문관이 쓴다. 앞쪽은 높이가 일곱 치이고, 뒤쪽은 높이가 세 치이며, 길이는 여덟 치이다." 『속한지』에 따르면, "영제는 가까운 신하의 자제들을 총애하여 등용했는데, 서로가 서로를 당기고 끌어들이면서 관내후를 오백만 냥에 팔았다. [이렇게 자리를 얻은] 영과 장 중에서 심한 자는 탐욕스럽기가 승냥이나 이리와 같았고, 덜한 자도 물건을 가리지 않고 약탈하니 실제로 개가 관을 쓴 것 같았다." 창읍왕昌邑王이 개에게 방산관方山冠을 씌운 것을 보고 공수龔遂(선제 때 관리로 발해태수를 지냈으며 양리로 널리 칭송받았다)가 말했다. "왕의 좌우는 모두 개가 관을 쓰고 있군요."

63 『속한지』에 따르면, "나귀는 본래 무거운 짐을 지고 멀리까지 잘 가므로 산과 골짜기를 오르내리는 백성들이나 쓰는 것이다. 어찌 제왕과 군자가 참가駿駕(네 마리 말이 끄는 수레)에 나귀를 쓴단 말인가! 하늘의 뜻이 있어서 말한다면, 장차 나라에 큰 난리가 들고 현명함과 어리석음이 서로 자리를 바꾸니 정치를 책임진 자들은 모두 이 당나귀 같은 처지가 되리라고 할 것이다."

2월

역병이 크게 돌았다.

3월

사도 진탐을 면직했다.

여름 4월

가뭄이 심했다.

태상 원외를 사도로 임명했다.

5월

경신일, 영락궁永樂宮에서 화재가 났다.[64]

가을 7월

혜성이 태미원에 나타났다.

파군의 판순 만족이 태수 조겸曹謙에게 이르러 항복했다.

계유일, 영을 내려 옥에 갇힌 죄수들 중 아직 판결 받지 않은 자들은 비단을 바치고 속형하게 했다.

8월

아정도阿亭道에 높이 사백 자에 이르는 관觀을 지었다.

---

64 『속한지』에 따르면, "덕양전전 서북쪽 문 안에 있는 영락태후궁永樂太后宮의 관서에서 화재가 났다."

겨울 10월

태위 허육을 파직하고, 태상 양사를 태위로 삼았다.

상림원에서 울타리를 쳐서 짐승들을 사냥하고, 함곡관을 지나서 광성원으로 순수했다.

12월

돌아오다가 태학에 행차했다.

【광화 6년】(183년)

봄 정월

일남군 요새 밖의 나라들이 역관을 사자로 보내서 공물을 바쳤다.

2월

장릉현의 부역을 면제해 주었는데, 풍현과 패국에 비견하게 했다.

3월

신미일, 천하에 대사면령을 내렸다.

여름

가뭄이 크게 들었다.

가을

금성군에서 황하의 물이 넘쳤다. 오원군에서 산비탈이 무너져 내렸다.

처음으로 포유서圃囿署를 두고, 환관을 영으로 삼았다.

겨울

동해국, 동래군, 낭야군의 우물이 얼었는데, 얼음 두께가 한 자가 넘었다.

이 해, 큰 풍년이 들었다.

【중평中平 원년】(184년)

봄 2월

거록군 사람 장각張角이 스스로를 '황천黃天'이라 칭했다. 그 아래 우두머리로 서른여섯 방方이 있었는데, 모두 누런 수건[黃巾]을 머리에 두르고, 같은 날에 반란을 일으켰다.[65] 안평국과 감릉국 사람들이 각각 그 왕을 잡아서 그에게 호응했다.

3월

무신일, 하남윤 하진何進을 대장군으로 삼은 후, 병사들을 거느리고 낙양 도정에 주둔하게 했다. 팔관八關에 도위를 두었다.[66]
임자일, 천하에 대사면령을 내려 당인들을 모두 귀양지에서 되돌아오게 했는데[67] 오직 장각만 사면하지 않았다. 공경에게 조서를 내려 말

---

65 『속한서』에 따르면, "삼십육만여 명이었다."
66 도정은 낙양에 있다. 팔관은 함곡, 광성廣城, 이궐伊闕, 대곡大谷, 환원轘轅, 선문旋門, 소평진小平津, 맹진을 가리킨다.

과 쇠뇌를 바치게 하고, 여러 장수의 자손 및 관리들과 백성들 중에서 전략에 밝아서 진법을 펼칠 수 있는 사람을 천거하게 하여 공거에 이르게 했다. 북중랑장北中郞將 노식盧植을 보내 장각을, 좌중랑장 황보숭皇甫嵩과 우중랑장右中郞將 주준을 보내 영천군의 황건적黃巾賊을 토벌하게 했다.

경자일, 남양군의 황건적 장만성張曼成이 군수 저공褚貢을 공격해 살해했다.

여름 4월

태위 양사를 면직하고, 태복 홍농군 사람 등성鄧盛[68]을 태위로 삼았다. 사공 장제를 파직하고, 대사농 장온張溫을 사공으로 삼았다.

주준이 황건적 파재波才에게 패했다.

시중 향허向栩와 장균張鈞이 환관들을 입에 올린 죄로 하옥되어 죽었다.[69]

여남군의 황건적이 소릉현邵陵縣[70]에서 태수 조겸趙謙을 패배시켰다.

광양군의 황건적이 유주자사 곽훈郭勳 및 태수 유위劉衛를 살해했다.

5월

황보숭과 주준이 장사현長社縣에서 다시 파재 등과 더불어 싸워서 크

---

67 이때 중상시 여강呂強이 황제에게 말했다. "당고가 너무 오래 쌓였습니다. 만약 이들이 황건적과 함께 힘을 합쳐 모의하면 나중에 후회해도 되돌릴 길이 없을 것입니다." 이에 황제가 두려워하면서 그들을 모두 사면했다.

68 등성은 자가 백능伯能이다.

69 이때 장균이 상서를 올려 말했다. "지금 상시들의 목을 베어 그 머리를 남교에 매달아 천하에 용서를 빌면 반란은 저절로 사라질 것입니다." 황제가 그 글을 상시에게 보여주자 하옥한 것이다.

70 소릉현은 여남군에 속한다.

게 쳐부쉈다.

6월

남양태수 진힐秦頡이 장만성을 공격해 그 목을 베었다.

교지군의 둔병들이 자사 및 합포태수合浦太守 내달來達을 사로잡고, 스스로 '주천장군柱天將軍'이라 칭했다. 교지자사 가종賈琮을 보내 그들을 토벌하여 평정했다.

황보숭과 주준이 여남군 서화현西華縣[71]에서 황건적을 크게 무찔렀다. 조서를 내려 황보숭에게 동군을, 주준에게 남양군을 토벌하게 했다. 노식이 황건적을 무찌르고 광종현廣宗縣에서 장각을 포위했다. 환관들이 노식을 무고하자 죄를 받았다.[72] 중랑장 동탁董卓을 보내 장각을 공격했으나 이기지 못했다.

낙양성에서 여자가 아이를 낳았는데, 머리가 둘에 몸이 하나였다.[73]

가을 7월

파군의 요무 장수張脩[74]가 모반하여 주변 군현을 노략질했다.

---

71 서화현은 여남군에 속한다.
72 노식이 장각을 연이어 무찌르고, 바야흐로 토벌해 없애려 할 때, 소황문 좌풍左豊이 황제에게 말했다. "노 중랑장이 보루를 굳게 쌓고 군대를 쉬게 하는 바람에 역적에게 대비할 시간을 주고 있습니다." 이에 황제가 분노하여 함거를 보내 노식을 불러오게 했는데, 죽음만은 면해 주었다.
73 『속한지』에 따르면, "상서문上西門 바깥에 사는 여자가 아이를 낳았는데, 머리가 둘이고 서로 다른 어깨가 가슴 하나에 붙어 있었다. 상서롭지 못한 일로 여겨 땅에 아이를 버렸다. 그 후 정치가 세력가들 손에 들어갔는데, 위와 아래의 구별이 없는 것이 꼭 머리가 둘인 꼴이었다."
74 유애劉艾의 『영제기靈帝紀』에 따르면, "이때 파군의 무당 장수는 질병을 고쳐 주고, 병이 나은 자에게 대가로 쌀 다섯 말을 받았으므로 '오두미사五斗米師'라고 불렸다."

하남윤 서관徐灌이 하옥되어 죽었다.

8월

황보숭이 황건적과 더불어 창정倉亭에서 싸워 우두머리를 사로잡았다.[75] 을사일, 황보숭에게 조서를 내려 북쪽으로 가 장각을 토벌하게 했다.

9월

안평왕 유속劉續이 죄를 저질러 주살되자 그 나라를 없앴다.

겨울 10월

황보숭이 광종현에서 황건적과 싸워 장각의 동생 장량張梁을 사로잡았다. 장각이 이미 죽었으므로 그 시체를 꺼내 육시했다.[76] 황보숭을 좌거기장군左車騎將軍으로 삼았다.

11월

황보숭이 하곡양현에서 다시 황건적을 무찌르고, 장각의 동생 장보張寶의 목을 베었다.

황수 옆에 살던 귀순한 오랑캐 북궁백옥北宮伯玉이 선령 강족들과 함께 모반하고, 금성군 사람 변장邊章과 한수韓遂를 군대의 우두머리로 삼아 호강교위 영징伶徵,[77] 금성태수 진의陳懿를 공격해 살해했다.

계사일, 주준이 완성을 떨어뜨리고, 황건적의 또 다른 우두머리 손하孫夏의 목을 베었다.

---

75 우두머리란 복사卜巳를 말한다. 창정은 동군에 있다.
76 관을 파헤쳐 머리를 자르고 그것을 말에 싣고 시장에서 전시했다.
77 영伶은 성이다. 주나라 때 대부 영주구伶州鳩가 있었다.

태관에게 조서를 내려 진귀한 반찬을 줄이고, 황제에게 끼니마다 고기반찬을 하나만 올리게 했다. 또한 마구간에 있는 말 중에서 교의 제사에 쓸 것이 아니면 모두 징발하여 군대에 내려 주게 했다.

12월

기사일, 천하에 대사면령을 내렸다. 연호를 중평中平으로 고쳤다.

이 해, 하비왕 유의劉懿가 죽었다. 아들이 없었으므로 나라를 없앴다. 군국에 기이한 풀이 났는데, 그 모습이 용사조수龍蛇鳥獸의 꼴을 갖추었다.[78]

【중평 2년】(185년)

봄 정월

역병이 크게 돌았다.
낭야왕 유거劉據가 죽었다.

2월

기유일, 남궁에서 큰 불이 났다. 불은 보름 내내 타오르다가 마침내 꺼졌다.[79]

---

78 『풍속통』에 따르면, "사람 모양을 했는데, 창칼과 쇠뇌를 든 것 같은 모습을 하나하나 갖추었다." 『속한지』에 따르면, "용사조수란 모습이 털과 깃털, 머리와 눈, 발과 날개를 모두 갖춘 것을 말한다. 이 해에 황건적이 일어나고 한나라가 미약해지기 시작했다."

계해일, 광양문廣陽門[80] 바깥의 집이 저절로 무너졌다.

천하의 농지에 세금을 매겼는데, 일 묘에 열 냥씩으로 했다.[81]

흑산적黑山賊 장우각張牛角 등 십여 무리가 한꺼번에 일어나 노략질 당하는 곳이 많았다.

사도 원외를 면직했다.

3월

정위 최열崔烈을 사도로 삼았다.

북궁백옥 등이 삼보를 노략질하자 좌거기장군 황보숭을 보내 그를 토벌했으나 이기지 못했다.

여름 4월

경술일, 큰 바람이 불고 우박이 내렸다.

5월

태위 등성을 파직하고, 태복 하내군 사람 장연張延[82]을 태위로 삼았다.

가을 7월

삼보 지역에 멸충이 들끓었다.

좌거기장군 황보숭을 면직했다.

---

79 『속한지』에 따르면, "이때 영대전靈臺殿, 낙성전樂成殿이 불에 탔다. 이어서 북궐北闕을 태우고 길을 건너 서쪽으로 번져서 가덕전과 화환전和驩殿을 태웠다."

80 낙양성 서쪽에 면해 있는 남두문南頭門을 말한다.

81 이로써 궁궐을 보수했다.

82 장연은 자가 공위公威이고, 장흠의 아들이다.

8월

사공 장온을 거기장군으로 삼고, 북궁백옥을 토벌하게 했다.

9월

특진 양사를 사공으로 삼았다.

겨울 10월

경인일, 사공 양사가 죽었다. 광록대부 허상許相[83]을 사공으로 삼았다. 전 사도 진탐, 간의대부諫議大夫 유도劉陶가 직언을 한 죄로 하옥되어 죽었다.

11월

장온이 미양현에서 북궁백옥을 무찔렀다. 이에 탕구장군盪寇將軍 주신周愼을 보내 그들을 쫓아가 공격하고 유중현楡中縣을 포위하게 했다. 또 중랑장 동탁을 보내 선령 강족을 토벌하게 했다. 주신과 동탁이 나란히 이기지 못했다.

선비족이 유주와 병주 두 주를 노략질했다.

이 해, 서원에 만금당萬金堂을 지었다.
낙양 백성이 아이를 낳았는데, 머리가 둘에 팔이 넷이었다.

---

83 허상은 자가 공필公弼이며, 평여현 사람이다. 허훈의 아들이다.

【중평 3년】(186년)

봄 2월

강하군의 병사 조자趙慈가 반란을 일으켜 남양태수 진힐을 살해했다.

경술일, 천하에 대사면령을 내렸다.

태위 장연을 파직했다. 거기장군 장온을 태위로, 중상시 조충趙忠을 거기장군으로 삼았다.

다시 옥당전玉堂殿을 보수하고, 구리 인간 넷과 황종 넷을 주조했으며,[84] 또 천록天祿과 하마蝦蟆를 만들고 사출문전四出文錢을 주조했다.[85]

5월

그믐 임진일, 일식이 일어났다.

6월

형주자사 왕민王敏이 조자를 토벌하여 그 목을 베었다.

거기장군 조충을 파직했다.

---

84 그 음이 〔십이율 중〕 황종이다. 자子에 해당하는 음이 황종이다.
85 천록은 짐승 이름이다. 이때 액정령掖廷令 필람畢嵐을 시켜 구리 인간을 만들고 이들을 창룡궐蒼龍闕과 현무궐玄武闕 바깥에 나란히 세워 두었다. 황종은 옥당 및 운대 전전에 걸었으며 천록과 하마는 평문平門 바깥에서 물을 토하게 했다. 이 일은 「환관전宦者傳」에도 나온다. 신 이현이 살펴서 아룁니다. 지금 등주 남양현 북쪽에 종자비宗資碑가 있는데, 그 곁에 두 마리 돌로 만든 짐승이 있습니다. 그 위에 새긴 글자가 하나는 천록이고, 하나는 벽사辟邪입니다. 이로 미루어 보아 천록과 벽사는 모두 짐승 이름입니다. 한나라에는 천록각天祿閣이 있었는데, 역시 짐승이 세워져 있어서 그런 이름이 된 것입니다.

가을 8월

회릉 위에 참새 만여 마리가 내려앉아 슬피 울면서 서로 싸워서 죽였다.[86]

겨울 10월

무릉군의 만족들이 모반하여 군의 경계를 노략질하자, 군의 병사들이 토벌해 무찔렀다.

전 태위 장연이 환관들의 모함을 받아 하옥되어 죽었다.

12월

선비족이 유주와 병주 두 주를 노략질했다.

【중평 4년】(187년)

봄 정월

기묘일, 천하에 대사면령을 내렸다.

2월

형양군의 도적들이 중모현령中牟縣令을 살해했다.[87]

기해일, 남궁 내전內殿의 부사不悪[88]가 저절로 무너졌다.

---

86 회릉은 충제의 능이다. 『속한지』에 따르면, "하늘이 경계하여 말한 것이다. 장차 작록을 받는 존귀한 자들이 돌아가며 서로 해칠 것이다."

87 유애의 『영제기』에 따르면, "중모현령 낙호落皓와 주부主簿 반업潘業이 싸움터에 이르러 돌아보지 않고 진격하다가 모두 해를 입었다."

3월

하남윤 하묘何苗가 형양군의 도적들을 쳐서 그들을 무찔렀다. 그 공으로 하묘를 거기장군에 임명했다.

여름 4월

양주자사涼州刺史 경비耿鄙가 금성군의 적도 한수를 쳤다가 오히려 크게 패했다. 한수가 한양군을 노략질했다. 한양태수 부섭傅燮이 싸우다 죽었다. 부풍군 사람 마등馬騰과 한양군 사람 왕국王國이 함께 모반하여 삼보 지역을 노략질했다.

태위 장온을 면직하고, 사도 최열을 태위로 삼았다.

5월

사공 허상을 사도로 삼고, 광록훈 패국 사람 정궁丁宮[89]을 사공으로 삼았다.

6월

낙양 백성이 남자아이를 낳았는데, 머리가 둘에 몸이 하나였다.[90]

어양군 사람 장순張純이 같은 군 사람 장거張擧와 함께 군대를 일으켜 모반한 후, 우북평태수 유정劉政, 요동태수 양종楊終, 호오환교위 공기조公綦稠 등을 공격해 살해했다. 장거가 스스로 천자를 칭하고는 유주와 기주 두 주를 노략질했다.

---

88 「음의」에 따르면, "부사는 궁궐과 이어져 있는, 〔반원형으로〕 굽은 모양의 전각이다."
89 정궁은 자가 원웅元雄이다.
90 유애의 『영제기』에 따르면, "상서문 바깥에 사는 유창劉倉의 아내가 낳았다."

가을 9월

정유일, 천하에 영을 내려 옥에 갇힌 죄수들 중 아직 판결 받지 않은 자들은 비단을 바치고 속형하게 했다.

겨울 10월

영릉군 사람 관곡觀鵠[91]이 스스로 '평천장군平天將軍'이라 칭하면서 계양군을 노략질했다. 장사태수 손견孫堅이 공격해 그 목을 베었다.

11월

태위 최열을 파직하고, 대사농 조숭曹嵩을 태위로 삼았다.

12월

휴도각休屠各의 만족들이 모반했다.

이 해 관내후를 팔았는데 황금으로 만든 인장에 자주색 인끈을 주고 대를 이을 수 있게 하면서 오백만 냥을 받았다.

【중평 5년】(188년)

봄 정월

휴도각의 만족들이 서하군을 노략질하고, 군수 형기邢紀를 살해했다. 정유일, 천하에 대사면령을 내렸다.

---

91 관觀은 성이요, 곡鵠은 이름이다.

2월

혜성이 자궁(자미원)에 나타났다.

황건적의 잔당 곽태郭太 등이 서하군 백파곡白波谷에서 봉기하여 태원군과 하동군을 노략질했다.

3월

휴도각의 만족들이 병주자사并州刺史 장의張懿를 공격해 죽이고 마침내 남흉노 좌부의 오랑캐들과 힘을 합쳐서 그 선우를 살해했다.

여름 4월

여남군 갈피현葛陂縣의 황건적이 군현을 공략해 함락시켰다.

태위 조숭을 파직했다.

5월

영락소부 번릉樊陵[92]을 태위로 삼았다.

6월

병인일, 큰 바람이 불었다.

태위 번릉을 파직했다.

익주의 황건적 마상馬相이 자사 치검郗儉을 공격해 살해하고 스스로 천자를 칭했다. 또 파군을 노략질하고 군수 조부趙部를 살해했다. 익주종사益州從事 가룡賈龍이 마상을 습격해 그 목을 베었다.

군국 일곱 곳에 큰물이 들었다.

---

92 번릉은 자가 덕운德雲이며, 호양현胡陽縣 사람이다.

가을 7월

사성교위 마일제馬日磾를 태위로 삼았다.

8월

처음으로 서원팔교위西園八校尉를 두었다.[93]

사도 허상을 파직하고, 사공 정궁을 사도로 임명했다. 광록훈 남양군 사람 유홍劉弘[94]을 사공으로 삼았다. 위위 동중董重을 표기장군으로 삼았다.

9월

남선우가 모반해 백파적白波賊과 더불어 하동군을 노략질했다.

중랑장 맹익孟益을 보내 기도위 공손찬公孫瓚을 이끌고 어양군의 적도 장순 등을 토벌하게 했다.

겨울 10월

청주와 서주에서 황건적이 다시 일어나 군현을 노략질했다.

갑자일, 황제가 스스로를 '무상장군無上將軍'이라 칭하고는 평락관平樂觀[95]에서 군대를 검열했다.

---

[93] 악자樂資의 『산양공재기』에 따르면, "소황문 건석蹇碩을 상군교위上軍校尉로, 호분중랑장 원소袁紹를 중군교위中軍校尉로, 둔기교위 포홍鮑鴻을 하군교위下軍校尉로, 의랑 조조曹操를 전군교위典軍校尉로, 조융趙融을 조군좌교위助軍左校尉로, 풍방馮芳을 조군우교위助軍右校尉로, 간의대부 하모夏牟를 좌교위로, 순우경淳于瓊을 우교위로 삼았다. 전체 팔교위를 모두 건석이 통솔했다."

[94] 유홍은 자가 자고子高이며, 안중현 사람이다.

[95] 평락관은 낙양성 서쪽에 있다.

11월

양주涼州의 적도 왕국이 진창현을 포위하자 우장군 황보숭이 그들을 구원했다.

하군교위下軍校尉 포홍鮑鴻을 보내 갈피현의 황건적을 토벌하게 했다.

파군의 판순 만족이 모반하자, 상군별부사마上軍別部司馬 조근趙瑾을 보내 토벌해 평정했다.

공손찬이 장순과 더불어 석문산石門山에서 싸워 크게 쳐부쉈다.[96]

이 해, 자사를 고쳐서 새로 목牧을 두었다.

【중평 6년】(189년)

봄 2월

좌장군左將軍 황보숭이 진창현에서 왕국을 크게 무찔렀다.

3월

유주목 유우劉虞가 포상금을 내걸어 금어양군의 적도 장순의 목을 베었다.

하군교위 포홍이 하옥되어 죽었다.

여름 4월

초하루 병오일, 일식이 일어났다.

---

96 이때 오환족이 반란을 일으켜 적도 장순 등과 함께 계중薊中을 공격했으므로 공손찬이 쫓아가 공격한 것이다.

태위 마일제를 면직하고, 유주목 유우를 태위로 삼았다.

병진일, 황제가 남궁 가덕전에서 붕어했다. 나이는 서른네 살이었다.

무오일, 황자 유변劉辯이 황제의 자리에 올랐다. 나이는 열일곱 살이었다.

황후를 높여 황태후라 했다. 태후가 조정에 나와 섭정했다.

천하에 대사면령을 내리고, 연호를 고쳐 광희光熹라 했다.

황제의 동생 유협劉協을 발해왕으로 봉했다.

후장군後將軍 원외를 태부로 삼고, 대장군 하진과 더불어 참녹상서사를 겸하게 했다.

상군교위上軍校尉 건석蹇碩이 하옥되어 죽었다.[97]

5월

신사일, 표기장군 동중[98]이 하옥되어 죽었다.

6월

신해일, 효인황후 동 씨가 죽었다.

신유일, 효령황제를 문릉文陵[99]에 장사지냈다.

비가 내려 큰물이 들었다.

가을 7월

감릉왕 유충劉忠이 죽었다.

---

97 이때 건석이 발해왕 유협을 황제로 옹립하려다 발각되었다.
98 동중은 효인황후의 오빠이다.
99 낙양에서 서북쪽으로 이십 리 거리에 있다. 능은 높이가 열두 길이며, 둘레가 삼백 보이다.

경인일, 효인황후를 하간신릉河間愼陵에 돌려보내 장사지냈다.

발해왕 유협을 진류왕陳留王으로 옮겨 봉했다.

사도 정궁을 파직했다.

8월

무진일, 중상시 장양張讓과 단규段珪 등이 대장군 하진을 살해했다. 이에 호분중랑장 원술袁術이 동궁과 서궁에 불을 지르고 환관들을 공격했다.

경오일, 장양과 단규 등이 소제와 진류왕을 위협하여 북궁 덕양전으로 행차했다. 하진의 부곡장部曲將 오광吳匡이 거기장군 하묘와 더불어 주작궐朱雀闕 아래에서 싸웠는데, 하묘가 패하자 그 목을 베었다.

신미일, 사예교위 원소袁紹가 병사들을 지휘하여 가짜 사예교위 번릉, 하남윤 허상 및 뭇 환관들을 잡아들인 후, 나이를 가리지 않고 모두 목을 베었다. 장양과 단규 등이 다시 소제少帝(유변을 말한다)와 진류왕을 협박하여 소평진小平津으로 달아났다.[100] 상서 노식이 장양과 단규 등을 쫓아가 몇 사람 목을 베자 나머지 무리가 모두 황하에 몸을 던져 죽었다.[101] 황제가 진류왕 유협과 함께 밤에 걸어서 반딧불이 빛을 쫓아

---

100 『속한지』에 따르면, "이때 서울 낙양에 '후侯는 후가 아니요, 왕은 왕이 아니야. 천승만기千乘萬騎가 북망산北邙山에 있네'라는 동요가 떠돌았다. 고찰해 보면, 헌제獻帝는 아직 작호가 없었는데, 단규 등에게 이끌려 달아났으며 공경 백관이 모두 뒤를 따랐다. 황하까지 이르렀다가 마침내 되돌아올 수 있었다."

101 『헌제춘추獻帝春秋』에 따르면, "하남중부연河南中部掾 민공閔貢이 천자가 나오는 것을 보고, 기병을 이끌고 뒤쫓아 새벽 무렵 황하가에 이르렀다. 천자가 굶주림과 목마름에 시달리자 민공이 양을 요리해 진상하고는 이를 갈면서 장양 등을 꾸짖어 말했다. '너희들은 환관의 무리로서 궁형을 받고 고자가 되어 더러운 데 거하면서 해와 달을 받들어 모셔야 하는데, 오히려 나라의 은혜를 우롱하고 천한 자로서 귀하게 되어 임금을 협박해 위협하고 왕실을 쓸어 엎었다. 그러나 이제 목숨은 경각에 이르렀고, 혼은

몇 리를 행차한 후 민가에서 짐수레를 얻어 함께 그것에 올라탔다.

신미일, [황제가] 궁궐로 돌아왔다. 천하에 대사면령을 내렸다. 연호를 광희에서 소녕昭寧으로 고쳤다.

병주목幷州牧 동탁이 집금오 정원丁原을 살해했다. 사공 유홍을 면직하고, 동탁이 스스로 사공이 되었다.

9월

갑술일, 동탁이 황제를 폐하여 홍농왕弘農王으로 삼았다.
6월부터 비가 내려 이 달에 이르렀다.

논하여 말한다.

「진시황 본기秦始皇本紀」에 조고趙高가 이세 황제를 속여 사슴을 가리키면서 말이라 했다[指鹿爲馬]는 구절이 있다.[102] 조충과 장양 역시 영제靈帝를 속여 높은 곳에 올라가 멀리 내다보지 못하게 했다.[103] 이로써 그

황하 나루에 떠돌게 되었다. 신나라가 망한 이래 간신적자 중에서도 아직 너희 같은 놈들은 없었다. 지금 속히 [스스로] 죽지 않으면, 내가 너희들을 활로 쏘아 죽일 것이다.' 장양 등이 당황하고 겁에 질려 손 모아 두 번 절하고는 [땅에] 머리를 두드리면서 천자에게 사죄해 말했다. '신 등은 여기서 죽을 것이오니 폐하께옵서는 스스로를 아끼소서.' 그러고 나서 황하에 몸을 던져 죽었다."

102 『사기』에 따르면, 조고가 난을 일으키고자 했으나 뭇 신하가 말을 듣지 않을까 두려워했다. 이에 먼저 시험해 보려고 사슴을 호해胡亥에게 바치고는 손가락으로 가리키면서 "말입니다"라고 했다. 호해가 말했다. "승상이 틀렸소." 이에 뭇 신하에게 묻자 좌우의 신하들이 때로는 말이라고 하고 때로는 사슴이라고 했다. 조고가 [사슴이라 한 자들을] 모두 몰래 법으로써 다스렸다. 이에 감히 좌우에서 그렇게 말하는 자가 없었다.

103 이때 환관들은 모두 궁궐을 본떠서 높은 저택을 지었다. 일찍이 황제가 영안후대永安

나라를 해쳐 망하게 하는 자는 하는 짓이 같음을 알 수 있다. 그러므로 영제가 영靈이라는 시호를 받은 것이다. 그 이유가 넘치는구나!

찬하여 말한다.

영제는 짐을 지고 또 올라타서〔負乘〕[104] 그 몸을 환관에게 맡겼다. 망해 가는 징조가 이미 드러났으니, 소아小雅(궁중 음악)가 다하여 없어졌구나〔小雅盡缺〕.[105] 고라니와 사슴이 서리와 이슬을 맞으며 마침내 궁궐에 살면서〔그 터를〕 지키게 되리라〔麋宮衛〕.[106]

候臺에 오르려 하자 환관들은 그 집이 보일까 두려워했다. 이에 조충 등이 간하여 말했다. "임금은 높은 곳에 오르지 말아야 합니다. 높은 곳에 오르면 백성이 흩어져서 떠나게 됩니다." 이때부터 황제는 감히 다시 누대에 오르지 못했다. 이 일에 대해서는 「환관전」을 보라.

104 『역경』에 "짐을 지고 또 수레에 타면 도적이 이르게 된다〔負且乘致寇至〕"는 구절이 있다. 이 말은 황제가 소인인데도 군자의 기구에 올라탔음을 뜻하는 말이다.

105 『시경』「소아」에 "소아가 없어지니 네 오랑캐가 돌아가며 침범해 와서 중국이 쇠약해지네〔小雅廢, 則四夷交侵, 中國微矣〕"라는 구절이 있다. 결缺은 폐廢, 즉 없어진다는 뜻이다.

106 『사기』에 따르면, 오자서伍子胥가 오나라 왕에게 간했으나 왕이 들어주지 않았다. 그러자 오자서가 말했다. "신에게는 지금 고라니와 사슴이 고소대姑蘇臺에서 뛰놀고, 벼슬아치들은 형극을 진 채 이슬이 그 옷을 적시는 게 보입니다." 이 말은 황제의 정치가 탐욕스럽고 문란하며 일을 맡기고 몸을 의탁할 사람을 얻지 못한 끝에 결국 헌제가 지낼 곳을 찾아서 몸을 옮기고 떠돌면서 낙양이 폐허가 된 것을 말한다. 그러므로 고라니와 사슴이 궁궐에 살면서 지킬 것이라고 한 것이다.

권9
본기 제9

효헌제기
孝獻帝紀

헌제기
獻帝紀

효헌황제孝獻皇帝는 휘가 협協이며, 영제의 둘째아들[中子]이다.[1] 어머니는 왕王 미인이었는데, 하何 황후에게 해를 입었다.

【중평 6년】(189년)

4월

소제가 황제 자리에 올랐다. 유협은 발해왕으로 봉해졌다가, 옮겨서 진류왕으로 봉해졌다.

9월

갑술일, 황제 자리에 올랐다. 나이가 아홉 살이었다. 황태후가 영안궁永安宮[2]으로 옮겼다. 천하에 대사면령을 내렸다. 연호를 소녕에서 영

---

1 『일주서』「시법해」에 따르면, "총명하고 지혜로울 때 헌獻이라 한다." 협協은 합合, 즉 화합한다는 뜻이다. 장번張璠의 『후한기後漢紀』에 따르면, "영제는 헌제가 자기와 닮았으므로, 이름을 협이라고 했다." 『제왕기』에 따르면, "유협은 자가 백화伯和이다."

2 동탁이 옮기게 했다. 『낙양궁전명』에 따르면, "영안궁은 둘레 육백구십팔 길로 옛 터

한永漢으로 고쳤다.

병자일, 동탁이 황태후 하 씨를 죽였다.

처음으로 영을 내려 시중과 급사황문시랑給事黃門侍郎을 각각 여섯 명씩 두게 했다.[3] 은덕을 내려 공경 이하에서 황문시랑黃門侍郎에 이르기까지 집안마다 한 사람씩 낭이 되도록 했으며, 이들을 [이전에] 환관들이 이끌었던 여러 부서에 보임하여 궁궐 각 전각에서 모시게 했다.[4]

을유일, 태위 유우를 대사마로 임명했다. 동탁이 스스로 태위가 된 후, 부월鈇鉞[5]과 호분을 더했다.

가 낙양고성 안에 있다."

[3] 『속한지』에 따르면, "시중은 비 이천 석으로 정원은 없다." 『한관의』에 따르면, "시중은 왼쪽은 매미 문양으로, 오른쪽은 담비 문양으로 장식한 관을 쓰는데, 본래 진나라 때는 승상사였다. 궁궐 안의 전각들을 왕래하므로 시중이라 한 것이다. 탈 것과 입을 것에서부터 아래로는 변기나 요강과 같은 물건까지 나누어 맡는다. 무제 때, 공안국은 유학자로서 시중이 되었다. 특히 그는 [황제의] 손뼉 치는 소리가 들리면 타호唾壺(침 뱉은 병)를 대령하는 일을 했는데, 조정에서는 이 일을 영예롭게 여겼다. 동경(낙양을 가리키는 말로 여기에서는 후한을 뜻한다) 때에 이르러서는 소부에 속했고 정원은 없었다. 어가御駕(황제의 수레)가 나갈 때에는 한 사람이 전국 옥새를 등에 지고 참사검斬蛇劍을 손에 쥔 채 [황제와] 함께 수레에 올랐다. 환관과 함께 궁중에 머물렀다." "급사황문시랑은 [질이] 육백 석으로 정원은 없다. [황제의] 좌우를 따르면서 모시는 일을 맡고 급사중給事中을 부려서 궁중 안팎이 통하게 한다." 응소에 따르면, "황문시랑은 매일 저녁 청쇄문青瑣門을 향해서 절하므로 석랑夕郎이라고도 한다." 「여복지」에 따르면, "금문禁門을 황달黃闥이라고 했는데, 중인中人(환관)이 그곳을 책임졌으므로 황문령黃門令이라고 했다." 또 황문랑급사黃門郎給事는 황달 안에 있으므로 황문랑黃門郎이라 했다. 본래는 정원이 없었으나 이때에 이르러 각각 여섯 명씩 둔 것이다. 『헌제기거주獻帝起居注』에 따르면, "환관들을 주살한 이후로부터 시중과 시랑이 궁중을 드나들면서 나라의 중요한 일이 자주 누설되었다. 이 때문에 왕윤王允이 주청하여 시중과 황문랑의 궁궐 출입을 금지했다. 빈객들이 [궁중과] 통하지 않게 된 것이 이때부터이다."

[4] 영제 희평 4년(175년), 평준의 이름을 중준으로 고치고 환관을 그 영으로 삼았다. 그때부터 궁궐 내 여러 부서의 영과 승을 모두 환관이 차지했다. 이때에 와서야 영을 내려 선비들로 하여금 대신 그것을 이끌게 한 것이다.

병술일, 태중대부 양표楊彪를 사공으로 삼았다.

갑오일, 예주목豫州牧 황완黃琬을 사도로 임명했다.

사자를 보내 죽은 태부 진번과 대장군 두무 등을 조문하고 제사했다.

겨울 10월

을사일, 영사황후靈思皇后를 장사지냈다.

백파적[6]이 하동군을 노략질하자 동탁이 장수 우보牛輔를 보내 그들을 공격했다.

11월

계유일, 동탁이 스스로 상국이 되었다.

12월

무술일, 사도 황완을 태위로 임명하고, 사공 양표를 사도로 임명했으며, 광록훈 순상荀爽을 사공으로 임명했다.

부풍도위扶風都尉를 없애고, 한안도호漢安都護를 두었다.[7]

조서를 내려 광희, 소녕, 영한 등 세 연호를 없애고, 다시 중평 6년

---

5 『예기』에 따르면, "제후는 부월(구석九錫의 하나로 생살권의 상징으로 준 작은 도끼와 큰 도끼)을 받은 후에야 마음대로 사람을 죽일 수 있다." 『설문해자』에 따르면, "부鈇는 좌인莝刀(손도끼)이다." 『창힐편』에 따르면, "부鈇는 부斧, 즉 도끼라는 뜻이다." 부월을 더한 사람은 마음대로 죽일 수 있는 권한을 얻는다.

6 설형薛瑩의 『후한서』에 따르면, "황건적 곽태郭泰 등이 서하군 백파곡에서 일어섰으므로, 당시 사람들이 그들을 백파적이라고 불렀다."

7 부풍도위는 [질이] 비 이천 석으로, 무제 원정元鼎 4년(기원전 113년)에 처음으로 설치되었다. 한나라가 다시 일어났을 때 고치지 않고 그대로 두었다. 이때에 이르러 강족이 자주 삼보를 소란하게 했으므로 이를 없애고 도호를 두어 서쪽 지방을 모두 다스리게 한 것이다.

으로 되돌렸다.

【초평初平 원년】(190년)

봄 정월

산동의 주군들이 동탁을 토벌하려고 군사를 일으켰다.

신해일, 천하에 대사면령을 내렸다.

계유일, 동탁이 홍농왕을 살해했다.

백파적이 동군을 노략질했다.

2월

을해일, 태위 황완과 사도 양표를 면직했다.

경진일, 동탁이 성문교위 오경伍瓊과 독군교위督軍校尉 주필周珌을 살해했다. 광록훈 조겸9)을 태위로, 태복 왕윤王允을 사도로 임명했다.

정해일, 장안으로 도읍을 옮겼다. 동탁이 서울 낙양의 백성을 몰아서 모두 서쪽으로 옮겨서 함곡관 안으로 들어가게 한 후, 스스로는 필규원畢圭苑(낙양에 있는 정원)에 머물러 주둔했다.

임진일, 흰 무지개가 해를 관통했다.

---

8 『동관기』에 따르면, "주필은 예주자사豫州刺史 주신의 아들이다." 『속한서』와 『삼국지』 「위지魏志」(「동탁전」)에는 모두 '비珌'로 나와 있다.

9 사승의 『후한서』에 따르면, "조겸은 자가 언신彦信이다. 태위 조계의 손자로 촉군 성도현成都縣 사람이다."

3월

을사일, 거가가 장안에 들어가 미앙궁[10]으로 행차했다.

기유일, 동탁이 낙양의 궁궐과 종묘 및 백성의 집을 모두 불살랐다.

무오일, 동탁이 태부 원외와 태복 원기袁基를 죽이고, 일족을 멸했다.[11]

여름 5월

사공 순상이 죽었다.

6월

신축일, 광록대부 종불種拂을 사공으로 임명했다.

대홍려 한융韓融, 소부 음수陰脩, 집금오 호모반胡母班,[12] 장작대장 오수吳脩(「원소전」에는 오순吳循으로 나와 있다), 월기교위 왕괴王瓌를 보내 관동關東을 평안하게 하려 했으나 후장군 원술과 하내태수 왕광王匡[13]이 각각 붙잡아서 그들을 살해했다. 오직 한융만이 붙잡히는 것을 면했다.

동탁이 오수전을 없애고, 다시 소전小錢을 주조했다.[14]

---

10 미앙궁은 소하가 지은 곳이다. 장번의 『후한기』에 따르면, "궁에 들어가려는 날에 큰 비가 내려 대낮인데도 어두컴컴했으며, 꿩들이 장안 궁궐로 날아들었다."

11 원외는 원소의 작은아버지이다. 원기는 원술의 친형이다. 산동에서 군사가 일어나고, 원소와 원술이 그들을 주도하자 동탁이 그 친족을 주살한 것이다. 『헌제춘추』에 따르면, "척구尺口(갓난아기) 이상 남녀 오십여 명이 모두 하옥되어 죽었다."

12 『풍속통』에 따르면, "호모는 성으로 본래 진陳나라 호공胡公의 후손이다. 〔진陳나라〕 공자 규완婦完이 제 땅으로 달아나니 마침내 제나라가 있게 되었다. 〔나중에〕 제나라 선왕宣王이 친동생을 특별히 모향母鄕에 봉했는데, 멀리는 본래 호공의 후손이고 가까이는 모향을 식읍으로 받았으므로 호모씨胡母氏라 일컬었다."

13 『영웅기英雄記』에 따르면, "왕광은 자가 공절公節이며, 태산군 사람이다. 재물을 가벼이 여기고 베풀기를 좋아했으며 협객으로 이름이 있었다. 원소가 하내태수로 임명했다."

14 광무제가 〔한나라를〕 다시 일으킨 후, 왕망 때 화폐인 화천을 없애고 다시 오수전을 사용했다.

겨울 11월

경술일, 토성, 화성, 금성이 미성尾星(이십팔수의 여섯 번째 별자리) 자리에서 한데 모였다.

이 해 담당 관리들이 상서를 올려 화제, 안제, 순제, 환제 등 네 황제는 공덕이 없으니 종宗이라 칭하기에 마땅하지 않고, 공회황후, 경은황후, 공민황후 등 세 황후는 다 정적正嫡(정실)이 아니므로 후后라고 칭하기에 맞지 않으니 모두 존호를 삭제해 달라고 주청했다.[15] 황제가 그렇게 하라고 했다.

손견이 형주자사 왕예王叡[16]를 살해하고, 다시 남양태수 장자張咨를 죽였다.

【초평 2년】(191년)

봄 정월

신축일, 천하에 대사면령을 내렸다.

---

15 묘호廟號가 화제는 목종, 안제는 공종, 순제는 경종, 환제는 위종이었다. 화제는 어머니 양 귀인을 높여 공회황후라 했고, 안제는 할머니 송 귀인을 높여 경은황후라 했으며, 순제는 어머니 이 씨를 높여 공민황후라 했다.

16 『왕씨보王氏譜』에 따르면, "왕예는 자가 통요通曜이며, 진晉나라 태보太保 왕상王祥의 큰아버지이다." 『오록吳錄』에 따르면, "왕예가 평소 손견을 만났을 때 무례했으므로 이때 손견이 왕예를 죽이려 했다. 왕예가 물었다. '내 죄가 무엇이냐?' 손견이 말했다. '[죄가 있음을] 알지 못하는 게 죄요.' 왕예가 핍박을 받자 쇠를 깎아 술에 타 마시고 죽었다."

2월

정축일, 동탁이 스스로 태사太師가 되었다.

원술이 장수 손견을 보내 동탁의 장수 호진胡軫과 더불어 양인취陽人聚[17]에서 싸웠다. 호진의 군대가 크게 패했다. 마침내 동탁이 낙양의 여러 황릉을 파헤쳤다.

여름 4월

동탁이 장안에 입성했다.

6월

병술일, 지진이 일어났다.

가을 7월

사공 종불을 면직하고, 광록대부 제남국 사람 순우가淳于嘉를 사공으로 삼았다. 태위 조겸을 파직하고, 태상 마일제를 태위로 삼았다.

9월

치우기蚩尤旗가 각성角星과 항성亢星 자리에 나타났다.[18]

---

17 양인취는 하남군에 속한다. 『사기』에 진나라가 동주東周를 멸했을 때, 그 왕을 양인취로 옮겼다는 말이 있는데, 바로 이 땅이다.
18 『사기』「천관서天官書」에 따르면, "치우기는 혜성과 비슷하지만 뒤쪽이 구부러져 있다. 깃발을 닮았다." 화성의 정기다. 『여씨춘추』에 따르면, "생김새는 위는 누렇고 아래는 회다. 임금이 사방을 정벌할 때 나타난다." 각성과 항성은 창룡성蒼龍星에 속한 별이다.

겨울 10월

임술일, 동탁이 위위 장온을 살해했다.

11월

청주의 황건적이 태산군을 노략질하자, 태산태수太山太守 응소應劭가 그들을 공격해 무찔렀다. 황건적이 발길을 돌려 발해군을 노략질하자, 공손찬이 동광현東光縣에서 어울려 싸워서 다시 크게 쳐부쉈다.

이 해, 장사군에서 죽은 지 한 달이 넘은 사람이 되살아났다.

【초평 3년】(192년)

봄 정월

정축일, 천하에 대사면령을 내렸다.

원술이 장수 손견을 보내 양양현襄陽縣에서 유표劉表와 싸우게 했다. 손견이 싸우다 죽었다.

원소와 공손찬이 계교界橋[19]에서 싸웠는데, 공손찬의 군대가 크게 패했다.

여름 4월

신사일, 동탁을 주살하고 삼족을 멸했다. 사도 왕윤을 녹상서사로 삼아 조정 정치를 총괄하게 했다. 장종張種을 사자로 보내 산동 지방을

---

19 지금의 패주貝州 종성현宗城縣 동쪽에 옛날 계성界城이 있는데, 가까이에 고장수枯漳水가 흐른다. 계교는 그 위에 놓여 있다.

위무했다.

청주의 황건적이 동평국에서 연주자사兗州刺史 유대劉岱를 공격해 살해했다. 동군태수東郡太守 조조曹操가 수장현壽張縣에서 황건적을 크게 무찌르고 항복을 받았다.

5월

정유일, 천하에 대사면령을 내렸다.

정미일, 정서장군 황보숭을 거기장군으로 삼았다.

동탁의 부곡장 이각李傕, 곽사郭汜, 번조樊稠, 장제張濟 등이 모반해 장안을 공격했다.

6월

무오일, 장안이 함락되었다. 태상 종불, 태복 노욱魯旭, 대홍려 주환周奐,[20] 성문교위 최열, 월기교위 왕기王頎가 모두 싸우다 죽었다. 관리들과 백성들 중에서 죽은 자가 일만여 명에 이르렀다. 이각 등이 모두 스스로 장군을 칭했다.

기미일, 천하에 대사면령을 내렸다. 이각이 사예교위 황완을 살해했다.

갑자일, 이각이 사도 왕윤을 살해하고, 일족을 멸했다.

병자일, 전장군 조겸을 사도로 삼았다.

가을 7월

경자일, 태위 마일제를 태부로 삼고 녹상서사를 겸하게 했다.

---

20 『삼보결록주三輔決錄注』에 따르면, "주환은 자가 문명文明이며 무릉현茂陵縣 사람이다."

8월

마일제 및 태복 조기趙岐를 보내 지절을 갖고 천하를 위무하게 했다. 거기장군 황보숭을 태위로 삼았다. 사도 조겸을 파직했다.

9월

이각이 스스로 거기장군이 되었으며, 곽사는 후장군이, 번조는 우장군이, 장제는 진동장군鎭東將軍이 되었다.

장제가 〔장안을〕 나가서 홍농군에 주둔했다.

갑신일, 사공 순우가를 사도로, 광록대부 양표를 사공으로 삼았으며, 둘이 함께 녹상서사를 겸하게 했다.

겨울 12월

태위 황보숭을 면직했다. 광록대부 주충周忠을 태위로 삼고, 참녹상서사를 겸하게 했다.

【초평 4년】(193년)

봄 정월

초하루 갑인일, 일식이 일어났다.[21]

---

21 원굉의 『후한기』에 따르면, "이때 신시(오후 3~5시) 팔 각 전, 태사령 왕립王立이 상주했다. '그림자가 상도常度를 지났으니 변고가 없을 것입니다.' 이에 조정 신하가 모두 하례했다. 황제가 영을 내려 기다려 보자고 했는데, 신시 일 각 전에 일식이 일어났다. 이에 가후賈詡가 상주했다. '왕립이 사후司候(천기)를 살피는 데 밝지 못하기에 위아래를 그르친 것으로 생각합니다. 옥관에게 보내 엄히 다스리소서.' 헌제가 '하늘의 길은 멀리 있으니 증험할 일을 모두 밝히 알기는 어렵소. 잘못을 사관에게 돌린다면,

정묘일, 천하에 대사면령을 내렸다.

3월
원술이 양주자사楊州刺史 진온陳溫을 살해하고, 회남淮南 지역을 점거했다.

장안 선평성문宣平城門[22] 바깥에 있는 집이 저절로 무너졌다.

여름 5월
계유일, 구름이 없는데도 천둥이 쳤다.

6월
부풍군에서 큰 바람이 불고 우박이 내렸다. 화산이 무너져 내렸다.

태위 주충을 면직했다. 태복 주준을 태위로 임명하고 녹상서사를 겸하게 했다.

하비국의 적도 궐선闕宣[23]이 스스로 천자를 칭했다.

비가 내려 큰물이 들었다. 시어사 배무裴茂를 조옥으로 보내 신문하게 한 후 가벼운 죄를 저지른 자들을 풀어 주었다.

신축일, 천구성天狗星(유성)[24]이 서북쪽으로 움직였다.

이는 짐의 부덕함을 더 무겁게 하는 것이오'라고 답했다."
22 『삼보황도』에 따르면, "장안성 동쪽에 면해 있는 북두문北頭門이다."
23 『풍속통』에 따르면, "궐闕은 성으로 [『논어』에 나오는] 궐당闕黨 동자童子의 후손이다. 종횡가縱橫家 중에서 궐자闕子가 지은 책이 있다."
24 「음의」에 따르면, "소리가 나는 것을 천구성이라 하고, 소리가 없는 것을 왕시성枉矢星이라고 한다."

9월

갑오일, 유생 사십여 명을 시험하여 성적이 가장 좋은 자들에게는 낭중 벼슬을, 그다음 성적을 거둔 자들에게는 태자사인을 하사했으며, 성적이 나쁜 자들은 파직했다. 조서를 내렸다.

공자는 "그것을 배우지만 익히지〔講〕않는다"[25]라고 탄식했는데, 익히지 않으면 아는 바를 날로 잊어버린다. 지금 나이 예순을 넘긴 늙은 선비 중에 고향을 떠나와 먹고살 일을 구하느라고 학업에 전념하지 못한 자들이 있다. 어린 나이에 배움의 길에 들어섰다가 이제 흰 머리가 되어 빈손으로 고향에 돌아가는데, 앞으로는 농사일에 몸을 맡길 수 있을 뿐 영달을 바랄 길은 영영 끊어졌다. 짐은 이를 심히 불쌍히 여기노라. 시험에 떨어져 파직한 자들을 태자사인으로 삼으라.[26]

겨울 10월

태학에서 예를 행하려고 거가가 영복성문永福城門으로 행차했다. 거기서 의례를 친히 관람한 후 박사 이하에게 은사를 내렸는데 각자 차이를 두었다.

신축일, 서울 낙양에 지진이 일어났다. 혜성이 천시에 나타났다.[27] 사공 양표를 면직하고, 태상 조온趙溫을 사공으로 삼았다.

---

25 강講은 습習, 즉 익힌다는 뜻이다. 『논어』에 나오는 문장이다.
26 유애의 『헌제기獻帝紀』에 따르면, "이때 장안에 동요가 떠돌았다. '머리는 희끗흰데 양식조차 부족하네. 윗도리 싸매고 바지 걷어붙인 채 고향으로 돌아가야 하는구나. 성스러운 군주께서 불쌍히 생각하시어 모두 등용해 낭으로 임명하니 이제 베옷 버리고 검고 누런 옷 입게 되었네.'"
27 원굉의 『후한기』에 따르면, "혜성이 천시에 나타났는데, 이는 장차 천자가 도읍을 옮기려 함을 나타낸다. 그 후 황제가 이에 응하여〔도읍을〕동쪽으로 옮겼다."

공손찬이 대사마 유우를 살해했다.

12월
신축일, 지진이 일어났다.
사공 조온을 면직했다.
을사일, 위위 장희張喜28를 사공으로 삼았다.

이 해, 낭야왕 유용劉容이 죽었다.

[흥평興平 원년] (194년)

봄 정월
신유일, 천하에 대사면령을 내리고, 연호를 흥평興平으로 고쳤다.
갑자일, 황제가 원복을 입었다.

2월
임오일, 황제의 죽은 어머니 왕 씨를 영회황후靈懷皇后로 추존했다.
갑신일, [영회왕후를] 문소릉文昭陵에 다시 장사지냈다.
정해일, 황제가 자전에서 밭을 갈았다.

3월
한수와 마등이 곽사, 번조와 더불어 장평관長平觀에서 싸웠다. 한수와

---
28 『헌제춘추』에는 '희喜'가 '가嘉'로 되어 있다.

헌제기 **557**

마등이 계속해서 패했으며, 좌중랑장 유범劉範과 전 익주자사 종소種劭가 싸우다 죽었다.[29]

여름 6월

병자일, 양주涼州의 하서사군[30]을 떼어내 옹주雍州를 두었다.
정축일, 지진이 일어났다.
무인일, 다시 지진이 일어났다.
그믐 을사일, 일식이 일어났다. 황제가 정전을 피한 후, 병사들을 쉬게 하고 닷새 동안 정사를 보지 않았다. 황충이 크게 들끓었다.

가을 7월

임자일, 태위 주준을 면직했다.
무오일, 태상 양표를 태위로 임명하고, 녹상서사를 겸하도록 했다.
삼보에 큰 가뭄이 들어, 4월부터 이 달에 이르렀다. 황제가 정전을 피해 비가 내리기를 빌었다. 사자를 보내 죄수들의 죄를 씻어 주고[洗],[31] 가벼운 죄를 지은 자는 풀어 주었다. 이 무렵 쌀 한 섬에 오십만 냥, 콩과 보리는 한 섬에 이십만 냥에 이르렀다. 사람들이 서로 잡아먹고, 백골들이 길거리에 쌓일 지경이었다. 황제가 시어사 후문侯汶을 보내

---

29 「음의」에 따르면, "장평長平은 둑 이름으로 그 위에 관觀(누대)이 있었다. 지양궁 남쪽, 장안에서 오십 리 떨어진 곳에 있다. 지금의 경수 남쪽 들판에 있는 휴성眭城이 바로 이곳이다." 원굉의 『후한기』에 따르면, "이때 마등은 이각 등이 난을 일으키자 종실 대신이었던 익주자사 유언劉焉에게 사자를 보내 함께 이각을 주살하자고 청했다. 이에 유언은 아들 유범을 보내 군대를 거느리고 마등에게 가게 했다. 죽은 양주자사涼州刺史 종소는 태상 종불의 아들이다. 종불이 이각에게 해를 입자 종소는 그 원수를 갚고자 이 싸움에 참여한 것이다."

30 금성군, 주천군, 돈황군, 장액군을 말한다.

31 세洗는 씻어 없애는 것을 말한다.

태창太倉에서 쌀과 콩을 꺼내 굶주린 백성을 위해 죽을 쑤었으나, 하루가 지나도 굶어 죽는 자가 줄어들지 않았다. 황제가 구휼 작업에 빈틈이 있지 않은가 의심해 친히 눈앞에서 죽 쑤는 일을 시험해 보고 나서야 충실하지 못함을 알았다.[32] 이에 시중 유애劉艾를 보내 담당 관리들을 꾸짖게 했다. 상서령 이하 모든 관리가 궁궐 문 앞으로 나아가 사죄한 후, 후문을 잡아들여 실상을 조사하라고 상주했다. 조서를 내렸다.

후문이 도리에 맞지 않는 일을 저질렀으니, 곤장 오십 대를 때리라.

이때 이후부터 구제 사업이 온전히 이루어지는 경우가 많아졌다.

8월

풍익군의 강족들이 모반해 속현들을 노략질하자 곽사와 번조가 공격해 무찔렀다.

9월

뽕나무에 다시 오디가 열리자 백성들이 따서 먹었다.
사도 순우가를 파직했다.

겨울 10월

장안의 시장 문이 저절로 무너졌다.

---

32 원굉의 『후한기』에 따르면, "이때 시중 유애에게 칙서를 내려서 황제 앞에서 쌀과 콩 다섯 되로 죽을 쑤게 하니 세 사발을 가득 채울 수 있었다. 이에 상서에게 조서를 내려서 말했다. '쌀과 콩 다섯 되로 세 사발을 얻을 수 있는데 백성들은 나날이 힘을 잃으니 이게 어찌된 일인가?'"

위위 조온을 사도로 삼고, 녹상서사를 겸하게 했다.

12월
안정군과 부풍군을 나누어 새로 신평군新平郡을 설치했다.

이 해, 양주자사楊州刺史 유요劉繇가 원술의 장수 손책孫策과 더불어 곡아현曲阿縣에서 싸웠다.[33] 유요의 군대가 계속 패해 손책이 드디어 강동江東 지역을 점거했다.[34] 태부 마일제가 수춘현[35]에서 죽었다.

【흥평 2년】(195년)

봄 정월
계축일, 천하에 대사면령을 내렸다.

2월
을해일, 이각이 번조를 살해하고 곽사와 서로 공격했다.

3월
병인일, 이각이 황제를 위협해 자신의 군영으로 행차하게 한 후 궁궐을 불살랐다.

---

33 손책은 자가 백부伯符이며, 손견의 아들이다.
34 『삼국지』「오지吳志」에 따르면, "손책은 유요를 격파하고 나서 병사를 거느리고 회계군을 점거했다. 손책이 스스로 영회계태수領會稽太守를 칭했다."
35 수춘현은 구강군에 속한다.

여름 4월

갑오일, 귀인 복 씨伏氏를 황후로 세웠다.

정유일, 곽사가 이각을 공격했는데, 화살이 어전에까지 이르렀다.[36] 이 날, 이각이 황제를 옮겨 북쪽의 오塢로 행차하게 했다.[37]

가뭄이 크게 들었다.

5월

임오일, 이각이 스스로 대사마가 되었다.

6월

경오일, 장제가 섬현陝縣으로부터 들어와서 이각과 곽사를 화해시켰다.

가을 7월

갑자일, 거가가 동쪽(낙양)으로 돌아가려 했다. 곽사가 거기장군이, 양정楊定은 후장군이, 양봉楊奉은 흥의장군興義將軍, 동승董承은 안집장군安集將軍이 스스로 되어 모두 함께 황제의 가마를 모시고 떠났다. 장제가 표기장군이 된 후 돌아가서 섬현에 주둔했다.

---

36 『산양공재기』에 따르면, "이때 〔곽사의 군대가〕 활과 쇠뇌를 동시에 쏘았는데, 화살이 비 오듯 떨어지더니 마침내 〔황제가 머물던〕 고루전高樓殿 앞 휘장을 쳐 놓은 곳까지 미쳤다."

37 복건服虔의 『통속문通俗文』에 따르면, "군대 주둔지〔營居〕를 오라 하는데, 일명 비성庳城이라고도 부른다." 『산양공재기』에 따르면, "이때 황제는 군영 남쪽의 오에 있었고, 이각은 북쪽의 오에 있었다. 때마침 흐르던 화살이 이각의 왼쪽 귀에 맞자 이에 황제를 북쪽의 오로 행차하게 하여 맞이했다. 황제가 따르려 하지 않았으나 강제로 이를 행했다."

8월

갑진일, 신풍현으로 행차했다.

겨울 10월

무술일, 곽사가 장수 오습伍習을 시켜 황제가 머물던 학사를 불태운 후, 황제를 핍박하고 위협했다. 양정과 양봉이 곽사와 싸워서 그를 무찔렀다.

임인일, 화음현華陰縣으로 행차했는데 길 남쪽에서 이슬을 맞으며 밤을 보냈다. 이날 밤, 붉은 기운이 자궁(자미원)을 꿰뚫었다.[38] 장제가 다시 모반하여 이각 및 곽사와 힘을 합쳤다.

11월

경오일, 이각, 곽사 등이 황제의 수레를 쫓아와 동간東澗에서 싸웠다. 황제의 군대가 계속 패하여 광록훈 등천鄧泉, 위위 사손서士孫瑞, 정위 선파宣播,[39] 대장추 묘사苗祀, 보병교위 위걸魏桀, 시중 주전朱展, 사성교위 저준沮儁[40]이 살해당했다.

임신일, 조양간曹陽澗으로 행차하여[41] 밭 한가운데에서 이슬을 맞으며 밤을 보냈다. 양봉과 동승이 백파적의 두목 호재胡才, 이락李樂, 한섬韓暹 및 흉노의 좌현왕 거비去卑와 함께 군대를 이끌고 와서 황제를 받들어 맞이한 후 이각 등과 싸워서 그들을 무찔렀다.

---

38 『헌제춘추』에 따르면, "붉은 기운은 너비가 예닐곱 자였는데, 동쪽으로 인지寅地(동북쪽)에서부터 서쪽으로 술지戌地(서북쪽)에 이르렀다."
39 『헌제춘추』에는 '파播'가 '번璠'으로 되어 있다.
40 『풍속통』에 따르면, "저沮는 성이다. 황제黃帝 때의 사관 저송沮誦의 후손이다."
41 속언에 칠리간七里澗으로 불리기도 한다. 최호崔浩에 따르면, "남산南山으로부터 북쪽으로 흘러 황하로 통한다."

12월

경진일, 거가가 앞으로 나아갔다. 이각 등이 다시 와서 추격하여 싸우니 황제의 군대가 크게 패했다. 궁인들이 능욕당하고 살해당했으며 소부 전분田芬, 대사농 장의張義 등이 모두 싸우다 죽었다. 계속 나아가 섬현에 이르러 밤에 황하를 건넜다.

을해일, 안읍현으로 행차했다.

이 해 원소가 장수 국의麴義를 보내 공손찬과 더불어 포구수鮑丘水에서 싸웠다.[42] 공손찬의 군대가 크게 패했다.

【건안建安 원년】(196년)

봄 정월

계유일, 안읍현의 교외에서 상제에게 제사지내고 천하에 대사면령을 내렸다. 연호를 건안建安으로 고쳤다.

2월

한섬이 위장군衛將軍 동승을 공격했다.

여름 6월

을미일, 문희현聞喜縣으로 행차했다.

---

42 포구수는 북쪽 요새에서 나와 남쪽으로 흘러 구장령九莊嶺 동쪽을 지나는데, 속언에서 이를 대유하大楡河라고 한다. 그곳에서 다시 동남쪽으로 흘러 어양현漁陽縣의 옛 성 동쪽을 지나는데, 이곳이 공손찬이 싸운 장소이다. 『수경주』를 보라.

가을 7월

갑자일, 거가가 낙양에 이르러 전 중상시 조충의 집으로 행차했다.

정축일, 교외에서 상제에게 제사지내고, 천하에 대사면령을 내렸다.

기묘일, 태묘에 고했다.

8월

신축일, 남궁 양안전楊安殿으로 행차했다.

계묘일, 안국장군安國將軍 장양張楊을 대사마로, 한섬을 대장군으로, 양봉을 거기장군으로 삼았다.

이때, 궁궐이 모두 불에 타 버린 탓에 백관들은 가시덤불을 헤치면서 담과 벽 사이에 몸을 의지할 수밖에 없었다. 주군들이 각자 강병을 거느렸으면서도 물자를 호송하여 궁궐에 도달하지 않으니 뭇 관료들이 굶주림에 시달렸다. 이에 상서랑尙書郎 이하 관리들은 혹은 나가서 몸소 돌벼[稆]⁴³를 거두기도 하고, 혹은 담과 벽 사이에서 굶어 죽기도 하며, 혹은 병사들에게 살해당하기도 했다.

신해일, 진동장군 조조가 스스로 영사예교위領司隸校尉 겸 녹상서사가 되었다. 조조가 시중 대숭臺崇,⁴⁴ 상서 풍석馮碩 등을 살해했다. 위장군 동승을 보국장군輔國將軍으로 삼았으며, 복완伏完 등 열세 명을 열후로 봉하고, 저준에게 홍농태수를 추증했다.

경신일, 도읍을 허현許縣으로 옮겼다.

기사일, 조조의 군영으로 행차했다.

---

43 『비창』에 따르면, "돌벼[稆]는 〔산과 들에〕 자생한 벼를 말한다." 여稆와 여穞는 같다.
44 『풍속통』에 따르면, "금천씨金天氏의 후손을 대태臺駘라 하는데, 나중에 이를 성씨로 삼았다." 『산양공재기』에는 '대臺'가 '호壺'로 되어 있다.

9월

태위 양표와 사공 장희를 파직했다.

겨울 11월

병술일, 조조가 스스로 사공이 되고, 거기장군의 일을 대행했으며, 백관들로 하여금 자신의 직분을 다하면서 〔조조의〕 말을 듣고 정사를 처리하게 했다.

【건안 2년】(197년)

봄

원술이 스스로 천자를 칭했다.

3월

원소가 스스로 대장군이 되었다.

여름 5월

황충이 들끓었다.

가을 9월

한수가 넘쳤다.

이 해, 기아가 들어 강회江淮(장강과 회하 사이) 지역의 백성들이 서로 잡아먹었다.

원술이 진왕 유총을 살해했다(원술이 양식을 구하려 했으나 거절했기 때문에 자객을 보내 살해했다).

손책이 사자를 보내 공물을 바쳤다.

【건안 3년】(198년)

여름 4월

알자 배무를 보내 중랑장 단외段煨를 이끌고 이각을 토벌하게 하여 삼족을 멸했다.[45]

여포呂布가 모반했다.

겨울 11월

도적들이 대사마 장양을 살해했다.

12월

계유일, 조조가 서주에서 여포를 공격해 목을 베었다.

【건안 4년】(199년)

봄 3월

원소가 역경易京[46]에서 공손찬을 공격해 사로잡았다.

---

45 『헌제기거주』에 따르면, "이각의 머리가 허도許都에 도착하자, 조서를 내려 그것을 높이 매달았다."

위장군 동승을 거기장군으로 삼았다.

여름 6월

원술이 죽었다.

이 해, 처음으로 상서 좌우복야를 두었다.
무릉군에서 여자가 죽은 지 사십 일 만에 다시 살아났다.[47]

【건안 5년】(200년)

봄 정월

거기장군 동승, 편장군 왕복王服, 월기교위 종집種輯이 비밀 조서를 받고 조조를 주살하려다가 일이 누설되었다.
임오일, 조조가 동승 등을 살해하고 삼족을 멸했다.

가을 7월

황자 유풍劉馮을 남양왕南陽王으로 삼았다.
임오일, 남양왕 유풍이 죽었다.

---

46 공손찬은 자주 싸움에서 패하자 역하易河 옆에 높은 성[京]을 쌓아 스스로를 견고히 하고 이를 역경이라 불렀다. 성은 세 겹으로 이루어졌으며 둘레가 육 리에 이르렀다. 내성內城 안에는 흙으로 쌓은 높은 언덕이 있었다. 『이아』에 따르면, "매우 높은 것을 경京이라 하고, 사람의 힘으로 쌓지 않은 것을 구丘라 한다."

47 『속한지』에 따르면, "여자 이아李娥가 나이 예순 살에 죽어서 성 밖에 묻었다. 그런데 지나가는 사람이 무덤 속에서 무슨 소리가 나는 것을 듣고 집안사람들에게 알려 그녀를 꺼냈다."

9월

초하루 경오일, 일식이 일어났다. 조서를 내려 삼공은 지극한 효자를 두 사람씩, 구경과 교위와 군국의 태수와 재상은 각각 한 사람씩 천거하게 했다. 모두 봉사를 올리되 꺼리는 바가 없게 했다.

조조가 원소와 관도官度[48]에서 싸웠다. 원소가 패해 달아났다.

겨울 10월

신해일, 혜성이 대량성大梁星[49] 부근에 나타났다.

동해왕 유지劉祇가 죽었다.

이 해 손책이 죽고,[50] 동생 손권孫權[51]이 유업을 이었다.

【건안 6년】(201년)

봄 2월

초하루 정묘일, 일식이 일어났다.

---

48 배송지裴松之의 『북정기北征記』에 따르면, "중모대中牟臺 아래로 변수卞水가 흐르는데, 이 곳을 관도라 한다. 원소와 조조의 보루가 지금도 남아 있다."
49 대량성은 유성酉星의 일부이다.
50 허공許貢을 위해 그 빈객이 활로 쏘아 부상을 입혔다.
51 손권은 자가 중모仲謀이다.

【건안 7년】(202년)

여름 5월

경술일, 원소가 세상을 떠났다.
우전국에서 길들인 코끼리[馴象][52]를 바쳤다.

이 해 월수군에서 남자가 여자로 변했다.

【건안 8년】(203년)

겨울 10월

기사일, 처음으로 공경들이 북교에서 겨울을 맞아들였는데,[53] 총장總章이 비로소 팔일무八佾舞[54]를 다시 준비했다.
처음으로 사직司直[55]을 두어 중도관을 감독하게 했다.

---

52 훈련된 코끼리[馴象]란 사람 뜻을 따른다는 말이다.
53 이 예의는 폐지된 지 오래되었으므로 처음이라고 한 것이다.
54 원굉의 『후한기』에 따르면, "북교에서 기를 맞아들일 때, 처음으로 팔일을 추었다." 일佾은 열列, 즉 〔세로로〕 줄서는 것으로, 춤추는 자들이 행렬을 갖추는 것을 말한다. 이전에 난이 일어났을 때 폐지한 것을 이때 비로소 다시 준비하도록 한 것이다. 총장은 악관樂官의 이름이다. 옛날의 안대악安代樂이다.
55 사직은 질이 비 이천 석이다. 무제 원수元狩 5년(기원전 118년)에 처음으로 설치해서 승상을 보좌하여 불법을 밝혀내는 일을 하게 했다. 건무 11년(35년)에 없앴다가 이때 다시 설치한 것이다.

헌제기 569

【건안 9년】(204년)

가을 8월
무인일, 조조가 원상袁尙(원소의 막내아들)을 크게 무찌르고, 기주를 평정한 후 스스로 영기주목領冀州牧이 되었다.

겨울 10월
혜성이 동정성東井星 부근에 나타났다.

12월
삼공 이하 모든 관리에게 황금과 비단을 하사하되 각자 차이를 두었다. 이때부터 삼 년에 한 번씩 은사를 내리는 것이 상설 제도〔常制〕가 되었다.

【건안 10년】(205년)

봄 정월
조조가 청주에서 원담袁譚(원소의 큰아들)을 무찌르고, 그 목을 베었다.[56]

여름 4월
흑산적 장연張燕이 무리를 이끌고 투항했다.[57]

---

56 『삼국지』「위지」에 따르면, "조조가 원담을 공격했으나 〔처음에〕 이기지 못했다. 이에 몸소 채를 들고 북을 두드리니 〔병사들이〕 이때에 호응해 그를 무찔렀다."
57 『삼국지』「위지」에 따르면, "장연은 본래 성이 저褚로, 상산군 진정현 사람이다. 황건

가을 9월

백관들 중에서 특히 가난한 자에게 황금과 비단을 내리되 각자 차이를 두었다.

【건안 11년】(206년)

봄 정월

혜성이 북두성北斗星 근처에 나타났다.

3월

조조가 병주에서 고간高幹(원소의 외조카로 병주자사였다)을 무찌르고, 그를 사로잡았다.[58]

가을 7월

무위태수武威太守 장맹張猛이 옹주자사雍州刺史[59] 한단상邯鄲商(한단이 성이다)을 살해했다.

적이 일어났을 때, 저연은 어린 소년들을 끌어 모아 도적떼에 합류했다. 그 무리가 일만여 명에 이르렀으며, 박릉군 사람 장우각이 두목이 되었다. 장우각이 죽자 저연이 뒤를 이어 두목이 되었다. 이때 저연은 성을 장張으로 고쳤다. 장연은 날쌔고 용감했으므로 부하들은 그를 장비연張飛燕이라고 불렀다. 무리가 백만 명에 이르렀는데, 일컬어 흑산적이라고 했다.

58 『전론典論』에 따르면, "상락도위上洛都尉 왕담王琰이 그를 무찌른 후, 쫓아가서 목을 베었다."
59 원굉의 『후한기』에는 '옹주'가 '양주涼州'로 되어 있다.

이 해, 죽은 낭야왕 유용의 아들 유희劉熙를 낭야왕으로 삼았다. 제국, 북해국, 부릉국阜陵國, 하비국, 상산국常山國, 감릉국, 제북국, 평원국平原國 등 여덟 나라를 모두 없앴다.

【건안 12년】(207년)

가을 8월

조조가 유성현柳城縣에서 오환족을 크게 무찌르고, 그 답돈蹋頓의 목을 베었다.[60]

겨울 10월

신묘일, 혜성이 순미성鶉尾星[61] 부근에 나타났다.
을사일, 황건적이 제남왕 유빈劉贇[62]을 살해했다.

11월

요동태수 공손강公孫康이 원상과 원희袁熙(원소의 둘째 아들)를 살해했다.

---

60 답돈은 흉노의 왕 이름이다(이현이 잘못 주해한 것이다. 「오환전烏桓傳」에 따르면, 답돈은 사람 이름으로 왕으로써 오환족을 이끌었다). 유성현은 요서군에 속한다.
61 순미성은 사성巳星에 속한다.
62 하간효왕(유개)의 다섯 대 아래 후손이다.

【건안 13년】(208년)

봄 정월
사도 조온을 면직했다.

여름 6월
삼공을 없애고 승상과 어사대부御史大夫를 두었다.
계사일, 조조가 스스로 승상이 되었다.

가을 7월
조조가 남쪽으로 가서 유표를 정벌했다.

8월
정미일, 광록훈 치려郗慮[63]를 어사대부로 삼았다.
임자일, 조조가 태중대부 공융孔融을 죽이고, 일족을 멸했다.
이 달에 유표가 죽자 막내아들 유종劉琮이 옹립되었다. 유종이 형주를 들어 조조에게 항복했다.

겨울 10월
초하루 계미일, 일식이 일어났다.
조조가 수군을 이끌고 손권을 정벌하려 했다. 손권의 장수 주유周瑜가 오림烏林과 적벽赤壁에서 그를 패퇴시켰다.

---

63 『속한서』에 따르면, "치려는 자가 홍예鴻豫로 산양군 고평현 사람이다. 어렸을 때 정현에게 학문을 배웠다."

【건안 14년】(209년)

겨울 10월

형주에 지진이 일어났다.

【건안 15년】(210년)

봄 2월

초하루 을사일, 일식이 일어났다.

【건안 16년】(211년)

가을 9월

경술일, 조조가 한수 및 마초馬超와 더불어 위수 남쪽〔渭南〕에서 싸웠다. 한수 등이 크게 패하니 관서 지역이 평정되었다.[64]

이 해, 조왕 유사劉敕가 죽었다.

---

64 『조만전曹瞞傳』에 따르면, "이때 누자백婁子伯이 조조를 설득해 말했다. '지금 날씨가 차니 모래로 성을 쌓고 물을 그 위에 뿌리면 가히 하룻밤이면 성을 지을 수 있습니다.' 조조가 그 말을 좇아 날이 밝을 무렵 성을 세울 수 있었다. 마초와 한수가 몇 차례 싸움을 도발했으나 형세가 이롭지 않았다. 조조가 용맹한 기병〔虎騎〕을 몰아 양쪽에서 공격하여 크게 무찌르자 마초와 한수가 양주凉州로 달아났다."

【건안 17년】(212년)

여름 5월

계미일, 위위 마등을 주살하고, 삼족을 멸했다(마등은 마초의 아버지였는데, 아들이 모반했으므로 연좌해서 죄를 받은 것이다).

6월

그믐 경인일, 일식이 일어났다.

가을 7월

유수洧水와 영수穎水가 넘쳤다. 멸충이 들끓었다.

8월

마초가 양주涼州를 무너뜨리고, 자사 위강韋康을 살해했다.

9월

경술일, 황자 유희劉熙를 제음왕으로, 유의劉懿를 산양왕으로, 유막劉邈을 제북왕으로, 유돈劉敦을 동해왕으로 세웠다.[65]

겨울 12월

혜성이 오제후성五諸侯星 부근을 지나갔다.

---

[65] 『산양공재기』에 따르면, "이때 허정許靖이 파군에 있었는데, 여러 왕을 세웠다는 말을 듣고 말했다. '장차 그것을 움츠러들게 하려면 반드시 잠깐 펴게 해야 하고, 장차 그것을 빼앗으려 한다면 반드시 잠깐 내주어야 한다더니. 이는 맹덕孟德(조조)을 두고 하는 말이구나!'"

【건안 18년】(213년)

봄 정월

경인일, 다시 우임금 때의 구주九州로 되돌아갔다.[66]

여름 5월

병신일, 조조가 스스로 위공魏公에 오르고 구석九錫[67]을 더했다.
비가 많이 내려 큰물이 들었다.
조왕 유규劉珪를 박릉왕博陵王으로 옮겨 봉했다.

이 해, 목성(歲星), 토성, 화성이 같이 태미원으로 들어갔다.[68]
팽성왕 유화劉和가 죽었다.

---

66 『헌제춘추』에 따르면, "이때 유주와 병주를 없애고 그 군국을 기주에 아우르게 했다. 또 사예교위 및 양주涼州를 없애고 그 군국을 옹주에 아우르게 삼았다. 교주를 없애고 형주와 익주에 아우르게 했다. 이에 연주, 예주, 청주, 서주, 형주, 양주楊州, 기주, 익주, 옹주가 있게 되었다." 아홉이라는 숫자는 같을지라도 우임금 때에는 익주가 없고 양주梁州가 있었다. 그러나 양주와 익주는 한 땅이다.

67 『안례함문가案禮含文嘉』에 따르면, "구석은 하나는 수레와 말(車馬), 둘은 의복, 셋은 악기, 넷은 주호朱戶(붉은 칠을 한 지게문), 다섯은 납폐納陛, 여섯은 호분사 백 명, 일곱은 부월斧鉞, 여덟은 궁시弓矢, 아홉은 거창秬鬯(울창주)이다."

68 이 해 가을, 세 별이 역행해 태미원으로 들어가더니 제좌성帝座星 자리에 오십 일 동안 머물렀다.

【건안 19년】(214년)

여름 4월
가뭄이 심했다.

5월
비가 내려 큰물이 들었다.
유비劉備가 유장劉璋을 무찌르고, 익주를 점거했다.

겨울 10월
조조가 장군 하후연夏侯淵을 보내 포한현枹罕縣에서 송건宋建을 토벌하고 그를 사로잡았다.[69]

11월
정묘일, 조조가 복 황후를 살해하고 일족을 멸했다. 또 황자 두 사람도 죽였다.

【건안 20년】(215년)

봄 정월
갑자일, 귀인 조 씨曹氏(조조의 딸이다)를 황후로 세웠다. 천하 남자들에게 작위를 내렸는데, 사람마다 한 등급씩 올려 주었으며, 효제와 역

---

69 포한현은 금성군에 속한다. 『삼국지』「위지」에 따르면, "하후연은 자가 묘재妙才이며, 패국 초현 사람이다."

전은 각각 두 등급씩 올려 주었다. 여러 왕후들과 공경 이하에게 곡식을 내리되 사람마다 각자 차이를 두었다.

가을 7월
조조가 한중군을 무너뜨리자 장로張魯가 항복했다.

【건안 21년】(216년)

여름 4월
갑오일, 조조가 스스로 위왕魏王을 칭했다.

5월
초하루 기해일, 일식이 일어났다.

가을 7월
흉노 남선우가 내조했다.

이 해, 조조가 낭야왕 유희를 살해하고, 그 나라를 없앴다.[70]

---

70 장강을 건너려고 모의한 죄로 주살되었다.

【건안 22년】(217년)

여름 6월

승상군사丞相軍師 화흠華歆을 어사대부로 삼았다.

겨울

혜성이 동북쪽 하늘에 나타났다.

이 해, 역병이 크게 돌았다.

【건안 23년】(218년)

봄 정월

갑자일, 소부 경기耿紀, 승상사직丞相司直 위황韋晃이 군대를 일으켜 조조를 주살하려 했으나 이기지 못하고 삼족이 주살되었다.[71]

3월

혜성이 동쪽 하늘에 나타났다.[72]

---

[71] 『삼보결록주』에 따르면, "이때 경조군 사람 전의全禕가 있었다. 전의는 자가 덕위德偉이며, 조상 대대로 한나라의 신하였다. 그는 조조의 전횡에 발분하여 경기, 위황과 더불어 천자를 옆에 낀 후 위魏를 공격하고 남쪽으로 유비를 도우려고 했다. 일이 실패로 돌아가자 삼족이 주살되었다."

[72] 두예의 『춘추좌씨전주』에 따르면, "평단(새벽 3~5시)에는 뭇 별들이 모두 스러지고 나서야 혜성이 보인다." 따라서 여기에서는 그것이 어느 별 부근에 있는지를 밝히지 않은 것이다.

【건안 24년】(219년)

봄 2월
그믐 임자일, 일식이 일어났다.

여름 5월
유비가 한중군을 취했다.

가을 7월
경자일, 유비가 스스로 한중왕漢中王을 칭했다.

8월
한수가 넘쳤다.

겨울 11월
손권이 형주를 취했다.

【건안 25년】(220년)

봄 정월
경자일, 위왕 조조가 죽었다.[73] 아들 조비曹丕[74]가 작위를 이었다.

73　『삼국지』「위지」에 따르면, 조조는 자가 맹덕孟德이며, 죽었을 때 나이가 예순여섯 살이었다.
74　『삼국지』「위지」에 따르면, 조비는 자가 자환子桓이며 조조의 태자다.

2월

초하루 정미일, 일식이 일어났다.

3월

연호를 연강延康으로 고쳤다.

겨울 10월

을묘일, 황제가 제위를 사양하면서〔遜位〕 위왕 조비를 천자로 칭했다. 황제를 받들어 산양공75으로 삼고 식읍 일만 호를 주었다. 지위는 제후왕의 위에 두고, 일을 아뢸 때 신하를 칭하지 않게 했으며, 조서를 받을 때 절하지 않게 했다. 또 천자의 수레와 복장으로 교에서 하늘과 땅에 제사할 수 있게 했고, 종묘와 사당과 납향을 모두 한나라 때 제도와 똑같이 하고서 산양현山陽縣 탁록성濁鹿城76에 살게 했다. 황제의 아들 네 사람은 왕으로 봉해져 있었으나, 모두 작위를 내려 열후로 삼았다.

【이듬해〔위나라 황초黃初 2년〕】(221년)

유비가 촉에서 황제를 칭했으며, 손권 역시 오吳에서 스스로 왕이 되었다. 그러자 천하는 마침내 셋으로 나누어졌다.

---

75 산양현은 하내군에 속한다.
76 탁록성은 일명 탁성濁城 또는 청양성淸陽城이라고도 한다.

【위나라 청룡靑龍 2년】(234년)

3월

경인일, 산양공이 죽었다. 제위를 선양한 지 열네 해 만이었으며, 나이는 쉰네 살이었다. 시호를 효헌황제라고 했다.

8월

임신일, 한나라 때 행했던 천자의 예[77]를 갖추어 선릉禪陵에 장사 지

---

77 『속한서』에 따르면, "천자를 장사지낼 때에는, 먼저 태복이 가마에 네 바퀴와 끌채를 달아 빈거賓車로 삼고 올이 굵고 거친 비단으로 덮개와 장막을 만든다. 중황문과 호분각 스무 명이 상여 줄을 쥔다. 사공은 흙을 가려서 땅을 파고, 태사는 점을 쳐서 날을 잡으며, 장작將作(장작대장)은 예에 따라 황장제주黃腸題湊(좋은 소나무로 만든 네모난 나무를 층층이 쌓아 황제나 제후의 묘실 또는 관의 네 벽을 만드는 것)와 편방便房(옛날 황제나 제후 등의 무덤 안에 산 사람이 누워 있는 것처럼 생각해서 마련한 작은 방. 관을 그 안에 두었다)을 만든다. 대가大駕는 태복이 몬다. 방상씨方相氏는 네 눈알을 황금으로 칠하고, 곰 가죽을 뒤집어쓰며, 검은 윗옷에 붉은 바지를 입고, 창을 쥐고 방패를 높이 쳐들고는 네 마리 말이 끄는 마차에 선 채로 올라타서 앞장서 행렬을 이끈다. 깃발은 길이를 삼 인仞(일고여덟 자)으로 하고 실오리 열둘을 땅까지 드리우며 해와 달과 별과 하늘로 오르는 용의 모습을 그려 넣는다. 조旐(황제의 장례식 때 맨 앞에 세우는 깃발)에는 '천자의 널'이라고 써 넣는다. 알자 두 사람이 여섯 마리 말이 끄는 마차에 올라 그 뒤를 따른다. 태상이 꿇어앉아 곡하는데, 열다섯 번 소리 낸 후 곡을 그친다. 물시계 눈금이 낮을 가리키면 출발을 청한다. 사도와 하남윤이 앞장서서 수레를 끌고 태상은 절하면서 전송한다. 수레에는 흰 명주실을 세 겹으로 꼬아 두르고, 상여 줄은 길이가 서른 길에 둘레는 일곱 치로 한다. 줄마다 쉰 명씩 여섯 줄로 늘어선다. 이는 공경 이하의 자제 삼백 명으로 이루어지는데, 모두 흰 두건을 두르고 위모관委貌冠을 쓰며 흰 옷을 입은 채 줄을 끈다. 교위 삼백 명은 모두 빨간 두건을 두르고 관을 쓰지 않으며, 당번幢幡(깃발)을 든 채 입에 재갈을 문다. 우림고아와 파유조가자巴兪鐎歌者(촉 땅에서 전해 오는 만가를 부를 사람)는 예순 명으로 여섯 열을 이룬다. 사마 여덟 사람은 방울鐸을 든다. 능 남쪽의 선문羨門(묘지의 문)에 이르면 사도가 꿇어앉아 '방으로 들어가겠습니다'라고 청한 후, 동원東園(소부에 속한 관청으로 능묘 안에 넣을 물건이나 장례 물품 등을 담당한다)의 무사들을 인도하

낸 후, 원읍園邑(능원을 지키려고 둔 현성縣城)을 설치하고 현령과 현승을 두었다.

헌제의 태자는 일찍 세상을 떠났다.

【진晉나라 태강太康 6년】(285년)

〔헌제의〕 손자 유강劉康이 〔왕으로〕 세워진 지 쉰한 해 만에 세상을 떠났다.

【태강 10년】(289년)

〔유강의〕 아들 유근劉瑾이 〔왕으로〕 세워진 지 네 해 만에 세상을 떠났다.

【영가 연간】(307~313년)

〔유근의〕 아들 유추劉秋가 〔왕으로〕 세워진 지 스무 해 만에 오랑캐들

여 〔시신을〕 봉송해 방으로 들어간다. 이어서 집사가 명기明器(부장품)를 내리고, 태축太祝(태상의 속관으로 제사 때 비는 것을 맡는다)이 나아가 단술[醴]을 바친다. 그러고 나서 사공장교司空將校(사공에 속한 군관)가 흙을 덮는다." 『제왕기』에 따르면, "선릉은 탁록성에서 서북쪽으로 십 리, 지금의 회주 수무현에서 북쪽으로 이십오 리 거리에 있다. 능의 높이는 두 길이고, 둘레는 이백 보이다." 유징劉澄의 『지기地記』에 따르면, "한나라를 위나라에 선양했으므로 그런 이름이 붙은 것이다."

에게 살해당하자 나라를 없앴다.

논하여 말한다.

『춘추좌씨전』에 따르면, 솥이라는 기물은 비록 작더라도 무거운 것이므로 신령이 귀하게 여기는 것을 [함부로] 빼앗아 옮길 수 없는 법이다.[78] 그러나 이를 [남이] 지고 가게 하는 데 이르렀으니, 이는 역시 운이 다하여 [그렇게] 돌아간 것인가![79] 하늘이 한나라의 덕을 싫증낸[厭] 지 오랜 탓인데 산양공을 어찌 꾸짖겠는가[誅]![80]

78　『춘추좌씨전』에서 왕손만王孫滿이 말했다. "걸왕이 덕을 어지럽히니 솥이 상나라로 옮겼고, 상나라 주왕이 포악하자 솥이 다시 주나라로 옮겼다. 덕이 밝디밝으면 솥은 비록 작더라도 옮기기에 무겁고, 간악함이 크디크면 솥이 크더라도 옮기기에 가벼운 것이다." 따라서 신령이 귀하게 여기는 바는 빼앗아 옮길 수 없다고 한 것이다.

79　신령스러운 그릇은 지극히 무거운데 결국 남에게 지고 가게 했으니, 이는 [한나라의] 운수가 다한 끝에 이때에 비로소 [다른 곳으로] 돌아가게 되었으므로 다시는 떨쳐 일어설 수 없다는 말이다. 『장자』에 "골짜기에 배를 감추고 못에 그물을 감추고 나서는 그것을 단단히 숨겼다고 한다. 그러나 힘센 사람이 그것을 지고 달릴 줄은 어리석은 자가 알 수 없다"라는 말이 있다.

80　염厭은 권倦, 즉 질린다는 뜻이다. 주誅는 책責, 즉 꾸짖는다는 뜻이다. 한나라는 화제 이후부터 정치의 교화가 쇠퇴했으므로 하늘이 한나라의 덕을 싫증낸 게 오래되었다고 한 것이다. 화가 이른 것이 산양공의 잘못만은 아니거늘 그를 어찌 꾸짖겠는가? 『춘추좌씨전』에서 송자어宋子魚가 말했다. "하늘이 이미 상나라의 덕을 싫증냈다." 공자가 말했다. "재여予與를 꾸짖은들 어찌하겠는가[予與何誅]."

찬하여 말한다.

헌제는 살아가면서 때를 만나지 못하여 몸은 떠돌고 나라도 어려움에 진 쳤구나〔身播國屯〕.[81] 〔한나라〕 사백 년 역사가 다하니 이제 영영 빈객〔虞賓〕이 되었도다.[82]

---

81 신辰은 시時, 즉 때를 뜻한다. 파播는 천遷, 즉 옮긴다는 뜻이다. 헌제가 살아가면서 때를 만나지 못하여 몸이 이리저리 옮겨 다니고 나라 또한 어려움에 처했던 것을 말한다. 『시경』에 "나의 삶은 때를 만나지 못했구나〔我生不辰〕"라는 구절이 있다. 『춘추좌씨전』에 "이리저리 떠돌면서 난을 피해 옮겨다녔다〔震蕩播越〕"라는 구절이 있다.

82 『춘추연공도春秋演孔圖』에 따르면, "사백 년 동안 유씨를 한나라의 왕으로 높여 황제를 보좌하기를 기대했으나 이름이 그에 미치지 못했다." 송균의 『춘추연공도주春秋演孔圖主』에 따르면, "황족을 한나라의 왕으로 삼아 스스로 보좌하게 했으니 마땅히 기대에 부응함이 있어야 했으나, 그 이름이 멋대로 행할 때에만 나타났으므로 이름이 그에 미치지 못했다고 한 것이다." 우빈虞賓은 순임금이 요임금의 아들 단주丹朱를 빈객으로 삼은 것을 말한다. 『서경』 「우서虞書」에 "우빈이 자리에 있다〔虞賓在位〕"라는 말이 있는데, 바로 이것이다. 이 말을 빌려 산양공이 위나라의 빈객이 되었음을 알린 것이다.

권10
본기 제10

황후기
皇后紀

서序[1]

하나라와 은나라 이전의 후비后妃 제도는 생략해 적지 않는다.

『주례』에 따르면, 왕은 후后,[2] 삼 부인夫人, 구 빈嬪, 이십칠 세부世婦, 팔십일 여어女御를 세워 내직內職을 갖춘다. 후는 궁궐 내전의 바른 자리로 천왕天王(황제)과 한 몸을 이룬다. 부인은 둘러앉아 여자들의 예[婦禮]를 논하고,[3] 빈은 사덕四德을 가르치는 일을 책임지고, 세부는 상례와 제사와 손님맞이를 주관하고,[5] 여어는 왕의 연침燕寢(임금이 평상시에 한가롭게 거처하는 전각)에서 차례대로 모신다.[6] 이처럼 자리를 구분하고

---

1 『후한서』에는 본래 이 제목이 붙어 있지 않지만, 이 책을 만들면서 편제의 통일성을 위해서 옮긴이가 임의로 붙인 것이다.

2 정현의 『예기주』에 따르면, "후后는 후後, 즉 뒤를 말한다. 지아비 뒤에 있으므로 그렇게 말하는 것이다."

3 정현의 『주례주』에 따르면, "삼공이 왕에게 하듯이 부인은 왕후에게 그렇게 하는데, 둘러앉아서 여자들의 예를 논한다."

4 구 빈은 구경에 비견된다. 『주례』에 따르면, "구 빈은 여자가 배울 것들의 법도를 책임지며, 그로써 구어九御(궁중의 여자 관리들)를 가르친다." 사덕이란 부덕婦德(마음가짐), 부언婦言(말씨), 부용婦容(몸가짐), 부공婦功(길쌈)을 말한다.

5 부婦는 복服, 즉 모신다는 뜻이다. 남을 모시는 일에 밝은 사람들로 이십칠 대부에 비견된다. 『주례』에 따르면, "세부는 제사, 손님맞이, 상례의 일을 관장한다. 제삿날, 궁궐 여자들이 갖추어야 할 것을 살펴 진열하고, 궁궐 안에서 장만한 제수를 두루 진설한다. 경이나 대부가 상을 당했을 때 왕을 대신해 조의를 표하는 일을 맡는다."

일을 나누어 각자 맡은 바가 있도록 하며, 여사女史 동관彤管을 두어 공적과 잘못을 기록했다.[7] 거할 때는 보모[保阿]의 가르침에 따르고, 움직일 때에는 패옥 소리를 울리게 했다.[8] 어질고 재주 있는 사람을 천거하여 군자를 보좌하며, 고상하고 정숙한 여자[窈窕]를 간절히 구하되 그 미색에 현혹되지 않았다.[9] 이처럼 여자의 교화[陰化]를 이어받아 선양하고 내칙內則을 부지런히 갈고 닦는[10] 까닭은 규방을 엄숙하고 화목하게 [肅雍] 하며, 사악한 청탁[險謁]을 행하지 않게 하려 함이다.[11]

---

6   어御는 왕에게 나아가 모신다는 말로 팔십일 원사元士에 비견된다. 『주례』에 따르면, "여어는 왕의 연침에서 차례대로 모시는 일을 책임지며, 해마다 때에 맞추어 길쌈한 공적을 바친다."

7   『주례』에 따르면, "여사는 왕후의 예를 담당하고, 왕후의 명령을 기록하며, 무릇 왕후의 일을 예로써 좇는다." 정현의 『주례주』에 따르면, "왕에 대해 대사大史가 하는 일과 같다." 동관은 빨간색 대나무 통으로 만든 붓이다. 『시경』에 "나에게 빨간 대나무 통을 주었네[貽我彤管]"라는 구절이 있다. 『시경주』에 따르면, "옛날에 왕후 부인에게는 반드시 여사 동관의 법이 있었다."

8   『열녀전列女傳』에 따르면, "제나라 효공孝公의 [왕후인] 맹희孟姬는 화씨華氏의 딸이다. [하루는] 효공을 모시고 놀러 갔는데, 수레가 달리다가 맹희는 떨어지고 수레는 부서졌다. 효공이 사마입거駟馬立車(네 마리 말이 끄는 서서 타는 수레)를 보내 맹희를 데려오게 했다. 그러자 맹희가 울면서 '첩이 듣기에 왕비는 당에서 내려설 때에는 반드시 유모나 보모를 따르게 하고, 나아가고 물러설 때에는 패옥을 울린다고 했습니다. 지금 입거무병立車無軿(가림막 없이 서서 타는 수레)을 내리시니, 감히 명을 받들 수 없습니다'라고 말했다."

9   「모시서」에 따르면, "「관저」는 숙녀를 얻어 군자와 짝지어 줌을 즐거워하는 것이다. [이 일에는] 어진 사람을 내세우지 못할까를 걱정할 뿐 결코 그 미색에 현혹되지 않는다. 또 고상하고 정숙한 여자를 간절히 구하며, 어질고 재능 있는 사람을 사모하여 착한 마음을 해침이 없도록 한다." 모장의 『시경주』에 따르면, "요조窈窕는 유한幽閒, 즉 유순하고 고요한 것이다."

10 『주례』 「내재직內宰職」에 따르면, "부인의 예로써 육궁六宮(황후와 비빈이 거하는 여섯 궁궐)을 가르치며, 부인의 직분[婦職]을 정한 법도로써 구어를 가르친다."

11 숙肅은 경敬, 즉 공경한다는 뜻이다. 옹雍은 화和, 즉 화목하다는 뜻이다. 알謁은 청請, 즉 부탁하는 것이다. 군자를 보좌하면서 화목하게 순종하고 삼가 공경하며 사적인

옛날 주나라에서는 강왕이 조회에 늦자 「관저」를 지어 풍자했고,[12] 선왕이 늦게 일어나자 강 씨姜氏가 스스로 죄를 청했다.[13] 나중에 주나라 왕실이 동쪽으로 옮겨갔을 때 예와 질서가 시들고 이지러졌다.[14] 제후들이 분수에 넘치고 제멋대로 굴어 〔후비〕 제도에 법이 없어졌다. 제나라 환공은 부인에 해당하는 이를 여섯이나 두었고[15] 진晉나라 헌공獻公은 융족戎族의 여자를 올려서 원비로 삼았으므로,[16] 끝내 다섯 아들이 난을 일으키고[17] 큰아들은 어려움을 만났다〔家嗣遭屯〕.[18] 마침내 온 나라

청탁을 행하지 않는다는 말이다. 「모시서」에 따르면, "비록 천자의 딸일지라도, 오히려 여자의 도리를 바로잡아 엄숙하고 화목한 덕〔肅雍之德〕을 이루었다." 또 "사악하고 편벽되며 사사로이 청탁하려는 마음이 없었다."

12 「음의」에 따르면, "왕후와 부인은 닭이 울 무렵에 옥을 차고 왕이 거하는 곳에서 물러난다. 주나라 강왕의 왕후가 그러지 않았으므로 시인이 탄식하며 이를 가슴 아파한 것이다." 이 일은 「노시魯詩」에 나온다.

13 「열녀전」에 따르면, "주나라 선왕의 비 강후姜后는 제나라 임금의 딸이다. 일찍이 선왕이 밤에 누웠다가 늦도록 일어나지 않고 부인의 방에서 나오지 않았다. 이에 강후가 바깥으로 나와 비녀와 귀고리를 빼고는 영항서에서 죄 받기를 기다리면서 보모를 시켜 왕에게 말을 전하게 했다. '첩이 재주가 없는 데다 음란한 마음이 넘쳐 군왕으로 하여금 예를 잃고 늦게 일어나게 했습니다. 이는 군왕이 색을 즐기고 덕을 잊게 만든 것입니다. 감히 죄를 청하면서 군왕의 명을 기다릴 뿐입니다.' 왕이 답했다. '내 잘못이지 어찌 부인의 허물이겠는가.' 이에 선왕이 정사에 힘써 중흥의 이름을 이룰 수 있었다."

14 주나라 유왕 때, 서쪽 오랑캐와 견융犬戎이 함께 여산驪山 아래에서 유왕을 공격해 살해했다. 이에 태자 의구宜臼를 세우니 그가 바로 평왕平王이다. 〔도읍을〕 동쪽 낙읍洛邑으로 옮겨 견융을 피하니 이때부터 정치가 쇠미해졌다.

15 『춘추좌씨전』에 따르면, 환공은 총애하는 여자가 많았는데, 그중에서도 부인과 같은 자리에 있던 이가 여섯이나 있었다. 장위희長衛姬, 소위희少衛姬, 정희鄭姬, 갈영葛嬴, 밀희密姬, 송화자宋華子가 그들이다.

16 원비는 정실부인을 말한다. 『사기』에 따르면, 진晉나라 헌공이 여융驪戎을 정벌한 후 여희驪姬를 얻었는데, 그녀를 총애해 왕비로 세웠다.

17 환공은 여섯 부인에게서 여섯 아들을 낳았다. 환공이 죽자 공자 소昭가 왕의 자리에 올랐는데, 이에 공자 무휴無虧, 공자 원元, 공자 반潘, 공자 상인商人, 공자 옹雍 등 다섯

가 서로 싸우는 데 이르러서는 풍속과 법이 더욱 희미해졌으니 [임금이] 정에 이끌리고 하고픈 대로 행했으므로 저고리와 치마(衣裳)를 뒤집어 입은 꼴이 되어[19] 끝내 나라를 잃고 몸을 망치는 데 이른 자가 세지 못할 정도였다. 이는 진실로 예를 가벼이 여기고 방비를 게을리 한 것이니 먼저 색을 찾고 나중에 덕을 구한 탓이라 할 수 있다.

진나라가 천하를 아울렀을 때, 스스로 교만하고 뽐내는 마음이 커서 일곱 나라 미인을 궁궐에 구비하고[20] 여덟 가지 품계로 작위를 주었다.[21] 한나라가 일어섰을 때, 진나라 때의 칭호를 좇았기 때문에 후비 제도가 제대로 다스려지지[釐][22] 않았다. 고조는 규방의 일을 제대로 다스리지 못했고[帷薄不修][23] 문제는 자리를 가리게 하지 않았다[衽席無辯].[24]

───────

공자가 모두 왕의 자리에 오르고자 하니 공자 소는 송나라로 달아났다. 이 일을 두고 난을 일으켰다고 한 것이다.

18 총寵은 대大, 즉 크다는 뜻이다. 구遘는 우遇, 즉 만난다는 뜻이다. 둔屯은 난難, 즉 어려움이라는 뜻이다. 진晉나라 헌공이 여희의 참소를 받아들여 태자 신생申生을 죽였으므로 어려움을 만났다고 한 것이다.

19 윗옷을 의衣라 하고, 아래옷을 상裳이라 한다. 『시경』에 "푸른 옷이여, 푸른 옷에 누런 속옷이로다[綠兮衣兮, 綠衣黃裳]"라는 구절이 있다. 정현의 『시경주』에 따르면, "단옷[褖衣](왕후가 입는 옷)은 검은색인데, 여기서는 도리어 누런색을 속옷으로 입은 것이다. 그것은 예에 맞지 않으므로, 첩이 윗사람을 범하는 것을 깨우친 것이다."

20 『사기』에 따르면, "진시황이 여섯 나라를 무찌르고, 그 궁궐들을 모방하여 함양咸陽 북쪽 언덕 위에 짓고는 남쪽으로 위수渭水를 끌어들이고 궁전의 여러 방들 사이에는 복도를 두어 빙 두른 누각들이 서로 이어지게 한 후 제후들에게서 얻은 아름다운 여자들을 그 안에 가득 채웠다." 이를 진나라가 일곱 나라를 아울렀다고 한 것이다.

21 『한서』에 따르면, "한나라가 일어났을 때 진나라에서 쓰는 칭호들을 가져다 썼다. 그리하여 정실은 황후라고 칭하고 첩은 모두 부인이라고 칭했다. 그 밖에 미인, 양인良人, 팔자八子, 칠자七子, 장사長使, 소사少使라는 호칭이 있었다."

22 리釐는 리理, 즉 다스린다는 뜻이다.

23 『대대례』에 따르면, "대신들이 남자와 여자 사이를 분별하지 못하는 더러운 죄를 지었을 때에는 오예汚穢(더러움)라고 하지 않고, 규방을 다스리지 않았다고 표현한다." 주창周昌이 일을 아뢰기 위해 들어갔을 때 고조가 척희戚姬를 끌어안은 채 만났다. 이

그러나 [비빈을] 선발하여 받아들일 때에는 간소함을 숭상했던 까닭에 장식이나 노리개(飾翫)에는 화려함이 적었다. 하지만 무제와 원제 이후부터는 해마다 음비淫費(궁에서 후궁들을 거느리기 위하여 쓰는 비용)가 늘어나 액정에 [여자들이] 삼천 명이나 거하는 데 이르렀으며, 등급도 늘어나 열넷에 이르렀다.[25] 요사스러운 여자들이 정치의 부절符節(조짐이나 징조)을 어그러뜨리고 외척이 나라의 공적을 어지럽혔다. 이에 대해서는 『한서』에 상세히 실려 있다.

나중에 광무제가 [한나라를] 다시 일으켰을 때, 섬세하게 새긴 것을 깎아(斲彫)[26] 질박함으로 돌아가서 육궁六宮(황후와 비빈이 거하는 여섯 궁궐)에 이름을 붙였지만 오직 황후와 귀인만을 두었다.[27] 귀인은 황금으로 만든 인장에 자주색 인끈을 받았으나 녹봉은 곡식 수십 섬을 넘지 않았다. 그 밑으로는 미인, 궁인, 채녀采女 세 등급만을 두었는데, 모두 관작과 녹봉이 없었으며 해마다 때에 맞추어 상을 내려 쓸 것을 보급했을 뿐이었다. 한나라 법에는 늘 8월에 산인簽人[28]을 행했는데, 이때 중대

를 [규방을] 다스리지 않았다고 한 것이다.
24 정현의 『예기주』에 따르면, "임衽은 자리에 눕는 것이다." 문제가 신愼 부인을 총애한 것을 빌미로 [신 부인이] 매번 황후와 같은 자리에 앉았는데, 이를 일컬어 [자리를] 가리지 않았다고 한 것이다.
25 첩여婕妤 한 사람, 경아嬛娥 두 사람, 용화容華 세 사람, 충의充衣 네 사람, 이상은 무제가 둔 것이다. 소의昭儀 다섯 사람은 원제가 설치한 것이다. 미인 여섯 사람, 양인 일곱 사람, 칠자 여덟 사람, 팔자 아홉 사람, 장사 열 사람, 소사 열한 사람, 오관五官 열두 사람, 순상順常 열세 사람, 무연無涓, 공화共和, 오령娛靈, 보림保林, 양사良使, 야자夜者는 각각 열네 사람으로 이 여섯 관직은 품질이 모두 똑같이 일 등이었다.
26 새긴다는 것(彫)은 깎아서 장식하는 것이다. 『사기』에 "한나라가 일어섰을 때, 모난 것을 깨뜨려 둥글게 하고 다듬은 것을 깎아 질박하게 했다(破觚而爲圓, 斲琱而爲樸)"라는 말이 있다.
27 정현의 『주례주』에 따르면, "황후는 정침正寢 하나와 연침 다섯을 두는데, 이것이 바로 육궁이다." 부인 이하는 거기에 나누어 거한다.

서 593

부中大夫를 액정승掖庭丞 및 상공相工(관상쟁이)과 함께 파견하여 낙양 여러 마을을 돌면서 양갓집을 검열한 후 나이 열세 살 이상 스무 살 이하의 어린 여자아이 중 자색이 곱고 아름다우며 관상이 맞는 이들을 선발했다. 그러고는 이들을 수레에 싣고 후궁으로 데려와 자세히 살피면서 가부를 가린 후 천거하여 〔궁인으로〕 썼다. 이렇게 현명하고 신중하게 궁인들을 맞아들이고, 정숙하고 밝은 이들을 자세히 살펴 구할 수 있었다.

명제는 광무제의 뜻을 엄히 지켜서 틈날 때마다 궁궐 안의 예의와 가르침을 힘써 배우게 하고 황후나 비를 올려 봉할 때에는 반드시 먼저 덕을 다스리게 하니 궁궐 안의 말이 문턱을 넘어서 바깥으로 나가는 법이 없었으며[29] 사사로움에 빠져 권세를 내리는 바가 없었으니 가히 그 폐단을 바로잡았다고 할 만하다. 외척을 금지하기 위해 갑령甲令[30]을 다시 엮어 후비 제도를 고치고 바로잡은 끝에 이를 지금에까지 이르게 하니 어찌 아름다운 일이 아니겠는가! 비록 〔명제가〕 자기를 다스려 법도가 있었을지라도 〔외척의〕 방비가 아직 두텁지 못했기 때문에 장제 이후부터는 점차 미색을 받아들이고 권세를 내리며 은혜의 융성함이 총애에 부합하는 바가 많아져 끝내 검은 좀벌레〔淄蠹〕[31]를 잊어버리게 되었다.

---

28 『한의주』에 따르면, "8월 초에 산부算賦(한나라 때 성인 한 사람당 받던 인두세)를 받으므로, 이를 산인算人(사람 수를 센다는 뜻)이라 한다."
29 곤閫은 문지방을 말한다. 『예기』에 따르면, "바깥의 말은 문지방을 넘어 들어오지 말아야 하고, 안의 말 역시 문지방 바깥으로 나가지 말아야 한다."
30 「음의」에 따르면, "갑령은 황제가 가장 앞에 내세우는 명령이다. 차례로 갑령, 을령, 병령이 있다."
31 치淄는 흑黑, 즉 검다는 뜻이다. 두蠹는 나무를 먹는 벌레이다. 이는 나라가 기울어져 마침내 패망함을 비유한 것이다.

예부터 임금이 어리고 시절이 어려우며 왕실에 재난이 많을지라도 반드시 재상(家宰)에게 책임을 맡기고 충성스럽고 어진 이들을 간절히 구했지, 여자에게 오로지 책임을 맡겨 무거운 그릇(重器)이 쪼개져 깨지게 하는 경우는 없었다. 돌이켜 보면 진나라의 미芈 태후가 처음으로 섭정을 시작했는데, 그로 인해 양후穰侯의 권력이 소왕昭王보다 무거웠고 집안이 영국嬴國(진나라 왕실의 성씨가 영嬴이므로 영국은 진나라를 가리킨다)보다 부유했다.[32] 한나라는 그 잘못을 거듭하면서 근심거리임을 알았지만 고치지 못했다. 동경東京(낙양) 시절 황제의 혈통이 몇 차례나 끊어져 권력이 여자 군주에게 돌아갔다. 이에 바깥에서 옹립한 황제가 넷이나 되고,[33] 여섯 황태후가 조정에 나와 섭정했는데,[34] 모두 장막(帷帝) 뒤에서 몰래 정책을 정하여 아버지나 오빠에게 일을 맡긴 후 어린아이를 찾아 황제로 세워 오랫동안 정치를 하고자 했으며, 어질고 현명한 사람들을 억누르면서 위세를 마음대로 떨쳤다.[35] 맡은 바는 무겁고 갈 길

---

32 미 태후는 진나라 소왕의 어머니이다. 선태후宣太后라고도 불렸다. 『사기』에 따르면, 소왕이 세워졌을 때 나이가 어렸으므로, 선태후가 몸소 정사를 살피면서 친동생 위염魏冉을 장군으로 삼아 정치를 맡기고 양후로 봉했다. 황태후가 섭정한 것은 이로부터 비롯했다.

33 안제, 질제, 환제, 영제를 말한다.

34 장제의 두竇 태후, 화희태후和熹太后 등 씨, 안사태후安思太后 염 씨, 순렬태후順烈太后 양 씨, 환사태후桓思太后 두 씨, 영사태후靈思太后 하 씨를 말한다.

35 『주례』에 따르면, "막인幕人은 휘장과 천막(帷帝幄幕)을 맡는다." 정현의 『주례주』에 따르면, "역帟은 천막 중에서 앉은자리 위쪽을 덮어 먼지를 막는 장막을 말한다." 상제가 붕어했을 때, 등 태후는 오빠 등즐 등과 더불어 안제를 맞아들여 황제로 옹립했는데, 이때 나이가 열세 살이었다. 충제가 붕어했을 때, 양 태후가 오빠 양기와 더불어 질제를 맞아들여 황제로 옹립했는데, 이때 나이가 여덟 살이었다. 질제가 붕어했을 때, 태후는 오빠 양기와 더불어 환제를 맞아들여 황제로 옹립했는데, 이때 나이가 열다섯 살이었다. 환제가 붕어했을 때, 두 태후는 아버지 두무와 더불어 영제를 맞아들여 황제로 옹립했는데, 이때 나이가 열두 살이었다.

은 먼데 이익을 탐하는 마음은 깊고 화는 빨리 다가왔다. 그리하여 몸은 운대 위에서 안개와 이슬[霧露][36]의 침범을 받았고, 집안의 갓난아기조차도 감옥[囹圄]에 잡혀가 포승줄에 묶인[縲紲] 몸이 되었다.[37] 자취 없이 사라지는 일이 잇달아 일어났고[踵], 수레 끌채가 뒤집어지는 일이 길에서 계속되었다.[38] 그러나 오히려 [위험을 무릅쓰고] 앞으로 나아가는 일이 끊이지 않으니 불타서 재가 되기에 이르게 되어 끝내 나라의 큰 운명이 내리막길을 걷고[陵夷], 신령한 보물[神寶]도 잃어버리기에 이르렀다.[39] 『시경』과 『서경』에서 이미 탄식한 바처럼, 이는 대체로 하나의 법칙이라고 할 만큼 비슷하다. 그러므로 [후비들의] 행적을 낱낱이 고찰하여 이를 「황후본기皇后本紀」로 삼는다. 일의 성패(황후에 오르거나 폐위되거나 하는 일을 말한다)는 사람마다 다를 수 있으나 일단 정실[正嫡](황후를 말함)과 같이 거했던 이들은 모두 하나의 편에 나란히 기록했다. 사적인 은택을 입어 추존된 사람은 당시에 직접 받들었던 바는 아니므로 다른 일에 딸려서 부가적으로 기록했다.[40] 친족들 중에서 따로 기록

---

36 무로霧露는 질병을 말한다. 지적해 말하면 죽임을 당할까 두려웠으므로 안개와 이슬을 빌려 그에 대해 말한 것이다. 영제 때, 중상시 조절이 거짓 조서를 내려 태후를 운대로 옮기게 했다. 사필謝弼이 봉사를 올려서 말했다. "신이 엎드려 생각하건대 황태후께서는 황제께서 위에 오르는 것을 도우셨는데 이제 텅 빈 궁궐에서 숨어 지내시니 이는 [돌보는 이가 없어서] 안개와 이슬을 맞는 질병[霧露之疾]에 걸린 것이나 다름없습니다. 이제 폐하께선 무슨 면목으로 천하를 바라보려 하십니까!"

37 류縲는 삭索, 즉 포승이라는 말이다. 설紲은 계繫, 즉 묶는다는 뜻이다. 영어囹圄는 주나라의 감옥 이름이다. 향과 정에 있는 감옥을 안犴이라 한다. 이는 외척 등을 주살했음을 말한다.

38 종踵은 적跡, 즉 발자취라는 뜻이다. 주輈는 수레의 끌채를 말한다. 가의賈誼에 따르면, "앞쪽의 수레가 넘어지면 뒤따르는 수레는 경계하게 된다."

39 내리막길을 걷는다는 것[陵夷]은 쇠퇴해 없어진다는 말이다. 신령한 보물[神寶]이란 황제의 자리를 말한다.

40 안제의 어머니 좌희나 할머니 송 귀인 같은 사람을 말한다. 이 일에 대해서는 「청하

할 만한 사적들은 각각 열전列傳에서 다루었다. 그 나머지 중 기록이 나타나지 않는 것은 모두 여기 「황후기」에서 다루어서[41] 『한서』 「외척전外戚傳」을 이었다[纘].[42]

효왕전淸河孝王傳에 자세히 나와 있다.
41 가 귀인과 우 미인 같은 사람이 이에 해당한다.
42 찬纘은 계繼, 즉 잇는다는 뜻이다.

광무곽황후
光武郭皇后

광무 곽 황후는 휘諱가 성통聖通이며 진정국 고현藁縣 사람이다. [집안은] 군郡의 명문가였다. 아버지 곽창郭昌은 논밭과 집 등 재산 수백만 냥을 이복동생에게 양보했는데, 이 때문에 진정국 사람들이 그를 의롭다고 여겼다. 곽창은 군의 공조功曹로 벼슬길에 나섰으며, 진정공왕眞定恭王[1]의 왕녀에게 장가들었는데, 이 때문에 왕녀는 곽 공주라고 불렸다. 슬하에 딸 곽성통과 아들 곽황郭況(이하 곽황은 그 아들 곽황郭璜과 달리 한자를 표기하지 않는다)을 두었다. 곽창은 일찍 죽었다. 곽 공주는 왕가의 여식이었지만 예절 바르고 검소함을 좋아했으며 어머니로서 거동에 덕이 있었다.

【경시 2년】(24년)

봄

유수가 왕랑을 공격하려고 진정국에 이르렀다. 이때 곽성통을 아내

---

1 공왕恭王은 이름이 유보劉普로 경제의 일곱 대 아래 후손이다.

로 맞이했는데 총애가 있었다. 나중에 즉위한 후 귀인으로 삼았다.

【건무 원년】(25년)

곽 귀인이 황자 유강을 낳았다.
광무제는 곽황이 나이가 어린데도 근신하는 마음을 품고 있음을 좋아했다. 그래서 나이 열여섯에 황문시랑으로 임명했다.

【건무 2년】(26년)

귀인 곽 씨를 세워 황후로 삼았다.
유강은 황태자가 되고, 곽황은 면만후綿蠻侯로 봉해졌다. 황후의 동생이 귀해지자 빈객이 바퀴살 모이듯 몰려들었다. 하지만 곽황은 아랫사람에게도 공손하고 겸손하여 명성과 칭송을 크게 얻었다.

【건무 14년】(38년)

곽황이 성문교위로 승차했다.
이 무렵, 곽후는 〔광무제의〕 총애가 줄어들자 수차례 원망과 원한을 품었다.

【건무 17년】(41년)

결국 곽 황후가 폐위되어 중산왕태후中山王太后가 되었다. 황후의 둘째 아들 우익공 유보가 중산왕으로 승차하고, 상산군이 중산국에 더해졌다.

곽황은 큰 나라로 옮겨 양안후陽安侯[2]로 봉해졌다. 황후의 사촌오빠 곽경郭竟은 기도위로서 정벌에 나가 공이 있었으므로 신처후新郪侯[3]에 봉해졌으며, 벼슬이 동해국의 재상에 이르렀다. 곽경의 동생 곽광郭匡은 발간후發干侯[4]에 봉해졌으며, 벼슬이 태중대부에 이르렀다. 황후의 작은아버지 곽량郭梁은 일찍 죽었는데 아들이 없었다. 그 사위 남양군 사람 진무陳茂가 은택을 입어 남련후南䜌侯에 봉해졌다.

【건무 20년】(44년)

중산왕 유보를 다시 패왕으로 옮겨 봉하고, 곽후를 패국의 태후로 삼았다.

곽황이 대홍려로 승차했다. 광무제가 수차례 [곽황에게] 행차해 공경 제후와 일가붙이를 불러 모아서 주연을 열고, 금전과 비단을 상으로 내렸다. 그때마다 풍성함이 더할 수 없었으므로 낙양 사람들은 곽황의 집을 금혈金穴이라 불렀다.

---

2 양안현陽安縣은 여남군에 속한다. 옛날 도국성道國城이다.
3 신처현新郪縣은 여남군에 속한다.
4 발간현發干縣은 동군에 속한다.

【건무 26년】(50년)

곽후의 어머니 곽 공주가 죽었다. 광무제가 친히 임해 상복을 입고 장사지내고, 백관들을 크게 불러 모은 후 사자를 보내 곽창의 상구喪柩(유골이 든 관)를 맞이하게 한 후 곽 공주와 함께 합장했다. 그러고는 곽창에게 양안후의 인수를 추증하고, 시호를 사후思侯라 했다.

【건무 28년】(52년)

곽후가 죽자 북망산北芒山에 장사지냈다.
광무제가 곽 씨를 불쌍히 여겨서 조서를 내려 곽황의 아들 곽황郭璜을 육양공주洧陽公主에게 장가보내고 낭으로 삼았다.

【중원 2년】(57년)

명제가 즉위하자 곽황은 황제의 외삼촌인 음식陰識, 음취와 함께 특진이 되었는데, 몇 차례나 상을 내려 받고, 은총이 함께 두터웠다. 명제는 예로써 음식, 음취, 곽황을 모셨고, 매사에 반드시 공평하게 대했다.

【영평 2년】(59년)

곽황이 죽자 추증하여 재물을 내린 것이 매우 두터웠으며, 황제가 친히 임하여 상을 치렀다. 시호를 절후節侯라 하고, 아들 곽황郭璜에게 작위를 잇도록 했다.

【원화 3년】(86년)

장제가 북으로 순수하다가 진정국을 지나게 되자 곽씨들이 모두 모여서 조견하고 상수上壽(백 살 이상의 나이를 뜻하는 말로 장수를 빌었다는 뜻이다)를 올린 후, 〔황제를〕 따라 들어가 노래를 부르고 술을 마시면서 크게 즐겼다. 〔장제가〕 태뢰를 갖추어 곽 공주의 무덤에 올려 제사지낸 후, 곡식 일만 섬과 돈 오십만 냥을 하사했다.

【영원 초】(89년 무렵)

곽황은 장락소부[5]가 되고, 아들 곽거는 시중이 되었다. 곽황이 사성교위를 겸했다.

---

5 장락소부는 황태후의 궁궐을 담당하는데, 질은 이천석이다. 황태후가 장신궁長信宮에 거하면 장신소부長信少府라 하고 장락궁에 거하면 장락소부라고 한다.

【영원 4년】(92년)

나중에 대장군 두헌이 주살당했을 때 곽거는 두헌의 딸을 맞아들인 사위로서 반역을 꾀하다 부자가 함께 하옥되어 죽었으며, 식솔들은 모두 합포군으로 유배되고, 종족들 중에서 관직에 있던 사람들은 남김없이 파면되었다.

신처후 곽경은 처음에 기장騎將[6]이었다가 정벌을 따라가 공이 있었기 때문에 동해국의 재상으로 임명되었다. 영평 연간(58~75년)에 죽자 아들 곽숭郭嵩이 작위를 이었다. 곽숭이 죽은 후 초왕 유영의 일에 연좌되어 나라가 폐지되었다. 건초 2년(77년), 장제가 곽숭의 아들 곽근郭勤을 이정후伊亭侯에 봉했다. 곽근에게 아들이 없자 나라를 없앴다.

발간후 곽광은 벼슬이 태중대부에 이르렀다. 건무 30년(54년)에 죽었다. 아들 곽훈郭勳이 작위를 이었고, 곽훈이 죽자 아들 곽준郭駿이 작위를 이었다. 영평 13년(70년), 역시 초왕 유영의 일에 연루되어 나라를 잃었다. 건초 3년(78년), 다시 곽준을 관도후觀都侯에 봉했으나 죽었다. 아들이 없자 나라를 없앴다.

곽씨 중에는 제후가 셋이었는데, 모두 나라가 끊어졌다.

---

6 『한서』에 따르면, "거장車將, 호장戶將, 기장은 〔구경 중〕 광록의 속관으로, 질은 비 천석이다."

논하여 말한다.

만물이 흥하고 쇠하듯 정情에도 역시 기복이 있으니 이치가 본래 그러하다. 높임과 낮춤의 오고 감이 이리도 심했던 것은 오직 총애를 얻고 잃은 탓이 아닐까? 대자리 깐 침상에서 [황제를] 접해 색으로써 승은을 입었을 때는 비록 험한 마음을 품고 쓸데없는 행동[贅行][7]을 했더라도 덕을 행했다고 하리라. 그러나 [황제의] 마음과 사랑이 옮겨가고 사사로운 정이 흩어진 다음에는 비록 은혜로운 마음을 품고 아름다운 모습을 지녔다 할지라도 도리어 추악하게만 여길 뿐이다. 사랑이 깊었을 때에는 천하라도 그 높임을 받아들이기에 부족했는데, 기쁨이 물러간 후에는 구복九服(황제가 다스리는 곳 바깥에 있는 모든 지역) 어디에도 그 목숨을 부지할 데가 없었다. 이는 진실로 뜻있는 선비들이 [고난에] 빠지는 까닭이요, 임금이 억양抑揚(혹은 억누르고 혹은 끌어올림)하는 이유로, 아직 누구도 이 운명에서 벗어난 사람이 없다. 곽후는 사랑이 쇠하고 정이 멀어진 끝에 자리에서 끌어내려졌기에 성냄과 원망함이 무척 심했으나 황제는 오히려 따로 궁을 차려 주는 은사를 더했으며 일가붙이들에게도 끝없이 은총을 내렸다. 동해東海(동해국 재상이었던 곽경을 말함)가 [관직과 작위의 진퇴 문제로] 우물쭈물하니 예에 따라 거취를 정하게 했다. 이로써 후세로 하여금 [황은의] 두터움과 얇음, 나아감과 물러섬 사이의 차이를 알지 못하게 했으니 역시 빛나는 옛일이 아니겠는가!

---

7 『설문해자』에 따르면, "췌贅는 우疣, 즉 군더더기를 뜻한다." 『노자』에 "찌꺼기 음식 군더더기 행동[餘食贅行]"이라는 말이 나온다. 하상공河上公의 『노자주』에 따르면, "행해도 당연함이 없는 것을 췌라 한다." 『장자』에 "살에 붙은 혹과 매달린 사마귀[附贅懸疣]"라는 말이 나오는데 이는 추악하다는 뜻이다.

광렬음황후
光烈陰皇后

광렬황후 음 씨는 휘가 여화麗華이며[1] 남양군 신야현 사람이다.

예전에 유수가 신야현에 갔을 때, 음려화가 아름다움을 듣고는 마음속으로 무척 기뻐했다. 나중에 장안에 이르렀을 때, 집금오의 거기(수레와 말)가 무척 성대한 것을 보고 감탄하면서 말했다.

"벼슬을 한다면 마땅히 집금오여야 하고, 아내를 맞는다면 마땅히 음려화여야 하리라."

【경시 원년】(23년)

6월

〔유수가〕 마침내 완현 당성리當成里에서 음려화를 아내로 맞으니,〔이

---

[1] 『일주서』「시법해」에 따르면, "덕을 지키고 대업을 준수하는 것을 일컬어 열烈이라 한다." 『동관기』에 따르면, "음자공陰子公이라는 사람이 있었는데, 아들 음자방陰子方을 낳았다. 음방陰方(음자방)은 음유공陰幼公을 낳고, 음공陰公(음유공)은 음군맹陰君孟을 낳았다.〔음군맹은〕 이름을 목睦이라 했는데, 이 사람이 바로 황후의 아버지이다." '목睦'이 '륙陸'으로 되어 있는 책도 있다.

때 음려화는] 나이가 열아홉 살이었다.

나중에 유수가 사예교위가 되어 서쪽 낙양으로 나아갈 때, 음려화에게 말해서 신야현으로 돌아가게 했다.

【건무 원년】(25년)

등봉이 군사를 일으켰을 때, 음려화의 오빠 음식이 그 장수가 되었다. 음려화는 집안사람들을 이끌고 육양현으로 옮겨 등봉의 관사에 머물렀다.

광무제가 즉위하자 시중 부준傅俊에게 영을 내려 음려화를 맞이해 오게 했다. 음려화는 호양공주胡陽公主, 영평공주寧平公主²와 함께 여러 궁인을 이끌고 함께 낙양에 도착했다. [광무제가] 음려화를 귀인으로 삼았다.

광무제는 음 귀인이 아름다운 데다 성품이 관대하고 어질었으므로 그녀를 존숭하여 지위를 높이고자 했다. 그러나 음 귀인은 굳게 사양했으며, 곽 씨에게 아들이 있다는 이유로 끝내 받아들이지 않았다. 마침내 곽 씨를 황후로 세웠다.

【건무 4년】(28년)

팽총을 정벌하는 데 따라갔다가 원지현에서 명제를 낳았다.

---

2 영평현寧平縣은 회양군에 속한다.

【건무 9년】(33년)

도적들이 음 귀인의 어머니 등 씨와 동생 음흔陰訢을 협박하고 살해하는 일이 벌어지자 광무제가 이를 매우 가슴 아프게 여겼다. 이에 대사공에게 조서를 내려 말했다.

짐이 미천했을 때 음 씨를 아내로 맞았다. 그 탓에 군대를 거느리고 정벌하러 다니느라 끝내 각자 떨어져 살게 되었다. 이제 다행히 편안함과 온전함을 얻었으니 모두 호랑이 입에서 벗어나게 해야겠노라고 생각했다.[3] 게다가 음 귀인은 모의母儀(만민의 어머니가 될 만한 품행)의 아름다움을 갖추었으니 마땅히 황후로 세워야 하나, 감당할 수 없다고 굳게 사양하니 잉첩媵妾[4]의 반열에 올릴 수밖에 없었다. 짐은 그 의로운 양보를 기쁘게 여겨서 귀인의 여러 동생을 제후로 봉하려 했다. 그러나 미처 관작과 봉토가 미치기도 전에 재난과 마주치고 참화와 만나 어머니와 아들이 함께 명을 달리하니 가슴이 아프고 찢어질 듯하구나. 「소아小雅」에 이르기를, "무섭고 두려워도 나는 당신과 함께했건만, 편안하고 즐거우니 당신은 마음 바꿔 나를 버렸네"〔將恐將懼, 惟予與汝. 將安將樂, 汝轉棄予〕[5]라고 했다. 사람을 풍자하는 가르침이 가히 진실 되지 않은가? 시호를 내려 귀인의 아버지 음륙陰陸을 선은애후宣恩哀侯로, 음흔을 선의공후宣義恭侯로 추봉하고, 동생 음취에게 선은애후의 작위를 잇게 하노라. 시신이 담긴 널이 당에 있으니, 태중

---

3   『장자』에 따르면, 공자가 도척盜跖을 보고 유하혜柳下惠에게 말했다. "자칫하면 호랑이 입을 면하지 못할 뻔했구나."
4   『이아』에 따르면, "잉媵은 송送, 즉 보낸다는 뜻이다." 손염에 따르면, "딸려 보내는 여자를 잉媵이라 한다."
5   「곡풍谷風」에 나오는 시이다.

대부에게 인수를 주어 보내 나라 있는 열후의 예로 장례를 치르라. 혼이 있고 영이 있다면, 그 은총과 영예를 기뻐하리라!

【건무 17년】(41년)

황후 곽 씨를 폐하고 음 귀인을 황후로 세웠다. 삼공에게 조서를 내려 말했다.

곽 황후는 원망과 원한을 가슴에 품고 몇 차례나 교령敎令(임금의 명령)을 어겼으며 다른 자식들을 어루만지고 불쌍히 여기며 후궁들을 가르치고 타이르지 못했다. 그러자 궁궐문[闈]⁶ 안이 마치 매와 새매가 어울린 것같이 되었다. 이미 관저關雎(『시경』의 편명으로 부덕을 칭송하고 있다)의 덕망은 사라지고 여곽呂霍(고조의 황후 여 태후와 선제의 황후 곽성군을 가리키는 말로, 두 사람 다 질투가 심한 데다 잔혹했다)의 기풍만 남았는데, 어찌 어린 황자들을 맡기고 밝은 제사를 공손히 이을 수 있겠는가. 이제 대사도 섭涉⁷과 종정 길吉에게 지절을 주고 황후의 옥새와 인끈을 받들게 하노라. 음 귀인은 시골 마을의 양갓집 출신으로 스스로 미천한 데로 시집을 왔다[歸].⁸ "내가 보지 못한 지 벌써 삼 년[自我不見, 于今三年]"⁹이라 할 것이니 이제 마땅히 종묘를 받들고 천하의 어머니가 되게 하라. 이를 책임질 자들은 옛 법을 상세히 살펴서 적절한 존호를 올리라. 보통 때 일과 달라서 나라의 길한 복록만

---

6 『이아』에 따르면, "궁궐의 작은 문을 위闈라고 한다."
7 대섭을 말한다.
8 『춘추공양전』에 따르면, "여자가 시집갈 때, 돌아간다[歸]고 한다."
9 『시경』「빈풍豳風」 동산지사東山之詞에 나온다.

은 아니니 술을 올려 장수를 기원하면서 경사를 칭송하는 일은 하지 말라.

음 황후는 황후 자리에 있는 동안 늘 공손하고 검소했으며, 기완嗜玩(보석 같은 기호품)을 즐기지 않고, 소학笑謔(웃음을 자아내는 놀이)을 좋아하지 않았다. 성품이 어질고 효성스러웠으며, 아끼고 사랑함이 많았다. 일곱 살 때 아버지를 잃고 이미 수십 년이 지났는데도 말을 꺼내면 눈물을 흘리지 않은 적이 없어 광무제가 그것을 보고는 늘 탄식하곤 했다.

【중원 2년】(57년)

명제가 즉위했다. 음 황후를 높여 황태후라 했다.

【영평 3년】(60년)

겨울
명제가 음 태후를 좇아 장릉군으로 행차했다. 옛 집에 술을 차려 놓고, 음 태후와 등 황후의 집안 자손들을 불러 모아서 모두에게 상을 내렸다.

【영평 7년】(64년)

〔음 황후가〕 붕어했다. 황후가 된 지 스물네 해 만이었으며, 나이는 예순 살이었다. 〔광무제와 함께〕 원릉에 합장했다.

명제는 성정이 효성스럽고 사랑이 많았다. 〔따라서 음 황후를〕 추모함이 끝이 없었다.

【영평 17년】(74년)

정월

〔명제가〕 원릉을 참배했다. 한밤중에 광무제와 음 황후를 꿈에서 보자 평소 살아 있을 때처럼 기뻐했다. 그때 문득 잠에서 깨었으나 슬픔 탓에 다시 잠들 수 없었으므로 안궤에 기대어 밤을 새운 후, 새벽 해가 뜨자마자 백관들과 옛 빈객들〔故客〕을 거느리고 상릉上陵(황제가 선조의 능에 나아가 제사지내는 것)했다. 그날 능 주변의 나무들에 감로가 내렸다. 황제가 영을 내려 백관들로 하여금 그것을 모아서 바치게 했다. 제사가 끝난 후, 황제가 〔능침 안에〕 앉았다가 앞에 있는 어상御床(임금의 음식을 벌여 놓는 상) 위에 놓인 음 황후의 거울 상자〔鏡奩〕[10] 속에 있는 물건들을 들여다보았다. 그러다가 마음에 느낀 바 있어 슬퍼하면서 눈물을 흘리고 나서 영을 내려 상자 안에 있는 화장 용구들을 바꾸게 했다. 좌우가 모두 흐느끼니, 감히 〔명제를〕 우러러볼 수가 없었다.

---

10 염奩은 거울을 넣어 두는 상자이다.

명덕마황후
明德馬皇后

명덕황후 마 씨는 휘를 알 수 없으며[某],[1] 복파장군 마원의 막내딸이다. 어렸을 때 부모를 잃었다. 오빠 마객경馬客卿이 매우 총명했으나 젊은 나이에 세상을 떠나자 어머니 인藺 부인은 근심과 슬픔 끝에 병이 나서 정신이 맑지 못했다. 이때 마 씨는 열 살이었다. 하지만 집안일을 맡아 처리하고, 노복[僮御]들을 훈계하고 다스리며,[2] 집안 안팎에서 상의해 오는 것에 답함에 있어 일하는 것이 어른과 다름없었다. 처음에는 집안사람들이 그 일을 알지 못하다가 나중에 그 말을 듣고는 모두 그 뛰어난 재기에 감탄했다.

일찍이 마 씨가 오랫동안 병들어 누웠을 때, 태부인太夫人(열후의 어머니)이 그녀를 위해 점을 쳐 보라고 영을 내렸다. 그때 점쟁이가 말했다.

"이 아이에게 비록 우환이 있을지라도 나중에는 크게 귀하게 될 것입니다. 그 길함이 말로 할 수 없을 정도입니다."

---

1 『일주서』「시법해」에 따르면, "충성스럽고 온화하며 순진하고 정숙한 것을 덕德이라 했다." 휘를 알 수 없는 것은 역사에서 이름이 망실되었기 때문이다. 아래의 경우도 모두 이와 같다.
2 간幹은 정正, 즉 바르다는 뜻이다. 『광아』에 따르면, "동僮과 어御는 모두 부리는 사람을 말한다."

나중에 또 다른 관상쟁이를 불러 여러 딸들을 점치게 했는데, 〔관상쟁이가〕 마 씨를 본 후 크게 놀라면서 말했다.

"저는 반드시 이분께 신하를 칭하게 될 것입니다. 그러나 이분이 귀하게 되더라도 아들이 없습니다. 만약 다른 사람 아들을 기르는 데 힘을 다하면 반드시 아이를 낳는 것보다 훨씬 낫게 될 것입니다."

그전에 마원이 오계五溪 만족들을 정벌하러 갔다가 군중에서 죽자 호분중랑장 양송梁松과 황문시랑 두고 등이 그를 참소했다. 이 때문에 가세가 급격히 기운 탓에 몇 차례나 권세가들에게 모멸을 당했다. 마 씨의 사촌오빠인 마엄馬嚴이 울분을 이기지 못하고 태부인에게 알린 후 두씨竇氏와 했던 혼약을 파기하고, 딸을 액정에 들여보낼 길을 구했다. 이에 상서를 올려 말했다.

신의 작은아버지 마원은 은혜를 입고〔孤〕[3] 보답하지 못했는데도 그 아내와 아이들은 특별한 은총을 얻어 몸을 보전할 수 있었기에 폐하를 받들고 우러르매 마치 하늘같이 아버지같이 여기고 있습니다. 그러나 사람의 정이 이미 목숨을 얻을 수 있었는데도 감히 다시 복을 구하려 합니다. 아직 태자 및 여러 왕의 배필이 정해지지 않았다고 들었습니다. 마원에게는 세 딸이 있는데, 큰딸은 열다섯 살이고 둘째 딸은 열네 살이며 막내딸은 열세 살입니다. 모두 용모와 거동과 머리카락과 피부가 극도로 아름다운 데다[4] 윗사람에게는 효성스럽고 아랫사람에게는 세심하며, 온순하고〔婉〕[5] 정숙

---

3   고孤는 부負, 즉 등에 진다는 뜻이다.
4   『동관기』에 따르면, "명제 마 황후는 머리카락이 아름다웠다. 네 번을 틀어 올려 크게 쪽을 지었다. 그런데 쪽을 다 틀어 올리고도 오히려 남음이 있어 그 둘레를 세 번이나 더 둘렀다. 눈썹먹으로 그릴 필요가 없을 정도로 눈썹이 짙었는데, 다만 왼쪽 눈썹 끝이 조금 빠져서 좁쌀 같은 것으로 그 자리를 보완했다. 늘 병을 칭했으나 죽을 때까지 황제의 마음을 사로잡았다."

한 품성에 예절까지 갖추었습니다. 원컨대 상공(관상쟁이)을 내리시어 간택 여부를 가려 주시옵소서. 만의 하나라도 간택된다면 마원은 황천에서 〔그 이름이〕 불후할 것입니다. 게다가 마원의 고모 집안 자매들은 모두 성제의 첩여婕妤로서 함께 연릉에 묻혔습니다. 신 마엄은 폐하의 은택을 입고 새로운 삶을 얻었사오나, 바라건대 죽은 고모의 인연(그만큼 아름답다는 뜻)에 비추어 〔마원의 딸들로〕 후궁을 채우소서.

이때 마 씨가 선발되어 태자궁太子宮으로 들어갔다. 나이가 열세 살이었다. 〔위로〕 음 황후를 받들어 모시고 옆으로 같은 지위〔의 빈〕를 대할 때에는 늘 예법이 잘 갖추어졌으므로 아래위가 모두 편안해졌다. 마침내 특별한 은총을 얻어 늘 후당後堂에 거하게 되었다(태자를 모시게 되었다는 뜻).

명제가 즉위하자 귀인이 되었다. 때마침 마 귀인의 전어머니〔前母〕(후취의 자식이 아버지의 전취를 이르는 말)의 큰딸 가 씨賈氏가 선발되어 들어와 유달(장제)을 낳았다. 마 귀인에게 아이가 없자 명제는 명령을 내려서 유달을 데려다 기르도록 했다. 그러면서 마 귀인에게 말했다.

"사람이 반드시 몸소 아이를 낳아야 하는 것이 아니오. 다만 사랑으로 기를 때 지극하지 못할까 근심할 뿐이오."

이에 마 귀인은 마음을 다해 유달을 돌보아 길렀는데, 애쓰고 수고함이 친아들보다 더할 정도였다. 유달 역시 효성스러운 데다 성품이 순박하고 인정이 많으며 은혜로운 성품을 타고났으므로 모자가 서로 자애로워 처음부터 끝까지 실낱같은 틈〔纖介之間〕[6]도 없었다.

마 귀인이 언제나 황제의 후사가 많지 않음을 두고 우려하고 탄식한

---

5 완婉은 순順, 즉 순하다는 뜻이다.
6 섬개纖介는 작고 가는 것을 말한다. 간間은 극隙, 즉 틈이라는 뜻이다.

끝에 좌우[의 후비]를 천거해 [황제에게] 올렸는데 다만 부족하지 않을까만을 두려워했다. 후궁 중에 나아가 [황제를] 모신 사람이 있으면 매번 위로하고 거두어들였다. 만약 여러 번 총애를 받으면, 그때마다 번번이 융숭한 대우를 더했다.

【영평 3년】(60년)

봄

담당 관리들이 장추궁을 세우자고 상주했는데,⁷ 황제가 아무 말도 없었다. 그때 음 태후가 말했다.

"마 귀인의 덕이 후궁을 덮었으니, 즉 이 사람밖에 없다."

드디어 황후로 세워졌다.

그보다 며칠 전, 마 귀인은 작은 날벌레들이 무수히 몸으로 다가와 피부를 뚫고 들어왔다가 다시 빠져나가 날아가는 꿈을 꾸었다. 이미 후궁의 자리를 바로잡은 후였기 때문에 스스로 더욱 겸손하고 정숙하게 행했다.

마 황후는 키가 일곱 자 두 치였고 입은 네모났으며(이가 드러나지 않으므로 부귀영화를 누린다고 함) 머리카락은 아름다웠다. 『역경』을 외워 읊는 데 능통하고, 『춘추』와 『초사』를 읽는 것을 좋아했으며, 『주관周官』(주례)과 동중서董仲舒의 책⁸을 특히 사랑했다. 또한 늘 거친 비단[大練]으로

---

7   황후가 거하는 궁이다. 장長은 오래라는 뜻이고, 추秋는 만물이 성숙한 때이므로 그런 이름이 붙은 것이다. 황후를 세우기를 청했지만 감히 그것을 직접 말할 수 없었기에 궁궐 이름으로 대신한 것이다.
8   『주관』은 『주례』를 말한다. 동중서의 책이란 『옥배玉杯』, 『번로蕃露』, 『청명淸明』, 『죽

만든 옷을 입었으며⁹ 치마 가장자리를 꾸민 적이 없었다. 한번은 삭망 朔望(초하루와 보름) 때 여러 비빈들과 공주들이 조청朝請(황제나 황후를 알현 하는 것)¹⁰하러 왔다. 마 황후의 포의袍衣(두루마기 모양의 겉옷)는 실제로는 거칠고 올 굵은 비단으로 지었는데도 멀리서는 기곡綺縠(얇고 하늘하늘한 비단)으로 지은 것처럼 보였는데, 사람들이 와서 보고 〔그 사실을 알고는〕 웃음을 터뜨렸다. 이에 마 황후가 말했다.

"이 비단은 특히 물들이기가 쉬우므로 그것을 써서 옷을 지은 것뿐 이오."

이 말을 듣고 육궁 사람들 중 감탄하지 않는 사람이 없었다.

또한 명제가 원유苑囿(상림원과 광성유)가 있는 낙양 이궁으로 행차하려 할 때마다 마 황후가 번번이 이슬과 안개를 맞으면 감기에 걸리기 쉽다고 경계하면서 간절하고 빈틈없이 말했기 때문에 이를 황제가 받아들이는 바가 많았다. 한번은 황제가 탁룡원濯龍園¹¹으로 행차해서 비빈들을 모두 부르고 하비왕 이하 왕들도 곁에 있게 하고는 황후를 청했다. 황제가 웃으면서 말했다.

"이 사람은 음악을 좋아하지 않으니 와도 즐기지 않을 거야."

그 덕분에 놀고 즐기는 일이 일찍이 어느 때보다 드물어졌다.

림竹林』 등을 말한다.
9 대련大練은 대백大帛(거친 비단)을 말한다. 두예의 『춘추좌씨전주』에 따르면, "대백大帛 은 두껍게 짠 비단이다." 마 태후의 오빠 마료馬廖가 상서를 올려 "지금 폐하께서는 몸소 두껍게 짠 비단으로 만든 옷을 입었습니다"라고 했는데, 이 사실을 말한다.
10 한나라의 법률에 따르면, 봄에는 조朝라 하고 가을에는 청請이라 한다.
11 『속한지』에 따르면, 탁룡원은 북궁 가까이에 있다.

【영평 15년】(72년)

어느 날 명제가 지도를 살피면서 장차 황자들을 봉하면 그 식읍 크기를 다른 나라들(광무제가 아들들에게 분봉한 나라를 말함)의 절반으로 하려고 했다. 마 황후가 그것을 보고 말했다.

"황자들마다 식읍을 몇 현씩만 내리신다면, 그에 맞추어 어찌 검소하게 살지 않겠습니까?"

황제가 답했다.

"옳소. 내 아들이 어찌 돌아가신 아버님의 아들과 동등할 수 있겠소? 해마다 그들에게 이천만 냥이면 충분할 것이오."

이때 초왕 유영의 옥사가 해마다 끊이지 않아 죄수들이 서로 끌어들여 죄를 입증하니 이에 연루되어 체포된 자가 무척이나 많았다. 마 황후는 그중 많은 것이 지나치다고 생각하여 틈을 내 이 일을 입에 올리면서 비통해 했다. 명제가 느끼고 깨닫는 바가 있어 밤에 일어나 왔다 갔다 하다가 받아들이기로 생각하니[12] 마침내 많은 사람이 용서받을 수 있었다.

당시에 여러 장수가 상주한 사건 및 공경이 따지고 밝혀〔較〕[13] 의문을 올린 것 중에서 평결하기 어려운 것이 많았는데, 명제가 몇 차례나 이를 마 황후에게 살펴보게 했다. 마 황후가 번번이 이를 하나하나 나누어 살피고 이치를 밝혀 나아가니 각각 그 실정을 알 수 있었다.

이처럼 명제를 받들어 모실 때마다 번번이 정사를 의논했는데 도움되는 바가 많았을 뿐, 단 한 번도 친정을 위하여 청하는 바가 없었으므로 사랑과 은총이 날이 갈수록 높아졌으며 처음부터 끝까지 줄어들지

---

12 마 황후의 말을 받아들이기로 생각했다는 말이다.
13 『광아』에 따르면, "교較는 명明, 즉 밝혀서 드러낸다는 뜻이다."

않았다.

【영평 18년】(75년)

　명제가 붕어하고 장제가 자리에 오르자, 마 황후를 높여 황태후로 삼았다. 〔명제의〕 여러 귀인들은 〔예법에 따라〕 남궁으로 옮겨 살아야 했다. 황태후가 석별의 정을 크게 느껴서 각 귀인들을 불러 왕이 쓰는 붉은색 인끈을 내리고, 네 마리 말이 끄는 안거安車(앉아서 탈 수 있는 일인용 작은 수레)와 백월白越(월나라 땅에서 나는 가는 베) 삼천 서端(베 여섯 장 길이), 잡백雜帛(색깔 있는 실로 짠 명주) 이천 필, 황금 열 근을 더했다. 몸소 『현종기거주顯宗起居注』를 짓고, 오빠 마방의 관직 참의약사參醫藥事(궁궐에 들어와 황제의 의약 수발을 관장하는 것)를 삭탈하게 했다.
　장제가 청하여 말했다.
　"외삼촌은 황문黃門으로 아침저녁으로 〔돌아가신 황제를〕 공양한 지 일 년이 넘었습니다. 그런데 지금 이를 특별히 기리지도 않고, 또 부지런히 애쓴 공을 기록하지도 않으니, 설마 과하지는 않겠습니까!"
　황태후가 답했다.
　"후세에 돌아가신 황제께서 후궁의 집안을 무척이나 친애했다는 말을 듣고 싶지 않소. 그래서 이를 드러내지 못하게 한 것이오."

【건초 원년】(76년)

　장제가 여러 외삼촌에게 작위를 내리려 했으나 황태후가 들어주지 않았다.

【다음 해〔건초 2년〕】(77년)

여름

큰 가뭄이 들었다. 어떤 자가 황제에게 나아와 이르기를 외척을 봉하지 않았으므로 가뭄이 들었다고 했고, 담당 관리들은 마땅히 옛 법[14]에 따라야 할 것이라고 상주했다. 그러자 황태후가 조서를 내렸다.

지금 황제에게 나아와 일을 아뢴 자들은 모두 짐에게 아첨하여 복을 구하려는 자들일 뿐이다. 옛날에 왕 씨王氏의 다섯 동생을 같은 날에 함께 제후로 봉했을 때,[15] 누런 먼지가 사방을 어둡게 했을 뿐 단비가 내려 이에 응했다는 말을 들어보지 못했다. 또 전분田蚡과 두영竇嬰은 총애가 귀해지자 제멋대로 행동한 끝에 끝내 뒤집어져 패망하는 화를 입었음이 대대로 전하고 있다.[16] 그러므로 돌아가신 황제(명제)께서는 외척들을 삼가 방비하여 추기樞機의 자리[17]에 있도록 하지 않았다. 또 여러 아들을 봉할 때에도 식

---

14 한나라 때의 제도에 따르면, 외척에게 은택을 내려 제후로 봉했다. 이를 옛 법이라고 한 것이다.
15 성제가 황태후의 동생 왕담王譚, 왕상王商, 왕립王立, 왕근王根, 왕봉시王逢時 등을 봉하여 한꺼번에 관내후로 삼았다.
16 전분은 경제의 비인 왕 황후의 친동생 무안후武安侯를 말한다. 승상이 되었으나 탐욕스럽고 교만했으며 회남왕과 더불어 패상에서 사적인 밀담을 나누었다. 나중에 죽고 난 후 무제가 말했다. "만약 무안후가 살아 있었더라면 일족을 멸했을 것이다!" 두영은 문제의 비인 두竇 황후의 사촌오빠 아들인 위기후魏其侯를 말한다. 승상이 되었을 때, 관부灌夫와 붕당을 이룬 죄로 기시형에 처해졌다.
17 추기는 〔황제를〕 아주 가까운 곳에서 모시는 요직을 말한다. 『춘추운두추春秋運斗樞』

읍을 초국, 회양국 등 여러 나라의 절반으로 하면서, 늘 "내 아들이 어찌 돌아가신 황제(광무제)의 아들 등과 나란히 할 수 있겠는가"라고 말씀하셨다. 그런데 지금 담당 관리들은 어찌해 마씨를 음씨와 견주려 하는가! 내가 비록 천하의 어머니가 되었으나 누인 비단으로 만든 옷을 입고 달콤한 것을 먹지 않았으며, 좌우 사람들도 무명옷을 입히고 향낭을 달지 못하게 하여 솔선수범으로써 아랫사람들을 이끌고자 했다. 또한 친정 집안사람이 이러는 내 모습을 보면 마음 아파하면서 스스로 경계하기를 바랐으나 그들은 다만 황태후께서는 평소에도 검소함을 좋아했다고 웃으며 말할 뿐이었다. 얼마 전 탁룡문(濯龍門) 앞을 지나가다가 친정집에 와서 문안하는 사람들을 보았는데, [문 앞의] 수레들은 흐르는 물과 같고 [오가는] 말들은 헤엄치는 용과 같았으며 노복들조차 초록빛 토시[褠]¹⁸를 차고 소매와 옷깃이 눈부시게 희었다. 이에 고개를 돌려 내 수레꾼을 살펴보니 입성이 오히려 그에 미치지 못했다. 그러나 내가 성내어 그들을 꾸짖지 않고 해마다 내리던 하사품만 끊어 버린 것은 말없이 그 마음을 부끄럽게 하려고 한 것이었다. 그러나 그들은 게으른 탓에 집안을 잊고 나라를 근심하는 마음이 없었다. 신하를 알아보는 데는 임금보다 나은 사람이 없거늘, 하물며 친족은 어떠하겠는가? 내가 어찌 위로는 돌아가신 황제의 뜻을 저버리고 아래로는 돌아가신 분(마원)의 덕을 어그러뜨리면서 서경(장안)에서 수없이 있었던 패망의 화를 또다시 잇겠는가!¹⁹

    에 따르면, "북두칠성의 첫 번째 별을 천추(天樞)라 하고, 두 번째 별을 선(璇)이라 하며, 세 번째 별을 기(機)라 한다."

18 구(褠)는 토시로, 지금의 비구(臂講)이다. 좌우의 팔을 동여매어 일하기 편하게 하는 것이다.

19 서경(전한) 때의 외척 여록(呂祿), 여산(呂産), 두영, 상관걸(上官桀)·상관안(上官安) 부자, 곽우(霍禹) 등은 모두 주살되었다.

그러고 나서 굳게 허락하지 않았다.

장제가 조서를 살펴본 후 슬피 탄식하고 나서 다시 거듭 청하여 말했다.

"한나라가 일어선 이래, [황제의] 외삼촌들이 제후가 되는 것은 황자가 왕이 되는 것과 마찬가지입니다. 태후께서 진실로 겸허하신 것은 좋으나 어찌 오직 저만 세 외삼촌에게 은혜를 베풀지 못하게 하십니까? 게다가 위위는 나이가 많고 두 교위는 큰 병에 걸렸습니다.[20] 말씀하신 것처럼 계속 꺼리신다면 저는 뼈에 사무치는 회한을 오래도록 품고 살 수밖에 없습니다. 지금이 바로 길한 때이니 지체하지 마십시오."

황태후가 답했다.

"내가 되풀이해서 고민하다가 양쪽이 다 좋은 것을 생각해 낸 것이오. 내가 어찌 헛된 겸양의 명예를 얻으려고 황제로 하여금 외시外施[21]를 내리지 못해 꺼리는 마음을 품게 하려 했겠소! 예전에 두竇 태후가 왕王 황후의 오빠[22]를 제후로 봉하려 할 때, 승상 조후條侯가 고조와의 맹약을 언급하면서, 군공軍功을 세우지 않은 경우에는 유씨가 아니면 제후가 될 수 없다고 했소.[23] 지금 마씨들은 나라에 공이 없으니 어찌 음 황후나 곽 황후와 같은, 한나라가 다시 일어날 때의 황후들과 똑같을 수 있겠소? 부유하고 고귀한 집안을 보면 늘 녹봉과 관직이 겹쳐졌으나, 한 해에 두 번 과실을 맺는 나무는 반드시 뿌리가 상하는 법이

---

20 위위는 태후의 오빠 마료를, 두 교위는 오빠 마방과 마광을 말한다.
21 은택을 내려 외가를 제후로 봉하는 것을 외시라고 한다.
22 두 태후는 문제의 황후이다. 왕 황후는 경제의 황후이다. 오빠는 왕신王信을 말하는데, 나중에 개후蓋侯로 봉해졌다.
23 조후는 주아부周亞夫를 말한다. 『한서』에 따르면, "고조가 공신들과 더불어 유씨가 아니면 왕이 될 수 없고 공이 없으면 제후가 될 수 없다고 맹약했다. 또 맹약을 지키지 않으면 천하가 그를 공격하게 했다."

오.[24] 또한 사람들이 제후로 봉해지기를 바라는 이유는 위로는 제사를 받들고 아래로는 따뜻한 옷과 풍족한 음식을 구하려는 것뿐이오. 지금 〔마씨들은〕 제사는 〔태관에서〕 사방의 진귀한 것을 받아 치르며, 옷과 음식은 어부御府(황제의 물건을 보관하는 창고)에서 넉넉히 내려 주는데, 이것으로 어찌 만족할 수 없고 반드시 현 하나를 얻어야만 한단 말이오? 이는 내가 이미 충분히 따져 보았으니 의심을 품지 마오. 무릇 지극한 효성스러운 행동은 어버이를 편안케 하는 것을 최상으로 여기오. 지금 몇 차례나 이변을 만난 끝에 곡식 값이 몇 배나 올라서 밤낮으로 근심하고 두려워하며 앉으나 누우나 마음이 편하지 않소. 그런데도 외척을 봉하는 일을 먼저 하고자 하니 이는 자애로운 어머니의 부지런함〔拳拳〕[25]을 어기는 것이오! 나는 평소에 성정이 굳세고 성급하여 가슴속에 〔병의〕 기운이 있으니 늘 숨을 고르게 하지 않으면 안 되오. 만약 음과 양이 고루 조화를 이루고, 변경이 깨끗하고 조용해지면 그 후에는 황제 뜻대로 하시오. 그때가 되면 나는 당연히 입에 엿〔飴〕[26]을 물고 손자들 희롱하며 다시는 정치에 관여하지 않겠소."

이 무렵 신평공주新平公主의 마부가 실수로 불을 냈는데, 불이 북각北閣의 후전에까지 미쳤다. 황태후는 이를 자기의 허물이라고 생각해 잠잘 때나 깨어 있을 때나 기뻐하지 않았다. 원릉(광무제의 능)에 제사해 아뢸 때가 되었는데도 스스로 이를 대비하여 삼가지 않았음을 인책한 끝에 능원에 오르는 것을 부끄러워하여 끝내 나아가지 않았다.

---

24 『문자文子』에 따르면, "일 년에 두 번 과실을 맺는 나무는 뿌리가 반드시 상하고, 〔무덤에〕 묻은 것을 파내는 집안은 나중에 반드시 재앙을 입는다."
25 권권拳拳은 부지런히 힘쓰는 것을 말한다. 음은 권權이다.
26 『방언』에 따르면, "이飴는 당餳, 즉 엿이라는 뜻이다. 진陳, 초楚, 송宋, 위衛 땅에서 통용되는 말이다."

그보다 이전에 〔황태후의 어머니인〕 태부인을 장사지내고 나서 봉분을 조금 높게 올렸는데, 황태후가 이를 지적하자 오빠 마료馬廖 등이 즉시 깎아서 줄였다. 그 밖의 친족 중에서 겸손하고 평소에 의를 행하는 자가 있으면 번번이 따뜻한 말을 해 주고 상으로 재물과 지위를 내렸다. 실오라기 하나만 한 잘못이 있으면, 먼저 근엄한 얼굴빛을 보여 경계하고 나중에 꾸짖음을 더했다. 또 수레와 복장을 아름답게 꾸미면서 법도에 맞지 않는 사람이 있으면, 곧바로 호적에서 끊어 버리고 고향으로 돌려보냈다.

  광평왕, 거록왕, 낙성왕은 말과 수레가 질박하고 꾸밈이 없었으며 금과 은으로 장식함이 없었다. 장제가 이 사실을 황태후에게 알리자 황태후가 즉시 각각 돈 오백만 냥씩을 하사했다. 이에 안팎이 감화되어 따르니 옷 입는 것이 한결같았으며, 여러 집안에서 황송하게 생각하는 마음이 영평(명제) 시절보다 갑절이나 더했다.

  황태후는 직실織室[27]을 설치하고 탁룡원 안에 잠실을 둔 후, 자주 가서 그것을 살펴보는 것을 즐거움으로 삼았다. 항상 장제와 더불어 아침저녁으로 정사를 이야기했으며, 여러 소왕小王(어른이 되지 않은 왕)들을 가르치고 더불어 경서를 논의했으며 평생을 하나씩 이야기해 주면서 하루 종일 온화하고 화목하게 지냈다.

【건초 4년】(79년)

  천하가 풍요롭고 넉넉해졌으며 바야흐로 아무 일도 일어나지 않자

---

27 『한서』에 따르면, 동직東織과 서직西織은 소부에 속한다. 평제가 이름을 직실로 고쳤다.

황제가 끝내 세 외삼촌 마료, 마방, 마광을 열후로 봉하려 했다. 세 사람이 모두 사양하면서 다만 관내후로 봉해 주기를 청했다. 황태후가 그 말을 듣고 말했다.

"성인이 가르침을 베풀 때에는 그 지역에 따라 각각 다르니 사람의 성정을 아는 것은 능히 한결같을 수 없다.[28] 젊을 때 나는 다만 죽백竹帛(사서)에 기록되기를 사모했을 뿐 뜻이 운명을 돌아보는 것에는 미치지 못했다.[29] 지금 나는 비록 늙었지만 오히려 '얻음[得]을 경계하여'[30] 밤낮으로 위태롭게 될까 두려워하면서[惕厲][31] 스스로 낮추고 덜어내려 하고 있다. 그리하여 머물 때에는 편안함을 구하지 않으며 먹을 때에는 배부를까를 생각지 않는다. 오직 끝까지 이 길에 올라타서 돌아가신 황제를 저버리지 않기만을 바랄 뿐이다. 그 때문에 나는 형제들을 교화하고 인도하면서 함께 이 뜻을 같이하다가 눈을 감는 날에도 한이 되는 바가 없고자 했다. 그런데 어찌 늙은이의 뜻을 다시 좇지 못할 줄 알았으랴? 이제 만 년 되는 날[萬年之日]까지(죽을 때까지라는 뜻이다. 만 년 동안 사는 사람이 없으므로 이런 표현을 쓴 것이다) 오랫동안 한을 품겠구나!"

---

28 『예기』「왕제」에 따르면, "무릇 백성들에게 필요한 재물을 마련하는 것은 반드시 하늘과 땅의 차가움과 따뜻함, 건조함과 습윤함에 따라야 하며, 넓은 계곡과 커다란 하천에 따라 그 제도를 달리해야 한다. 그 사이사이에 사는 백성들 역시 풍속을 달리한다. 그러므로 그 가르침을 닦을 뿐 풍속을 바꾸지 않으며, 그 정치를 가지런히 할 뿐 마땅함을 바꾸지 않는다. 중원과 사방 오랑캐 등 다섯 방향의 백성은 모두 각자의 성정이 있으니 옮겨 고칠 수 없다."

29 어렸을 때 옛 사람을 사모하여 죽백에 이름이 오르기를 바랐으나, 수명의 길고 짧음은 알지 못했다는 뜻이다.

30 『논어』에서 공자가 말했다. "젊었을 때에는 색을 경계하고, 나이 들어서는 얻음[得]을 경계한다." 득得은 탐욕스럽고 인색한 것을 말한다. 여기에서 다시 작위를 내려서 봉하는 것을 아까워한다는 말은 함부로 친척들을 봉하는 것을 바라지 않는다는 뜻이다.

31 척惕은 구懼, 즉 두려워한다는 뜻이다. 려厲는 위危, 즉 위태롭다는 뜻이다.

마료 등이 하는 수 없이 봉토와 작위를 받은 후 관직에서 물러나 집으로 돌아갔다.

이 해, 황태후가 병들어 누웠다. 점치고 빌어 병을 고친다는 의원을 믿지 않았기 때문에 몇 차례나 칙서를 내려 산천에 빌면서 제사하는 것을 멈추게 했다.

6월

황태후가 붕어했다. 황후에 오른 지 스물세 해 만이었으며, 나이는 마흔 살이 조금 넘었다. 현절릉에 합장했다.

가賈 귀인은 남양군 사람이다.

건무 말에 선발되어 태자궁으로 들어왔다.

중원 2년(57년), 장제를 낳자 명제가 귀인으로 삼았다. 명제가 이미 마 황후에게 장제를 기르도록 하고, 오직 마 씨만을 외가로 삼도록 했으므로 가 귀인은 지극한 자리에 오르지 못했고 가씨 친족들 중에서도 총애를 받아 영예를 얻은 자가 없었다.

마 태후가 붕어한 후, 책서를 내려 가 귀인에게 왕이 다는 붉은색 인끈을 하사하고,[32] 네 마리 말이 끄는 안거 하나, 영항서의 궁인[33] 이백 명, 궁중 창고에서 보관하던 잡백 이만 필을 더하고, 대사농을 시켜 황금 일천 근, 돈 이천만 냥을 내렸다. 그러나 여러 사서에 모두 이후의 일이 빠져 있으므로 마지막에 어떻게 됐는지는 알 수 없다.

---

32 『속한서』에 따르면, 제후왕은 붉은색 인끈을 단다.
33 영항서는 궁중의 관서 이름이다. 나중에 이름을 액정으로 고쳤다. 영항서의 궁인이란 관비官婢를 말한다.

장덕두황후
章德竇皇后

장덕황후 두 씨는 휘를 알 수 없고, 부풍군 평릉현 사람이다.

대사공 두융의 증손녀이다. 할아버지는 두목竇穆이고, 아버지 두훈竇勳은 사건에 연루되어 죽었는데, 이 일에 대해서는 「두융전竇融傳」에 자세히 나온다.[1] 두훈은 동해공왕 유강의 딸 비양공주沘陽公主에게 장가들었는데, 두 씨는 그의 큰딸이다.

집안이 이미 망해서 무너졌으므로 몇 차례 관상쟁이[相工]을 불러 좋은 점과 나쁜 점[息耗][2]을 물으니 두 씨를 본 사람이 모두 크게 존귀하게 될 얼굴로 신하의 아내가 될 용모가 아니라고 했다. 여섯 살이 되자 글을 쓸 수 있어서 집안사람들이 모두 그녀를 뛰어나게 여겼다.

---

1 사건 자체에 대해서는 기록이 자세하지 않다. 그 경과는 다음과 같다. 두융의 자손은 모두 오만하고 방종해서 죄를 저지르는 경우가 많았다. 두목은 내황공주內黃公主에게 장가들었는데, 명제 영평 5년(62년), 음 태후의 조서를 날조해 육안후六安侯 유우劉盱에게 그 부인을 내치고 자기 딸을 아내로 맞아들이게 했다. 이 사실이 발각되자 명제는 크게 화를 내면서 두목 등 낭리 이상의 관직에 있던 두씨 일족을 모두 면직하고, 고향 평릉현으로 돌아가게 했다. 오직 두융만을 낙양에 남게 했는데 얼마 후 죽었다. 그로부터 몇 년 후 두목 등이 다시 어떤 일에 연루되어 아들 두훈, 두선竇宣이 모두 하옥되어 죽었다(옮긴이).

2 설군의 『한시장구』에 따르면, "모耗는 악惡, 즉 나쁘다는 뜻이다." 식모息耗는 좋은 점과 나쁜 점을 말한다.

【건초 2년】(77년)

두 씨가 여동생과 함께 선발되어 황궁으로 들어와 장락궁(황태후)을 알현했는데, 나아갈 때와 멈출 때 질서가 있었고 풍채와 용모가 매우 성숙했다. 장제는 두 씨가 재주와 미모가 있다는 말을 듣고 몇 차례나 후궁의 여러 보모들(傅)을 불러 그녀에 대해 물었다[訊]³고 한다. 마침내 만나 보니 우아한 아름다움이 있고, 마 태후 역시 뛰어나다고 생각했으므로 액정에 들어와 북궁 장덕전章德殿에서 황제를 알현하게 되었다. 두 씨는 성품이 민첩한 데다 마음을 기울여 다른 사람을 대하니 칭송이 날이 갈수록 높아졌다.

【이듬해〔건초 3년〕】(78년)

마침내 황후로 세워졌으며, 동생은 귀인이 되었다.

【건초 7년】(82년)

두 황후의 아버지 등훈에게 작위를 추존해 안성사후安成思侯⁴로 삼았다. 황후는 특별한 총애를 뚜렷하게 받았으므로, 후궁에서 마음대로 전횡했다.

그 이전에 송 귀인이 황태자 유경을 낳고, 양 귀인은 황자 유조를

---

3   신訊은 문問, 즉 묻는 것이다. 부傅는 부모傅姆(보모)를 말한다.
4   안성현은 여남군에 속한다.

낳았다. 두 황후는 아들을 낳지 못하자 그들을 질시하여 수차례 황제와 이간질하니 황제가 점차 그들을 멀리하고 싫어하게 되었다. 후에 황후가 송 귀인이 간사하고 아첨을 잘한다고 모함하니 송 귀인이 끝내 스스로 목숨을 끊었다. 그러자 황제가 유경을 폐하여 청하왕으로 삼았다.(장제 건초 7년(82년)의 일이다) 이에 대해서는 「유경전劉慶傳」을 보라.

양 귀인은 포친민후褒親愍侯 양송梁竦의 딸이다. 어려서 어머니를 잃자 큰어머니인 무음장공주舞陰長公主[5]가 길렀다. 건초 2년(77년), 양 귀인은 나이 열여섯 살에 둘째 언니와 함께 선발되어 액정으로 들어와 귀인이 되었다. 건초 4년(79년), 양 귀인이 유조를 낳자 두 황후가 데려가 자기 아들로 길렀다. 두 황후는 외척 가문의 명예와 지위를 홀로 누리고자 했으므로 양 씨를 무척이나 꺼렸다. 건초 8년(83년), 두 황후가 비서飛書[6]를 지어 양송을 모함했다. 양송이 죄를 얻어 주살되었으며, 양 귀인의 언니와 여동생은 시름에 겨워 죽었다. 이때부터 궁궐 안은 두려움 때문에 숨이 막힐 지경이었지만(㥜息),[7] 오히려 두 황후에 대한 〔장제의〕 사랑은 날로 높아졌다.

【장화 2년】(88년)

장제가 붕어하고 화제가 즉위하자 두 황후를 높여 황태후로 삼았다. 두 태후가 조정에 나와 섭정했다. 어머니 비양공주를 장공주로 삼고,

---

5 무음장공주는 광무제의 딸로 양송梁竦의 형인 양송梁松에게 시집갔다.
6 비서는 이름을 감추고 쓴 편지를 말한다.
7 첩㥜은 구懼, 즉 두려워하는 것이다. 「주서周書」에 "사로잡아 위엄을 보이자 주위가 모두 두려움에 떨었다(臨捕以威, 而氣㥜懼)"라는 말이 있다.

탕목읍湯沐邑 삼천 호를 더했다. 또 오빠 두헌 및 동생 두독과 두경을 모두 존귀하게 만든 후 멋대로 권력과 위세를 누렸다.

【영원 4년】(92년)

〔두씨 일가가〕 드디어 몰래 반란을 꾀하다가, 발각되어 주살되었다.

【영원 9년】(97년)

두 태후가 세상을 떠났다. 아직 장례를 치르지 않았을 때, 양 귀인의 언니 양예梁嫕가 진陳 귀인에게 상서를 올려 〔양 귀인을〕 무고하게 몰아 죽인 일을 고발했다. 태위 장포, 사도 유방, 사공 장분이 함께 상주하여 말하기를, 광무제가 여 태후를 출척한 옛 일[8]에 의거하여 황태후의 존호를 깎아내린 후 돌아가신 황제(장제)의 능에 합장하지 말아야 한다고 주장했다. 백관들 역시 글을 올려서 말하는 자가 많았다. 이에 화제가 몸소 조서를 써서 내렸다.

두 씨가 비록 법도를 준수하지 않았지만 황태후로서 항상 스스로를 줄이고 낮추셨다. 짐이 받들고 섬긴 지 십 년이 지났으니 대의를 곰곰이 생각해 보노라. 예에 따르면, 신하는 존장의 시호를 깎아내리지 못하는 법이다. 은정으로 보아도 차마 떨어짐을 참을 수 없고, 의로 보아도 차마 훼손

---

8 중원 원년(56년), 여 태후를 적출해 고묘에서 배향하지 못하게 했다.

됨을 견딜 수 없다. 돌이켜보면 전조(전한) 때의 상관上官 태후⁹ 역시 존호를 낮추어 출척하지 않았다. 다시는 이 문제를 의론하지 말라.

이에 경릉에 합장했다. 황후에 오른 지 열여덟 해 만이었다.
화제가 양 귀인이 잔혹하게 죽었으며 장사지낼 때 예가 누락된 것을 알고, 승광궁承光宮에서 다시 염한 후 시호를 추존해 공회황후¹⁰라 했다. 그러고는 늦게나마 장례에 맞추어 상복을 입게 하니 백관들이 모두 흰 명주옷을 입었다. 언니인 대귀인大貴人과 함께 서릉에 장사지냈는데, 의례는 경원敬園¹¹에 비견하게 했다.

---

9 상관 태후는 소제의 황후이다. 아버지 상관안上官安이 연왕과 함께 반역을 꾀하다 주살되었다. 황태후는 나이가 어렸고, 또 곽광의 외손녀였기 때문에 폐위되지 않았다.
10 『일주서』「시법해」에 따르면, "공경히 섬기면서 윗사람을 존중하는 것을 공恭이라 하고, 자애롭고 인자하면서 밝게 행하는 것을 회懷라고 한다."
11 경원은 안제의 할머니 송 귀인의 능원이다.

화제음황후
和帝陰皇后

　화제 음 황후는 휘를 알 수 없으며, 광렬황후의 오빠인 집금오 음식의 증손이다. 음 황후는 어려서부터 총명하고 지혜로웠으며 글씨를 잘 썼다.

【영원 4년】(92년)

　선발되어 액정에 들어왔다. 광렬황후와 가까운 친척이었으므로 귀인이 되었고, 특별한 은총을 받았다.

【영원 8년】(96년)

　드디어 황후가 되었다. 그러나 귀인 등 씨(나중에 화희황후가 되었다)가 입궁한 후로부터 황제(화제)의 사랑과 총애가 점차 줄어들자 수차례나 성을 내고 원망을 내뿜었다. 음 황후의 외할머니 등주鄧朱가 액정을 드나들기 시작했다.

【영원 14년】(102년)

여름

음 황후가 등주와 함께 무고巫蠱(무당들 중에서 사술을 사용하여 사람을 해치는 무리들을 일컫는 말)¹를 끼고 일을 벌이려다 발각되었다. 마침내 황제가 중상시 장신張愼을 시켜서 상서 진포와 함께 액정에서 잡인들을 옥에 가둔 후 심리하게 했다. 등주 및 그 두 아들 등봉鄧奉과 등의鄧毅, 음황후의 동생 음철陰軼, 음보陰輔, 음창陰敞의 조사 내용이 서로 연좌된 데다 사당에 제사지내면서 저주를 빌었으므로 대역무도했다. 등봉, 등의, 음보는 조사를 받다가 옥중에서 죽었다.

황제가 사도 노공으로 하여금 지절을 가지고 황후에게 책서를 내려 옥새와 인수를 돌려받고 동궁桐宮으로 옮기게 하니 근심 끝에 죽었다. 세워진 지 일곱 해 만이었으며, 임평정부臨平亭部에 장사지냈다.²

아버지 특진 음강은 스스로 목숨을 끊었으며, 음철과 음창 및 등주의 가족들은 모두 일남군 비경현比景縣으로 유배했다. 종친에 속하는 안팎의 형과 동생들은 모두 관직을 면하고 고향으로 돌려보냈다.

【영초 4년】(110년)

등 태후가 조서를 내려 음씨 일족을 사면하고 귀양 보냈던 자들을

---

1 무당은 독벌레(蠱)가 되므로 무고라고 한다. 두예의 『춘추좌씨전주』에 따르면, "고蠱는 혹惑, 즉 미혹시키는 것이다."
2 임평정부 안에 있는 땅에 장사지냈다.

모두 고향으로 돌아가게 한 후, 재물 오백여만 냥을 돌려주었다.

화희등황후
和熹鄧皇后

화희황후[1] 등 씨는 휘가 수绥이며, 태부 등우의 손녀이다. 아버지 등훈鄧訓은 호강교위이고, 어머니 음 씨는 광렬황후의 사촌여동생이다.

등수가 다섯 살 때, 태부(등우)의 부인이 그녀를 사랑해서 몸소 머리카락을 잘라 주려고 했다. 부인이 나이가 많아 눈이 어두웠던 탓에, 실수로 등수의 이마를 다치게 했지만 등수는 고통을 참고 그 일을 말하지 않았다. 좌우에 있던 사람들이 그것을 보고 이상하게 여겨서 묻자 등수가 말했다.

"아프지 않았던 게 아니에요. 태부인께서 저를 불쌍히 여기시어 머리를 잘라 주시려 했는데 어르신의 뜻을 상하게 하기 어려웠어요. 그래서 참았을 뿐이에요."

여섯 살 때 이미 『사서』[2]에 능통했고, 열두 살 때에는 『시경』과 『논어』에 통달했다. 여러 오빠들이 경전을 읽을 때마다 번번이 뜻을 드러내[下意][3] 어려운 부분을 물었다. 뜻을 전적에 두고 집안일에 대해서는

---

1 채옹은 "『일주서』「시법해」에 따르면, 백성들을 편안하게 한 공이 있는 것을 희熹라 한다"라고 했다.
2 『사서』는 주나라 선왕 때 태사 주가 대전大篆으로 지은 열다섯 편을 말한다. 『한서』에 따르면, "아이들을 가르칠 때 썼다."

묻지 않았다. 어머니는 늘 그것이 잘못이라고 생각해 말했다.

"네가 여공女工(길쌈질)을 익혀서 의복을 이바지하지 않고 있다. 학문에 힘쓴다 한들 어찌 박사로 천거될 수 있겠느냐?"

등수가 또다시 어머니의 말을 어기고, 낮에는 부업婦業(여자들의 일)을 닦고 밤에는 경전을 외우니 집안사람들이 등수를 "제생諸生(유생)"이라고 불렀다. 아버지 등훈은 그녀가 남다르다고 생각해 큰 일이든 작은 일이든 상관없이 번번이 그녀와 더불어 깊이 의논했다.

【영원 4년】(92년)

[나이 열한 살에] 선발되어 궁으로 들어왔다. 이때 등훈이 죽었는데, 등수는 밤낮으로 그 이름을 부르면서 흐느꼈다. 그 후 삼 년 동안 소금에 절인 나물을 먹지 않았으므로 수척하고 파리해져서 얼굴이 크게 상해 가까운 사람조차도 몰라볼 지경이 되었다.

일찍이 등수가 꿈속에서 하늘을 어루만졌는데[捫天],⁴ 넓디넓고 푸르디푸른 가운데 고드름 같은 모양의 물건이 있어 고개를 들어 그것을 빨아 마셨다. 이에 점쟁이를 불러 꿈에 대해 묻자, 점쟁이가 말하기를, 요임금은 꿈에 하늘을 붙잡고 위로 올라간 바 있으며 탕임금은 꿈에 하늘에 이르러 그것을 핥은 적이 있으니 모두 성왕의 전조로서 길하기가 말할 수조차 없다고 했다.

또 관상쟁이가 등수를 보고 놀라서 말했다.

"이분은 탕임금의 관상을 타고났습니다."⁵

---

3   뜻을 내렸다[下意]는 것은 뜻을 드러냈다는 말이다.
4   문捫은 모摸, 즉 어루만진다는 뜻이다.

이에 집안사람이 몰래 기뻐하면서도 감히 그 사실을 알리지 못했다. 등수의 작은아버지 등해鄧陔가 말했다.

"보통 일천 명의 생명을 구한 자는 자손을 봉한다고 들었다. 내 형님 등훈은 알자가 된 후 석구하의 물길을 닦아 해마다 수천 명의 목숨을 구했다. 하늘의 도를 믿을 수 있다면, 우리 집안은 반드시 후손이 복을 받을 것이다."

또 이전에 태부 등우가 탄식하면서 말한 적이 있었다.

"내가 무리 백만을 거느렸지만 일찍이 단 한 사람도 헛되이 죽이지 않았으니, 후대에 반드시 홍성함이 있을 것이다."

【영원 7년】(95년)

등수가 다시 여러 집안의 여자들과 함께 선발되어 궁으로 들어갔다. 등수는 키가 일곱 자 두 치였으며 자태와 얼굴이 예쁘고 아름다워〔姝麗〕[6] 다른 사람보다 무척 뛰어났기 때문에 좌우가 다 놀랐다.

---

5 『속한서』에 따르면, "관상쟁이 대조상공待詔相工 소대蘇大가 말했다. '이 분은 탕임금의 골상을 타고났습니다.'"
6 주姝는 용모가 예쁘다는 뜻이다. 『시경』에 "저 예쁜 우리 님〔彼姝者子〕"이라는 구절이 있다.

【영원 8년】(96년)

겨울

액정으로 들어가 귀인이 되었다. 이때 나이가 열여섯 살이었다. 등 귀인은 공손하면서도 엄숙하게 마음을 쏟았으며 움직임에는 법도가 있었다.

음 황후를 받들어 섬길 때에는 이른 아침부터 밤늦게까지 삼가 두려워하면서 조심하고 또 조심했다. 같은 반열의 사람을 대할 때는 늘 자기를 버리고 그 아래처럼 행동했고, 비록 궁인들이 노비라 할지라도 모두 은총을 더해 주었다. 이에 황제가 매우 기뻐하면서 더욱 사랑을 쏟았다.

나중에 등 귀인이 병이 들자 화제는 특별히 영을 내려 그 어머니와 형제를 들어오게 하여 약 쓰는 것을 살피게 했는데 기한을 정하지 않았다. 등 귀인이 화제에게 말했다.

"궁문의 금령이 지극히 무거운데 외척外戚[7]들이 오랫동안 궁궐 안에 머물면, 위로는 폐하로 하여금 사사로이 은혜를 베풀었다는 험담을 듣게 하고 아래로는 천첩으로 하여금 만족함을 모른다는 비방을 얻게 할 것입니다. 아래와 위가 서로 손해날 일을 하는 것은 제가 진실로 원하지 않는 바입니다."

화제가 말했다.

"사람들은 모두 몇 차례 궁궐 안으로 들어오는 것을 영예로 삼는데, 귀인은 도리어 이로 인해 근심하고 스스로 뉘우쳐 겸손하니 진실로 남들이 미치지 못할 바요."

---

7 외사外舍는 외가를 말한다.

또한 매번 잔치가 있을 때마다 여러 귀인들은 앞 다투어 스스로 꾸미고, 비녀[簪]와 귀고리[珥]를 빛나게 하며 저고리와 치마[袿裳]를 더 밝게 입었는데,[8] 오직 등 귀인만이 홀로 검소하게 몸이나 옷을 꾸미지 않았다. 혹시라도 옷에 음 황후와 같은 색이 있으면 즉시 벗어 버렸으며, 음 황후와 동시에 같이 나아가 알현할 일이 있으면 감히 몸을 바로 하여 앉지 않고 옆에 나란히 서고[離][9] 걸을 때에는 몸을 굽혀 스스로를 낮추었다. 화제가 묻는 바가 있을 때마다 늘 뒤로 물러서 나중에 대답했으며 감히 음 황후보다 먼저 말하지 않았다. 화제가 등 귀인이 마음을 다해 몸을 굽힘을 알고는 감탄하면서 말했다.

"덕을 닦는 어려움이여, 바로 이런 것이로구나!"

나중에 음 황후가 점차 황제와 소원해지자 등 귀인은 화제가 침소에 들려 할 때마다 번번이 병을 이유로 사양했다. 이 당시 화제가 몇 번이나 황자들을 잃자, 등 귀인은 후사를 이을 사람이 많지 않음을 근심하면서 항상 눈물을 흘리면서 탄식하더니 몇 차례나 후궁들을 선발하여 황제의 뜻을 널리 펴도록 했다.

음 황후는 등 귀인의 덕에 대한 칭송이 날로 높아지는 것을 보고 어찌할 바를 모르다가 끝내 저주하는 말을 지어서 해를 입히고자 했다. 일찍이 화제가 병들어 누웠다가 위독함이 심해지자 음 황후가 은밀하게 말했다.

"내가 뜻을 얻으면, 등씨들을 하나도 살려 두지 않을 것이다!"

---

8 『설문해자』에 따르면, "잠簪은 계笄, 즉 비녀라는 뜻이다. 이珥는 진瑱, 즉 귀막이라는 뜻인데, 옥으로 귀를 채우는 것이다." 『석명』에 따르면, "여자들의 윗도리를 괘袿라 한다."

9 리離는 병並, 즉 나란하다는 뜻이다. 『예기』에 "[두 사람이] 나란히 앉거나 나란히 섰을 때에는 가서 끼어들지 말아야 한다(離坐離立, 無往參焉)"라는 구절이 있다.

등 귀인이 그 말을 듣고, 좌우를 둘러보면서 눈물을 흘리며 말했다. "내가 마음을 모으고 뜻을 다해서 황후 마마를 모셨으나 끝내 복이 없어서 이제 하늘에 죄를 짓게 되었다. 아내로서 남편을 따라 죽는 의로움은 없을지 모르나 주공周公은 자신의 몸으로 무왕武王의 생명을 대신하고자 했으며,[10] 월희越姬는 마음으로 맹서하여[心誓] 반드시 함께 죽고자 했다.[11] 그로써 위로는 황제의 은혜에 보답하고, 가운데로는 종족에게 끼칠 화를 없애고, 아래로는 음 씨로 하여금 인간 돼지[人豕][12]를 기른다는 말을 듣지 않게 할 것이다."

그러고는 즉시 독약을 마시려 했으나 궁인 조옥趙玉이 굳게 말리면서 몰래 속여 말하기를 사자가 왔는데 황상의 질병이 이미 나았다고 했

---

10 무왕이 병들었을 때, 주공은 그를 위하여 대왕大王, 왕계王季, 문왕에게 명을 청해 말했다. "만약 당신들 세 왕께서 하늘에 계셔 큰아들을 꾸짖고자 하신다면 단旦(주공의 이름)으로써 아무개 몸을 대신하게 하소서."

11 월희는 초나라 소왕昭王의 비로 월나라 왕 구천句踐의 딸이다. 소왕이 잔치를 열어 즐길 때, 월희가 곁에서 모셨다. 소왕이 월희에게 말했다. "즐거운가?" 월희가 답했다. "즐겁기는 합니다만 오래가지 않을 것입니다." 왕이 말했다. "바라건대 그대와 더불어 삶과 죽음을 같이하리라." 그러자 월희가 말했다. "군왕께서 즐겁게 놀러 와서 첩에게 죽음을 이야기하시니 감히 명을 따를 수 없습니다." 후에 왕이 병들었을 때, 붉은 구름이 나는 새처럼 해를 가렸다. 소왕이 주나라의 태사에게 그 뜻을 물었다. 태사가 말했다. "이는 왕의 몸에 해가 있다는 뜻이니, 이를 장상將相(신하)에게 옮기소서." 그러자 왕이 "나에게 신하들은 오직 고굉뿐이다"라고 말하고 듣지 않았다. 월희가 말했다. "크구나, 군왕의 덕이여. 첩은 왕을 따라 죽기를 바라나이다. 옛날에 놀러 가서 이 말을 들었을 때에는 감히 받아들일 수 없었는데, 지금 군왕이 예를 되찾았으니 나라 사람들이 군왕을 위해 죽기를 청할 것입니다. 하물며 첩은 어떻겠습니까? 첩이 먼저 가서 땅 밑에서 여우와 삶을 쫓기 원합니다. 옛날 입으로는 말하지 않았지만, 마음으로는 이미 그것을 받아들였습니다. 첩이 듣기에 믿는 자는 그 마음을 저버리지 않는다고 했습니다." 그러고는 끝내 스스로 목숨을 끊었다. 그러므로 '마음의 맹서[心誓]'라고 한 것이다. 이 일은 「열녀전」에 나온다.

12 고조는 척 부인을 무척 총애했다. 고조가 붕어하자 여 태후는 척 부인의 팔다리를 자른 후, 눈을 뽑고 귀를 멀게 하여 변소에 살도록 한 후 "인간 돼지[人彘]"라고 불렀다.

다. 등 귀인이 그 말을 믿고 더 이상 약을 먹으려 하지 않았다. 다음 날, 과연 황제의 병이 나았다.

【영원 14년】(102년)

여름

음 황후가 무고 사건을 일으켜 폐위되려 했다. 등 귀인이 그녀를 구하고자 했으나 그럴 수 없었고, 화제는 더욱더 등 귀인에게 마음을 기울이고자 했다. 그러자 등 귀인이 또다시 병이 심하다는 핑계로 스스로 깊이 문을 닫아걸고 왕래를 끊었다. 그때 담당 관리들이 상주하여 장추궁을 세우자고 했다. 황제가 말했다.

황후는 존귀한 존재이다. 짐과 더불어 한 몸이고 종묘를 이으며 천하의 어머니가 되니 어찌 쉽게 정할 수 있겠는가! 등 귀인은 덕이 후궁의 으뜸이니 능히 이를 감당할 수 있을 것이다.

겨울이 되자 황후로 세웠다. 등 귀인이 세 번 그것을 사양한 연후에 즉위했다. 그리고 나서 손수 글을 써서 표를 올려 감사를 표하면서 덕이 없고 부족하니 후궁을 선발하여 채울 것을 진심으로 진술했다.

이때 사방의 나라에서 공물을 바치려고 하면서 진귀하고 아름다운 물건들을 다투어 구했다. 등 황후가 즉위하자마자 영을 내려 이를 일절 바치지 못하게 한 후 세시歲時에 따라 종이와 먹만을 바치라고 했다.

또한 화제가 등씨들의 관작을 올려 주려고 할 때마다 황후는 번번이 애걸하면서 그것을 겸손히 사양했으므로, 오빠인 등즐조차도 화제의 재위 중에는 관직이 호분중랑장에 지나지 않았다.

【원흥 원년】(105년)

화제가 붕어했을 때, 큰아들 평원왕은 병들어 있었으며 여러 황자들 중 요절하여 일찍 죽은 자가 많아 전후로 십여 명에 이르렀다. 그래서 나중에 태어난 황자는 번번이 백성들 사이에서 몰래 숨겨서 길렀다. 상제殤帝는 태어난 지 백 일밖에 되지 않았으나, 황후가 그를 맞이하여 황제로 옹립했다.

황후를 높여서 황태후로 삼았다. 황태후가 조정에 나와 섭정했다.

화제를 장사지낸 후, 궁인들이 나란히 원園으로 되돌아갈 때, 황태후가 주周 귀인과 풍馮 귀인에게 책서를 내려 말했다.

짐이 귀인들과 더불어 〔황제의〕 배우자가 되어 후궁에 들어온 후, 함께 기쁨을 나눈 지 벌써 십여 년이 지났다. 그러나 하늘의 복을 얻지 못해 황제 폐하께서 일찍 세상을 버리셨으므로, 혼자 된 마음이 외롭디외로워 〔煢煢〕¹³ 하늘을 우러러볼 수조차 없으니 이른 아침부터 밤늦게까지 하루 종일 회한을 품다가 가끔은 사무치는 슬픔이 터져 나오기도 한다. 이제 옛 법에 따라 서로 떨어져 궁 바깥의 능원〔外園〕으로 돌아가면, 참혹한 마음이 가슴에 맺혀 한탄이 날로 늘어날 것인데, 시 「두 마리 제비〔燕燕〕」로 어찌 이 마음을 드러내지 못하겠는가?¹⁴ 두 귀인에게 왕청개거, 빛깔 있는 수레,

---

13 경경煢煢은 무척 외로운 모습을 말한다. 『시경』에 "외롭디외로워 병이 들었네〔煢煢在疚〕"라는 구절이 있다.

14 『시경』 「패풍서邶風序」에 "위장강衛莊姜이 돌아가는 첩을 전송했다"라는 말이 있다. 그

곁마 각 한 필, 황금 서른 근, 잡백 삼천 필, 백월(가는 베) 사천 서를 하사하노라.

또 풍 귀인에게는 왕이 다는 붉은색 인끈을 내리고, 머리에 아직 보요步搖(비녀에 꽂아 걸을 때 흔들리면서 빛을 뿌리는 장식)와 환패環珮(걸을 때 소리 내는 옥으로 만든 고리)가 없는 것을 보고 각각 하나씩을 더해 주었다.[15]

이때 새로 큰 근심을 만났으므로 법과 금령이 아직 정비되지 않았다. 그런데 궁중에서 큰 구슬 한 상자가 없어지는 일이 벌어졌다. 황태후는 이 일을 곰곰이 생각한 후, 조사하고 심문하여 반드시 죄 없는 사람을 밝히리라 결심했다. 이에 몸소 궁인들을 검열하여 얼굴빛을 관찰하니 즉시 머리를 조아리며 엎드린 자가 있었다.

화제가 총애했던 후궁 중 길성吉成이 있었다. 시종들이 함께 길성이 무고를 저질렀다고 거짓으로 고발했다. 액정에서 이에 대해 묻고 심문하니 말과 증거가 명백했다. 그러나 황태후는, 돌아가신 황제 곁에서 함께 모시고 은혜를 입었을 때 〔길성이〕 평소 나쁜 말을 하지 않는 것을 숭상했는데 지금 반대로 이와 같은 일이 벌어졌으니 이는 사람의 정에 맞지 않는다고 생각했다. 이에 다시 몸소 〔당사자들을〕 불러들여 사실을 따졌다. 그 결과 시종들이 억지로 꾸민 것이 밝혀졌다. 이에 감탄하면서 승복하지 않는 자가 없었으니 이로써 성명聖明(임금의 밝은 지

에 이어 "두 마리 제비가 날고 있네. 오르락내리락 날갯짓하며[燕燕于飛, 差池其羽]. 그대 돌아가는 길, 멀리 들에 나와서 전송하네[之子于歸, 遠送于野]. 멀리 내다봐도 보이지 않으니 눈물이 비 오듯 쏟아지네[瞻望不及, 泣涕如雨]"라고 읊은 시가 있다.

15 『주례』에 따르면, "왕후의 머리 장식을 부副, 즉 머리꾸미개라 한다." 머리에 붙여[副] 꾸미기 때문에 그렇게 부른 것이다. 여기에서 나오는 보요 같은 것이다. 『석명』에 따르면, "황후의 머리를 꾸밀 때, 위에 옥구슬을 늘어뜨렸는데, 걸을 때마다 흔들리면서 빛을 뿌렸다."

혜)이 널리 알려졌다.

　귀신을 불러들이지 못하는 음사淫祀(예법에 맞지 않는 제사)는 보통 복을 내리지 못했으므로 담당 관리들에게 조서를 내려 여러 제사관 중에서 전례에 따라 제사하지 못하는 자들을 파직했다. 다시 조서를 내려 건무 이래로(광무제 시절 이래로) 요사하고 간악한 죄를 범한 자들을 모두 사면했으며, 마씨와 두씨 일족 중에서 금고에 처했던 자들은 모두 되돌려 평민으로 삼았다.

　태관大官, 도관, 상방, 내자內者[16]에 영을 내려 의복과 수레와 음식과 반찬 중에서 사치하고 화려하여 만들기 어려운 것을 줄이게 했으며, 스스로도 능묘에 이바지할 때가 아니면 기장쌀을 잘 골라 밥을 짓게 하고 아침저녁으로 고기반찬은 하나만 놓게 했다. 또한 옛 대관 중 하나인 탕관湯官은 보통(經)[17] 한 해에 이만 냥을 썼는데, 황태후가 이처럼 칙서를 내려 그치도록 하니 날마다 맛좋은 음식을 마련하는 비용을 줄이고 없애 몇천만 냥을 쌓을 수 있었다.

　군국에서 바치는 공물을 모두 절반으로 줄이게 했다. 상림원에서 기르는 사냥매와 사냥개를 모두 물리쳐 팔아 버렸다. 촉군(蜀)과 광한군(漢)에서 금테를 두른 그릇(釦器)과 아홉 번 띠를 두른 패도佩刀를 바쳤는데,[18] 모두 다시는 징발하지 못하게 했다. 그림으로 장식하는 것 서른아

16　『한관의』에 따르면, "대관은 반찬 바치는 일을 주관한다." 「음의」에 따르면, "도관은 쌀을 골라 제사에 이바지하는 것을 주관한다. 상방은 칼과 검을 만들거나 옥을 깎아 그릇을 만드는 일을 책임진다." 『한관의』에 따르면, "내자는 휘장과 장막을 책임진다." 모두 관서 이름이다.

17　경經은 상常, 즉 '늘'이라는 뜻이다.

18　촉蜀은 촉군이다. 한漢은 광한군이다. 이 두 군은 주로 황궁에 바치는 그릇들을 만든다. 원제 때 공우貢禹가 상서를 올려서 말하기를, "촉군과 광한군은 금과 은으로 그릇을 만드는데, 각각 오백만 냥을 쓴다"라고 했는데, 바로 이 일을 두고 말한 것이다. 구釦는 금과 은으로 그릇에 테두리를 두르는 것이다.

홉 종류를 멈추게 했다.

또 어부, 상방, 직실에 영을 내려 금수錦繡(꽃무늬가 정교하고 선명하며 곱게 들어간 비단), 빙환, 기곡, 금과 은으로 만든 세공품, 진주와 옥으로 꾸민 장식품, 코뿔소 뿔과 상아, 대모玳瑁(바다거북의 일종) 껍데기, 곱게 조각한 장난감 등을 모두 금지하여 다시는 만들지 못하게 했다. 이궁 별관에 쌓아 둔[儲峙] 말린 밥[糒]과 숯[19]을 모두 없애게 했다.

또 여러 능원의 귀인에게 조서를 내려 궁인들 중에 종실과 동족이면서 병들고 늙어서 사자를 맡길 수 없는 자들이 있다면 원감園監으로 하여금 실상을 파악하여 명단을 올리게 했다. 그리고 나서 몸소 북궁으로 행차해 기쁨에 차서 그 이름을 열람하여 살펴보고 질문한 후 임의로 능원을 떠나거나 머물거나를 택하게 하니 그날로 면천되어 떠난 자가 오륙백 명에 이르렀다.

상제가 붕어하자 황태후는 궁중에서 계책을 정하여 안제를 옹립하고, 친히 조정에 나와 섭정했다. 연이어 큰 근심[20]을 만나 백성들의 노역이 매우 심했으므로, 상제를 강릉 방중方中에 비장할 때[祕藏][21] 여러 물품들을 하나하나 줄이고 생략하여 십 분의 일로 하게 했다.

조서를 내려 사예교위, 하남윤, 남양태수에게 고했다.

이전 조정에 있었던 외척의 빈객들을 자세히 살펴보니 위엄과 권위를 빌려 행동은 경박하고 말은 부박[怱遽][22]하게 함으로써 나랏일을 흐리고 어지럽히는 데까지 이르러 백성에게 근심과 고통이 되는 바가 많았다. 이는

---

19 저치儲峙는 쌓아 두는 것을 말한다. 비糒는 말린 밥이다.
20 큰 근심이란 화제와 상제가 붕어한 것을 말한다.
21 방중은 능 안을 말한다. 무덤 안이므로 숨긴다[祕]는 말을 쓴 것이다.
22 급하고 소홀하다[怱遽]는 뜻이다.

허물이 있어도 법을 게을리 집행하여 번번이 그 벌을 내리지 않았기 때문에 생긴 일이다. 지금 거기장군 등즐 등은 공경과 순종의 뜻을 품었을지라도 그 문중이 광대하고 인척이 적지 않으며 빈객들이 간사하고 교활하여 법에서 금하는 바를 범하는[干]²³ 바가 많다. 봉인한 칙서를 더하여 분명히 밝히노니 서로 용인하고 비호하지 말라.

이때부터 외척이 죄를 저지를 때 너그러이 용서하는 바가 없어졌다. 황태후는 음 씨가 죄를 저질러 폐위된 것을 불쌍히 여긴 끝에 그 무리들을 사면하여 고향에 돌아가게 했으며, 칙서를 내려 그들의 재산 오백여만 냥을 돌려주게 했다.

【영초 원년】(107년)

태부인(등 태후의 어머니)에게 작위를 내려 신야군으로 삼고, 일만 호를 탕목읍²⁴으로 주었다.

【영초 2년】(108년)

여름

서울 낙양에 가뭄이 들자, 황태후는 친히 낙양시로 행차하여 원통하게 옥에 갇힌 사람이 있는지를 살폈다. 이때 죄수 중에 실제로 살인을

---

23 간干은 범犯, 즉 범한다는 뜻이다.
24 탕목湯沐이란, 그 구실과 조세를 취해 목욕재계하는 데 쓸 수 있게 한 읍을 말한다.

저지르지 않았지만 억지로 자백을 강요당하는 바람에 감옥에 갇힌 자가 있었다. 지치고 곤핍하여 여위고 병든 몸으로 황태후가 탄 가마를 보았지만 관리들을 두려워하여 감히 말하지 못하다가 황태후가 떠나려 하자 고개를 드는 것으로 스스로 하소연할 기회를 잡고자 했다. 황태후가 죄수들을 둘러보다가 그를 보고 할 말이 있음을 알아차렸다. 이에 즉시 불러서 문서를 살핀 후, 사실을 따져 밝히고는 즉시 낙양령을 잡아들여 하옥했다. 그러자 행렬이 미처 궁으로 돌아가기도 전에 단비가 크게 내리기 시작했다.

【영초 3년】(109년)

가을

황태후의 몸이 편안하지 못하자 좌우 사람들이 모두 근심하고 당황하여 하늘과 땅에 제사지내면서 축복을 말을 빌자고 청하고는 대신 죽을 자를 구하려고 했다. 황태후가 그 말을 듣고 즉시 꾸짖고 성내면서 액정령掖庭令 이하에게 엄히 명령을 내려 잘못을 사죄하고 복을 빌 뿐 망령되이 상서롭지 않은 말을 하지 못하도록 금했다.

옛 일에 한 해가 끝나면 잔치를 열어 돌아가는 위사衛士들을 위로했고,[25] 대나大儺를 벌여 돌림병을 쫓았다.[26] 황태후는 음과 양이 서로 화합

---

25 옛 일이란 교대자가 생겨 위사들이 돌아갈 때 황상이 친히 잔치를 열어 위로하는 것을 말한다. 『한서』 「개관요전蓋寬饒傳」에 따르면, "한 해가 끝나고 교대가 이루어지면, 황상이 친히 참석해 잔치를 벌이고 돌아가는 호위 군사를 위로한다"라고 했는데, 바로 이 일을 말한다.

26 『예기』 「월령」에 따르면, "담당 관리에게 명하여 대나를 벌이고, 사방의 문에 희생을 바쳐 제사지내며, 흙으로 만든 소를 꺼내 차가운 기운을 내보낸다." 정현의 『예기주』

하지 않았기에 군대가 몇 차례나 일어났다고 보고, 조서를 내려 잔치를 벌일 때 음악을 지어 연주하며 놀지 못하게 하고, 역병을 쫓는 진자侲子[27]의 수를 절반으로 줄이게 했으며, 코끼리와 낙타 같은 것은 모두 풀어 주게 했다. 그러자 풍년이 다시 돌아왔다.

황태후는 황궁에 들어온 후 조대가曹大家(반표의 딸로 『한서』를 완성한 반소를 말한다. 남편 조세숙曹世叔이 죽은 후, 화제가 자주 궁궐에 불러들여 황후와 비빈을 가르치게 했으므로 모두 그녀를 존경해 조대가라고 불렀다)를 좇아서 경서를 배웠으며, 천문과 산수算數도 겸했다. 낮에는 왕의 정치를 살피고 밤에는 경전을 읽고 외웠으나 그 잘못된 곳을 근심하고 원본에서 떨어진 것을 두려워했다. 이에 유진 등 여러 유학자를 비롯해 박사, 의랑, 사부의 속관 오십여 명을 널리 선발하여 동관에 모이게 한 후 전해 오는 기록들을 대조하여[讎][28] 교감하게 했다. 일이 끝나 황태후에게 바치자 그들에게 갈포葛布를 하사했는데 각자 차이를 두었다.

다시 조서를 내려 중관과 근신을 동관에 모이게 하여 경전을 읽고 배우게 하여 이로써 궁인을 가르치게 했는데, 좌우에서 글을 배우고 외는 소리가 아침저녁으로 끊이지 않았다.

얼마 후 신야군이 죽었다. 황태후가 몸소 환자를 돌보았는데, 지극한 정성이 끝이 없었고 근심과 슬픔에 몸이 상할 지경이었으며 모시는

에 따르면, "나儺는 음기이다. 이 달에는 해가 허성과 위성危星을 지나가므로 무덤에 사성四星의 기운이 있으면 여귀厲鬼(돌림병을 퍼뜨리는 못된 귀신)가 된다. 강한 음기를 쫓아서 튀어나와 사람을 해친다." 따라서 나儺를 벌여 그것을 물리치는 것이다.

27 진자는 역병을 쫓는 사람이다. 설종은 「서경부」를 주해하면서 "진侲이란 말이 선한 것을 말한다. 착한 어린아이"라고 했다. 『속한서』에 따르면, "대나를 벌일 때에는 중황문의 자제 중에서 나이 열 살 이상 열두 살 이하로 백이십 명을 진자로 선발한다. 모두 빨간 두건을 쓰고 하얀 옷을 입고, 커다란 노도路鼗(악기의 일종)를 든다."

28 수讎는 대對, 즉 짝지어 대조한다는 뜻이다.

바가 평소보다 더했다. 장공주의 예로서 붉은색 인끈, 동원東園의 비기
祕器,²⁹ 옥의玉衣(황후나 비의 수의)와 수금繡衾(수놓은 이불)을 내렸으며, 더하
여 베 삼만 필과 돈 삼천만 냥을 내렸다. 등즐 등이 돈과 베를 끝내
사양해 받지 않았다. 사공에게 지절을 주어 보내 상사를 지키게 했으
며, 의례는 동해공왕 때에 견주게 하고 시호를 경군敬君이라 했다.

황태후가 양암諒闇(군주가 상중에 있을 때 거하는 방)³⁰에서 거하는 것을
마쳤다. 오랫동안 가뭄이 계속되자, 황태후는 사흘 동안 낙양시로 행
차하여 죄수의 실상을 살피고 다시 심리하여 사형죄를 저지른 자 서른
여섯 명, 내죄형을 저지른 자 여든 명을 석방했다. 또 그 나머지 우지
형 이하 사구작에 이르는 자들의 죄를 감해 주었다.

【영초 7년】(113년)

정월

처음으로 태묘에 들어가 이레 동안 재계한 후, 공경 이하 모든 관료
에게 은사를 내리되 각자 차이를 두었다.

경술일, 종묘에 고했다. 명부命婦와 뭇 후궁을 이끌고 의례를 치르도
록 도왔다[相].³¹ 황제와 함께 교대로 술을 바치고[交獻] 친히 공물을 올

---

29 동원은 부서 이름으로 소부에 속한다. 장례 용품 만드는 일을 담당했으므로, 귀신을
    뜻하는 비祕라는 말을 쓴 것이다.
30 양암은 상중에 거하는 오두막집이다. 때로 '양음諒陰'이라고도 한다. 양諒은 신信, 즉
    '진실로'라는 뜻이고, 음陰은 묵默, 즉 침묵한다는 뜻이다. 근심 중에 거하면서 진실로
    침묵하면서 말하지 않는 것이다.
31 상相은 조助, 즉 돕는다는 뜻이다. 『의례』에 따르면, "명부命夫는 남자 중에서 대부를
    말한다. 명부命婦는 대부의 아내이다."

린 후, 예를 마치고 돌아왔다.[32] 조서를 내렸다.

지금 이바지하는 공물 중 새로운 맛을 내는 것에는 계절에 맞지 않는 음식이 많다. 어떤 것은 온실에서 강제로 숙성한 것이고 어떤 것은 억지로 싹을 틔운 것으로 맛이 지극함에 이르기 전에 억지로 성장시킨 것이니 어찌 때에 순응하면서 길러 낸 것이라고 할 수 있겠는가! 『논어』에 이르기를, "제철이 아니면 먹지 않는다."[33]라고 했다. 지금부터는 마땅히 능묘에 제사를 올릴 때 쓰는 제물은 모두 시절에 맞는 것만을 올리도록 하라.

이에 모두 스물세 종류를 없앴다.
황태후가 조정에 나와 섭정한 후로부터 홍수와 가뭄이 십 년 동안 계속되었고, 바깥에서는 사방의 오랑캐가 쳐들어왔으며 안에서는 도적이 일어났다. 백성들이 굶주린다는 말을 들을 때마다 황태후는 아침에 이르도록 잠들지 못할 때도 있었으며 몸소 음식을 줄여서 재앙을 벗어나고자 했으므로 천하가 다시 평정되고 풍년이 되돌아왔다.

---

32 『주례』에 따르면, 종묘에 제사하는 날 아침에 왕은 곤룡포와 면류관을 벗고 들어가 동쪽 계단에 선다. 왕후는 아름답게 꾸민 후 왕을 쫓아서 들어간다. 왕은 규찬圭瓚(옥이나 은으로 만든 술잔)에 울창주鬱鬯酒를 따라 조상의 신위에 바치고, 그다음 왕후가 장찬璋瓚(반규半圭 모양으로 만든 옥 술잔)에 울창주를 따라서 조상의 신위에 바친다. 이를 일컬어 교헌交獻(교대로 술을 바친다는 뜻)이라고 일컫는다. 제사가 끝날 때까지 모두 아홉 번 바친다.
33 『논어』에 "제때가 아니면 먹지 않는다[不時不食]"라는 말이 있다. 제철에 난 음식이 아니면 먹지 않는다는 뜻이다. 『한서』에 「소신신전邵信臣傳」에 "제때 나지 않는 것은 사람을 상하게 하므로 공양에 써서는 안 된다"라는 구절이 있다.

【원초 5년】(118년)

평망후平望侯[34] 유의劉毅가 태후가 덕 있는 정치를 많이 폈다는 말을 듣고, 이를 조금이라도 빨리 기록하여 남기고자 하여 안제에게 상서를 올려 말했다.

신이 듣기에 『역경』에서 복희씨와 신농씨를 기재하여 임금의 덕[皇德]이 뚜렷해졌으며,[35] 『서경』에서 요임금과 순임금을 기술하여 임금의 도가 높아졌다고 했습니다. 그러므로 성스러운 덕이 이미 밝히 드러났다 할지라도 공이 있으면 반드시 대나무나 비단[竹帛]에 기록했고, 피리 구멍과 악기 줄[管弦]에서 소리가 흘러나오게 했습니다.[36] 엎드려 생각건대 황태후께서는 마음은 큰 성인의 모습을, 몸은 하늘과 땅의 덕을 품으셨으니[37] 그 자취는 아황과 여영[虞妃]에 맞설 정도이며 그 공적은 태임과 태사[任姒]에 비견할 정도입니다.[38] 〔윗사람에게는〕 효도하고 공경하며 〔아랫사람에게

---

34 평망현平望縣은 북해군에 속한다. 이곳에 평망대平望臺가 있는데, 망해대望海臺라고도 한다.
35 『역경』「계사전繫辭傳」에 따르면, "옛날에 포희씨庖犧氏(복희씨)가 천하의 왕이었을 때, 우러러서 하늘 모양을 관찰하고 구부려서 땅 모습을 관찰하여 처음으로 팔괘를 그려서, 이로써 천지 신령의 덕에 통달하고 만물의 정을 알아챌 수 있었다. 포희씨가 죽자 신농씨가 일어나서 나무를 깎아 보습을 만들고 나무를 구부려 쟁기를 만들었다. 그리고 나서 보습과 쟁기의 이로움으로써 천하를 교화했다." 복희씨와 신농씨는 삼황에 속하므로 황덕皇德이라고 한 것이다.
36 죽竹은 간책簡冊을, 백帛은 흰 비단을 말한다. 황제黃帝 이하 육 대까지의 음악은 모두 공덕을 드러내 밝혔는데, 이를 두고 피리 구멍과 악기 줄에서 소리가 흘러나왔다고 한 것이다.
37 『역경』에 "성인은 천지와 더불어 그 덕을 합친다"라는 말이 있다.
38 우비는 순임금의 아내 아황娥皇과 여영女英을 말한다. 임任은 주나라 문왕의 어머니이고, 사姒는 주나라 무왕의 어머니이다.

는) 자애롭고 인자하신 데다 (일할 때에는) 성실하고 삼가면서 절제하고 검약하시어 사치의 근원을 막아 없애시고 탐욕의 조짐을 덮어 누르셨습니다. 이에 안에서 자리가 바로잡히니 교화가 사해에 흘러넘쳤습니다.[39] 그 후 원흥(상제의 연호)과 연평(안제의 연호) 무렵에 나라에 태자가 없었을 때, 우러러 하늘 모양을 관찰하고 백성들로 하여금 기리도록 한 후 폐하를 옹립하도록 도와 천하의 주인이 되게 하시고, 한나라 황실을 영원히 안정시켰으며 사해를 편안하게 하셨습니다. 또 큰 비를 만나 동쪽 여러 주의 백성들이 굶주렸을 때[40] 백성들에게 은혜를 내리시매 사자들이 길에서 서로 교차할 정도였고, 의복과 음식을 가볍게 함에 몸소 뭇 신하들을 이끄셨으며, 찬을 줄이고 곁마를 풀어 주어 백성들(黎苗)[41]을 구휼하셨습니다. 백성들에게 측은지심의 은혜를 베풀어 갓난아기(赤子)처럼 돌보신 것입니다.[42] 또한 사사로운 욕심을 누르고 온갖 허물을 떠안으셨으며 낮고 미미한 자들을 드러내 널리 이름을 떨치게 하셨습니다. 부드럽디 부드러운(雍雍)[43] 정치를 숭상하시고, 가르침을 펴되(敷) 너그럽게 하셨습니다.[44] 망해 가는 나라를 흥하게 하고 끊어졌던 후세를 이으셨으며 공신을 정해 기록하고

39　『역경』 가인괘家人卦에 "여자가 안에서 자리를 바르게 한다(女正位乎內). 집안이 바르면 천하가 평정되는 법이다(正家而天下定矣)"라는 말이 있다. 『예기』에 따르면, 동이, 서융, 남만, 북적을 일컬어 사해라고 한다.

40　연평 원년(106년), 안제가 즉위하자마자 여섯 주에 큰물이 들었다. 영초 원년(107년), 사예교위, 연주, 예주, 서주, 기주 및 여섯 주의 가난한 백성들에게 곡식을 내려 주었다.

41　『광아』에 따르면, "묘苗는 중衆, 즉 무리라는 뜻이다."

42　은隱은 통痛, 즉 아프다는 뜻이다. 『상서』에 "만약 갓난아기처럼 돌본다면, 그 백성들을 편안히 다스릴 수 있으니(若保赤子, 惟人其康乂)"라는 구절이 나온다.

43　『서경』 「고령요考靈耀」에 "말투는 부드럽디 부드럽고(文塞雍雍)"라는 구절이 있다.

44　부敷는 포布, 펼친다는 뜻이다. 『서경』에 "다섯 가지 가르침을 너그럽게 펼치라(五教在寬)"라는 말이 있다.

종실을 되살리셨습니다. 귀양 갔던 사람들을 고향으로 돌려보내셨으며 금고를 풀어 없애 주셨습니다. 정치가 은혜롭고 온화하지 않으면 마음에 생각조차 하지 않으시니 옛 법에 따라 만들어진 것이 아니면 조회할 때 찾지 않으셨습니다. 그 넓은 덕은 바다를 넘치게 하고[洋溢][45] 우주를 채워 막히게 할 정도이며, 그 커다란 은혜는 풍성하고 성대하여 팔방에 흘러넘칠 정도입니다. 그리하여 중원은 교화를 즐거워하고 오랑캐들은 하나로 아우러졌습니다. 그 커다란 공적이 우리 한나라에서 우뚝하고 그 커다란 은혜가 백성들에게 더해졌습니다. 그 높디높은 업적은 일찍이 들어본 적이 없을 지경이며 그 넓디넓은 공훈은 이름 지을 수 없을 정도입니다. 옛날의 제왕들은 모두 좌우에 사관을 두었습니다.[46] 한나라의 옛 법에도 대대로 기록을 남기게 했습니다. 무릇 도에는 낮음과 높음이 있어야 하며, 다스림에는 나아감과 물러섬이 있어야 합니다. 만약 선한 정치를 기술해 두지 않고 세세한 이적들도 번번이 기록해 두지 않았다면, 요임금이 홍수로, 탕임금이 큰 가뭄으로 하늘의 꾸짖음을 받았으나 모두 큰 업적을 널리 떨쳐서 하늘의 아름다움에 이른 것[咸熙假天之美][47]도 알지 못할 것입니다. 또 은나라 고종高宗과 주나라 성왕이 까치가 울고 큰 바람이 부는 변고를 맞았지만 나라를 다시 일으키고 편안하게 한 공도 없어졌을 것입니다.[48]

---

45 바다를 넘치게 한다는 것은 많다는 뜻이다.
46 『예기』「옥조玉藻」에 따르면, "움직일 때에는 좌사左史가 그것을 기록하고, 말할 때는 우사右史가 그것을 기록한다."
47 함咸은 개皆, 즉 모두라는 뜻이다. 희熙는 광廣, 즉 넓다는 뜻이다. 『상서』에 "여러 가지 공적이 모두 너르다[庶績咸熙]"라는 구절이 있다. 요임금의 정치는 여러 가지 공적이 모두 널리 퍼졌다는 뜻이다. 격假은 지至, 즉 이르렀다는 뜻이다. 『상서』에 "우리 조상의 업적을 도와 하늘에까지 이르게 했다[祐我烈祖, 格于皇天]"라는 말이 있다. 이윤이 탕임금을 보좌하니, 그 공이 하늘에 이르렀다는 말이다. 요임금 때에는 아홉 해 동안 홍수가 났고, 탕임금 때에는 일곱 해 동안 큰 가뭄이 들었다.
48 고종은 은나라 왕으로 소을小乙의 아들이며 이름은 무정武丁이다. 탕임금을 제사할 때

『시경』과 『서경』을 상고해 보니, 순임금에게는 두 왕비가 있었고, 주나라 왕실에는 세 어머니가 있어[49] 행실을 닦아 덕을 보좌하고[50] 생각은 문지방을 넘지 않았습니다[思不踰閾].[51] 이에 안으로 집안의 어려움을 만나고 바깥으로 재해를 만나는 일이 없었으며, 조정의 모든 일을 세세히 기록하여[大麓] 열람하고 총괄하면서 천하 만물[天物][52]을 경영하니 공덕의 높디높음이 이처럼 커다랗습니다. 마땅히 사관을 시켜 『장락궁주長樂宮注』와 『성덕송聖德頌』을 짓게 해 그 찬란한 업적을 널리 알리고 쇠와 돌에 그 공훈을 기록하여 해와 달보다 높이시고[53] 세상 끝까지 널리 펴심으로써[攄] 폐하의 두텁디 두터운[烝烝] 효심을 높이소서.[54]

꿩이 날면서 솥[鼎]의 귀에 앉아서 울었다. 이에 고종이 덕을 닦아 은나라의 도가 다시 흥하게 되었다. 주나라 성왕이 주공을 의심하자 우레가 울고 벼락이 치면서 큰 바람이 부는 변고가 일어났다. 이에 성왕이 잘못을 고치니 형벌이 거의 없어질 지경에 이르렀다.

49 『서경』에 따르면, "두 딸을 규수嬀水 어귀로 내려 보내 우虞(순임금)에게 시집보냈다." 세 어머니란 후직의 어머니 강원姜嫄, 문왕의 어머니 태임太任, 무왕의 어머니 태사太姒를 말한다. 『시경』 「대아」에 따르면, "그 처음 사람을 낳은 분은 바로 강원이시라네[厥初生人, 時維姜嫄]"라는 구절이 있다. 또 "태임이 잉태하여 문왕을 낳으셨도다[太任有身, 生此文王]"라는 구절이 있다. 또 "태사가 아름다운 명성을 이어받으니 많은 아들을 낳았구나[太姒嗣徽音, 則百斯男]"라는 구절이 있다.

50 『시경』에 "공덕 높으신 아버님께 제물을 올리고, 문덕 높으신 어머님께도 제물을 올린다[旣有烈考, 亦有文母]"라는 구절이 있다. 이것이 바로 덕을 보좌했다는 뜻이다.

51 역閾은 문지방을 말한다. 『춘추좌씨전』에 따르면, "아녀자들은 사람을 맞거나 보낼 때 문 밖으로 나갈 수 없었으므로, 형제를 만날 때에도 문지방을 넘지 않았다."

52 록麓은 록錄, 즉 기록한다는 뜻이다. 황제의 세세한 정치를 모두 기록한다는 말이다. 『서경』에 "큰 숲으로 들어가시니[納於大麓]"라는 구절이 있다. 또 "천하 만물을 함부로 죽이다[暴殄天物]"라는 구절이 있다.

53 『역경』에 "하늘의 현상 중 가장 밝게 드러나는 것은 해와 달보다 큰 것은 없다[縣象著明, 莫大於日月]"라는 말이 있다.

54 『광아』에 따르면, "터攄는 서舒, 즉 편다는 뜻이다." 공안국의 『상서주』에 따르면, "증증烝烝은 힘을 다해 앞으로 나아가는 것이다."

황제가 그 말을 따랐다.

【원초 6년】(119년)

등 태후가 조서를 내려 화제의 동생인 제북왕과 하간왕의 아이들 중 나이 다섯 살 이상 사십여 명과 등씨의 가까운 친척 자손 삼십여 명을 불러들인 후 그들을 위하여 저제邸第(관사)⁵⁵를 열고 경서를 가르치고 배우게 하고는 몸소 나아가 시험을 치렀다. 아직 어린아이들은 사보師保(가정교사)를 두고 아침저녁으로 궁궐에 들어오게 하여 잘 달래 따르게 하고 가르쳐 이끌도록〔詔尊〕⁵⁶ 하니 은혜와 사랑이 무척 두터웠다. 또 사촌오빠인 하남윤 등표鄧豹와 월기교위 등강鄧康 등에게 조서를 내렸다.

내가 여러 아이들을 불러들이고 그들을 위하여 학교를 설치한 것은 요즈음 세태가 대대로 이어진 폐단을 받듦으로써 시중 풍속은 천박해져서 거짓됨이 넘쳐 나며 오경은 쇠퇴하고 이지러져서 교화로써 이끄는 바가 없어지니 장차 〔문명이〕 쇠락하려 하므로 성인의 도를 기리고 높여 잃어버린 풍속을 바루고자 한 것이다. 『논어』에 말하지 않았던가! "온종일 배불리 퍼먹고 마음을 쓰는 바가 없다면 어렵구나!"⁵⁷ 지금 귀척의 후예들은 봉록을 누리는 집안에서 태어나 따뜻한 옷과 맛있는 밥을 먹고 튼튼한 수레

---

55 『창힐편』에 따르면, "저邸는 사舍, 즉 집이라는 뜻이다."
56 조詔는 고誥, 즉 알린다는 뜻이다.
57 『논어』에 나오는 공자의 말이다. 사람이 종일 배불리 먹을 뿐, 도의에는 마음을 쓰지 않는다는 말이다. "어렵구나!"라고 한 것은 끝내 멀고 큰 뜻을 이룰 수 없다는 말이다.

를 타고 좋은 말을 몰고 있으나〔乘堅驅良〕[58] 도리어 배우는 데는 힘쓰지 않아 벽에 얼굴을 마주한 것 같고〔面牆〕[59] 좋고 나쁜 것조차 구별할 줄 모르니 이것은 반드시 재화와 패망을 불러들일 것이다. 영평 연간(58~75년)에 사성소후[60]에게 영을 내려 태학에 입학하게 한 후 속된 것을 바로잡고 소박한 것을 장려하니 그들이 돌이켜 충성과 효도를 바치게 되었다. 돌아가신 공〔先公〕은 무로써 공을 세워 죽백에 이름이 오른 데다 문으로써 덕을 베풀어 자손을 교화했다.[61] 그러므로 스스로 마음을 닦아 자신을 바룰 수 있다면〔束脩〕[62] 법의 그물에 저촉됨이 없으리라. 진실로 아이들에게 영을 내리노니 위로는 조상의 훌륭한 공적을 진술하고, 아래로는 조서의 본래 뜻을 생각하면 그것으로 족하다. 힘쓸지어다!

등강은 황태후가 오래 섭정하는 것을 보고, 마음속으로 크게 두려워하면서 병을 핑계로 조정에 나가지 않았다. 그러자 황태후가 궁궐 안 사람을 시켜 그를 문병하게 했다. 이 무렵 궁중 시녀가 드나들 때, 〔궁궐 밖 사람을〕헐뜯거나 기리는 바가 많았는데, 시녀들 중 나이가 많은 자를 〔사람들이〕모두 중대인中大人이라 불렀다. 이에 사자가 등강의 집에 이르러 먼저 시비를 보내면서 역시 스스로 중대인이라고 칭했다. 등강이 그 말을 듣고는 그를 꾸짖어 말했다.

---

58 견堅은 좋은 수레를, 량良은 훌륭한 말을 일컫는다.『묵자』에 따르면, "성스러운 임금은 옷 짓는 법을 만들었고, 튼튼한 수레와 좋은 말이 귀한 줄 몰랐다."
59 『서경』에 "배우지 않으면 벽에 얼굴을 마주하고 있는 것 같다〔弗學牆面〕"라는 구절이 있다.
60 사성소후에 대한 풀이는「명제기」에 나온다.
61 선공先公(황제나 제후의 선조를 높이는 말)은 등우를 말한다. 등우는 아들이 열셋이었는데, 각각 한 가지 재주를 익히게 했으므로 문으로써 덕을 베풀었다고 한 것이다.
62 스스로 수양하여 잘못된 것을 바루겠다고 약속하는 것을 말한다.

"너는 내 집에서 나가라. 네가 감히 어찌하여 이리 간사한가!"

이에 궁궐 시비가 크게 화를 내고 궁으로 돌아가서는 등강이 꾀병을 부리는 데다 불손한 말을 했다고 말했다. 그러자 황태후가 등강의 관직을 면직했으며, 그 나라로 돌려보낸 후 호적에서 이름을 없앴다.

【영녕 2년】(121년)

2월

병들어 눕는 날이 점점 많아지자 황태후는 전전에서 가마에 올라탄 후 시중과 상서를 알현하고 북쪽으로 가서 태자가 새로 궁궐을 수리하는 곳에 이르렀다. 돌아오다가 천하에 대사면령을 내리고, 여러 능원의 귀인들, 왕들, 공주들, 뭇 신료들에게 돈과 옷감을 하사하되 각자 차이를 두었다. 조서를 내렸다.

짐이 덕이 없으면서 어머니로서 천하를 맡았으나 박복하여 하늘의 도움을 받지 못해서 일찍이 황제를 잃고 커다란 근심에 처하게 되었다. 연평 무렵(상제가 죽었을 때), 천하에 주인이 없어 백성들이 액운을 만나고 나라는 누란累卵의 위기에 처했다.[63] 이에 간절하게 애쓰고 감히 만승(천자)을 즐거

---

63 『설원』에 따르면, "진晉나라 영공靈公이 교만하고 사치스러워 아홉 층 누대를 짓게 했다. 이에 나라는 궁핍해지고 백성들은 가난해졌으며 공을 이루는 것을 부끄럽게 여겨 일이 진척되지 않았다. 이에 영공이 영을 내려 말했다. '좌우에 간하는 자가 있으면 즉시 목을 베어라.' 이에 순식荀息이 알현을 청했다. 영공이 말했다. '간하려고 하는가?' 순식이 답했다. '어찌 감히 그러겠습니까. 신이 바둑알 열두 개를 쌓고, 그 위에 달걀 아홉 개를 더 얹을 수 있음을 보여 드리려고 합니다.' 영공이 말했다. '그건 위태롭다.' 순식이 말했다. '그보다 더 위태로운 것이 있습니다. 왕께서 아홉 층 누대를

움으로 삼지 않으면서 위로는 하늘을 속여 돌아가신 황제께 부끄럽지 않고 아래로는 백성들을 거슬러 본래 품었던 마음을 저버리지 않으려 했다. 오직 마음을 다해 백성을 구제함으로써 유씨 황실을 편안히 하려 한 것이다. 스스로는 하늘과 땅에 정성이 통했으니 마땅히 복을 입기 바랐으나 오히려 안팎[64]으로 상을 당해 상심과 비통함이 끊이지 않았다. 요즈음 병들어 누워 일어나지 못하는 날이 계속되어 오랫동안 제사를 모실 수 없었다. 내 힘으로 원릉(광무제의 능)에 오르고자 했으나 기침이 목구멍을 거슬러 올라 피를 토하는 지경에 이르러 끝내 낫지 않을 것 같다. 살고 죽는 것은 모두 천수에 달려 있으니 감히 어찌할 수 있으랴. 공경 백관은 모두 충성과 공경을 다해 그 직분에 힘써서 조정을 보좌하라.

3월

황태후가 세상을 떠났다. 황후에 오른 지 스무 해 만이었으며, 나이는 마흔한 살이었다. 순릉順陵에 합장했다.

논하여 말한다.

등 황후는 죽을 때까지 섭정하면서, 스스로 명을 내리고 영을 반포했다. 입으로는 예전 정치(前政)의 어짊을 사양해 말했으나, 몸으로는 군주(辟)를 밝히는 의로움을 빠뜨렸다.[65] 또 물려받은 자(황제)로 하여금

짓느라고, 백성들이 밭 갈고 길쌈하기를 못하고 있습니다. 사직이 한 번에 망하고 나면, 왕께서는 더 이상 무엇을 바라겠습니까!' 영공이 말했다. '모두가 내 잘못이다.' 이에 짓던 누대를 무너뜨려 버렸다."
64 안팎이란 신야군이 죽고 화제와 상제 두 황제가 붕어한 것을 말한다.

곁눈질하게 하고 빈 그릇(虛器)⁶⁶에 옷깃을 여미게 하는 데 이르니 곧은 유생들이 분개하여 대궐 문(象魏)에 투서를 내걸었다.⁶⁷ 빌림(借)의 의례가 그 미혹함을 가깝게 했구나(殆其惑哉)!⁶⁸ 건광 이후 권력이 황제에게 돌아가자⁶⁹ 끝내 이름난 현자들은 죽임의 치욕을 당하고 아첨꾼들이 무리를 이루어 앞에 나서게 되었다.⁷⁰ 쇠퇴와 패망(斁)이 다가오니 어찌 징조가 자주 있지 않겠는가.⁷¹ 권력을 쥔 것은 헐뜯음을 끌어들이고 총애하는 것은 자신을 위하는 바가 아니다. 마음을 다해 우환을 없애고, 정신을 가다듬어 나라만을 위해야 한다.⁷² 이때 반 씨(班氏)가 어머니에 대해 한마디 말을 하자 집안이 일을 사양할 수 있었다.⁷³ 또 사랑하는 조카는 작은 죄를 저질렀을 때 머리카락을 잘라 사죄하게 했다.⁷⁴ 그러

---

65 예전 정치(前政)는 주공을 말한다. 벽(辟)은 군(君), 즉 임금이라는 뜻이다. 『서경』에 "그대 밝은 임금님께 돌려 드립니다"라는 구절이 있다. 주공이 섭정하다가 주나라 성왕에게 다시 제위를 돌려준 것을 말한다. 등 태후는 돌려주지 않았으므로 빠뜨렸다(闕)고 한 것이다.

66 기器는 신령한 그릇, 즉 황제의 자리를 비유한 말이다.

67 상위는 궐闕, 즉 궁궐을 말한다. 곧은 유생이란 두근杜根 등이 상서를 올려 등 태후가 안제에게 정권을 돌려주라고 청한 것이다.

68 차借는 가假, 즉 빌린다는 뜻이다. 태殆는 근近, 즉 가깝다는 뜻이다. 등 태후가 결국 안제에게 정치를 돌려주지 않았으므로 미혹에 가까워졌다고 한 것이다.

69 등 태후가 건광 원년(120년)에 붕한 후에야 비로소 정치가 안제에게 돌아왔다.

70 황제가 유모 왕성 및 그 딸 백영伯榮을 총애해 후궁에 드나들게 했으므로 그를 통해 간악한 재물을 전하니 태위 양진 및 등즐 등이 모두 중관(환관)들의 참소를 받아 주살되었다.

71 역斁은 패敗, 즉 패망한다는 뜻이다. 안제가 정치에 임하고 나서 쇠락과 패망이 더욱 심해졌으므로 징조가 있다고 한 것이다.

72 조정 권력을 쥔 것이 비방하는 무리를 불러들이고, 총애를 내리는 것이 자신의 몸을 위하는 바가 아니니 오직 나라를 위해 노심초사해야 한다는 말이다.

73 등 태후의 오빠인 대장군 등즐이 모친상을 당하자 글을 올려 물러날 것을 청했으나 등 태후가 이를 윤허하지 않았다. 그러나 반소班昭를 보내서 물어보자 그것을 허락했다. 이 일에 대해서는 「반소전班昭傳」에 나온다.

나 두근杜根이 주살당했을 때에는 어찌 믿음[誠]이 아직 미치지 못했단 말인가![75] 소가 밭을 가로질렀다 해서 그것을 빼앗는 것은 심한 짓이 아닌가![76]

---

74 등즐의 아들 등봉은 황제의 유명을 받았으나 일이 누설되었다. 그때 등즐은 끝내 아내와 등봉의 머리카락을 잘라 천하에 사죄하게 했다. 이 말은 「등즐전鄧騭傳」에 나온다.
75 성誠은 신信, 즉 믿는다는 뜻이다. 황태후가 두근을 믿지 못했음을 말한다.
76 『춘추좌씨전』에 나오는 말이다. 신숙시申叔時가 말했다. "소를 끌고 남의 밭을 질러가면 밭주인이 그 소를 빼앗는다는 말이 있습니다. 소를 끌고 밭을 가로질러 가는 것은 참으로 죄를 짓는 것이지만, 그 소를 빼앗는 것은 벌이 너무 무겁습니다." 이를 두근에 비유한 것이다. 상서를 올린 것이 비록 죄가 있다 할지라도 태후가 그를 죽인 것은 잘못이 심하다는 뜻이다.

안사염황후
安思閻皇后[1]

안사황후[2] 염 씨는 휘가 희姬이며, 하남군 형양현滎陽縣 사람이다. 할아버지 염장閻章은 영평 연간(58~75년)에 상서를 지냈으며, 그의 두 누이동생은 귀인이었다. 염장은 마음을 다해 옛 법전을 밝히는 데 힘썼고 그 관직에 오래 머물렀으므로, 마땅히 더 중요한 직책으로 승차해야 했으나 누이들이 명제의 후궁이었으므로 끝내 쓰이지 못하고 나가서 보병교위[3]가 되었다. 염장이 염창閻暢을 낳았으며, 염창이 염희를 낳았다. 염희는 재주와 미모가 있었다.

【원초 원년】(114년)

선발되어 액정으로 들어왔으며 무척이나 총애를 받아 귀인이 되었다.

---

1 본래는 여기에서부터 「황후기」 하권에 해당한다 – 옮긴이.
2 『일주서』「시법해」에 따르면, "지모가 있고 생각이 깊어서 허물이 없는 것을 사思라 한다."
3 『한관의』에 따르면, "〔질은〕 비 이천 석으로, 숙위병宿衛兵(궁궐에서 숙직하면서 지키는 병사)을 책임진다. 북군北軍 중후中候에 속한다."

【원초 2년】(115년)

황후가 되었다. 염 황후는 질투와 시기가 아주 심했다. 안제가 궁녀 이 씨에게 은혜를 내려 황자 유보를 낳자 짐독(鴆)⁴으로 이 씨를 살해했다.

【원초 3년】(116년)

염 황후의 아버지 시중 염창을 장수교위로 삼고, 북의춘후北宜春侯⁵로 봉했다. 식읍은 오천 호였다.

【원초 4년】(117년)

염창이 죽었다. 시호를 문후文侯라 했으며, 아들 염현이 작위를 이었다.

【건광 원년】(121년)

등 태후가 붕어하자 황제가 처음으로 친히 정사를 보았다. 염현 및 그 동생 염경, 염요, 염안이 모두 경과 교위가 되어 금병禁兵(황제의 친위

---

4 짐은 독조毒鳥이다. 살무사를 먹는다. 깃털을 술에 담아 몇 차례 휘저은 후 그것을 먹으면 죽음에 이른다.
5 북의춘현은 여남군에 속한다. 예장군에도 의춘현宜春縣이 있으므로, 이름에 북을 더한 것이다.

병)을 맡았다.

【연광 원년】(122년)

염현을 장사후長社侯[6]로 고쳐서 봉했다. 식읍은 일만 삼천오백 호였다. 염 황후의 어머니 종宗을 추존해 형양군滎陽君[7]으로 봉했다. 염현과 염경의 여러 아들은 이를 갈 나이[齔][8] 밖에 되지 않았는데도, 모두 황문시랑으로 삼았다.

염 황후가 극도로 총애를 받자 그 형제들이 자주 조정 권력을 휘둘렀다.

【연광 3년】(124년)

마침내 염 황후가 대장추 강경, 중상시 번풍 등과 함께 황태자 유보를 참소하여 폐하고 제음왕으로 삼았다.

6　장사현은 영천군에 속한다. 「음의」에 따르면, "그 사社 안에 있는 나무가 몹시 빨리 자랐으므로, 이름을 장사長社라 했다."
7　『속한지』에 따르면, "부인은 군君으로 봉한다. 의례는 공주에 견주어서 치른다. 기름 칠한 병거軿車(부인들이 타는 앉는 수레)를 타며, 대수帶綬(허리띠에 다는 인끈)를 한다. 색실로 짜서 만들고, 각각 그 인끈과 색이 같은 것을 쓴다. 거기에 황금으로 벽사 장식을 그 머리 부분에 더하여 허리띠를 한다."
8　『대대례』에 따르면, "남자는 여덟 살에 이를 갈고[齔], 여자는 일곱 살에 이를 간다." 흔齔은 이가 빠지는 것이다.

【연광 4년】(125년)

봄

염 황후가 황제를 따라 장릉군으로 행차했다. 도중에 황제가 병이 들어 섭현에서 붕어했다. 염 황후가 염현 형제 및 강경, 번풍 등과 모의하여 말했다.

"지금 어가는 저물어서〔晏駕〕[9] 아직 길 위에 있고 제음왕은 궁궐 안에 있으니, 공경들이 만나 그를 황제로 옹립하면 우리는 큰 해를 입게 될 것이다."

이에 황제의 병이 심하다고 거짓으로 발표하고 누워 타는 수레로 〔시신을〕 옮기게 했다. 그러고는 움직인 지 나흘 만에 말을 달려 궁궐로 돌아왔다. 다음 날, 거짓말을 해서 사도 유희를 교묘와 사직에 보내 하늘에 고한 후 천명을 청하게 하고 그날 저녁에 바로 상을 치렀다.

황후를 높여 황태후라고 불렀다. 염 태후가 조정에 나와 섭정했다.[10] 염현을 거기장군에 임명하고 의례를 삼공과 똑같이 하게 했다.

염 태후가 오랫동안 국정을 전횡하고자 했으므로 어린아이를 황제로 세우려고 했다. 이에 염현 등과 더불어 궁중에서 계책을 짠 후, 제북혜왕[11]의 아들 북향후 유의를 황제로 세웠다.

염현은 대장군 경보[12]가 지위가 높고 권력이 크며 이전 조정에서 위

---

9   안晏은 만晩, 즉 저물었다는 뜻이다. 신하는 감히 황제의 붕어를 입에 올릴 수 없으므로, 어가가 저물었다고 한 것이다.
10 채옹의 『독단』에 따르면, "소제가 즉위하자 황태후가 즉시 섭정하여 전전에 나와 뭇 신하를 조견했다. 황태후는 동쪽을 향해 앉고, 소제는 서쪽을 향해 앉았다. 뭇 신하들이 상서를 올려서 일을 상주할 때에는 두 통을 작성하여 하나는 '황태후에게, 하나는 소제에게 올렸다."
11 제북혜왕은 이름이 유수이며 장제의 아들이다.

력 행사를 했던 것을 무척 꺼렸다. 이에 담당 관리를 시켜 경보 및 그 일당인 중상시 번풍, 호분중랑장 사운, 사운의 동생 시중 사독謝篤, 사독의 동생 대장군장사大將軍長史 사복謝浤,¹³ 시중 주광, 유모 야왕군 왕성, 왕성의 딸 영永, 영의 사위 황문시랑 번엄樊嚴 등이 함께 빌붙어 당을 이룬 후 서로에게 멋대로 복을 내리고 위엄을 행사하며 궁궐 일을 몰래 염탐하면서 다시 힘을 합쳐 의로움을 핍박하니 모두 크게 부도하다고 풍간하게 했다. 번풍, 사운, 주광을 모두 하옥해 죽였으며, 그 일가 친척들을 모두 비경현¹⁴으로 귀양 보냈다. 사복과 번엄은 사형에서 감하여 곤겸형에 처했다. 경보의 작위를 깎아서 정후로 삼고 그 나라로 보냈는데, 〔경보가〕 도중에 스스로 목숨을 끊었다. 왕성 모녀는 안문군으로 귀양 보냈다. 그리고 나서 염경은 위위가, 염요는 성문교위가, 염안은 집금오가 되었다. 염씨 형제가 권력의 중심을 장악하니 권세와 위풍을 떨침에 거리낌이 없었다.

　소제가 세워진 지 이백여 일 만에 병들어 위독해졌을 때, 염현 형제들 및 강경 등이 그 좌우에 있었다. 강경이 염현을 병풍 뒤로 끌고 가서 말했다.

　"북향후(소제를 말한다)의 병이 낫지 않을 듯하니, 마땅히 나라를 누가 이을지를 정해야 할 때입니다. 지난번에 제음왕을 쓰지 않았는데, 만약 이번에 그를 옹립하면 나중에 반드시 원망함이 있을 것입니다. 여러 왕자들을 불러서 미리 간택해 두는 것이 어찌 이르다 하겠습니까?"

12　경엄의 동생 경서耿舒의 손자이다.
13　『선문善文』에 따르면, "사운은 자가 백주伯周, 사복은 자가 중주仲周, 사독은 자가 계주季周이다."
14　비경현은 일남군에 속한다. 「음의」에 따르면, "해가 머리 위에 있으면, 경치는 이미 아래에 있으므로 그런 이름이 붙은 것이다."

염현 역시 그러자고 했다.

마침내 소제가 죽자 강경이 염 태후에게 알리고는 제북왕과 하간왕의 아들을 불러들였다. 그러나 미처 그들이 이르기 전에 중황문 손정 등이 함께 모의하여 강경 등을 주살하고 제음왕을 황제로 옹립하니, 그가 바로 순제이다. 염현, 염경, 염안 및 그 일당들을 모두 죄를 물어 주살하고 염 태후를 이궁으로 옮겼으며 그 집안사람들을 모두 비경현으로 귀양 보냈다.

【이듬해〔영건 원년〕】(126년)

염 태후가 붕어했다. 황후에 오른 지 열두 해 만이었다. 공릉에 합장했다.

순제의 어머니 이 씨가 묻힌 곳이 낙양성 북쪽에 있었다. 처음에 순제는 이를 알지 못했는데, 감히 입에 담는 자가 없어서였다. 그런데 염 태후가 붕어하고 나서 좌우에서 그 사실을 고했다. 순제가 크게 느낀 바 있어 슬픔을 터뜨리면서 친히 그 묻힌 곳에 이르러 예로써 다시 시체를 수습했다. 시호를 추존해 공민황후로 삼고 공북릉에 장사지냈다. 또 책서와 금궤金匱를 마련하여 세조묘(광무제의 묘)[15]에 두었다.

---

15 공릉의 북쪽에 있으므로 그런 이름이 된 것이다. 『한관의』에 따르면, "능원에는 원령園令과 식감食監을 각 한 사람씩 두는데, 질은 모두 육백 석이다." 금궤는 궤를 봉할 때 황금을 쓴 것을 말한다.

순렬양황후
順烈梁皇后

    순렬황후 양 씨梁氏는 휘가 납妠으로,[1] 대장군 양상梁商의 딸이며 공회 황후의 동생의 손녀이다.
    양납梁妠이 태어났을 때, 빛이 환하게 감싸는 상서로움이 있었다. 어렸을 때부터 여자의 일(길쌈을 말한다)을 잘 했고 『사서』 읽기를 좋아했으며, 아홉 살 때에는 능히 『논어』를 외우고 『한시韓詩』[2]를 익혀 그 대강의 뜻을 깨달을 수 있었다. 항상 열녀列女 그림[3]을 가까이에 두고 스스로 살피고 경계했다. 아버지 양상이 이를 매우 기이하게 여겨 몰래 여러 동생들에게 말했다.
    "우리 선조께서는 하서河西 땅을 온전히 구제하여 목숨을 살린 자가 셀 수 없을 정도였다.[4] 비록 높은 관직은 받지 못하셨지만 덕을 쌓으면

---

1   『일주서』 「시법해」에 따르면, "덕을 지키고 업을 높이는 것이 열烈이다." 『성류聲類』에 따르면, 납妠은 취娶, 즉 장가든다는 뜻이다."
2   한영韓嬰이 전한 『시경』을 말한다.
3   유향이 지은 『열녀전』 여덟 편의 내용을 그림으로 그린 것이다.
4   양상의 증조할아버지는 양통梁統이다. 경시 2년(24년)에 중랑장 및 주천태수가 되어 양주涼州를 안정시켰다. 이때 하서 지역에서 소요가 일어나 어지러웠는데, 뭇 사람이 의를 열어 평소에 위엄과 신의를 갖추었다는 이유로 양통을 추천하여 두융과 함께 다섯 군을 온전히 수습하게 했다.

반드시 보답이 있는 법이다. 만약 복이 자손에게 미친다면 혹시 이 아이로 인하여 모두 흥하게 되지 않을까?"

【영건 3년】(128년)

고모와 함께 선발되어 액정에 들어왔다. 이때 나이가 열세 살이었다. 관상쟁이 모통茅通이 양납을 보고 깜짝 놀라서 두 번 절하고 나서 경하하면서 말했다.

"이분은 이른바 일각반월日角偃月(이마 가운데 부분이 반월처럼 생긴 것)의 상인데, 관상이 지극히 귀한 것이 제가 일찍이 본 적이 없습니다."

태사가 점을 쳐 보니 수방壽房(양납은 수안전壽安殿에서 황후의 자리에 올랐는데, 이를 가리키는 말이다)을 얻는다 하고, 또 점괘를 뽑아 보니 〔하늘을〕 돕는 땅의 자리〔坤之比〕[5]를 얻는다 했다.

마침내 양납이 귀인이 되었다. 황제의 사랑을 특별히 받았는데, 늘 사양하는 얼굴로 황제에게 말했다.

"양은 널리 베푸는 것을 덕으로 삼고, 음은 오로지하지 않는 것을 의로 삼습니다. 여치는 많은 자손을 낳으니, 복이 이로부터 일어난다고 했습니다.[6] 폐하께서 구름과 비〔雲雨〕를 고루 넉넉히 내리시어 물고기 꿰미〔貫魚〕의 차례와 순서를 알게 하시고 소첩으로 하여금 허물과 비방

---

5 『역경』의 곤괘坤卦 육오六五는 변해 도움〔比〕이 된다. 구오九五를 돕는다. 「상전象傳」에 따르면, "도움을 드러냄이 길한 것은 그 자리가 한가운데이기 때문이다〔顯比之吉. 位正中也〕." 구오는 그 자리를 얻어 거하는 것이요, 아래가 위에 조응하므로 길한 것이다.

6 『시경』 「국풍서國風序」에 "후비는 여치와 같이 투기하지 않으니 자손의 무리가 많다"라는 구절이 있다. 『시경』 「대아」에 "태사가 아름다운 명성을 이으시니 많은 자손을 낳으셨네"라는 구절이 있다.

이 쌓이는 것을 면하게 하소서."
　이로 말미암아 황제가 사랑을 더했다.

【양가 원년】(132년)

봄

　담당 관리들이 장추궁을 세우자고 상주하면서, 승지후乘氏侯 양상은 돌아가신 황제의 외척으로[8] 『춘추』의 뜻에 따르면 먼저 큰 나라에서 아내를 맞는다고 했으니[9] 마땅히 양 소귀인小貴人을 천자의 배필로 삼아 황후〔坤極〕의 자리를 바로잡아야 한다[10]고 했다.
　순제가 그 말을 따라 수안전壽安殿[11]에서 양 귀인을 황후로 세웠다.
　양 황후는 어렸을 때부터 총명하고 지혜로워 이전 시대 정치의 득실을 깊이 살폈다. 비록 덕으로써 자리에 올랐지만 감히 황제를 오로지 하고자 하는 교만한 마음을 품지 않았으며, 일식과 월식으로 하늘의

7　『역경』에 "구름이 움직여 비를 뿌리니 만물이 형체를 갖춘다〔雲行雨施, 品物流形〕"라는 말이 있다. 「박괘剝卦」에 "물고기를 꿰어 궁녀의 총애를 얻으니 불리함이 없다〔貫魚, 以宮人寵, 無不利〕"라는 말이 있다. 박剝은 곤괘가 아래에, 간괘가 위에 있는 괘로 음이 다섯에 양은 하나이며 음이 모두 〔양〕 아래쪽에 있다. 나란한 머리가 서로 교차한 모습이 꼭 물고기를 꿴 것과 비슷하다.
8　양상의 대고모가 장제의 귀인으로 화제를 낳았다.
9　『춘추공양전』에 따르면, 천자가 기紀나라에 장가들 때, 기나라는 본래 자작子爵의 나라였는데, 먼저 그를 높여서 후작侯爵이 되게 했다. 이를 일컬어 왕은 작은 나라에 장가들지 않는다고 한 것이다.
10　황후의 자리를 바로잡아 음덕陰德의 궁극에 거하는 것이다. 『역경』에 "여자가 안에서 자리를 바르게 한다"라는 말이 있다.
11　수안전은 덕양궁德陽宮 안에 있는 전각 이름이다.

꾸지람이 나타날 때마다〔日月見謫〕[12] 번번이 복장을 낮춰 입으면서 허물을 구했다.

【건강 원년】(144년)

순제가 붕어했다. 양 황후에게 아들이 없자 미인 우 씨虞氏의 아들 유병을 옹립하니, 이 사람이 바로 충제이다. 황후를 높여 황태후로 삼았다. 양 태후가 조정에 나와 섭정했다.

충제 유심劉纘이 붕어하자, 양 태후는 다시 질제를 옹립하고, 조정 정치를 한손에 쥐었다. 이 무렵 양주楊州와 서주의 큰 도적들이 주와 군을 노략질하면서 크게 나라를 어지럽혔고, 서강과 선비 및 일남군의 만족들이 성을 공격하고 악랄하게 약탈했으며, 괴로울 정도로 심하게 조세를 거두어들였기 때문에 관과 민이 모두 곤궁하고 고갈되었다.

황태후가 이른 아침부터 밤늦게까지 힘써 애쓰고 마음을 다해 덕 있는 이를 의지하려 했다. 이에 태위 이고 등에게 정치를 맡겨 어질고 충성스러운 이들을 발탁하여 쓰고 절약과 검소함을 힘써 권했다. 또 재물을 탐하거나〔叨〕 사악한 죄를 저지른〔慝〕 자들을 수없이 찾아내 주살하고 물리쳤으며,[13] 군대를 나누어 보내 토벌하여 뭇 도적을 없앴다. 이로 인해 온 세상이 다 조용하고 엄숙해졌으며 종묘가 평안하게 되었

---

12 적謫은 책責, 즉 꾸짖는다는 뜻이다.『예기』에 따르면, "양사陽事(궁궐 바깥의 정치로 외치와 내정을 합해 가리킨다)를 제대로 하지 않으면, 하늘이 꾸지람을 드러낸다. 일식이 그것이다. 음사陰事(궁궐 내의 후비들과 관련된 일)를 제대로 하지 않으면, 하늘이 꾸지람을 드러낸다. 월식이 그것이다."
13 재물을 탐하는 걸 도叨라고 한다. 특慝은 악惡, 즉 사악하다는 뜻이다.

다.

그러나 황태후의 오빠인 대장군 양기는 질제를 독살한 후 홀로 권력을 쥐고 잔혹 무도하게 행세하기 시작했다. 양기는 충성스럽고 어진 신하들을 시기하여 해치려고 몇 차례나 사악한 말로 황태후를 의심에 빠뜨리고 잘못으로 이끌더니 드디어 환제를 옹립한 후 이고를 주살했다. 게다가 황태후가 환관에게 빠져서 총애하던 자들을 많이 제후로 봉하니 이 때문에 천하가 실망했다.

【화평 원년】(150년)

봄

황제에게 정권을 돌려주었다. 황태후는 병들어 누웠다가 끝내 위독해지자 이에 연을 타고 선덕전宣德殿으로 행차했다. 궁궐 내의 여러 관속 및 양씨 형제들을 모이게 한 후, 조서를 내렸다.

짐은 평소 마음에 맺힌 기가 있었는데 최근에 이르러서는 온몸이 통통 부어오른 데다 비위가 상해 먹기도 마시기도 힘드니 점차〔寖〕[14] 기력이 쇠했다. 이에 안팎의 사람을 시켜 마음을 다해 천지신명께 빌도록 했다. 그러나 나 스스로 깊이 생각해 보니, 밤낮으로 몸이 허약해져서 다시 일어나지 못할 듯하여 여러 공경들, 선비들과 함께 죽음을 맞이하려 한다. 나는 성스러운 후사를 도와 옹립했으나 오랫동안 양육하지 못하고 그 처음과 끝을 보게 된 것이 끝내 한스러웠다. 지금 황제와 장군 형제는 고굉처럼 지

---

14 침寖은 점漸, 즉 점차라는 뜻이다.

내기를 부탁하니 각자 스스로 힘쓰도록 하라.

그로부터 이틀 후에 붕어했다. 황후에 오른 지 열아홉 해 만이었으며, 나이는 마흔다섯 살이었다. 헌릉에 합장했다.

우虞 미인은 양갓집 딸로 나이 열세 살에 선발되어 액정에 들어왔으며,[15] 무양장공주舞陽長公主를 낳았다.

한나라가 일어선 이래, 황제 어머니의 일족이 은총을 받고 존귀하게 되지 않은 적이 없었다. 그러나 순제가 우 미인에게 미처 작호를 내리지 못했고 충제는 일찍 요절했다. 게다가 대장군 양기가 정권을 잡고 난 후에는 다른 일족을 꺼리고 미워했으므로 오히려 우 씨를 억압하여 〔존귀한 자리에〕 오르지 못하게 하고는 다만 '대가大家(옛날 여자들을 높여 부르던 말)'라고만 불렀다.

진 부인은 집안이 본래 위군에 있었다. 어렸을 때, 성기聲伎(노래하는 궁녀)로 뽑혀서 발해효왕의 궁에 들어왔다가 은혜를 입고 질제를 낳았다. 역시 양 씨 때문에 영화와 총애가 오래가지 못했다. 희평 4년(175년), 소황문[16] 조우趙祐와 의랑 비정卑整[17]이 글을 올려 말했다.

---

15 『속한지』에 따르면, "이때 우 미인의 아버지 우시虞詩를 낭중으로, 우시의 아버지 우 형虞衡을 둔기교위로 삼았다."
16 『속한지』에 따르면, "소황문은 〔질이〕 육백 석이며, 환관으로 정원은 없다. 〔황제를〕 좌우에서 모시는 일을 담당하며 상서의 일을 받는다. 황제가 궁궐 안에 있으면 궁 안팎을 연결하는 일을 하며 중궁(황후궁) 이하의 여러 가지 일과 여러 공주 및 왕대비王大妃 등의 질병과 고충을 처리하는 일을 한다."
17 『풍속통』에 따르면, "비씨卑氏는 정鄭나라의 대부 비심卑諶의 후손이다. 한나라 때 비궁卑躬이 북평태수北平太守를 지냈다."

『춘추』의 뜻에 따르면, 어머니는 자식으로 인하여 귀해지는 법입니다.[18] 한나라가 융성하고 법과 제도가 정비된 이래, 어머니의 씨족을 존경하고 숭배했으므로 무릇 외척이 있는 경우에는 은총을 더하지 않은 적이 없습니다. 지금 충제의 어머니 우 대가虞大家와 질제의 어머니 진 부인은 모두 성스러운 황제를 낳았는데도 아직 호칭이 없습니다. 신하들은 비록 천한 몸이라 할지라도 오히려 시호를 추증하는 법이 있사온데, 하물며 두 어머니는 지금 숭현崇顯(존귀함을 드러내 알림)의 법도를 받지 못하셨으니 이는 선대를 좇음도, 후세에 전해 보임도 하지 못한 것입니다.

황제가 그 말을 듣고 느낀 바 있어, 우 대가를 헌릉귀인憲陵貴人으로, 진 부인을 발해효왕[19]의 왕비로 삼고, 중상시에게 지절을 주어 보내 인수를 내렸으며, 태상을 보내 세 가지 희생을 드려 헌릉, 회릉, 정릉[20]에 고했다.

---

18 『춘추공양전』에 따르면, "환공은 나이가 어렸으나 귀했고, 은공隱公은 나이 들었으나 비천했다. 환공은 어찌해 귀해졌는가? 어머니가 귀했기 때문이다. 어머니가 귀한 것이 어찌해 자식을 귀하게 하는가? 자식은 어머니로 인해 귀해지고, 어머니는 자식으로 인해 귀해진다."
19 발해효왕의 이름은 유홍이다. 장제의 아들 천승정왕 유항의 손자이다. 유홍은 질제를 낳았다. 질제가 제위에 오르자 발해군으로 옮겨서 봉해졌다.
20 회릉은 충제의 능이다. 정릉은 질제의 능이다.

효숭언황후
孝崇匽皇后

효숭황후 언 씨는 휘가 명(明)이며, 예오후 유익[1]의 잉첩으로 환제를 낳았다. 환제가 즉위한 다음 해(146년) 유익을 효숭황으로 추존하고, 그 무덤을 박릉이라 했다. 이때 언 씨를 박원귀인으로 임명했다.

【화평 원년】(150년)

양 태후가 붕어하자 박릉에 가서 언 귀인을 모셔와 효숭황후로 삼았다. 사도에게 지절을 주어 보내 책서를 받게 한 후 옥새와 인수를 내리고 가마와 집기와 복장을 보냈으며 법물을 마련했다. 〔언 황후가 거할〕 궁의 이름을 영락(永樂)이라 했다. 태복과 소부 이하 관리들을 두되, 모두 장락궁(長樂宮)의 옛 일과 똑같이 했다.[2] 또한 호분위사와 우림위사를 두고, 궁궐을 새로 지었으며, 거록군의 아홉 현을 나누어 언 황후에

---

1 예오후 유익은 하간왕 유개의 아들로 화제의 손자이다.
2 『한관의』에 따르면, "황제의 할머니를 장신궁, 황제의 어머니를 장락궁이라고 부른다. 이에 따라 장신소부, 장락소부 및 그에 딸린 관리들이 있다. 모두 환관 중에서 임명한다."

게 주고 탕목읍으로 삼았다.

【원가 2년】(152년)

　　황태후에 오른 지 세 해 만에 붕어했다. 황제의 동생 평원왕 유석劉石³을 상주로 삼고 동원에서 화재수기畵梓壽器(옻칠한 관), 옥갑玉匣, 반함飯含⁴ 등의 물품을 갖추게 했으며 공회황후를 장사지낼 때에 견주어 예를 치르게 했다. 사도에게 지절을 주고 대장추에게 장례 제사를 받들게 했으며, 돈 사천만 냥과 베 사만 필을 내리고〔賻〕⁵ 중알자복야中謁者僕射에게 장례를 주관하게 했으며, 시어사에게 대가大駕의 노부鹵簿(임금이 거둥할 때 갖추어야 하는 의장과 그 차례)를 지키게 했다.⁶ 조서를 내려 안평왕 유표, 하간왕 유건, 발해왕 유회, 장사長社와 익양弋陽 두 장공주⁷ 및 여러

3　유석은 예오후 유익의 아들로 환제의 형이다.
4　동원은 부서 이름으로 소부에 속하며 장례 용품을 맡는다. 가래나무로 관을 짜고 옻칠을 한다. 이를 수기壽器라고 부르는 것은 오래도록 보존되기를 바라는 마음에서 붙인 것이다. 수당壽堂, 수궁壽宮, 수릉도 비슷하다. 『한구의』에 따르면, "가래나무 관은 길이가 두 길이며, 높이와 너비는 네 자이다." 옥갑에서 갑匣은 허리 이하를 말한다. 발에 이르기까지 꿰매는데, 황금으로 장식한다. 반함은 옥구슬을 입에 물리는 것을 말한다.
5　『춘추공양전』에 따르면, "재물을 주는 것을 부賻라고 한다."
6　『한관의』에 따르면, "천자의 거가에는 절차와 순서가 있는데 이를 일컬어 노부라고 한다. 노부에는 대가, 법가, 소가小駕가 있다. 대가는 공경들이 받들어 끌고 대장군이 함께 타며 태복이 모는데, 수레 여든한 승으로 이루어져 있으며 천 대의 수레와 만 명의 기병이 따른다. 시어사가 왼쪽 가마에 있어서, 법도에 어긋남이 없는가를 자문한다." 이 의례 역시 거가에 견주어 치르고 있으므로 시어사를 시켜 감독하고 지키게 한 것이다.
7　장사공주長社公主는 환제의 누나이다. 경엄의 동생인 경패耿霸의 현손 경원耿援에게 시집갔다. 익양공주弋陽公主는 환제의 여동생이다. 시중 구영寇榮의 사촌형의 아들에게

나라의 제후들 중 삼백 리 이내에 있는 자들을 비롯하여 중 이천 석, 이천 석, 현령, 현장, 봉국의 재상에 해당하는 관리들이 모두 모여 장례를 치르게 했다. 장작대장이 흙을 덮고(능을 조성했다는 뜻) 묘당을 고쳐서 박릉에 합장했다.

시집갔다.

의헌양황후
懿獻梁皇后

환제 의헌황후[1] 양 씨는 휘가 여영女瑩이며, 순렬황후의 여동생이다. 환제가 예오후였을 때, 양 태후가 불러서 의헌황후와 맺어 주려 했다.

【본초 원년】(146년)

그러나 미처 가례嘉禮[2]를 치르기도 전에 질제가 붕어하자 예오후를 황제로 세웠다. 이듬해, 담당 관리가 황태후에게 상소문을 올려 말했다.

『춘추』에 따르면, 기紀나라에서는 왕후를 맞이했을 때 길에서 이미 후后를 칭했다고 합니다. 지금 대장군 양기의 여동생은 마땅히 만민의 어머니를 이을 만합니다〔膺紹聖善〕.[3] 결혼할 때를 맞아 명이 이미 내렸으니〔有命旣集〕[4]

---

1 『일주서』「시법해」에 따르면, "온화하고 선한 것을 의懿라 하고, 총명하고 지혜로운 것을 헌獻이라 한다."
2 가례는 혼례를 말한다.
3 응膺은 당當, 즉 마땅하다는 뜻이다. 소紹는 사嗣, 즉 잇는다는 뜻이다. 슬기롭고 착하다〔聖善〕는 말은 어머니를 가리키는 것이다. 아내를 맞았으면 마땅히 후사를 이어야 함을 말하는 것이다. 『시경』에 "어머니가 슬기롭고 착하시니〔母氏聖善〕"라는 구절이 있

마땅히 예의와 규장을 갖추어 때에 맞추어 나아가 납폐를 이루어야[徵幣]⁵ 합니다. 청하옵건대 삼공과 태상에게 명을 내려 예의를 따져 보게 하소서.

황태후가 그렇게 하라고 했다. 그래서 혜제가 황후를 맞이한 옛 일을 남김없이 살펴서 황금 이만 근, 납채納采할 기러기, 벽옥, 승마乘馬(말 네 필이 끄는 수레), 속백束帛(비단 다섯 필을 묶은 것으로 큰일에 예물로 쓰였다)을 보냈는데, 모두 옛 기록과 똑같이 했다.⁶

【건화 원년】(147년)

6월

〔양여영이〕 처음으로 액정으로 들어왔다.

다.
4 태후가 먼저 영을 내려서 혼례를 허락하는 것을 말한다. 『시경』에 "하늘이 아래를 굽어 살피니 천명이 이미 내렸구나[天監在下, 有命旣集]"라는 구절이 있다.
5 징徵은 성成, 즉 이루어진다는 뜻이다. 납폐로써 혼인이 이루어지는 것이다.
6 『한구의』에는 "황후에게 장가들 때에는 황금 일만 근을 보낸다"라고 되어 있다. 그러므로 여 태후가 혜제를 위하여 노원공주魯元公主의 딸을 맞아들였을 때는 특별히 그 예를 우대한 것이다. 『의례』에 따르면, "납채에는 기러기를 쓴다." 정현의 『의례주』에 따르면, "납納은 그것을 채택하는 예이다. 기러기를 써서 음과 양이 순조롭게 오고 감을 얻으려는 것이다." 『예기』에 따르면, "왕은 곡규穀圭(어린 곡식이 새겨진 홀로 주로 옥으로 만들어 썼다)로 아내를 초빙한다." 정현의 『주례주』에 따르면, "사대부 이상은 현훈玄纁(검은색 비단과 붉은색 비단) 속백으로 아내를 맞는데, 천자는 거기에 곡규를, 제후들은 대장大璋(옥으로 만든 반쪽짜리 홀)을 더한다." 그러나 『예기』에서 규圭라고 한 것을 여기에서는 벽이라고 했다. 모양이나 마름질은 비록 다르지만 옥을 쓴다는 점에서는 똑같다. 승마는 네 마리 말이 끄는 수레이다. 『잡기雜記』에 따르면, "납폐納幣는 한 속束이다. 한 속은 다섯 량[兩]이며, 한 량은 다섯 심[尋]이다." 그러므로 하나마다 길이는 두 길이다.

8월

세워져 황후가 되었다.

이 무렵 양 태후가 정치를 한 손에 쥐고 양기가 조정을 마음대로 했으므로, 오직 양 황후만이 특별한 은총을 얻었는데, 스스로 겸양해도 황제를 진현하지 못한 적이 없었다. 양 황후는 언니와 오빠의 권세가 천하를 덮을 지경에 이르자, 방자함이 극에 달하고 사치와 허영이 도에 넘쳐서 궁실을 아름답게 조각해 꾸미고 의복과 수레를 진귀하고 화려하게 장식하니 공들여 꾸미고 장식하는 데 쓰는 일이 이전 시대의 갑절에 이르렀다.

나중에 양 태후가 붕어하고 나자 환제의 은총이 점차 줄어들었다. 양 황후는 아직 아들이 없었으므로, 몰래 시기와 원망을 품고 궁인들이 아이를 낳아 기를 때마다 손을 쓰니 온전한 아이를 찾기가 극히 드물었다. 황제가 양기의 핍박을 두려워하여 감히 꾸짖고 성내지는 못했으나 침소는 마음대로 옮겨 다녔으며 더욱더 황후를 찾는 일이 드물어졌다.

【연희 2년】(159년)

양 황후가 근심하다가 화병을 얻어 붕어했다. 황후에 오른 지 열세 해 만이었다. 의릉에 장사지냈다. 그 해, 양기를 주살한 후 의릉을 폐하여 귀인총으로 삼았다.

환제등황후
桓帝鄧皇后

환제 등鄧 황후는 휘가 맹녀猛女이며, 화희황후의 사촌오빠의 아들인 등향鄧香의 딸이다. 어머니는 선 씨宣氏로, 처음에 등향에게 시집가서 등 황후를 낳았다. 나중에 양기梁紀에게 개가했는데, 양기는 대장군 양기梁冀의 처인 손수孫壽의 외삼촌이다.

등 황후는 어려서 아버지를 잃고 어머니를 따라가서 살았는데, 이 때문에 성을 양씨로 바꾸었다.

【영흥 연간】(정확히는 154년이다)

양기梁冀의 처는 등 황후의 용모가 아름다운 것을 보고 액정으로 들여보냈다. 채녀¹가 되어 무척 총애를 입었다.

---

1 채采는 택擇, 즉 골랐다는 뜻이다. 뽑혀서 간택되었으므로 이름을 얻은 것이다.

【이듬해〔영수 원년〕】(155년)

오빠 등연鄧演이 남돈후南頓侯에 봉해지고, 특진의 지위에 올랐다. 등연이 죽자 그 아들 등강이 작위를 이었다.

나중에 의헌황후가 붕어한 후 양기를 주살하고 나서, 황후로 세워졌다. 황제가 양이라는 성씨를 무척 증오했기 때문에 성을 박薄으로 고쳤다. 황후의 어머니 선 씨를 장안군長安君에 봉했다.

【연희 4년】(161년)

담당 관리가 상주해 황후는 본래 낭중 등향의 딸이므로 다른 성으로 바꾸어서는 안 된다고 하자, 이에 다시 등씨가 되었다.

〔아버지〕 등향에게 거기장군 안양후安陽侯를 추봉하고 인수를 내렸다. 또한 〔어머니〕 선 씨와 〔조카〕 등강을 큰 현으로 옮겨서 봉했다. 선 씨를 곤양군昆陽君으로, 등강을 비양후沘陽侯로 봉하고, 억만금〔巨萬〕[2]을 하사했다.

선 씨가 죽자, 물품을 보내 장례를 치르게 했는데, 모두 황후의 어머니가 죽었을 때 하는 옛 의례를 따라 했다. 등강의 동생 등통鄧統에게 곤양후昆陽侯를 이어받게 하고, 시중의 지위를 더했다. 등통의 사촌형 등회가 안양후를 이어받았으며, 호분중랑장이 되었다. 또 등통의 동생 등병鄧秉을 육양후淯陽侯로 봉했다. 또 종족을 모두 열교列校(후한 때 서울 낙양의 수비병을 다섯으로 나누었는데 이를 북군 오교라 했다. 각 교의 우두머리를

---

2 거巨는 대大, 크다는 뜻이다. 대만大萬은 만만萬萬, 즉 일만의 만이므로 일 억을 말한다.

교위라 하고 이를 통칭해 열교라고 했다)와 낭장郞將으로 임명했다.

궁궐에 환제의 은총을 받은 이들이 많았으므로, 널리 궁녀를 뽑아 들이니 수가 오륙천 명에 이르렀으며, 일을 부리고 심부름하는 이들은 이보다 갑절이 많았다. 등 황후는 그 존귀함을 믿고 시기와 교만이 극에 이르러 황제가 총애하는 곽郭 귀인과 서로 무고와 참소를 일삼았다.

【연희 8년】(165년)

조서를 내려 등 황후를 폐위하고 폭실暴室[3]로 보내니 근심 끝에 세상을 떠났다. 황후로 세워진 지 일곱 해 만이었다. 북망산北邙山에 장사지냈다.

숙부 하남윤 등만세 및 〔조카〕 등회가 하옥되어 죽었다. 등통 등도 역시 폭실에 가둔 후, 관작을 박탈하고 고향으로 돌아가게 했으며 재물을 모두 몰수했다.

---

3   『한관의』에 따르면, "폭실은 액정 안에 있다. 승丞 한 사람을 두었는데, 궁중 여자 중 병든 사람을 책임졌다. 황후나 귀인이 죄를 얻었을 때도 역시 이 방으로 갔다."

환사두황후
桓思竇皇后

환사황후 두 씨는 휘가 묘妙이며, 장덕황후의 육촌동생의 손녀이다. 아버지는 두무이다.

【연희 8년】(165년)

등 황후를 폐했을 때, 두묘가 선발되어 액정으로 들어가 귀인이 되었다.

겨울

황후가 되었으나 환제를 거의 보지 못했다. 황제가 오직 채녀 전성田聖 등만을 총애했기 때문이다.

【영강 원년】(167년)

겨울

황제가 병들어 눕자, 전성 등 아홉 궁녀를 모두 귀인으로 삼았다. 마침내 황제가 붕어했으나 후사가 없었다. 황후가 황태후가 되었다.

황태후가 조정에 나와 섭정했다. 궁중에서 정책을 정한 후 해독정후 解瀆亭侯 유굉劉宏을 황제로 옹립하니, 그가 바로 영제이다.

황태후는 평소에 투기가 심한 데다 성품이 잔혹했는데, 전성 등에게 분함을 품고 있었다. 그래서 환제의 재궁(관)이 아직 전전에 있는데도, 끝내 전성을 살해해 버렸다. 더 나아가 여러 귀인들도 모두 주살하고자 했으나 중상시 관패와 소강蘇康이 진력하여 간하자 그만두었다.

때마침 황태후의 아버지인 대장군 두무가 환관을 주살하려고 했으나 중상시 조절 등이 거짓 조서를 내려 두무를 살해한 후 황태후를 남궁 운대로 옮기고 일가를 모두 비경현으로 귀양 보냈다. 이때 비록 두씨들은 주살되었지만, 황제는 여전히 황태후가 자신을 옹립하는 것을 도운 공이 있다고 여겼다.

【건녕 4년】(171년)

10월

초하루, 뭇 신하를 이끌고 남궁에서 황태후를 알현하고, 친히 음식을 대접하면서 장수를 빌었다. 황문령黃門令[1] 동맹董萌이 이 일을 계기로

---

1 『한관의』에 따르면, "황문령은 질이 육백 석이다."

몇 차례나 황태후의 원망을 하소연하니, 황제가 이를 심각하게 받아들여 전보다 공양할 물품을 더해 주었다. 중상시 조절과 왕보가 동맹이 황태후를 돕는 것을 질시하여 영락궁에 가서 헐뜯고 비방하면서[誘訕] 무고하니² 마침내 동맹이 죄를 얻고 하옥되어 죽었다.

【희평 원년】(172년)

황태후의 어머니가 비경현에서 죽었다. 황태후가 상심한 끝에 병을 얻어서 마침내 붕어했다. 황후가 된 지 일곱 해 만이었다. 선릉에 합장했다.

---

2 영제의 어머니 동 태후가 거했다. 산訕은 헐뜯고 비방하는 것이다.

효인동황후
孝仁董皇后

효인황후 동董 씨는 휘를 알 수 없으며, 하간국 사람이다. 해독정후 유장¹의 부인으로 영제를 낳았다.

【건녕 원년】(168년)

영제가 즉위하자 유장을 효인황으로 추존하고 그 능을 신릉이라 했으며, 그 어머니를 신원귀인으로 삼았다.
두씨들이 주살되었다.

【이듬해〔건녕 2년〕】(169년)

영제는 중상시를 보내 동 귀인을 맞아들이게 했으며, 동 귀인의 오빠 동총을 불러들여 서울 낙양으로 오게 했다. 〔동 귀인의〕 존호를 높여

---

1   유장은 하간효왕 유개의 손자인 유숙의 아들이다.

서 효인황후라 하고, 남궁 가덕전²에 거하게 한 후, 궁 이름을 영락永樂
이라 칭했다.

유충을 집금오에 임명했다. 유충은 나중에 영락후永樂后를 사칭하여
청탁한 죄로 하옥되어 죽었다.

나중에 두 태후가 붕어하자 〔동 태후가〕 조정 정치를 장악했는데, 황
제로 하여금 관직을 팔아 재물을 얻도록 하고는 스스로 황금과 돈을
받으니 곳간에 차고 넘칠 정도였다.

【중평 5년】(188년)

동 태후가 오빠의 아들인 위위 수후脩侯 동중을 표기장군으로 삼아
병사 천여 명을 거느리게 했다. 그 이전부터 동 태후는 몸소 황자 유협
을 길렀는데, 몇 차례나 황제에게 권하여 태자로 세우고자 했으므로,
하 황후가 그것을 한스러워했다. 그러나 의론이 미처 정해지기도 전에
황제가 붕어했다.

하 태후가 조정에 나와 섭정했다. 동중과 하 태후의 오빠 대장군 하
진의 권세가 서로를 해쳤다. 동 태후가 정사에 참여하고자 할 때마다
번번이 하 태후가 이를 금지했다. 이에 동 태후가 화를 내면서 꾸짖어
말했다.

"네가 지금 제멋대로 횡포를 부리는 것〔輖張〕³은 네 오빠를 믿고 그러
는 것이냐? 당장이라도 표기장군(동중)에게 칙서를 내려 하진의 머리를
베어 오라고 할 수 있노라."

---
2 가덕전은 구룡문九龍門 안에 있다.
3 주장輖張은 강량强梁, 즉 억지로 횡포를 부리는 것이다.

하 태후가 듣고서 그 일을 하진에게 알렸다. 하진이 삼공 및 동생 거기장군 하묘 등과 함께 상주하여 말했다.

효인황후(동 태후)는 죽은 중상시 하운夏惲, 영락태복永樂太僕[4] 봉서封諝 등으로 하여금 주군과 서로 밀통하면서 돈을 받고 관직을 파니[辜較] 뇌물로 바쳐진 진귀한 보화가 모두 서성西省[5]으로 들어왔습니다. 옛 일에 따르면 번후蕃后(제후의 비)는 서울 낙양에 머무를 수 없고,[6] 수레와 복장에는 법도가 있어야 하며, 먹는 음식에는 가짓수가 정해져 있습니다. 청컨대 영락후를 궁에서 옮겨 본국으로 돌아가게 하소서.

하 태후가 그렇게 하라고 했다. 이에 하진이 군대를 일으켜 표기장군부驃騎將軍府를 둘러싸고 동중을 사로잡아 관직을 박탈하니 동중이 스스로 목숨을 끊었다. 동 태후가 근심과 두려움 끝에 병을 얻어 갑자기 붕어했다. 황후에 오른 지 스물두 해 만이었다. 백성들은 모든 허물을 하 씨에게 돌렸다. 시신을 하간국으로 돌려보내 신릉에 합장했다.

---

4 『한관의』에 따르면, "영락태복은 환관 중에서 임용한다."
5 고교辜較에 대한 풀이는 「영제기」를 보라. 서성은 즉 영락궁의 벼슬아치들을 말한다.
6 여기에서 번후는 평제의 어머니 위희衛姬를 말한다. 왕망이 섭정했을 때, 그가 정권을 마음대로 휘두르는 것을 두려워하여 위희는 끝내 서울 장안에 머무를 수 없었다. 이를 옛 일이라고 한 것이다.

영제송황후
靈帝宋皇后

영제 송 황후는 휘를 알 수 없으며, 부풍군 평릉현 사람으로 장제 송 귀인의 종증손이다.

【건녕 3년】(170년)

선발되어 액정으로 들어와 귀인이 되었다.

【이듬해〔건녕 4년〕】(171년)

황후로 세워졌다. 아버지 송풍을 집금오로 삼고, 불기향후不其鄕侯로 봉했다.[1]

황후는 비록 총애를 얻지 못했으나 자기 자리를 지켰다. 나중에 궁에 여러 후궁이 모여들자 그들이 모두 함께 황후를 참소하고 헐뜯었

---

1 불기현不其縣은 낭야군에 속한다. 현에 속한 향 이름이기도 하다. 『삼보결록주』에 따르면, "송풍은 자가 백우伯㺅이다."

다. 예전에 중상시 왕보가 발해왕 유회와 그 왕비 송 씨를 무고로 주살한 바 있었는데,[2] 송 씨는 황후의 고모였다. 왕보는 황후가 그에 원한을 품었을까 두려워하여 태중대부 정아(程阿)와 함께 나아가 황후가 좌도(左道)[3]에 빠져 주술로 저주를 퍼붓고 있다고 모함했다. 황제가 그 말을 믿었다.

【광화 원년】(178년)

끝내 책서를 내려 옥새와 인수를 거두어들였다. 황후는 스스로 폭실에 들어가 근심하다가 죽었다. 황후에 오른 지 여덟 해 만이었다. 그 아버지와 형제들은 모두 주살 당해 죽었다. 궁중 안에 있던 뭇 상시들과 소황문들은 모두 송 씨가 죄가 없는 것을 불쌍히 여겨서 함께 돈을 모아 폐황후와 송풍 부자의 장례를 치르고 고문정(皐門亭)[4]을 통해 송씨의 옛 무덤으로 돌려보냈다.

나중에 황제가 꿈에 환제를 보았는데, 환제가 성을 내면서 말했다.

"송 황후가 무슨 죄가 있기에 사악한 자들의 청을 들어 끝내 그 목숨을 끊었느냐? 또 발해왕 유회는 이미 스스로 작위를 낮추었는데 끝

---

2 희평 원년(172년), 왕보는 유회가 중상시 정삽(鄭颯)과 더불어 서로 소통했는데, 정삽이 유회를 맞아 황제로 옹립하려 했다고 무고했다. 이에 유회는 스스로 목숨을 끊고 그 왕비는 옥중에서 죽었다.

3 『예기』에 따르면, "좌도에 빠져 무리를 어지럽히는 자는 사면하지 않고 죽인다." 정현의 『예기주』에 따르면, "좌도는 무고와 같다."

4 『시경』에 "처음으로 고문(皐門)을 세웠네"라는 구절이 있다. 『시경주』에 따르면, "왕이 다니는 성곽 문을 고문이라고 한다." 『한관의』에 따르면, "열두 문에 모두 정(亭)이 있다."

내 죽여 없앴느냐? 지금 송 씨와 유회가 하늘에 억울함을 호소하니 상제께서 진노했으므로[5] 그 죄를 구제받기 어려울 것이다."

꿈이 너무나 생생했다. 황제가 잠에서 깨어서 심히 두려워하면서 우림좌감羽林左監 허영許永[6]에게 이 일에 대해 물었다.

"이 꿈은 길한 것인가? 물리칠[攘][7] 수 있는가?"

허영이 답했다.

"송 황후께서는 황제 폐하와 더불어 종묘를 함께 이어받아 만국의 어머니가 되었습니다. 또 여러 해를 지내면서 온 세상을 깨우치고 감화하셨는데 잘못이나 죄악을 저질렀다는 말을 듣지 못했습니다. 그러나 참소와 비방을 받은 끝에 비록 죄가 없었는데도 몸은 끝내 주살되었고 화는 가족에까지 미쳤습니다. 이에 천하의 모든 신하가 원통함을 품었습니다. 발해왕 유회는 환제 폐하의 친동생으로 봉국에 나아가 번왕을 예를 받들매 일찍이 잘못이 없었습니다. 그러나 황제 폐하께서는 증거를 충분히 살피지도 않고, 끝내 죄를 물어 죽였습니다. 옛날 진후晉侯가 형벌을 잘못 내렸을 때 꿈에 커다란 귀신[大厲]이 머리를 풀어헤치고 땅에 엎드려 있는 것을 보았습니다.[8] 하늘의 도를 밝히 살피면, 귀신이 무고하기 어렵습니다. 마땅히 두 분 모두 다시 장례를 치러 원

---

5 상제는 하늘을 말한다. 진震는 동動, 움직인다는 뜻이다. 『서경』에 "이에 상제가 진노했다[帝乃震怒]"라는 구절이 있다.

6 『속한지』에 따르면, "우림좌감은 한 사람으로 질은 육백 석이다. 우림좌기羽林左騎를 맡는다. 우림우감 역시 마찬가지이다."

7 양攘은 제除, 없애는 것을 말한다.

8 『춘추좌씨전』에 따르면, "진후가 꿈에 커다란 귀신을 보았다. 귀신은 머리를 풀어헤치고 땅에 엎드려 있다가 가슴을 부여잡고 춤추면서 외쳤다. '내 자손을 죽인 것은 의로운 일이 아니다. 나는 천제에게 청해 허락을 얻었다." 두예의 『춘추좌씨전주』에 따르면, "여귀厲鬼(제사를 못 받는 귀신)는 조씨趙氏의 선조이다. 이전에 진후가 조동趙同과 조괄趙括을 살해했기 때문에 화가 난 것이다."

혼을 위안해야 합니다. 귀양 간 송 황후의 집안사람들을 되돌리고, 발해왕의 작위를 이전처럼 하시어 허물을 없애소서."

황제가 끝내 이 말을 따르지 않을 채, 시간을 끌다가 역시 붕어했다.

영사하황후
靈思何皇后

영사황후 하 씨는 휘를 알 수 없으며, 남양군 완현 사람이다. 집안이 본래 백정 출신이었으나 선발되어 액정에 들어왔다.[1] 키가 일곱 자 한 치였다.

황제의 아들 유변을 낳았는데, 사史 도인道人의 집에서 길렀으므로 사후史侯라고 했다.[2] 귀인이 되었을 때, 총애가 특히 두터웠다. 성품이 억세고 시기가 심했으므로 후궁 중에서 두려워 떨지 않는 사람이 없었다.

【광화 3년】(180년)

황후로 세워졌다.

---

1   『풍속통』에 따르면, 한나라에서는 8월에 백성의 호구 수를 조사했다. 황후의 집안에서는 이때 황금과 비단을 뇌물로 써서 딸을 액정에 들여보냈다.
2   여기서 도인이란 도술을 쓰는 사람을 말한다. 『헌제춘추』에 따르면, "영제는 몇 차례나 아들을 잃었으므로, 감히 올바른 이름을 붙이지 못했다. 도인 사자묘史子眇의 집안에서 길렀으므로, 사후라고 불렀다."

【이듬해〔광화 4년〕】(181년)

하 황후의 아버지 하진何眞에게 거기장군 및 무양선덕후舞陽宣德侯를 더해 내렸으며, 어머니 흥興을 무양군舞陽君에 봉했다.

이때 왕 미인이 잉태했는데〔姙娠〕,[3] 하 황후를 두려워한 끝에 약을 먹고 아기를 없애려 했다. 그러나 태가 이미 자리를 잡아 움직이지 않았으며, 또 몇 차례나 아이가 해를 지고 가는 꿈을 꾸었다.

【중평 4년】(187년)

왕 미인이 황자 유협을 낳았다. 하 황후가 끝내 짐독으로 왕 미인을 살해했다. 황제가 크게 성을 내면서 하 황후를 폐위하려 했으나 여러 환관들이 굳게 청하여 간신히 그쳤다. 동董 태후가 몸소 유협을 길렀으므로, 사람들이 유협을 동후董侯라고 불렀다.

왕 미인은 조국 사람이다. 할아버지 왕포王苞는 오관중랑장이었다. 자태와 얼굴이 후덕했고, 총명하고 영리하여 재주와 지혜가 있었으며, 글을 쓰고 회계會計[4]를 할 수 있었다. 양갓집 딸로 관상이 법도에 들어맞았으므로 선발되어 액정에 들어왔다. 영제는 유협이 어린 나이에 어머니를 잃은 것을 불쌍히 여긴 데다 또 왕 미인을 사모한 끝에 「추덕부追德賦」와 「영의송令儀頌」을 지었다.

---

3 『춘추좌씨전』에 "읍강邑姜이 바야흐로 잉태했다〔娠〕"는 구절이 있다. 두예의 『춘추좌씨전주』에 따르면, "태를 품는 것을 신娠이라 한다."

4 회계란 숫자를 모두 모아서 계산할 수 있는 것을 말한다.

【중평 6년】(189년)

영제가 붕어하고 황자 유변이 즉위하자, 하 황후를 높여 황태후라 했다. 황태후가 조정에 나와 섭정했다. 황태후의 오빠인 대장군 하진이 환관을 주살하려다가, 도리어 해를 입었다. 무양군 역시 난리를 일으킨 병사들에게 살해당했다.

병주목 동탁이 부름을 받아서 병사들을 거느리고 낙양에 들어와 조정을 능멸하고 억압했다. 동탁이 끝내 소제를 폐하여 홍농왕으로 삼고 유협을 황제로 옹립하니, 그가 바로 헌제. 홍농왕이 부축을 받은 채 전각 아래에서 북면하여 신하를 칭했다. 황태후가 흐느껴 울고, 뭇 신하가 비통함을 감추지 못했으나 아무도 감히 말을 꺼내지 못했다.

또 동탁은 황태후가 영락태후永樂太后를 핍박해서 근심해 죽도록 만들었으므로 시어머니와 며느리 사이의 예를 거슬렀다는 의문을 올렸다. 이에 황태후를 영안궁으로 옮기고 짐독을 보내 시해했다. 황후에 오른 지 십 년 만이었다.

동탁이 황제로 하여금 봉상정奉常亭5에 나가서 애도하게 하고, 공경들에게는 모두 흰 옷을 입고 조회하게 했지만〔白衣會〕, 끝내 상을 치러 주지 않았다.6 문소릉에 합장했다.

예전에 하 태후가 새로 책봉되었을 때, 마땅히 이조(고조 유방과 세조 유수)의 묘당에 아뢰려고 재계하려고 했으나 번번이 변고가 생겼다. 이와 같이 하기를 몇 번이나 했으나 끝내 이를 치르지 못했다. 당시에 뜻있는 선비들이 마음속으로 이를 괴이하게 여겼는데, 나중에 끝내 하

---

5 화연준華延儁의 『낙양기』에 따르면, "낙양성 안에 봉상정이 있다."
6 흉험한 일이 있을 때는 흰 옷을 입고 조회를 하게 했는데 이를 백의회白衣會라 한다. 『춘추좌씨전』에 따르면, "장사지낸 것을 기록하지 않으면, 상을 치르지 않은 것이다."

씨로 인해 한나라의 황실이 기울어 몰락하고 말았다.

【이듬해〔초평 원년〕】(190년)

산동 지역에서 의병이 크게 일어나 동탁의 난을 토벌하고자 했다. 이에 동탁이 홍농왕을 누각 위에 머물게 한 후, 낭중을 보내 이유李儒에게 짐독을 올리게 하면서 말했다.
"이 약을 드시면, 나쁜 것을 물리칠 수 있습니다."
홍농왕이 말했다.
"나는 병이 없으니 이것은 나를 죽일 뿐이다!"
이에 끝내 마시기를 거부했다. 강제로 그것을 마시게 하자, 어쩔 수 없었으므로 이에 아내 당희唐姬 및 궁인을 불러 술을 마시면서 이별 연회를 열었다. 술이 한 바퀴 돌자 홍농왕이 슬프게 노래하면서 말했다.
"하늘의 도가 바뀜이여, 나를 어찌나 힘들게 하는가! 만승의 자리를 버림이여, 물러나 번을 지켰노라. 역적의 핍박을 당함이여, 목숨을 잇기 어렵구나. 떠나서 그대와 헤어짐이여, 저승으로 가리라!"
그러고 나서 당희에게 일어나 춤추게 하니, 당희가 소매를 들고〔抗〕[7] 일어나 노래를 불렀다.
"하늘이 무너짐이여, 땅이 꺼짐이여![8] 몸은 황제가 됨이여, 목숨이 일찍 꺾임이여. 죽음과 삶의 길이 다름이여, 이를 따라 어그러짐이여. 어찌하여 나 홀로 외롭게 됨이여, 마음에 슬픔이 가득함이여!"

---

7   항抗은 거擧, 든다는 말이다.
8   『사기』에 따르면, 주나라 열왕烈王이 죽었을 때, 주나라 사람이 제나라 위왕威王에게 말했다. "하늘이 무너지고 땅이 터지는 것 같습니다〔天崩地裂〕."

그러고 나서 엎어져 눈물을 흘리면서 흐느껴 우니 앉은 사람들이 모두 같이 울었다. 홍농왕이 당희에게 말했다.

"그대는 황제의 비였으니, 다시 관리나 백성의 아내가 될 수 없소. 스스로를 사랑한다면, 이 몸을 따라 죽어 주오!"

이 말을 끝으로 마침내 약을 마시고 죽었다. 이때 나이가 열여덟 살이었다.

당희는 영천군 사람이다. 홍농왕이 죽자 고향 마을로 돌아왔다. 아버지 회계태수會稽太守 당모唐瑁는 그녀를 다시 시집보내려 했지만, 당희는 맹세하면서 그것을 허락하지 않았다.

나중에 이각이 장안을 함락한 후, 군대를 보내 관동 지역을 노략질했을 때 당희를 사로잡았다. 이각이 그녀를 아내로 취하려고 했지만 정녕 들어주지 않았으며 끝내 자신의 이름을 밝히지 않았다[不自名].[9] 상서 가후賈詡[10]가 그 사실을 알고는 상소를 올려 헌제에게 고했다. 헌제가 그 말을 듣고 크게 슬퍼하면서 조서를 내려 당희를 맞아들이고 능원을 설치해 주고는 시중에게 지절을 주어 보내 홍농왕의 비로 임명했다.

2월

홍농왕을 죽은 중상시 조충이 미리 마련해 둔 묘혈[成壙]에 장사지내고,[11] 시호를 회왕懷王이라 했다.

---

9 자기 이름을 밝히지 않은 것[不自名]은 소제少帝의 비였다는 사실을 밝히지 않은 것을 말한다. 원굉의 『후한기』에 따르면, "이각이 욕을 보였으나 감히 스스로 입을 열어 밝히지 않았다."

10 『삼국지』 「위지」에 따르면, "가후는 자가 문화文和이며, 무위군 고장현 사람이다. 어렸을 때 한양군 사람 염충閻忠이 그를 보고는 뛰어나다고 생각해 '가후에게는 장량이나 진평과 같은 재주가 있다'라고 말했다."

11 조충이 미리 묘혈을 마련해 두었으므로 거기에 장사지낸 것이다.

황제가 어머니 왕 미인의 오빠 왕빈王斌을 찾았다. 왕빈이 아내와 아이들을 거느리고 장안으로 오자 저택과 농지를 하사하고 봉거도위로 임명했다.

【흥평 원년】(194년)

헌제가 원복을 입었다. 담당 관리들이 상주하여 장추궁을 세우자고 했다. 조서를 내렸다.

짐은 타고난 바가 크지 않은 데다 재난과 난리를 만나서 아직 선조들을 이을 수 없었으니 기껏해야 옛 법을 밝힐 수 있을 뿐이다. 내 어머니께서 일찍이 돌아가셨는데, 아직 묻힐 곳을 점치지 못했고 예의와 규범도 제대로 다하지 않아서 마음에 맺힌 바가 있다〔中心如結〕.[12] 이를 세 해 동안이나 근심했는데도 모두 길하다는 말이 없으니 또 얼마나 기다려야 하는가.

이에 담당 관리들이 상주하여 왕 미인을 영회황후로 추존하고 문소릉에 다시 장사지냈는데, 의례는 경릉과 공릉 두 능의 예를 따랐다.[13] 광록대부에게 지절을 주어 보내면서 사공을 대행하여 옥새와 인수를 받들게 했다. 왕빈은 하남윤 낙업駱業과 더불어 흙을 덮었다.

왕빈이 돌아오자 집금오로 승차시키고 도정후都亭侯[14]로 봉했다. 식읍

---

12 『시경』에 "마음에 맺힌 것 같구나〔心如結兮〕"라는 구절이 있다.
13 경릉은 장제의 능이다. 공릉은 안제의 능이다.
14 도정은 낙양성 안에 있는 정을 말한다. 한나라의 법에 따르면, 큰 현의 후는 지위를 삼공으로 보고, 작은 현의 후는 상경上卿으로 보았으며, 향후와 정후는 중 이천 석으

은 오백 호였다. 병들어 죽자 전장군으로 추증하고 인끈을 내렸으며, 알자를 보내서 장례를 살펴 치르게 했다. 큰아들 왕단王端이 작위를 이었다.

로 보았다.

헌제복황후
獻帝伏皇后

헌제 복 황후는 휘가 수壽이며, 낭야군 동무현東武縣 사람으로 [광무제 때] 대사도 복담의 여덟 대 아래 후손이다. 아버지 복완은 생각이 깊고 도량이 넓었다. 불기후不其侯의 작위를 세습했으며 환제의 딸인 양안공주陽安公主에게 장가들어 시중이 되었다.

【초평 원년】(190년)

대가를 쫓아 서쪽으로 가서 장안으로 옮겼다. 이 무렵 복수는 액정으로 들어가 귀인이 되었다.

【흥평 2년】(195년)

[복수가] 세워져 황후가 되었다. 복완이 집금오로 승차했다.
헌제가 고민 끝에 동쪽(낙양)으로 돌아가려고 하는데, 이각과 곽사 등이 쫓아와 조양에서 황제의 군대를 패배시켰다. 헌제는 밤에 몰래 황

하를 건너 도망쳤으며¹ 육궁 사람들²도 모두 걸어서 군영을 나왔다. 복황후가 손에 비단 몇 필을 들었는데, 동승이 부절符節을 주고 손휘孫徽에게 영을 내려 칼을 들고 그것을 빼앗았다. 이때 곁에서 모시던 이를 살해했는데, 피가 복 황후의 옷에 튀었다. 안읍현에 이르렀을 때에는 복 황후의 옷이 구멍이 나서 해지고 오직 밤과 대추만으로 양식을 삼을 지경이었다.

【건안 원년】(196년)

복완을 보국장군에 임명하고, 의례를 삼공과 견주게 했다. 복완은 조정이 조조의 손에 놓이자 존척尊戚(외척의 존칭)임을 스스로 혐오하게 되었다. 이에 인수를 바친 후, 중산대부中散大夫가 되고, 다시 둔기교위로 옮겼다.

【건안 14년】(209년)

복완이 죽자 아들 복전伏典이 작위를 이었다.
헌제는 허현으로 도읍을 옮긴 후로부터 그저 자리를 지키고 있을 뿐이었다. 곁에서 모시는 숙위병조차도 조조의 일당이거나 그의 옛 인척

---

1 『수경』에 따르면, 동인銅人(구리 인간) 옹중翁仲을 빠뜨린 곳으로, 이때 헌제가 동쪽으로 수도를 옮기면서 몰래 황하를 건넜다.
2 『주례』에 따르면, "왕후는 육궁 사람을 거느린다." 정현의 『주례주』에 따르면, "육궁 사람이란 부인 이하 왕후의 육궁에서 나뉘어 사는 이들을 말한다."

이 아닌 사람이 없었다. 일찍이 의랑 조언趙彦이 황제를 위하여 그에 대한 시책을 진술하여 말했으나, 조조의 미움을 받아 살해당했으며, 그 밖에 궁 내외의 많은 사람도 보이는 대로 살육되었다. 나중에 조조가 이 일로 인해 궁궐 안으로 들어오니, 헌제가 분함을 이기지 못하고 말했다.

"그대가 만약 능히 나를 보좌할 수 있다면, 은혜가 두터울 것이다. 만약 그대가 그렇지 않다면, 내게 은혜를 베풀어 서로 놓아주는 게 좋겠소."

조조가 얼굴빛이 하얗게 질려 머리를 조아리면서 바깥으로 나가기를 청했다. 옛 의례에 따르면, 삼공이 군대를 거느리고 있는 경우, 황제를 조견할 때에는 호분이 칼을 들고 양옆에 서도록 되어 있었다. 조조가 바깥으로 나와서 좌우를 돌아보니 식은땀이 등에 한가득 흘러내리고[浹]³ 있었다. 조조가 그 후에는 감히 다시 조견을 청하지 않았다.

동승의 딸이 귀인이 되었다. 조조가 동승을 주살하고 나서 동 귀인을 죽일 것을 요구했다. 황제가 동 귀인이 임신[妊]⁴한 것을 들어 몇 차례 부탁했으나 끝내 살릴 수 없었다.

복 황후는 이 일로 인해 두려움을 품고, 아버지 복완과 더불어 편지를 주고받으면서 조조가 잔인하게 핍박하는 것을 알리고는 몰래 그를 도모해 달라고 말했다. 그러나 복완은 감히 이를 시도하지 못했다.

---

3 협浹은 철徹, 즉 통한다는 뜻이다.
4 『설문해자』에 따르면, "임妊은 잉孕, 즉 아이를 배는 것이다."

【건안 19년】(214년)

끝내 일이 발각되었다. 조조가 크게 성을 내며 쫓아와서 마침내 황후를 폐위하라고 황제를 핍박한 끝에 거짓으로 책서를 내려 말했다.

황후 복수는 비천한 몸으로 지극히 존귀한 자리에 올라 스스로 초방전椒房殿[5]에 거하기를 이십 년이 지났다. 태임과 태사가 보인 휘음지미徽音之美[6]가 이미 없으며, 몸을 삼가고 자신의 복을 기르는 것[7]이 극히 적은데, 오히려 몰래 시기를 품고 마음에는 화를 불러들여 숨겼으니 천명을 잇고 조종을 받들 수 없게 되었노라. 이에 어사대부 치려로 하여금 지절을 갖고 책서를 내리니 황후의 옥새와 인수를 바치고[8] 중궁에서 물러나 다른 곳으로 옮기라. 아, 슬프다! 복수가 스스로 그것을 취한 것은 이치에 닿지 않는 일이니 이제라도 다행이로구나.

그러고 나서 상서령 화흠으로 하여금 치려를 부관으로 삼아[9] 병사들

---

5 『한관의』에 따르면, "황후를 초방전이라 칭하는 것은 산초나무 열매가 번성한 데서 뜻을 취한 것이다." 『시경』에 "산초나무 열매, 무성히 열려 됫박에 가득(椒聊之實, 蕃衍盈升)"이라는 구절이 있다.

6 태임은 주나라 문왕의 어머니이다. 태사는 주나라 무왕의 어머니이다. 휘徽는 미美, 즉 아름답다는 뜻이다. 『시경』에 "태사가 그 아름다운 명성을 이었다"라는 구절이 있다.

7 『춘추좌씨전』에 따르면, "사람이 하늘과 땅의 기운을 받아 태어나는 것을 명命이라 한다. 능히 할 수 있는 자는 그것을 길러 복으로 삼고 능히 할 수 없는 자는 실패하여 화를 얻는다."

8 채옹의 『독단』에 따르면, "황후는 붉은색 인끈이 달린 옥새를 쓴다." 『속한지』에 따르면, "가마에는 황적색 인끈을 다는데, 황색, 적색, 옥색, 감색 등 네 가지로 물들인 비단을 쓰며, 순황색으로 된 홀은 인끈의 길이가 두 길 아홉 자 아홉 치로, 수실 오백 개가 달려 있다. 태황태후太皇太后와 황태후는 그 인끈을 황후와 똑같이 한다."

9 『삼국지』 「위지」에 따르면, "화흠은 자가 자어子魚이며, 평원군 고당현 사람이다. 순욱

을 거느리고 궁궐로 들어가 복 황후를 잡아들이게 했다. 복 황후는 문을 닫아걸고 벽 사이에 숨어 있었는데, 화흠이 나아가 황후를 잡아끌고 밖으로 나왔다. 이때 헌제가 전각 바깥에 있었으나 치려가 잡아당기자 자리에 앉아 있을 수밖에 없었다. 복 황후는 산발한 머리에 맨발로 끌려가는 와중에 크게 흐느끼면서 이별하여 말했다.

"이제 살아서는 다시 볼 수 없겠지요?"

헌제가 답했다.

"나 역시 어느 때에 명이 다할지 알지 못하겠소!"

그러고는 돌아보면서 치려에게 말했다.

"치 공, 천하에 어찌 이런 일이 있단 말인가?"

끝내 복 황후를 폭실에 가두니 유폐되어 죽었다. 황자 둘을 낳았으나 모두 짐독으로 살해당했다. 황후의 자리에 오른 지 스무 해 만이었다. 형제 및 종족 중에서 죽은 자가 백여 명이었으며, 어머니 영盈 등 열아홉 명은 탁군으로 유배당했다.

郗慮을 대신하여 상서령이 되었다. 치려라는 자가 홍예이며, 산양군 고평현 사람이다."

헌목조황후
獻穆曹皇后

헌목황후獻穆皇后[1] 조 씨는 휘가 절節이고, 위공 조조의 둘째 딸이다.

【건안 18년】(213년)

조조가 세 딸 조헌曹憲, 조절曹節, 조화曹華를 황제에게 진상해 부인으로 삼았다. 이때 현훈 속백 오만 필로써 그들을 아내로 맞았는데, 아직 어렸으므로 위국魏國에서 나이가 차기를 기다리게 했다.[2]

【건안 19년】(214년)

모두 함께 귀인이 되었다. 그 직후 복 황후가 시해되었다.

---

1 『일주서』「시법해」에 따르면, "덕을 널리 펴고 의를 지키는 것을 목穆이라 한다."
2 나라에 머물러 살게 한 후, 나이 들기를 기다리는 것이다.

【이듬해〔건안 20년〕】(215년)

조절을 세워 황후로 삼았다.

【건안 25년】(220년)

위나라가 선양을 받은 뒤, 사자를 보내 옥새와 인수를 달라고 했으나, 황후는 성을 내면서 주지 않았다. 몇 번을 이와 같이 한 후, 황후는 사자가 들어오는 소리를 듣고는 몸소 그러지 말라고 몇 차례나 말렸다. 그러다 마침내 옥새를 난간 아래로 집어던지고 나서〔抵軒下〕[3] 소리 내어 울면서 눈물을 줄줄 흘렸다. 황후가 울부짖으면서 말하기를, "하늘이 절대로 너희를 돕지 않을 것이다!"라고 했다. 그러자 좌우에 있던 사람이 모두 감히 고개를 들지 못했다. 황후에 오른 지 일곱 해 만이었다. 위나라가 세워진 후, 황후를 산양공 부인山陽公夫人으로 삼았다.
그로부터 마흔한 해가 지난, 위나라 경초景初 원년(237년), 〔조 황후가〕 세상을 떠났다. 선릉에 합장했으며 수레와 복장과 예의를 모두 한나라 때의 제도에 따르게 했다.

논하여 말한다.

한나라 때에는 황후에게 시호를 내리지 않고, 모두 황제의 시호를

---

3 저抵는 척擲, 즉 집어던졌다는 뜻이다. 헌軒은 난간이라는 뜻이다.

써서 불렀다. 비록 여 씨가 정권을 전횡하고 상관'이 조정에 나와 황제를 대신했지만 역시 특별한 시호가 없었다. 한나라가 다시 일어선 후, 명제가 처음으로 광렬光烈이라는 칭호를 세웠으며, 그 후 배필을 위해 덕德이라는 칭호를 썼다. 그런데 현명하든 어리석든 좋든 나쁘든 간에 한 가지로 섞어서 썼으므로, 마 황후와 두 황후를 모두 덕德이라 칭해 버렸다. 나머지 경우에는 황제의 서모庶母나 번왕蕃王이 황통을 이었을 때, 그 어머니를 존중하여 추존할 때에만 특별히 시호를 내렸는데, 공회황후와 효숭황후가 바로 이에 해당한다. 초평 연간(190~193년)에 채옹蔡邕이 처음으로 화희황후에게 시호를 추증하면서[5] 안사황후와 순렬황후 이하 모든 황후들에게 시호를 더해 주었다.

찬하여 말한다.

땅은 만물을 두텁게 담고 음陰은 안에서 바로잡네.[6] 『시경』은 아름다운 배필(述)을 찬미하고,[7] 『역경』은 누이동생 시집보내는 것(歸妹)[8]을

4 　상관은 소제의 황후이다.
5 　『채옹집蔡邕集』「시의諡議」에 따르면, "한나라 때에는 어머니에게 시호를 내리지 않았습니다. 명제 때 이르러 비로소 광렬光烈이라는 칭호를 세웠으며, 이후에는 황제의 시호에 덕德이라는 말을 더하여 황후를 칭했는데, 위와 아래, 좋고 나쁨이 있는데도 모두 섞어서 하나같이 했습니다. 이는 '큰 행적에는 큰 이름을 받고, 작은 행적에는 작은 이름을 받는다'라는 예를 어긴 것입니다. 『일주서』「시법해」에 '공이 있어 백성을 편안하게 한 것을 희熹라고 한다'라는 말이 있습니다. 황제와 황후는 한 몸이므로 예도 역시 같아야 합니다. 대행황태후大行皇太后의 시호는 마땅히 화희和熹가 되어야 합니다."
6 　『역경』에 "땅은 두텁게 만물을 담고 있다(坤厚載物)"라는 말이 있다. 또 "여자는 안에서 자리를 바로잡고 남자는 바깥에서 자리를 바로잡는다(女正位乎內, 男正位乎外)"라는 말이 있다.
7 　구述는 필匹, 즉 배필이라는 뜻이다. 『시경』에 "요조숙녀窈窕淑女(마음씨가 그윽하고 맑

칭찬했구나. 많고 많구나, 황제의 배필이여〔祁祁皇嬪〕, 모두 정숙함을 보였다〔觀〕는 말을 들었네.[9] 어질고 밝은 이를 사랑하고, 하늘의 복록을 이어받았구나. 난규蘭閨에서 정치를 펼치고 초옥椒屋[10]에서 예를 베풀었네. 덕으로 자리에 올랐다〔德昇〕고도 하고, 요행으로 자리가 높아졌다〔幸進〕[11]고도 하는구나. 몸이 지극히 귀해졌으니 일족도 점차 윤택해졌도다〔河潤〕.[12] 경물이 빛을 다투면 사방의 산도 함께 솟구치는 법. 강함에 올라타면〔乘剛〕 험난한 일이 많고, 땅에서 길을 가면〔行地〕 반드시 순조로워지는 법.[13] 잘못이 쌓이면 교만함이 가득 차며 복은 정결함과 신실함에 따르는구나. 경사가 이어지는 것은 자기로 인함이거늘 화가 이루어지는 것은 누구의 잘못인가.

은 여자)는 군자가 좋아하는 배필이다〔君子好述〕"라는 구절이 있다. 후비에게 관저關雎의 덕이 있으면, 군자가 좋아하는 배필이 될 수 있다는 말이다.

8 태하진상兌下震上은 누이동생을 시집보내는 괘이다. 부녀가 시집가는 것을 귀歸라 한다. 매妹는 소녀를 가리키는 말이다. 태兌는 소음少陰이고, 진震은 장양長陽이다. 소음이 장양을 잇는 것이요, 소음이 기뻐함으로써 장양이 움직이는 것이므로 누이동생을 시집보내는 형상이라 할 수 있다. 육오六五로 구이九二와 서로 응하게 하니 오五는 왕후가 된다. 그러므로『역경』에 "제을帝乙이 누이동생을 시집보냈다"라고 한 것이다.

9 기기祁祁는 무리가 많음을 말한다. 리嬪는 려儷, 즉 짝이라는 뜻이다. 관觀은 시示, 즉 본다는 뜻이다. 이는 여러 황후들이 모두 그 정숙함을 보이니 황제의 배필을 려儷라 한다는 말이다. 고찰해 보면,『자서』에는 '리嬪'라는 글자가 없다.

10 반고의「서도부西都賦」에 따르면, "후궁을 액정초방掖廷椒房이라 하는데, 후비들이 머무는 곳이다. 난림蘭林, 혜초蕙草, 피향披香, 발월發越 등의 전각이 있다." 난림은 전각 이름이므로 난규蘭閨라고 한 것이다. 초옥椒屋은 초방을 말한다.

11 덕으로 자리에 올랐다는 것은 마 황후와 등 황후 등을 가리킨다. 요행으로 자리가 높아졌다는 것은 염 황후와 하 황후 등을 말한다.

12 『춘추공양전』에 따르면, "황하는 천리를 윤택하게 한다."

13 『역경』둔괘屯卦 상전象傳에 따르면, "육이六二의 어려움은 강함에 올라탔기〔乘剛〕때문이다." 또 곤괘坤卦에 따르면, "암말은 땅과 같은 부류로 땅에서 길을 가니 끝이 없다〔行地無疆〕." 왕필의『역경주』에 따르면, "땅에서 가면 끝이 없는 이유는 겸손하고 유순하게 행하기 때문이다."

공주
公主

　한나라 때의 제도에 따르면, 황녀는 모두 현공주縣公主로 봉했는데, 의례와 복장은 열후와 같았다.[1] 그중 특히 존숭하는 경우에는 장공주라는 이름을 붙였는데, 의례와 복장은 번왕과 같았다.[2] 왕들의 딸은 모두 향공주鄕公主와 정공주亭公主로 봉했는데, 의례와 복장은 향후鄕侯, 정후[3]와 같았다. 장제는 특별히 동평헌왕 유창과 낭야효왕琅邪孝王 유경의 딸을 현공주로 봉했다.[4] 그 후 안제와 환제가 역시 자신의 여자형제를 장공주로 봉했고, 딸 역시 장공주로 봉했다.[5]

　황녀는 공주로 봉하고, 공주가 낳은 아들은 어머니의 작위를 이어

1　한나라의 법에 따르면, 큰 현의 후는 삼공과 같은 급으로 보았다.
2　채옹에 따르면, "황제의 딸을 공주라 하고, 여자 형제를 장공주라 한다." 건무 15년(39년), 무양공주舞陽公主를 장공주에 봉했는데, 이는 황제의 딸을 존숭하는 뜻으로 장長이라 한 것이지 여자 형제라는 뜻이 아니다. 「여복지」에 따르면, "장공주는 붉은 융단으로 치장한 병거(부인들이 타는 앉는 수레)를 타며, 제후와 같은 인수를 받는다."
3　향후와 정후는 중 이천 석으로 본다.
4　「동평왕전東平王傳」에 따르면, "유창의 딸 다섯을 현공주에 봉했다." 낭야효왕의 딸은 「낭야왕전琅邪王傳」에 그 숫자가 나오지 않는다.
5　[신 이현이] 살펴 아룁니다. 등우의 현손인 소부 등포鄧褒가 무음장공주에게, 경엄의 증손인 시중 경량耿良가 복양장공주濮陽長公主에게, 잠팽의 현손인 위군태수魏郡太守 잠희岑熙가 열양장공주涅陽長公主에게, 내흡의 현손인 호분중랑장 내정來定이 평지장공주平氏長公主에게 장가들었는데, 모두 안제의 여자형제입니다. 장사공주와 익양공주는 환제의 여자형제입니다. 이에 대해서는 앞에 풀이가 나옵니다.

열후로 봉하고 그 나라를 후손에게 잇게 했다.⁶ 향과 정에 봉해진 경우에는 그 작위를 세습해 전하지 못하게 했다. 그 직무에 따른 녹봉은 「백관지百官志」⁷에 나온다. 이들은 따로 떼어 싣기에 충분하지 않으므로, 「황후기」의 뒤에 싣는다.

건무 15년(39년), 황녀 유의왕劉義王을 무양장공주에 봉하고, 능향후 태복 양송에게 시집보냈다.⁸ 양송은 비방죄를 저질러 주살되었다.

건무 15년(39년), 황녀 유중례劉中禮를 열양공주涅陽公主로 봉하고, 현친후顯親侯 대홍려 두고에게 시집보냈다.⁹ 장제가 장공주로 높였다.

건무 15년(39년), 황녀 유홍부劉紅夫를 관도공주로 봉하고, 부마도위

---

6 풍정馮定은 획가공주獲嘉公主의 아들로 작위를 물려받아서 획가후獲嘉侯로 봉해졌다. 풍분馮奮은 평양공주平陽公主의 아들로 작위를 물려받아서 평양후平陽侯로 봉해졌다. 이 같은 경우를 말한다.

7 심약沈約의 「사엄전謝儼傳」에 따르면, "범엽은 십 지志를 지어 그것을 사엄에게 맡겼다. 그런데 저술이 막 끝날 무렵, 범엽이 역적으로 몰려서 죽임을 당하자 사엄은 그것을 밀랍으로 싸서 수레 위에 덮어 두었다. 송나라 문제가 단양윤丹陽尹 서담지徐湛之에게 영을 내려 사엄에게 가서 그것을 찾아오라고 했으나 끝내 다시 얻지 못하니 일대의 한이 되었다. 그 지는 지금 전하지 않는다." 『속한지』에 따르면, "공주의 가령家令은 한 사람으로, 질은 육백 석이다. 또 가승 역시 한 사람으로 질은 삼백 석이다. 나머지 관리는 때에 따라 늘이거나 줄였는데 일정하지 않았다." 『한관의』에 따르면, "장공주는 부傅 한 사람, 사부장私府長 한 사람, 식관食官 한 사람, 영항장永巷長 한 사람, 가령 한 사람을 둘 수 있는데, 질은 모두 육백 석이며, 각각 속리들을 둘 수 있다. 향공주는 부 한 사람을 둘 수 있는데, 질은 육백 석이다. 또 복僕 한 사람을 둘 수 있는데 질은 육백 석이며, 가승 한 사람을 둘 수 있는데, 질은 삼백 석이다."

8 무양현은 영천군에 속한다. 양송은 양통梁統의 아들이다. 그런데 「양통전梁統傳」에 "광무제의 딸 무음공주舞陰公主에게 장가들었다"는 구절이 나온다. 또 「등훈전鄧訓傳」에 "무음공주의 아들 양호梁扈가 죄를 지었는데, 등훈과 더불어 서로 교통했다"는 구절이 나온다. 따라서 여기에서 말하는 무양현은 잘못된 것이다.

9 열양현涅陽縣은 남양군에 속한다. 현친현顯親縣은 한양군에 속한다. 두고는 두융의 아들이다.

한광에게 시집보냈다. 한광은 회양왕淮陽王 유연劉延이 모반한 일에 연좌되어 주살되었다.

건무 17년(41년), 황녀 유예유劉禮劉를 육양공주로 봉하고, 양안후 장락소부 곽황郭璜[10]에게 시집보냈다. 곽황은 두헌이 모반한 일에 연좌되어 주살되었다.

건무 21년(45년), 황녀 유수劉綬를 역읍공주로 봉하고, 신양후新陽侯의 세자 음풍에게 시집보냈다. 음풍은 공주를 해친 일로 인하여 주살되었다.[11]

영평 2년(59년), 황녀 유희劉姬를 획가장공주獲嘉長公主로 봉하고, 양읍후 장작대장 풍주에게 시집보냈다.[12]

영평 3년(60년), 황녀 유노劉奴을 평양공주平陽公主[13]로 봉하고 대홍려 풍순馮順[14]에게 시집보냈다.

영평 3년(60년), 황녀 유영劉迎[15]을 융려공주隆慮公主[16]로 봉하고, 모평후牟平侯 경습耿襲에게 시집보냈다.[17]

영평 3년(60년), 황녀 유차劉次를 평지공주平氏公主[18]에 봉했다.

---

10 곽황은 곽황郭兄의 아들이다.
11 역현酈縣은 남양군에 속한다. 신양현新陽縣은 여남군에 속한다. 음풍은 음취의 아들이다. 유수는 광무제의 다섯째 딸이다.
12 획가현은 하내군에 속한다. 양읍현은 태원군에 속한다. 풍주는 풍방의 아들이다.
13 평양현은 하동군에 속한다.
14 풍근의 아들이다.
15 유영은 유연劉延이라고 기록된 곳도 있다.
16 융려현隆慮縣은 하내군에 속한다.
17 모평현은 동래군에 속한다. 경습은 경엄의 동생 경서의 아들이다.
18 평지현平氏縣은 남양군에 속한다. 시집보냈다는 말이 없고 언제 태어나 죽었는지도 나타나지 않는다. 또 굳이 그것을 캘 필요도 없는 것 같다. 다른 경우도 이와 마찬가지

공주 709

영평 3년(60년), 황녀 유치劉致를 심수공주沁水公主[19]로 봉하고 고밀후 등건鄧乾[20]에게 시집보냈다.

영평 12년(69년), 황녀 유소희劉小姬를 평고공주平皐公主[21]로 봉하고, 창안후昌安侯 시중 등번鄧蕃에게 시집보냈다.[22]

영평 17년(74년), 황녀 유중劉仲을 준의공주浚儀公主로 봉하고, 태후軑侯 황문시랑 왕도王度에게 시집보냈다.[23]

영평 17년(74년), 황녀 유혜劉惠를 무안공주武安公主로 봉하고, 정강후征羌侯의 세자인 황문시랑 내릉來棱에게 시집보냈다.[24] 안제安帝가 장공주로 작위를 높였다.

건초 원년(76년), 황녀 유신劉臣을 노양공주魯陽公主[25]에 봉했다.

건초 원년(76년), 황녀 유소영劉小迎을 낙평공주樂平公主[26]에 봉했다.

건초 원년(76년), 황녀 유소민劉小民을 성안공주成安公主에 봉했다.[27]

건초 4년(79년), 황녀 유남劉男을 무덕장공주武德長公主에 봉했다.

건초 4년(79년), 황녀 유왕劉王을 평읍공주平邑公主[28]로 봉하고, 황문시

로 처리한다.

19 심수현沁水縣은 하내군에 속한다.

20 등건은 등진鄧震의 아들이고, 등우의 손자이다.

21 평고현平皐縣은 하내군에 속한다.

22 창안현昌安縣은 고밀국에 속한다. 등번은 등습鄧襲의 아들이고, 등우의 손자이다.

23 앙軮은 『속한지』에는 대軑로 되어 있다. 태현은 강하군에 속한다. 왕도는 왕부王符의 아들이고, 왕패의 손자이다.

24 정강현征羌縣은 여남군에 속한다. 내릉은 내포來褒의 아들이고, 내흡의 손자이다.

25 노양현은 남양군에 속한다.

26 낙평현樂平縣은 태청현太淸縣으로 동군에 속한다. 장제가 이름을 고쳤다.

27 성안현成安縣은 영천군에 속한다. 명제의 열한째 딸이다.

28 평읍현平邑縣은 대군에 속한다.

랑 풍유馮由에게 시집보냈다.

영원 5년(93년), 황녀 유길劉吉을 음안공주陰安公主에 봉했다.[29]

연평 원년(106년), 황녀 유보劉保를 수무장공주脩武長公主에 봉했다.[30]
연평 원년(106년), 황녀 유성劉成을 공읍공주共邑公主에 봉했다.[31]
연평 원년(106년), 황녀 유리劉利를 임영공주臨潁公主[32]에 봉했다. 즉묵후卽墨侯 시중 가건賈建[33]에게 시집보냈다.
연평 원년(106년), 황녀 유흥劉興을 문희공주聞喜公主[34]에 봉했다.

화제에게는 네 딸이 있었다.
영화 3년(138년), 황녀 유생劉生을 무양장공주에 봉했다.
영화 3년(138년), 황녀 유성남劉成男을 관군장공주冠軍長公主[35]에 봉했다.
영화 6년(141년), 황녀 유광劉廣을 여양장공주汝陽長公主[36]에 봉했다.

순제에게는 세 딸이 있었다.
연희 원년(158년), 황녀 유화劉華를 양안장공주陽安長公主에 봉하고, 불기후 보국장군 복완[37]에게 시집보냈다.

---

29 음안현陰安縣은 위군에 속한다. 장제의 셋째 딸이다.
30 수무현은 하내군에 속한다.
31 공현共縣은 하내군에 속한다.
32 임영현은 영천군에 속한다.
33 즉묵현은 교동국에 속한다. 가건은 가삼賈參의 아들이며, 가복의 증손자이다.
34 문희현은 하동군에 속한다.
35 관군현冠軍縣은 남양군에 속한다.
36 여양현은 여남군에 속한다.

연희 7년(164년), 황녀 유견劉堅을 영음장공주潁陰長公主[38]에 봉했다.

안한 원년(166년), 황녀 유수劉脩를 양적장공주陽翟長公主에 봉했다.

환제에게는 세 딸이 있었다.

광화 3년(180년), 이름을 알 수 없는 황녀가 만년공주萬年公主에 봉해졌다.

영제는 딸 하나를 두었다.

---

37 복완은 복담의 칠세손이다.
38 영음현潁陰縣은 영천군에 속한다.